KB039156

전면개정판

American Bar Exam Review

미국 변호사법 ①

MEE 편

백
희
영

박영사

전면개정판 머리말

　　2020년 3월에 출간하였던 본 서는 '백희영 미국변호사 시험대비 수험서 시리즈' 중 가장 먼저 발간된 것으로, 3여년 만에 전면개정판을 출간하게 되었다. 지난 2020년 3월판은 필자가 시험에 합격한 후 가장 먼저 집필한 책으로 지금 보니 부족한 점이 많았다. 잘못 이해한 내용도 있었고, 한글 용어 및 설명에 오류도 많았다. 필자는 제1권 책을 출간한 이후 제2권, 제3권을 계속 집필하며 그동안 모호하거나 불분명했던 판례나 이론, 비교 등을 정리했다. 또한 그동안 새로운 기출문제도 많이 쌓였고, 타 과목들간의 연결고리도 더 명확해졌다. 이에 최신 기출문제와 정보를 반영하여 제1권을 손보기로 마음먹고 수개월간 작업한 끝에 전면개정판을 내게 되었다. 본 개정판은 약 200페이지 이상 분량이 늘어났으며, 내용도 60% 이상 수정·가감되었다. 이번 개정판에 너무 많은 부분이 수정·가감되었기에 기존의 제1권을 구입한 수험생들께는 미안한 마음이 앞선다. 넓은 이해와 혜량을 부탁드린다. 이번 개정판에서는 특히 MBE(객관식시험)에 포함되지 않는 7개의 과목(1장~7장)에 대해 충실히 한글설명을 덧붙였고, 예시와 case 및 도표를 최대한 많이 삽입하여 초보자라도 쉽게 개념을 잡을 수 있도록 하였다. 앞으로 본 수험서 시리즈의 제4권, 제5권을 계속 출간할 계획이며, 오직 필자의 목표는 가장 짧은 시간에 여러분들이 시험에 합격하는 것이다. 아무쪼록 빠른 시간 내에 여러분들이 합격하기를 바라며, 더불어 필자의 강의와 함께 본 서가 여러분들의 빠른 합격에 조금이라도 도움이 되기를 바란다.

　　본 서가 나오기까지 함께 고생해주신 박영사 직원분들과 부모님께 감사의 말씀을 전한다. 앞으로 더 좋은 글과 강의를 통해 여러분께 도움을 드릴 것을 약속드리며, 모든 수험자들의 건강과 빠른 합격을 기원드린다.

2022년 9월 30일

백희영 씀

머리말

　본 서는 미국변호사 시험의 '에세이' 대비를 위한 책이다. 특별히 에세이 대비 '수험용' 기본서라는 것이 이 책의 특징이다. 특히 공부량이 많음에도 실제 시험장에서 답안을 작성하지 못하는 수험자나, 법학초보, 비법학도, 비유학파들에게 큰 도움이 될 것이다.

　미국변호사 시험이 날이 갈수록 어려워지고 있다. 점점 미국적 사고를 요구하고, 에세이와 보고서(PT) 작성 같은 '영어 쓰기'가 마의 과목이 되고 있다. 따라서 과거처럼 객관식 시험을 고득점하고 에세이는 적당히 해서 붙던 그런 시대는 끝났다. 오히려 이젠 에세이나 보고서 성적이 합격의 당락을 좌우한다. 에세이에 대한 확실한 준비 없이는 합격하기 어렵다는 얘기다. 반대로 에세이에 자신 있으면 사실상 합격이 보장된다. 따라서 지금은 에세이 고득점을 위한 공부가 절대적으로 필요하다. 하지만 현재 시중에 나와 있는 기본서는 대부분 영어 원서이고 설명이 너무 길거나 너무 요약되어 있어, 책을 읽고도 무슨 말인지 이해가 안 가는 경우가 많다. 게다가 많은 수험생이 직장을 다니고 나이도 있는 편이라 공부만 할 여건이 안 되고, 시간과 에너지가 절대적으로 부족한 것이 현실이다. 또한 정확한 답도 없고 미국적 사고를 요구하는 이러한 에세이 시험의 독특성 때문에 이 과목은 수험생들에게 공포의 과목으로 자리 잡고 있다.

　에세이 과목은 주어진 문제를 읽고, 어떻게 쓸지에 대한 답안의 룰(뼈대)이 바로 머릿속에 그려져야 하고, 써야 할 중요 키워드 단어나 문장들이 암기되어 있어야 한다. 출제자들이 요구하는 이 핵심 단어나 문장이 답안지에 들어가면 붙는 것이고, 아무리 잘 썼더라도 이 핵심 단어나 문장들이 빠지면 불합격이다.

　에세이는 하루아침에 되는 과목은 아니다. 또한 유학파가 아니면 영어문장을 속독·속타하는 것과 그 해석 및 이해가 쉽지 않다. NCBE 답안에 나와 있는 모든 판례와 학술적 내용을 다 공부하기에는 너무도 많은 시간이 소요되며, 실제 시험장에서 답안지에 얼마만큼 써야 하는지 그 기준을 알기도 어렵다. 필자는 수험생활 동안 시중에 나와 있는 Barbri, SmartBarPrep, Kaplan 원서 등 거의 모든 책을 다 찾아서 공부하였고, 기출문제도 거의 모두 풀어보았다. 그 숱한 고생과 시간

속에서 얻은 노하우들을 본 서에 고스란히 담았다.

본 서의 특징과 구성은 다음과 같다.

1. 본 서의 '답안요령'은 실제 답안지에 반드시 써야 할 키워드들이다.
2. 본 서의 '모범답안'은 합격답안 분량과 질이 어느 정도인지 보여준다.
3. 본 서의 'TIP'은 완벽한 이해와 고득점을 할 수 있는 포인트들이다.
4. 본 서의 '별표(★)'는 반드시 암기해야 할 중요 핵심단어와 문장들이다.
5. 본 서의 '네모박스'는 암기노하우 및 복잡한 내용을 간략화 한 것이다.
6. 본 서의 'Case'는 출제빈도가 높고 난해한 문제를 간략하게 한글로 설명하여 이해가 쉽게 하였고, 결론(답)까지의 과정을 logic하게 보여준다.
7. 본 서는 최근 기출문제 12년치의 논점을 모두 분석하여, 압축·정리해서 실었다.
8. 본 서의 '그림'과 '도표'는 복잡한 내용을 간결하게 정리하여 한눈에 파악되게 하였다.
9. 본 서는 한글과 영문을 적절히 혼용하여 비유학파나 초심자라도 쉽게 이해되도록 하였다.
10. 'Conflict of Laws'는 별개의 장으로 분리하지 않았고 14개 각 과목에 필요한 내용을 삽입하였다.
11. 본 서의 '모범답안'은 MEE의 CRAC을 기준으로 작성하였다. CA주 시험(CEE) 응시자는 IRAC으로 작성해야 한다.

미국변호사 시험 범위는 총 14개 법률로서 매우 방대하며, 미국법 체계는 한국과 달라서 한국법에 익숙한 사람들에게는 생소하고 어쩌면 혼동되어 더 어려울 수도 있다. 객관식 시험 출제범위는 본 서 2편(8~14장)의 7개 법률이고, 에세이 시험 출제범위는 1~14장까지의 전체 14개 법률이다. 본 서에는 당연히 14개 법률 모두 실려 있으나 본 서는 '에세이' 시험만을 위한 책으로 저술되었으므로, 객관식

머리말

수험서로는 적합하지 않다. 객관식 시험공부를 위해서는 따로 '미국변호사법－객관식편, 백희영' 책을 참고하시기 바란다(2020년 10월 출간 예정).

전술한 바와 같이 이 책은 '수험용'으로 만들어진 것이다. 여러분들이 짧은 시간에 합격할 수 있도록 쓴 책으로서 학문적으로 완벽하진 않지만 단기간의 합격을 노리는 수험생에게는 큰 도움이 될 것이다. 이 책을 쓰는데 꽤 많은 시간을 소요하였고 나로서는 나름 최선을 다했으나 아직 미비한 부분이 없지 않을 것이다. 여러분들의 정성어린 질정(叱正)을 바라며, 차차로 더 좋은 책으로 만들어 나아갈 것을 약속드린다.

끝으로, 이 책이 나올 수 있도록 도와주신 부모님과 출판에 고생하신 박영사 여러분께 감사드리며, 본 서와 함께 박학(薄學)인 나의 강의가 여러분들에게 조금이라도 도움이 된다면 매우 기쁘겠다. 아무쪼록 머지않아 여러분들의 합격 소식을 듣게 되길 기대한다.

2020년 2월 10일
백희영 씀

Contents

1편 MEE

Contents

Contents

Contents

Contents

Contents

Contents

Contents

Contents

Contents

Contents

2편 MEE/MBE

Contents

Contents

Contents

Contents

Contents

Contents

Contents

Contents

Contents

Contents

Contents

Contents

Contents

Contents

Appendix

제 **1** 편

MEE

1장
Agency

//

Agency는 '대리관계', 즉 agent(수임인 또는 대리인)와 principal(위임인)간 관계를 의미한다. 본 장은 대리관계(agency)에서 발생하는 contracts상의 문제와 torts상의 법률문제에 대해 논하는 바, agent가 principal을 대리하여 '계약'을 체결한 경우 agent와 principal 각각의 책임유무를 판단하는 문제와 agent가 principal을 대리하여 업무를 하는 과정에서 agent가 제3자에게 위법행위(torts)를 한 경우 agent와 principal 각각의 책임유무를 판단하는 문제로 구분된다. 본 서도 Agency and Contracts와 Agency and Torts, 이렇게 두 파트로 구분되어 있다. 본 장에서 논하는 rules는 agency가 존재하는 다양한 경우, 예컨대 회사와 사원간의 관계, 근로자와 고용주간의 관계, testator 및 beneficiary와 trustee간의 관계 등에 모두 적용되는 바, 「2장 Partnerships」, 「3장 Corporations and LLCs」, 「7장 Trusts」, 「11장 Torts」 등 다른 과목들과 혼합되어 출제되는 경우가 많다.

☑ 글쓰기 Tips

1. 본 장은 Partnerships, Corporations and LLCs, Trusts, Torts에 모두 적용가능한 내용으로서, 이에 관한 문제는 타 과목과 혼합되어 출제되는 경우가 많다.
2. Agency and Contracts 문제
   Q: Is 갑 legally bond to the contracts made by 갑? Explain.
   Q: Is 갑 liable to 을 for breach of the contract for the [pumpkins]?
   ⇒ 생각 route
   ① agent의 authority유무 → principal의 책임유무 판단
   ② principal's status → agent의 책임유무 판단
3. Agency and Torts 문제는 주로 principal이 vicarious liability가 없었음을 주장하는 case에서 수험자에게 이에 대한 판단(옳고 그름)을 하도록 한다.

Q: 갑 argued that he is not liable because (1) 을 were outside of the scope of his employment, (2) there were no proximate causation between 을's action and the injuries. Evaluate each arguments.

⇒ 생각 route

① doctrine of respondeat superior

② employee v. independent contractor rule

③ indemnification (대개 별도의 문제로 출제됨)

Q: Assuming that 갑 is liable for the injuries, what rights, if any, does 갑 have against 을?

Part One. Agency and Contracts (13Feb, 17Feb)

[도표 1-1]

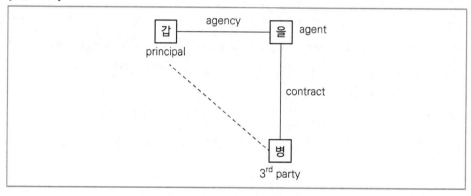

I. Creation of Agency (09Feb, 20Sep)

Agent is a person or entity that acts on behalf of another, the principal.

Agency is a **fiduciary relationship** and it is established if there are:

ⅰ. **Consent** (a formal or informal agreement between the principal and the agent);

ⅱ. Benefit (the agent's conduct on behalf of the principal primarily **benefits the principal**); and

iii. Control (the principal has the **right to control the agent** by being able to supervise the agent's performance).

✔ A principal manifests assent and agent manifests assent to it. ― i 요건 충족

✔ Principal's compensation to the agent ― 무관

✔ Recognition^{인식} of the principal and agent that they are creating an agency ― 무관

✔ Writing to create the agency ― i 요건 충족

Agent와 principal간 체결한 계약유형이 SOF가 적용되는 계약이라 할지라도, agency 성립은 writing과 무관하다. 즉 writing이 없다 하더라도 agency 성립은 인정된다.

(Even though transaction subject to agency may require a writing (e.g., subject to the statute of frauds), the writing is not required to create the agency.)

II. Liability of Principal and Agent

A. Principal's Liability (09Feb, 13Feb, 17Feb, 20Feb, 20Sep)

본 파트는 agent의 breach of contract에 대해 'principal'의 책임이 있는지 그 여부에 대해 논하는 바, agent 행위의 법률효과가 principal에 귀속되는지 그 여부가 핵심 논점이다. 만일 principal이 agent 행위의 법률효과에 귀속된다면, 자신이 직접 계약을 체결한 것과 같이 해당 계약의 breach에 대해 책임을 져야 한다. 법률효과의 귀속여부는 '제3자와 계약을 체결한 시점'을 기준으로 agent의 '대리권(authority) 유무'를 기준으로 판단한다. Agent에게 대리권이 있었다면 principal이 agent 행위의 법률효과에 귀속되므로 principal의 책임이 인정되고, 반대로 agent에게 대리권이 없었다면 principal은 법률효과에 귀속되지 않으므로 책임이 없다. 본 rule을 'agency rule'이라 일컫는다. Agent의 대리권리(authority)는 크게 actual authority와 apparent authority로 구분되는데, principal의 귀속여부는 권리유형과 무관하므로 actual authority와

apparent authority 중 어느 하나라도 존재하면 agent 행위의 법률효과는 principal에게 귀속된다.

Agent의 대리권(authority)은 크게 actual authority와 apparent authority로 구분되며, actual authority는 express actual authority와 implied actual authority를 포함한다(도표1−2). 여기서 implied actual authority는 'agent의' 합리적인 믿음을 기준으로 그 유무를 판단하고, apparent authority는 '3rd party의' 합리적인 믿음을 기준으로 그 유무를 판단한다는 차이점이 있다. 예 컨대, agent 을이 principal 갑의 행위를 보고 자신에게 대리권이 있다고 믿은 것이 합리적이라면, 을의 implied actual authority가 인정된다. 만일 을과 계 약을 체결한 제3자인 병이 을에게 갑에 대한 대리권이 있다고 합리적으로 믿 었다면, 을의 apparent authority가 인정된다.

> **TIP** NCBE 답안에 "actual and apparent authority"라고 표현되어 있는 경우가 많은데, 이는 두 개념을 설명하기 위해 'actual authority와 apparent authority'라는 뜻으로 표현된 것일 뿐, agent가 actual authority와 apparent authority 모두 가지고 있어야만 계약에 대한 책임이 principal에게 귀속된다는 의미가 아니다.

[도표 1-2]

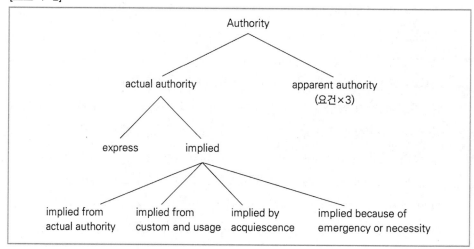

1. General Agency Rule

★An agent acting on behalf of a principal can bind the principal to contracts if the agent has either actual or apparent authority.

2. Actual Authority

★An agent has **actual** authority when contracting on behalf of his principal if:

ⅰ. The **principal explicitly** told the agent that he wishes the agent so to act (express actual authority); or

ⅱ. The agent **reasonably believes** that the principal wishes the agent so to act **based on the principal's manifestations** to the agent (apparent actual authority).

When an agent has actual authority, a principal is bound by the contract the agent made on behalf of the principal.

a. Express Actual Authority

Express (actual) authority is the authority which the principal has expressly given to the agent whether orally or in writing.

b. Implied Actual Authority

★Implied actual authority is the authority that the agent reasonably believes she has as a result of the actions of the principal.

There are four of types of implied actual authority:

ⅰ. Implied from express authority;

ⅱ. Implied from custom and usage;

ⅲ. Implied by acquiescence^{묵인}; and

(Agent가 제3자와 계약을 체결할 당시에는 권한이 없었으나, 계약 체결 이후 권한이 생긴 경우)

ⅳ. Implied because of emergency or necessity.

3. Apparent Authority

★An agent has **apparent** authority when:

ⅰ. **A third party reasonably believes** that the person has authority to act on behalf of the principal;

ⅱ. That belief is **traceable** to the **principal's manifestation;** and

ⅲ. The third party had **no notice** the agent was exceeding his authority.

When an agent has apparent authority, a principal is bound by the contract the agent made on behalf of the principal.

---

case1

상인회 구성원인 갑은 다른 구성원들에게 주기적으로 "내 agent가 나를 대리하여 자동차를 판매할 것이다"라고 홍보했다. 홍보 내용에 agent 을의 이름은 밝히지 않았다. Agent 을과 갑간에는 을이 갑을 대리하여 빨간색 자동차를 판매하기로 하는 대리계약이 체결된 상태이다. 이후 병이 상인회에 새로 가입하였고, 그는 자신을 자동차 판매자의 agent라고 소개하는 을과 갑이 생산한 노란색 자동차에 대한 매매계약을 체결하였다. 을은 매매계약서에 별도의 언급 없이 자신의 정보가 아닌, 갑의 정보를 기입했다. 병이 이전에 을과 거래를 해본 적이 없다면, does 을 have apparent authority?

⇒ No. Apparent authority는 제3자(병)가 principal(갑)의 표현으로부터 agent (을)의 authority를 믿은 것이 합리적인 경우에 인정되는 대리권이다. 본 사안에서 병은 '갑의' manifestation을 듣고 을의 authority를 믿은 것이 아니고 을의 소개를 듣고 믿은 것이므로, 위 요건ⅱ를 충족하지 않는 바, apparent authority는 인정되지 않는다.

(This is because 병's belief is not traceable to the principal's manifestation.)

---

case2

상기와 동일한 사안에서 상인회의 기존 구성원인 정이 자신을 자동차 판매자의 agent라고 주장하는 을과 노란색 자동차에 대한 매매계약을 체결하였다. Does 을 have apparent authority?

⇒ Yes. 정은 상인회의 기존 구성원으로서 갑의 manifestation을 근거로 을을 자동차 판매자의 agent라 믿은 것은 합리적이다(위 요건ⅰ, ⅱ). 또한 정이 갑·을간 체결한 agency 계약의 구체적인 내용을 인지하고 있지는 않았으므로, 노란색 자동차 매매가 을의 authority를 넘어선 행위임을 알지 못했다(위 요건ⅲ). 따라서 을의 apparent authority가 인정되는 바, 갑은 해당 계약을 이행할 의무가 있다.

B. **Agent's Liability** (13Feb, 17Feb)

Agent는 principal을 대리하여 계약을 체결하는 사람으로서, 해당 계약에 대한 책임은 agent가 아닌 principal이 지는 것이 원칙이다. 그러나 본 rule은 agent가 완벽한 대리권을 행사하였을 경우에 한해 적용되는 바, 여기서 '완벽한 대리권을 행사'하였다는 것은, ① 계약체결 당시 agent에게 actual authority 또는 apparent authority가 있었고, ② 계약을 체결하는 과정에서 agent가 제3자에게 principal에 대해 '명확히' 언급한 경우를 뜻한다. ①요건에서의 authority는 「Ⅱ. Principal's Liability」에서 논한 개념이 동일하게 적용된다. ②요건은 제3자가 principal의 '존재'를 인지할뿐만 아니라 누구인지 '특정'할 수 있을 정도로 agent가 제3자에게 principal의 신분을 명확히 언급하여야만 충족된다. 예컨대, agent 을이 제3자 병에게 "나는 principal 갑을 대리하여 본 계약을 체결한다"고 언급한 경우, 병은 본 계약에 principal이 '존재'하는 것을 인지할 수 있고 그 principal이 갑이라고 '특정'할 수 있으므로, ②요건이 충족된다. 이러한 경우의 principal을 "fully disclosed principal"이라 일컫는다.

반면, agent가 완벽한 대리권을 행사하지 못했다면, agent는 해당 계약에 대해 책임을 진다. 즉, 계약체결 당시 agent에게 authority는 있었으나 제3자에게 principal에 대해 명확히 언급하지 않은 경우, 제3자에게 principal에 대해 명확히 언급하였으나 authority는 없었던 경우의 경우에는 agent의 책임이 인정된다. 여기서 'principal에 대해 명확히 언급하지 않은 경우'를 구체적으로 살펴보면, 제3자가 principal의 존재는 알고 있었으나 누구인지 특정할 수 없었던 경우와 제3자가 principal의 존재도 모르고 누구인지 특정할 수도 없었던 경우로 구분되는데, 전자(前者)의 principal을 "partially disclosed principal (unidentified principal)", 후자(後者)의 principal을 "undisclosed principal"이라 칭한다. 양자는 agent가 책임을 진다는 점에서 동일하나, 그 책임의 근거를 달리한다는 점에서 차이가 있다. 전자(前者)의 경우, 제3자(병)이 principal이 존재한다는 사실을 인지하고 있었으므로 'agent(을)에게 authority가 있다'는 믿음을 가지고 해당 계약을 체결하였는 바, agent가 계약당사자로서 책임을 진다. 해당 계약이 이행되지 않으면 breach of implied warranty가 인정되기 때문이다. 후자(後者)의 경우, 제3자가 principal의 존재도 모르고 누구인지 특정할 수도 없었으므로 제3자는 을이 누군가를 대리하는 것이 아니라 당사자로서 직접 계약한다는 믿음을 가지고 agent의 신뢰도와 신용을 기반으로 계약을 했다고 볼 수 있는 바, agent의 책임을 인정한다.

| Agent 책임 | authority + fully disclosed P. ⇒ 책임 없음 |
| | 그 외의 경우 ⇒ 책임 있음 |

1. Principal Status

a. Fully Disclosed Principal

| existence of principal + identity of principal |

★When a third party contracts with a person that the third party knows is acting in an agency capacity for another and the third party is aware of the identity of the principal, the principal is called a "fully identified principal."

b. Partially Disclosed Principal (Unidentified Principal)

| existence of principal + ~~identity of principal~~ |

★When a third party contracts with a person that the **third party** knows is acting in an agency capacity for another** but the third party is **unaware of the identity of the principal**, the principal is called a **"partially disclosed principal (Third) or unidentified principal (Second)."**

TIP   "Unidentified principal"은 Second restatement of agency에서 사용되는 용어이고, "partially disclosed principal"은 Third restatement of agency에서 사용되는 용어이다. MEE 답안 서술 시, 양자를 모두 서술하는 것이 고득점 포인트다.

c. Undisclosed Principal

existence of principal + identity of principal

When a third party contracts with a person that the third party **did not know** is acting in an agency capacity for another and is **unaware** of the identity of the principal, the principal is called an **"undisclosed principal."**

TIP   Principal이 undisclosed principal인 경우, agent의 apparent authority 는 존재할 수 없다. Apparent authority는 제3자가 principal의 manifestation을 통해 agent의 authority를 합리적으로 믿은 경우 인정되는 것으로, 제3자가 principal의 존재를 인지하고 있기 때문이다. (There should be no apparent authority when an undisclosed principal exists. This is because there are no manifestations from the principal to the third person.)

2. Agent's Liability

a. No Liability

[도표 1-3]

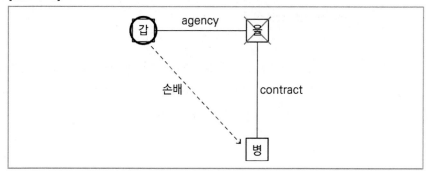

An agent has no liability on the third party and the principal has liability on the third party, when:

 i . **He fully disclosed** principal; and

 ii . His acts were **within the scope** of his authority.

b. Having Liability

[도표 1-4]

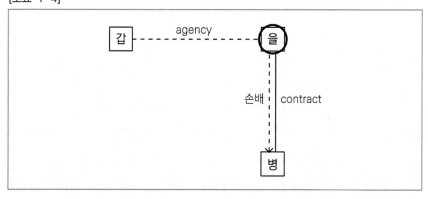

*갑의 책임유무는 알 수 없음. 갑의 책임유무는 「Ⅱ. Principal's Liability」에서 논한 바와 같이, '을의 authority유무'를 근거로 판단됨.

If agent did neither fully disclosed nor acted within the scope of his authority, the agent **is liable** as a party.

ⅰ. No Authority

When there is **neither** actual **nor** apparent authority, the agent **is liable** regardless of the principal's status.

ⅱ. Partially Disclosed Principal (Unidentified Principal)

★When an agent acts on behalf of **partially disclosed or unidentified principal**, the agent gives an **implied warranty of authority** to the third party.

The agent is liable to the third party for the breach of that warranty, including loss of the benefit expected from performance by the principal.

ⅲ. Undisclosed Principal

★When an agent acts on behalf of an **undisclosed** principal, the third party must be **relying on the agent's solvency**^{상환능력} and **reliability** when entering into the contract. Thus, the agent is liable on the contract **as a party to the contract,** but the principal is not liable.

답안요령

Q: <u>Is 갑 liable to 병 for breach of the contract? Is 을 liable? Explain.</u>

1. General agency rule
2. Principal's liability
   ⅰ. Actual authority
     + analysis
   ⅱ. Apparent authority
     + analysis
3. Agent's liability
   ⅰ. Principal status(해당하는 status)★
   ⅱ. Reasoning★
4. Analysis + 결론

TIP1   Principal과 agent의 책임에 대한 답안은 ① principal's liability, ② agent's liability 순으로 작성한다.

① Principal's liability 판단기준: Agent's authority 유무 (actual /apparent authority)

② Agent's liability 판단기준: Agent's authority 유무 + Principal's status (fully disclosed/partially disclosed/undisclosed principal)

TIP3   3번: Principal status에 대한 용어를 Second Restatement와 Third Restatement에서 사용되는 용어를 구분하고, 각 principal status에 따라 agent가 책임을 지는 근거를 구별하는 것이 고득점 포인트다.

TIP4   Arguable point가 있다면, 양측이 각각 주장할 수 있는 point를 구분해서 analysis하는 것이 고득점 포인트다.

모범답안 001

1. 을 is liable for the breach of the implied warranty of authority and 갑 has no liability.

An agent acting on behalf of a principal can bind the principal to contracts if the agent has either actual or apparent authority. An agent has actual authority when contracting on behalf of his principal if the agent has express or implied actual authority. (ANALYSIS)

An agent has apparent authority when a third party reasonably believes that the person has authority to act on behalf of the principal that belief is traceable to the principal's manifestation and the third party had no notice the agent was exceeding his authority. (ANALYSIS) Thus, the principal has no liability for the contract, since the agent had no authority.

When a third party contracts with a person that the third party knows is acting in an agency capacity for another but the third party is unaware of the identity of the principal, the principal is called a partially disclosed (Third) or unidentified principal (Second). (ANALYSIS: In this case, agent 을 did not identify the principal and the principal status was partially disclosed principal. 을 breached the implied warranty of authority to the buyer, and 을 is liable for the contract.)

In sum, 을 is liable for the breach of the implied warranty of authority and 갑 has no liability.

Ⅲ. Ratification (13Feb, 17Feb)

• Ratify (v.)
• Ratifier: Ratify하는 사람 = Principal(갑)

위에서 principal(갑)의 책임유무는 agent의 대리권(authority) 유무를 기준으로 판단한다고 하였다. 따라서 원칙적으로는 agent가 authority 없이 체결한 계약(unauthorized contract)에 대해 principal의 책임은 없다. 그러나 principal이 해당 계약을 추인(追認)하면, 마치 agent가 actual authority를 가지고 계약을 체결한 것과 동일하게 취급되는 바, principal은 해당 계약에 대해 책임을 진다. 여기서 '추인(追認)'을 영어로 ratification이라 하는 바, unauthorized contract을 principal이 ratify하면 그는 해당 계약에 대해 liable하다. Ratification의 성립 요건은 ① agent(을)가 해당 계약을 체결할 당시, agent로서 행동(act)하였거나 제3자(병)에게 자신이 타인을 대리하여 체결하는 것임을 주장(purport)하였을 것, ② principal(갑)의 행동이 '동의(consent)'를 표명하기에 충분할 것, ③ principal(갑)이 해당 계약에 대한 모든 내용(terms)을 알고 있을 것, 이 세 요건으로 한다. 그중 ①요건을 자세히 살펴보면, agent로서 '행동(act)'한 경우와 '주장(purport)'한 경우로 구분되는 바, Second Restatement는 '주장(purport)'한 경우에만 ①요건이 충족되었다고 인정하는 반면, Third Restatement는 '행동(act)'한 경우와 '주장(purport)'한 경우 모두 ①요건을 충족한다고 본다. Agent가 agent로서 '행동(act)'하였다는 것은, agent 자신을 위해 체결한 계약이 아닌 한 대부분의 경우 인정된다. 예컨대, 을이 갑을 대리하여 A를 구입하기로 한 agency agreement를 체결하였으나, 을이 병으로부터 B를 구입하였다고 가정해보자. 을이 병에게 자신이 agent로서 계약을 체결한다는 등 agency에 대한 어떠한 언급도 하지 않았다 하더라도 을이 자신을 위해 B를 구입했다고 보기 어려우므로 을이 agent로서 '행동(act)'하였다고 인정되는 바, Third Restatement는 ①요건이 충족되었다고 본다. 즉 Second Restatement가 Third Restatement에 비해 ①요건을 엄격하게 규정하고 있다. ①요건을 달리 규정하고 있어, 그 차이가 가장 뚜렷하게 드러나는 case 는 undisclosed principal인 경우이다. Undisclosed principal은 제3자(병)가 principal(갑)의 존재도 모르고 누구인지 특정할 수도 없는 경우로서, agent (을)가 계약을 체결할 당시 자신이 누군가를 대리하여 계약을 체결하였다고 '주장(purport)'하지 않은 경우다. 따라서 Second Restatement를 채택하는 법원은 ratify를 허용하지 않을 것이고, Third Restatement를 채택하는 법원은 ratify를 허용할 것이다. 한편, partially disclosed principal은 제3자(병)가 principal(갑)의 존재는 인지하고 있으나 누구인지 특정할 수 없는 경우로서, agent(을)가 제3자(병)에게 자신이 대리하여 계약을 체결한다는 것은 주장 (purport)하여야 하는 요건을 충족한다. 따라서 Second Restatement와 Third Restatement 모두 principal(갑)의 ratification을 허용한다.

Principal(갑)의 ratification이 인정되면, 그 효과는 소급적용되는 바, agent가 계약체결할 당시 actual authority를 가지고 있었다고 보고 principal의 책임을 인정한다. 한편, ratification 이후에도 'agent의' 책임은 그대로 유지된다. Ratification은 principal의 책임을 인정한다는 것이지, agent의 책임을 면제해준다는 의미가 아니기 때문이다. 따라서 agent의 책임은 principal(갑)의 ratification 유무와 무관하며, agent가 '완벽한 대리권을 행사하였는지 그 여부'를 기준으로 판단하여야 한다. 따라서 partially disclosed principal이거나 undisclosed principal인 경우, principal의 ratification이 인정되더라도 agent의 책임은 유지되는 바, 해당 계약에 대해 principal과 agent 모두 책임을 진다.

[도표 1-5] 갑이 ratify한 경우

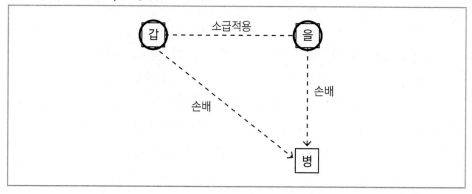

Implied actual authority v. Ratification

Implied actual authority의 유형 중 implied by acquiescence^{묵인}은 agent가 제3자와 계약을 체결할 당시에는 권한이 없었으나, 계약체결 '이후' agent에게 그 계약에 대한 권한이 생긴 경우를 뜻한다. 반면, ratification은 agent의 권한이 없었으나, principal이 계약체결 이후 해당 계약을 agent의 권한유무와 무관하게 그 계약을 인정한 경우를 뜻한다.

A. Basic Concepts

Ratification is the affirmance of a prior act done by another, whereby the act is given effect as if done by an agent acting with actual authority.

B. Requirements

Ratification occurs if:

 i . The agent **acted or purported to** act as an agent on the person(갑)'s behalf;

 ii . Principal's conduct manifests **consent;** and

 iii. Principal knows **all terms** of contract.

[RESTATEMENT (SECOND) OF AGENCY §85(1)(1958)]

Ratification does not result from the affirmance of a transaction with a third person **unless** the one(을) acting **purported to** be acting for the ratifier.

[RESTATEMENT (THIRD) OF AGENCY §4.03] Acts That May Be Ratified

A person may ratify an act if the actor **acted or purported** to act as an agent on The person's behalf.

C. Effects

★Ratification generally relates back and the transaction is treated as if it was authorized at the time of the transaction.

However, it does **not relieve the agent** of a partially disclosed principal or an **undisclosed** principal, unless a third party agreed otherwise.

답안요령 Undisclosed principal이고 ratification이 존재하는 경우, principal과 agent의 책임유무

Q: Who has liability for the contract? Explain.

> 1. Ratify하기 전 principal's liability(agent의 authority 유무)
>   i. Actual authority
>   + analysis
>   ii. Apparent authority
>   + analysis
>   iii. 결론(Principal is not bound.)
> 2. 2nd Restatement에 따른 ratification
>   + analysis
> + 결론(Principal is not liable.)
> 3. 3rd Restatement에 따른 ratification
>   + analysis
> + 결론(Principal is liable.)
> 4. Ratification은 agent's liability에 영향없음
>   + analysis
> + 결론(Agent is liable.)

TIP1 Ratification에 관한 사안에서의 생각 route

① Agent에게 authority가 있는가?

② 없다. 그렇다면 ratification이 인정되는가?

③ Second Restatement의 경우, purport해야만 인정. → undisclosed principal이므로 갑은 ratify 불가. → 갑 책임 없음.

Third Restatement의 경우, act 또는 purport 모두 인정. → 갑은 ratify 가능. → 갑 책임 있음.

④ Ratification을 했다 하더라도, agent의 책임은 '완벽한 대리권 행사여부'를 기준으로 판단된다. → no authority이고, undisclosed principal이므로 완벽한 대리권 행사로 인정되지 × → Agent 책임 있음.

TIP2 Ratification은 agent가 authority 없이 체결한 계약에 대한 개념으로, 'agent의 authority 유무'를 가장 먼저 analysis하는 것이 고득점 포인트다.

TIP3 2, 3번: Ratification에 관한 답안은 Second Restatement가 적용되는 경우와 Third Restatement가 적용되는 경우를 구분하여 analysis하는 것이 고득점 포인트다.

TIP4 4번: Agent가 완벽한 대리권을 행사하지 않은 경우, agent가 책임을 진다는 conclusion의 근거는 principal의 status에 따라 달리 주장되는 바, analysis에서 principal의 status를 언급하는 것이 고득점 포인트다.

모범답안 002

1. Only 을 is liable for the contract under the Second Restatement, while both 을 and 갑 are liable under the Third Restatement.

An agent acting on behalf of a principal can bind the principal to contracts if the agent has either actual or apparent authority. An agent has actual authority when he has express or implied actual authority. (ANALYSIS)

An agent has apparent authority when a third party reasonably believes that the person has authority to act on behalf of the principal that belief is traceable to the principal's manifestation and the third party had no notice the agent was exceeding his authority. (ANALYSIS) Thus, the principal is not bound by the contract because he has no liability for the contract.

Under the Second Restatement, principal cannot ratify an agent's unauthorized act unless the one acting purported to be acting for the ratifier. (ANALYSIS) Thus, principal cannot ratify.

Under the Third Restatement, a person may ratify an agent's unauthorized act if: (1) the agent acted or purported to act as an agent on the person's behalf; (2) principal's conduct manifests consent; and (3) principal knows all terms of contract. Ratification generally relates back and the transaction is treated as if it were authorized at the time of the transaction. However, it does not relieve the agent of an undisclosed principal. (ANALYSIS) Thus, principal can ratify.

Ratification does not relieve the agent of a partially disclosed principal or an undisclosed principal, unless a third party agreed otherwise. (ANALYSIS: There is no fact indicating 병 agreed to look solely to 갑 for the contract.) Even under the Third Restatement allowing ratification, the agent is liable for the contract as a party to the contract. Thus, agent is liable under the both Second and Third Restatement.

In sum, only 을 is liable under the Second Restatement, while both 을 and 갑 are liable for the contract under the Third Restatement.

IV. Duties of Principal and Agent

Agent와 principal은 대리계약을 체결한 당사자로서, 상호의무를 진다. Principal 은 agent에게 대리비용(compensation) 지불, 협조(cooperation) 등과 같은 계약상 채무(contractual duty)를 지고, agent는 principal에게 신의칙 의무 (fiduciary duty)를 진다. Agent의 신의칙 의무는 합리적인 주의를 기울일 의 무(duty of care), principal의 이익을 위해 행동할 의무(duty of loyalty), principal의 지시에 따를 의무(duty of obedience), principal과 소통할 의무 (duty to communicate) 등을 포함한다.

A. Principal's Duty

1. Contractual Duties

A principal owes the agent all duties imposed by their agency contract.

2. Remedies

When the principal breaches those duties, the agent may:

ⅰ. Terminate the agency (refuse to perform);

ⅱ. Seek contractual damages; or

ⅲ. Seek a possessory lien for money due.

[Possessory Lien]

When a possessory lien is created, the creditor has a legal claim on the item until the debt is satisfied.

B. Agent's Duty

1. Fiduciary Duty

An agent owes the principal the following fiduciary duties within the scope of agency:

ⅰ. Duty of care (to use reasonable care when performing the agent's duties);

ⅱ. Duty of loyalty (to act solely and loyalty for the principal's benefit);

ⅲ. Duty of obedience (to obey all reasonable directions given by the principal and to act in accordance with the express or implied terms of the relationship); and

ⅳ. Duty to communicate (to communicate information that would affect principal).

2. Remedies

When an agent breaches any fiduciary duty owed, the principal may:

ⅰ. Discharge the agent;

ⅱ. Withhold compensation from the agent;

ⅲ. Seek contract remedies (e.g., rescission) with duty to mitigate;

ⅳ. Seek tort damages for agent's intentional or negligent performance; or

ⅴ. Seek indemnity for the agent's actions beyond the agency scope.

Part Two. Agency and Torts

Ⅰ. Vicarious Liability (13July, 15Feb, 21Feb)

> control + w/i scope of employment ⇒ vicarious L.

Agent가 제3자에게 위법행위를 한 경우 principal은 이에 대해 책임이 있는 가. Tort law에 따르면 agent가 제3자에게 위법행위(torts)를 한 경우, 이에 대해 vicarious liability가 인정되는 경우에 한해 principal의 책임이 인정된다. Vicarious liability는 위법행위를 한 자와 특별한 관계를 맺고 있는 자가 해당 위법행위에 대해 배상해야 하는 책임을 뜻하는 바, 한국법상 사용자책임에 해당한다. 여기서 '특별한 관계'란 대리관계(agency)를 뜻하며, 위법행위를 한 자가 agent, 위법행위를 한 자와 특별한 관계를 맺고 있는 자가 principal에 대응된다. 따라서 본 개념은 사용자(employer)와 근로자(employee)의 관계, partnerships(합명회사, 합자회사 또는 유한책임회사) 및 joint venture와 사원(partners)의 관계 등에 모두 적용가능하나 편의를 위해 이하 내용은 사용자와 근로자의 관계로 설명하였다. Vicarious liability가 인정되려면 두 요건이 만족되어야 하는데, ① 사용자가 근로자를 통제(control)할 수 있을 것 (doctrine of respondeat superior), ② 근로자(employee)의 위법행위가 고용업무 수행 과정(within the scope of employment) 중 발생할 것(employee v. independent contractor rule)이 그것이다. 두 요건 모두 questions of fact 로서 jury가 판단한다. 요건①에서 '사용자가 근로자를 통제(control)할 수 있다'는 것은, 근로자가 independent contractor가 아닌 employee로 고용되어 있다는 것을 의미하는 바, 그 여부는 업무상 전문적인 skill이 필요한 정도, 급여 지급 방식, 고용기간 등 다양한 요소들을 종합적으로 판단하여 결정된다. 다만, independent contractor인 을의 행동을 보고 제3자(병)가 그를 employee 라고 합리적인 믿음을 가졌고, 그 믿음에 의지하여(rely on) 계약을 체결하였다면, estoppel doctrine이 적용되어 해당 계약에 대한 vicarious liability가 인정된다. 본래에는 을이 independent contractor이므로 vicarious liability가 인정되지 않는, 즉 갑이 principal로 인정되지 않는 계약이나, 병의 합리적인 믿음을 저버리지 않기 위해 예외적으로 갑의 책임을 인정하는 것이다. 본 rule은 apparent authority와 밀접한 연관을 가진다. Apparent authority는 agent가 actual authority를 가지고 있는 것은 아니나 principal의 행동으로부터 제3자가 agent의 authority를 믿기에 충분했던 경우에 인정되는 권리이다. 이 경우 actual authority는 employee로서의 authority에, 을은 non−employee agent에 대응된다. 따라서 제3자(병)은 을의 행동이 within the scope of employment라는 합리적인 믿음을 가지고 그 믿음에 의지하여(rely on) 계약을 체결하였으므로, 을이 principal(갑)이 control할 수 없는 non−employee agent(independent contractor)일지라도 갑의 책임이 인정된다. 요건②는 torts를 범한 자, 즉 agent의 위법행위가 고용업무 수행 과정(within the scope of employment) 내의 행위인지 그 여부를 판단하여야 하는데, employee의 업무유형, 허가된(authorized) 시간 및 장소에서의 발생유무, 해당 행위의 동기(motivation) 등이 종합적으로 고려된다.

한편, vicarious liability는 agent가 범한 intentional torts와 criminal acts에 적용불가하다. 즉, 상기 두 요건①과 ②가 충족되었다 할지라도 employer는 employee의 고의(intent)에 의한 위법행위와 형법상 위법행위에 대해 책임이 없다. 다만, '고의에 의한 위법행위'가 발생한 경우일지라도 employer가 employee에게 해당 행위에 대한 권한을 명시적으로 위임하였거나 해당 행위가 고용업무를 수행하는 과정에서 자연스럽게 발생하는 행위이거나 employee가 employer를 위해 한 행위라면, 예외적으로 vicarious liability가 인정되는 바, employer(principal)의 책임이 인정된다.

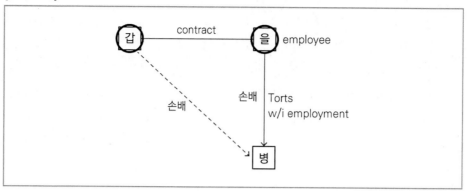

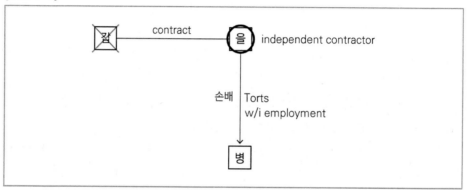

A. Employee v. Independent Contractor Rule

• Independent contractor = Non-employee

1. General Rule

★Principal **is liable** for torts committed by the agent, if principal employed him **as an employee.** By contrast, principal is **not liable** for torts committed by the agent, if principal employed him **as an independent contractor.**

The test of whether a person is an employee is whether the person's physical conduct in the performance of the services is **subject to the employer's control or right to control,** and it is generally **a question of fact.**

2. Considering Factors

The factors used to determine whether an agent is an employee or independent contractor are:

i . **Level of skills** required;

    (Skill을 많이 요하지 않는 업무라면, employee로 본다.)

ii . Whether **work is part or whole** of principal's business;

    (근로자의 업무가 고용자 사업의 일부라면, employee로 본다.)

iii. Whether **the principal controls the manner and means of the agent's performance of work;**

    (고용주가 근로자의 업무에 대해 control할 수 있다면, employee로 본다.)

iv . **Payment** for regular work; and

    (시급이라면 employee로, 프로젝트별로 급여를 지급한다면 independent contractor로 본다.)

v . **The length** of the relationship.

    (지속되는 관계라면 employee로, 특정 프로젝트 동안에만 유지되는 관계라면 independent contractor로 본다.)

3. Apparent Authority and Vicarious Liability (20Feb)

Although a principal is generally not vicariously liable for the torts committed by an **independent contractor,** a principal can be **vicariously liable** when the third party **relies upon** the appearance of agency. Thus, when the independent contractor has **apparent authority,** principal is liable.

B. Doctrine of Respondeat Superior

1. General Rule

★Under the doctrine of respondeat superior, principal will be liable for the agent's **tortious** conduct only if it occurred **within the scope of his employment.**

Whether an employee was acting within the scope of his employment is generally **a question of fact.**

2. Considering Factors

The factors used to determine whether the employee's conduct was occurred within the scope of his employment are:

ⅰ. Whether it is of kind that the employee is employed to perform;

ⅱ. Whether it occurs substantially within the authorized time and space limits; and

ⅲ. Whether it is motivated, at least in part, by a purpose to serve the employer.

3. Exceptions

A principal **is** vicariously liable **for an agent's tortious conduct** occurred **not** within the scope of his employment only when:

ⅰ. Employer **intended** the conduct or consequences;

ⅱ. Employer was **negligent or reckless** in selecting, training, controlling, supervising the employee;

ⅲ. The conduct involved an principal's **non-delegable duty;** or

ⅳ. When employer has apparent authority, the agent's appearance of authority enables the agent to commit the tort **and** the third party relied on that authority.

C. Indemnification

Vicarious liability는 'agent(을)'의 책임을 principal(갑)에게도 지우는 개념으로, 이것이 인정되는 사안에서는 제3자(병)는 갑과 을 중 아무나 임의로 선택하여 소송하더라도 cover damages할 수 있다. 만일 병이 갑을 상대로 소송을 하였고 cover damages하였다면, 이는 갑이 을의 tort에 대하여 을 대신 변제한 것이므로 갑은 을을 상대로 구상권(indemnification)을 청구할 수 있다. 본 개념은 Torts상의 indemnification과 동일하다.

The paying defendant can be entitled to indemnification from nonpaying defendant, when the paying defendant was not at fault in causing the plaintiff's injuries.

답안요령

Q: <u>Is 갑 liable for the injuries?</u>

1. Independent contractor v. employee
2. Analysis
3. If employee → Doctrine of respondeat superior
4. Analysis
5. 결론 + indemnification

TIP Employee v. independent contractor rule과 doctrine of respondeat superior에 대한 고려요소는 jury가 판단하는 questions of fact이므로, 열린 결론으로 서술하는 것이 좋다.

모범답안 003

1. 갑 is liable for 을's torts but he is entitled to identification from 을.

Principal is liable for torts committed by the agent, if principal employed him as an employee. By contract, principal is not liable if principal employed him as an independent contractor. The test of whether a person is an employee is whether the person's performance of the services is subject to the employer's control or right to control, and it is generally a question of fact. There are several factors to be considered: level of skills required, whether the work is part or whole of principal's business, whether the work was under the principal's control, whether the person is paid for regular work, and the length of the relationship.

(ANALYSIS)

Under the doctrine of respondeat superior rule, principal will be liable for the agent's tortious conduct only if it occurred within the scope of his employment. It is generally a question of fact. There are several factors used to determine whether the employee's conduct was occurred within the scope of his employment: whether it is of kind that the employee is employed to perform, whether it occurs substantially within the authorized time and space limits, and whether it is motivated, at least in part, by a purpose to serve the employer.

(ANALYSIS: Here, 을's conduct was occurred within the scope of his employment. First, 을 was employed by 갑 to construct a building. 을 was negligent during the delivery of required equipment for the construction. Thus, the delivery is of kind that 을 is employed. Second, ……. Third, …….) The paying defendant can be entitled to indemnification from nonpaying defendant, when the paying defendant was not at fault in causing the plaintiff's injuries. (ANALYSIS)

Thus, 갑 is liable for the 을's torts but he is entitled to identification from 을.

Ⅱ. Principal's Negligence (20Feb)

갑은 을이 운전에 미숙하다는 점을 알고도 그를 employee로 고용하였고, 이후 을이 갑을 대리하여 업무를 하던 도중 차로 병을 치었다고 가정해보자. 본 사안에서 갑이 책임을 지는 두 개의 근거가 있는데, ① 갑의 negligence와 ② 갑의 vicarious liability가 그것이다. ① 갑이 알고도 고용하였으므로 을을 고용하는 과정에서의 negligence가 인정된다. 갑의 행위가 병의 injury를 야기하였는 바, 갑은 자신의 negligence에 대해 책임을 져야 한다. 즉 principal은 agent를 선택하고, 훈련하고, 관리하는 등 고용에 있어 주의를 다할 의무(duty)가 있는 바, 이에 대한 negligence가 인정되면 책임을 진다(negligent selection rule). ② 갑과 을 관계(고용관계)에서 갑은 principal, 을은 agent에 대응되는 바, 갑의 vicarious liability가 인정되어 책임을 진다. 즉 vicarious liability는 'agent'의 책임이 인정되는 사안에서 principal(갑)이 agent(을)와 특수한 관계(vicarious liability)를 형성하고 있다는 것을 근거로 갑에게 을과 동일하게 책임을 지도록 하는 것이다. 두 근거 모두 갑의 책임유무를 판단하는 기준이라는 점에서는 동일하나, 양자는 서로 무관하고, ①은 갑이 자신의 과실

(negligence)에 대해 직접적으로 책임을 지는 것이므로 을에게 indemnification
을 청구할 수 없다는 차이가 있다.

★Under the negligent selection rule, when a principal was **negligent (or
reckless) in selecting, training, retaining**^{유지}**, supervising, or otherwise
controlling the agent, a principal is liable,** regardless of vicarious liability.
This rule applies when a person(갑) conducts an activity through servants
or other agents and when a foreseeable risk of harm is created.

✔ A task requiring an instrumentality dangerous without appropriate skill
   or supervision
✔ Task posing a foreseeable risk of criminal or other intentional misconduct
   without choosing an actor with due care in reference to the risk
✔ Principal 갑 knew that 을 has no appropriate skill to perform the
   work, but 갑 ignored it.

2장
Partnerships

//

미국법상 법인은 general partnership(GP), limited partnership(LP), limited liability partnership(LLP), corporation, limited liability corporation(LLC)으로 나누어지며, 각 유형은 한국법상 합명회사, 합자회사, 유한책임회사, 주식회사, 유한회사에 해당한다. 각 법인을 구분하는 기준이나 각 법인에 적용되는 rules는 한국법과 미국법이 거의 유사하다. 다만, 미국법에서는 GP, LP, LLP를 partnerships라 통칭하면서 법인을 크게 partnerships와 corporation and LLCs로 구분하는 바, 본 서도 미국법인을 「2장 Partnerships」와 「3장 Corporation and LLCs」로 구분하여 논한다. 한편, 「1장 Agency」에서 논한 agency rule은 회사와 사원간의 관계에 적용되는 바, 모든 유형에 있어 '회사의 책임유무'는 기본적으로 이를 기준으로 한다.

[미국 법인의 유형 정리]
- GP: 한국의 합명회사에 해당함. 책임사원으로 구성되며, UPA(1997) 및 RUPA가 적용됨.
- LP: 한국의 합자회사에 해당함. 무한책임사원 및 유한책임사원으로 구성되며, ULPA 및 RULPA가 적용됨.
- LLP: 한국의 유한책임회사에 해당함. 유한책임사원으로 구성되며, RUPA가 적용됨.
- LLC: 한국의 유한회사에 해당함. 유한책임사원(member)으로 구성되며, RULLCA 가 적용됨.
- Corporation: 한국의 주식회사에 해당함. Shareholders와 directors로 구성되며, MBCA가 적용됨.
- UPA: Uniform Partnership Act

- RUPA: Revised Uniform Partnership Act
- ULPA: Uniform Limited Partnership Act
- RULP: Revised Limited Partnership Act
- RULLCA: Revised Uniform Limited Liability Corporation Act
- MBCA: Model Business Corporation Act

[도표 2-1]

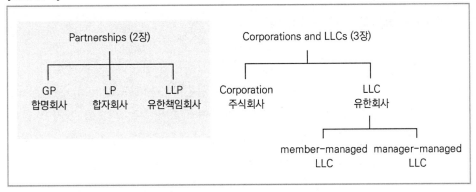

☑ 글쓰기 Tips

1. 각 회사유형에 따라 별도의 규정이 적용되는 바, 주어진 '회사의 유형'을 파악하는 것이 Partnerships 문제에서 가장 중요하다.
2. 회사와 사원간 책임문제(personal/limited liability), 사원의 권리 및 신의칙 의무 (fiduciary duty), 탈퇴(dissociation) 및 해산(dissolution)에 대해 주로 출제된다. 그 중 회사·사원간 책임문제와 사원의 fiduciary duty에는 agency rule이 적용된다.
3. General partnership의 경우, 설립된 회사의 유형을 묻는 문제가 자주 출제된다.
   Q: <u>What type of business entity is ABC?</u>
4. Limited partnership에 관한 문제의 출제빈도수는 매우 낮다.
5. General partnership에서 limited liability partnership으로 변경된 경우, 회사채무 에 대해 사원이 어떤 책임을 지는지 그 여부를 판단하는 문제가 자주 출제된다.
   Q: <u>Are 갑 and 을 personally liable to the customer for the $300,000 judgment against LLP?</u>

Part One. General Partnerships (GP)

General partnership(GP)은 "partnership"이라고도 하며, 한국적 개념으로 '합명회사'에 해당한다. 이하 GP설립, GP와 관련된 모든 관계, 사원탈퇴 및 회사해체에 대해 논한다.

Ⅰ. Formalities (19Feb, 21Feb)

GP 설립에는 형식적 요건이 요구되지 않기 때문에 단순히 두 명 이상의 사람들이 함께 경영하는 것만으로도 GP가 설립된다. 즉 별도의 filing(형식적 요건) 없이 두 명 이상의 사람들이 '함께 경영'하고자 하는 의도를 가지고 있는 한 GP의 설립이 인정된다. 형식적 요건이 요구되지 않더라도 사원간 partnership agreement를 체결하여 GP를 설립하는 경우도 있다. 한편, '함께 경영하고자 하는 의도'는 사원간 'general partnership을 설립'하고자 하는 구체적인 수준의 의도가 요구되는 것은 아니며, 사업의 이익을 분배받은 자들 간 존재한다고 추정한다. 이는 사업의 이익을 분배받은 자들을 partner로 추정(presume)하기 때문이다. 다만, 사업의 이익을 분배받았다 하여 반드시 partner인 것은 아니고, 그것을 채권, 임금(salary) 등을 이유로 지급받은 것이라면, 그는 partner가 아닌 creditor로 인정되는 바, 그의 의도는 GP설립여부를 판단하는데 고려되지 않는다. 또한 두 명 이상의 공동자산이 존재한다는 것, 회사 소유권의 일부를 가지고 있다는 것 등과 같이 단순히 권리를 share한다는 사실만으로는 GP설립이 인정되지 않는다.

A. General Rule

★A general partnership is created when two or more persons, as co−owners, carry on a business for profit.

No written agreement or formalities are required. A person's intent to form a partnership or be partners is also not required.

Neither common property nor part ownership alone is enough to establish a partnership.

B. Partner and Creditor

★A person who receives a share of the profits of the partnership business is presumed to be a partner of the business.

The presumption is **not** applied when the profits are received as a payment:

ⅰ. **Of a debt;**

ⅱ. **For wages as an employee** (independent contractor);

ⅲ. Of rent;

ⅳ. Of an annuity or other retirement benefit;

ⅴ. Of interest or loan charges; or

ⅵ. For the sale of the goodwill of a business.

Ⅱ. Relationship between General Partnership and Partners

본 파트는 GP가 설립됨으로써 발생하는 모든 관계에 대해 논하는 바, GP와 GP사원간 관계, GP사원들간 관계, GP사원이 GP에 가지는 권리 등에 대해 논한다. GP와 GP사원간 관계에서는 GP가 principal에, GP사원이 agent에 대응되는 바, agency rule을 기본으로 GP사원이 행한 법률행위의 효과가 GP에 귀속되는지, 귀속된 GP의 책임에 대해 GP사원이 책임을 지는지 등을 판단한다.

A. General Partnership's Liability (19Feb, 20Oct)

본 파트는 GP의 사원(partner)이 GP를 대리하여 한 법률행위(계약체결)의 효과가 GP에 귀속되는지 그 여부에 대해 논한다. 사원(partner)은 agent, GP는 principal에 대응되는 바, 이는 agency rule에 근거하여 판단된다. Agency rule에 따르면, agent가 완벽한 authorization을 행사하여 제3자와 계약을 체결한 경우 그 계약의 효과는 principal에 귀속된다. Actual authority의 경우, GP의 모든 사원(partner)은 회사를 경영하고 관리할 권한을 가지는 바,

partnership agreement상의 내용 또는 사원간 별도의 합의를 근거로 그 유무가 판단된다. 예컨대, 자전거 조립 및 판매 사업을 하는 GP에 사원 갑, 을, 병이 있고, partnership agreement상 갑은 자전거 부속품을 구입하는 업무, 을은 자전거를 조립하는 업무, 병은 자전거를 판매하는 업무를 맡기로 명시되어 있다고 가정해보자. 갑이 제3자 정으로부터 자전거 체인을 10억에 구입하겠다는 계약을 체결하였다면, 이는 partnership agreement상의 내용에 부합하는 행위로서 actual authority가 인정되는 바, 10억에 대한 채무는 GP가 진다. 만일 partnership agreement상 authority에 관해 정해진 바가 없다면, 사원은 해당 사업(자전거 조립 및 판매)에 있어 관례적인(usual and customary) 법률행위를 할 actual authority가 있다고 본다. 다만, 그러한 행위라 할지라도 사원(갑)이 단독으로 행위할 당시 타 partner들(을과 병)이 이에 동의하지 않을 것임을 인지하고 있었거나 그 행위가 타 partner들과의 합의(consultation)를 요하는 행위였다면, 갑의 단독행위에 대해 actual authority가 인정되지 않는 바, 계약을 체결한 당사자인 partner(갑)가 단독으로 책임을 진다. 한편, 사원간 별도의 합의가 있는 경우 actual authority가 인정되기도 한다. 여기서 '합의'의 정도(다수결 또는 전원합의)는 각 상황마다 달리 요구된다. 회사경영을 위한 행위에 있어 사원간 의견충돌이 있는 경우에는, 다수결(majority)로 결정해야 하고, 회사경영을 위한 행위를 벗어난 사안에 대해서는, 전 사원의 동의가 있어야만 actual authority가 인정된다. 예컨대, 갑이 자전거 체인을 구입하기 위해 정과 계약을 체결하는 것에 대해 을이 반대의 의사를 표시하였다면, 갑의 행위는 ordinary course of business이므로 두 명 이상의 동의가 있어야만 갑의 actual authority가 인정된다. 만일 갑이 정으로부터 토지를 매입하는 계약을 체결하였다면, 토지매입은 자전거 조립 및 판매업에서 ordinary course of business로 보기 어려우므로 을과 병 모두의 동의가 있어야만 갑의 actual authority가 인정된다.

Apparent authority의 경우를 살펴보자. 만약 상기 예시에서 '을'이 정으로부터 자전거 체인을 구입하였다면, 이는 actual authority가 없는, 즉 대리권을 넘어선 행위이다. 그러나 apparent authority가 인정되면 authorized된 행위로서 그 효과가 GP에 귀속될 수 있다. Apparent authority는 제3자(병)가 을이 대리권을 가지고 있다고 믿은 것이 합리적이고, 그 믿음이 principal의 행동(manifestation)으로부터 발생했고, 제3자(병)가 을에게 대리권이 없다는 사실을 알지 못한 경우 인정된다. 본 rule이 회사(GP)와 그 사원에 대한 case에 적용된다면, apparent authority는 사원이, 회사경영을 위해(in the ordinary course of business) 한 행위를 하였고, 제3자(병)가 을에게 대리권이 없다는 사실을 알지 못한 경우 인정된다. 정의 입장에서, GP의 사원인 을이 자전거 조립 및 판매사업을 하는 GP를 위해 자전거 체인을 구입한다면, 을에게 대리권이 있다고 믿는 것이 합리적이기 때문이다. 따라서 을이 정과 계약을 체결한 것은 actual authority는 없으나 apparent authority가 있는 행위로서 계약의 효과는 GP에 귀속되는 바, GP는 정에게 10억을 지불해야 한다.

Partner는 GP를 대리하여 법률행위를 한다 하였다. 그렇다면 partner는 이에 대한 보수를 GP에 요구할 수 있는가. 보수받을 권리를 영어로 "right to remuneration^{보수}"라 표현하는데, 원칙적으로 인정되지 않는다. 대신, 사원은 GP의 이익에 대한 권리를 가지며, remuneration의 경우 사원의 동의가 있거나 GP를 winding up하는 과정에서 제공한 service에 대해서는 요구할 수 있다. 한편, 사원이 GP를 경영하는 과정에서 자신의 자산을 소비한 비용에 대해 right to reimbursement를 가지는 바, 해당 사원의 소비행위가 duty of care 및 duty of loyalty에 부합하고 해당 비용이 ordinary course of business 과정에서 발생되었다면, GP로부터 상환받을 수 있다.

[표 2-1] 'authority 유무' 판단기준

	PA 있는 경우	PA 내용에 입각하여 판단	
Actual Authority	PA 없는 경우	usual, customary ⇒ 인정 unless disagree를 예상 또는 합의가 필요	
	합의가 있는 경우	ord.cs.biz인 경우	majority
		ord.cs.biz 아닌 경우	unanimous
Apparent Authority	① by partner ② ord.cs.biz ③ 3rd no knowledge		

*ord.cs.biz: ordinary course of business
*PA: partnership agreement

1. Agency Rule

a. General Rule

★Each partner has **equal rights in the management and control of the partnership's business.** Thus, the scope of a partner's authority is governed **by agency law principle.**

b. Authority

ⅰ. Actual Authority

An actual authority is granted in the partnership agreement or by the consent of partners.

When there is a difference between partners as to a matter in the ordinary business of a partnership, the authority is given by a majority of the partners.

When a partner acts as to a matter **outside** the ordinary course of business of a partnership, the authority is given by the **affirmative vote or unanimous consent by the partners.**

If the partnership agreement is **silent** on the scope of the agent (partner)'s authority, a partner has **actual authority** to **usual and customary** matters, **unless** that partner has reason to **know** that:

① Other partners might disagree; or

② Consultation with other partners is appropriate for some other reason.

ⅱ. Apparent Authority

There is an apparent authority when:

① An act of a **partner;**

② For apparently carrying on **in the ordinary course the business;**

③ A third person had **no knowledge** that the partner lacked authority.

2. Agent's Rights

a. Right to Reimbursement

A partner has a right to reimbursement for **any payment made by him** in the course of the partner's activities on behalf of the partnership, if the partner fulfills his duties of loyalty and care.

b. Right to Remuneration

ⅰ. General Rule

Generally, a partner has **no** right to remuneration^{보수} **for his services** for the partnership. This is because share of profits is deemed as a partner's compensation.

ⅱ. Exceptions

A partner may be entitled to reasonable compensation for services when:

① The services are provided in **winding up** process; and

② The **partners agree** to pay a partner for his or her efforts.

B. Partner's Liability (Personal Liability) (09July, 20Oct, 21Feb)

앞에서 partner의 행위에 대한 'partnership의' 책임유무에 대해 논하였다. 본 파트는 'partner의' 책임유무에 대해 논하는 바, partnership의 채무에 대해 partner가 직접적으로 책임을 지는지 그 여부에 대해 논한다. 예컨대, GP에 사원 갑, 을, 병이 있고 갑이 GP를 대리하여 제3자인 정으로부터 토마토를 20억에 매입하는 계약을 체결하였다고 가정해보자. 이 경우, 갑은 GP를 경영하기 위해 정과 계약을 체결하였는 바, 갑의 행위는 authorized된 행위이고 계약의 효과는 GP에 귀속된다. 즉 GP가 정에게 20억을 지급해야 할 채무를 진다. 그렇다면 20억이라는 GP의 채무에 대해 각 사원, 즉 갑, 을, 병은 어떤 책임을 지는가. 이에 대해 논하려면, 우선 책임의 유형에 대해 살펴보아야 한다. 책임의 유형은 크게 직접·무한·연대책임(personal liability)과 유한·간접책임(limited liability)으로 구분된다. 회사채무에 대해 personal liability를 지는 사원, 즉 회사채무에 대해 직접·무한·연대책임을 지는 사원을 '무한책임사원'이라 일컫고, 회사채무에 대해 limited liability를 지는 사원, 즉 회사채무에 대해 유한·간접책임을 지는 사원을 '유한책임사원'이라 일컫는다. GP의 모든 partner는 personal liability를 진다. 즉 GP의 모든 partner는 회사채무에 대해 직접·무한·연대책임을 진다. 따라서 그들은 회사채무가 완제될 때까지 자기의 전 재산으로서 변제할 책임을 진다. 그러나 무한책임사원의 책임은 보증적 의미가 있고 부종성을 띤다. 따라서 회사채무는 partnership 자산으로 우선 변제되고, partnership의 자산이 부족한 경우에 한해 partner들이 회사 채무에 대해 직접·무한·연대책임을 진다. 상기 예시에서 partnership의 자산이 15억이라면, 정에게 그 15억을 우선 지급하고 남은 5억에 대해서는 사원인 갑, 을, 병이 personal liability를 진다. 이러한 경우, 회사의 채권자(정)는 회사와 사원(갑, 을, 병)을 상대로 각각 소송을 제기하여야 한다. 회사와 사원은 별개의 개체이기 때문이다. 그렇다면 회사의 채권자가 '무한책임사원'을 상대로 소송을 할 때, GP 사원 중 임의로 선택한 한 명(갑, 을, 병 중 한 명)과 GP 사원 전체(갑, 을, 병 모두) 중 누구를 피고인으로 해야 하는가. 이는 법원에서 채택하는 rule에 따라 달리 판단된다. UPA(1997)의 경우, GP의 사원들은 회사채무에 대해 서로 jointly and severally liable하므로, 회사채권자가 GP사원들 중 한 명을 임의로 선정하여 소송을 제기하더라도 full damage를 배상받을 수 있다. 반면, UPA(1914)의 경우 GP의 사원들은 회사채무에 대해 서로 jointly liable하므로, 회사채권자가 회사의 모든 사원들을 대상으로 소송할 경우에 한해 full damage를 배상받을 수 있다. 회사채권자에게 변제한 채무에 대해서는 별도의 합의가 없는 한, GP의 모든 사원들이 이에 대해 동등하게 책임을 지고, 만일 GP의 사원들간 각자의 책임비율에 따라 또는 partnership agreement를 체결한 경우라면, 합의된 책임비율에 따라 책임을 진다.

TIP ① GP 사원의 personal liability는 as a guarantee이다: 회사의 자금으로 우선 변제하고, 부족한 경우에 한해 GP사원의 개인자산으로 변제한다.

② Real property과목의 assignment 논점에서 assignee(T2)는 landlord에 대해 가지는 책임이 as a surety다: Landlord는 assignor(T1)

와 assginee(T2) 중 임의로 선택하여 rent fee를 요구할 수 있으며, 이때 T1에게 먼저 소송해야 하는 것은 아니다.

1. As Guarantees

GP's 자산 먼저 ⇒ 사원's 자산

a. General Rule

A partnership creditor must **first exhaust partnership's assets** before seeking payment on partner's individual property. It places partners more **in the position of guarantor** than principal debtor on the partnership obligation.

b. Proceeding

A creditor must obtain:

ⅰ. Judgment against individually;

ⅱ. Judgment against partnership; and

ⅲ. Levy execution against partnership's assets.

This is because a judgment against a partnership is not a judgment against a partner.

2. Partnership Creditors and Partners

a. UPA 1997

jointly and severally liable

★Partners are jointly and severally liable for all partnership debts, unless otherwise agreed by the claimant or provided by law. Thus, a claimant can collect the full amount of the debt from any one of the partners.

A partner may seek **contribution**.

b. UPA 1914

> jointly liable

Under the UPA 1914, general partners are jointly liable and a plaintiff(정) must join **all partners** in an action.

---

case

GP에 무한책임사원 갑과 을이 있다. 갑과 을은 각자의 책임에 대해 partnership agreement를 맺었는바, 그 내용은 다음과 같다. "60% of profits, losses, and control are allocated to 갑 and 40% to 을." GP는 채권자 병에게 1,000만원의 채무가 있고, GP의 자산은 900만원이다. 병이 갑을 상대로 소송을 하는 경우, 얼마를 recover할 수 있는가?

⇒ UPA 1997에 따르면, partners are jointly and severally liable. 따라서 병은 갑을 상대로 100만원을 fully recover할 수 있다. 다만, 갑·을간 체결한 partnership agreement에 각 사원의 책임 비율을 정해 두었으므로, 이후 갑은 을을 상대로 40만원에 대한 구상권(contribution)을 행사할 수 있다. 한편, UPA 1914에 따르면 partners are jointly liable. 따라서 병이 갑과 을 모두를 상대로 소송하는 경우에만 fully recover할 수 있다. 본 사안에서 병은 갑만을 상대로 소송을 제기하였으므로, 60만원을 recover할 수 있다.

답안요령

Q: <u>Can 병 individually recover from GP's partners, 갑 and 을?</u>

1. (UPA 1997) Jointly and severally liable
   + analysis
2. (UPA 1914) Jointly liable
   + analysis
3. Creditor's steps (×3)
   + analysis
4. Reason★

TIP   UPA 1997과 UPA 1914를 구분하여 analysis하는 것이 고득점 포인

트이나, 답안작성 시간이 부족한 경우 UPA 1997만 작성해도 충분할 것이다.

모범답안 004

1. The creditor can individually recover from partners under the proper proceeding.

Under the UPA 1997, partners are jointly and severally liable for all partnership debts. A claimant can collect the full amount of the debt from any one of the partners. However, the creditor must first exhaust partnership's assets before seeking payment on partner's individual property. It places partners in the position of guarantor, rather than principal debtor on the partnership obligation. (ANALYSIS: In this case, the partners are jointly and severally liable to 병.) Under the UPA 1914, general partners are jointly liable and a plaintiff must join all partners in an action. (ANALYSIS: In this case, the partners are jointly liable to 병.) 병 must obtain judgment against partners individually and judgment against partnership, and levy execution against partnership's assets. This is because a judgment against a partnership is not a judgment against a partner under UPA. (ANALYSIS: In this case, 병 raised both claims against the partnership and partners. 병 obtained judgment and he first exhausted partnership's assets.)

In sum, 병 can individually recover from partners.

C. Between Partners

GP partner 갑이 partnership 운영을 위한 행위를 하는 과정에서 torts가 발생한 경우, GP의 다른 partner인 을에게 이에 대한 책임을 지울 수 있는가. 이는 GP사원간 서로의 torts에 대해 연대책임을 지는가 하는 문제이다. Partner 갑의 행위는 GP(principal)를 위한 agent로서의 행위이므로, 그 torts에 대한 책임은 GP에게 귀속된다. 또한 GP의 모든 partner는 회사채무(책임)에 대해 jointly and severally liable하므로, 을은 그 torts에 대해 personal liability가 있다.

만약 이후 GP에 새로운 partner 병이 입사한다면, 병의 personal liability는 병이 GP에 입사한 '이후'에 발생하는 회사채무에 대해서만 존재하고, 입사하기 '이전' 에 이미 존재했던 회사채무에 대해서는 personal liability가 없다. 즉 병은 갑의 torts에 의한 회사채무(책임)에 대해서는 personal liability가 없다. 이때 병이 입사할 당시 회사채무에 대해 인지하고 있었다는 점은 무관하다. 다만, 병이 GP에 투자한 금액(contribution)이 이를 위해 사용될 수는 있다. 한편, 병이 입사 하기 '이전'에 이미 존재했던 회사채무이더라도, 병이 회사채권자에게 personal liability를 지겠다는 계약을 직접 체결하거나 그러한 내용이 담긴 partnership agreement가 존재하는 경우에는 병의 personal liability가 인정된다.

1. Partners As Agents

★**A partner is an agent of the partnership for the purpose of its business.** When a partner's action appears to be **in the ordinary course of the partnership's business,** his wrongful act creates a **partnership obligation.**

2. New Partner's Personal Liability

a. General Rule

A person admitted to an existing partnership is **not personally liable** for any partnership obligations incurred **before the person's admission.** Although the new partner did not become personally liable, she **will lose her investment in the partnership** as a result of the creditor's claim. Her contribution is **at risk for the satisfaction of existing partnership debt.**

b. Exception

When a new partner assumes liability to third parties **through private contractual guarantees or modifications to the partnership agreement,** the partner is personally liable.

Relationship between partners (갑과 을간 관계)

Q: <u>Is 을 personally liable for the liability caused by 갑?</u>
   <u>(Partner 갑의 행위에 대해 partner 을의 책임이 있는가?)</u>

---

1. Agency rule
   + analysis (actual/apparent authority)
2. GP → jointly and severally L.
3. As guarantor★

TIP   생각 route:
        Partner 갑의 행동으로 인해 피해를 입은 정이 partner 을을 상대로
        소송할 경우, partner 갑의 행동에 agency rule 적용 가능성 여부
        확인
        → if yes, GP에 귀속
        → 을 as a partner of general partnership has personal liability.
        → jointly and severally liable
        → 정 can fully recover from 을.

답안요령 2   New partner and other partners (병과 갑·을간 관계)

Q: <u>Is the new partner 병 has personal liability for the prior partnership debt?</u>

---

1. Partner가 된 시기에 관해 analysis
2. General rule (prior debt에 대해 책임이 없다.)
   + analysis
3. New partner's contribution★

TIP   3번: 회사채무에 대한 새로운 partner의 책임유무에 대해 논하는 경
        우, general rule과 무관하게 새로운 partner의 contribution이 회사채
        무를 위해 사용될 수 있다는 점을 명시하는 것이 고득점 포인트다.

모범답안 005

---

1. The new partner 병 has no personal liability for the prior partnership debt.
(ANALYSIS: The new partner 병 became a partner in the general partnership

after the partnership obligation was incurred.)

A new partner is not personally liable for any partnership obligations incurred before his admission. However, partners can assume liability to the partnership debts through private contractual guarantees or modifications to the partnership agreement.

(ANALYSIS)

Although the new partner did not become personally liable, she will lose her investment in the partnership as a result of the creditor's claim. Her contribution is at risk for the satisfaction of existing partnership debt.

(ANALYSIS)

In sum, the new partner has no personal liability for the prior partnership debt.

D. Partner's Interests (08July)

Partner는 GP에서 사업이익에 대한 권리, 자신이 투자한 금액에 대한 권리, 서류열람권, GP를 해산시킬 수 있는 권리 등 다양한 권리를 가진다. 본 권리를 제3자에게 양도할 수 있는가 하는 것이 가장 큰 논점인데, 대개 사원이 권리를 자신의 개인적 채권자에게 양도하는 case로 출제된다. 예컨대, GP의 사원인 갑이 개인적으로 자신의 친구 정으로부터 1천만원을 빌렸고 본 채무를 이행하고자 갑이 GP에서 사업이익을 받을 권리를 정에게 양도할 수 있는가. 이는 양도하고자 하는 권리가 '자금과 관련된 권리(financial interest)'인지 그 여부에 따라 달리 판단된다. Financial interest에는 사업의 이익을 받을 권리와 자신이 투자한 금액에 대한 권리 등이 있으며 타인에게 양도가능하고, 양도받은 자(정)는 partner(갑)가 이에 대해 partnership에 통지한 이후부터 그 권리를 행사할 수 있다. 즉 partner(갑)는 타인(정)에게 financial interest만을 양도할 수 있으며, 그 외의 권리, 예컨대 서류열람권은 다른 모든 사원들(을과 병)의 동의가 있어야만 양도가능하다. Financial interest 이외의 권한을 갖는 자는 GP의 partner일 수 밖에 없으므로, partner 개인(갑)이 타인(정)에게 financial interest 이외의 권한을 양도할 때에는 새로운 GP의 사원을 영입하는 과정과 동일한 조건인 '모든 사원들의 동의'가 필요한 것이다. 따라서 갑이 정에게 '서류열람권'을 양도하고자 한다면, 반드시 을과 병의 동의가 필요하다. 한편, 채권자(정)가 obtained judgment against the partner인 경우, 즉 법원의 재판으로서 채권을 인정받은 자는 두 가지 방법을 통해 자신의 채권을 행사할 수 있는데, 하나는 집행소송을 진행하는 것이고, 다른 하나는 partner(갑)로부터 financial interest를 직접 양도받는 것이다. 한편, 「A. General Partnership and Partners」에서 논한 사원의 권리는 principal을 대리하여 법률행위를 한 행위에 대한 권리, 즉 'agency로서'의 권리를 의미하는 바, 'partner로서' GP에 요구할 수 있는 권리에 대한 본 파트의 내용과 다소 차이가 있다.

1. General Rule

★The **financial interest** is the only partner's interest in the partnership that is **transferable.** This is because the financial interest is treated as personal property. Thus, The financial interest can be pursued by a creditor of an individual partner.

2. Financial Interest

★The partner's financial interest is **transferable interest in the partnership.**
★**Financial interest includes:**
ⅰ. A partner's interest in **the share of the profits and losses;** and
ⅱ. His right to receive **distributions.**

✔ Property is partnership property acquired in the name of the partnership. － ×(creditor가 이에 대해 권리 주장 불가)
✔ Right to participate in management or conduct of the business － ×

3. Judgment Creditor's Steps

a. Method 1

First of all, a creditor of an individual partner who wants to pursue a partner's financial interest in the partnership must reduce his claim to a judgment.

Secondly, the creditor may seek a charging order against that partner's financial interest in the partnership.

b. Method 2

Another way is to convince partner to assign him his interest in the partnership.

The transfer of that interest is permissible and creates in the transferee a right to receive distributions, **as long as a partner notices the transfer to the partnership.**

4. Partnership Property

★**Partners have equal right to use the partnership property only for partnership purposes. This is because the partnership is an entity distinct from its partners.** Thus, partnership property is owned by the partnership and a partner is not a co−owner of such property.

A partner does not have the unilateral power to make someone a partner by transferring his or her partnership interest to them.

답안요령

Q: <u>Does the creditor have right on the [partnership property]?</u>
<u>Partner 개인의 creditor가 partnership property에 대해 채권을 행사할 수 있는가?</u>

1. Rule (becoming partner)
2. Only financial interest
3. "Financial interest"
4. Analysis

TIP 4번: 'Partnership의' 자산과 'partner 개인' 자산의 차이점, partner가 되는 과정과 partnership interest를 assign하는 과정의 차이점에 중점을 두고 서술하는 것이 고득점 포인트다.

1. The creditor of the partner does not have the right on the [ABC land].

A partner does not have the unilateral power to make someone a partner by transferring his or her partnership interest to them. The financial interest is the only partner's interest in the partnership that is transferable. This is because the financial interest is treated as personal property. Thus, The financial interest can be pursued by a creditor of an individual partner. Financial interest includes a partner's interest in the share of the profits and losses and his right to receive distributions.

(ANALYSIS: In this case, 갑 attached ABC land which is a partnership property. The partnership is an equal entity distinct from its partners. Thus, partnership property is owned by the partnership and a partner is not a co-owner of such property. ABC land is owned by the partnership, and it cannot be transferred to 을 without the consent of all partners.)

In sum, the creditor of the partner does not have the right the on the [ABC land].

Ⅲ. Dissociation and Dissolution (08July, 11July, 18Feb, 19Feb)

- Dissociation: Partner의 탈퇴
- Dissociating partner: 탈퇴한 사원(partner)
- Non-dissociating partner: 탈퇴하지 않고 그대로 남아있는 사원(partner)
- Dissolution: 회사의 해체
- Winding up: 회사가 해체될 때 회사의 채무 및 자산을 정리하기 위한 일정 기간

Dissociation이란, partner의 탈퇴를 뜻한다. Dissolution이란, 회사의 해체를 뜻한다. Dissociation은 탈퇴한 partner의 탈퇴과정의 적합성을 기준으로 rightful dissociation과 wrongful dissociation으로 구분된다. Partner의 dissociation 과정이 partnership agreement에 부합했다면 rightful dissociation이고, 그렇지

않은 경우는 wrongful dissociation이다. GP at will에서 일단 dissociation이 발생하면, dissociation의 적합성과 무관하게 GP는 해체되며 winding up 과정을 거쳐야 한다(default rule). 하지만 wrongful dissociation의 경우에도 GP가 해체된다면 이는 다른 partner들(non-dissociating partner)에게 부당한 처사이므로, wrongfully dissociating partner를 제외한 나머지 사원에게 waive dissolution할 수 있는 기회가 주어진다. Non-dissociating partner가 waive dissolution하면 GP는 지속된다.

만약 dissociating partner가 rightful dissociation을 했다면, 그는 그의 탈퇴에 대해 회사나 다른 사원들에게 어떠한 책임도 지지 않으며 winding up 과정에 참여할 수 있다. Winding up 과정에 있어 GP사업을 유지할지에 대한 여부는 사원들의 투표를 통해 결정된다. 만약 dissociating partner가 wrongful dissociation을 했다면, 그는 winding up 과정에 참여할 수 없고, 탈퇴하면서 회사로부터 받을 수 있는 interest 규모는 다른 partner들의 회사를 계속할지에 대한 결정에 따라 달라진다. 나머지 partner들이 waive the dissolution하여 GP가 계속된다면, dissociating party는 자신의 interest에서 부적합한 탈퇴로 인해 GP가 입은 피해액을 상계한 만큼의 distribution만을 받을 수 있다. 나머지 partner들이 GP를 해체시키기로 결정(non-waive)한 경우에는 dissociating party를 포함한 모든 partner들은 회사의 남은 자산에 대해 동일한 권리를 가진다.

만일 partner(갑)가 자신의 채권자(정)에게 financial interest를 양도하였고 그 후 정이 회사의 dissolution을 주장한다면, 그 주장은 유효한가. 즉 financial interest를 양도받은 제3자가 회사의 dissolution을 주장할 수 있는가. 이는 partnership의 존속기간에 따라 달리 판단된다. GP의 존속기간이 특별히 정해져 있지 않은 GP at-will인 경우, GP 존속기간이 특정된 GP for a fixed term인 경우, 특정 업무를 수행하는 동안 존재하는 GP인 경우, 이 세 개의 경우에는 creditor(정)의 dissolution 주장은 유효하다. 즉 정이 dissolution을 주장하면 rightful dissolution으로서 취급된다. 반면, 이 외의 경우에는 GP는 계속된다.

A. Dissociation

A partner can dissociate from the partnership **at any time when the partner expressed his will to withdraw as a partner.** The notice of the partner's dissociation need not be in writing.

B. Dissolution

1. General Rule

Dissolution is caused by:

i. In a partnership at will, a partner's dissociation;

ii. In a partnership for fixed term or for purpose: undertaking completed, term expires, consent by all partners to dissolve it;

iii. Dissolving event in partnership agreement;

iv. Illegality uncured within 90 days;

v. Judicial determination of frustration of purpose, of finding that it's not reasonably possible to carry on business with a particular partner, or not reasonably practicable to carry on the agreement; or

vi. Judicial determination of equitability of termination.

2. In At-Will Partnership

★Generally, a partner's dissociation in an at−will partnership results in its dissolution and the business must be wound up.

However, remaining partners **can waive** the dissolution **by the affirmative vote or consent of all remaining partners.**

3. Winding Up Process

All partners, including the dissociating partner, are **jointly and severally liable** for partnership's obligation incurred **during the winding up process.**

If the partnership is bound, then each partner is **liable for his proportionate share of his liability.** The partnership is bound by a partner's act after dissolution if the act was appropriate to the winding up of the partnership.

4. Dissociating Partner's Rights

a. Financial Rights

★When a dissociating partner made a rightful dissociation, the partner is entitled to the **value of his interest.**

★When the dissociating partner made a wrongful dissociation, he is entitled to receive the value of his interest **less the damages he caused** by wrongfully causing the partnership's dissolution.

The "partner's interest" means that is **in the value of partnership** based on the greater of its liquidation or going−concern value and is equal to the partner's interest purchased **for a buyout price.**

Further, if the dissociating partner makes a written demand for payment and no agreement is reached within 120 days after the demand, the partnership must pay in cash the amount it estimates to be the buyout price, including accrued interest.

[Buyout Price]

In finance, a buyout is an investment transaction by which the ownership equity of a company, or a majority share of the stock of the company is acquired.

b. Participation in Winding up

A dissociating party can **participate** in winding up, only when he made a **rightful dissociation.**

Even when a dissociating party can participate in winding up, the partner cannot compel the cessation^{중지} of operations of the partnership and the sale of its assets.

The decisions during winding up process are made **by votes or all consents of the partners.**

5. Dissolution and Partner's Creditor

★A transferee of a partner's financial interest in a partnership may seek dissolution of the partnership if the partnership is a partnership at–will or, if a partnership is for a term or a particular undertaking, the term or the undertaking has been completed. It is allowed only when it is equitable.

[표 2-2]

Dissociation in GP at will (UPA 1997)			
Dissociation ⇒ Dissolution BUT!! wrongful dissociation ⇒ waive할 기회 有			
	Rightful Dissociation	Wrongful Dissociation	
		waive a dissolution (GP 계속)	do not waive (GP 종료)
Results of dissociation	dissolution	Other partners continue the business without 갑	Other partners must wind up (default rule)
Dissociating party's rights	account = contribution ± share of profit/loss − partnership L.	(the value of his interest) − (the damages he caused by wrongfully causing the partnership's dissolution)	= other member's rights to the partnership property
Dissociating party's liability	no liability	有 liability (both to partnership + partners for wrongful dissolution + for breach of PA)	
Dissociating party's winding up 참여가능여부	can	—	cannot
After dissolution	All partners are liable for partnership debt incurred during the winding up process.		

*갑: dissociating party (dissociate한 사원)
*PA: partnership agreement

Part Two. Limited Partnerships (LP)

Limited partnership(LP)이란, 한국법상 '합자회사'를 뜻한다. LP는 GP와 유사한 점이 많고, 다른 법인유형에 비해 LP에만 별도로 적용되는 rules가 적어, 출제빈도가 낮다. 본 파트는 LP설립과 사원간 차이점을 중심으로 논하였고, 그 외의 rules는 표로 간략히 정리해두었다(표2-3).

Ⅰ. Formalities

Limited partnership(LP)이란, 한국법상 '합자회사'를 뜻한다. Limited partnership 은 "Certificate of Limited Partnership" 서류를 제출하고, 최소 한 명 이상의 무한책임사원이 존재해야만 그 설립이 인정된다. 만약 이 두 요건을 갖추지 못한 채 사업이 운영되면, 그 회사는 general partnership(GP)으로 인정된다. 앞서 언급한 바와 같이, GP 설립에는 형식적 요건이 요구되지 않기 때문에 단순히 두 명 이상의 사람들이 함께 경영을 하겠다는 의도만으로도 GP가 설립될 수 있기 때문이다. LP의 partner는 한 명 이상의 무한책임사원(general partners)과 한 명 이상의 유한책임사원(limited partners)으로 구성되어 있다. General partners와 limited partners는 회사채무에 대해 지는 책임의 정도뿐만 아니라 회사에서의 역할이 다르다. 자세한 내용은 이하 「Ⅱ. General Partner v. Limited Partner」에서 논하도록 한다.

A. General Rule

> general partner 1명 이상 + limited partner 1명 이상 + filing of
> Certificate of LP

A limited partnership is created when the partners **file the Certificate of limited partnership,** and there must be **at least one general partner** and at least one limited partner.

B. Certificate of Limited Partnership

Certificate of limited partnership must include:

i. Name and address of LP;

ii. Name and address of partners;

iii. Whether the partnership is LLP; and

iv. It must be signed by a **general partner.**

II. General Partner v. Limited Partner

General partner 갑, 을과 limited partner 정, 병으로 구성된 LP가 있다고 가정해보자. 여기서 general partner의 역할은 GP에서의 partner와 동일하다. 즉 partnership의 경영을 책임지고 회사채무에 대해 무한책임(personal liability)을 진다. 갑이 LP의 경영을 위해 제3자 무에게 20억을 지급할 계약을 체결하였다면, 해당 계약의 효과는 LP에 귀속되며 LP의 자산이 15억일 경우, 나머지 5억에 대해서는 갑과 을이 연대책임을 진다(jointly and severally liable). 한편, limited partner는 partnership의 경영에 일체 관여하지 않고 출자액에 한하여 책임을 질 뿐이다. 따라서 정과 병은 갑과 같이 경영을 위한 법률행위를 일체 하지 않을 것이며, 회사채무 중 5억에 대한 책임도 없다. 다시 말해, 그들은 개인 자산으로 져야 할 책임이 없으며, 그들이 지급한 출자액은 회사 자산, 즉 15억에 포함되는 바, 출자액만이 회사채무 20억을 지급하는 데 사용된다.

A. Personal Liability

General partner is personally liable (jointly and severally liable).

Limited partner has no personal liability (has limited partnership).

B. Fiduciary Duty

General partner owes the limited partnership duty of care and duty of loyalty.

Limited partner who does not manage the partnership has **no** fiduciary duty.

C. Right to Manage

General partner shares the right to manage equally between general partners.

Limited partner has **no** right to manage.

D. Right to Dissociation

General partner has the right to dissociation through the express of his will to dissociate.

Limited partner has **no** right to dissociate.

[표 2-3]

	General Partner	Limited Partner
Management right	有 equally between general partners	no
Liability	有 personal liability	not personally liable
Fiduciary duty	有 duty of care + duty of loyalty	no
Common character (공통점)	① Right to distributions in proportion to the value of each partner's contribution ② Right to assign partnership interest (FIN interest) ③ Right to dissolve ④ Right to maintain a derivative action and makes a demand on the GP or demand would be futile	
Need unanimous consent (Both general + limited partner)	① Amendment of the PA ② Dissolution ③ Transactions of all/subst. all of LP's extraord. cs. of biz ④ Admitting a new general partner ⑤ Compromising a partner's obligation to make contributions	

Right to information	= GP	① To inspect and copy any partnership records required to be maintained ② To obtain from the LP upon reasonable demand related to her partnership interest ③ Regarding the state of the busienss and financial condition of the LP, income tax returns ④ Other information regarding the affiars of the LP as **is reasonable**
Right to Dissociation	= GP	no

* GP = General Partnership
* PA = Partnership Agreement
* stmt = statement
* L. = liability
* subst. = substantively
* extraord. cs. of biz = extraordinary course of business
* Common character
  ① 사업이익을 분배받을 권리
  ② 타인에게 자신의 financial interest를 양도할 수 있는 권리
  ③ 회사를 해체할 수 있는 권리
  ④ 회사를 대신하여 잘못이 있는 general partner를 상대로 소송할 수 있는 권리
* Limited partner's right to information
  Limited partner가 열람 및 검토할 수 있는 서류에는 LP와 제3자 간의 계약서, LP를 운영할 때 법적으로 작성해야 하는 문서, LP의 세금에 관련된 서류 등이 있으며, RULPA에 명시되어 있다. 그 외에 LP와 관련된 서류는 해당 서류를 reasonable demand와 함께 요청해야만 열람할 수 있다.
* Limited partner에게 dissociation할 권리는 없고, dissolution에 관한 권리는 있다.

Part Three. Limited Liability Partnerships (LLP)

Limited liability partnership(LLP)은 한국법상 '유한책임회사'에 해당하며, 모든 사원은 회사채무에 대해 limited liability를 지는 유한책임사원이다.

LLP의 사원은 회사(LLP)에 대해 fiduciary duty를 가진다는 점에서 LP의 limited partner와 차이가 있으나, 사원의 탈퇴(dissociation) 및 LLP의 해체(dissolution)는 LP의 경우와 유사하다. 한편, LLP를 설립하기 위해서는 "LLP" 표현이 포함된 기업명과 기업주소가 명시되어 있는 서류(statement of qualification)를 제출해야 한다.

★A limited liability partnership (LLP) is a partnership where all partners are not personally liable for the partnership obligations.

Ⅰ. Formalities

Limited liability partnership(LLP)의 설립은 회사가 처음부터 LLP로 설립되는 경우와 general partnership(GP) 또는 limited partnership(LP)이 LLP로 변경되는 경우로 구분된다. MEE 기출문제의 대부분은 GP가 LLP로 변경되는 case로 출제되었다. 회사가 처음부터 LLP로 설립되는 경우에는 statement of qualification을 제출해야 하는 한편, GP(또는 LP)에서 LLP로 변경할 경우에는 partnership agreement를 수정하기 위한 투표방식과 동일한 방식(과반수 등)으로 partner들의 동의를 얻은 후, statement of qualification을 제출해야 한다. 만일 partnership agreement가 존재하지 않거나 partnership agreement 상 이를 수정하기 위한 투표방식이 명시되어 있지 않다면, partners의 전체동의가 요구된다.

A. General Rule

To form a limited liability partnership (LLP), the statement of qualification should be filed with the Secretary of State. The statement of qualification must include:

ⅰ. Name and address of the partnership;

ⅱ. A statement that the partnership elects to be an LLP; and

ⅲ. A deferred effective date (if any).

B. When GP changes into LLP

A general partnership can become a limited liability partnership, if the partners approve the conversion by a vote **equivalent to that necessary to amend the partnership agreement** and the partnership **files a statement of qualification.**

Ⅱ. Relationship between LLP and Partners (16Feb)

A. LLP's Liability

LLP의 모든 partner는 회사경영에 참여하나, 회사채무에 대해 limited liability 를 진다. LLP의 모든 사원(partner)은 회사를 경영하고 관리할 권한을 동등하 게 가지는 바, partner는 agent에, LLP는 principal에 대응되고, partner가 한 법률행위의 효과가 LLP에 귀속되는지 그 여부는 agency rule을 근거로 판단 한다. Agency rule에 따르면, agent가 authorization을 행사하여 제3자와 계 약을 체결한 경우 그 계약의 효과는 principal에 귀속된다. Authority는 actual authority와 apparent authority로 구분되며, 주로 apparent authority에 관한 문 제가 출제된다. 그중 apparent authority는 제3자가 partner(agent)와 partnership 의 통상적인 사업(partnership's ordinary business)에 관한 계약을 체결하는 경우, 제3자는 계약의 상대방이 partnership을 대리한 agent, 즉 LLP의 partner 임을 인지하기에 충분하다고 보고 apparent authority를 인정한다. 이에 따라 해당 계약에 대한 책임은 principal인 partnership(LLP)에게 귀속되고, 제3자 는 partnership(LLP)을 상대로 소송을 제기할 수 있다.

[표 2-4] 'authority 유무' 판단기준

Actual Authority	SOQ 있는 경우	SOQ 내용에 입각하여 판단	
	SOQ 없는 경우	usual, customary ⇒ 인정 unless disagree를 예상 또는 합의가 필요한 경우	
	합의가 있는 경우	ord.cs.biz인 경우	majority 동의 要
		ord.cs.biz 아닌 경우	unanimous 동의 要
Apparent Authority	① by partner ② ord.cs.biz ③ 3rd no knowledge		

*SOQ: statement of qualification
*ord.cs.biz: ordinary course of business

1. Agency Rule

An agent acting on behalf of a principal can bind the principal to contracts if the agent has either actual or apparent authority (**agency rule**).

If a partner **acted in the ordinary course of business,** a limited liability partnership (LLP) can be **bound** by the acts of the partner.

2. Apparent Authority

There is an apparent authority and a limited liability partnership (LLP) can be bound by the acts of a partner, when:

ⅰ. An act of a **partner;**

ⅱ. For apparently carrying on **in the ordinary course the business;** and

ⅲ. A third person had **no knowledge** that the partner lacked authority.

답안요령

Q: Is LLP liable to the 3rd party on the contract?

Authority가 있는 partner 행위에 대한 책임을 LLP에 귀속시킬 수 있는가?

1. Agency rule
2. Partner's actual authority
   + analysis
3. Apparent authority
   + analysis
4. 결론 (LLP's liability 유무)

TIP　주어진 사안에 따라 2번과 3번 중 해당하는 내용만을 서술한다. 아래 모범답안은 자주 출제되는 apparent authority(3번) 내용으로 작성되었다.

모범답안 007

1. The LLP is liable to the third party on the contract.

If a partner has actual or apparent authority, a limited liability partnership (LLP) can be bound by the acts of the partner. (ANALYSIS)

A LLP can be bound by the acts of a partner, if the partner was apparently carrying on in the ordinary course the business or business of the kind carried on by the partnership. Apparent authority did not exist, if the third party had actual knowledge that the partner lacks authority. (ANALYSIS)

In sum, the LLP is liable to the third party on the contract.

B. Partner's Liability (Limited Liability)

Limited liability란, 유한·간접책임을 뜻하며, LLP의 모든 사원은 personal liability가 없는 유한책임사원(limited partner)이다. 따라서 limited partner는 회사자본에 대한 출자의무만을 부담하며, 회사채무에 대해 출자가액을 한도로 책임을 진다. 다시 말해, LLP 자산이 채무보다 적은 경우이더라도 limited partner는 회사채무에 대해 책임이 없고, 회사 채권자는 그들을 상대로 채권을 행사할 수 없다. 예컨대, 자전거를 조립하여 판매하는 LLP에는 사원 갑과 을이 있고, 갑이 병으로부터 자전거 체인을 5천만원에 구입하는 계약을 체결하였다. 자전거를 조립하여 판매하는 회사에서 자전거 체인을 구입하는 것은 ordinary course of business로 인정되는 바, 갑의 apparent authorization가 인정된다. 따라서 갑·병간 체결한 계약의 효과는 LLP에게 귀속되는 바, 5천만 원에 대한 채무는 LLP가 진다. 그러나 갑과 을은 출자액에 한하여 책임을 지는 limited partners이므로 병은 이들을 상대로 채권을 주장할 수 없다. 다만, limited partner가 회사채무에 대해 책임을 지는 예외가 있다. Limited partner의 own misconduct로 발생한 민사책임은 limited partner가 스스로 책임을 져야 하는 바, 이는 limited partner가 자신의 책임을 회피하고자 corporation의 베일 속에 숨지 못하도록 corporation의 베일을 벗겨야 한다는 pierce the corporation veil 원칙으로부터 파생되었다. Limited partner가 회사채무에 대해 책임을 지겠다는 내용의 계약을 체결한 경우에도 예외가 적용된다. 한편, GP가 LLP로 변경되었고 회사채무가 GP일 때 발생한 경우에도 general partner가 회사채무에 대해 personally liability를 질 수 있다. 더 자세한 내용은 「V. Change as LLP」에서 논하도록 한다.

LLP의 모든 partner는 회사경영에 관한 동등한 권리를 동등한 위치에서 가지고 있기 때문에, 사원들 간에 서로 감독 또는 control할 의무를 지지 않는다. 따라서 다른 partner들이 특정 partner의 계약행위를 인지하지 못했다 할지라도, 회사채권자는 그들에게 타 사원을 감독 또는 control하지 못한 과실(own misconduct)이 있다고 주장할 수 없다. 예컨대, LLP에 사원 갑, 을, 병이 있고 갑이 제3자인 정과 회사자금으로 감당할 수 없는 금액으로 매매계약을 체결하였다고 가정해보자. 갑, 을, 병은 서로간 감독할 의무를 지지 않는 바, 정은 을과 병을 상대로 갑을 제대로 감독하지 못한 과실을 주장할 수 없다.

1. General Rule

★A partner in LLP has limited liability for any partnership debts and thus is not liable to the third party. Thus, when a partnership has qualified as LLP, any obligation incurred is solely obligation of the partnership.

A partner in LLP is not liable for partnership obligations solely by reason of being or acting as a partner.

2. Exceptions

★However, limited partners can become liable for partnership obligations when:

ⅰ. Partners are always liable for their **own misconduct** (principal of **pierce the corporation veil applies to LLP**);

ⅱ. Partners are always liable when they signed a **personal guarantee;**

ⅲ. The partner is **at risk of losing any capital contributions** he made to it; or

ⅳ. Obligations incurred before a partnership became an LLP are obligations of the prior partnership entity.

3. Co-Equal Rights

In a partnership, each partner is deemed to be **co−equal to the other partners,** and **no partner is under the control of the other partners.** Therefore, a third party may not argue that partners in a LLP may also **become liable for the negligence, wrongful acts, or misconduct of any person under the partner's direct supervision and control.**

답안요령 Partner's own misconduct

Q: Is partner 갑 personally liable to the third party on the contract?

> 1. Limited liability
> 2. Exceptions
>   + analysis
> 3. No duty control★

모범답안 008

1. 갑 is not personally liable to the third party on the contract.

A partner in LLP has limited liability for any partnership obligations and thus is not liable to a third party. A partner in LLP is not liable for partnership obligations solely by reason of being or acting as a partner. However, limited partners can become liable for partnership obligations when: partners are always liable for their own misconduct, partners are always liable when they signed a personal guarantee, the partner is at risk of losing any capital contributions he made to it, or obligations incurred before a partnership became an LLP is obligations of the prior partnership entity. (ANALYSIS: In this case, 갑 is a partner of LLP and he has no personal liability for LLP's obligation. Additionally, there are no exceptions applicable in this case.)

In a partnership, each partner is deemed to be the co−equal of the other partners, and no partner is under the control of the other partners. Therefore, the third party may not argue that partners in a LLP may also become liable for the negligence of any person under the partner's direct supervision and control. (ANALYSIS)

Thus, 갑 is not personally liable to the third party on the contract.

C. When Change as LLP

LLP의 설립에는 크게 회사를 최초로 설립할 때 LLP로 설립하는 경우와 다른 유형, 예컨대 GP로 설립하였다가 LLP로 변경하는 경우, 이 두 경우가 있다. MEE 기출문제는 주로 후자(後者)의 case, 특히 GP가 LLP로 변경된 case로 출제된다. 본 챕터에서는 그러한 case에서 회사채무에 대한 partner의 책임유무에 대해 논한다. GP가 LLP로 변경되었을 경우, LLP로 변경되기 '이전'에 발생한 회사채무에 대해 LLP partner는 어떤 책임을 지는가. LLP로 변경된 회사는 새로운 개체가 아닌 이전 회사(GP)가 연속된 것이기 때문에, 이전의 권리와 의무는 승계된다(entity theory). 즉 LLP는 GP였을 당시 발생한 회사채무에 대해 책임이 있다. 변경된 회사채무에 대해 partner에게 직접·무한·연대 책임이 있는가 하는 문제는, 회사채무가 발생한 시점에서의 회사유형에 따라 달리 판단된다. 만약 회사채무가 GP일 때 발생했다면, GP의 모든 사원은 무한책임사원이므로 personal liability를 진다. 따라서 회사채권자는 partnership 및 partners를 상대로 소송을 제기할 수 있다. 만약 회사채무가 LLP일 때 발생했다면, LLP의 모든 사원은 유한책임사원이므로 partners는 limited liability 를 진다. 따라서 회사자산이 회사채무를 변제하기에 부족하다 하더라도 회사 채권자는 partnership만을 대상으로 소송할 수 있을 뿐이다. 한편, LLP로 변경된 후 새로운 partner가 입사한 경우, 해당 partner는 그가 입사하기 '이전'에 이미 존재했던 회사채무에 대해 limited liability를 진다. 따라서 새로운 partner가 자신의 출자의무를 이행하기 위해 출자한 재산이 회사채무 이행을 위해 사용될 수 있다. 다만, 그 partner가 입사하기 이전에 이미 발생한 회사채무에 대해 그 partner가 회사채권자에게 무한책임을 지겠다는 계약을 직접 체결하거나 partnership agreement에 그러한 내용이 명시되어 있는 경우에는 그 새로운 partner에게 무한책임이 인정된다.

1. LLP's Liability (Entity Theory)

★Under an **entity theory** of partnership, an LLP is the **same entity** that existed prior to the filing of a statement of qualification as an LLP. Therefore, LLP is not a new partnership, but is the **same partnership entity** that existed before the filing.

2. Partners' Liability

a. Personal Liability

The partners in a general partnership are **jointly and severally liable** for all obligations of the partnership, unless otherwise agreed by the claimant or provided by law.

Creditor can sue either the partnership or partner.

b. Limited Liability

The partners in a limited liability partnership are **limited liable** for all obligations of the partnership, unless the liability is for partner's own misconduct or guaranteed by the partner.

c. Limited Liability Protection (14Feb)

★When a partnership has qualified as LLP, any **obligation incurred while the general partnership is solely obligation of the general partnership.**

답안요령 1 LLP로 변경 후, partnership's 책임

---

1. LLP's formalities★
2. Entity theory
   + analysis
3. Limited liability protection + Partner의 책임
   + analysis

모범답안 009

1. LLP is liable for the obligation.

A general partnership can become a limited liability partnership, if the partners approve the conversion by a vote equivalent to that necessary to amend the partnership agreement and the partnership files a statement of qualification. Under an entity theory of partnership, an LLP continues to be the same entity that existed prior to the filing of a statement of qualification as an LLP. Therefore, the filing of a statement of qualification does not create a new partnership. (ANALYSIS)

The partners in a partnership are jointly and severally liable for all obligations of the partnership unless otherwise agreed by the claimant or provided by law. When a partnership has qualified as LLP, any obligation incurred while the general partnership is solely obligation of the general partnership. Thus, LLP is liable for the obligation.

답안요령 2　LLP로 변경된 후, partner's 책임

1. 이전 회사에서의 partner's liability(무한책임/유한책임)
2. Limited liability protection★
3. Analysis + 결론

모범답안 010

1. Creditor can sue partners.

The partners in a general partnership are jointly and severally liable for all obligations of the partnership unless otherwise agreed by the claimant or provided by law.

Under the limited liability protection, any obligation incurred while the partnership is solely obligation of the partnership when a partnership has qualified as LLP. (ANALYSIS: ‥‥‥ The obligation arose before the partnership qualified as an LLP, and the limited liability protection does not apply in this case.)

Thus, creditor can sue partners.

D. Fiduciary Duty (16Feb)

LLP partner들은 자신이 속한 '회사(LLP)'와 '타 partner' 모두에 대해 fiduciary duty(신의칙의 의무)를 진다. Fiduciary duty 유형에는 duty of care와 duty of loyalty가 있는데, duty of care는 성실의무를 뜻하고, duty of loyalty는 금전과 관련된 의무로서 예컨대 회사의 자산을 사적으로 사용하지 않을 의무, 회사의 경영에 충돌되는 별개의 사업을 운영하지 않을 의무 등을 말한다. 특정 partner(갑)가 다른 partner(을)의 신의칙의무 위반으로 인하여 손해를 입은 경우 그 partner(갑)는 신의칙의무를 위반한 partner(을)를 상대로 손해배상 청구를 하거나 accounting action을 제기할 수 있다. Accounting action이란, 법원이 회사와 관련된 문서를 통해 어떤 affairs가 있었는지 확인하는 과정을 뜻한다.

1. General Rule

★Under the RUPA, **a partner has the duty of care and duty of loyalty both to the partnership and the other partners.** Thus, partners are liable for damages to both partnership and co−partners when they breach their duties.

2. Duty of Care

Duty of care includes:

ⅰ. Duty not to do intentional misconduct and violations of law knowingly; and

ⅱ. Duty not to do grossly negligent or reckless conduct.

The duty of care is remediable in damages.

3. Duty of Loyalty

Duty of loyalty includes:

ⅰ. Duty not to appropriate^{도용하다} partnership assets for personal use;

ⅱ. Duty not to make conflict of interest to the partnership; and

ⅲ. Duty not to compete with the partnership.

However, a partner is not liable for the violation of duty of loyalty if:

ⅰ. The partner fully discloses the information; and

ⅱ. Either the partnership agreement is amended or all partners consent to the transaction.

4. Relationship between Partners

a. Remedies

When a partner breached fiduciary duty, other partners can bring:

ⅰ. Direct action against a partner who breached his fiduciary duty; or

ⅱ. Accounting action.

This is because fiduciary duties run to both partnership and the other partners.

b. Accounting Action

A partner has a right to demand an accounting of the partnership's affairs. The partnership agreement, if any, usually sets forth^{제시하다} a partner's right to accounting.

In a court action for an accounting, the partners must provide a report of the partnership business and detail any transactions dealing with partnership property.

답안요령

Q: Is 갑 liable for his breach of fiduciary duty? Explain.

> 1. Fiduciary duty to (partnership + partners)
> 2. Duty of loyalty
> 3. Duty of care
> 4. 피해본 partner가 소송할 경우★

모범답안 011

1. 갑 is liable for breaching his fiduciary duties both to partnership and to 을.
A partner has the duty of loyalty and duty of care both to the partnership and to the other partners. Thus, partners are liable for damages to partnership and co-partners when they breach their duties. Duty of care includes a duty not to do intentional misconduct and violations of law knowingly and a duty not to be grossly negligent or reckless. Duty of loyalty includes duty not to appropriate partnership assets for personal use.
(ANALYSIS) Thus, 갑 is liable for both partnership and the woman.
When a partner breached his duties, the partnership can bring an action against the partner for the violation of the fiduciary duties. Additionally,

the other partner can bring an action against another partner to enforce the partner's rights with or without accounting.

(ANALYSIS: Here, 을 can bring a direct action to let 갑 make whole for any losses caused by the breach of his fiduciary duties. 을 can also bring an accounting action to let 갑 account to the partnership for the money that he used for his personal use.)

In conclusion, 갑 is liable for both partnership and 을.

[표 2-5]

	GP	LP		LLP	Corporation
	UPA	ULPA		RUPA	RMBCA
Governing law					
Partners/Members	All general partners	at least one general partner + at least one limited partner		All limited partners	Shareholders + Directors
Formalities	No formalities	① at least one general partner ② Filing Certificate of Limited Partnership ③ be signed by general partner		[Change to LLP] ① Approval by the vote ② Filing Statement of Qualification	Filing AOI
Liability for 회사채무	jointly and severally L. (BUT!! Partnership 재산 부터)	· General Partner (= GP) · Limited Partner = L. only when control		Limited L., unless pierce the veil/personal guarantee/risk of losing contribution	limited L., unless pierce the veil
Liability and profit	general partner (same as % of profit/loss in PA)	same as % of loss/profit in PA		No liability	profit/loss % 와 무관
BJR	X	O		O	O
Fiduciary duty	BOTH partners + partnership	BOTH partners + partnership (general partners)		BOTH partner + partnership	BOTH partner + partnership
Derivative suit	By partners	By either general partner or limited partner		By partners	By shareholders
Demand for derivative suit		demand on the general + futile ⇒ demand 필요 X		futile ⇒ demand 필요 X	Demand 필요 (futile 여부와 무관), unless corporation rejected or passed 90 days after the notice

3장
Corporations and LLCs

///

본 장은 corporation과 LLC에 대해 논한다. Corporation은 '주식회사'를 뜻하고 MBA(Model Business Corporation Act) 또는 RMBCA(Renewed Model Business Corporation Act)가 적용된다. LLC는 limited liability company의 약자로 '유한회사'를 뜻하고, RULLCA 2006(Revised Uniform Limited Liability Company Act)가 적용된다.

[도표 3-1]

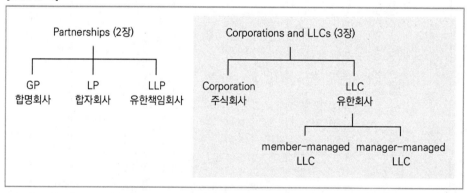

☑ 글쓰기 Tips

1. Corporation과 LLC에 관한 문제는 주로 회사설립, 주주의 권리, director의 신의칙 의무(fiduciary duty), 탈퇴(dissociation) 및 해산(dissolution) 등에 대해 출제된다.
2. Corporation은 "corporation", "incorporated" 또는 "Inc." 표현이 주로 사용되고, LLC는 회사명에 "LLC" 표현이 사용된다.
3. 문제에서 특정 issue를 명시하고 있기 때문에, 논점을 파악하는 데 어려움은 없다.
   Q: Is the shareholder entitled to inspect the documents she requested?
   Q: Is 갑 personally liable to the customer on the contract?
   Q: Is the board's decision protected by the business judgment rule?

Part One. Corporations

본 파트는 한국법상 '주식회사'에 해당하는 corporation에 대해 논한다. Corporation은 주주(shareholder)의 출자로 구성되는 자본을 가지고 있는 회사이며, 기본적으로 소유와 경영이 분리되어 있다. 주주(shareholder)가 주식회사의 사원이자 소유자(owner)이고 이사(director) 및 이사회(board of directors, BOD)가 경영자이다. 따라서 shareholder는 기본적으로 회사의 경영에 참여할 수 없으나 shareholder이면서 동시에 회사를 경영하는 director가 존재할 수는 있다. 한편, 주식회사 설립의 가장 큰 의의는 유한책임(limited liability)이다. 모든 소유자(주주)와 경영자는 회사채무에 대해 limited liability를 지는 바, 회사의 채무에 대해 직접·무한·연대책임을 지지 않고 유한책임만을 진다. 다시 말해, 주주는 자신이 출자한 자본(주금액)을 한도로 출자의무만을 부담할 뿐, 주식회사의 채무에 대해 직접·무한·연대 책임을 지지 않는다. 또한 회사 채권자는 회사를 상대로 한 소송만을 제기할 수 있을 뿐, 주주 및 경영자를 상대로 채권을 행사할 수 없다. 이하 주식회사 설립, 회사 구조, 주주 및 이사(또는 officer)의 권리, 의무 및 책임 그리고 주식회사 관련 연방법 등에 대해 논한다.

- Promoter = Incorporator: 발기인(發起人)
- Owner = Shareholder: 주주(주식회사의 소유자)
- Director: 이사(주식회사의 경영자)
- Board of directors (BOD): 이사회
  Right to manage is centralized to directors/board of directors (BOD).
- Closely held corporation: 비상장회사(주주가 소수인 경우 비상장회사로 presume함)
- Publicly traded corporation: 상장회사

I. Basic Concepts

A. Introduction

회사는 주주 및 이사와 별개의 개체로서, 그들을 회사채무로부터 보호하는

것이 주식회사(corporation) 설립의 주된 의의이다. 여기서 '주식회사 설립'은 영어로 "be incorporated"라 표현하고, 주주 및 이사가 지는 의무는 limited liability이다. 주식회사는 주주를 초월한 기업의 영속성을 가능하게 하는 바, 주주는 소유권을 자유롭게 양도할 수 있고 주주의 소유권 양도와 주식회사 영속성은 무관하다. 한편, partnerships의 영속성은 partners의 dissolution 여부에 따라 변화된다는 점에서 corporation과 차이가 있다.

1. Corporations

★**A corporation is a distinct legal entity from its owners.**

The main reason to **incorporate** is **to avoid liability** for obligation of a business enterprise.

2. Owners and Directors

Owners are shareholders and the **right to manage is centralized to directors** or board of directors (BOD).

All of owners and directors are **limited liability** for the corporation's liability. **Thus, only the corporation itself can be held liable for corporate obligations, unless such persons are personally liable for their own torts.**

3. Transferability of Ownership

Generally, shareholders **freely transfer** their shares to other shareholders or third parties. Transfer of the shares does **not affect** the existence of the corporation.

[Partnerships]

Partnerships do not continue beyond the lives of its owners (partners). Partner's dissociation results in dissolution.

B. Formation

Corporation의 성립과정은 주(州) 법에서 규정하는데, 대부분의 주의 경우 RMBCA(Renewed Model Business Corporation Act)를 따른다. RMBCA에 따르면, 주식회사 설립은 발기인(promoters)간 주식회사 설립을 위한 계약을 체결함으로써 시작되어, Article of Incorporation(AOI)이 제출됨으로써 완성된다(date-of-filing rule). 다시 말해, 주식회사의 설립은 'Article of Incorporation(AOI) 제출유무'를 기준으로 판단되며, AOI를 제출하기 '이전'에 존재하는 설립중의 회사는 "unincorporated corporation", AOI를 제출한 '이후' 설립된 주식회사는 "incorporated corporation" 또는 "corporation"으로 표현한다.

Promoter의 경우, 설립중의 회사를 incorporate시키기 위해 일하는 자라는 의미로 "incorporator"라고도 일컫는다. 그들은 주식회사 설립을 위해 체결한 제3자와의 계약에 대해 personally liable하다. 이는 아직 설립되지 못한 주식회사가 본 계약에 대해 책임을 질 수 없기 때문이다. Promoter가 지는 이 책임은 주식회사가 설립된 이후에도 유지되며, 주식회사는 incorporated된 이후 본 계약을 인정(adopt)하는 경우에 한해 책임을 진다. 즉, 주식회사가 adopt 하더라도 promoter의 책임은 유지된다. 예컨대, 갑과 을이 ABC 주식회사(corporation)를 설립하는 과정에서 병의 토지를 10억에 매입하는 계약을 체결한 경우, 갑과 을은 10억에 대해 personally liable하며, ABC 주식회사가 설립된 이후(ABC 주식회사의 AOI가 제출된 이후)에 해당 계약을 adopt하면 갑, 을, ABC주식회사 모두 책임을 진다. 이때 ABC 주식회사의 책임은 adopt 한 시점부터 인정된다. 한편, promoter(갑)는 주식회사 설립 및 출자에 관하여 타 promoter(을), corporation, 계약의 상대방(병), 모두에게 fiduciary duty를 진다.

주식회사 설립은 AOI 제출을 기준으로 인정된다 하였다. 이처럼 법에서 규정하고 있는 모든 설립요건(AOI 제출)을 만족하여 설립된 주식회사를 "de jure corporation"이라 일컫는다. 하지만 설립요건이 충족되지 못해도 주식회사의 설립이 인정되는 경우가 있는데, "de facto corporation"이 설립되는 경우와 incorporation by estoppel doctrine이 적용되는 경우가 그러하다. De facto corporation은 promoter에게 주식회사를 설립하고자 하는 선의(good-faith)가 있었고, promoter가 설립중의 회사를 주식회사로서 대우하여 행동한 경우 인정된다. 예컨대, 갑과 을이 AOI를 제출한 후 ABC 주식회사가 설립되었다고 믿고 병과 토지계약을 체결하였으나, 실제로는 AOI의 내용이 부적합하여 filing이 제대로 이루어지지 않은 경우, ABC 주식회사의 설립이 인정되는가. 갑과 을이 ABC 주식회사가 설립되지 못하였음을 인지하지 못하였으므로 good-faith가 인정되고, 그들이 병과 계약을 체결할 때 ABC를 주식회사로서 인정하고 행동하였으므로, AOI 제출요건이 충족되지 않았음에도 de jure corporation으로서 주식회사의 설립이 인정된다. 만일 갑과 을이 설립요건 미충족 사실을 인지하고 있었음에도 불구하고 병과 계약을 체결했다면, 갑과 을은 해당 계약의 당사자(active participants)로서 계약에 대한 책임을 진다(personally liable). 이러한 경우에는 이후 주식회사가 온전히 설립되고 주식회사가 해당 계약을 adopt하더라도 promoter의 책임은 유지된다. 설립자가 두 명 이상일 경우, 그들은 해당 계약에 대해 jointly and severally liable하다. 즉 계약 상대방(병)은 갑과 을 중 아무나 임의로 선택해서 소송하더라도 full recover할 수 있다. 한편, incorporation by estoppel doctrine이 적용되는 경우는, 제3자(병)가 갑과 을가 아닌, ABC 주식회사와 계약을 체결했다고 생각하고 갑·을의 개인적 자산에 의지하여 계약을 체결한 것이 아닌 경우 ABC 주식회사의 설립을 인정한다. 이는 '제3자(병)'의 믿음에 근거하여 주식회사의 설립을 인정하는 원칙으로서, 'promoter(갑·을)'의 행위에 근거하여 그 설립이 인정되는 de facto corporation과 차이가 있다.

1. Promoters (11Feb)

a. Forming Corporation

First step in forming a corporation is procurement^{조달} of commitment^{약속} for capital and other instrumentalities that will be used by the corporation after the formation.

b. Liability

Generally, if a promoter enters into an agreement with a third party to benefit "planned" corporation, **the promoter is personally liable** on the agreement.

Corporation has liability for the contract promoters made to benefit planned corporation **from the date of adoption**, not the date of contract has been made.

Promoter is still liable even after the corporation adopted, unless the third party expressly releases the promoter after the corporation has adopted the contract.

c. Fiduciary Duty

★Promoters owe fiduciary duties **to other promoters, the corporation, and to those persons investing in it.**

The fiduciary duty is created when promoters **agree to form the corporation.**

2. Formalities

a. General Rule

> RMBCA 적용 ⇒ AOI filing

Creation of the corporations must follow state corporate law. Most state statutes are modeled by **RMBCA**.

Under the RMBCA, a corporation's existence begins **on the date the articles of incorporation are filed** with the Secretary of State, unless a delayed effective date is specified.

b. Articles of Incorporation

The articles of incorporation must contain:

i . The corporate name;

ii . The number of shares the corporation is authorized to issue;

iii. The address of the corporation's initial registered office and the name of its initial registered agent at that office; and

iv. The name and address of each incorporator.

3. Creation of Corporation (18July)

As to creation of corporation, there are three doctrines: de jure corporation, de facto corporation, and incorporation by estoppel doctrine. Under the de facto corporation and incorporation by estoppel doctrine, corporate limited liability in defective incorporation cases are inferred.

a. De Jure Corporation

Creation of the corporations must follow state corporate law. Most state statutes are modeled by **RMBCA**.

★Under the **"date−of−filing rule"**, **de jure corporation** is created when promoters **file articles of incorporation (AOI)** with the Secretary of State.

b. De Facto Corporation

★Under the de facto corporation doctrine, a business is treated as corporation (inactive participant) when there were:

i. **Good−faith attempt to incorporate; and**
ii. **Actual use of the corporate form.**

★If persons **know** that there is no incorporation and acted on behalf of the corporation, they are **jointly and severally liable** (personally liable) to the third party.

Even after incorporated corporation **adopts** the contract, those persons are **still liable.** Thus, **both** corporation and promoters are liable for the contract.

c. Incorporation by Estoppel Doctrine

Under the incorporation by estoppel doctrine adopted by most jurisdictions, corporate limited liability is recognized when:

ⅰ. A third party deals **solely with the corporation;** and

ⅱ. Has **not relied on the personal assets of the promoter.**

Ⅱ. Shareholders

본 챕터는 shareholder가 주식회사의 구성원으로서 가지는 여러 가지 권리 및 의무에 대해 논한다. 주주의 권리에는 회사 서류에 대한 열람권(right to inspect), 의결권(right to vote), 소송권 등이 있다. 그중 주주의 의결권은 director의 의결권과 다소 차이가 있어 그 차이에 유의하여야 하며, 이에 대한 내용은 director의 의결권에 대한 부분에서 표로 비교분석해두었다(표3-1). 한편, 주주는 원칙적으로 경영에 참여하지 않는 바, 회사에 fiduciary duty를 지지 않는다.

A. Right to Inspect (10Feb, 20July)

주주에게 '적절한 사유'가 있는 경우, 주주는 '적합한 절차'를 거쳐 '회사의 서류'를 열람할 수 있다. 여기서 '적절한 사유'란, 거래(transactions)의 적합성을 판단하기 위한 경우, 회사의 민·형사적 책임과 관련된 거래(transactions)를 확인하기 위한 경우 등과 같이 주주의 권리와 관련된 사안에서 인정되며, 그 사유는 주주의 good faith를 동반해야 한다. '적합한 절차'란, 회사가 주주의 서류열람요청에 응하는데 있어 일정기간을 주기 위해, 주주가 사전(事前)에 서면으로 서류열람을 요청하여야 한다는 의미이다. Right to inspect는 회사의 모든 서류에 적용되는 것이 아니고, 주주총회 회의록, 회계장부 등과 같이 주로 자금과 연관된(financial) 서류를 의미한다. 주주총회 회의록은 영어로 "board minutes"라 표현하며, 주주가 열람하길 신청한 특정 부분에 한해서만 열람이 가능하다.

주주는 right to inspect를 통해 회사의 행위를 조사함으로써 회사의 행위에 제약을 가할 수 있다. 예컨대, 주주가 right to inspect를 행사하여 회사가 기독교 단체에 후원금을 내고 있다는 사실을 알게 되었다면, 주주총회 안건을 상정함으로써 주주가 회사의 행위에 제약을 가할 수 있다. 이에 대해 주주가 회사의 종교의 자유, 즉 수정헌법 1조(First Amendment)에 입각한 권리를 침해한다는 주장이 있을 수 있으나, 주주의 이러한 right to inspect 행사는 헌법에 위배되지 않는다. The First Amendment는 '정부'에 적용되는 조항으로서, 개인(주주)에게는 적용되지 않기 때문이다. 달리 얘기하자면, '정부'가 회사의 First Amendment right를 침해하는 제약을 가하는 것은 위헌이나, '주주'는 procedures of corporate democracy를 통해 자신의 권리를 행사함으로써 회사의 행위에 제약을 가할 수 있다. [Citizens United v. Federal Election Commission, 558 U.S. 310 (2010)]

1. General Rule

★A shareholder has a **right to inspect** corporate books and records, including minutes of board meetings and accounting records **for a proper purpose. A shareholder must make a demand in good faith and the shareholder's purpose must be described with reasonable particularity and the document is directly connected to the purpose.**

2. Corporate Books and Records

a. Accounting Records

The MBCA allows shareholders to inspect accounting records, as the "books and records" category. The corporation could refuse to allow inspection of non-financial documents even if those are related to shareholder's interest.

b. Board Minutes

The shareholder has right to inspect **only relevant parts of board** minutes^{회의록} **directly connected with the shareholder's purpose.**

3. Proper Purpose

★A purpose is proper when it is **reasonably related to a shareholder's interest.**

✔ To determine whether improper transactions have occurred, when the corporation is under the civil or criminal penalty

✔ To inspect corporate documents stating there was mismanagement or other improper conduct, when the corporation is under the civil or criminal penalty

✔ To have the board desist^{그만두다} from further expenses

✔ Even when the shareholder has non−corporate reasons (e.g., political views about the corporation's participation in politics) which are unstated, stated purpose is sufficient.

✔ To **value the shares** when a corporation is **closely held**

Closely held corporation(비상장회사)인 경우, shareholder는 주식의 가치를 지속적으로 관찰할 수 있는 방법이 없다. 따라서 closely held corporation의 shareholder가 주식의 가치를 책정하기 위해 회사의 서류를 열람하는 것은 proper purpose이다.

(This is because a closely held corporation has **no market that continuously values its shares.**)

4. Good Faith

Shareholder must show that his demand is made in good faith with the evidence establishing a credible basis for belief in possible wrongdoing.

Shareholder is not required to prove that corporation's action is actually wrongdoing.

✔ Mere suspicion of wrongdoing (without credible basis) — good faith ×

✔ Press reports about the corporation wrongdoing — good faith ○

5. Procedural Requirements

Shareholder must comply with procedural requirements, including making a **written demand** for inspection and allowing the corporation a certain length of **time to respond.**

6. Right to Inspect and Corporation's First Amendment Rights

Under the state action doctrine, only **government** action can violate the protections of individual liberty in the Constitution. Thus, a shareholder resolution that restricts the corporation's [political] expenditures would not violate the corporation's First Amendment rights.

Even though the government may **not** prohibit corporate [political] expenditures, such expenditures can be regulated through the assertion of shareholder rights, **procedures of corporate democracy.**

답안요령

1. Right to inspect
2. "For proper purpose"
   + analysis
3. "Corporate books and records"
4. Procedural requirements
   + analysis

TIP Right to inspect과 관련하여 출제되는 문제유형은 ① 주주가 해당 요청에 대해 권한을 가지는지 그 여부 판단, ② 권리를 행사하는 과정의 적합성 판단, 이 두 가지로 구분되는 바, 출제의도에 맞춰 서술하는 것이 고득점 포인트다.

모범답안 012

1. The shareholder has the right to inspect [accounting records].

A shareholder has a right to inspect corporate books and records, including minutes of board meetings and accounting records for a proper purpose. A purpose is proper when it is reasonably related to a shareholder's interest.

(ANALYSIS: In this case, the shareholder tries to inspect accounting records to determine whether improper transactions have occurred.)

Shareholder must make a written demand for inspection and provide the corporation a certain length of time to respond. (ANALYSIS)

In sum, the shareholder has the right to inspect [accounting records].

B. Right to Vote

본 챕터는 주주가 주주총회에서 행사하는 '의결권'에 대해 논한다. 주주총회가 개회하는 날짜를 기준으로 최소 10일 전, 60일 이내에 주주총회 날짜, 시간, 장소, 목적에 대해 통지되어야 한다. 주주가 서면으로 통지에 대한 waiver를 작성하거나 통지가 이루어지지 않았음에도 주주총회에 참석하여 반대의 의사를 표명하지 않으면 waiver했다고 본다. 주주의 의결권유무는 record date를 기준으로 판단하는 바, record date에 주주로 등록된(registered) 자에게만 그 권한이 인정된다. 예컨대, 7월 28일이 record date를 기준으로 갑이 ABC주식회사의 주식을 100주 가지고 있었고 7월 31일에 30주를 을에게 매매하였다고 가정해보자. 주주총회가 8월 1일에 개회되었다면, record date(7월 28일)에 주주명단에 있었던 갑이 100주에 대한 의결권을 가진다. 상정된 안건은 주식수의 과반수가 출석하고 투표수의 과반수가 찬성한 경우 통과되나, director를 선임하는 안건의 경우에는 최다득표자가 director로 선임된다 (plurality). '주식수의 과반수 출석'을 영어로 "quorum"이라 표현하며, 이는 투표하는 시점이 아닌 주주총회를 '시작'한 시점을 기준으로 판단한다. 주주총회 시작한 시점에 quorum이 충족되었으나 투표를 진행하기 전 주주가 자리를 떠나 출석수가 부족한 상태에서 투표가 진행되었다 하더라도 quorum 요건은 충족했다고 인정되는 바, 투표수의 과반수가 찬성했다면 해당 안건은 통과된다. 즉 일단 개회 시 quorum이 충족되면, 투표 시 quorum을 충족하지 못한다하더라도 quorum은 break되지 않는다. 예컨대, 총 주식수가 100주인 주식회사의 경우 주주총회에 50주 이상이 출석해야 하고, 만일 70주가 출석했다면, 35주 이상이 찬성해야만 안건이 통과된다. 주주총회에 50주 이상 출석하였으므로, "quorum exists"라 표현한다. 한편, 주주총회에 70주가 출석하였는데, 투표하기 전 30주가 자리를 떠 40주만이 투표를 했다 하더라도 20주 이상이 찬성한다면 해당 안건은 통과된다.

의결권 있는 주주가 의결권을 행사하기 위해 주주총회에 반드시 참여해야 하는 것은 아니다. 주주(갑)는 제3자(을)에게 투표를 위임할 수 있는데, 이를 영어로 "주주(갑)가 제3자(을)에게 proxy를 준다"고 표현한다. 즉 주주가 제3자(을, proxy holder)에게 proxy를 줌으로써 직접 주주총회에 참여하지 않아도 right to vote를 행사할 수 있다. Proxy는 주주에게 의결권이 있는 경우에 한해 가능하며, 의결권유무는 앞서 언급한 바와 같이 record date를 기준으로 판단한다. Proxy는 주주가 서면으로 작성하고 서명해야만 그 효력이 인정(valid)되며, 원칙적으로 철회가능(revocable)하다. 그러나 을에게 투표를 위임한 것이 을의 채권과 관련된 경우라면 철회불가(irrevocable)하다. Proxy를 철회할 때에는 별도의 조건이 요구되지 않는 바, 주주(갑)가 proxy holder (을)에게 proxy를 준 이후 아무런 언급 없이 갑이 직접 주주총회에 참석하여 의결권을 행사하면, revocation이 인정된다.

- Authorized shares: the maximum number of shares a corporation may issue
- Outstanding shares: the total number of shares issued by the corporation and held by the shareholders

  ⇒ Each outstanding share is entitled to one vote.
- Treasury shares: shares required by a corporation, and are considered authorized but not outstanding ⇒ not count
- Annual general meeting: 주주총회(일반)
- Special meeting: 임시주주총회
- Quorum: 정족수
- Plurality: 최다득표(receiving the most votes)
- Count: 유효투표로 인정하다(v.)
- ~에 찬성하다: in favor of ~
- ~에 반대하다: against ~
- 갑 gave 을 a proxy to vote 갑's shares.

1. Shareholder Meeting

a. Record Date

★A record date determines who is entitled to vote at a particular shareholder meeting, and those persons listed on the record are registered as shareholder.

b. Notice

A corporation shall notify shareholders of the date, time, and place of each annual and special shareholders' meeting **no fewer than 10 nor more than 60 days before** the meeting date. [RMBCA(2016) §7.05(a)]

Notice of a **special meeting** of shareholders must include a description of the **purpose(s)** for which the meeting is called. [RMBCA(2016) §7.05(c)]

c. Waiver of Notice

The notice for special meeting can be waived by:

ⅰ. Delivering a **signed writing** to the corporation for filing by the corporation with the minutes or corporate records; or

ⅱ. **Attending** the meeting and not objecting at the beginning of the meeting. [RMBCA(2016) §7.06]

2. Voting

a. General Rule

A quorum exists when a majority of the **shares entitled to vote** are present. A quorum must attend a meeting **before** a vote may validly be taken. When a quorum is **once** present to organize a meeting, it **is not broken** by the subsequent withdrawal of any shareholders.

If a quorum exists, action on a matter is approved if **a majority of**

votes are cast in favor of the action.

b. Director Election

In director election, the candidate is elected **by a plurality of the votes** cast at a meeting at which there is a quorum.

3. Proxy (10July)

a. Record Date

★A record date determines who is entitled to vote at a particular shareholder meeting. Those persons listed on the record are registered as shareholder and proxies are given by them.

b. General Rule

A shareholder may vote her shares at a shareholders meeting **without physically attending** the shareholders meeting through the use of proxy. Proxy must be **written and signed by shareholder.** If the shareholder directs the proxy holder to vote a certain way, then the proxy holder must do so.

c. Revocable Proxy

Shareholder proxies **generally are revocable, unless** the proxy is coupled **with an interest or legal right.**

If a proxy is revocable and a shareholder attended the meeting, the proxy **is automatically revoked** and the shareholder's vote is counted.

답안요령

Q: <u>Is the proposal of the meeting approved?</u>
<u>타인에게 proxy를 준 주주가 주주총회에 직접 참석하여 투표한 경우, 그 투표는 유효한가?</u>

```
1. Record date★
2. Proxy (general rule, validity)
   + analysis
3. Proxy (revocable)
+ analysis
```

TIP 생각 route:

record date를 기준으로 주주의 'right to vote 유무' 판단

→ 있음. 'Proxy 유효성' 판단

→ 유효함. 하지만 주주가 직접 총회에 참석함.

→ 'Proxy revocability' 판단

→ revocable함.

→ 주주의 투표 유효함.

모범답안 013

1. The shareholder's vote should be counted, and the proposal of the shareholder's meeting should be approved.

A record date determines who is entitled to vote at a particular shareholder meeting, and those persons listed on the record are registered as shareholder. (ANALYSIS) A shareholder may vote her shares without physically attending the shareholders meeting through the use of proxy. Proxy must be written and signed. (ANALYSIS)

Shareholder proxies generally are revocable, unless the proxy is coupled with an interest or legal right. If the proxy is revocable and a shareholder attended the meeting, the proxy is automatically revoked and his vote is counted. (ANALYSIS)

In sum, the shareholder's vote should be counted, and the proposal of the shareholder's meeting should be approved.

[표 3-1]

	Shareholders	Directors
Notice on regular meeting	tm: 10d < X < 60d contents: date, tm, place + purpose	no need
Notice on special meeting		tm: at least 2d notice contents: date, tm, place
Breaking quorum (vote하기 전에 leave하면 break quorum이 되는가)	✕ (도중에 leave해도 quorum 인정 → 안건 결의)	○ (도중에 leave하면 break quorum → 결의불가)
Quorum	majority of the shares entitled to vote	majority of the fixed number of directors
Fiduciary duty	no duty (예외) ① unpaid stock ② pierce corp. veil ③ no de jure corporation	有 duty (both to corp. + other directors)

4. Shareholder Resolution (20July)

Shareholder resolution은 주식회사 회의에서 투표할 안건에 대해 진술한 의견을 뜻하는 바, 그 내용에 따라 회의에서의 공개여부가 결정된다. Resolution이 회사업무 또는 이사(director) 및 이사회(board of directors)에 영향을 미치거나 그들의 행동에 제약을 가하는 것을 그 내용으로 하는 경우, 회의에서 공개될 수 없다. 다만, 그러한 내용의 resolution이 상정된다 하더라도 회사의 bylaw를 수정하는 방식을 취하는 경우에는 회의에서 resolution은 공개된다. 예컨대, BOD가 업무과정에서 소비하는 교통비를 corporation에 청구하여 이를 상환받을 수 있도록 bylaw를 수정하자는 내용의 resolution을 상정했다고 가정해보자. 이는 BOD에 영향을 미치는 resolution이나, bylaw를 수정하는 방법을 활용하였으므로 회의에서 공개될 수 있다. 즉 주주는 주주총회에서 자신의 proposal을 present해줄 것을 회사에 요청할 수 있다.

a. General Rule

Shareholder resolution is the proposals (recommendations) made by a shareholder for a vote at the corporation's annual meeting. Shareholders **may present** their views on corporate matters in **non−binding, precatory**^{기원하는} resolutions, which will **not directly affect** that change in directors (officers). The proposals that are cast as recommendation or request the BOD to take specified action are proper, and a proposal drafted as a **recommendation or suggestion is proper** unless the company demonstrates otherwise.

Whether shareholder resolution is proper is determined by **state corporate law**, not by federal law.

✔ Resolution that will not be able to effect the change in officers → non−binding → proper resolution

✔ Resolution stating that BOD shall not approve expenditures without authorization by the shareholders → binding → improper resolution

b. Exception

When the shareholder resolution seeks to require corporate action by means of an **amendment** to the corporation's **bylaws**, exception to the principle is arises. This is because the power to amend the bylaws is the power that shareholder shares with the directors.

C. Fiduciary Duty

1. General Rule

Generally, shareholders owe **no** fiduciary duty to the corporation and may act in their own personal interests.

2. Exceptions

★However, shareholders are personally liable for:

ⅰ. Unpaid stock;

ⅱ. A pierced corporate veil; and

ⅲ. Absence of de jure corporation when the shareholder **knew** that there was no incorporation.

D. Derivative Suit and Direct Suit (14July, 17Feb)

주주가 주식회사에 관련하여 제기할 수 있는 소송에는 두 가지가 있는데, derivative suit와 direct suit가 그것이다. Derivative suit는 director가 회사에 대한 fiduciary duty를 위반한 경우 주주가 '회사를 대신하여' director를 상대로 제기하는 소송을 뜻하고, direct suit는 주주들의 권리가 침해되었을 때 '주주 자신들이' 그들의 권리를 행사하기 위해 제기하는 소송이다. 따라서 주주가 제기하는 소송의 유형은 주주가 소송의 성격을 정하는 바에 따라 달리 구분된다. Derivative suit를 제기하고자 하는 경우 주주는 board of directors(BOD)에게 위반행위를 시정할 것을 사전(事前)에 요청(demand)해야 한다. 주주가 derivative suit을 제기한다 하여 해당 소송이 반드시 진행되는 것은 아니고, directors에 의해 기각(dismiss)될 수 있다. 다만, 해당 기각(dismissal)은 합리적인 조사 (inquiry)를 통해 과반수 이상의 directors(qualitifed directors)가 해당 소송이 회사에 불이익을 야기할 수 있음을 선의(good faith)로 판단하는 경우에 한해 허용된다. 여기서 '적절한 조사'는 판단에 유용할 정도의 조사가 요구될 뿐 완벽한 조사까지는 요구되지 않는다.

1. General Rule

a. Derivative v. Direct

★In determining whether the suit is derivative or direct suit, it depends on **how the shareholders frame it.**

If the shareholders bring a suit **for the breach of director's fiduciary duty,** it may be a **derivative suit.**

If the shareholders bring a suit **for their own right**, it may be a direct suit.

If the shareholders bring a suit for **both**, it may be a **direct** suit.

b. Derivative Suits

> fiduciary breach by directors → derivative suit
>
> → demand on the BOD

★If the shareholder brings a suit as one of fiduciary breach by directors, then the suit is derivative. Derivative suit has been the principal method of challenging allegedly **illegal action by management.**

✔ For failing to become adequately informed about voting procedures

✔ For seeking to entrench^{자리잡다} themselves in office by manipulating^{조종} the voting structure to avoid a shareholder insurgency^{반란}

c. Direct Suits

> for s/h's right → direct suit → no demand on the BOD

★A shareholder **is not required to make a demand** on the corporation prior to bringing suit when the shareholder brings a suit in his or her individual capacity **to enforce an individual right of the shareholder, a direct suit.**

✔ Merger–delay claim → only harm shareholder, not corporation → direct suit

✔ Board action to exclude shareholder's proposed bylaw amendment → violate shareholder's rights to initiate corporate governance reforms → direct suit

2. Board's Dismissal of Derivative Claim

> qualified directors + good-faith + reasonable inquiry

★The board can seek **dismissal of the shareholder's derivative action** if a **majority** of the board's **qualified directors** determine **in good faith**, **after conducting a reasonable inquiry** upon which its conclusions are based, that continuance would be contrary to the **corporation's best interests**.

"Qualified directors" means **majority of the directors.**

A full-blown board investigation is not necessary, but the board's request for dismissal must have some support in the findings of the inquiry.

Ⅲ. Directors

본 챕터는 주식회사의 이사(director) 및 이사회(BOD)에 대해 논하는 바, 그들이 corporation에 지는 신의칙의 의무(fiduciary duty), 그들에게 적용되는 내규(bylaws), 이사회 결의(meeting and voting)에 대해 논한다. Fiduciary duty의 경우, directors들을 해당 책임으로부터 보호하는 rules가 있는데, 이에는 면책조항, business judgment rule(BJR), fairness, safe harbor rule이 있다. 각 내용에 대한 자세한 설명은 이하 해당하는 부분에서 논하도록 한다.

A. Fiduciary Duty (09Feb, 14July, 15July, 19July)

Corporation의 운영을 책임지는 자, 즉 directors는 shareholders와 달리 회사에 대해 신의칙의 의무(fiduciary duty)를 진다. Directors가 agent, corporation이 principal에 대응되기 때문이다. Fiduciary duty가 경우에 따라 '모(母)회사'에도 적용되기도 하는데, 이는 모회사(parent corporation)가 자회사의 주식을 보유하므로 controlling shareholder에 해당하고 자회사의 주주가 controlled shareholder에 해당하기 때문이다. 즉 모회사가 자회사에 대해 fiduciary duty

를 진다. 그러나 그 내용에 있어 director가 corporation에 지는 fiduciary duty와는 다소 차이가 있다.

1. Duty of Care

Duty of care는 '신의성실의 의무'를 뜻하는 바, director가 경영을 하는데 있어 선의를 가지고(in good faith), principal의 최선(best interest)을 위해 합리적인(reasonable) 판단을 내리고, 충분한 정보에 입각해(be informed) 판단 및 결정을 내릴 의무를 모두 포함한다. 그중 '합리적인 판단(reasonable belief)' 여부는 director가 사안에 관련된 자료를 충분히 검토하였는지(fully informed) 그 여부로 증명되기도 한다.

Directors owe a duty of care to the corporation.

It means that directors must:

ⅰ. Discharge their duties **in good faith**;

ⅱ. Discharge their duties in a manner director reasonably believes to be **in the best interest**;

ⅲ. With the care that a person in a like position would **reasonably believe** appropriate under similar circumstances; and

ⅳ. Be reasonably **informed on the decisions** they make.

✔ Gross NG — breached fiduciary duty of care ○

✔ NG — breach ×

While **negligence does not establish bad faith,** gross negligence may constitutes an action not in good faith and so subject the directors to liability.

✔ Misrepresenting — breach ○

✔ Mere unprofitable — breach ×

✔ NG failure to perform ministerial^{정부의} acts (e.g., signing corporate checks) ≠ NG → arguably breach

✔ Conduct involving knowingly illegal conduct that **exposes the** corporation to harm — breach ○

✔ Disregard of legal norms — breach ○

(위법행위가 회사에 이익을 가져온다 할지라도 breach the duty of care.)

✔ If the earmarks of bad faith are **not the motivating causes** of the board's dividend decision — breach ×

(bad faith인 행위일지라도 이익배당금에 관련된 결정에 직접적인 영향을 미치지 않았다면, not breach the duty of care.)

✔ Mere hostile (≠ hostile) → bad faith × → breach ×

✔ Wasteful market transaction — breach ×, because there could be any reason why the director (buyer) agreed to pay higher prices.

2. Duty of Loyalty

a. General Rule

Directors have duty of loyalty that includes:

ⅰ. Duty not to make a **conflicting interest transaction;**

ⅱ. Duty to **account for** any property, profit, or benefit the member derived from the corporation's activities;

ⅲ. Duty to **refrain from competing** with the company's business before its dissolution; and

ⅳ. Duty **not to usurp**^{빼앗다} **corporate opportunities** of partially owned corporations.

b. Conflicting Interest Transaction

ⅰ. Modern Law

★A director's conflicting interest transaction is a transaction that the director had knowledge and material financial interest.

ⅱ. Common Law

At common law, a conflicting interest transaction is called as "self−dealing."

✔ No dividend policy affecting only minority shareholders — self-dealing ○

✔ No dividend policy affecting all shareholders (controlling and minority shareholders) — self-dealing ×

✔ 모회사가 자회사 사업에 필요한 모든 원재료를 그 모회사의 또 다른 wholly owned 자회사로부터 구매하기로 결정하였고, 그 비용이 타 회사에서 구매하는 경우의 비용보다 훨씬 높은 경우 — self-dealing ○

이 transaction은 자회사의 비용이 요구되고 모회사에게만 이익이 되는 transaction이므로, 모회사 did a self-dealing (breach of duty of loyalty). 하지만 not a breach of duty of care.

(The transaction is a self-dealing. ★This is because the parent causes the partially owned subsidiary to enter into a transaction that **prefers the parent at the expense of the partially owned subsidiary.**)

c. Corporate Opportunity

Duty of loyalty는 모회사와 자회사간의 문제에도 적용되는데, 이와 관련하여 가장 밀접한 논점으로 corporate opportunity가 있다. 예컨대, 모회사 A가 국가로부터 자금을 조달받을 수 있는 기회를 들었다면 이를 자회사 B와 자회사 C 중 누구에게 제공해야 하는가. 만일 그 판단이 합리적이지 못하다면 모회사는 자회사에 대한 duty of loyalty를 breach하게 된다. 즉 자회사의 corporate opportunity를 모회사가 저지(usurp)하는 것이 fiduciary duty에 어긋나지 않는가 하는 것이 핵심 논점이다. 모회사는 corporate opportunity를 여러 자회사들 중 누구에게 제공할지 판단할 재량을 가지는 바, 그 판단이 합리적이라면 duty of loyalty에 어긋나지 않는다. 설사 자회사 B가 해당 기회를 원했을지라도 국가자금이 자회사 C의 사업방향에 적합하다는 것을 근거로 모회사 A가 자회사 C에게 그 기회를 제공하기로 결정했다면, 모회사 A는 자회사 B와 C에 대해 duty of loyalty를 다했다고 인정된다.

A "corporate opportunity" can be defined as a business opportunity that is **closely related to a business** in which the corporation is engaged or expects to engage.

The corporation should be afforded^{제공하다} **prior access** to the opportunity before it is usurped^{소멸} by a director.

The parent has leeway^{재량} in allocating business opportunities within the group.

[Corporate Opportunity]

Corporate opportunity is defined as a business opportunity where:

ⅰ. The person offering the opportunity expects it to be offered to the corporation;

ⅱ. The opportunity would be of interest to the corporation; or

ⅲ. The opportunity is closely related to a business in which the corporation is engaged or expects to engage.

3. Exculpatory Provisions and Opt-Out Provisions (09Feb, 13July)

Directors는 회사에 대해 신의칙의 의무(fiduciary duty)를 진다. 그러나 AOI상 특정 행위에 대해 면책조항을 두어 director가 fiduciary duty를 지지 않도록 하는 경우도 있다. Duty of care에 관한 면책조항을 "exculpatory provision"이라 일컫고, duty of loyalty에 관한 면책조항은 "opt-out provision"이라 일컫는다. 이들의 효력요건은 각 주(州)마다 달리 규정하나 대부분의 주는 면책조항이 unreasonable하지 않고 fiduciary duty가 면제되는 행위를 특정(specify)한 경우 그 유효성을 인정한다. 여기서 'unreasonable하지 않다'는 것은 question of fact로서 jury가 판단하는 사안으로, 그 내용이 shareholders, directors 또는 동일한 업종에 종사하는 자가 보았을 때 놀랍지 않은 정도라는 의미이다. 예컨대, 부동산 매매사업의 주식회사 AOI상 "director가 경쟁업체의 소유권을 가지는 행위에 대해 duty of loyalty를 지우지 않는다"는 opt-out provision이 명시되어 있다고 가정해보자. 만일 부동산 매매업에서 director가 경쟁업체의 소유권을 가지는 것이 typical하다면, 본 조항은 unreasonable하지 않는 바, 유효하다. 또한 AOI는 모든 shareholder들이 이에 서명을 해야만 그 유효성이 인정되는 바, 모든 shareholder들은 면책조항에 대해 인지하고 있다고 간주된다. 따라서 AOI상 명시된 면책조항은 모든 shareholder들에게 unreasonable하지 않으며, shareholder들은 해당 면책조항에 대해 notice가 없었음을 근거로 unreasonable하다고 주장할 수 없다.

a. Exculpatory Provisions

Exculpatory provisions protect directors from **duty of care.**

b. Opt-Out Provisions

Opt-out provisions protect directors from **duty of loyalty.**

c. Validity Standards

States differ on how the [opt-out] provision can be effective.

In some states, the terms of the provision is effective, **unless** they conflict with a mandatory statutory provision designed **to protect third parties.**

In most states adopting ULLCA, if the provision is not **manifestly unreasonable,** the articles of incorporation may restrict or eliminate the duty to refrain from competing with the company in the conduct of the company's business before the dissolution of the company, and may also **identify specific types of activities** that do not violate the duty of loyalty. Whether the provision is manifestly unreasonable **is a question of fact.**

> | TIP | Unreasonableness는 "question of fact"이므로, analysis가 중요하며 열린 결말로 작성하는 것이 고득점 포인트다.

4. Business Judgment Rule (BJR) (10Feb, 15July, 19July)

Business judgment rule(BJR)은 duty of care에만 적용되는 rule로서, director가 회사를 위해 내린 결정은 duty of care를 지킨 행위라고 추정하여 director들을 보호하는 rule이다. 즉 BJR은 director의 결정을 존중하여 방해(disturb)하지 않기 위한 rule이다. 따라서 "director는 duty of care를 위반했다(director의 행위에 BJR이 적용될 수 없다)"고 주장하는 자는 duty of care의 성립요소, good-faith, reasonable for best interest of corporation, full informed, 이 네 요소 중 하나 이상의 반증을 제시하여야 한다. 예컨대, director의 행위에 good-faith가 없었음(no good-faith)을 입증하면, director에게 breach of duty of care에 대한 책임을 지울 수 있다. 한편, director가 duty of care의 두 번째 성립요소, 즉 자신들의 결정이 rational business purpose를 위한 것이었음을 증명하면 BJR이 적용되는 바, 법원은 이들의 결정을 disturb할 수 없다. 본 rule은 모회사(parent corporation)에도 적용되는 바, 모회사의 자회사에 대한 결정이 duty of care를 지킨 행위로 추정된다.

a. General Rule

★The business judgment rule (BJR) **is a presumption** that, in making a business decision, the directors acted **in good faith** and in the belief that the action taken was **in the best interest of the company.**

b. Rational Business Purpose

★The decisions made by directors will not be disturbed by a court if they can be attributed to^{탓으로 돌리다} **any rational business purpose.** The rule **bars judicial inquiry** into actions of corporate directors taken in good faith and in the exercise of honest judgment in the lawful and legitimate furtherance of corporate purposes.

5. Fairness

Director가 self-dealing으로 추정되는 행위를 했다면, BJR이 적용되어 면책될 수 있는가. 본 사안에서 director의 행위는 'duty of loyalty'에 관한 것으로서 BJR이 적용될 수는 없으나, director가 행위의 fairness를 증명함으로써 면책될 수 있다. Fairness를 증명할 때에는 substantive fairness와 procedural fairness 모두 증명해야 하는 바, director는 대개 자신이 체결한 계약의 fair price와 fair dealing을 증명함으로써 면책된다. 이렇게 두 유형의 fairness를 모두 증명해야 한다는 rule을 entire fairness review라 표현한다. Entire fairness review는 director와 corporation간의 문제에서 적용되는 기준이고, 모회사와 자회사간의 문제에서는 보다 완화된 기준이 적용되는 바, 모회사가 자신들의 결정이 "좋은 결과(favorable result)를 낼 수 있을 것이다"는 점을 보여주는 것만으로도 fairness가 인정된다. 예컨대, 모회사인 A가 '자회사 B가 A가 생산하는 반도체를 구입하도록 하는 계약을 체결하기로' 결정한 경우, 본래 A의 행위(계약체결)는 self-dealing으로 duty of loaylty에 위배되나, 타 회사와 계약하는 금액보다 50% 저렴하게 구입할 수 있는 등 그 계약이 자회사 B에게 좋은 결과를 낼 수 있다는 것이 합리적이라는 것을 A가 증명한다면, 모회사의 행위는 duty of loyalty에 위배되지 않는다.

한편, duty of loyalty 중 self-dealing과 관련된 행위에는 fairness rule과는 별도로 safe harbor rule이 추가로 적용된다. 즉 duty to account, duty to refrain from competing 등과 같이 self-dealing이 아닌 duty of loyalty에 관한 행위에는 safe harbor rule이 적용되지 않고 fairness rule만이 적용된다. Safe harbor rule은 director가 회사를 위해 내린 결정이 '합리적'이었다고 추정하여 director의 결정을 보호하는 rule이다. 여기서 '합리성'은 qualified approval과 full disclosure, 이 두 요건이 충족되는 경우 추정되는 바, director의 self-dealing(duty of loyalty 위반)을 주장하는 자는 두 요건 중 하나 이상의 반증을 제시하며 safe harbor rule의 추정을 rebut해야 한다. Safe harbor rule은 모회사와 자회사간의 문제에 동일하게 적용가능하다.

[도표 3-2]

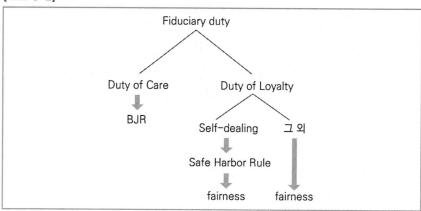

a. General Rule

Even if the transaction was not properly authorized, **the directors can satisfy their fiduciary duty of loyalty** by showing that **the transaction was fair to the corporation.**

Fairness includes not only the **market fairness** (substantive fairness) of the terms of the deal but also whether the **transaction** was one that was reasonably likely to yield **favorable results** for the corporation (procedural fairness).

b. Entire Fairness Review

★Generally, the **directors have the burden to show** that the transaction as a whole was fair in terms of **"fair price" and "fair dealing."**

---

case

주식회사 ABC는 신설회사로서 현재 사업을 확장 중이다. 주식회사 ABC의 directors (BOD)는 3개월동안 주주들에게 배당금을 지급하지 않았고, 이에 대해 주주 갑은 BOD에게 주주들이 납득할 수 있도록 현재 상황에 대해 공지를 해달라고 요청했다. 하지만 BOD는 이에 대한 어떠한 조치도 취하지 않았고, 주주 갑은 derivative suit을 제기했다. BOD는 본 소송에 대해 책임이 있는가?

⇒ No, because BOD is protected from BJR. 이익배당금 지급여부와 금액결정에 관련된 BOD의 판단은 BJR과 관련이 있다. 본 사안에서 주주의 부탁을 들어주지 않은 BOD의 행위가 bad faith 행위라 할지라도 본 행위가 이익배당금에 관련된 결정에 직접적인 영향을 미치지 않았다. 또한 회사가 현재 확장 중이라는 사실에 따르면 BOD의 판단은 회사를 위한 결정일뿐 BOD를 위한 결정이 아님을 알 수 있다. 따라서 BOD did not breach the duty of care and BOD is protected from BJR.

(Although there was BOD's bad-faith or hostility, the decision not to declare a dividend was not based on his bad-faith. 갑 should prove that BOD made decision in bad-faith or that the decision was for personal interest, not for the interest of the corporation.)

c. Intra-Group Corporate Dealings

★In intra-group corporate dealings, the entire fairness review (showing both fair price and fair dealing) is not required. Showing that the transaction was reasonably to yield **favorable results** for the corporation is enough.

6. Safe Harbor Rule

> all directors + qualified + authorize

Under the safe harbor rule, director's self-dealing is allowed if, **after disclosure of all relevant facts, qualified directors or shareholders authorized the transaction.**

"Qualified directors or shareholders" are defined as whom **did not have an interest in the transaction.**

Q: <u>Will the directors be protected from liability by the business judgment</u>
<u>rule?</u>

---

1. BJR
   + analysis (본 사안과 BJR간의 관계 및 관련 rule)
2. S/H's rebutting
   + analysis
3. 결론

모범답안 014

1. The directors will be protected from liability by the BJR, since there is no fact rebutting the presumption.

The business judgment rule (BJR) is a presumption that, in making a business decision, the directors of a corporation acted in good faith and in the belief that the action taken was in the best interest of the company. (ANALYSIS: The decisions regarding whether to declare a dividend and the amount of any dividend declared are generally matters within the business judgment of the directors. In this case, …….)

Shareholders must rebut the presumption by proving director's violation of duty of care by proving director's bad faith or the fact that the directors were not fully informed. (ANALYSIS)

In sum, the directors will be protected from liability by the BJR, since there is no fact rebutting the presumption.

---

1. Duty of loyalty (conflicting interest transaction)
   + analysis
2. Safe harbor rule
   + analysis

```
3. (Fairness)
   + analysis
```

TIP1 Conflicting interest transaction에 관한 내용인 경우, safe harbor rule을 우선 적용하고, safe harbor rule의 요건을 만족하지 못한 경우에는 fairness에 대해 추가적으로 analysis한다.

TIP2 1번: Conflicting interest transaction 용어가 modern과 CL에서 차이가 있다는 점을 서술한다.

TIP3 3번: Fairness 여부를 판단해야 할 행위가 어떤 유형의 행위인지 그 여부에 따라 entire fairness review(fair price와 fair dealing)의 적용여부가 다르다.

모범답안 015

1. The board of director's conflicting interest transaction was fair and they satisfied their fiduciary duty of loyalty.

Conflicting interest transaction is a transaction that the director had knowledge and a material financial interest. It is called "self–dealing" in common law. (ANALYSIS)

Under the safe harbor rule, a director's conflicting interest transaction is protected when: (1) there is an approval by disinterested directors or shareholders, (2) a director fully disclosed all relevant information, and (3) a director played no part in the disinterested directors' vote directly or indirectly. When the director's conflicting interest transaction is not properly authorized, the business judgment rule is not applicable and the directors must show the fairness of the transaction. (ANALYSIS)

Even if the transaction was not properly authorized, the directors can satisfy their fiduciary duty of loyalty by showing that the transaction was fair to the corporation. The directors have the burden to show that there were fair price and fair dealing. (ANALYSIS–fair price and fair dealing)

In sum, the board of director's conflicting interest transaction was fair and they satisfied their fiduciary duty of loyalty.

B. Bylaws (14July)

Bylaw는 회사의 '내규(內規)'를 뜻한다. Corporation에서 회사경영은 directors 의 업무이므로 directors 또는 board of directors의 행위는 bylaw에 근거하여 규제된다. Corporation 설립요건인 AOI가 bylaw에 우선하며, bylaw는 AOI 와 충돌하지 않는 한 모든 내용에 관한 조항을 포함할 수 있다. RMBCA (§2.06(c)(1), (2))에는 bylaw에 포함시킬 수 있는 조항 두 개를 명시하였는데, 그중 하나는 director를 지명(nominate)하는 요건 및 그 과정에 대한 조항이고, 다른 하나는 director를 지명하는 과정에서 발생한 비용에 대한 조항이다. 예컨대 director를 지명하기 위한 주주총회를 개회하는 데 있어 지명된 director 이름 한 개 이상을 반드시 proxy material(주주총회 주최 전 회사가 주주에게 투표사안을 공지하기 위해 보내는 서류)에 표기해야 한다는 내용의 조항은 bylaw에 포함될 수 있다.

기본적으로 주주와 directors(board of directors) 모두 bylaw를 '개정할' 권한 (right to amend)을 가지고 있다. 다만, AOI가 bylaw에 우선하는 바, AOI상 director의 개정권한을 제한하는 조항이 있거나, 주주가 bylaw를 개정할 때 BOD의 개정권한을 허용하지 않는다는 조항(no board repeal clause)을 삽입한 경우에는 BOD의 right to amend가 부정되는 바, 그들은 bylaw를 개정할 수 없다. 그러나 director의 right to amend 전체가 모두 부정되는 것은 아니고, BOD의 directors 임명 조건과 과정에 관해 '수정(tinker)'할 수 있는 권리 (right to tinker)는 유지된다. 다시 말해, 주주가 BOD의 개정권한을 제한시킨 경우 BOD는 주주가 승인한 bylaw 자체를 '폐지'할 수는 없으나 '수정'은 할 수 있다.

1. General Rule

> bylaws 〈 AOI

★**Bylaws regulate internal affairs of the corporation.** The promoters or board of directors of a corporation shall adopt initial bylaws for the corporation.

★Articles of incorporation (AOI) preempts bylaws.

2. Contents

The bylaws may contain any provision that is **consistent with law or the articles of incorporation.**

The bylaws may contain one or both of the following provisions:

(1) A requirement that if the corporation solicits proxies or consents with respect to an election of directors, the corporation **include in its proxy statement and any form of its proxy or consent,** to the extent and subject to such procedures or conditions as are provided in the bylaws, **one or more individuals nominated by a shareholder in addition to individuals nominated by the board of directors;** and

(2) A requirement that the corporation **reimburse the expenses** incurred by a shareholder in soliciting proxies or consents in connection with an election of directors, to the extent and subject to such procedures and conditions as are provided in the bylaws, provided that no bylaw so adopted shall apply to elections for which any record date precedes its adoption. [RMBCA(2016) §2.06(c)(1), (2)]

"Proxy access" is a shareholder's nomination of directors in public corporations.

"Proxy material" is a document the corporations send to shareholder provides material facts concerning matters on which the **shareholder** will vote.

3. Amendment

> BOD의 권리제한 ⇒ BOD는 폐지 불가, 수정 가능

a. General Rule

★Generally, directors (BOD) have the right to amend the bylaws, **unless:**

 ⅰ. The corporation's articles reserve that power exclusively to the shareholder; or

 ⅱ. The shareholders expressly provide that the board of directors may not amend or repeal that bylaw (no board repeal clause).

b. Power to Tinker

★Even if shareholders approve a bylaw amendment that limits further board changes, the board would **have the power to tinker**^{고치다} **with** the bylaw regarding voting process, but **could not repeal**^{폐지하다} the shareholder−approved bylaw.

 ✔ "This Section may not be amended or repealed by the BOD without shareholder approval."−board repeal clause ×

답안요령 **Amendment**

Q: <u>Would the bylaw amended previously by the BOD take precedence over the shareholder's proposed bylaw provision?</u>
<u>BOD에 의해 수정된 bylaw는 이후 shareholder가 제안한 bylaw에 우선하는가?</u>

1. Shareholder's right to amend
2. No board repeal clause
 + analysis
3. Board's power to tinker
 + analysis

TIP 2번: No board repeal clause에 의해 BOD가 bylaw를 amend할 수 없다는 점을 서술한다.

1. The bylaw amendment by the board would not take precedence over the shareholder's proposed bylaw provision, but the board has the power to tinker with the bylaw.

Shareholders have the power to amend the bylaws. Shareholder approved bylaw provisions can amend or repeal existing bylaw provisions, whether originally approved by the board or by shareholders. The board shares this power with the shareholder, unless (1) the corporation's articles reserve that power exclusively to the shareholder or (2) the shareholders expressly provide that the board of directors may not amend or repeal that bylaw with no board repeal clause. (ANALYSIS)

Even if shareholders approve a bylaw amendment that limits further board changes, the board would have the power to tinker with the bylaw regarding voting process, but could not repeal the shareholder−approved bylaw. (ANALYSIS)

In sum, the bylaw amendment by the board would not take precedence over the shareholder's proposed bylaw provision, but the board has the power to tinker with the bylaw.

4. When No Bylaws (21July)

The internal affairs include the legal relationship between and among corporation's shareholders, directors, and officers. Those are governed by the **state of incorporation.** This rule applies even when the corporation business is primarily operated in another state.

C. Board Meeting and Voting

Shareholders와 마찬가지로 BOD(이사회)는 회의를 거쳐 업무집행에 관한 의사결정을 한다. Special meeting의 경우 회의의 날짜, 시간, 장소에 대해 개회일 기준 2일 전까지 directors에게 통지(notice)되어야 하고, 회의의 목적이 통지될 필요는 없다. Director가 서면으로 통지에 대한 waiver를 작성하거나 통지가 이루어지지 않았음에도 회의에 참석하여 반대의 의사를 표명하지 않으면 waiver했다고 본다. 회의의 안건은 전체 이사 수의 과반이 참석하고 (quorum), 참석 수의 과반이 찬성한 경우 결의된다. 이때 quorum은 '투표하는 시점'을 기준으로 판단하는 바, 투표하는 때에 이사 수의 과반이 자리를 지켜야만 인정되며, 회의 시작 때에는 이사 수의 과반이 참석했으나 투표하기 전에 과반수가 유지되지 않은 경우의 결의는 유효하지 않다. 한편, 이사의 '출석'은 서로 동시에(simultaneously) 대화가 가능한 상태가 유지되는 한 원격통신수단에 의하여 참가하는 것도 허용된다.

1. Board Meeting

a. General Rule

The board of directors may hold regular or special meetings in or out of this state.

Any or all directors may participate in any meeting of the board of directors through the use of any means of communication by which all directors participating may **simultaneously hear each other during the meeting.** A director participating in a meeting by this means is deemed to be present in person at the meeting.

b. Notice of Meeting (12Feb)

Regular meetings of the board of directors may be held **without notice** of the date, time, place, or purpose of the meeting.

Special meetings of the board of directors shall be preceded by **at least two days' notice** of the date, time, and place of the meeting. The notice need **not** describe the **purpose** of the special meeting. [RMBCA §8.22(a), (b)]

c. Waiver of Notice

The notice for special meeting can be waived by:

　ⅰ. Delivering a **signed writing** to the corporation for filing by the corporation with the minutes or corporate records; or

ii. **Attending** the meeting and not objecting at the beginning of the meeting. [RMBCA(2016) §8.23]

2. Voting

A **quorum** of a board of directors consists of a **majority of the number of directors specified in or fixed** in accordance with the articles of incorporation or bylaws.

If a quorum is present when a vote is taken, the **affirmative vote of a majority** of directors present is the act of the board of directors.

Ⅳ. **Corporate Merger** (21July)

Corporate merger는 '합병'을 의미하는 바, 두 주식회사가 하나의 주식회사로 합쳐지는 것이다. 예컨대, A회사와 B회사가 합쳐져 A회사로 흡수되면 corporate merger가 이루어진 것이고, A회사는 surviving corporation이라 일컫는다. 이 경우 B회사는 소멸되고(cease), B회사의 주식은 A회사로 변경되고, A회사의 AOI가 효력을 가진다. 한편, A회사와 B회사가 merger에 대해 체결한 계약을 plan of merger라 하는데, 각 회사는 directors와 shareholders로부터 해당 계약을 이행해도 좋을지 동의를 얻어야 한다. 여기서 투표방식 및 의결요건은 각 회사가 incorporated된 주의 법에 의거한다. MBCA는 board of directors (BOD)에서 다수결로 동의를 얻은 후, shareholders의 과반수 이상의 득표를 해야 한다고 규정하고 있다(MBCA §11.02(a)). Plan of merger에 대해 directors와 shareholders의 과반수 동의를 얻어 merger를 이행한다고 하더라도, 합병반대주주는 주식매수청구권(right to demand payment)을 행사하여 자신의 주식을 합병된 회사로 변경치 않고 기존의 회사에 공정한 가격(fair value)으로 매수할 것을 요구할 수 있다. 예컨대, B회사의 주주 갑이 merger에 반대하는 경우 그가 소유한 주식을 A회사의 주식으로 변환하지 않고 B회사에 자신의 주식을 공정한 가격으로 매수할 것을 요구할 수 있다. 이는 shareholder의 right to dissent^{반대}에 따른 것으로, shareholder가 자신의 merger에 대한 반대의 의사(intent not vote for the merger)와 주식매수청구권 행사를 서면으로 공지해야 한다. Merger가 승인된 이후 주주가 회사에 공식적으로 매수할 것을 요구하면, 회사는 30일 이내로 회사가 책정한 공정가로 현금을 지급한다. 만일 주주가 그 금액에 동의하지 못한다면, 회사와 주주간 settlement가 이루어져야 하며, 그렇지 못한 경우에는 법원의 평가(judicial appraisal^{평가})가 이루어진다. 다만, 다수의 주에서는 상장회사(publicly traded corporation)에서의 appraisal을 금하고 있는데, 이는 주식이 시장에서 거래되는 상장회사의 경우에는 주식의 가치를 평가하는 행위, 즉 judicial appraisal에 드는 시간적·경제적 비용이 생산적이지 못하다는 이유에서다.

- Surviving corporation = Survivor
- Publicly traded corporation: 상장회사
  ↔ Closely held corporation
- Domestic corporation: 해당 재판권(州)에서 incorporated된 주식회사
  = A corporation incorporated under the laws of the jurisdiction
- Foreign corporation: 해당 재판권이 아닌 state에서 incorporated된 주식회사
  = A corporation incorporated under the laws of another jurisdiction

1. General Rule

A corporate merger is in which two corporations are combined into one surviving corporation. A corporate merger may occur between domestic corporation and a foreign corporation.

When two corporations which are incorporated in different states merge, the laws of state in which it is incorporated govern merger requirements.

2. Effects

When a corporate merger occurs, the following situations happen:

ⅰ. Any corporation that is merged ceases;

ⅱ. The shares of merged corporation are converted into shares of the surviving corporation; and

iii. The articles of incorporation of the surviving corporation becomes effective for the resulting entity.

3. Plan of merger

a. General Rule

A plan of merger is an agreement between the two corporations to merge. The plan of merger must be approved by directors and shareholders. It must be adopted by a **majority of the corporation's board of directors and then** it must receive the **shareholder's vote of at least a majority of the votes entitled to be cast on the plan.**

b. Right to Dissent

i. General Rule

Under the MBCA, shareholders have the **right to dissent** from fundamental corporate transactions (e.g., corporation merger) and they are entitled **to demand payment in cash for her shares** from the corporation, instead of receiving shares in the surviving corporation.

Those demands would be made through either a negotiation with the corporation or a judicial appraisal. When a judicial appraisal is held, the shareholder receives payment in cash for the **fair value** of her shares. However, a judicial appraisal is not allowed for shares of publicly traded corporations under the market out exception.

ii. Process of Exercising Right to Demand Payment

A shareholder who dissents the merger must provide written notice of his intent before the vote on the merger. The written notice may include the shareholder's intent to demand payment, not vote in favor of the merger, and make an actual demand for payment after the merger.

After the merger is approved, the shareholder must make a demand payment and the corporation must payment in cash for the fair value **within 30 days.** Settlement between the corporation and the shareholder may be held when the shareholder is dissatisfied with the payment, and, if it fails, the shareholder is entitled to a judicial appraisal.

V. Federal Securities Laws

본 챕터에서는 주식회사 및 주식 거래에 관한 연방법에 대해 논한다. Securities Exchange Act(SEA)의 Section 16(b)는 내부자거래 중 단기매매(short-swing trading profits)를 금하는 법률로서, shareholders와 directors가 6개월 이내에 단기매매를 하였고 이로부터 이익이 발생하였다면 이는 회사에 귀속되어야 한다고 규정한다. Section 10b-5는 내부자거래를 금하며, 주식매매에 있어 사기(fraud)행위를 한 자에게 책임을 지운다. 이는 회사의 내부기밀을 이용한 거래를 금하기 위한 법률로서, 내부자와 직접 거래한 자, 내부자, 회사기밀 제공자 등이 본 법률의 적용대상이다. 여기서 'fraud'는 「11장 Torts」에서의 misrepresentation과 동일한 개념으로서, 거래인의 intent, material misrepresentation, reliance가 증명되어야만 그 책임이 인정된다. 한편, Sarbanes-Oxley Acts는 상장회사의 회계부정 사건에 의한 주가폭락 등을 방지하고자 회계법인을 감독하는 기관을 설립한 법이다.

A. Section 16(b)

1. General Rule

If a corporate insider makes short-swing trading profits within a six-month period, those profits must be disgorged to the corporation.

a. Corporate Insider

Corporate insider includes officer, directors, and shareholders who own more than 10% of the corporation's shares.

Directors and officers must be in their positions when they **either** purchase **or** sale their shares.

Shareholders must be in their positions when they purchase **and** sale their shares.

b. Trading

Trading menas a profitable purchase and sale of company equity stock.

2. Requirements

To apply Section 16(b), corporation must:

ⅰ. Be a corporation listed on a national exchange; or

ⅱ. Have $10 million or more in assets and at least 2,000 shareholders.

B. Section 10b-5

- Tipper: A person who **provides** insider information
- Tippee: A person who **receives** insider information
- Misappropriator: 내부자 외에 다른 방법으로 내부정보를 획득한 자(예: 의뢰인으로부터 confidential한 내부정보를 가지게 된 변호사)

Under the section 20−5, insider trading of security is illegal and any person who directly or indirectly uses fraud or deception in transaction of any security has liability. This is to prohibit any security trading based on nonpublic corporate information.

1. Application

Section 10b−5 is applicable to:

ⅰ. A direct trading by an insider;

ⅱ. Tippers when the information was shared for improper purpose;

ⅲ. Misappropriators;

ⅳ. Tippees only when:

① The tipper breaches fiduciary duty;

② The tippee knew the breach; and

③ The tipper personally benefited.

2. Damages and Remedy

Damages are the difference between actual proceeds based on nonpublic corporate information and the amount based on the real value of the stock.

Damages should be disgorged to the company.

C. Sarbanes-Oxley Acts

The Acts created a board that oversees accounting industry to set standards for publicly traded companies.

The Acts enhanced reporting requirements and even provide criminal penalties.

Part Two. Limited Liability Companies (LLC)

Limited liability company(LLC)는 '유한회사'를 뜻하며, 그 사원이 회사채무에 대해 limited liability를 진다는 점에서 corporation과 유사하나, 두 유형은 그 성격에 차이가 있는 바, 이들의 유사점와 차이점에 유의하여야 한다. 이하 LLC 특징, LLC 및 사원간 관계, 사원의 의무 및 권리, 사원탈퇴 및 회사해체에 대해 논한다.

[표 3-2]

Corporation	LLC
limited liability	
article of incorporation (AOI)	certificate of organization (CO)
bylaws (how the BOD will govern the biz)	operating agreement (OA) (company's internal affairs)

Ⅰ. Introduction

A. Basic Concepts

Limited liability company(LLC)는 '유한회사'를 뜻하며, 그 사원들은 member라 일컫는다. LLC은 회사명, 회사 주소, 사원들의 이름 및 주소가 기입된 certificate of organization(CO)이 file되어야만 그 설립이 인정된다. LLC는 합자회사 (general partnership)의 특징과 주식회사(corporation)의 특징을 복합적으로 가지는 hybrid한 회사다. LLC가 가지는 GP의 특징은, 사원(member)들이 '경영권'을 가지고 그 사원들이 fiduciary duty를 진다는 점이다. LLC가 가지는 corporation의 특징은 두 가지가 있는데, 하나는 사원들의 '책임정도'에 대한 것으로, corporation과 동일하게 limited liability를 인정하는 바, LLC 사원들은 회사채권자는 그들을 상대로 채권을 행사할 수 없다는 점이다. 다른 하나의 특징은 corporation의 사원, 즉 shareholder와 동일하게 LLC member도 '회사의 지분'을 가진다는 것이다. 즉 LLC의 member는 소유권과 경영권 모두 가진다. Corporation의 shareholder와 마찬가지로 소유권을 가진다는 의미로 LLC member를 shareholder라 일컫기도 하나, 명확히는 corporation의 shareholder의 경우 소유권만을 가지고 있다는 점에서 차이가 있다. 한편, LLC 유형에는 member-managed LLC와 manager-managed LLC가 있다. Member-managed LLC의 경우 '모든' 사원이 경영권을 가지는 반면, manager-managed LLC는 특정된 '일부의' 사원만이 경영권을 가진다. CO상 LLC 유형이 명시되어 있지 않은 경우 LLC 경영에 대한 별도의 언급이 없는 한 member-managed LLC로 인정되는(presume) 바, 본 서에 별도의 언급 없이 설명된 내용은 member-managed LLC에 대한 것으로 한다.

```
LLC ┌ GP ⇒ members manage
    └ corporation ⇒ limited L.
```

1. Characteristics

★An LLC is a form of business association that combines the features of corporations and partnerships.

★Like general partnerships, LLCs provide members with considerable flexibility in developing rules for decision making and control. Thus, members owes both LLC and other members fiduciary duty.

★Like corporations, investors (members) in LLCs have limited liability for firm debts.

2. Formality

An LLC is formed by filing a **certificate of organization** (or articles of organization) to the Secretary of State.

In the certificate there should be following information: the name of the LLC and the address of the LLC's registered office and name and address of its registered agent.

3. Types of LLC

a. Member-Managed LLC

Each member in a member–managed LLC has **equal rights** in the management and conduct of the company's activities.

b. Manager-Managed LLC

A manager–managed LLC is operated by managers **who are appointed** to run the company.

c. Presumption

When the certificate of organization fails to specify whether the LLC is member–managed or manager–managed, the LLC is **presumed to be member–managed,** unless the member's operating agreement specifies how the LLC is to be managed.

II. Relationship between LLC and Members (16July)

A. LLC's Liability

LLC의 사원은 GP와 마찬가지로 경영권을 가진다. 따라서 그들이 법률행위를 할 당시의 authority 유무가 LLC의 책임유무를 판단하는 기준이 된다(agency law). GP에 적용되는 모든 rules가 동일하게 적용된다.

[표 3-3] 'authority 유무' 판단기준

Actual Authority	OA 있는 경우	OA 내용에 입각하여 판단	
	OA 없는 경우	usual, customary ⇒ 인정 unless disagree를 예상 또는 합의가 필요한 경우	
	합의가 있는 경우	ord.cs.biz인 경우	majority 동의 要
		ord.cs.biz 아닌 경우	unanimous 동의 要
Apparent Authority	① by partner ② ord.cs.biz ③ 3ʳᵈ no knowledge		

*OA: operating agreement
*ord.cs.biz: ordinary course of business

1. Agency Rule

★Each member in a member−managed LLC has equal rights in the management and conduct of the company's activities.

Thus, **general agency law principals are applicable** and each member can bind the company to contracts, if the member had authority to make the contract.

a. Ordinary Transactions

i. Actual Authority

The member has **actual** authority [to make a contract], when it was **in the ordinary course of LLC's business.**

ii. Apparent Authority

Each member can bind the company to [contracts] for apparently carrying on the ordinary business of the company, if the member has authority to do so or the other party to the contract has no notice that the member lacks such authority.

b. Non-Ordinary Transactions

ⅰ. Actual Authority

★Whether there is an **actual authority** for a **non-ordinary transaction** depends on the **operating agreement** of the LLC, which governs **relations between members and the LLC and the activities of the company.**

ⅱ. Apparent Authority

When a member makes a **non-ordinary transaction**, the third-party could generally recognize that the member is **unauthorized.** Thus, in most cases of non-ordinary transactions, member's action **does not bind** LLC.

답안요령 Member-managed LLC & Ordinary course of biz

Q: <u>Is the LLC bound by [the contract]?</u>

---

1. Types of LLC + Member's authority
   + analysis
2. Actual/Apparent authority
3. Analysis (actual authority)
4. Analysis (apparent authority)

TIP1 1번: Manage할 권한을 가진 member 행위에는 agency rule이 적용됨을 서술한다.

TIP2 2번: 주어진 member's 행위가 회사 경영을 위한 통상적인 행위 (ordinary course of business)인지 그 여부를 우선 파악한다.

모범답안 017

<u>1. The member had authority to make the contract and LLC is bound by</u>

the contract.

Each member in a member-managed LLC has equal rights in the management. Thus, general agency law principles are applicable and each member can bind the company to contracts, if the member had either actual or apparent authority to make the contract. (ANALYSIS)

If the member's action was in the ordinary course of LLC's business, the member had actual authority. The member had apparent authority to make a contract, when the third party could reasonably believe that the member lacks authority to make a contract. Moreover, the member had apparent authority when there is manifestation LLC made to the third-party that the member is authorized to enter into the contract was in the ordinary course of the LLC's business.

(ANALYSIS-actual authority)

(ANALYSIS-apparent authority)

In sum, the member had authority to make the contract and LLC is bound by the contract.

B. Member's Liability (Limited Liability) (13July)

Limited liability company(LLC)의 모든 member들은 회사 채무에 대해 limited liability를 가진다. 하지만 예외적으로 member가 personally liable한 경우도 있는데 그중 하나가 pierce the LLC veil한 경우이다. 이때 member는 자신의 행동에 대해 책임을 진다. Pierce the LLC veil을 직역하면 "LLC의 베일을 벗기다"이다. LLC에서는 limited liability를 인정하는 바, LLC와 관련된 member가 한 행동의 모든 책임은 LLC로 귀속된다. 따라서 member가 자신이 한 행위에 대해 LLC 존재 뒤에 숨어 그 책임을 LLC에 떠넘길 위험이 있으므로 member가 LLC의 존재를 부적절하게 사용하는 경우 LLC라는 베일 뒤에 숨은 사원의 잘잘못을 따져 그에게 책임을 묻는다. 이를 "pierce the LLC veil한다"고 표현한다. Pierce the veil 해야 하는 상황은 member가 자신과 LLC를 별개의 개체로 여겼는지 그 여부를 기준으로 판단한다. 만약 member가 LLC를 별개의 개체가 아닌 자신과 동일한 개체(alter ego)로 여겼다면, pierce the veil한다. 일반적으로 사원이 자신의 자산과 LLC의 자산을 혼용해서 사용하는 경우 alter ego로 보고 member에게 책임을 묻는다. 이 외에도 LLC의 해산 또는 청산 과정을 합법적으로 처리하지 않은 경우와 directors 또는 shareholders 에게 책임이 있는 경우에도 LLC가 아닌 member 당사자가 책임을 진다.

1. General Rule

★Like corporations, investors (members) in LLCs have limited liability for firm debts.

2. Exceptions

a. Personal Liability

★However, members are **personally liable** when:

i. **Pierce the LLC veil;**

ii. Did not follow proper procedures for **dissolution and winding up;** or

iii. Member acted to create **direct liability.**

b. Piercing the Corporate Veil

★Piercing the corporate veil prevents members from **hiding behind the veil of limited liability** in situations where they have **improperly used the LLC form.**

To pierce the veil, it needs to analyze whether members have treated the LLC **as a separate entity** or whether it has become the **alter ego of the members.**

Under the alter ego doctrine, courts usually consider whether the **dominant shareholder siphoned**^{빼돌리다} **corporate funds.**

✔ Members disregard the economic separateness of firm and personal finances. → **can** pierce the veil → 채권자는 member 에게 직접 소송 가능함.

✔ Business assets have been intermingled and used for personal use.→ **can** pierce the veil → member에게 직접 소송 가능함.

✔ Off the books → may or may not pierce the veil (arguable) (Off the books란, LLC 사원이 자신의 개인 자산으로 회사 채무를 변제 후 회사에서 변제액을 돌려받는데, corporation's financial records에는 회사가 직접 빚을 갚았다고 기입하는 행위를 뜻한다.)

---

case

갑 did off the books. Is 갑 personally liable?

⇒ 원칙적으로는 fail to formalities이지만, personal liability를 가질 만큼 중대한 잘못은 아니라고 볼 수도 있다(arguable). 갑이 미리 회사 채권자에게 돈을 준 행위는 채권자에게 어떠한 피해도 주지 않았으며, 이는 회사의 자산과 개인 자산을 혼용해서 썼다기 보다는 갑의 자산이 회사의 자산에 추가되었다는 의미가 크다. 따라서 pierce the veil하기에는 적합하지 않다. (The LLC creditor may argue that 갑 treated LLC as alter ego because there was no economic separateness between LLC and 갑. However, 갑 made additional capital contributions to LLC, not the improper siphoning of assets. Additionally, the off-the-book advances were made for the creditor, not to avoid obligation. Thus, it would be insufficient to pierce the LLC veil in this case.)

Ⅲ. Member's Duties and Rights (13July)

LLC의 모든 member(사원)는 경영권을 가지고 있는 바, 각 member는 LLC와 타 member에 대해 fiduciary duty를 진다. 한편, LLC사원은 소송권을 가지는 바, 이는 corporation 사원이 가지는 소송권과 유사하면서도 다소 차이가 있다.

A. General Rule

★Like general partnerships, LLCs provide members with considerable flexibility in developing rules for decision making and control. Thus, members owe both LLC and other members fiduciary duty.

"Fiduciary relationship" is a relationship that members owe one another the duty of care (utmost trust) and loyalty.

B. Duty of Care

★Members are required to act:

ⅰ. For the **best interest of corporation**;

ⅱ. In **good faith; and**

ⅲ. With the **reasonable care** that the **ordinary person** in the similar situation would use.

C. Duty of Loyalty

★The duty of loyalty of a member includes:

ⅰ. Duty to account to corporation for any beneficiary derived from the LLC;

ⅱ. Duty to refrain from dealing with LLC when an adverse interest to the LLC exists (duty against self−dealing); and

ⅲ. Duty not to compete with the LLC before dissolution.

답안요령   LLC & Opt-out provision

Q: <u>Is LLC bound by the member's activity?</u>

<u>LLC's operating agreement상 opt−out provision이 있는 경우, duty of loyalty를 위반한 member's 행위가 정당화되어 principal인 LLC에게 그 책임이 귀속되는가?</u>

> 1. LLC 특징★
> 2. GP → fiduciary relationship
>   + analysis
> 3. Opt−out provision
> 4. 유효성 판단에 대한 different standards
>   + analysis

TIP 　1번: LLC와 관련된 모든 답안에는 LLP가 corporation과 GP의 특징을 복합적으로 가지고 있다는 점을 서술하는 것이 고득점 포인트다. 주어진 문제는 member의 duty of loyalty에 대한 것으로, GP의 특징과 opt−out provision을 연결하여 서술한다.

모범답안 018

1. The member did not violate the duty of loyalty based on the opt−out provision.

An LLC is a form of business association that combines the features of corporations and partnerships. Like general partnerships, members in LLCs can make decisions and control the business. Thus, members owe both LLC and other members fiduciary duty. Like corporations, members in LLCs have limited liability for firm debts. (ANALYSIS)

However, members of an LLC can agree to restrict or limit the duty of loyalty, with the opt−out provision in the operating agreement. States differ on how the opt−out provision can be effective. In some states, the terms of the provision is effective, unless they conflict with a mandatory statutory provision designed to protect third parties. In most states that permit opt−outs of the duty of loyalty, if the provision is not manifestly unreasonable, the operating agreement may restrict or eliminate the duty to refrain from competing with the company in the conduct of the company's business before the dissolution of the company, and may also identify specific types of activities that do not violate the duty of loyalty.

(ANALYSIS: Whether the provision is manifestly unreasonable is a question of fact. ⋯⋯)

In sum, the member did not violate the duty of loyalty based on the opt−out provision.

D. Derivative Suit and Direct Suit

LLC사원은 소송권을 가진다. 이는 corporation 사원이 가지는 소송권과 유사하여 이와 관련된 rules는 LLC사원에게도 거의 동일하게 적용된다. 다만, LLC에서 derivative suit는 사전에 서면으로 해당 소송에 대해 요청하지 않아도 된다. 한편, LLC의 모든 member들은 경영권을 가지는 바, 그들의 권리가 침해당했을 경우 member간 direct suit을 제기하는 것이 가능하다.

1. Derivative Suits

In LLC, the derivative action may be brought within a **reasonable time after the demand.** The demand requirement may be waived if the demand is deemed futile^{소용없는}.

In a member−managed LLC, the demand must be made **on the other members.**

In a manager−managed LLC, the demand must be made **on the managers.**

[In Corporation]

The derivative suit may be brought within a 90 days after a written demand unless:

ⅰ. The corporation rejects the demand; or

ⅱ. The corporation will suffer irreparable harm if forced to wait.

2. Direct Suits

A member of an LLC may bring a direct action against another member, a manager, or the LLC.

Ⅳ. Dissociation and Dissolution (16July, 20Sep)

LLC의 member들은 자신의 의지를 표명함으로써 언제든지 자유롭게 dissociate할 수 있다. Dissociating한 member는 LLC에 대해 참여할 권리(right to participate), 회사에 계속 남아있는 사원(continuing member)들에 의해 발생된 이익에 대한 권리(right to distribution) 그리고 member가 될 당시 LLC에 투자한 금액을 되돌려받을 권리(right to payment)를 잃는다. 한편, 사원이 dissociate하면 회사가 dissolute되는 at-will GP와 달리 LLC member의 dissociation은 회사의 dissolution을 의미하지 않는다. LLC의 dissolution은 전 사원의 동의가 있는 경우, operating agreement(OA)상 명시되어 있는 경우, member가 아무도 없는 상태로 90일 이상이 연속될 경우 또는 법원에서 dissolution을 명하는 경우에 한해 발생하는 바, 사원의 dissociation은 LLC의 dissolution과 무관하다.

A. Dissociation

1. General Rule

★**The express will** of a member to withdraw results in dissociation.

2. Results

Dissociating member loses three rights, including:

ⅰ. Rights to participate in the LLC;

ⅱ. Rights to distributions **only if** made by the continuing members; and

ⅲ. Right to payment for his LLC interest.

3. Dissociation and Dissolution

a. Modern LLC Acts

Under the modern LLC acts, the member's dissociation does **not** cause a dissolution and winding up of the business.

b. Traditional LLC Acts

The member's dissociation causes dissolution in an at-will LLC. Dissociation occurs on notice of member's dissociation.

B. Dissolution (12July, 13July, 20Sep)

1. Modern Acts

a. Modern Methods

ⅰ. General Rule

There are various modern methods to dissolute a LLC:

① By **consent** of all members;

② The occurrence of an event **in operating agreement (OA)** causing dissolution;

③ The passage of 90 consecutive days during LLC has **no members;** or

④ By **judicial** involuntary dissolution (court order).

ⅱ. Judicial Dissolution

A court may grant judicial dissolution of an LLC upon an application by a member when:

① The managers or controlling members will or are acting in a manner that is **illegal or fraudulent;**

② The managers or controlling members have or are acting in a manner that is oppressive and directly harmful to the member **(oppression doctrine);**

③ The conduct of all or substantially all of the LLC's activities is **unlawful;** or

④ It is **not reasonably practicable** to carry on the LLC's activities in conformity with the certificate of organization and the operating agreement.

b. Oppression Doctrine

LLC member 중 주도적으로 회사경영을 하는 member의 행위가 타 member 입장에서 비합리적인 경우, judicial involuntary dissolution 이 가능하다.

★The oppression doctrine is applicable when actions by controlling shareholders violate the reasonable expectations of non-controlling shareholders.

2. Traditional Acts

Under the traditional LLC acts, dissolution occurs **on notice of member's express will** to withdraw if the LLC is an at−will LLC.

3. Winding Up

Winding up할 경우, member는 반드시 회사 채권자에게 이를 통지해야 한다. 만약 채권자에게 통지하기 이전에 LLC가 dissolve되었다면, 회사 채권자는 LLC와 members를 상대로 소송할 수 있다. 즉 이 경우 LLC사원은 personally liable하다. 이때 소송금액은 LLC member 각각의 책임과 회사 정리 시, 회사가 member들에게 배분한 자산 중 적은 금액으로 한정된다. 하지만 일반적으로 member의 책임이 member가 받은 LLC 자산의 가치보다 크지 않으므로, 소송금액은 LLC member 각각의 책임으로 한정될 가능성이 크다.

As part of the **winding up** process, the LLC must provide **notice of the dissolution to creditors.** If proper dissolution and winding up procedures are not followed, a creditor's claim may be enforced **against the dissolved LLC and the members** personally if the assets of the company have been distributed after dissolution.

The creditor's claim may be enforced against each of the LLC members to the extent to the member's proportionate share of the claim or to the extent of the assets of the LLC distributed to the members in liquidation, whichever is less.

However, a member's total liability for creditor claims may not exceed the total value of assets distributed to the member in dissolution. Thus, **the creditor could recover proportionately from each member personally for LLC's debt up to the amount that each member received in the improper winding up.**

Dissociation & Dissolution

Q: <u>What is the legal effect of the [member's letter]?</u>

---

1. Dissociation 정의
2. Dissociation results★
3. Dissolution
   + analysis (modern + traditional LLC acts)

TIP   Legal effect에 대한 문제이므로, dissociation으로서의 member's letter 성격과 이에 따른 dissolution 발생 또는 발생될 가능성을 서술한다.

모범답안 019

1. The [member's letter] is a dissociation and it does not cause a dissolution and winding up of the business under the modern acts.

A partner can dissociate from the partnership at any time. A partner is dissociated from a partnership when the partner expressed his will to withdraw as a partner. The dissociating member loses three rights, including the right to participate in the LLC, the right to distributions only if made by the continuing members, and the right to payment for his LLC interest.

Under the modern LLC acts, the member's dissociation does not cause a dissolution and winding up of the business, unless other members decide to wind up the business. However, the traditional LLC acts have different result. Under the traditional LLC acts, member's dissociation causes dissolution in an at−will LLC. (ANALYSIS)

In sum, the [member's letter] is a dissociation and it does not cause dissolution and winding up of the business under the modern acts.

4장
Secured Transactions

//

본 장은 담보물권(security interest)이 생성되는 거래, 즉 secured transaction에 대해 논하며 UCC9을 기준으로 한다. UCC는 Uniform Commercial Code의 약자로 일종의 '상법모델법전'으로서 총 13편에 걸쳐 매매(sales), 리스(leases), 유통증권(negotiable instruments), 은행예금 및 추심(bank deposits and collections), 신용장(letters of credit), 담보부거래(secured transactions) 등에 대해 다룬다. 그중 매매와 관련된 UCC2는 「9장 Contracts」에서, UCC9은 본 장에서 논한다. 본 장에 관한 문제는 담보물권 설정여부를 판단하는 문제, 특정 담보물(collateral)에 '다수'의 담보물권이 설정된 경우 우선권(priority)을 판단하는 문제, 담보물에 대한 '강제집행'에 대한 문제로 구분된다.

[도표 4-1]

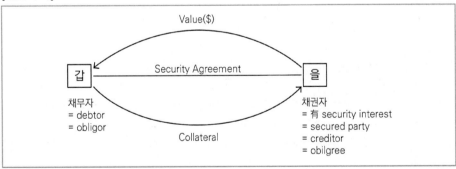

- Secured party = Creditor = Obligee: 채권자
- Debtor = Obligor: 채무자
- Secured interest: 담보물권
  [Equipment]에 대한 담보물권: Security interest in the [equipment]

- Collateral: 담보물
- Security agreement: Security interest를 내용으로 하는 계약
- Secured transactions: Security interest에 관한 거래
- Perfection

  Perfected security interest

  The security interest is perfected.

  갑 has perfected security interest.
- 갑이 을에게 우선권을 가진다(갑＞을).

  = 갑 has priority over 을.

  = 갑's security interest is superior to 을's security interest.

  = 을's security interest is subordinate to 갑's security interest.

  = 갑 has superior claim to the [equipment].
- Default: 채무불이행

☑ 글쓰기 Tips

1. 본 장에 관한 문제는 arguable하지 않고 rules를 대입하면 명확한 결과가 나오는 유형으로 출제되는 바, 정확한 rules를 암기하는 것이 중요하다.
2. 본 장에 관한 답안 대부분은 'attachment'에 대한 내용으로 시작한다.
3. 본 장에 관한 사안을 읽을 때, ① 등장인물과 ② 그들간 특정 담보물(collateral)의 판매흐름을 정리하면서 읽는 연습이 중요하다.
4. 특정 담보물(collateral)에 '다수'의 담보물권이 형성되어 있는 경우, '우선권(priority)'을 판단하는 문제가 다수 출제되었다.

   Q: As between 갑 and 을, who had a superior claim to the [equipment]? Explain.

   Q: Does 갑 have a security interest in the [$100,000 check] against 을?

   ⇒ 본 문제를 푸는 logic은 다음과 같다.

   Priority 판단 ← Perfection 유무 판단 ← Attach 여부 판단(security interest의 유효성 판단)

   ⇒ ① 갑's security interest의 attachment/perfection 판단, ② 을's security interest의 attachment/perfection 판단, ③ 갑과 을의 security interest간 priority 순으로 analysis한다.

   ⇒ 적용되는 'rules'를 기준으로 title을 설정하는 것이 좋다.
5. 특정 담보권(security interest)으로부터 '파생된 자산'이 담보물(collateral)로서의 역할을 하는지 그 여부를 묻는 문제가 다수 출제되었다.

Q: Does 갑 have an enforceable security interest in the [$100,000 check]?
Q: Does 갑 have an interest in the [equipment]?
⇒ ① 파생된 자산이 기존 담보물과 어떤 관계를 형성하는지, ② 파생된 자산에 대한 갑의 interest 순으로 analysis한다.

I. UCC9

UCC9은 담보부거래에 대한 법전으로서, 담보물권(security interest)이 생성되는 계약 및 권리변동을 규정한다. 즉 security agreement에는 UCC9이 적용되는데, 특정 계약에 대한 UCC9 적용여부는 '계약의 본질'을 기준으로 판단하는 바, 계약서의 표면적인 형식 또는 제목은 이와 무관하다. 예컨대, 갑·을간 체결한 냉장고 '매매계약'상 "을이 모든 금액을 지불하기 전까지 갑이 냉장고에 대해 retain title한다"고 명시되어 있다면, 본 계약은 표면적으로 매매계약이나, 그 내용을 보면 을의 채무를 '담보'하기 위해 을의 시계에 갑의 담보물권(security interest)을 설정하였는바, 본 매매계약의 본질은 security agreement이므로 UCC9이 적용된다. 여기서 security interest가 생성된 것을 'attachment'라 표현하며, 영어식으로 표현하면 "a security interest is created", "security interest is effective" 또는 "security interest attached to collateral"이다. 한편, attach된 security interest를 공시할 수 있는데, 이를 'perfection'이라 한다. Attachment는 security interest의 '성립'요건이고 perfection은 security interest를 공시하는 행위로서, '대항'요건이다. 즉 perfection은 하나의 담보물에 대해 여러 명의 채권자가 존재하는 경우 그들간 priority를 판단하는 기준으로서, perfection을 한 채권자만이 담보물에 대해 우선권(priority)을 가질 수 있다. Perfection은 attached된 security interest에 한해 가능하며, 유효하지 않은 security interest는 perfected될 수 없음에 유의하여야 한다.

★UCC9 governs any transaction that creates a security interest.

★In determining whether the security interest is created, the substance of a transaction is considered, rather than its form or the label written by the parties.

✔ The lease agreement provides that until the payment of the purchase price to 갑 by 을, title to the [machine] will be retained by 갑. — security interest 인정 ○

Ⅱ. Types of Collateral

본 파트는 '담보물(collateral)'의 유형 및 성격에 대해 논한다. 이는 본 장을 공부하는데 있어 가장 기본적이면서도 가장 중요한 파트에 해당하는데, 첫 번째 이유는 채권자가 채권(담보물권)을 행사하는 '범위'는 설정된 '담보물'에 한정되기 때문이다. 이때 담보물은 채권자와 채무자간 체결한 security agreement에 명시된 표현이 기준이 되는 바, 각 유형의 '개념'을 명확히 알고 있는 것이 중요하다. 예컨대, 계약서상 "inventory를 담보로 한다"는 조항이 있을 때 debtor가 그의 고객으로부터 받을 돈(accounts)은 inventory에 해당하지 않는 바, 채권자는 채무자의 accounts에 대해 채권을 행사할 수 없다. 본 파트가 중요한 두 번째 이유는 각 담보물 유형에 따라 attachment 및 perfection을 하는 방법 또는 priority를 판단하는 방법 등 별도의 rules가 적용되기 때문이다. 각 rules는 이하 다른 파트에서 자세히 논하도록 하며, 본 파트에서는 담보물 유형의 개념에 대해 주로 논한다.

A. Accounts and Account Debtors (15Feb, 17July, 20July)

Accounts는, 요컨대 물건을 팔고 고객으로부터 받을 돈과 같이 '외상매입금'을 뜻하는 바, collateral로 설정될 수 있다. 한편, accounts를 지불할 의무가 있는 자, 즉 돈을 지불해야 하는 고객은 'account debtor'라 일컫는다. 그렇다면 account debtor는 collateral로 지정된 accounts에 대해 매매계약의 상대방(판매자)과 accounts에 대해 담보물권을 가지고 있는 채권자 중 누구에게 채무를 변제해야 하는가. 예컨대, 자전거 상인 갑이 을에게 자전거를 매매하였고 이에 대한 대금 50만원은 을이 한 달 후에 지불하기로 하였다. 이후 갑과 은행이 갑의 기존 accounts를 collateral로 설정하는 security agreement를 체결하였다면, 을은 갑과 은행 중 누구에게 50만원을 지불해야 하는가. 이는 secured party(은행)가 account debtor(을)에게 security agreement가 체결되었음을 '통지한 날짜'를 기준으로 판단된다. 여기서 security agreement가 체결되었다는 것은 을에 대한 갑의 채권이 은행에 이전되었음을 의미하는 바, 'assignment'라 표현한다. 만일 을이 은행으로부터 assignment에 대한 통지를 받기 '이전'에 채무를 변제하고자 한다면, 갑과 은행 중 어느 측에 채무를 변제하더라도 그의 채무는 소멸된다. 따라서 은행은 갑에게 이미 50만원을 지급한 을에게 채무이행을 요구할 수 없다. 만일 을이 assignment에 대한 통지를 받은 '이후'에 변제하고자 한다면, 반드시 은행에 채무를 이행해야 하는 바, 을이 갑에게 50만원을 지급했다 하더라도 그의 채무는 소멸되지 않으며 은행은 을에게 50만원을 지급할 것을 요구할 수 있다. 한편, account debtor (을)는 assignment 통지를 받은 경우 assignment에 대한 추가적인 입증을 요구할 수 있으며, 입증이 이루어지기 전까지 갑에 대한 채무가 discharge된다.

[도표 4-2]

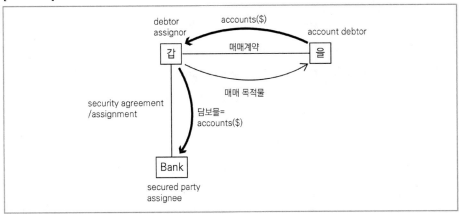

1. General Rule

★Accounts are the rights to payment of monetary obligation.

Account debtor is a person who is obligated on an account.

- ✔ 물건을 팔고 고객 갑으로부터 받아야 할 외상매입금 → 외상매입금: accounts, 갑: account debtor
- ✔ 제공한 서비스에 대해 고객 을로부터 받아야 할 외상매입금 → 외상매입금: accounts, 고객 을: account debtor

✔ 당첨된 lottery → 당첨된 금액: accounts

2. Discharge of Obligations

An account debtor(을) may **discharge** its obligation on an account by paying its **original obligee(갑) or its assignee(은행), until** the account debtor has **received a notification** that an assignment has occurred and that payment should be made to the assignee.

After the account debtor(을) has received a notification, the account debtor may discharge its obligation **only by paying the assignee(은행).** Paying the original obligee(갑) does not discharge the obligation, and the obligation is still owed and the assignee is entitled to payment.

3. Notification

The notification should be **authenticated** by the assignee.

The account debtor may request reasonable proof that the assignment has been made. **Until** such proof is furnished, the account debtor **may discharge its obligation** by paying the assignor.

B. Deposit Accounts (08Feb)

A deposit account is a demand, savings, or similar account maintained with a bank.

★Security interest can be perfected only by control.

C. Inventory (10Feb, 11July, 15Feb)

★The term "inventory" includes:

ⅰ. Goods that are held by a person **for sale;**

ⅱ. Goods that **are leased** by a person as lessor;

ⅲ. Goods that are given by a person under a **contract of service;** or

ⅳ. Goods that consist of **raw materials, work in process, or materials used or consumed in a business.**

✔ Goods only for repair — inventory ×

✔ Farm product — inventory ×, equipment ○

D. Equipment (11July, 15Feb, 16July, 20July)

★"Equipment" consists of goods other than inventory, farm products, or consumer goods.

E. Consumer Goods

★"Consumer goods" are goods that are used or purchased **primarily for personal, family, or household purposes.**

"Goods" means all things that are **movable** when a security interest attaches.

F. Proceeds (12July, 16Feb)

Proceeds는 ① 담보물이 판매 및 교환된 경우 그 대가로 받는 무언가 또는 ② 보험에 관련된 채무(insurance payable)를 의미하는데, 대개 첫 번째 의미로 사용된다. 예컨대, 갑(채무자)이 담보물을 제3자에게 매매한 경우 제3자가 지불한 무언가가 proceeds이며, 제3자가 '돈'으로 지불했다면 그 돈을 'cash proceeds'라 일컫는다. Proceeds는 '담보물'에 대한 대가로 '받은' 무언가로서 '매매의 목적물'에 대한 대가로 '받을' 돈을 뜻하는 accounts와 차이가 있다. 즉 proceeds는 '담보물'에 대한 대가로 그 담보물이 '판매 및 교환된' 시점에 받는 무언가를 뜻하고, accounts는 '매매의 목적물'에 대한 대가로 '미래에' 받을 돈을 뜻한다.

Proceeds는 담보물에 대한 소유권이 채무자에서 제3자로 변경되었음을 의미하는 바, 채권자가 본래의 담보물이 아닌 proceeds에 대해 권리를 행사할 수 있는가 하는 문제가 발생한다. 원칙적으로 '담보물'에 대한 security interest가 perfected된 경우에 한해 그 perfection이 proceeds에도 20일 동안 그대로 유지되며, cash proceeds에는 예외의 rule이 적용된다. 자세한 내용은 이하 「C. Perfection」의 「7. Perfection of Proceeds」파트에서 다시 논하기로 한다.

1. General Rule

★Proceeds means:

ⅰ. **Anything acquired upon disposition of collateral;** or

ⅱ. Insurance payable.

2. Cash Proceeds

Cash proceeds means a check given in exchange for secured goods.

G. Chattel Paper

Chattel paper is a record or records that evidence both a **monetary obligation** and a **security interest** in specific goods, a security interest in specific goods and **software** (or license of software) used in the goods, a **lease** of specific goods and **license** of software used in the goods.

H. Accessions (08July)

Accession이란, 다른 동산(goods)에 '부착되어(be united)' 있으나 '독립적인' 존재로 인정되는 무언가를 뜻한다. 자동차에 부착된 GPS, 비행기에 설치된 엔진 등이 이에 해당한다. GPS가 자동차에 '부착되면' accession이 되는 것이고, 부착되기 이전에는 accession이 아니다. 그렇다면 '독립적인' 존재로 인정된다는 것은 무슨 의미일까. 자동차를 생산하는 업체(갑)가 자동차를 담보로 은행에서 돈을 빌렸고, 그 이후에 자동차에 부착할 GPS를 구매하는 과정에서 갑과 GPS 판매자(을)간 GPS를 담보로 하는 security agreement를 체결했다고 가정해보자. 이 경우 GPS와 자동차 각각에 담보물권이 설정되었고, 이는 두 동산이 별개의 동산으로 취급되었음을 의미한다. 즉, accession이라 하더라도 accession이 되기 이전에 설정된 담보물권과 accession이 부착되어 있는 동산(whole)에 설정된 담보물권이 별개로 인정된다는 의미이다. 그러나 accession이 되기 '이전'에 설정된 담보물권이 accession이 된 '이후'에도 반드시 지속되는 것은 아니다. 다시 말해, accession이 되기 이전의 동산(자동차에 부착되기 이전의 GPS)을 담보로 하는 을의 security interest가 GPS가 accession이 된 이후(GPS가 자동차에 부착된 이후)에도 반드시 지속되는 것은 아니며, GPS가 'accession이 되기 이전'에 이에 대한 security interest가 'perfection' 된 경우에 한해 담보물권이 지속된다.

앞서 언급한 바와 같이 GPS는 accession으로서 독립적인 존재로 인정되는 바, 이에 대한 security interest와 자동차(whole)에 설정된 security interest는 별개의 것으로 취급된다. 그러나 accession의 성격상 그것이 부착되어 있는 동산(whole)의 영향을 많이 받게 되는데, 그 동산(whole)에 대해 채권자가 채무를 행사하는 경우에도 accession이 영향을 받게 될 것이다. 예컨대, 채권자가 자동차(whole)를 압류하거나 처분하고자 할 때 이에 부착된 GPS(accession)를 어떻게 처리해야 하는가 하는 문제가 발생한다. 이 경우 자동차를 담보로 하는 담보물권(은행의 채권)이 GPS를 담보로 하는 담보물권(을의 채권)에 대해 우선권을 가져야만 은행이 자동차와 GPS를 모두 처분할 수 있는데, 은행이 자동차(whole)를 담보로 하는 담보물권을 'GPS가 부착되기 이전'에 perfect 하면 우선권을 가진다. 여기서 perfection은 다른 담보물권들과 다르게 소유권등기(certificate-of-title statute)상 해당 담보물권을 명시하는 것으로 족하다. 이는 채권자들이 자동차 소유권등기만을 보고도 자동차에 대한 security interest 유무를 판단할 수 있도록 함으로써 그들이 UCC9에 대한 별도의 search를 해야 하는 부담을 덜기 위함이다. 한편, 만일 자동차에 부착되기 이전에 perfected되지 않은 GPS가 자동차에 부착된 후 갑이 default한다면, 은행은 자동차와 GPS 모두에 대해 채권을 행사할 수 있는가. Accession이 되기 이전에 perfected하지 않은 security interest는 GPS가 자동차에 부착된 후(accession이 된 후) 소멸되므로, 갑이 default한 시점에 존재하는 security interest는 오직 은행이 자동차에 대해 가지는 security interest뿐이다. 따라서 은행의 채권과 을의 채권간 priority와 무관하게 은행은 자동차와 GPS 모두에 대해 채권을 행사할 수 있다. 즉 은행의 security interest에 대한 perfection 유무는 본 사안과 무관하다.

TIP ① Accession에 대한 perfection은 security interest를 유지하기 위한 행위임.

② Whole에 대한 perfection은 우선권을 위한 행위임.

⇒ ①에 의해 accession이 유지된다 하더라도, ②가 행해지면

accession < whole임.

⇒ perfected된 accession < perfected된 whole

1. Definition

Accessions are goods that are **physically united** with other goods, but continue to retain their **separate identity.**

2. Security Interest in Accession

A security interest in goods that is created and **perfected before** the goods become accessions **continues** after the goods become accessions.

3. Security Interests In Accession v. In the Whole

A security interest in an **accession** is **subordinate** to a security interest in the **whole** which is **perfected** by compliance with the requirements of a **certificate−of−title statute.** It is to enable a secured party to rely upon a certificate of title without having to check the UCC files to determine whether any components of the collateral may be encumbered.

[Certificate of Title, §UCC9−102(a)(10)]

Certificate of title means a certificate of title with respect to which a statute provides for the security interest in question to be indicated on the certificate as a condition or result of the security interest's obtaining priority over the rights of a lien creditor with respect to the collateral. The term includes another record maintained as an alternative to a certificate of title by the governmental unit that issues certificates of title if a statute permits the security interest in question to be indicated on the record as a condition or result of the security interest's obtaining priority over the rights of a lien creditor with respect to the collateral.

I. Fixtures (16July)

Fixture는 집에 설치된 에어컨, 샹들리에 등과 같이 '부동산(real property)'에 부착된 동산으로서, 부동산과 '하나의' 개체로 취급된다. 이는 '동산'에 부착되었으나 '별개'의 개체로 취급되는 accession과 차이가 있다. Fixture는 부동산과 하나의 개체로 취급되므로 이에 대한 security interest는 부동산의 security interest의 영향을 많이 받는다. 에어컨을 담보로 하는 security interest가 생성된 후 집에 설치된 경우, 에어컨에 대한 security interest의 perfection 유무와 무관하게 에어컨에 대한 security interest는 그것이 부착된 부동산, 즉 집에 대한 security interest에 subordinate한 것이 원칙이다. 세 개의 요건을 만족한 경우 예외적으로 에어컨에 대한 security interest가 부동산에 대한 security interest에 우선하는 경우는 이하 「IV. Priority」의 「D. Fixtures and Real Property」파트에서 자세히 논하도록 한다.

Fixture is a chattel that is permanently attached to real property (e.g., building). It is considered real property rather than personal property.

★A security interest in fixtures, **even if it is perfected**, is **subordinate** to a conflicting interest of an encumbrancer of the related real property.

J. After-Acquired Collateral

After-acquired collateral은 security agreement를 체결한 '이후'에 debtor가 소유하게 될 동산을 담보로 설정한 것이다. 예컨대, 자동차를 생산하는 갑이 'equipment owned now or in the future'를 담보로 은행으로부터 대출을 받았고 갑이 본 security agreement를 체결한 이후 새로운 machine을 구입하였다면, 갑이 기존에 소유하고 있던 equipment와 새로 구입한 machine 모두 collateral로 인정된다. 이때 갑이 미래에 소유하게 될 equipment가 security agreement를 체결할 당시 특정되어야 하는 것은 아니다.

After-acquired collateral is a collateral that the debtor acquires or comes into ownership of **after the security agreement has been signed.**

✔ "Security interest in any contract for painting service, whether such right exists now or arises in the future"

Ⅲ. Attachment and Perfection

Attachment는 security interest의 '성립'요건 및 '유효성'요건이고, perfection은 security interest를 공시하는 행위로서 '대항'요건이다. 따라서 perfection은 attached된 security interest에 한해 가능하며, 유효하지 않은 security interest는 perfected될 수 없다. Perfection을 한 채권자는 담보물에 대해 우선권(priority)을 가지는 바, 동일한 담보물에 대해 여러 명의 채권자가 존재하는 경우 기본적으로 'perfection이 된 순서'를 기준으로 priority를 판단한다. Perfection을 하는 방법은 담보물에 따라 달리 규정된다. 본 파트에서는 attachment 성립요건과 perfection의 인정요건 및 성립요건에 대해 논한다.

★To obtain a valid security interest in collateral, the creditor must attach the collateral.
★A security interest cannot be perfected that does not attach.

TIP1 ① Q: Which parties have **enforceable** security interests?
⇒ Attachment 유무에 대한 문제
② Q: Which parties have **perfected** security interests?
⇒ Perfection 유무에 대한 문제
③ Q: What is the order of priority of security interests?
⇒ Priority를 판단하는 문제

TIP2 하나의 사안에 대해 security interest의 enforceability, perfection, priority를 논하는 문제가 각각 출제되었다면, 문제 자체에서 enforceability와 perfection을 구별하고 있으므로 attachment와 perfection에 대해 각각 서술하면 충분하다. 그러나 하나의 사안에 대해 security interest의 enforceability를 판단하는 문제(위①)와 담

보물에 대한 priority를 판단하는 문제(위③)가 출제되었다면 전자(前者)에 attachment와 perfection에 대한 내용 모두를 서술하는 것이 고득점 포인트다. 본래 enforceability와 perfection은 구별되는 개념으로 주어진 문제는 enforceability만을 묻고 있으나, perfection을 판단해야만 priority를 판단하는 두 번째 문제를 판단할 수 있기 때문이다.

A. Attachment

• Unattached interest = Unsecurity interest

Attachment의 성립요건, 즉 security interest의 유효성요건에는 ① 채권자가 채무자에게 value를 제공했을 것, ② 채무자가 담보물에 대해 권리(right)를 가질 것, ③ 채무자가 security agreement를 authenticate하거나 채권자가 담보물을 possess하거나 채권자에게 담보물이 delivered되었거나 채권자가 담보물을 control할 것, 이렇게 세 요건이 있다. 이 세 요건이 모두 충족되어야만 security interest의 유효성이 인정되고, 채무자가 채무를 불이행(default)했을 때 채권자가 담보물에 대해 권리를 행사할 수 있다. 요건①은 채권자가 채무자에게 돈을 빌려준 경우, 판매자가 구매자에게 on credit으로 상품을 판 경우 등의 상황에서 충족된다. 요건②의 경우 security agreement를 체결할 당시를 기준으로 하며, 채무자가 담보물을 '소유'하고 있는 경우뿐만 아니라 '임대(lease)'하고 있는 경우에도 요건이 충족된다. 요건③은 네 가지 경우 중 한 가지에 해당하면 충족된다. 그중 채무자가 security agreement를 authenticate한 경우는 collateral의 유형에 상관없이 모든 경우 가능한 방법이고, 나머지 세 경우는 collateral의 유형에 따라 적용여부가 정해진다. 'Authenticate한다'는 것은 진짜임을 증명한다는 의미로, 계약서에 서명함으로써 인정된다. 즉 채무자가 security interest의 내용이 담긴 계약서(security agreement)에 서명을 하면 요건③이 충족된다. 여기서 security agreement는 collateral에 대한 구체적인 설명을 포함해야 하는데, '구체적인 설명'은 합리적인 사람이 계약서상 collateral에 대한 표현(description)을 읽었을 때 이해할 수 있을 정도의 설명을 의미한다. 한편, 채권자가 담보물을 possess하는 것은 certificated security가 아닌 모든 collateral에 적용되는 바, 이러한 collateral은 채무자가 계약서상 서명을 하거나 채권자가 담보물을 possess하면 요건③이 충족된다. 예컨대, 'equipment'를 collateral로 하는 계약(security agreement)에 따라 채권자가 해당 equipment를 possess하면 요건③이 충족된다. 만일 동일한 상황에서 채무자가 security agreement에 서명했다 하더라도 요건③은 충족된다. Collateral이 certificated security인 경우에는 채무자가 계약서상 서명을 하거나 해당 담보물이 채권자에게 delivered되면 요건③이 충족되고, collateral이 deposit accounts, electronic chattel paper, investment property 또는 letter-of-credit rights인 경우에는 채무자가 계약서상 서명을 하거나 해당 담보물을 채권자가 control하면 요건③이 충족된다.

1. General Rule

★A security interest attaches to collateral unless the parties have agreed to postpone the time of attachment, when:

ⅰ. Secured party gave **value** to debtor;

ⅱ. Debtor has **rights** in the collateral; and

ⅲ. One of the following conditions is met:

① **Debtor authenticated** a security agreement;

② The collateral is **not a certificated security** and is **in the possession** of the secured party pursuant to the debtor's security agreement;

③ The collateral is a **certificated security** and is **delivered** to the secured party; or

④ The collateral is **deposit accounts, electronic chattel paper, investment property, or letter-of-credit rights,** and the secured party has **control.**

[표 4-1] Collateral 유형에 따라 요건ⅲ을 충족시킬 수 있는 방법

	authenticate	in possession	deliver	control
not certified security	○	○		
certified security	○		○	
I control LED	○			○

* "I control LED" — control 방식이 허용되는 collateral 유형: Investment securities,

Letter of credit, Electronic chattel paper, Deposit accounts

[UCC §9-102(a)에 따른 용어 definitions]

Electronic chattel paper means chattel paper evidenced by a record or records consisting of information stored in an electronic medium.

Investment property means a security, whether certificated or uncertificated, security entitlement, securities account, commodity contract, or commodity account.

Letter-of-credit right means a right to payment or performance under a letter of credit, whether or not the beneficiary has demanded or is at the time entitled to demandㄴ payment or performance. The term does not include the right of a beneficiary to demand payment or performance under a letter of credit.

2. Description of Collateral (19Feb, 21Feb)

The security agreement must **describe** the collateral. Although the description is not required to be detailed, but it must **reasonably identify what is described.** Supergeneric^{매우 포괄적인} **description does not sufficiently describe the collateral.**

✔ "all of 갑's assets" — valid description ×
✔ "all of 갑's personal property" — valid description ×
✔ "all of 갑's equipment" — valid description ○

[Supergeneric Description]

Supergeneric description is valid in a financing statement.

However, supergeneric description is invalid in a security agreement.

TIP1   "all personal property"

① Security agreement상의 "all personal property"라는 표현은 담보물에 대한 적절한 묘사로 인정되지 않는 바, attachment의 세

번째 요건(요건iii①)을 충족하지 않는다. 해당 property에 대한 security interest는 ineffective하다.

② Filing(perfection 방법 중 하나)을 하는 데 있어 filing statement에 collateral을 묘사할 때에는 "all personal property"라는 표현은 충분하다. 즉 perfection이 유효하다.

③ 만약 채권자 갑과 채무자 을간 체결한 security agreement에 "all personal property"표현을 사용하였고, 갑이 filing을 할 때 filing statement에 "all personal property"표현을 사용하였다면, personal property에 대한 갑의 권리가 인정되는가. 이 경우 attachment는 ineffective하고 filing, 즉 perfection은 effective하다. 그러나 attach 되지 않은 security interest는 perfected될 수 없는 바, perfection 또한 ineffective하다.

TIP2 Security agreement에 묘사된 '담보물'에 대한 표현은 security agreement의 유효성과 채권자의 권리가 인정되는 범위를 논하는 데 있어 매우 중요한 판단근거이다. 따라서 4장에 관한 답안을 서술할 때 계약서상 표현을 언급하는 것이 고득점 포인트다. 특히 after—acquired collateral을 담보로 설정하고 있는 경우가 그러하다.

According to the security agreement, [Bank]'s security interest is in "**all inventory that Kitchenware now owns ⋯ or acquires in the future.**"

The security agreement granted Bank a security interest in "**all inventory that Kitchenware now owns ⋯ or acquires in the future.**"

B. Continuance of Security Interests

> perfected이면 지속됨, but 예외×3

앞서 담보물에 채권을 설정하는 attachment의 요건에 대해 논하였는데, 본 챕터에서는 한번 attachment된 채권은 해당 담보물의 소유권 및 점유권이 변경되더라도 계속 유지되는지에 대해 논한다. 예컨대, 갑이 bank로부터 자신의 bicycle을 담보로 대출을 받았고 그 이후 해당 bicycle을 자신의 친구 을에게 판매했다면, 을이 구매한 bicycle에 여전히 bank의 채권(security interest)이 존재하는가. Bank가 자전거(collateral)이 을에게 판매되기 전 이에 대한 security interest를 perfection(공시)했다면, 그의 security interest는 자전거에 그대로 유지된다. 이는 구매자는 구매할 당시 공시되어 있는 목적물에 대한 판매자의 모든 권리 및 의무를 가진다는 법칙에 따른 것으로서, real property 과목에서 구매자가 담보권이 설정되어 있고 그것이 record(공시)되어 있는 토지를 구매한다면 본래의 토지주(판매자)가 default했을 때 해당 토지가 경매로 처분될 수 있다는 risk에 be subject하다(the buyer is subject to the future foreclosure)는 rule과 동일한 법리를 가진다.

다만, 예외적으로 collateral의 점유권 및 소유권이 변동됨에 따라 기존에 존재했던 perfected된 security interest가 소멸하는 경우가 있는데, ① 채권자가 security interest의 소멸을 인정(authorize)한 경우, ② collateral을 구매한 자가 BIOCOB인 경우, ③ consumer to consumer exception이 적용되는 경우, 이 세 경우가 그러하다. 이러한 경우에는 collateral의 새로운 점유자 및 소유자(을)는 collateral에 이전에 존재했던 perfected된 security interest로부터 자유롭다. 즉, 을은 갑과 bank간의 security interest에 대해 어떠한 의무도 지지 않는다. 한 번 소멸한 security interest는 새로운 계약을 체결하지 않는 한 다시 생성될 수 없으므로, 예외가 적용된 이후에 또 collateral의 점유권 및 소유권이 변동되더라도 새로운 owner(병)는 해당 security interest로부터 자유롭다(shelter rule). 상기 예시에서 을이 BIOCOB에 해당하고 을이 bicycle을 병에게 판매한다면, bank가 bicycle에 대해 가지는 security interest는 을이 소유한 때 소멸하였으므로, 병 또한 이에 대해 어떠한 책임도 지지 않는다. 한편, 예외②와 예외③은 담보물을 채권자가 possess하고 있는 경우 적용되지 않는다.

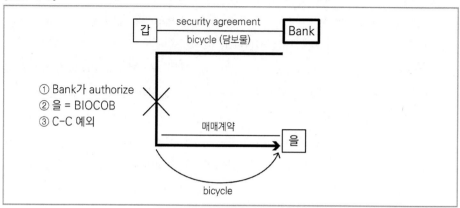

1. General Rule

★**A security interest continues in collateral, notwithstanding sale or disposition of the collateral.**

A buyer **receives all of the rights** the seller had upon transfer of the goods. A buyer will **take free of an unperfected** security interest in those goods.

2. Exceptions

A buyer is **free from the security interest** made by the seller when:

ⅰ. The secured party **authorized** the disposition free of the security interest;

ⅱ. The buyer is a **buyer in ordinary course of business (BIOCOB);** or

ⅲ. **Consumer to consumer exception** is applicable.

The second and third exception are **inapplicable,** when the collateral is **in the possession of the secured party.** [UCC §9−320(e)]

a. Buyers In Ordinary Course Of Business (BIOCOB) (11Feb, 12July, 13Feb, 14Feb, 15Feb, 16Feb)

> "BIOCOB is NGO" — No knowledge,
> Good faith, Ordinary course of biz

BIOCOB가 security interest가 설정된 collateral을 구매하면 기존에 존재하던 security interest가 소멸하는 바, 해당 security interest의 채권자는 채무자(본래의 collateral 소유자)가 채무불이행하더라도 해당 collateral을 처분할 수 없다. BIOCOB는 buyer in ordinary course of business의 약자로서, 목적물(collateral)을 보통의 상업경로(ordinary course of business)를 통해 구매하였고, 구매할 당시 판매자의 판매행위가 타인의 권리를 침해할 수 있다는 사실을 인지하지 못했고(no knowledge), 선의(good faith)를 가졌던 자를 의미한다. 첫 번째 요건에서 '보통의 상업경로에서 구매'했다는 것은 bicycle을 bicycle 전문점을 운영하는 판매자로부터 구입하는 경우와 같이 목적물의 판매를 전문으로 하는 자로부터 구매했음을 의미한다. 두 번째 요건의 경우, 구매자가 목적물에 대한 security interest를 인지하지 못한 상태를 의미하는 것이 아니고, 그보다 더 구체적으로 '판매행위가 채권자의 security interest를 소멸시킨다'는 점을 인지해야 한다는 의미로, 구매자가 악의를 가지고 있었던 상태 정도로 이해하면 되겠다. 따라서 구매행위 당시 이미 security interest가 공시(perfection)되어 있거나 또는 구매자가 security interest의 존재를 인지하고 있었다 하더라도 BIOCOB로 인정된다. 해당 동산(collateral)을 구매할 만한 곳에서 구매한 행위에도 security interest가 유지된다면, 소비자가 동산을 자유롭게 구매할 수가 없으므로 소비자가 '악의'를 가지고 있지 않는 한 기존에 존재하던 security interest가 더 이상 지속되지 않는다고 보는 것이다. 본 rule은 farming operation을 하는 자로부터 farm product를 구입한 자에게는 적용되지 않는다.

BIOCOB에 대한 구체적인 예시를 들어보자. Bicycle 판매점을 운영하는 갑이 그의 inventory(bicycle)를 담보로 bank로부터 대출을 받았고 이는 perfection되었다. 그 이후 갑이 손님 을에게 bicycle을 판매하였고 갑이 채무를 이행하지 않았다면, bank는 을이 구매한 bicycle에 대해 권리를 가지는가. 본 문제는 collateral(bicycle)의 소유권이 변경되었을 때 채권자의 권리가 유지되는지 그 여부를 판단하는 문제로서, bank의 채권(security interest)이 유지되는 것이 원칙이나 bank는 을이 구매한 bicycle에 대해 채권을 행사하지 못한다. 을이 자전거를 판매하는 자(갑)로부터 자전거를 구매(ordinary course of business를 통해 구매)하였고, 이 구매행위가 bank의 채권(security interest)을 침해한다는 사실을 인지하지 못했고, good faith를 가지고 구매하였으므로, 을이 BIOCOB로 인정되기 때문이다. 여기서 을이 자전거를 구매할 당시 security interest가 이미 perfection되어 있다는 사실은 무관하다.

★Buyer in ordinary course of business (BIOCOB):
ⅰ. Is a person who buys goods **in good faith**;
ⅱ. **Without knowledge** that the sale violates the rights of another; and
ⅲ. From a person in the business of selling goods of the kind **in the ordinary course of the seller's business**.

This exception rule is **inapplicable** to a person who buys **farm products** from a person engaged in **farming operations.** "Farming operation" means raising, cultivating, propagating^{번식}, fattening^{살찌움}, grazing^{방목}, or any other farming, livestock, or aquacultural^{수경재배} operation.

b. Consumer to Consumer Exception (11Feb, 16Feb)

Consumer to consumer exception은 소비자가 collateral로 설정되어 있는 소비재(consumer goods)를 구매한 경우 기존의 security interest가 소멸한다는 rule이다. 여기서 '소비재'는 구입목적 또는 사용목적이 개인·가족·가정을 위한 물건을 뜻한다. 본 rule은 구입 당시 해당 소비재의 security interest가 filing되어 있지 않았고, 구매자 또한 그 security interest 존재를 인지하지 못한 경우에 적용되는 바, collateral

을 판매한 자가 반드시 상인이어야 하는 것은 아니다. 예컨대, 갑이 자신의 시계를 담보로 bank로부터 대출을 받았고, bank는 이에 대해 filing하지 않았다. 이후 갑이 그의 친구 을에게 그 시계를 판매했다면, bank는 친구 을의 시계에 대해 권리를 가지는가. 본 문제는 collateral (시계)의 소유권이 변경되었을 때 채권자(bank)의 권리가 유지되는지 그 여부를 판단하는 문제로, 본래는 소유권 변경과 무관하게 bank의 권리가 지속되는 것이 원칙이다. 그러나 본 사안에서는 구매자 을이 갑으로부터 시계를 구매할 당시 갑과 bank간 security interest에 대해 인지하지 못했고, bank는 filing을 하지 않은 상태였고, 을이 시계를 구매한 목적은 자신(personal)이 사용하기 위함이었으므로, consumer to consumer exception이 적용되는 바, bank는 을이 구매한 시계에 대해 권리를 가지지 못한다.

★Consumer to consumer exception is applicable when:

ⅰ. The buyer had **no knowledge of the security interest**;

ⅱ. The buyer gave **value**;

ⅲ. The buyer purchased **primarily for family, personal, or household purposes**; and

ⅳ. The purchase occurred **before the filing** of a financing statement.

[표 4-2]

	BIOCOB	C to C
'판매자'의 statute	반드시 상인이어야 함. (in ordinary course of business)	무관
'구매자 has no knowledge' 요건	'자신의 구매가 채권자의 권리를 침해할 수 있다는 점'을 인지 × (no knowledge that the sale violates the rights of another)	'security interest의 존재'를 인지 × (no knowledge of the security interest)
filing 여부	무관 (perfection되어 있어도 적용가능)	반드시 no filing이어야 함. (perfection이 되어 있어도 filing이 되어 있지 않으면 no filing으로 인정, 즉 ⅳ 요건 충족 ○)

c. When a Collateral is a Gift

Bicycle 판매점을 운영하는 갑이 그의 inventory(bicycle)를 담보로 bank로부터 대출을 받았고 이는 perfection되었다. 그 이후 갑이 친구 을에게 생일선물로 bicycle을 주었다면, 갑이 채무를 이행하지 않았을 경우 bank는 을이 받은 bicycle에 대해 권리를 가지는가. 본 문제는 security interest가 설정되어 있는 collateral(자전거)의 소유권 및 점유권이 변경된 경우 기존에 존재했던 채권이 지속하는지 그 여부를 판단하는 문제이다. 본래는 collateral의 소유권 및 점유권 변경과 무관하게 security interest가 지속되는 것이 원칙이나, 예외의 rules가 적용되는 경우도 있다. 본 사안은 예외①의 경우에 해당하지 않는다. 채권자인 bank가 security interest의 소멸을 인정(authorize)하지 않았기 때문이다. 예외②(BIOCOB)의 경우에도 해당하지 않는다. 예외②는 collateral을 '구매한' 자만을 기존의 security interest로부터 보호하는 rule로서, 어떠한 가치를 지불하지 않고 gift로 자전거를 받은 을은 보호받을 수 없다. 예외③(consumer to consumer exception)의 경우에도 해당하지 않는다. 또한 예외③의 경우 collateral을 '구매한' 자만을 기존의 security interest로부터 보호하는 rule로서, 어떠한 가치를 지불하지 않고 gift로 자전거를 받은 을은 보호받을 수 없다. 즉 예외②와 예외③은 대가를 지불한 자만을 보호한다. 따라서 본 사안에는 적용가능한 예외의 rules가 없는 바, bank의 security interest가 유지되므로 갑이 default할 경우 bank는 을이 가지고 있는 bicycle에 대해 채권을 행사할 수 있다.

3. Shelter Rule

• Shelter rule = Shelter principle

★ Under the **shelter rule**, when a buyer acquires property **free of a security interest**, any **subsequent transfer** by the buyer is **also free** of the security interest.

Q: 갑·을간 갑의 [시계]를 담보로 security agreement를 체결하였고, 이후 갑이 그 시계를 병에게 판매하였고, 병이 이를 다시 정에게 판매하였다. 을은 병이 구매한 시계에 대해 권리를 가지는가?

---

1. Perfection of security interest
2. 원칙: Security interest는 collateral에 지속된다★
3. 그러나 [BIOCOB]인 경우 예외 rule 적용
   + analysis
4. Shelter rule★
   + analysis

TIP | 위 1번의 경우, 대개 별도의 title로 구분한다. Security interest의 attachment를 판단하면서 같이 서술하거나 PMSI로 인정되어 filing 없이도 perfection이 인정되는 경우가 많다. PMSI로 인정되는 경우 filing을 하지 않았으므로 consumer to consumer exception의 요건(no filing)이 충족됨에 유의하여야 한다.

C. Perfection

Perfection은 하나의 담보물에 대해 여러 명의 채권자가 존재할 때 그들간 priority를 판단하는 기준으로서, 세 가지의 방법, 해당 담보물권에 대한 서류(financing statement) 제출(filing), 담보물 점유(possession), 담보물 control을 통해 이루어진다. Attachment의 세 번째 요건과 마찬가지로 각 collateral의 유형에 따라 요구되는 perfection 방법이 다르며, 구체적인 내용은 '채무자가 거주하는' 주 법에 따라 규율된다. 대부분의 collateral은 filing과 possession 방법 중 채권자가 임의로 선택하여 perfection하는 것이 가능하나, 특정 collateral 유형은 정해진 방법만으로 perfection이 가능하다. 예컨대, 현금(money)은 possession을 통해서만 perfection이 가능하고, deposit accounts와 letter of credit는 control을 통해서만 perfection이 가능하다.

동일한 담보물에 대해 perfection을 한 채권자가 다수인 경우, 그들 중 해당 담보물에 대해 우선권(priority)을 가지는 자를 가려내야 할 터인데, 이때 적용되는 원칙이 first−to−file or perfect rule이다. First−to−file or perfect rule에 따르면, filing 또는 perfection을 가장 먼저 한 채권자가 priority를 가진다. Filing을 통한 perfection의 경우 반드시 value 요건이 충족된 이후에 filing이 이루어져야 하는 것은 아니고, 우선 filing을 하고 그 이후에 value 요건이 충족되는 경우에도 perfection이 인정되는 바, perfection이 된 시점이 아닌 'filing한 시점'을 기준으로 우선권을 판단한다. 그 외의 perfection 방법, 즉 possession과 control의 경우에는 'perfection이 된 시점'을 기준으로 한다. 한편, first-to-file or perfect rule이 적용되지 않는 예외의 경우가 있는데, security interest의 유형이 purchase money security interest(PMSI)인 경우와 담보물이 proceeds에 해당하는 경우가 그러하다. 이 두 경우는 채권자가 perfection을 위해 filing, control, 또는 possess를 하지 않더라도 채권자의 priority가 일시적으로 또는 지속적으로 보장되는 경우로서, perfection(또는 filing)을 한 순서와 상관없이 별도의 rules를 통해 우선권을 판단한다. 예컨대, 하나의 collateral에 대해 두 PMSI가 존재하며, 채권자 갑은 9월 1일에, 채권자 을은 9월 20일에 filing을 했다고 가정해보자. 두 채권 모두 filing으로 perfection이 되었으므로 본래는 fist-to-file or perfect rule에 따라 먼저 filing을 한 갑이 priority를 가지는 것이 원칙이나, 본 사안은 PMSI에 대한 것이므로 PMSI rule을 적용하여 priority를 판단하여야 한다. PMSI rule은 이하 해당 파트에서 자세히 논하도록 한다.

1. General Rule

Perfection is the process by which the secured party **gives notice** to the entire world of its security interest. **It is necessary for priority purposes.**

★There are three methods to make a perfection:
 ⅰ. **Filing** a financing statement;
 ⅱ. Taking **possession;** or
 ⅲ. **Control** of the collateral.

2. Conflict of Laws (16July)

★Perfection of security interest is governed by the law of the state in which **a debtor is located.**

Perfection of a fixture is governed by the law of the state in which related real estate is governed.

✔ Collateral other than fixtures → filing in the office of the State [A] Secretary of State

TIP 답안 작성 시, conflict of laws에 의거하여 State [A]의 법을 적용한다는 점을 명시하는 것이 고득점 포인트다.

"Perfection of collateral other than fixtures is made by filing in the office of the State [A] Secretary of State."

3. Filing

담보물권에 대한 서류(financing statement)를 제출(filing)함으로써 perfection을 하는 경우, 서류에는 반드시 채권자·채무자의 이름과 collateral에 대한 정보가 명시되어 있어야 하고 채무자가 임명한(authorized) 자가 이를 제출해야 한다. 만일 서류에 잘못된 내용이 기입되었고 이것이 심각한 오해(serious misleading)를 야기한다면, filing 행위가 무효가 되어 perfection이 인정되지 않는다. 예컨대, filing statement의 필수기입내용인 채무자의 이름을 잘못 기입했다면, filing을 했다 하더라도 perfection이 인정되지 않는다. 다만, statement상에 잘못된 이름이 기입되었더라도 올바른 채무자 이름으로 검색했을 때 해당 financing statement를 찾을 수 있다면, serious misleading이 인정되지 않는 바, filing(perfection)이 인정된다.

a. Financing Statement

A financing statement must:

i. Include **name** of the debtor and secured party;

ii. Indicate the **collateral;** and

iii. **Be filed** by a person authorized by the debtor.

Regarding the name of a **registered** corporation, a financing statement must state the name **on the public record.**

b. Filing Mistakes (08Feb)

i . General Rule

If mistakes make the financing statement **seriously misleading,** those mistakes make the filing **ineffective.**

ii . Name of Debtor

When a financing statement fails to provide sufficiently the **name of the debtor,** it is seriously misleading.

However, if a **search** of the records under the debtor's correct name would disclose a financing statement, the mistake **does not** make the financing statement seriously misleading. This rule is applicable **in a search using standard search logic.**

[Standard Search Logic]

It means search logic used by a filing office to determine which filings will appear on an official UCC search of that jurisdiction.

4. Control (08Feb)

채권자가 담보물을 control하는 경우에도 perfection이 인정되는데, 이 방법은 특정 담보물에 한해 인정된다. 가장 대표적인 담보물이 채무자의 예금계좌(deposit accounts)로, 채권자가 채무자의 deposit account를 control하는 경우 채권자의 security interest가 우선권을 가진다. 여기서 'control한다'는 것은 구체적으로, 은행이 채권자이고 해당 은행에 채무자의 계좌가 있는 경우, 채무자·채권자·은행간 "채무자의 동의 없이 예금에 대한 담보물권자의 지시에 따르겠다"는 계약을 맺은 경우, 채권자가 담보물인 예금계좌에 대해 은행의 고객, 즉 실질적인 owner가 된 경우, 이 세 경우를 의미한다.

a. General Rule

> "I control LED" — Investment securities, Letter of credit, Electronic chattel paper, Deposit accounts

Taking control of the collateral applies **only to investment securities, letter of credit rights, deposit accounts, and electronic chattel paper.**

b. Control of Deposit Accounts

The secured party **has control** of deposit account when:

ⅰ. The secured party is the **bank** where the deposit account **is maintained;**

ⅱ. The **debtor, secured party, and bank** have agreed in an authenticated record that the bank will comply with the **secured party's** instructions for deposits without further consent by the debtor; or

ⅲ. The **secured party becomes the bank's customer** with respect to the deposit account.

5. First-to-File or Perfect Rule (14Feb, 20July)

★Under the **first-to-file or perfect rule,** between two **perfected** security interests, the security interest that was the earlier to be either **perfected** or the **subject of a filed financing statement** has priority.

<u>TIP</u> 본 rule은 perfection에 관한 기본 rule로서, 다른 rules에 우선하지 않는다. 본 rule이 원칙이고 다른 rules가 예외라고 생각해도 좋다. 예컨대, 하나의 collateral에 대해 두 PMSI가 존재하며, 채권자 갑은 9월 1일에, 채권자 을은 9월 20일에 filing을 했다고 가정해보자. 두 채권 모두 filing으로 perfection을 했으므로 fist-to-file or perfect rule을 적용하면 먼저 filing을 한 갑이 priority를 가지는 것이 원칙이

나, 본 사안은 PMSI에 대한 것이므로 PMSI rule을 적용하여 priority 를 판단하여야 한다(20July). PMSI rule은 이하 해당 파트에서 자세히 논하도록 한다.

---

case

3월 1일에 기업 갑이 Bank에서 담보대출을 받으려고 했는데, 기업 평가 때문에 당일에 대출금을 받지는 못하고 대출 계약서만 작성했다. 3월 2일에 Bank filed financing statement. 3월 22일에 기업 평가가 끝났고, 그 당일에 Bank는 기업 갑에게 대출금을 지급했다. 한편, 기업 갑은 3월 15일에 동일한 담보물에 대해 Finance company로부터 대출을 받았고, Finance company filed financing statement. 이 경우, Bank와 Finance company 중 누구에게 priority가 있는가?

[도표 4-4]

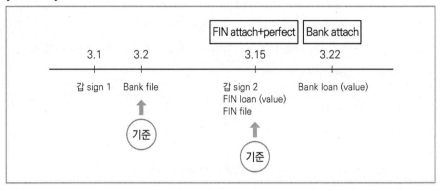

⇒ Bank. Bank가 Finance company보다 attach를 늦게 했으나, first-to-file or perfect rule에 따라 filing을 먼저 한 Bank의 담보물권이 Finance company의 담보물권에 우선하기 때문이다.

6. Purchase-Money Security Interest (PMSI) (08July, 11Feb, 13Feb, 16July, 20July)

> PMSI in consumer goods ⇒ 자동 perfection
>
> PMSI in non-con. goods ⇒ 20일 이내 perfection 要

본 파트는 채권자가 별도의 행위를 하지 않아도 perfection이 인정되는

'예외'의 경우인 purchase-money security interest(PMSI)에 대해 논한다. Purchase-money security interest는 purchase-money에 대한 security interest라는 의미로서, 구입대금, 즉 동산을 구입하는 금액(purchase-money) 지불을 보증하기 위해 '매매 목적물'인 동산을 collateral로 설정한 담보물권을 뜻한다. 예컨대, 갑이 을로부터 100만원인 자전거를 구입할 때 갑이 50만원씩 두 달 동안 대금을 지급하고 구입대금을 모두 지불하면 그때 자전거의 소유권을 갑에게 이전하는 것을 내용으로 하는 계약을 체결했다고 가정해보자. 갑은 을에게 구입대금을 지불해야 하는 채무를 가지고, 이 채무를 이행하지 않으면 자전거는 을이 소유하게 되므로 매매 목적물인 자전거가 collateral로 설정된 것이다. 따라서 을이 자전거에 대해 가지고 있는 채권은 PMSI이다. 여기서 '채권자(을)'가 반드시 매매 목적물의 판매자이어야 하는 것은 아니며, 갑이 을로부터 자전거를 '구입하기 위해' bank로부터 대출을 받은 경우에도 bank의 PMSI가 인정된다. 한편, '매매 목적물'의 성격을 기준으로 PMSI는 ① 본 사안과 같이 '매매 목적물(자전거)'이 소비재(consumer goods)인 경우(PMSI in consumer goods)와 ② 그 외의 동산인 경우(PMSI in non-consumer goods)로 구분되며, 각 유형에 따라 perfection 인정요건이 다르게 규정된다. 여기서 '소비재(consumer goods)'는 구매목적 및 사용목적이 주로 개인·가족·가정을 위한 동산을 뜻한다.

① PMSI in consumer goods인 경우, consumer goods가 매매됨과 동시에 이에 대한 security interest(PMSI)가 자동으로 perfection된다. 예컨대, 갑이 '현재 소유하고 있는 그리고 미래에 소유하게 될 consumer goods'를 담보로 bank로부터 대출을 받았고 bank가 이를 filing했다고 가정해보자. 이후 갑이 친구 을로부터 개인적으로 사용하기 위해 자전거를 구입했는데 이 과정에서 PMSI를 생성했고 을은 이에 대해 perfection하지 않았다면, 해당 자전거에 대해 bank와 을 중 누가 priority를 가지는가. First-to-file or perfection rule에 의거하여 먼저 filing을 한 bank가 우선권을 가지는 것이 원칙이나, 본 사안에서 을이 가지는 채권은 PMSI in consumer goods로서 예외의 rule이 적용된다. 갑·을간 매매를 체결함과 동시에 을의 security interest가 perfection이 되었으므로, 매매가 이루어지기 전에 perfection된

bank의 security interest에 우선한다.

② PMSI in non-consumer goods인 경우, 매매 목적물이 구매자(PMSI 의 채무자)에게 'delivered된 시점'을 기준으로 20일 이내에 판매자(PMSI 의 채권자)가 filing을 하면, 그 판매자는 filing한 순서와 상관없이 매매 목적물에 대한 다른 모든 채권들에 우선한다. 예컨대, 10월 2일 ABC회사가 bank로부터 '현재 소유하고 있는 그리고 미래에 소유하게 될 모든 equipment'를 담보로 대출받았고, 바로 그날 bank는 이에 대해 filing을 했다. 10월 15일에 ABC회사가 XYZ회사로부터 new machine을 구입하기 위한 PMSI를 생성했고(계약을 체결했고), 그 new machine은 10월 30일 에 ABC회사에 delivered되었으며 그날 XYZ회사가 filing했다. 이 경우 new machine에 대해 bank와 XYZ회사 중 누가 priority를 가지는가. 본래 에는 first to file or perfection rule에 의거하여 filing을 먼저 한 bank가 priority를 가지는 것이 원칙이나, XYZ회사의 채권 유형이 PMSI in non-consumer goods이고 delivery한 날짜 기준으로 20일 이내로 filing 이 이루어졌으므로 XYZ회사가 우선권을 가진다.

하나의 목적물에 대해 여러 개의 PMSI가 존재하는 경우, PMSI간 priority 는 PMSI의 '채권자 유형'을 기준으로 판단하는 바, 채권자가 목적물의 '판매자'인 PMSI가 그 외 채권자의 PMSI에 우선한다. 다시 말해, 목적물의 구입대금(purchase price)의 일부 또는 전체를 위해 생성된 PMSI가 목적물을 구매할 수 있도록 생성된 PMSI에 우선한다. 예컨대, 갑이 을로부터 100만원인 자전거를 구매하는데 갑·을간 80만원에 대한 PMSI를 생성하였고, 나머지 20만원에 대해서는 bank로부터 자전거를 담보로 PMSI를 생성하였다면, 목적물의 판매자인 을이 우선권을 가진다. 본 rule을 적용해도 priority를 판단할 수 없을 때에는 first-to-file or perfection rule을 적용한다.

TIP   'Perfection 유무' 판단순서
① 기본적인 세 가지 방법
② PMSI 여부
③ Collateral의 유형(consumer goods/non-consumer goods)

④ 채권자 status(판매자 v. bank)

a. General Rule

★A purchase−money security interest (PMSI) is a security interest relating to the **goods that are purchase−money collateral,** securing **debtor's payment of the purchase price of the collateral (goods).** Purchase−money collateral means goods securing a purchase− money obligation that **a debtor incurs to purchase the goods.**

b. PMSI in Consumer Goods

★**PMSI in consumer goods are automatically perfected without filing.**

★**"Consumer goods"** are goods that are used or purchased primarily for personal, family, or household purposes.

c. PMSI in Non−Consumer Goods

★Regarding a PMSI **in non−consumer goods,** the security interest takes priority over conflicting interests, if a financing statement with respect to a PMSI is filed **before or within 20 days** after the collateral is **delivered** to debtor.

d. Between PMSIs

Between PMSIs, a security interest securing an obligation incurred as all or part of the price of the collateral **has priority over** a security interest securing an obligation incurred for value **given to enable the debtor to acquire rights** in or the use of collateral. [UCC §9−324(g)(1)]

In all other cases, first−to−file or perfection rule applies. [UCC §9−324(g)(2)]

e. BIOCOB v. PMSI in consumer goods (16Feb)

Seller로부터 buyer가 목적물을 구입할 때 buyer가 BIOCOB임과 동시에 PMSI의 채무자인 경우에 대해 논하는 바, 두 rules 중 '어떤 rule을 적용하여' priority를 판단할 것인가가 핵심이다. 아래 [도표 4-5]를 통해 friend가 구매한 equipment에 대해 financing company(FIN)와 retailor가 가지는 security interest에 대해 논해보자.

[도표 4-5]

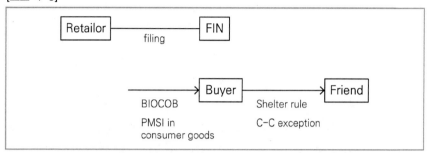

Retailor가 자신의 equipment를 담보로 FIN로부터 대출을 받았고, FIN는 이를 filing했다. 이후 retailor는 자신의 상점에 온 buyer에게 해당 equipment를 판매했는데, 이 과정에서 그 equipment를 담보로 하는 PMSI를 생성했다. Retailor는 이에 대해 filing하지 않았다. 이후 buyer가 friend에게 해당 equipment를 판매하였는데, 그 friend는 이를 개인적인 목적으로 구매하였다. FIN와 retailor가 friend가 현재 소유하고 있는 equipment에 대해 security interest를 가지는지 그 여부를 판단하라.

ⅰ. FFIN의 Security Interest

이는 담보물에 대한 소유권 및 점유권이 변동되었을 때의 security interest 변동여부를 판단하는 문제로서, FIN의 perfection이 인정되나 예외의 rule로 BIOCOB가 적용된다. 따라서 FIN는 더 이상 해당 담보물에 대해 security interest가 없다(도표 4-6).

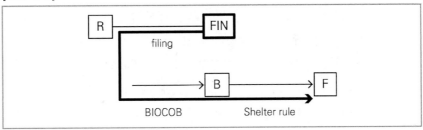

ii. Retailor의 Security Interest

이는 retailor와 buyer간 체결한 계약에 대해 논하는 문제로서, FIN와
retailor간의 security interest는 본 문제와 무관하다. 따라서 FIN와 retailor
간 체결한 security interest와 관련이 있는 BIOCOB는 본 문제와 무관하
다. 본 사안에서 retailor와 buyer간 체결한 계약은 PMSI를 생성하는 바,
perfection이 인정되나 해당 담보물에 대한 소유권 및 점유권이 buyer로
부터 friend로 변동됨에 따라 C-C exception이 적용되는 바, retailor
는 더 이상 해당 담보물에 대해 security interest가 없다(도표 4-7).

[도표 4-7]

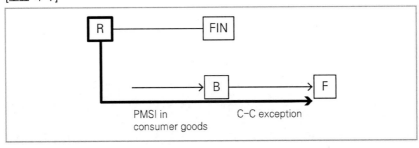

7. Perfection of Proceeds (16Feb, 16July)

갑이 자신의 시계를 담보로 을과 security agreement를 체결하였고 을이
이를 perfection한 상태에서 갑이 그 시계를 친구 병의 자전거와 맞교환했
다면, 을은 담보물인 시계가 아닌 현재 갑이 소유하게 된 병의 자전거에
대해 security interest를 주장할 수 있는가. 여기서 '병의 자전거'는 담보물
(시계)을 판매 및 교환한 대가로 받은 것으로서 proceeds에 해당하는 바,

이에 대한 채권자의 권리가 인정되는지 판단하는 문제이다. Proceeds에 대한 을의 권리는 갑과 을간 교환이 이루어지기 전에 proceeds의 원천(기존의 담보물)에 대한 security interest가 perfected되어 있고, 그것이 담보물에 대한 대가라는 것이 확인가능한(identifiable) 경우, 담보물이 proceeds로 변경된 시점을 기준으로 20일간 유지된다. 본 사안에서는 시계에 대한 security interest가 perfection되어 있었고 자전거가 시계에 대한 proceeds임이 분명하므로, 을이 별도의 perfection 행위를 하지 않더라도 proceeds(자전거)에 대해 그의 security interest가 갑과 병이 맞교환한 시점을 기준으로 20일간 유지된다. 20일이 지난 후에도 security interest가 지속되는 예외의 경우가 있는데, 담보물이 proceeds로 변경된 시점을 기준으로 20일 이내에 그 proceeds에 대해 perfection할 경우, proceeds가 cash proceeds인 경우, proceeds의 원천(담보물)을 perfection한 office와 proceeds를 perfection할 office가 동일한 경우에 그러하다. 예컨대, 상기 예시에서 갑이 시계에 대한 대가로 병으로부터 자전거가 아닌 현금 100만원을 받았다면, 현금 100만원은 cash proceeds로서 을이 별도의 perfection 행위를 하지 않더라도 그의 security interest가 현금 100만원에 유지되는 바, 갑이 default하면 을은 현금 100만원에 대해 채권을 행사할 수 있다.

TIP1 본래 proceeds는 ① 담보물이 판매 및 교환된 경우 그 대가로 받는 무언가 또는 ② 보험에 관련된 채무(insurance payable), 이 두 가지의 의미를 가지나 본 파트에서는 의미①을 뜻한다.

TIP2 Proceeds가 생성된 사안에서, '본래의 collateral'에 대한 security interest의 지속성 문제와 'proceeds'에 대한 채권자의 권리 인정여부에 대한 문제를 구별해야 한다.

① Q: Does the secured party(을) have an interest in the [시계]?
= 갑이 담보물인 시계를 병에게 판매한 경우, 을은 시계에 대해 security interest를 가지는가?
= 담보물의 소유권 및 점유권이 변동되었을 경우, 채권자의 security interest는 여전히 지속되는가?
⇒ 본 문제의 논점은 '본래의 collateral에 대한 security interest의

지속성'이다. 따라서 「B. Continuance of Security Interests」내용에 대해 서술하여야 한다.

② Q: <u>Does the secured party(을) have an interest in [100만원]?</u>

= 갑이 시계에 대한 대가로 병에게 받은 100만원에 대해 을은 security interest를 주장할 수 있는가?

= 담보물의 proceeds에 대해 채권자는 security interest를 주장할 수 있는가?

⇒ 본 문제의 논점은 'proceeds에 대한 채권자의 권리유무'이다. 따라서 「C. Perfection」파트의 「7. Perfection of Proceeds」내용에 대해 서술하여야 한다.

⇒ 본래는 20-days rule이 적용되어 20일 이후에는 채권이 소멸하는 것이 원칙이나, 담보물이 cash proceeds이므로 예외의 rule이 적용되어 채권이 지속적으로 인정된다.

a. General Rule (20-Days Rule)

★A **perfected** security interest will **automatically** attach to any **identifiable proceeds** from the disposition of collateral. This automatic perfection continues for **only 20 days after attachment.**

b. Exceptions

★That perfection **ceases** after 20 days, **unless:**

ⅰ. The security interest is perfected when the security interest attaches to the proceeds or **within 20 days thereafter;**

ⅱ. The proceeds are identifiable **cash proceeds; or**

ⅲ. The security interest in the **original collateral was perfected** by a filing in the **same office** in which a security interest in the proceeds could be perfected by filing.

IV. Priority

[도표 4-8]

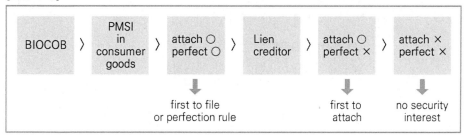

TIP1 Priority 판단 ← Perfection 유무 판단 ← Attach 여부 판단(security interest의 유효성 판단)

TIP2 세 개 이상의 security interests간 priority를 판단하는 경우(그들의 attachment와 perfection에 대해 이미 판단이 되었다고 가정한다), 'rules'를 중심으로 title화 한다.

A. Perfection

Perfection은 priority를 판단하는 가장 기본적인 기준으로서, perfected된 담보물권이 unperfected된 담보물권에 우선한다. Perfected된 담보물권간 priority는 first-to-file or perfection rule에 의거하여 먼저 filing한 자 또는 먼저 perfection한 자가 우선권을 가진다. 본 rule의 예외에는 채권자가 PMSI인 경우와 담보물이 proceeds인 경우가 있다. 한편, unperfected된 담보물권간 priority는 담보물권의 효력(effectiveness), 즉 attachment를 기준으로 가장 먼저 효력이 발생한 담보물권이 priority를 가진다.

Between an **unperfected** secured creditor and a perfected secured creditor, a **perfected** secured creditor has **superior** claim to the collateral. Between **perfected** secured creditors, **first-to-file or perfection rule** applies.

Between **unperfected** secured creditors, the first security interest to attach or to become effective has priority.

B. Judgment Lien (08Feb, 12July, 15Feb, 19Feb, 21Feb)

Lien creditor는 judgment lien을 가진 채권자, 즉 재판을 통해 security interest를 얻은 채권자를 뜻한다. Lien creditor는 judgment lien이 생성될 당시 perfected되지 않은 채권을 가진 채권자에 우선한다.

★Judgment lien creditors have priority over conflicting security interests if the person became a lien creditor before the conflicting security interest was perfected.

A **judicial lien** has priority over an **unperfected** security interest in the same collateral.

C. Accessions (08July)

본 rule은 앞서 accession의 개념에 대해 논한 파트의 내용과 동일하다. Accession이 되기 이전의 동산(자동차에 부착되기 이전의 GPS)을 담보로 하는 security interest가 GPS가 accession이 된 이후(GPS가 자동차에 부착된 이후)에도 반드시 지속되는 것은 아니며, GPS가 'accession이 되기 이전'에 이에 대한 security interest가 'perfection'된 경우에 한해 GPS가 자동차에 부착된 이후에도 GPS에 대한 담보물권이 지속된다. 한편, 자동차를 담보로 하는 담보물권(은행의 채권)이 GPS를 담보로 하는 담보물권(을의 채권)에 대해 우선권을 가져야만 은행이 자동차와 GPS를 모두 처분할 수 있는데, 은행이 자동차(whole)를 담보로 하는 담보물권을 'GPS가 부착되기 이전'에 perfect 하면 우선권을 가진다. 여기서 perfection은 다른 담보물권들과 다르게 소유 권등기(certificate-of-title statute)상 해당 담보물권을 명시하는 것으로 족하다.

A security interest in goods that is created and perfected **before** the goods become accessions **continues** after the goods become accessions.

A security interest in an **accession** is **subordinate** to a security interest in the **whole** which is **perfected** by compliance with the requirements of a certificate-of-title statute.

D. Fixtures and Real Property (16July)

에어컨을 담보로 하는 security interest가 생성된 후 해당 에어컨이 집에 설치되었고, 그 집을 담보로 하는 security interest가 생성되었다면 두 채권자 중 누구에게 우선권이 인정되는가. 에어컨이 real property인 집에 설치되었으므로 fixture로 인정되는 바, 원칙적으로는 에어컨에 대한 security interest의 perfection 유무와 무관하게 집에 대한 security interest에 subordinate하다. 그러나 ① 집(real property)에 대한 소유권이 에어컨(fixture)보다 먼저 발생하였고, ② 채무자가 집(real property)을 점유(possess)하고 있고, ③ 에어컨(fixture)에 대한 security interest 유형이 PMSI이고, ④ 해당 PMSI가 에어컨이 집에 설치되기 전 또는 생성된 날을 기준으로 20일 이내로 perfection을 한 경우에는, 예외적으로 fixture가 목적물인 담보물권이 real property가 목적물인 담보물권에 우선한다. 여기서 'perfection'은 fixture filing을 뜻하는 바, filing statement에 에어컨이 설치된 부동산에 대한 설명(description)이 포함되어 있고 해당 부동산에 대한 security interest를 file하는 office에 file해야만, security interest in fixture의 perfection이 인정된다. 한편, fixture filing은 fixture와 real property에 대한 security interests간 priority를 판단하기 위한 요소 중 하나이며, 이것이 fixture에 대한 security interest를 perfect하기 위해 필요한 것은 아니다. Security interest in perfection은 '채무자'가 거주하는 주 법에서 규정하는 office에 file하는 것으로 족하다.

1. General Rule

> fixtures 〈 real property

★A security interest in fixtures, even if it is perfected, is subordinate to a conflicting interest of an encumbrancer of the related real property. 병's security interest in real property extends to the fixture and it has priority over conflicting security interests in fixtures.

2. Exceptions

> perfected PMSI in fixtures 〉 real property

A **perfected PMSI in fixtures** has priority over conflicting ownership interest in real property when:

ⅰ. The ownership interest in real property **arose before** the goods became fixtures;

ⅱ. The debtor is **in possession** of the real property; and

ⅲ. **PMSI was perfected by fixture filing** before the goods become fixtures or within 20 days thereafter.

3. Fixture Filing (Fixture Perfection)

a. Filing Statement

Contents of the fixture filing statement:

ⅰ. Covers goods that are or will become fixtures;

ⅱ. Satisfies all general rules for financing statements (name of debtor, collateral, and be filed);

ⅲ. States that it covers a fixture; and

ⅳ. It provides a sufficient **description of the real property.**

b. Filing

★A fixture filing must be filed in the office **in which a mortgage on the related real estate would be filed,** not in the state's central filing office.

★**Perfection of a fixture is governed by the law of the state in which related real estate is located.**

> TIP ① Security interest in fixture의 perfection 유무를 판단하는 경우
>   ⇒ be filed in the office of the State A Secretary of State
>   (filing office designated by statute in State A **where the**

debtor is located or domiciled)

② Security interest in fixture와 security interest in real property 간 priority를 판단하는 예외 rule에서 요구되는 fixture filing ⇒ be filed **in the office** in which a mortgage on the related **real estate would be filed** (e.g., in the county real estate records office)

답안요령 Fixture와 real property간 priority 판단

---

1. 상황설명, Fixture 개념
2. 병's security right의 attachment, perfection
   + analysis
3. 원칙 (perfected fixture < real property)
4. 예외 rule (요건×3)
   + analysis
5. 결론

TIP1 Fixture와 real property에 대한 security interests간 priority를 판단할 경우, 아래의 순서로 판단한다.

① 'Fixture'에 대한 attachment 및 perfection을 설명

② Fixture에 대한 담보물권은 perfection 유무와 상관없이 real property에 대한 담보물권에 subordinate한 것이 원칙이다.
   (fixture < real property)

③ 그러나 예외의 rule이 있다. 요건들을 충족하면 (fixture > real property) 인정 O.

④ 결론

TIP2 'Fixture'에 대한 담보물권을 먼저 설명하는 것이 고득점 포인트다.

TIP3 1번: Collateral 유형에 대해 주 법 조항이 문제에 명시되어 있는 경우, 해당 조항을 기준으로 collateral 유형을 판단한다.

TIP4 2번: ① Fixture에 대한 담보물권의 perfection 성립요건은 collateral이 위치한 주 법에 의해 규율된다는 점과 ② fixture filing이 file되어야 하는 office에 대해 서술하는 것이 고득점 포인트다.

1. 병 has superior claim to the 에어컨.

According to the state law, the equipment attached to the building is considered a fixture. (ANALYSIS: 을 has security in 갑's land and all structures erected on the land. Thus, 을 extends its security interest to the 에어컨.)

The security interest is effective and attaches, when: (1) debtor signed a security agreement containing a description of the collateral, (2) debtor has rights in the collateral, and (3) secured party gave money to secured party. Whether a filing of a financing statement is proper to perfect the security interest, the law of the state in which a debtor is located governs. A fixture filing must include the debtor and be filed in the office in which a mortgage on the related real estate would be filed.

(ANALYSIS: In this case, 병's security interest is attached and perfected, since …….)

Even if a security interest in fixtures is perfected, it is generally subordinate to a conflicting interest of an encumbrancer of the related real property. However, the security interest would have priority over conflicting interest of an encumbrancer of the related real property when: (1) the fixture is subject to a purchase money security interest (PMSI) and (2) the secured party made fixture filing before the collateral became a fixture or within 20 days thereafter. Fixture filing should provide a description of the real property that the collateral is related and must be filed in the office in which a mortgage on the related real estate would be filed, not in the state's central filing office.

(ANALYSIS)

In conclusion, 병 has superior claim to the 에어컨.

V. Default

Default는 '채무불이행'을 뜻하는 바, 본 파트에서는 채무자의 채무불이행 (default) 시 채권자가 채권(security interest)을 행사하는 과정 및 방법에 대해 논한다. 채권자는 담보물에 대한 채무자의 사용권제한, 담보물 처분, 이 두 단계에 걸쳐 채권을 행사한다. 우선 채무자가 collateral을 사용하지 못하도록 점유 (possession)하여 회수(repossession)한 후, collateral을 경매(foreclosure sale, public sale) 또는 매각(private sale)의 방법으로 처분(dispose)하여 그 매매금 (disposition)의 일부 또는 전체를 가진다. 담보물을 dispose할 때 채권자는 반드시 채무자에게 '통지'할 의무를 가지므로 send notification해야 하며, 채무자가 채권자의 채권행사에 대해 actual notice를 가지고 있다는 사실은 이와 무관하다, Collateral에 대한 채권자가 다수일 경우, disposition은 처분과정에서 발생한 비용(expense of the disposition), 우선권을 가지고 있어 직접 채권을 행사한 채권자에 대한 채무변제, 후순위 채권자에 대한 채무변제 순으로 사용된다. 제3 자가 disposal process를 통해 담보물을 매입하면 기존의 모든 채권이 소멸되는 바, 그 자는 기존에 존재했던 모든 security interest로부터 자유롭다.

A. Taking Possession of Collateral

1. Tangible Collateral

When a default occurs, secured party has **right to repossess tangible collateral.**

2. Equipment

If the collateral is **equipment,** the secured party must:

i . Take possession of the collateral **without removal,** render equipment **unusable,** and dispose of collateral **on a debtor's premises;** and

ii . According to judicial proceeds or **without a breach of the peace.**

B. Disposal of Collateral (09July, 19Feb)

1. Methods

a. General Rule

After default and repossession, a secured party may dispose any or all of the collateral. There are two methods to dispose collateral: a disposal **at foreclosure sale** (public sale) and **commercially reasonable sale** (private sale).

When the secured party disposes collateral at foreclosure sale, the secured party can buy collateral himself. When the secured party disposes collateral at private sale, the secured party can buy collateral himself **only** when the collateral is sold on a **recognized market** or there are **standard price quotations**.

b. Notice

★A secured party **must** send an **authenticated notification** of the disposition to the debtor and any secondary obligor.

The only exception to this notification requirement is if the collateral is **perishable** or sole on a recognized market.

2. Disposition of Collateral

A secured party shall apply over for disposition of collateral in the following order to:

ⅰ. The expenses of the disposition;

ⅱ. Satisfaction of the obligation owed to the disposing secured party; and

ⅲ. Satisfaction of any obligation secured by a subordinate interest.

C. After Disposition (09July)

Once a secured party's disposes collateral, the debtor's rights in the collateral transfer to any transferee for value, and the **secured party's**

interest in the collateral **and any subordinate** security interest are discharged. In other words, transferee for value of the disposed collateral **takes free** of the creditor's rights.

5장
Family Law

///

Family law(가족법)는 한국법상 친족법에 가깝다. 한국법은 친족법과 상속법을 묶어서 친족상속법이라 칭하지만, 미국법에서는 Wills(6장)와 Trusts(7장) 과목에서 별도로 상속 및 증여에 관해 다룬다. Family law는 혼인, 이혼, 이혼 후의 내용을 모두 포함하는 바, 이는 가정(家庭)에 대한 사안(domestic issues)이므로 주 법원에서만 청취한다. 본 서에서는 '혼인'에 관해, 사실혼(common law marriage)과 혼인 시 부부간 작성하는 혼전계약서(premarital agreement)에 대해 다룬다. '이혼'의 경우 합의 이혼과 재판 이혼이 있으나 MEE 출제경향에 따라 본 서는 재판 이혼만을 다룬다. 즉 재판 이혼 시의 법원 판결문인 이혼 판결문(divorce decree)에 대해 논하는데, 그 내용을 기준으로 재산권 분할(property division), 위자료(spousal support), 양육권(child custody), 양육비(child support)로 구분하여 설명하였다. '이혼 후'의 내용은 divorce decree가 내려진 후 이에 대한 조정(modification)신청에 대해 논한다. 한편, 관할권(jurisdiction)은 MEE에서 자주 출제되는 논점이다. Family law와 관련된 사건은 주 법원만이 청취할 수 있는 바, 여기서 논하는 내용은 'state courts가' 피고(defendant)와 소송내용에 대해 관할권을 가지는지 그 여부를 판단하는 기준이다. 예컨대 갑이 갑·을 사이에서 태어난 병에 대한 child support를 을에게 요구하기 위해 A주 법원에서 소송을 제기한 경우 A주 법원은 '피고(을)를' 상대로 personal jurisdiction(PJ)을 가지고 '소송내용(child support)'에 대해 subject matter jurisdiction(SMJ)을 가져야만 해당 소송을 청취할 수 있다. PJ 유무는 「10장 Federal Rules of Civil Procedure(FRCP)」에서 논한 rules를 동일하게 적용하여 판단하는 바, 을이 A주가 아닌 B주에 거주하고 있다면 minimum contact 요건을 충족해야만 A주 법원에서 소송을 진행할 수 있을 것이다. 한편, SMJ는 소송내용과 판결의 성격(original order/modification order)에 따라 다른 기준이 적용된다.

1. 문제에서 특정 법률을 지정하고 그에 대한 analysis를 요구하는 경우가 있다. 따라서 각 법률의 명칭과 그 내용을 잘 숙지하는 것이 중요하다.

   Q: <u>This jurisdiction has adopted UPAA. Is the premarital agreement enforceable?</u>

2. Family law에 관한 문제는 크게 ① 재판권에 관한 문제와 ② 법원의 판결을 논하는 문제로 구분된다.

3. 재판권에 관한 문제는 다음과 같다.

   Q: <u>Does the State A court have jurisdiction to modify the [child support provision]?</u>

   Q: <u>Does the State A court have jurisdiction to award the [child custody]?</u>

   Q: <u>Does the UCCJEA permit State A to award the [child custody]?</u>

   Q: <u>Should the State A enforce the State B [child support order[?</u>

   Q: <u>Should the State A modify the State B [child support order]?</u>

   ⇒ 논점(재산권 분할/양육권/양육비 등)에 따라 달리 적용되는 법률(UIFSA, UCCJEA, PKPA 등)과 Conflict of Laws에 관한 문제이다.

   ⇒ ① 적용되어야 할 '법률'과 ② 소송당사자가 '요청한 내용'을 파악한다.

4. 법원의 판결을 논하는 문제는 다음과 같다.

   ① '재산권 분할(property division)'에 관한 문제

   Q: <u>Would 갑 have a claim to a share of 을's bank account?</u>

   ② '양육권(custody) 및 양육비(support)'

   Q: <u>Can 갑 obtain court—ordered visitation with 을?</u>

   ③ Modification

   Q: <u>Court 갑 obtain [retroactive modification] of his [child support obligation]?</u>

   ⇒ 주어진 논점에 관한 rule을 적용하여 법원의 판결에 대해 논한다.

   ⇒ Considering factor, 다수설/소수설 등에 대해 analysis한다.

5. Family law와 Constitutional law는 밀접한 관계를 가진다. 이혼 판결 및 state statute의 경우 헌법상 Due Process에 위배되지 않고, 부모로서의 권리(parent's rights)를 침해하지 않아야 그 유효성이 인정된다. 한편, non—resident를 상대로 한 소송의 jurisdiction의 경우 personal jurisdiction이 적용된다면 헌법상 minimum contacts 요건이 요구된다.

   Q: <u>Is the State A authorizing the award of [custody to uncle] constitutional?</u>

   Q: <u>Will 갑's constitutional challenge prevail? Explain.</u>

   Q: <u>Was the personal jurisdiction consistent with due process requirement?</u>

6. 판결에 의해 강제되는 당사자(재판 집행의 대상자)

   ⇒ "The party against whom the enforcement is sought+v."

Ⅰ. Common Law Marriage (11July, 17Feb)

"CoAcH" – Cohabitate, Agreement, Holding out

Common law marriage란 사실혼을 뜻한다. Common law marriage 성립요건에는 배우자간의 동거, 결혼에 대한 동의 그리고 혼인관계에 대한 표명(holding out)이 있다. '결혼에 대한 동의'의 경우 당사자의 '당장 결혼할 의지'가 표명되어야 하며, 미래에 결혼할 의지를 표명하는 것만으로는 성립요건을 충족할 수 없다. 일단 common law marriage가 성립되면(유효하면), 그들의 혼인은 다른 모든 주에서 그 유효성이 인정되고(conflict of laws), ceremonial marriage와 동일한 효력이 인정되는 바, 반드시 divorce 절차를 통해야만 혼인관계가 종료된다. 따라서 CL marriage가 성립된 후 divorce를 통해 혼인관계를 종료하지 않은 상태에서 배우자 중 한 명이 재혼을 했다면, 그 혼인은 중혼(bigamy)으로 무효이다. 한편, CL marriage가 성립되지 못한 상태에서 양자 사이에 아이가 태어나면, 그 아이의 아버지는 "unmarried father"라 칭한다.

★To establish a valid common law marriage, it requires that the spouses:

ⅰ. **Cohabitated;**

ⅱ. Made **present agreement** to be married; and

ⅲ. **Held themselves out** to others as a married couple.

Under the conflict of laws principles, **a valid marriage is valid anywhere,** unless it violates public policy of another states.

Once formed, a common law marriage can only be dissolved through divorce or annulment^{무효선언}.

답안요령

---

1. CL marriage 성립요건(×4)
2. Conflict of laws principles★
3. Analysis
4. (Must be dissolved through a divorce)

---

1. There is a valid common law marriage between 갑 and 을.

To establish a valid common law marriage, it requires that the spouses: (1) cohabitated, (2) made a present agreement to be married, and (3) held themselves out to others as a married couple. Under the conflict of laws principles, a valid marriage is valid anywhere, unless it violates public policy of another state. Thus, once one state permitted a common law marriage, other states that do not permit common law marriage should hold the marriage valid.

(ANALYSIS)

In sum, there is a valid common law marriage between 갑 and 을.

II. Premarital Agreement (08July, 11Feb, 18Feb)

Premarital agreement는 혼인 전에 체결하는 계약서로서 만약 후에 이혼할 경우 재산분할, 양육권, 위자료 등에 대한 합의 내용을 담고 있다. 본 파트는 premarital agreement가 이혼 시 어떤 영향을 미치는지에 대해 논하는 바, premarital agreement와 각 조항과의 관계가 핵심 논점이다. 기본적으로 premarital agreement가 유효한 경우, 그 조항 또한 유효하므로 부부가 이혼 시 premarital agreement상의 내용에 따라야 한다. 예컨대, 갑·을간 체결한 premarital agreement이 유효하다면 해당 계약서상 '재산분할'에 대한 조항(property division provision) 또한 유효하므로, 갑·을은 이혼 시 해당 agreement에 따라 재산을 분할해야 한다. 그러나 양육권(child custody)의 경우 아이의 최대이익을 위한 판단을 해야 하므로(best interest test), premarital agreement가 유효하다 하여 child custody에 관한 조항 또한 반드시 유효하다 볼 수 없다. 예컨대, 갑·을의 유효한 premarital agreement상 "양육권(child custody)은 아이의 모(母)가 가진다"는 조항이 있으나, 법원이 판단컨대 아이의 부(父)가 아이를 키우는 것이 아이를 위한 최선의 선택인 경우, 갑·을의 agreement와 무관하게 양육권에 대한 별도의 order를 내릴 수 있다. 한편,

spousal support에 관한 조항의 경우 대부분의 주에서는 premarital agreement가 유효하면 그 조항 또한 유효하다고 보지만, "spousal support를 waive한다"는 조항은 무효하다고 보는 주도 있다.

그렇다면 premarital agreement의 유효성에 대해 어느 주에서 재판권(jurisdiction)을 가지며, 유효성요건은 무엇인가. Premarital agreement의 유효성을 판단하는 주, 즉 jurisdiction을 가지는 주는 premarital agreement가 실행되는 주 또는 사건과 상당한 관련이 있는 주이다. 일단 재판권이 확정되면 해당 재판권을 가지는 주에서 규정한 바에 입각하여 premarital agreement의 유효성(enforceability)을 판단한다. 예컨대, 갑ㆍ을간 premarital agreement를 A주에서 체결하였다면 A주에서 규정하는 premarital agreement 유효성요건에 입각하여 판단한다. 대부분의 주에서는 UPAA(Uniform Premarital Agreement Act)를 그대로 채택하기도 한다. premarital agreement의 유효성은 주로 이혼한 부부 중 일방(갑)이 해당 내용을 따르지 않겠다고 주장하거나 부부 중 일방(을)이 다른 일방(갑)에게 해당 내용을 따르도록 요구하는 case에서의 논점으로, UPAA에 따르면 premarital agreement의 유효성을 '부정'하는 자(갑)가 ① 해당 계약을 비자발적(involuntary)으로 체결했음을 증명하거나 ② 그 내용이 불공평(unfair)하고 이를 체결할 때 서로의 상황에 대한 적절한 공개가 이루어지지 못함(inadequate disclosure)을 증명하는 경우, premarital agreement는 유효하지 않다(unenforceable). UPAA를 채택하지 않는 일부 주에서는 premarital agreement의 유효성을 '부정'하는 자(갑)가 ① 해당 계약을 비자발적(involuntary)으로 체결했음을 증명하거나 ② 그 내용이 불공평함(unconscionability)을 증명하거나 ③ 계약을 체결할 때 서로의 상황에 대한 적절한 공개가 이루어지지 못함(inadequate disclosure)을 증명하는 경우, premarital agreement는 유효하지 않다(unenforceable)고 본다. 한편, premarital agreement에 적용되는 rules는 이하에서 논할 settlement agreement와 separate agreement에도 동일하게 적용된다.

A. Enforceability

1. Jurisdiction

Regarding the **enforceability** of premarital agreement, courts apply:

ⅰ. The law of the state where **a premarital contract was executed**; or

ⅱ. The law of the state where **significant relationship** with the matter at issue.

2. Validity

a. Some States

In some states, **the party against whom enforcement is sought** proves **any one** of three factors:

ⅰ. Involuntariness

ⅱ Unconscionability; **or**

ⅲ. Inadequate disclosure

b. UPAA

Under the UPAA, the party against whom enforcement is sought proves:

ⅰ. Involuntariness; **or**

ⅱ. Unconscionability **and** inadequate disclosure.

c. Voluntariness

In determining the voluntariness, the courts consider following factors:

ⅰ. Difficulty of conferring with independent counsel;

ⅱ. Other reasons for proceeding with the marriage (pregnancy, cost, etc.);

ⅲ. Financial losses and embarrassment arising from cancellation of the wedding;

ⅳ. Maturity of spouse; and

ⅴ. Marriage experience(배우자의 결혼 경험, 즉 재혼여부).

d. Unconscionability

• Unconscionability = Unfairness

Premarital agreement의 내용이 불공정한(unconscionable) 경우 계약의 유효성은 부정된다. 그렇다면 내용의 불공정함은 '어느 시점을 기준으로' 판단해야 하는가. 이에 대해 각 주는 달리 규정한다. 일부 주는 부부가 premarital agreement에 서명한 시점 또는 이혼한 시점을 기준으로 판단하는 한편, 다른 일부 주에서는 별도의 기준시점 없이 unconscionability를 판단하기도 한다. 그중 '서명한 시점'을 기준으로 하는 주에서는 법원이 판단하기에 계약의 내용이 부부 중 일방에게만 과한 의무가 부여되었다 할지라도 당사자가 합의서에 '서명'할 당시에는 공정(conscionable)했다고 보는 바, 대부분의 경우 no unconscionability하다고 본다. 즉 premarital agreement는 유효하다.

States determine unconscionability based on the different time.
Some states determine at the time of signing.
Some states determine at the time of divorce.
Some states invalidate an agreement simply because it is unfair.

답안요령   Enforceability of premarital agreement

---

1. In some states (or)
2. UPAA (and)
3. 각 요소 rule
4. Analysis★ + 결론

TIP1   Enforceability와 관련하여 적용되는 두 개의 rule이 있으며, 하나는 요건 중 하나(or)만 만족하면 되고, 다른 하나는 모든 요건을 모두 (and) 만족해야 한다는 점에 유의한다.

TIP2   UPAA가 적용되고 부부간 full disclosure가 존재하는 경우, un-conscionability에 대한 analysis를 생략하고 바로 involuntariness에 대한 analysis를 하는 것이 좋다. Full disclosure가 존재한다면 uncon-scionability 존재여부와 무관하게 UPAA의 premarital agreement's enforceability 두 번째 요건을 만족하지 못하기 때문이다.

TIP3 각 state마다 unconscionability를 판단하는 '기준시점'이 다르므로, 다양한 기준에 입각하여 analysis하는 것이 고득점 포인트다.

모범답안 022

1. The premarital agreement is enforceable.

In some states, the party against whom enforcement is sought proves any one of three factors: voluntariness, fairness, and disclosure. Under UPAA, an agreement is unenforceable if the party against whom enforcement is sought succeeds in showing (1) involuntariness or (2) unfairness and lack of adequate disclosure.

Regarding involuntariness, it could be established by fraud, duress, or coercion, and there are many factors to be considered, such as lack of opportunity to talk with independent counsel, other reasons for proceeding with the marriage (pregnancy), financial losses and embarrassment arising from cancellation of the wedding, maturity of parties, prior experience of marriage.

(ANALYSIS)

In sum, the premarital agreement is enforceable.

B. Contents of Premarital Agreement

1. Property Division Provision

If a premarital agreement is enforceable, a property division provision is also enforceable.

2. Child Custody Provision

Regarding a child custody provision, courts use the **best interest of child test** to determine whether to enforce the provision.

3. Spousal Support Provision

In some states, spousal support waivers are not allowed.

Ⅲ. Settlement/Separation Agreement (10Feb, 10July, 18Feb)

Separation agreement와 settlement agreement는 모두 재산분할, 위자료, 양육권, 양육비 등에 관해 이혼을 하고자 하는 부부간 합의한 내용을 담고 있는 합의서이다. 일반적으로 두 용어를 혼용하여 사용하는 경우가 많지만 명확하게 두 문서는 법원 개입 여부에 따라 개념에 차이가 있다. 즉 separation agreement는 순수한 당사자간의 합의서로서 이로써 분쟁 없이 이혼하면 문제가 없지만, 만약 의사 다툼이 생겨서 당사자 중 일방이 법원에 이혼신청을 하는 신청서와 함께 이 separation agreement를 일종의 증거로 제출하면 이때 법원에 제출된 separation agreement를 settlement agreement라고 한다. 다시 말해서 separation agreement는 당사자간의 합의서에 불과하므로 반드시 법원에 제출되어야 하는 문서가 아니다. 이에 비해 settlement agreement는 법원에 제출되어 이혼판결 내용에 포함되는 합의서로서, 추가 분쟁이 없다면 본 문서가 그대로 이혼판결문이 되고, 당사자간에 분쟁이 있다면 법원이 그 분쟁을 조정하여 이혼판결을 내린다. Separation agreement와 settlement agreement는 부부간 이혼 시 작성한 서류로서, 혼인 시 작성하는 premarital agreement와 차이가 있다. 이하 내용은 편의상 모두 settlement agreement로 표현했다.

Settlement agreement의 유효성요건은 fraud 또는 unconscionability 존재여부를 기준으로 판단한다. 그중 fraud 여부는 앞서 언급한 premarital agreement 유효성요건 중 하나인 voluntariness 여부를 판단할 때 고려되었던 사항들을 종합적으로 판단한다.

The settlement agreement is **unenforceable** if:

ⅰ. Fraud; or
ⅱ. Unconscionability.

In most states, a settlement agreement resulting from fraud, overruling, or duress may be set aside if it is substantially unfair.

Ⅳ. Divorce Decree (20July)

Divorce는 법원의 이혼판결문(divorce decree)에 의해 혼인생활이 종료되는 것을 뜻한다. 본 챕터는 divorce decree의 '내용'을 기준으로 재산분할(property division), 위자료(spousal support), 양육비(child support), 양육권(child custody), 이렇게 구분하여 각 내용에 대한 판결 및 그 판결의 조정(modification)에 대해 논한다.

A divorce decree terminates the marriage relationship.

A. Introduction

Divorce decree에 대해 재판권(jurisdiction)은 배우자 일방이 domicile하고 있는 주가 피고에 대해 personal jurisdiction(PJ)을 가지고 있는 경우 인정된다. Domicile은 영구적으로(permanently and indefinitely) 거주하고자 하는 의지(intent)를 가지면서 실제로 거주하고 있는 지역을 뜻한다. 예컨대, A주에서 domicile하고 있는 갑이 배우자 을과 divorce를 하기 위해 소송을 제기한 경우, A주가 을을 상대로 PJ를 가진다면 A주 법원은 갑·을의 divorce를 선언하고 이혼판결문의 내용, 예컨대 재산분할, 양육권 등에 대해 판결할 수 있다. 그러나 피고(을)에 대해 PJ를 가지지 않더라도 배우자 일방(갑)이 domicile하고 있는 주가 divorce를 선언하는 것은 허용된다. 즉 divorce를 선언하는 것은 가능하나 이혼판결문의 내용에 대해서는 판결할 수 없다. 이를 영어로 "divorce decree가 나누어진다(divisible)"고 표현하고, 이러한 divorce decree를 "ex parte divorce"라 일컫는다. 다시 말해, ex parte divorce는 그 재판권을 판단할 때 비교적 완화된 요건이 요구되는 대신, 판결할 수 있는 범위가 한정적인 재판이다. 한편, A주에서 내려진 판결은 타 주에서도 유효하므로(full faith and credit) 갑·을간 이혼은 모든 주에서 유효하다.

1. Jurisdiction

a. Personal Jurisdiction (09Feb, 21July)

법원은 주 주민, 주 거주인, 재판적을 동의한 사람, 주의 주민은 아니지만 해당 주와 관련이 있는 사람, 이렇게 네 종류의 피고에 대해 PJ를 가진다. 타 주의 피고와 해당 주의 관련성 여부는 해당 주의 long-arm statute와 헌법상의 due process(DP, minimum contact) 요건을 모두 만족해야 한다. 배우자의 수입(earnings and income)이 발생하는 주와의 minimum contact는 인정되나, 주 정부의 지원금(state public-assistance benefits)을 받는 경우 주와의 minimum contact는 인정되지 않는다. 즉 지원금을 지급하는 주는 해당 지원금을 지급받은 타 주의 피고에 대해 PJ를 가지지 않는다.

When there is an action **against nonresident parent,** the court use **minimum contacts test** as due process requirement. **Due process requires that defendant's purposeful activity was foreseeable that he will be hauled in the forum state.** Courts have relied on the voluntary nature of the conduct.

> **case**

남자 갑과 여자 을은 결혼 전 A주에서 성관계를 가졌고 그로 인해 아이가 생겼다. 아이가 생겼다는 사실을 알게 된 후, 갑과 을은 갑's paternity를 waive 하겠다는 내용의 agreement를 체결하였다. 이후 경제적으로 혼자서 아이를 양육하는데 어려움을 느낀 을은 brought an action against 갑 in State A seeking to establish his paternity of child. 그러자 갑은 A주에 PJ가 없다는 것을 이유로 defense했다. A주는 갑에 대해 PJ가 있는가?

⇒ Yes. 갑의 sexual intercourse는 그의 purposeful activity였으며, 그의 행위로 인한 아이의 탄생은 충분히 forseeable하다. 또한 A주는 갑을 당사자로 한 재판을 진행함으로써 아이 양육을 실현할 수 있으므로 relatedness도 인정된다. (갑's [sexual intercourse] is a **purposeful activity** and [the child's birth] is **foreseeable.** Additionally, the state has **strong interest** in ensuring that the child is supported.)

b. Subject Matter Jurisdiction

The court in which **one spouse was domiciled** has jurisdiction to enter a valid divorce decree. Domicile is based on **residence** with the **intent** to remain permanently or indefinitely.

2. Ex Parte Divorce

An ex parte divorce is a divorce by divorce decree issued by the court **based on the domicile of the plaintiff but without personal jurisdiction over the defendant.**

In an ex parte divorce, the decree is divisible. The court **can** grant the divorce and marriage is terminated, but the court **cannot** award spousal support or divide property.

3. Full Faith and Credit

★**A valid divorce decree issued by one state is valid in other states.**

B. Fault-Based Divorce

Divorce는 배우자의 귀책사유가 있는 경우의 fault-based divorce와 없는 경우의 no-fault divorce로 구분된다. Fault-based divorce의 근거에는 외도 (adultery), 결혼생활 유기(desertion), 학대(cruelty) 등이 있으며, fault-based divorce를 주장하는 자(갑)의 배우자(을)는 defense로서 이혼을 주장하는 자 (갑)의 이혼공모(collusion), 묵인(connivance), 용서(condonation) 또는 맞대 응(recrimination)을 주장할 수는 있다. 예컨대, 갑이 을의 외도(adultery)를 근거로 fault-based divorce를 주장하는 경우, 을은 이에 대해 갑의 용서 (condonation)를 defense로 주장할 수 있다. 그러나 대부분의 주에서는 fault-based divorce의 defense를 인정하지 않는다. 한편, defenses 중 '맞대 응(recrimination)'은, 두 배우자 모두에게 fault가 있는 경우 배우자 한 명(갑) 이 다른 배우자(을)의 fault를 주장할 때 을이 '갑에게도 fault가 있음'을 주장하는 경우이다. 그러나 만일 갑의 fault가 을에 의해 야기된 것이라면, 을의 defense는 소송에 큰 영향을 미치지 못한다. 예컨대 갑이 을의 학대를 근거로 fault-based divorce를 주장한 경우, 을이 갑의 결혼생활 유기를 주장한다면 이는 갑의 fault를 주장하는 것으로서 recrimination이다. 그러나 갑의 fault (결혼생활 유기)가 을의 학대로부터 기인한 것이라면, 을의 defense는 소송의 결과에 큰 영향을 끼치지 못할 것이다.

1. General Rule

A divorce may typically be granted on grounds of spouse's fault, such as cruelty, collusion, connivance, recrimination.

- ✔ Adultery
- ✔ Desertion^{배신감}
- ✔ Cruelty (Abuse)
- ✔ Voluntary drug addiction^{약물중독}
- ✔ Insanity

Traditionally, the court recognized the cruelty when it accompanies **physical force.** Cruelty is one that is physical, successive, and continuing for a long period, or is a single but severe physical act causing serious bodily harm or reasonable apprehension of serious future danger.

In modern, the court also recognize the cruelty when it accompanies **emotional or mental cruelty.**

2. Defenses

Many states abolished defenses to fault grounds.

Recrimination^{맞대응} is asserting the wrongdoing of the party seeking the divorce. A recrimination defense is unlikely to get credit when it was a constructive desertion claim.

C. Property Division

1. Original Order (10Feb, 11Feb, 16Feb, 17Feb)

법원이 재산분할(property division)에 대해 판단할 경우, 우선 marital property와 separate property를 구분한 후 marital property의 분할액수를 판단한다. 즉 property division 판결은 marital property만을 다루며, separate property는 property division 판결 내용에서 제외된다. Separate property는 배우자가 혼인 전에 구축한 자산, 이혼 또는 배우자 일방의 사망 후(after a permanent separation) 구축한 자산, 유증(devise/bequest) 또는 증여(gift)받은 자산을 일컫는다. Marital property와 separate property 구분은 자산의 성격을 기준으로 판단하며, 이혼 판결 당시 해당 자산의 존재 여부로 판단하지 않는다. 따라서 결혼 생활 중 생긴 자산이지만 이를 부부가 divorce 판결 전까지 소유하지 못한 자산(expectancy)은 marital property로 인정되는 바, 법원이 property division 판단 시 고려된다. 예컨대, 갑이 결혼생활 중 책을 썼고 이에 대한 loyalty를 갑·을의 divorce 판결 전까지 받지 못한 경우, 해당 loyalty는 marital property로 인정된다. 자산의 유형을 구분한 후에는, marital property의 전체금액을 판단하고, 이를 부부의 상황에 맞게 분할해야 한다. 그렇다면 marital property를 산정하는 기준시점은 언제인가. 갑이 결혼생활 중 다녔던 직장으로부터 매달 300만원의 연금을 받고 있던 중 이혼소송을 시작하였다면, marital property는 'divorce decree가 내려지는 시점'까지 누적(accrue)된다고 본다. 부부가 별거한 시점 또는 divorce를 filing한 시점은 marital property 를 산정하는데 있어 무관하며, divorce decree가 내려지는 시점까지 받은 연금을 합산한 금액이 marital property로 인정된다. Marital property를 어떻게 분배할지, 즉 각 배우자에게 얼만큼을 배분할지 판단할 때에는 다양한 사항들이 종합적으로 검토된다. 혼인생활 기간(duration of marriage), 배우자가 혼인생활 중 자산에 끼친 영향(marital contribution), 별거기간(duration of separation) 등이 있으며, 이들은 spousal support order에서 고려되는 사항들과 유사하다. 그중 marital contribution은 positive인 사항과 negative인 사항들을 모두 포괄하는 바, 자산을 증액한 positive한 사항뿐만 아니라 failure to make economic or noneconomic contribution, misuse, dissipation^{낭비} or marital funds 등과 같이 negative 사항들도 포함한다. 한편, property division에 대해서는 modification order를 내릴 수 없는데, 이는 property division에 관한 판결이 '이혼 당시'의 공평성을 기준으로 내려지는 바, 이후의 상황을 고려하여 조정을 할 수 없기 때문이다.

a. General Rule

When courts decide property division order, **only marital property** is considered.

b. Property Types

i. Marital Property

★An asset is marital, if it was acquired during the marriage by any means other than gift, descent, or devise.

ii. Separate Property

★Separate property is a property acquired:

① Before marriage;

② After a permanent separation; or

③ By gift, bequest, or devise.

iii. Expectancy

Expectancy created during the marriage is **marital** even if payment will not be received until after the marriage ends.

iv. Accrue

① Majority Jurisdictions

★In majority jurisdictions, marital property continues to accrue^{누적되다} **until a final divorce decree is entered.**

② Minority Jurisdictions

★In minority jurisdictions, marital property ceases to accrue after the date of permanent separation or the date of filing for a divorce.

c. Professional License

Professional license는 marital property로서 property division 판결대상인가. 이에 대해 다수의 주에서는 marital property가 아니나, 배우자 중 한 명이 상대 배우자의 professional license 취득에 있어 기여한 바가 있다면 그 배우자에게 spouse support로서 reimbursement 지급판결을 내릴 수 있다고 본다. 반면, 소수의 주에서는 professional license는 marital property로서 property division 판결대상이라고 본다.

ⅰ. Majority Jurisdictions

In majority jurisdictions, professional license is **not** marital property. However, courts require **reimbursement** for any support provided by a spouse who contributed to the education or licensing.

ⅱ. Minority Jurisdictions

Professional license is marital property.

TIP1　Property division에 관한 전형적인 논점으로는 연금(pension), 지적재산권(loyalty) 등이 있다.

TIP2　① Divorce 판결 전까지 [pension]을 지급받지 못함 → accrue, expectancy 문제 → majority, minority에 대한 analysis
② Divorce 판결 전에 [pension]을 지급받음 → marital v. separate property 문제 → pension을 받은 당사자가 언제부터 일했는지 확인 → [Pension]을 받은 배우자가 결혼하기 이전부터 근무한 경우 [pension]의 '일부'만이 property division 판결의 대상이 되며, [pension]을 받은 배우자가 결혼한 이후에 근무한 경우라면 [pension]의 '전체'가 property division의 대상이 된다.

d. Amount of Marital Property

When courts decide the amount of divided marital property, they consider various factors, such as:

　ⅰ. Duration of marriage;

ii. Marital contributions;

iii. Duration of separation;

iv. Parties' financial resources and needs;

v. Spousal misconduct; and

vi. Standard of living enjoyed during marriage (indicators of spouse's future needs ⇒ gender neutral).

2. Property Division and Bigamy (17Feb)

Common law marriage가 성립된 후 divorce를 하지 않은 상태에서(혼인 관계를 종료하지 않고) 배우자 중 한 명이 재혼을 했다면, 그 재혼은 bigamy이다. 원칙적으로 bigamy가 성립된 배우자간에는 이혼 시 자산분배(property division)를 할 수 없다. 하지만 일부 이론들은 bigamy가 성립된 배우자간에도 property division을 할 수 있다고 본다. Putative spouse doctrine에 따르면, 선의로(in good-faith) 해당 혼인의 유효성을 믿은 자는 would-be spouse로 인정되는 바, 배우자간 자산분배를 인정한다. 예컨대, 부부 갑·을이 별거하는 중 갑이 병과 결혼식을 올려 재혼을 하였고, 그 이후 갑이 lottery에 당첨되었다고 가정해보자. 만일 갑과 병이 이혼을 하게 된다면, 갑·병간 혼인은 bigamy로서 원칙적으로 그들간 자산분배는 불가능하므로 병은 갑의 lottery에 대한 자산분배를 주장할 수 없다. 그러나 병이 갑과 혼인할 당시 갑이 을과 별거중이라는 사실을 전혀 알지 못한 채 자신의 혼인이 유효하다는 것을 선의로 믿은 경우에는 putative spouse doctrine이 적용되어 갑의 lottery에 대해 자산분배를 주장할 수 있다. Unmarried cohabitants law에 따르면, 갑·병간 혼인이 유효하지 않으므로 그들은 cohabitants로 인정되나 그들간 자산분할에 대한 express 또는 implied 약속(contract)이 존재한다면, 그들간 자산분할을 인정해야 한다. 상기 예시에서 갑·병이 결혼식을 올린 것은 그들간 marital property를 분할하겠다는 implied contract이 존재했다고 볼 수 있는 바, 병은 갑의 lottery에 대해 자산분배를 주장할 수 있다.

a. Bigamy

★Bigamy is illegal in all state. No individual may have more than one legal spouse at a time.

b. Doctrines

ⅰ. **Putative Spouse Doctrine**

Under the putative spouse doctrine, a **would−be spouse** is treated like a spouse in equitable distribution of the property which has been acquired during their invalid marriage.

A would−be spouse is a person who participated in a marriage ceremony **with a good−faith but mistaken belief in its validity.**

ⅱ. **Unmarried Cohabitants**

Property or support rights between cohabitants can be founded upon an express or implied contract to share assets.

ⅲ. **Modern Trend**

Modern statutes increasingly attempt to equalize the consequences of termination of marital relationship on whatever ground.

3. Modification Order (10July)

★A property−division award may **not** be modified after a divorce decree has been entered. This is because the award divides assets of the marriage **based on the equities at the time of divorce.**

D. Spousal Support Order

• Spousal support award = Alimony = Maintenance

Spousal support란 이혼 후에도 상대방 배우자의 '도움이 필요한 경우' 지급되는 돈으로서, 한국에서 정신적 보상의 의미로 지급되는 위자료 개념과는 다르다. Spousal support order는 법원이 배우자 중 일방에게 spousal suppport를 지급하도록 한 판결을 일컫는다.

1. Original Order (10Feb)

Spousal support를 구하는 자(갑)는 이혼 후 자립(self-support)이 어렵다는 점을 증명해야 하며, spousal support를 지급하는 자(을)에게 도덕적 책임이 있어야 하는 것은 아니다. 법원이 spousal support 금액을 산정할 때에는 지급받는 배우자(갑)의 경제적 자립 능력, 교육수준, 결혼 생활 기간 등을 종합적으로 고려하여 판단한다. Spousal support 종류 중 permanent spousal support는 장기지급, rehabilitative spousal support는 단기지급을 뜻한다. '지급기간'은 보통 혼인유지기간을 기준으로 판단한다.

a. Alimony Types

[표 5-1]

	Permanent	Rehabilitative	Lump sum	Reimbursement
Definition	평생 주기적으로 얼마씩 지급하라	일정 기간 동안 주기적으로 얼마씩 지급하라 (limited period)	총 얼마를 지급하라 (한꺼번에 or 분할)	[Burdened person이 professional license를 취득했으니], 지급하라
Time period	Long term	Short term		
Modification	○	○	generally ×	×

Reimbursement alimony is to pay one spouse back for the time, money, or effort he or she put into the other spouse's financial resources.

In some states, reimbursement alimony is not permitted and the spouse could seek a short-term rehabilitative alimony.

In some states, as a precondition to obtaining a rehabilitative award, a spouse must establish that (1) he/she lacks sufficient property to provide for his reasonable needs and (2) he/she is unable to support herself through appropriate employment.

In modern, many courts typically view **capacity for self-support** as only one factor among many in awarding rehabilitative alimony.

b. Considering Factors

Seeking person(갑) must establish his/her lack of self−support. But the process of alimony determination is **highly discretionary**^{자유재량에 의한}, and several factors such as spouse's age, salary, and duration of marriage would be considered.

c. Amount of Spousal Support

In modern courts consider **various factors:**

i . **Marriage period;**

ii . Having (no) children;

iii. Spouse's marriage contribution;

iv. Spouse's youth;

v . Burdened person's education; and

vi. Burdened person's ability to contribute to spouse's future.

답안요령

Q: <u>Can 을 obtain alimony?</u>

---
1. Types of alimony
2. Long−term alimony 지급가능여부
   + analysis
3. Short−term alimony
4. 고려사항
   + analysis
5. Conclusion(열린 결말)

TIP1 을이 alimony를 지급받을 수 있는지 그 여부에 대해 판단하는 문제이나, 지급받을 수 있는 'alimony의 유형'을 구체적으로 논하는 것이 고득점 포인트다.

TIP2 5번: Alimony에 관한 판결은 법원의 재량(discretion)이 넓은 영역이므로, alimony type과 amount를 구체적으로 정하는 것보다는 열린 결말로 서술하는 것이 좋다.

1. It is not clear whether 을 can receive alimony.

There are many types of alimony: permanent, rehabilitative, lump sum, and reimbursement. Permanent or long term alimony is rarely available and there should be a long marriage and a significant and long term gap between husband's and wife's economic prospects.

(ANALYSIS: In this case, the facts that 을 had lived with 갑 for short period and 을 could pursue a career suggest that 을 could not obtain long term alimony.)

In some states, reimbursement alimony is not permitted and the spouse could seek a short term, rehabilitative alimony. In these states, a seeking spouse must establish her lack of self−support. In some states, a spouse must establish that she lacks the capacity for self−support as a precondition to obtaining a rehabilitative award: (1) spouse lacks sufficient property to provide for his reasonable needs and (2) is unable to support herself through appropriate employment. However, in modern, many courts typically view capacity for self−support as only one factor in awarding rehabilitative alimony. But the process of alimony determination is highly discretionary, and several factors such as spouse's age, salary, and duration of marriage would be considered.

(ANALYSIS)

In sum, it is not clear whether 을 can receive alimony.

2. Modification Order (11Feb, 20Oct)

Modification order는 본래의 판결을 조정하는 판결을 뜻하는 바, spousal support order의 modification order, child support order의 modification order 등 다양한 modification order가 존재한다. 본 챕터는 그중 spousal support order를 조정하는 판결에 대해 논하며, 통상적으로 spousal support 를 지급할 의무가 있는 자가 본 판결을 법원에 신청한다. Modification order는 spousal support를 지급할 의무가 있는 자의 신변에 '상당하고 지

속적인' 변화가 있다고 판단될 경우에 한하여 내려진다. 만약 spousal support를 지급할 의무가 있는 자에게 변화가 있으나 이혼 판결 전에 그 변화를 충분히 예상 가능했던 경우에는 '상당한' 변화로 인정되지 않는 바, modification order가 내려질 수 없다. 예컨대, 갑·을 이혼 시 법원이 갑이 을에게 매달 300만원의 spousal support를 지급하라는 판결을 내린 경우, 이후 갑이 spousal support를 지급하지 않도록 조정하고자 modification order를 신청할 수 있다. 만일 갑이 갑작스럽게 병환이 생겨 더 이상 경제 활동을 하지 못하게 되었다면, 이는 갑의 신변에 '상당하고 지속적인' 변화가 발생한 경우로서 modification order가 내려진다.

★A spousal support award may be modified only when there is **substantial and continuing change** in a party's circumstances.
In some courts, a change in circumstances that is **anticipated or voluntary** may **not** serve as a basis for modification of a support order. In other courts, modification will be permitted when the obligor acted **in good−faith.**

---

case

법원은 갑·을간의 이혼판결에서 "갑이 을에게 alimony를 지급해야 한다"는 내용의 판결을 내렸다. 이혼 판결 후, 갑은 병과 재혼했고 그들 사이에는 갑·을간 결혼 생활 중에 태어난 아이 정이 있었다. 갑은 "나에게 병과 아이 정을 부양해야 할 의무가 있다"고 주장하면서 법원에 modification order를 신청했다. 법원이 modification order를 내릴 가능성이 있는가?
⇒ No. Modification order에서 '재혼한 가정에 대한 의무'는 고려되어야 할 사안이다. 그러나 갑과 병 사이에서 태어난 아이 정은 이혼 판결 후에 태어난 new child가 아닌, 이혼 판결 당시 이미 존재했던 stepchild이다. 따라서 갑은 이혼 판결 당시 병과 정을 부양해야 할 의무에 대해 충분히 예상할 수 있었으므로, 법원은 modification order를 내리지 않을 것이다.

1. When modification?
2. "Substantial change"
3. Analysis + 결론

TIP Modification order의 요건인 substantial change의 구체적인 의미를 서술하고, 이에 대한 analysis를 작성하는 것이 고득점 포인트다.

모범답안 024

1. The court would not grant modification order.

A spousal support award may be modified only when there is substantial and continuing change in a party's circumstances. In some courts, a change in circumstances that is anticipated or voluntary may not serve as a basis for modification of a support order. In other courts, modification will be permitted when the obligor acted in good faith.

(ANALYSIS)

In sum, the court would not grant modification order.

E. Child Support Order

1. Original Order (21July)

Child support는 '양육비'를 뜻한다. 양육비에 대한 판결이 내려지는 경우는 ① 이혼판결(divorce decree)이 내려질 때 양육비 지급에 대한 내용이 포함되어 있는 경우와 ② 미혼모 또는 미혼부가 아이를 혼자 양육하다가 친부 또는 친모를 상대로 소송한 경우로 구분된다. 아이에 관련된 재판, 즉 양육비(child support)또는 양육권(child custody)에 관한 재판은, 부부 관계가 성립되지 않은 자들간 제기될 수 있는 소송으로서, 위 ②와 같은 경우가 많다. MEE 역대 기출문제에서는 각 경우의 jurisdiction을 판단하는 문제가 자주 출제되었다. ①의 경우에는 이혼판결 시의 jurisdiction 판단기준에 따라 배우자 일방의 domicile이면서 피고에 대해 PJ를 가지고 있는 법원이 청취한다. ②의 경우에는 법원이 피고에 대한 PJ와 양육비에 대한 SMJ 모두 가지고 있어야 하는데, SMJ를 판단하는 기준은 소송의 내용 및 판결의 성격에 따라 다른 기준이 적용된다(표5−2).

[표 5-2] SMJ

	Premarital agreement	Child custody order	Child support order
Original order	UPAA or 주(州) 법	UCCJEA or PKPA	UIFSA
Enforcement order		UCCJEA	
Modification		UCCJEA = PKPA	

• UCCJEA: Uniform Child Custody Jurisdiction and Enforcement Act
• PKPA: Parental Kidnapping Prevention Act
• UIFSA: Uniform Interstate Family Support Act
• UPAA: Uniform Premarital Agreement Act
• Child custody (original + modification) ⟹ PKPA, UCCJEA
• Child support (original + modification) ⟹ UIFSA
★UIFSA governs interstate enforcement and modification of child support.

a. Personal Jurisdiction

앞서 「Ⅳ. Divorce Decree」의 「A. Introduction」 파트에서 논한 내용으로 갈음한다.

b. Subject Matter Jurisdiction

본 챕터에서는 ②경우에서의 SMJ를 판단하는 기준에 대해 논하며, 이는 child support에 관한 rule이므로 UIFSA에서 규정하고 있다. Child support는 home state(A주)라고 인정되는 주에서 해당 소송을 청취할 수 있는 우선권을 가지는 바, home state가 아닌 주(B주)에서 소송을 청취하고 있다 하더라도 home state(A주)에서 다시 제기될 수 있다. 즉 child support에 대한 소송은 여러 법원에서 동시에 제기될 수 있고, UIFSA가 여러 주 법원들 중 우선순위를 정한다고 볼 수 있다. 이는 하나의 주 법원에만 jurisdiction을 인정하는 다른 법들과는 차이가 있다.

Subject−matter jurisdiction over interstate **child support** is governed by UIFSA. Under the UIFSA, home state rule establishes **priority among child support orders.** Even after a pleading is filed in another state, a state court may exercise jurisdiction for a support order only if:
ⅰ. That state is the **home state** of the child; or
ⅱ. The jurisdiction in the other state has been **timely challenged.**

★A "home state" is the state where the child has lived with a parent for at least six consecutive months immediately before the commencement of a child−custody proceeding.

답안요령

Q: Child support를 갑에게 요구하기 위한 소송이 A주 법원에서 제기되었다. PJ가 인정되는가?

1. Long−arm statute in UIFSA
2. Minimum contact test (purposeful availment)
3. Analysis

TIP1 본 문제는 child support order에 대한 것으로 UIFSA 규정에 따르나, 이는 PJ 유무를 판단하는 문제이다.

TIP2 3번: 피고의 행위를 analysis하며 그 행위에 대한 피고의 '자발성' 그리고 해당 행위와 청구취지간의 '연관성'에 초점을 두고 서술한다.

모범답안 025

1. State A has personal jurisdiction over 갑.

When there is a child support action against nonresident parent, the court use minimum contacts test as due process requirement. Due process requires that defendant's acts purposeful activity and it was foreseeable that he will be hauled in the forum state. Courts have relied on the voluntary nature of the conduct.

(ANALYSIS)

In sum, State A has personal jurisdiction over 갑.

2. Enforcement Order (09July, 20Oct)

Enforcement order는 상대방 배우자가 양육비 지급 의무를 이행하지 않을 때, 이를 강제하기 위해 법원이 내리는 판결을 뜻한다. Child support에 관한 판결이므로, UIFSA의 관할권 규정을 따른다. UIFSA에 따르면, enforcement order는 양육비 지급에 관한 판결이 선고된 주에서 선고되어야 하는 것은 아니며, 타 주 법원으로 이송(transfer)되어 선고될 수 있다. 이를 "two-state procedure"라고 한다. 예를 들어, A주 법원이 아버지에게 양육비 지급을 판결했지만 아버지가 이를 이행하지 않았다면, 아이의 어머니는 이에 대해 B주 법원에 enforcement order를 신청할 수 있다. 이때 A주는 "the initiating state", B주는 "the issuing state"라고 표현한다. B주 법원에서의 enforcement order 신청 및 진행과정은 A주에서의 신청 및 진행과정과 동일하게 이루어진다. 즉 B주 법원은 피고인 아버지에 대한 PJ가 없더라도 해당 소송을 진행할 수 있다.

a. Two-State Procedure

★The interstate enforcement and modification of child support is governed by the UIFSA.

UIFSA provides a two-state procedure that avoids the need to obtain personal jurisdiction over defendant. Using this approach, a registered child support order issued in another state (the initiating state) is enforceable in the same manner and is subject to the same procedures as an order issues by a tribunal of the adopting state (the issuing state).

Child support order — Enforcement order

1. UIFSA 적용
2. 결과(transferring between states)
   + analysis
3. PJ와 무관함★
   + analysis

TIP 3번: Enforcement order는 UIFSA에서 채택하는 two−state procedure에 입각하는 바, 피고에 대한 'personal jurisdiction이 없다 하더라도' enforcement order를 집행할 수 있다. 만일 주어진 사안에서 피고에 대한 PJ가 없다면 "PJ가 아닌 UIFSA에 입각하므로 PJ로는 부족하다"고 명시하고, PJ가 인정되는 경우라면 "PJ가 없으나 UIFSA에 따르면 PJ없이도 enforcement order를 얻을 수 있다."고 명시하는 것이 고득점 포인트다. PJ의 인정여부와 무관하게 위 3번을 반드시 작성하도록 한다.

① PJ가 있는 경우

"PJ가 있다. 하지만 PJ만으로는 Court A가 재판권을 가지기에는 not enough하다. 왜냐하면 이 문제는 UIFSA에 의해서 governed되기 때문이다."

(Personal jurisdiction over defendant is not enough to give State A court jurisdiction to modify the State B support order. This is because the interstate enforcement and modification of child support is governed by UIFSA.)

② PJ가 없는 경우

"PJ가 없다. 하지만 UIFSA에 따르면 PJ없이도 enforcement order를 얻을 수 있다."

(State A has no personal jurisdiction over defendant. However, UIFSA provides a two states procedure avoids the need to obtain personal jurisdiction over defendant.)

1. State A court should enforce the State B child support order.

The interstate enforcement and modification of child support is governed by the UIFSA. UIFSA provides a two－state procedure that avoids the need to obtain personal jurisdiction over defendant. Using this approach, a child support order registered in another state is enforceable in the adopting state, as the order was issued by the adopting state.

(ANALYSIS)

State A does not have personal jurisdiction over defendant because he has no State A contacts. However, UIFSA provides a two state procedure that avoids the need to obtain personal jurisdiction over defendant.

(ANALYSIS)

In sum, State A court should enforce the State B child support order.

3. Modification Order (08Feb, 09July, 11Feb, 14July, 20Oct)

• Exclusive and continuing jurisdiction = Continuing exclusive jurisdiction
Child support order를 처음 판결한 법원에서 일정 조건을 만족하면 modification order에 대해 exclusive and continuing 관할권을 갖는다. Exclusive and continuing 관할권을 갖는 법원이란, 해당 법원에서 재판이 진행될 경우 다른 법원에서 재판이 동시에 진행될 수 없으며 본 재판의 판결에 대한 enforcement order와 modification order 모두 해당 법원에서만 진행될 수 있다는 뜻이다. 한편, 이미 '지불한' 양육비에 대해서는 modify 할 수 없으며, 미래에 '지불할' 양육비에 대해서는 substantial change가 있는 경우에 한해 modify할 수 있다.

a. Jurisdiction

★Original court has **exclusive and continuing** jurisdiction until:

ⅰ. **Any** of the parties (child or contestant) continues residence in the state; **and**

ⅱ. **All parties did not consent in writing** other jurisdiction to modify the order.

b. Requirements

★Federal law absolutely forbids retroactive modification of child support obligations.

★Prospective modification of a child support order is typically available only when the petitioner can show a continuing and substantial change in circumstances.

c. Substantial Change

ⅰ. By Voluntarily Reduced Income (08Feb, 09July, 14July)

States have different approaches to determine whether a voluntary reduced income is substantial change to modify the child support order.

① Good－Faith Approach

In some states, courts use good－faith approach and they look primarily to intention of petitioner (spouse).

If a spouse has good－faith when [he] voluntarily reduced his income, the court grants downward modification.

② Other Approach

In some states, courts refuse to modify whenever the income shift was voluntary.

③ Multifactor Approach

The majority jurisdictions use multifactor approach. Those courts balance the interests of both parent and child, and consider many factors:

(a) Impact of such a shift on the child;

(b) Duration of the husband's income loss;

(c) The likelihood of a [promotion] that would ultimately be beneficial to child;

(d) **Modification of child custody order;**

(Modification of child custody order로 인해 양육비 조정 신청을 한 해당 배우자의 양육권이 증가했다면, 양육비가 낮게 조정될 가능성이 있다.)

(e) **A significant decrease in income;**

(It is typically viewed as a substantial change)

(f) **Temporary reduction** for training that will produce a future income gain;

⇒ could reduce child support order

(g) 가수가 되겠다고 일을 줄인 것.

⇒ no obvious end point → could not modify

답안요령　Modification based on reduced income

1. UIFSA 적용
2. Burden on proof + modify when?
3. "Voluntary shift"
   + analysis
4. Modification of custody order와의 연관성★
   + analysis

TIP1　3번: 배우자의 수입이 감소되어 modification을 신청한 경우 수입감소가 배우자의 자발적인 행위였는지 그 여부에 대해 구체적으로 논하는 것이 고득점 포인트다.

TIP2　4번: Modification of child support order를 신청하는 자가 동시에 modification of custody order를 신청하는 경우에 한해 서술한다.

모범답안 027

1. 갑 could obtain modification of the custody order.

The interstate enforcement and modification of child support are governed by the UIFSA. Prospective modification of child support order is typically available only when the petitioner can show a substantial change in circumstances. A significant decrease in income is typically viewed as a substantial change.

However, when a parent seeks to modify a child support obligation because he has voluntarily reduced his income, courts use different approaches. Some courts use good faith approach and permit downward modification only if 갑 has acted in good faith. Some courts refuse to modify whenever the income shift was voluntary. Many courts use a multifactor approach, balancing the interests of both parent and child. They consider many factors, such as impact of such a shift on the child, duration of 갑's income loss, the likelihood of a promotion that would ultimately be beneficial to child, and modification of child custody order. (ANALYSIS)

If 갑 succeeds in obtaining modification of the custody order so as to give him increased custody of his child, a court might grant him prospective elimination of his child support obligation. By contrast, if 갑 does not obtain modification so as to give him increased custody of his child, the court should not eliminate 갑's child support obligation. (ANALYSIS)

In sum, 갑 could obtain modification of the custody order.

ii. For Employable Child (08Feb)

Employable child란, 법적으로 노동 가능한 아이(성년)를 뜻한다.

The support rights of an employable child are contingent on compliance with **reasonable parental demands.** Thus, parents may terminate support to employable children who disobey reasonable parental opinion.

iii. Non−Paternity (11Feb)

양육비 지급 판결 이후 양육비 지급의무를 지는 자가 아이의 친부 또는 친모가 아니라는 사실이 밝혀진 경우, 그의 양육비 지급의무는 modify될 수 있는가. 과거에는 양육비 지급의무가 유지된다고 보았으나, 최근에는 부모 개개인의 이익을 중요시 여기는 추세에 따라 양육비 지급의무가 있는 자가 친부 또는 친모가 아니라는 증거를 제출할 수 있도록 하며, 해당 증거가 인정되면 양육비 지급의무는 아이의 이익과 무관하게 modify된다.

① Traditional Law

Traditionally, courts have been **reluctant to terminate** an established parent – child relationship based on a wide range of equitable and procedural principles.

Some courts state that a prior legal judgment, such as the divorce decree, bars the introduction of nonpaternity evidence based on **res judicata or collateral estoppel principles.**

Some courts apply **equitable doctrines of estoppel.**

Some courts simply use **best interest of child test.**

② Modern Law

In modern, new paternity disestablishment legislation places greater **emphasis on the interests of erroneously identified [fathers].**

Without regard to the child's interests a court could appropriately accept the blood tests offered by [father], and terminate [father]'s support obligation.

d. Child Support Order and Child Custody Order (21July)

Modification of child support order와 modification of custody order를 동시에 신청한 경우 '양육권'에 대한 판결이 '양육비'에 대한 판결에 어떤 영향을 미칠 수 있는가. 만일 modification order를 통해 양육권이 이전 판결보다 강화되었다면, 양육비에 대한 modification order는 양육비의 부담이 적어지는 방향으로 내려질 가능성이 크다. 반면,

modification order를 통해 양육권이 이전 판결보다 약화되었다면, 양육비에 대한 부담이 커질 것이다. 양육비에 대한 modification order는 신청자 신변의 substantial change에 해당되기 때문이다.

If 갑 succeeds in obtaining modification of the custody decree so as to give him increased custody of child, a court might grant him prospective elimination of his child support obligation.
This is because modification of a support order is based on a substantial change in circumstances.

F. Child Custody Order and Child Visitation Order

Child custody는 '양육권'을 뜻하는 바, child custody order는 부부간 누가 아이를 care할지, care하는 시간을 어떻게 분배할지 등에 대해 판결하는 경우가 대부분이나, 부부가 아닌 제3자, 예컨대 할머니가 양육권을 가지는 경우도 있다. 또한 부부가 아닌 제3자가 아이의 양육권을 포함한 친권을 가지는 경우도 있는데, 이는 adoption에 해당한다. 부모 중 한 사람이 child custody를 가질 경우에는 best interest test를 기준으로 판단하며, 제3자가 child custody를 가지거나 adoption을 하는 경우에는 best interest test과 아이의 친부모가 가지는 헌법적 권리 모두 고려되어야 한다. 한편, child visitation은 아이와의 '면접교섭권'을 뜻한다. Child visitation order와 child custody order, 이 양자는 재판권 및 판단기준 등 적용되는 rules가 모두 동일하며, 본 서는 편의상 child custody로 표현했다.

[표 5-3] 양육권에 관한 논점

Mother v. Father	Parents v. 3rd visitation	Adoption
Best interest test	• Best interest test • Parent's Con. rights (DP)	• Best interest test • Parent's Con. rights (DP+EP)

[표 5-4] SMJ

	Premarital agreement	Child custody order	Child support order
Original order	UPAA or 주(州) 법	UCCJEA or PKPA	UIFSA
Enforcement order		UCCJEA	
Modification		UCCJEA = PKPA	

1. Original Order

a. Jurisdiction (11July, 12July, 19July, 20July, 21July)

> PKPA or UCCJEA

PKPA와 UCCJEA는 significant connection jurisdiction 부분을 제외한 나머지 부분에서 모두 동일하다. 두 법률은 우선적으로 home state jurisdiction을 적용하고, home state가 존재하지 않는 경우 등 home state jurisdiction을 적용할 수 없는 경우에 significant connection jurisdiction을 적용한다. Significant connection jurisdiction도 적용불가한 경우에는 emergency jurisdiction, more appropriate forum jurisdiction 순서로 적용한다.

ⅰ. PKPA

① **Home State Jurisdiction**

Under the PKPA, a court has **exclusive** jurisdiction to issue an initial custody decree if the state:

(a) Is the child's home state on the date of commencement of the proceeding; or

(b) **Was the child's home state within the past six months and the child is absent from the state, but a parent or person acting as a parent continues to live in the state.**

★A "home state" is the state where the child has lived with a parent for at least six consecutive months immediately before the commencement of a child−custody proceeding.

② Significant Connection Jurisdiction

Under the PKPA, a court has **exclusive** jurisdiction to issue an initial custody decree if:

(a) There is no home state;

(b) The child and at least one parent have a significant connection with the state; and

(c) Significant evidence concerning child's care, protection in the state exists.

✔ 갑 married and gave birth to children State A. 갑 has lived in State A for long time. 갑 works in State B(갑 has some connection in State B). 갑 filed a child custody petition. ⇒ State A would have jurisdiction.

③ Emergency Jurisdiction

The state has emergency jurisdiction when the child: (a) is physically present in the state and (b) has been abandoned or it's necessary in an emergency to protect the child.

④ More Appropriate Forum Jurisdiction

When there is no home state, significant connection, continuing, or emergency jurisdiction, the court may use more appropriate forum jurisdiction.

ⅱ. UCCJEA

① Home State

② Significant Connection Jurisdiction

Under the UCCJEA, the court has **exclusive** jurisdiction to issue an initial custody decree if:

(a) There is no home state;

(b) The home state has declined to exercise jurisdiction because the current state is the more appropriate forum; or

(c) Significant evidence concerning child's care protection in the state exists.

③ Emergency Jurisdiction

④ More Appropriate Forum Jurisdiction

b. Best Interest Test (20July)

ⅰ. General Rule

★A child custody contest between parents is decided **on the basis of the child's best interests.**

Many factors are considered regarding the child's best interests, such as:

① The **wishes of the child's parent or parents** as to his custody;

② The **child's wishes** as to his custodian;

③ The **interaction and interrelationship** of the child with any person who may significantly affect the child's best interest (parents, siblings, etc.);

④ The child's **adjustment to his circumstances;**

⑤ The **mental and physical health** of all individuals involved;

⑥ **Domestic violence** between the parents.

ⅱ. Child's Wishes

The views of a child who is **mature enough** to form and express a preference are relevant to a custody determination. Generally, the child's wishes are typically given **substantial weight.**

However, the wishes are disregarded altogether in some cases. This is because various factors, including the child wishes, are considered in determination of the child custody.

c. Typical Issues

ⅰ. Religion Issue

Courts have typically refused to consider religion **based on the Establishment Clause,** unless the evidence shows that the parent's religious practice would **imperil the child's well-being.**

✔ 엄마가 religion을 이유로 child가 좋아하는 운동을 못하게 하는 경우
 ⇒ Mother did not imperil the child's well-being, and the court
 would not modify the child custody order.

✔ 엄마가 religion을 이유로 child가 꼭 먹어야 하는 약을 못 먹게 하
 는 경우 ⇒ Mother imperils the child's well-being, and the
 court would modify the child custody order.

✔ 엄마가 자신의 모든 수입을 종교단체에 기부한 경우 ⇒ Mother
 did not imperil the child's well-being, and the court would
 not modify the child custody order.

ii. Relocation Issue

Relocation이란, 거주지역을 옮기는 것을 뜻한다. Child custody 의무
가 있는 배우자가 relocation을 이유로 modification order를 신청한
경우 법원은 best interest test를 기준으로 판단한다. 법원은 다양한 요
소들을 종합적으로 판단하는 바, 'relocation 이후에도 아이가 생활에
안정을 느낄 수 있는가'라는 점도 고려대상에 포함된다. 각 주는
relocation이 아이의 best interest에 해당한다고 인정하는데 있어, 입
증책임자와 입증 내용을 다르게 규정한다. 본 issue에 대해 analysis할
경우, relocate하려는 측(modification order를 신청한 자)과 반대하는
측(modification을 반대하는 자)의 주장 모두 서술해야 고득점할 수 있다.

Because the best interest of a child, **like stability**^{안정성} **and finality**<sup>변경
불가함</sup>, is needed to be protected, custody orders are generally
subject to modification when there is **substantial change in
circumstances.**

Some states place burden of proof on the **relocating custodial
parent** and require that parent to show that the **move serves the
child's best interests.**

Some states require the **relocating parent additionally** show that the move is for a **legitimate**^{정당한} purpose and reasonable in light of that purpose.

Some states place the burden of proof on the **objecting parent** to show that the move **does not serve the child's best interests.**

iii. **Adultery Issue**

Adultery is a parent's values or lifestyle.

It could be a reason to modify a child custody order only when it is not the best of the child.

d. Custody Order to Third Party (12July, 17Feb, 19July)

누구나 아이의 양육권을 가질 수 있다. 즉 부모와 제3자 모두 양육권을 신청할 수 있으며, 법원은 이에 대해 best interest test를 기준으로 판단한다. 다만, 친부모가 가지는 아이에 대한 양육권 및 결정권리는 헌법적으로 보호되기 때문에, 친부모가 아이에 대해 내린 결정을 전혀 고려하지 않고 특정 요건을 만족하는 경우 바로 제3자에게 custody를 허용하는 statute는 위헌이다. 본 내용을 서술할 때는 친부모의 헌법적 권리에 대한 Troxel case 판결 내용을 비교해서 작성하는 것이 고득점 포인트다. Troxel case 에서 법원은 친부모의 child's custody에 대한 의견을 전혀 반영하지 않고 조부모에게 visitation을 허용하는 주 법은 친부모의 헌법적 권리를 침해하므로 위헌이라 판시하였다.

i. General Rule

Any person could petition for visitation rights **at any time** and a court grants such visitation whenever it concluded that visitation may **serve the best interest of the child.**

ii. Parent's Constitutional Right

★Parents have constitutional right protected under the Constitution in the care, custody, and control of their child, including with whom their child will visit. Thus, a statute giving **no special weight** at all to a parent's determination of her daughter's best interest **is unconstitutional.**

However, the power of the parent may be subject to limitation, if it appears that parental decisions will jeopardize the heath or safety of the child, or have a potential for significant social burdens.

✔ State requires every child to be vaccinated. → The spread of preventable illnesses is a significant social burdens and vaccination mandate is within the state's police power. → violate parent's constitutional right ✕

iii. Troxel Case

Non−parent who made a visitation petition must **fit parents** act in **the best interests of their children.** State courts must give **special weight** to a fit parent's decision to deny non−parent visitation, as well as other decisions made by a parent regarding the care and custody of their children. [Troxel v. Granville, 530 U.S. 57 (2000)]

✔ State statute giving no special weight to the parent's decision regarding the child's custody → unconstitutional

✔ Parent has limited opportunity to object visitation → uncon−stitutional

✔ Allow custody to grandparents → greater right than the right in Troxel → unconstitutional

Custody order

Q: <u>Is the state statute constitutional?</u>

---

1. General rule (best interest test)
2. Parents' constitutional right
3. Analysis(Troxel case와 비교)★

TIP　　Custody order에 대한 합헌성은 Troxel case와 비교분석하는 것이 고
득점 포인트다. 비교분석 시, ① 제3자에게 주어진 권리(visitation/
custody)와 ② 친부모로서의 헌법적 권리에 초점을 둔다.

모범답안 028

1. The State A statute is unconstitutional.

Any person can petition for visitation at any time and the person should
be given the visitation right whenever the court determines that it serves
the best interest of the child. However, parents have constitutional right
protected under the Constitution in the care, custody, and control of their
child, and even the visitation of the child. Thus, the visitation award
which is pursuant to the statute that gave no weight to the parent's
determination is unconstitutional.

(ANALYSIS: Here, State A statute authorizes the award of child custody to
a grandparent without giving weight on the parent's determination.
Additionally, State A statute is to grant custody to a nonparent and it
permits larger intrusion, compared to the statute in Troxel case that was
to grant nonparent visitation.)

In sum, the State A statute is not constitutional.

2. Modification Order (09July)

Child custody에 관한 modification order의 재판권은 UCCJEA와 PKPA에
서 동일하게 규정하고 있다. 일정 조건이 충족된 경우 original court가
exclusive and continuing jurisdiction을 가지며, 그렇지 못한 경우에는

original custody order가 내려진 state가 아닌 다른 states에서도 재판권을 가진다.

a. Jurisdiction

UCCJEA = PKPA

UCCJEA contains custody−modification standards virtually^{사실상} identical to those of the PKPA.

Original court has **exclusive and continuing** jurisdiction until:

ⅰ. Neither parent nor the child continues to live in the state; or

ⅱ. There is no longer significant connection between the child and any of parents remaining in the state, and substantial evidence relating to the child's care, protection, training, and personal relationships is no longer available in the state.

b. Best Interest Test

★A child custody contest between parents is decided on the basis of the child's best interests.

V. Adoption (11July)

Adoption은 '입양'을 뜻한다. 누군가 adoption을 하면, 제3자가 paternity를 가짐으로써 생부 및 생모(biological parent)의 paternity가 종료되고 아이에 대한 그들의 헌법적 권리가 박탈된다. 다만, 수정헌법 14조의 Due Process는 생부 및 생모가 제3자의 입양에 대해 veto right을 행사할 수 있도록 그들에게 입양 신청 사실을 notice하고, hearing할 기회를 주도록 요구한다. 본 권리는 registry에 이름을 올린 biological parent에게만 주어지며, 만약 주에 registry 자체가 존재하지 않는다면 해당 주의 statues는 위헌이다. 한편, 헌법상의 Equal Protection에 의하면 Due Process가 보장하는 이 권리는 생부와 생모에게 평등하게 적용되어야 한다. 즉 부모 중 일방에게 편중된 권리 부여

는 위헌이다. 따라서 주 법이 친부 또는 친모 일방에게만 veto power를 부여
한다면 이는 위헌이다.

A. Adoption Petition by Third Party

1. Adoption

An adoption order is the final and complete transfer of parental rights
and responsibilities.

2. Due Process

a. General Rule

Under the Due Process Clause of the Fourteenth Amendment,
[father]'s interest in personal contact with his child acquires
substantial protection.

b. Unmarried Farther

• Unmarried father = Unwed father

생부가 unmarried farther라 할지라도 그 아버지가 자식을 기르기 위해
최선을 다했다면, 그 아버지의 parenthood가 인정되어 아이에 대한 그의
권리는 헌법적으로 보호받는다. 따라서 제3자가 아이를 adoption함으로
써 아버지의 권리가 destroy될 수 있는 상황에서는 unmarried father의
DP가 지켜져야 한다. 예컨대, 갑·을 사이에서 병이 태어난 후 갑·을이
이혼하였고 이후 을(女)이 정(男)과 재혼을 하여 정이 병을 최선을 다해
키웠다고 가정해보자. 이후 을이 정과 이혼 후 무와 재혼을 하였고 을과
무가 병을 adopt하기 위해 법원에 신청을 했다면, 정은 병에 대한 부모로
서의 헌법적 권리를 가지는가. 정은 병의 생부가 아니나, 즉 unmarried
father이나 병을 자신의 자식처럼 최선을 다해 키웠으므로 그는 병에 대
해 부모로서의 헌법적 권리를 가진다. 따라서 정은 을과 무의 입양신청에
대해 veto right을 행사할 수 있도록 notice를 받을 권리가 있고, hearing
할 기회를 가진다.

When an **unwed father** demonstrates a **full commitment to the responsibilities of parenthood** by participating in the rearing of his child, his interest in personal contact with his child acquires substantial protection under the Due Process Clause of the Fourteenth Amendment.

3. Adoption and Equal Protection Clause

U.S. Supreme Court held that the **Equal Protection Clause** requires the state to give [father] the opportunity to veto his child's adoption when state law grants a similarly situated unmarried [mother] a veto.

---

case

갑남과 을녀가 A주에서 결혼하지 않은 상태에서 아이를 낳고 함께 살고 있었다. 갑은 이 아이를 자신의 호적(putative father registry)에 올리고 아이 양육을 위해 물심양면으로 최선을 다했다. 그런데 어느 날 갑자기 아내 을이 아이를 데리고 B주로 떠나버렸고, 갑은 이들을 찾기 위해 수소문하였다. 수소문 끝에 갑은 을이 병과 결혼을 했고 병이 아이에 대한 adoption을 신청했음을 알게 되었다. 한편, B주의 adoption에 관한 법 조항은 다음과 같다.

Statute 1: A mother or a married father is permitted to veto the adoption of his or her child unless he or she has "willfully refused to support said child for a period of one or more years."

Statute 2: An unmarried father is permitted to veto the adoption of his child only if he (a) "has consistently supported such child" and (b) "has maintained a residential relationship with such child for at least 10 of the 12 months immediately preceding the filing of an adoption petition."

갑이 아이와 함께 A주에서 거주한 시간은 5개월이며, B주에는 putative father registry가 없는 상태이다. 이 경우, 갑의 parental right을 terminate하고 병에게 custody of child를 인정하는 B주 statute는 합헌인가?

⇒ No. Statues in B State are unconstitutional. 갑은 결혼하지 않은 상태에서

아이를 낳아 양육했으므로 unmarried father이다. 하지만 갑은 아이 양육을 위해 물심양면으로 최선을 다했기 때문에, putative father로서 헌법상 due process(DP)와 equal protection(EP)이 보장된다. 즉 제3자(병)가 adoption을 신청한 경우 갑은 이에 대해 hearing과 notice를 받을 권리(DP)가 있으며, unmarried mother에게 veto power가 있는 경우에는 unmarried father에게도 동일한 veto power가 보장되어야 한다(EP). 이는 아이를 호적에 올린 unmarried father에게만 적용되는 룰이므로, 아이를 호적에 올리지 않은 unmarried father의 DP와 EP상 보호되는 권리를 침해하는 법률조항은 합헌이다. 본 사안에서 Statute 1은 "mother"라는 표현을 사용하여 unmarried mother와 married mother 모두에게 veto power를 부여하지만, 아버지의 경우 married father에게만 veto power를 인정할 뿐, 아이를 호적에 올린 unmarried father에게는 veto power를 부여하지 않는다. 따라서 본 조항은 EP를 위반하였으므로 위헌이다. 한편, Statute 2는 unmarried father인 갑에게 많은 조건을 부여하여 갑이 아이 양육에 최선을 다했음에도 불구하고, 갑이 아이와 함께 거주한 시간이 조건에 부합하지 못한다는 것을 이유로 그의 veto power를 인정하지 않고 있다. 또한 B주에는 a putative father registry가 없기 때문에 갑이 병이 신청한 adoption에 대해 hearing과 notice를 받을 수 있는 방법이 없다. 따라서 Statute 2 또한 위헌이다.

답안요령   Adoption & Unmarried father

> 1. DP (notice + hearing)
>   + analysis
> 2. EP (mother = father)
>   + analysis

모범답안 029

1. The statutes are unconstitutional under the Due Process Clause and Equal Protection Clause.

Under the Due Process Clause of the Fourteenth Amendment, when an unwed father demonstrates a full commitment to the responsibilities of parenthood by participating in the rearing of his child, his interest in personal contact with his child is substantially protected. Under the clause, the father is entitled to notice of an adoption order and a hearing to demonstrate his parental fitness before his parental rights may be terminated.

(ANALYSIS: In this case, 갑 filed with putative father registry. Additionally, he lived with the child and earned money to support the child. Thus, 갑's right to personal contact with child is protected under the Due Process Clause of the Fourteenth Amendment. Thus, 갑 is entitled to notice of an adoption order and a hearing. The statute 2 denies a veto power to 갑 who has done everything in his power to establish a full relationship with his child and it is unconstitutional. 갑 failed to satisfy the requirements for the veto power, but 갑 is blameless for the failure. Thus, statute 2 is unconstitutional.)

The Equal Protection Clause requires the state to give unmarried father the opportunity to veto his child's adoption when state law grants a similarly situated unmarried mother a veto.

In sum, the statutes are unconstitutional under the Due Process Clause and Equal Protection Clause.

B. Dissolution (08Feb)

Dissolution은 「2장 Partnerships」와 「3장 Corporations and LLCs」에서 회사 해산을 뜻하지만, 본 장에서는 '파양'을 뜻한다. 파양 허용여부는 법원이 여러 상황을 종합적으로 검토하여 판단한다. 예컨대 의붓부모(stepparent)가 파양하는 것은 아이와 전혀 무관한 제3자가 파양하는 것보다 어렵다.

1. Considering Factors

Regarding dissolution, courts consider various factors, such as:

ⅰ. Length of the relationship;

ⅱ. The child's needs; and

(Minors need parent's continuing support.)

ⅲ. The parent's motives.

(Stepparent adoptions are not easier to undue than stranger adoptions.)

<table>
<tr><td>답안요령</td><td>Dissolution</td></tr>
</table>

1. Adoption
2. 고려사항
   + analysis
3. 결론

TIP1   1번: Adoption의 효과로 아이와 친부모간 관계가 종료되었음을 서술한다.

TIP2   2번: 주어진 case에서 dissolution을 하고자 하는 자가 stepparent인 경우, 이에 대한 별도의 analysis가 필요하다.

모범답안 030

1. The court did not err in refusing a dissolution of 갑's adoption.

An adoption order is the final and complete transfer of parental rights and responsibilities. Regarding dissolution claims, courts typically look to the length of the relationship, the child's needs, and the parents' motives. Stepparent adoptions are not easier to undo than stranger adoptions. (ANALYSIS)

In sum, the court did not err in refusing dissolution of 갑's adoption.

[표 5-5]

	Property division order	Spousal support order	Child custody order	Child-support order	
				Retroactive	Prospective
Modification	×	○	○	×	○
Modification 요건	—	Substantial and continuing change in a party's circumstances	Substantial and continuing change in circumstances	—	Substantial and continuing change in circumstances (and best interest test)
Reason/고려사항	Property distribution award divides assets of the marriage based on the equities at the time of divorce	A spousal-support order is for the **uncertain** future. • Self-support • Age • Duration of marriage	• Best interest test • 부모의 Con. right • Religion • Relocation	—	• Relocation ① Multifactor approach ② Good faith approach OR ③ If voluntary ⇒NO • Employable child • Non-paternity

★상기 판결(order)들과 관련된 소송은 주(州) 법원에서만 진행된다.

6장
Wills and Decedents' Estates

///

Decedents' estates는 '고인(故人)의 자산', 즉 '유산(遺産)'을 뜻하고, will은 '유언장'을 뜻하는 바, 본 장은 피상속인의 유산을 어떻게 처분하고 분배하는지에 대해 논한다. 피상속인이 생전에 유효한 will을 작성한 경우에는 해당 will의 내용대로 이행하고, 그렇지 않은 경우에는 피상속인의 의도(intent)와 상관없이 법의 규정에 따라 법정상속(intestate succession)이 이루어진다. 상속의 주된 법원(法源)은 common law(CL)와 United Probate Code(UPC)이며, 유산이 신탁(trust)인 경우 United Trust Code(UTC)가 적용되기도 한다. 이들은 wills 또는 trusts에 관한 법의 표본으로서 모든 주에 공통으로 적용되는 것이 아니고, 각 주들이 이들을 참고하여 각자의 법을 제정한다. 한편, 본 장에 관련된 소송은 「5장 Family Law」에 관한 소송과 마찬가지로 연방법원에서 제기될 수 없고, 주 법원에서만 청취할 수 있다.

- UPC = United Probate Code
- UTC = United Trust Code
- Testator = Settlor: 유언자, 유증자, 피상속인
- Beneficiary = Legatee = Devisee: 피유증자, 상속인
- Heir: 상속인

  Heirs are individuals who take a share of a decedent's probate estate when that decedent dies intestate.

- Intestate: 유언 없이 죽은 사람(n.), intestate 방법으로(adv.)

  The bequest passes under the intestacy statutes.

- Decedent: 고인(故人)
- Descendant: 자손
- Bequeath: 유증하다(v.)

Devise = Bequeath: 유증(n.)(遺贈)

Devisor: 유증자(遺贈者), Devisee: 수증자(受贈者)

- Inheritance right: 상속권

  갑 holds inheritance right. = 갑 could inherit from the decedent.

- 갑 is entitled to [자동차]. = [자동차] passes to 갑. = [자동차] is bequeathed to 갑. = [자동차] is distributed to 갑.

- [자동차] is disposed by the will.

- Specific bequest: 특정 물건의 증여("내 목걸이를 준다.")

- General bequest: 일정 금액의 증여 또는 generically 묘사한 증여

  "300만원을 증여한다"와 같이 일정 금액을 증여하거나, "나의 자동차"와 같이 유산을 자세히 묘사하지 않고 generically 묘사한 bequest를 뜻한다. 예컨대, 갑이 유언장에 "my building to 을"이라 작성하였다면 을은 갑이 사망한 시점에 갑이 소유하고 있는 빌딩을 유증받는다.

- Residuary bequest: Specific과 general 증여 후 남는 유산의 증여("My estate를 준다.")

- Residue: 피상속자의 residuary estate를 뜻하는 바, residuary beneficiary가 상속받는 몫을 의미한다.

  Residuary beneficiary receives **residue** of an estate.

- Stepchild: 여자의 혼외자식

- Nonmarital child: 남자의 혼외자식

- Adopted−out child: 입양 '보낸' 자식

- 판례가 나뉜다.

  There are cases going various ways on this issue.

  There are cases going both ways …

- 갑와 을이 병의 estate를 나누어 가질 것이다. = 갑 and 을 would share in 병's estate.

1. Will 작성 시 이전에 작성한 will, 메모, trust 등과 같은 외부문서를 인용할 수 있다. 그중 trust가 인용되는 경우는 Wills와 Trusts가 혼합된 경우로서, 주로 will에 trust가 pour-over된 case로 출제된다.
2. Wills에 관한 법률표본에는 CL과 UPC가 있고 구체적인 내용은 각 주마다 달리 규정하고 있는 바, 수험자는 CL, UPC뿐만 아니라 다수설, 소수설을 모두 숙지하여 그들간 '차이점'을 서술하는 것이 고득점 포인트다.
3. 'Will의 유효성'은 Wills에 관한 문제에 있어 가장 먼저 판단해야 할 요소이다. 유효요건 중 핵심적 요소는 '작성자(유언자)의 intent 존재여부'이다. 따라서 validity를 판단할 때에는 ① requirements of validity, ② defenses 인정요건, ③ defenses가 유언장에 영향을 미치는 정도, 이 세 가지를 모두 고려하여야 한다.
4. Wills에 관한 문제는 유언자 사망 시 그의 자산을 '어떻게 분배해야 하는지'를 묻는 문제가 주를 이룬다. 이러한 문제는 해당 자산에 관한 모든 논점을 고려해야 하는 포괄적인 문제이다.
   Q: To whom should 갑's estate be distributed? Explain.
   Q: How should the assets of 갑's probate estate be distributed? Explain.
   Q: Who is entitled to 갑's [red car]?
5. 그 외의 논점이 별도로 출제되기도 한다.
   Q: Is the will valid?
   Q: Who should be appointed as the personal representative of 갑's estate?

Ⅰ. Intestate Succession

본 챕터는 피상속인이 생전에 작성해놓은 유효한 will이 없는 경우, 법에서 규정된 바를 근거로 유산을 분배하는 '법정상속(intestate succession)'에 대해 논한다. 피상속인이 사망하였고 유효한 will이 존재하지 않은 경우를 영어로 "Decedent died intestate"라 표현하고, intestate succession을 규정하는 법은 'intestacy law'라 칭한다. 법정상속에 대해 구체적인 내용은 각 주마다 다르게 규정하고 있는 바, 이하 논하는 내용은 대부분의 주에서 typical하게 채택하고 있는 내용을 기준으로 한다. 따라서 에세이시험(MEE)의 답안은 문제에서 별도의 statute를 명시하지 않는 한, 이하 논하는 내용을 기준으로 작성한다. 한편, 법정상속이 이루어지는 경우, 즉 '피상속인이 생전에 작성해놓은 유효한 will이 없는 경우'의 구체적 의미를 살펴보면, ① will의 성립요건을 모두 충족하지 못한 경우와 ② 성립요건을 모두 충족한 유효한 will이지만 조건부 유증에서 그 조건이 피상속인이 사망한 이후 영원히 충족될 수 없는 경우로 구분된다. ①의 경우에 대해서는 will의 성립요건 및 defenses에 관한 「Ⅱ. Basic Concepts」의 「C. Vadility」에서 자세히 논하도록 한다. ②의 경우는, 예컨대 갑이 will상 '곧 가게 될 세계일주 도중 사망할 경우'라는 표현을 사용하였고 그는 세계일주를 다녀온 후 10년 후 노화로 사망하게 된 경우와 같이, '세계일주 도중의 사망'이라는 조건이 갑 사망 후 영원히 충족될 수 없는 경우를 뜻하는 바, will이 invalid하다고 보아 intestacy law가 적용된다. 그러나 will을 분배할 때 가장 핵심적인 기준이 되는 것은 문자적 표현이 아닌 피상속인(갑)의 진정한 intent이므로, '곧 가게 될 세계일주 도중 사망할 경우'를 통해 갑이 진정으로 표현하고 싶은 바가 무엇인지 파악해야 할 것이다. 만일 갑이 will을 집행할 조건을 뜻한 것이 아니고, 자신이 세계일주 도중 사망할 만약의 경우를 대비하여 will을 작성하게 된 것이라면, 즉 해당 표현이 갑이 will을 작성하게 된 동기(motivation)를 뜻하는 것이라면, 해당 will은 조건부 will(contingent will)이 아니므로 testator 갑이 사망한 시점에 will을 집행해야 한다. 이처럼 '피상속인(갑)의 intent'를 파악할 때에는, 즉 will상의 표현이 will의 집행조건과 갑의 motivation 중 어떤 것을 의미하는지 파악할 때에는, will이 해당 조건 이후에도 유지되었는지, 다른 유언에 관한 문서(testamentary documents)가 존재하는지 등 여러 가지를 종합적으로 고려하여야 한다.

A. Intestacy Law (08Feb, 09July, 12Feb, 12July, 20July, 21Feb)

대부분의 주에서 adopt하는 전형적인 intestacy laws 내용에 따르면, 피상속인의 배우자(spouse) 및 직계비속(descendant)이 1순위, 부모(parents)가 2순위, 부모의 직계비속, 예컨대 고인의 형제 및 그들의 직계비속이 3순위, 이보다 더 먼 촌수가 4순위, 그들의 직계비속이 5순위로 상속인이 된다. 즉 intestacy law가 적용되는 경우는 크게 (1) 1순위 상속자인 배우자(spouse) 및 직계비속(descendant)이 생존한 경우와 (2) 그들이 모두 사망한 경우로 구분되며, (1) 상속자인 배우자(spouse) 및 직계비속(descendant)이 생존한 경우는 다시 ① 배우자와 직계비속이 모두 생존한 경우, ② 배우자만 생존한 경우, ③ 직계비속만 생존한 경우로 구분된다. 여기서 '배우자'는 법적으로 인정되는 배우자를 뜻하는 바, 청혼은 했으나 식을 올리지 못한 자는 포함되지 않는다.

- Descendants = Issues: 직계비속 ⇒ Child, grandchild를 모두 포함하는 개념
- Siblings: 형제자매

1. Surviving Spouse and/or Surviving Descendants

a. Surviving Spouse and Surviving Descendants

1순위 상속인인 배우자와 직계비속이 모두 생존한 경우, 배우자가 일정 비율(전체 유산의 1/2 또는 1/3) 또는 일정 금액($300,000 또는 $150,000 등)에 대해 권리를 가진다. 그러나 직계비속이 피상속인과 배우자 사이에서 태어난 자들이고 배우자와 피상속인이 아닌 자의 직계비속이 없는 경우에는, 배우자가 '전체' 유산을 상속받을 수 있다(UPC).

The surviving spouse takes **a certain percentage** of the estate (e.g., one−third or one−half of the estate) or **specific amount** of the estate (e.g., $300,000, $225,000, $150,000).

In UPC, the surviving spouse is entitled to the **entire estate** when all of the decedent's surviving descendants **are also descendants of the surviving spouse** and there is **no other descendant** of the surviving spouse who survives the decedent. [UPC §2−102(1)(B)]

b. No Surviving Spouse and Surviving Descendants

ⅰ. Per Capita

- Per capita = By head = By person

Per capita는 '생존한 자'에게 상속하는 방식으로, 예컨대 피상속인의 자식 갑, 을, 병 중 병이 predeceased하였고 갑의 자식 A, 을의 자식 B, C, 병의 자식 D, E, F가 생존하고 있는 경우, predeceased한 병을 제외한 갑과 을이 유산을 동등하게(equally) 상속받는다. 병은 predeceased하여 상속권이 없으므로, 그의 자식 D, E, F 또한 상속자가 아니다(도표6−1). 만일 갑, 을, 병이 모두 predeceased

하였다면, A, B, C, D, E, F가 동등하게 유산을 받게 된다. 즉 같은 generation에 속한 자들 간에는 상속분이 동등하며, predeceased 한 자는 상속자로 인정받지 못한다(도표6-2).

Decendent's surviving children equally shares the estate. A predeceased child has no right to the estate and the share does **not** pass by representation to a child of the predeceased child (grandchild of the decedent).

[도표 6-1]

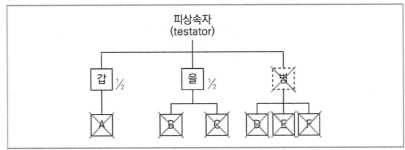

*점선: predeceased한 자(testator보다 먼저 사망한 자)
*×: 상속권 없는 자

[도표 6-2]

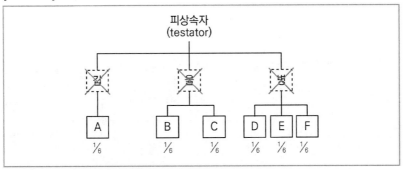

ⅱ. Classic Per Stirpes (Minority)

• Classic per stirpes = Strict per stirpes

Per stirpes는, '형제들'간에 동등하게 나누는 방식으로, 예컨대 피상속인(testator)의 자식 갑, 을, 병 중 을과 병이 predeceased하였고 갑의 자식 A, 을의 자식 B, C, 병의 자식 D, E, F가 생존하고 있는 경우, 갑은 predeceased한 을, 병과 동등하게 나누어 가지는 바, 전체 유산의 1/3에 대해 권리를 가지고 predeceased한 을, 병의 몫은 각각 그들의 자식 B, C 그리고 D, E, F간에 나누어 가진다. 즉 같은 generation에 속한 자들간에 동등하게 나누어 가지고, predeceased한 자의 몫은 그 자식들이 by representation으로 그들간에 동등하게 나누어 가진다(도표6-3). 만일 갑, 을, 병이 모두 predeceased하였다면, 갑의 몫(전체 유산의 1/3)을 그의 자식인 A가 가지고, 을의 몫(전체 유산의 1/3)을 그의 자식인 B, C간에 동등하게 나누어 가지고, 병의 몫(전체 유산의 1/3)을 그의 자식인 D, E, F간 동등하게 나누어 가진다(도표6-4).

[도표 6-3]

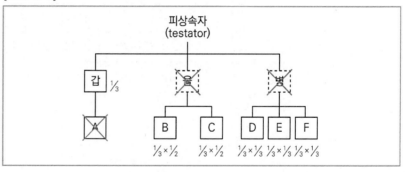

[도표 6-4]

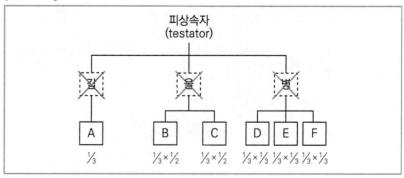

iii. Per Capita With Representation (Majority)

위의 classic per stirpes를 적용하면, 같은 generation일지라도 형제가 많으면 적은 유산을 상속받게 되는 불합리한 결과가 나온다. 예컨대, A, B, C, D, E, F는 모두 동일한 generation인데도 불구하고, 갑, 을, 병이 모두 predeceased하면 A는 전체유산의 1/3, B와 C는 각각 1/6, D, E, F는 각각 1/9을 받게 된다. 이러한 불합리한 결과를 방지하고자 classic per stirpes에서 발전된 형태가 per capita with representation이다. 이는 피상속인의 자식(갑, 을, 병)이 모두 predeceased한 경우 손자들(A, B, C, D, E, F)간에 동일하게 상속받도록 하는 방법으로서, 갑, 을, 병이 모두 predeceased하면, A, B, C, D, E, F는 전체유산을 동등하게 나누어 가지는 바, 각자 전체유산의 1/6씩 권리를 가진다(도표6-5). 다만, 갑, 을, 병 중 일부가 predeceased하면 전술한 classic per stirpes가 그대로 적용된다(도표6-3).

[도표 6-5]

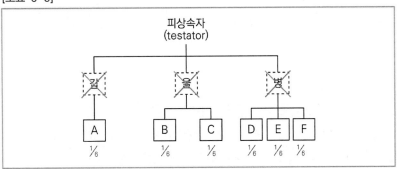

iv. Per Capita at Each Generational Level (UPC)

Per capita at each generational level은 UPC에서 채택하고 있는 방법으로, '같은 generation의 사람들이 모두 동일한 비율'로 상속받는다. 예컨대, 피상속인의 자식 갑, 을, 병 중 을과 병이 predeceased하였고 갑의 자식 A, 을의 자식 B, C, 병의 자식 D, E, F가 생존하고 있는 경우, 갑은 전체 유산의 1/3을 상속받고, 을과 병의 몫은 합쳐져 그 다음 generation인 B, C, D, E, F에게 동등 비율로 나누어지는 바, 각자 2/15씩의 권리를 가진다(도표6-6).

If a decedent's intestate estate or a part thereof passes **"by representation"** to the decedent's descendants, the estate or part thereof is divided into as many equal shares as there are (i) surviving descendants in the generation nearest to the decedent which contains one or more surviving descendants and (ii) deceased descendants in the same generation who left surviving descendants, if any. [UPC §2-106(b)]

[도표 6-6]

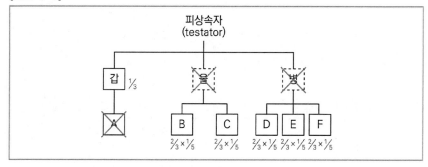

c. Surviving Spouse and No Surviving Descendants

피상속인이 사망한 시점에 직계비속이 없고 배우자만 생존한 경우, 대부분의 주에서는 배우자가 전체 유산을 상속받는다고 규정하고 있다. 그러나 UPC는 피상속인의 생존한 직계비속과 피상속인의 생존한 부모(parents)가 모두 없는 경우에 한해서만 배우자의 전체 유산에 대한 상속을 인정하고 있는 바, 만일 피상속인의 생존한 부모가 존재한다면 배우자는 전체 유산을 그들과 함께 나누어 상속받는다.

In most states, the surviving spouse takes **the entire estate.**
Under the UPC, the surviving spouse takes entire intestate estate if there is no surviving descendant or parent of the decedent. [UPC §2-102]

2. No Surviving Spouse and No Surviving Descendants

배우자와 직계비속이 모두 사망한 경우에는 부모(parents), 부모의 직계비속, 예컨대 고인의 형제 및 그들의 직계비속, 이보다 더 먼 촌수, 그들의 직계비속 순위로 상속인이 된다. 피상속인 부모의 직계비속이 상속인인 경우, 그들 중 누군가를 '상속인'으로 정의할 것인가 하는 것은 parentelic method 또는 civil-law consanguinity method를 적용한다. Parentelic method에 따르면 부모의 issues, 예컨대 피상속인의 형제 및 그들의 직계비속이 상속인으로 정의되고, 조부모의 issues, 예컨대 피상속인의 이모, 고모 및 그들의 직계비속인 사촌 등은 상속에서 배제된다. Civil-law consanguinity^{혈족} method에 따르면 동일한 촌수를 가진 자들에게 동등한 비율로 상속된다.

a. General Rule

According to the typical intestacy laws, **absent descendants or a spouse,** an intestate's property is distributed to (1) parents, (2) the descendants of the parents (intestate's siblings and their descendants), (3) more remote ancestors, and (4) the descendants of the more remote ancestors, in that order.

b. Surviving Parents

The estate passes to the decedent's **surviving parents** equally or to one if only one survives.

c. No Surviving Parents

If there is **no** decedent's surviving parents, there are two methods of determining heirship: parentelic method and civil law consanguinity method.

i. Parentelic Method (Majority)

Under the **parentelic method** in UPC, the **issues of intestate's parent** take to the exclusion of any issue of the intestate's grandparents.

ii. Civil Law Consanguinity Method (Minority)

Under the civil law consanguinity method, kins^{친족} equally share who are in the **same degree** of consanguinity to testator.

B. Testator's Intention (19July)

1. Wills and Intestate Succession

Any property **not** passing by a valid will or by operation of law will be governed by a state's applicable **intestacy statute.**

2. Contingent Will

a. Condition v. Motive

In determining whether a will is conditional (or contingent^{여부에 따라}), a court must first determine whether the happening of the possibility referred to **is a condition,** or whether the possibility of the happening was only a statement of **the motive.**

b. Considering Factors

Various factors are considered such as:

i. Whether the will **be kept** after the purported condition lapsed;

ii. Whether there were any **other testamentary documents;**

iii. Whether setting aside the will would **result in intestacy;** and

iv. Whether effectuating the terms of the document would **result in an inequitable distribution.**

```
case
```

50세 갑이 매우 위험한 배관공사를 하기 전, 유언장을 작성했다. 유언장의 내용은 다음과 같다. "나, 갑이 배관공사를 하다가 사망할 경우, 모든 유산을 부인 을에게 증여한다." 갑은 배관공사를 무사히 마쳤고, 90세에 자연사했다. 갑이 사망했을 당시, 갑의 아들 정이 생존하고 있었다. Is the will valid?

⇒ May be yes. 본 will에는 갑이 "배관공사를 하는 도중 사망해야 한다"는 내용이 있다. 만약 이 내용이 will의 '집행조건'으로 해석된다면, 갑이 자연사하였기 때문에 앞으로 해당 조건(갑이 배관공사를 하다가 사망함)이 영원히 만족 될 수 없는 바, intestate succession이 이루어져야 한다. 하지만 갑이 유언장을 배관공사를 하기 이전에 작성했다는 것을 고려하면, 해당 표현은 갑이 공사 도중 사망할 수도 있을 거라는, 위험한 작업에 대한 불안한 마음을 표현한 것이라고 해석될 수 있다. 갑이 본 유언장 이외의 will을 작성하지 않았다는 사실 또한 이를 뒷받침한다. 그리고 intestate succession이 이루어지면 부인 을과 아들 정이 유산을 상속받게 되는데, 아들 정의 상속은 갑이 작성한 will 내용과 충돌한다. 갑은 will상 아들 정에 대한 증여를 명시하지 않았기 때문이다. 따라서 법원은 '공사 도중 사망해야 한다'는 표현은 will의 집행조건이 아닌, 갑이 해당 will을 작성하게 된 motivation으로 해석하여 will에 따라 상속해야 한다고 판단할 가능성이 높다.

II. Basic Concepts

본 챕터는 will에 대한 기본 개념에 대해 논하는 바, 그 내용은 크게 will의 유형, 유산분배에 있어 적용되는 법(conflict of laws), will의 유효성(validity) 및 이를 부정하는 근거(defense)로 구분된다.

A. Types of Wills

1. Holographic Will (11Feb, 12July, 21Feb)

Holographic^{자필의} will은 유언장 '전체'를 유언자가 '수기(手記)'로 작성했고, 이에 대한 '증인이 없는' 유언장이다. 따라서 will의 일부만이 수기로 작성되어 있거나 전체가 수기로 작성되었으나 증인이 있는 경우 모두 holographic will로 인정되지 않는다. 일부 재판권에서는 유언자의 '서명(signature)'을 holographic will의 요건으로 규정하기도 한다.

a. General Rule

★Holographic will is one that is **entirely** in the testator's **handwriting** and has **no attesting witnesses.**

A valid holographic codicil revokes any earlier valid will to the extent it conflicts with the codicil.

b. Signature Requirement

In some jurisdictions, holographic wills must be signed and the handwriting on the back of the will would not be a valid without signatures.

2. Codicil (10July, 12Feb, 21Feb)

Codicil of will은 이미 존재하는 유언장을 개폐·수정·변경(revocation) 한, 유효성을 갖춘 '수정유언장'이다. Codicil의 유효요건은 will의 유효요 건과 동일하며, 그중 작성자의 intent 존재여부가 가장 중요하다. '작성자 의 intent'란, 해당 will을 수정하고자 하는 intent를 뜻하는 바, will을 수정 하고자 하는 작성자의 intent가 있고 주 법에서 규정한 codicil의 유효요건 을 모두 만족하면 valid한 codicil로 인정된다. 반면, 작성자의 intent가 없다 면 다른 유효요건을 갖춘 개폐·수정·변경이라 하더라도 유효한 revocation 으로 인정되지 않는 바, codicil은 생성되지 않는다.

★Codicil is an instrument executed after the execution of the will that amends, revokes, modifies the will.

★Codicil must satisfy same formalities as a will.

TIP   Codicil of will v. Codicil of trust

① Codicil of will은 will의 유효요건을 만족해야만 valid하다.

② Codicil of trust는 trust의 유효요건을 만족하지 못하더라도, intent, specification of beneficiaries, designation of trustee, 이 네 요소를 갖추면 valid하다.

B. Conflict of Laws (12July)

Will에 관련된 재판은 주 법원에서 청취하는데, 유산이 여러 주에 분포해 있는 경우 각 유산을 분배(disposition)하는 데 있어 어떤 주의 법에 따라야 하는지, 즉 사건과 관련된 여러 주의 법들 중 어떤 주의 법을 채택해야 하는지에 관한 것이 conflict of law이다. 예컨대, 피상속인 갑이 A주에서 domiciled일 때 사망하였고, 그의 빌딩은 B주에, 보석은 C주에 있다면, A, B, C주 중 어떤 법에 따라 상속이 이루어져야 하는가. 유산분배(disposition)는 각 유산의 '유형'에 따라 다른 법을 적용하는 바(conflict of laws), 유산이 '부동산(real property)'인 경우에는 해당 부동산이 위치한 주 법을 따르고, 유산이 '동산(personal property)'인 경우에는 피상속인(testator)의 사망시점을 기준으로 그의 domicile 주 법을 따른다. 즉 빌딩은 B주 법, 보석은 A주 법에 따라 분배해야 한다.

1. Real Property

★The law of the state **where the real property is located** governs the disposition of real property.

2. Personal Property

★The law of the state **where the decedent was domiciled at his death** governs the disposition of personal property.

C. Validity

1. Jurisdiction of Validity (19July)

Jurisdiction of validity란 validity를 판단하는 재판권(jurisdiction)을 뜻하는 바, 많은 주 법원 중 'will의 유효성'을 판단할 주 법원을 정하는 기준에 대해 논한다. 예컨대, 피상속인 갑이 생전에 A주에서 will을 작성하였고, B주에서 사망하였고, 평생 C주에서 domicile하고 있었으며, 그의 will상 상속인들이 모두 D주에 거주하고 있다면, 어느 주 법원이 해당 will의 validity를 판단할 수 있는가. Common law에 따르면, '피상속인이 거주하고(domiciled) 있던' 주 법원이 재판권(jurisdiction)을 가지며, domiciled state는 피상속인이 '사망한 시점'을 기준으로 한다. 따라서 C주 법원이 jurisdiction of validity를 가지며, will의 유효성을 판단한다. 한편, UPC에 따르면 will이 작성된(executed) 주, 피상속인이 will을 작성할 당시 거주하고 있던 주, 또는 피상속인이 사망한 시점에 거주하고 있던 주가 재판권을 가진다. 즉 A주와 C주 법원이 재판권을 가진다. 한편, 본 내용은 conflict of laws와 구별되는 내용으로, jurisdiction of validity를 가지는 주 법원이 유산을 '분배'할 때 conflict of laws를 통해 각 유산에 어떤 주의 법을 적용하여야 하는지를 판단한다.

a. Common Law

At common law, the validity of a will was determined under the law of the state **where the testator was domiciled at the time of his death.**

b. UPC

Under the UPC, the validity of a will was determined under the law of either:

ⅰ. The state in which **it was executed;**

ⅱ. The state in which the testator was **domiciled when he signed his will;** or

ⅲ. The state in which the testator was **domiciled when he died.**

2. Requirements

Will의 유효요건은 각 주마다 다르게 규정하고 있으나, 기본적으로 피상속인(testator)의 서명이 있을 것, 두 명의 증인(witness)이 있을 것, 증인 입회 하에 피상속인이 서명할 것, 피상속인 입회 하에 증인이 서명할 것을 요건으로 규정하고 있다. 이에 일부 주에서는 추가적으로 피상속인이 will의 end부분에 서명할 것, 피상속인이 해당 will을 공표할 것 등을 요건으로 규정한다.

• Unattested (adj.) = No witness

Every statute of wills has formalities that must be met for a will to be validly executed.

★To be a valid will:

ⅰ. The will (or codicil) must be **signed by the testator;**

ⅱ. There must be **two attesting witnesses;**

ⅲ. The testator must sign the will **in each of the witnesses' presence;**

ⅳ. The **witnesses** must sign in the testator's presence;

ⅴ. (The testator must sign at the end of the will); and

ⅵ. (The testator must publish the will).

✔ 문제 본문에 testator의 서명여부가 명시되어 있지 않고(별도의 언급이 없고), 유언장의 내용만 명시되어 있는 경우 → 요건 ⅰ 충족× → invalid will

✔ 별도의 서명 없이 testator의 name만 있는 경우 → 요건 ⅰ 충족× → invalid will

3. Interested Witness (17July)

Will상 'beneficiary'가 해당 will의 증인(witness)인 경우, 그러한 증인을 'interested witness'라 일컫는다. Interested witness가 will의 유효요건(위 요건ⅱ)을 충족하는가 하는 문제가 있는데, common law(CL)는 interested witness가 있는 will은 inavalid하다고 보는 반면, UPC에서는 interested witness가 will의 유효성에 영향을 미치지 않는다고 보는 바(UPC §2-505), interested witness가 있는 will은 valid하다고 인정한다. 일부 주에서는 interested witness 유무가 'witness에게 증여한다'는 내용에만 부분적으로 영향을 미친다고 보고, partially valid한 will로 인정한다. 이러한 주에서는 두 명 이상의 증인이 있고 그중 will과 전혀 관계없는 witness(disinterested witness)가 두 명 이상 있다면, interested witness의 유무와 상관없이 해당 will 전체가 valid하다고 인정한다. 예컨대, 갑의 유언장에 '을에게 토지를 증여한다'고 작성하였고, 을, 병, 정이 이를 witness하였다면, 을이 interested witness임에도 불구하고 두 명 이상의 disinterested witnesses(병과 정)가 존재하므로 갑의 유언장은 valid하다.

a. Common Law

A will would be **invalid** when there is an interested witness.

b. UPC

A bequeath to interested witness is **valid.**

However, in some states, a bequest to an interested witness is void and the will is **partially valid,** unless the will is witnessed by two disinterested witnesses.

4. Effect of Premarital Agreement (13July)

> voluntary 증여 > premarital agreement

• Premarital agreement = Prenuptial agreement

Premarital agreement는 부부가 혼인 전에 체결하는 계약서로서, 만약 후에 이혼 또는 배우자의 사망 등으로 혼인관계가 종료될 경우의 재산분할, 양육권, 위자료 등에 대해 합의한 내용을 담고 있다. 「5장 Family Law」에서는 주로 premarital agreement의 내용 중 '이혼'할 경우의 합의내용에 대해 논하고, wills에 대해 논하는 본 장에서는 배우자가 '사망'할 경우의 합의내용에 대해 논하는 바, 사망한 배우자의 will을 이행하려 하는데 그 내용이 premarital agreement의 내용과 충돌하는 경우 어느 것에 따라 상속이 이루어져야 하는지에 대해 논한다. 즉 premarital agreement가 사망한 배우자의 will을 이행하는 데 있어 어떤 영향을 미치는지에 대해 논한다. 예컨대, 갑이 사망하였는데, 그의 부인 을과 작성한 premarital agreement에는 "각 배우자는 상대방 배우자의 유산에 대해 가지는 모든 권리를 포기한다"는 내용이 있으나, 갑의 will에는 "나의 모든 유산을 부인 을에게 증여한다"고 작성되어 있다면, 을은 갑의 유산에 대해 권리를 가지는가. Premarital agreement는 계약당사자, 즉 배우자의 자발적인 증여에는 적용되지 않는 바, 배우자가 자발적으로 작성한 will의 내용이 premarital agreement에 우선한다. 모든 자는 자신의 자산을 자유롭게 증여할 수 있기 때문이다. 따라서 갑의 will이 premarital agreement에 우선한다. 여기서 갑의 will이 생성된 시점은 무관하다. 반면, 배우자(갑)가 intestate로 사망한 경우 등 비자발적인 증여가 이루어질 때에는 premarital agreement에 따라 상속이 이루어진다.

A premarital agreement does **not** apply to the bequests or gifts made **voluntarily**. It **applies** only to the bequests or gifts that is **not** made **voluntarily**. Thus, bequests or gifts to the other spouse are **valid** even when they are made after a premarital agreement is made which states that spouses waive rights to a share of each other's assets upon death or divorces.

D. **Defenses against Validity** (08Feb, 09July, 15Feb)

유언장의 유효성을 부정하는 근거(defense)에는 fraud, undue influence, lack of capacity, 등이 있으며, 이에 대한 입증책임은 contestant, 즉 will의 invalidity를 주장하는 자에게 있다. Defenses가 인정되면, 그것이 유언장에 영향을 미친 정도에 따라 유언장은 partially invalid 또는 wholly invalid하다. 예를 들어, 을과 병에게 증여하겠다는 내용의 갑의 유언장에서, defense가 유언장 '전체'에 영향을 미쳤다고 인정되면, 갑이 생전에 작성한 유효한 will이 없으므로 intestate succession이 개시된다. 만일 defense가 일부, 예컨대 을에게 증여하겠다는 부분에만 영향을 미쳤다고 인정되면, 을에 대한 증여만 invalid하므로 병에 대한 상속은 이루어진다. 따라서 유언장의 validity는 ① requirements of validity, ② defenses 인정요건, ③ defenses가 유언장에 영향을 미치는 정도, 이 세 가지를 모두 고려하여 판단하여야 한다.

• [Fraud] makes the will invalid. = If a will is the product of [fraud], it may be set aside.
• Contestant^{반대자} of will: Will의 집행(execution)을 반대하는 자 = Defense

를 주장하는 자 = Will의 무효(invalidity)를 주장하는 자

• Proponent^{지지자} of will: Will의 집행(execution)을 주장하는 자 = Will의
유효를 주장하는 자

답안요령 Defenses against validity

---

1. The will infected by [fraud] is invalid.
2. Burden of proof
3. Defense rule
4. Analysis
5. Invalidate partially or entirely★
6. 결론(if fraud → distribute as intestate)

TIP　5번: Defense가 will에 영향을 미치는 정도(will의 전체 또는 일부)를
명시하는 것이 고득점 포인트다.

"★If court finds that the will was tainted by [undue influence or
fraud,] it may invalidate the entire will or only portions infected
[by the fraud or undue influence.]"

---

case1

갑이 "을과 병에게 증여한다"는 내용의 유언장을 작성했다. 을과 병은 갑의
직계비속이 아니며, 갑의 직계비속인 아들 정은 갑과 오랜 기간 왕래가 없어
관계가 소원하다. 이후, 유언장 작성 과정에서의 을의 undue influence가 인
정되었다면, is the will invalid?

⇒ Partially invalid. 을의 undue influence가 인정되었으므로, 을에 대한 증여
는 invalid하다. 병에 대한 증여의 경우, 을의 undue influence가 병에 대한
증여에도 영향을 미쳤는지 그 여부를 파악하여 유효성을 파악해야 한다.
주어진 사안에서 유언자 갑과 정간의 관계가 소원했다는 점을 미루어 보
아, 을의 undue influence가 없었다 할지라도 갑이 병에게 유증했을 것이
라 짐작할 수 있다. 따라서 을의 undue influence가 병에 대한 유증에 영향
을 미쳤다고 볼 수 없으므로, 병에 대한 유증은 valid하다.

(It is less clear whether the entire will was infected by undue influence in this case. Given his estrangement^{(관계의) 소원} from 정, it is possible that testator 갑 would have left his entire estate to 병, if he had not left a one-half share to 정.)

---

case2

갑이 "을에게 증여한다. 또한 을에게 taker in default를 지정할 수 있는 권리를 준다"는 내용의 유언장을 작성했다. 갑이 사망한 이후, 을이 병을 taker in default로 지정하여 을과 병 모두 갑의 유산을 상속받았다. 이후, 을이 갑이 유언장을 작성하는 데 있어 fraud하였음이 인정되었다면, is the will invalid? ⇒ Partially invalid. 을의 fraud가 인정되었으므로, 을에 대한 증여는 invalid 하다. 병에 대한 증여는 을의 fraud가 이에 영향을 미쳤는지 그 여부에 따라 유효성이 정해지는데, 을의 fraud는 갑이 will을 작성하는 과정에 영향을 미쳤을뿐, 을이 병을 taker in default로 지정하는 과정에 영향을 미쳤다고 보기는 어렵다. 따라서 을에 대한 증여는 invalid하고, 병에 대한 증여는 valid하다. (As there is no fact indicating that 을's fraud affected the selection of 병 as taker in default, a court might invalidate the provision that leaves the estate to 을 alone and the court might recognize 병 as the residuary taker.)

1. Fraud

Fraud 유형에는 fraud in inducement와 fraud in execution이 있다. Fraud in inducement는 '사실'을 왜곡하여 유언자가 그의 의도와는 다른 내용의 유언장을 작성하도록 유도한 경우이다. 즉 유언자에게 will을 작성하고자 하는 intent는 있었으나 그 의도와 다르게 will이 작성된 경우이다. 예컨대, 갑이 을에게 10억을 유증하고자 하였으나 을이 100억을 유증한다는 내용으로 작성하고, 갑에게는 10억을 유증한다는 내용이라고 속인 경우가 그러하다. Fraud in execution는 '서류의 내용과 본질'을 왜곡하여 유언자 스스로 will을 작성하는 행위를 제대로 인지하지 못한 경우를 뜻하는바, 서류가 will이라는 것을 인지하지 못한 채 서명한 경우 등이 해당된다. 즉 유언자에게 will을 작성하고자 하는 intent가 없었던 경우를 뜻한다.

Fraud 유형 두 가지가 있음을 명시하고, fraud 여부에 대한 analysis 는 행위자의 act, intent 순으로 작성하는 것이 고득점 포인트다.

a. General Rule

★Fraud occurs when a testator is deceived by a misrepresentation and it led to execute a will that the testator would not otherwise have made.

b. Types of Fraud

★Fraud in the inducement occurs when a person misrepresents facts.

★Fraud in the execution occurs when a person misrepresents the character or contents of the instrument signed by the testator.

모범답안 031

1. The will would be entirely invalid based on the 을's fraud.

A will executed by fraud is invalid. The burden of proof is on the contestant who must show that a testator is deceived by a misrepresentation and it led to execute a will that the testator would not otherwise have made. There are two types of fraud: fraud in the inducement and fraud in the execution. Fraud in the inducement occurs when a person misrepresents facts. Fraud in the execution occurs when a person misrepresents the character or contents of the instrument signed by the testator. (ANALYSIS)

If court finds that the will was tainted by fraud, it may invalidate the entire will or only portions infected by the fraud or undue influence. (ANALYSIS)

In sum, the will would be entirely invalid based on the 을's fraud. The portion of the will that benefits 을 will be distributed as intestate.

2. Undue Influence (08Feb)

a. General Rule

★A will is invalid if it was executed as the result of undue influence.

★Undue influence is established if:

i. Testator was **susceptible**;

ii. Alleged influencer had the **opportunity** to exert^{가하다} undue influence;

iii. Alleged influencer had a **disposition** to exert undue influence; and

iv. **The will is the product** of the undue influence.

Susceptibility^{민감성} is generally based on **testator's** age, personality, physical and mental health, and ability to handle business affairs. Subjective test applies.

b. Presumption

Under the common law, presumption of undue influence is established if:

i. Testator and wrongdoer has **confidential**^{비밀의} relationship; and

ii. **Suspicious**^{의심스러운} circumstances surround the drafting of the will.

Once the presumption is established, the burden of proof shifts to the **proponent** of the will to prove that it was not induced by undue influence.

✔ 변호사와 의뢰인 — confidential relationship 인정 ○

✔ 부부 — confidential relationship 인정 ×
   (참고: FRCP 중 issue preclusion 논점에서 가족간 in privity는 인정되지 않는다.)

1. The will would be partially invalid based on the 을's undue influence. Only the portion to 을 would be invalid.

A will executed by undue influence is invalid. The burden of proof is on the contestant, who must show that (1) testator was susceptible, (2) alleged influencer had the opportunity to exert undue influence, (3) alleged influencer had a disposition to exert undue influence, and (4) the will is the product of the undue influence. Susceptibility is typically based on age, personality, physical and mental health, and ability to handle business affairs. (ANALYSIS)

In many jurisdictions, a presumption of undue influence arises when there is a confidential relationship between the testator and alleged wrongdoer and suspicious circumstances surround the drafting of the will. Most of the cases recognized confidential relationship involving attorneys and relatives. (ANALYSIS)

If court finds that the will was tainted by undue influence, it may invalidate the entire will or only portions infected by the fraud or undue influence. (ANALYSIS)

In sum, the will would be partially invalid based on the 을's undue influence. Only the portion to 을 would be invalid.

3. Testamentary Capacity (20Sep)

a. General Rule

To be a valid will, a testator must have testamentary capacity. He/she must be **18 years of age or older (in most jurisdictions)** and must have **mental** capacity.

b. Mental Capacity

Mental capacity is **presumed** and a **contestant** has burden of proving that the testator lacked mental capacity. A contestant must show that a testator was unable to understand:

ⅰ. The nature and extent of his **property**;

ⅱ. The **persons** who are the natural objects of her bounty^{너그러움};

ⅲ. The nature of **his act**; and

ⅳ. The nature of the **disposition** he is making (in an orderly disposition).

✔ Contestant가 유언자의 lack of mental capacity를 증명하였으나, testator가 언제부터 suffer했는지는 증명하지 않은 경우 → '유언자가 will을 작성할 당시' lack of capcity가 존재한 경우에 한해 defense로 인정됨. → 본 사안에서는 lack of capacity의 시점이 입증되지 않음. → defense로 인정×

(There is no evidence that the testator lacked testamentary mental capacity **when he executed the will.**)

✔ Minor cognitive decline → 인지능력이 다소 감소했다고 하여 자신이 하는 행위(will 작성)를 이해하지 못하는 것은 아니므로, defense로 인정×

(There is no evidence that minor cognitive decline **made the testator unable to understand** the nature of his [act].)

Ⅲ. Revocation

Revocation은 유언장을 찢거나 유언장에 ×자를 긋는 것과 같이, 유언장을 '개폐·수정·변경'하는 행위를 뜻한다. 유효한 revocation이 이루어지면, 기존 유언장은 효력을 잃는다. 예컨대, "자동차를 갑에게 증여한다"는 내용의 유언장에 두 줄을 긋고 그 위에 "자동차를 을에게 증여한다"고 적었다면, '두 줄을 그은' 행위가 revocation이다. 이것이 유효한 revocation이라면, 갑에게 증여한다는 첫 번째 will이 무효화된다. 즉 자동차를 갑에게 증여한다는 문장은 invalid하다. 본 예시와 같이 물리적인 행위(physical act)를 통해 revoke하는 방법 외에도 법률의 적용(operation of law)과 새로운 유언장(codicil) 작성을 통해서도 revoke가 가능하며, 각 revocation 방식 및 유효요건은 이하 해당 파트에서 자세히 논하도록 한다. 한편, 첫 번째 will이 invalid하다고 해서 을에게 증여하는 것은 아니고, "자동차를 을에게 증여한다"고 적음으로써 생성된 두 번째 will이 유효한 경우에만 자동차가 을에게 증여된다. Revocation 유효성과 두 번째 will의 성립은 별개의 논점이기 때문이다. 두 번째 will은 기존의 will을 개폐·수정·변경하여 생성된 것이므로 codicil이며, 그 유효성은 "자동차를 을에게 증여한다"고 적은 그 행위가 will의 성립요건을 모두 충족해야 하므로 새로운 will을 작성하는 경우와 같이 증인과 testator의 서명이 요구된다. 상기 예시와 같이 기존 will의 '전체'가 revoked되어 전체가 새로운 내용으로 구성된, 완전히 새로운 will인 codicil이 생성될 수도 있고, 기존 will의 '일부'가 revoked되어 revoked된 부분만 새로운 내용으로 수정되고 나머지 부분은 기존 will의 내용을 유지하는 codicil이 생성될 수도 있다.

앞서 유효한 revocation만이 첫 번째 will을 invalid하게 한다고 설명하였다. 그러나 testator가 오해가 있어 자신의 will을 revoke한 경우에도, 해당 revocation이 유효함을 근거로 자동차를 갑에게 증여할 수 없는 것은 testator 의 진정한 intent에 어긋난다. 예컨대, 상기 예시에서 testator가 자신의 기존 will을 수정한 것이 갑이 도박을 한다고 들었기 때문인데 그것이 testator의 오해였다고 가정해보자. Testator가 오해하지 않았다면 자동차를 갑에게 증여했을 것이 분명함에도 불구하고, revocation이 유효함을 근거로 갑의 권리를 무효화시키는 것은 testator의 진정한 intent에 반한다. 하여 testator가 will을 revoke할 당시(두 줄을 그었을 때), ① 사실적 또는 법률적 오해(mistake of fact or law)를 가지고 있었고, ② 만일 testator가 그 오해를 하지 않았다면 revoke하지 않았을 것이 인정되는 경우, revocation을 invalid하다고 보고 첫 번째 will의 유효성을 인정한다(dependent relative revocation doctrine(DRR)). 즉 자동차는 갑에게 분배된다. 상세한 내용은 이하 「D. Dependent Relative Revocation (DRR)」 파트에서 논하도록 한다.

A. By Physical Acts (10July, 15Feb, 21Feb)

Revocation by physical acts는 testator가 ① 유언장을 revoke할 의도(intent)를 가지고, ② 해당 will을 태우거나(burn), 찢거나(tear), 취소(cancel)하는

등 유언장을 개폐·수정·변경하는 물리적인 행위를 한 경우를 뜻한다. 유언장을 찢었다 하더라도 intent to revoke 없이, 예컨대 실수로 찢은 것이라면, 유효한 revocation으로 인정되지 않는 바 기존의 유언장 효력은 그대로 유지된다. ② Will을 '태우거나, 찢거나, 취소한다'는 표현은 엄격히 해석하면, will에 이미 적혀 있는 글자와 물리적인 접촉(physical contact)이 있어야 한다는 의미이나, 비교적 완화된 해석을 하는 UPC는 기존의 will상 글자와 물리적인 접촉이 없다 하더라도 physical act를 인정한다(UPC §2-507). 예컨대, 갑이 "을에게 모든 유산을 증여한다"는 유언장을 작성하였고, 며칠 후 해당 유언장 뒷장에 수기(手記)로 "병에게 모든 유산을 증여한다"고 작성하였다면, 뒷장에 작성한 갑의 행위는 revocation by physical act로 인정되는가. 엄격한 해석을 적용한다면, 갑이 유언장 '뒷장'에 작성하였으므로 유언장 앞장에 적혀 있는 글씨와의 물리적인 접촉이 없는 바, phsycial act로 인정되지 않는다. 따라서 revocation은 invalid하고 갑의 유산은 을에게 증여된다. 그러나 UPC에 따르면, 뒷장에 작성한 행위는 행위자(갑)의 intent to revoke가 인정되는 한 valid한 revocation이므로, "병에게 모든 유산을 증여한다"는 부분은 codicil이고 수기(手記)로 작성되었으므로 holographic will(codicil)의 유효요건을 만족해야 한다. 한편, ②의 행위가 발생하면, 즉 will이 태워지거나, 찢어지거나, 취소되면, 그것은 유언자에 의한 것이고 유언자가 intent to revoke(위 요건①)를 가지고 있었음이 'presume'된다.

TIP	'Revocation by physical acts' 관련 문제 푸는 logic

       ① 유언자의 행위가 physical acts(burn/tear/cancel)에 해당하는지
       ② 유언자에게 intent to revoke가 있었는지
       ③ 새로 생성된 will(codicil)의 유효성(codicil의 유효요건 = will 유효요건)
       ④ Dependent relative revocation doctrine (DRR)

1. General Rule

The will is revoked when:

    ⅰ. Testator has **intent** to revoke the will; and

ii. The will is **torn, burned, destroyed, or cancelled** by the testator.

✔ "갑에게 목걸이를 증여하겠다"는 내용의 will에, '목걸이' 단어를 두 줄로 그어 지우고(scratching out) 그 자리에 '도자기' 단어를 타이핑(typing in the word)한 경우 → cancel 인정 ○

✔ Will 뒷장에 handwriting으로 "병에게 1억을 증여하겠다"고 작성한 경우 — physical act으로 인정 ×. 따라서 revocation by 'physical acts'는 인정되지 않는다. 그러나 handwriting codicil로서 revocation by 'codicil'로 인정될 수 있음.

2. Intent to Revoke

When a will is found torn, burned, destroyed, or canceled by some marks, it is **presumed** that the action was taken **by the testator with the intent to revoke.**

B. By Operation of Law

Revocation by operation of law는 법원이 판단컨대 유언자가 will을 작성한 시점과 그것을 집행하는 시점간 상황이 너무 달라 유언자의 will대로 집행하는 것이 오히려 유언자의 intent에 반하는 경우, 법으로서 그 내용을 개폐·수정·변경하는 것이다. Will이 작성된 '이후'에 유언자가 이혼(divorce)한 경우와 will이 작성된 '이후'에 유언자의 자녀가 태어난(또는 입양된) 경우 등이 그러하다.

A bequest may be revoked by operation of law **when a change in circumstance** occurs that makes it **unlikely that the testator would have wanted.**

1. Divorce (13July)

갑이 "배우자 을에게 모든 유산을 증여한다"는 will을 작성한 이후 을과 이혼을 했다면, 갑이 사망했을 때 갑의 will을 그대로 적용하여야 하는가.

이러한 경우, 을이 갑보다 먼저 사망(predecease)했다고 가정하고 갑의 유산을 배분한다. 즉 법에 따라 will의 내용을 변경하는 것이다. Will을 작성할 당시에는 갑·을간 부부관계를 맺고 있었으나, will을 집행하는 시점에는 갑·을간 부부관계가 종료되었으므로 갑의 will대로 이행하는 것이 오히려 갑의 intent에 반한다고 보기 때문이다. 여기서 '이혼을 했다'는 것은 모든 이혼과정이 종결되어 이혼이 확정된 시점을 의미하는 바, 이혼소송이 진행 중(pending)인 경우에는 본 rule이 적용되지 않는다. 이혼이 확정된 이후에서야 공동재산 또는 각 배우자의 자산을 어떻게 분배할지 정해지기 때문에 이혼이 확정되기 이전, 즉 자산분배에 대한 어떠한 결정도 내려지지 않은 상태에서는 will을 수정할 필요가 없기 때문이다.

If the decedent is **divorced after the execution** of the will, a bequest to the decedent's former spouse is revoked by operation of law. The decedent's spouse is deemed as **predeceased** the testator.

However, revocation by operation of law does **not** occur when a **divorce proceeding is pending.** This approach is based on the theory that **no property division order** will be entered **until the divorce is finalized.**

2. Pretermitted Child (15Feb, 19July)

• Pretermitted^{간과된} child = Afterborn child = Omitted child

Pretermitted child는 유언장이 작성된 '이후'에 태어난 유언자의 자녀를 뜻한다. 예컨대, 갑이 "모든 유산을 나의 자녀인 을과 병에게 동등하게 나누어 증여한다"는 will을 작성하였고 그 이후 갑의 딸 정이 태어난 경우, 정이 pretermitted child이다. 이 경우 유언자(갑)가 사망했을 때 pretermitted child(정)의 상속권을 인정해야 하는지가 문제가 된다. Will 내용 그대로 이행하면 갑의 자녀 중 정을 제외한 을과 병에게만 상속되는데, 이러한 유산분배는 자녀들에게 동등하게 유증하고자 한 갑의 intent와 합치한다고 보기 어렵다. 이는 will을 작성할 당시 정이 존재하지 않았던 상황과 will을 집행하는 시점에 정이 존재하는 상황간 차이가 커 발생한 문제이므로 revocation by operation of law가 인정되는 바, 법적으로 정의 일정 상속분이 인정된다. 그 상속분은 intestate일 때 그에게 주어지는 share(intestate share)만큼이다. 다수의 주에서는 pretermitted child가 유언장이 작성된 이후에 태어났다는 이유만으로 유증받지 못하는 상황을 방지하고자 본 rule을 채택하고 있다. 다만, 본 rule은 어디까지나 will 내용을 그대로 이행하였을 때 갑의 intent와 충돌하는 경우에만 적용되는 것으로서, pretermitted child가 존재한다고 하여 반드시 적용되는 것이 아니다. 유언자(갑)가 의도적으로 pretermitted child를 상속자에서 배제한 경우, 유언자(갑)가 pretermitted child의 유언자 아닌 다른 부모, 즉 갑의 배우자에게 상당한 유산을 증여하겠다는 유언장을 작성한 경우, 유언자(갑)가 해당 유언장 외의 방법으로 pretermitted child에게 자산을 증여한 경우, 이 세 경우에는 will 내용 그대로 이행한다고 하여 그것이 갑의 intent와 충돌한다고 볼 수 없으므로, revocation by operation of law가 인정되지 않는다. 즉 갑의 will을 수정 및 변경 없이 그대로 이행해야 하는 바, 정을 제외한 을과 병이 갑의 유산을 동등하게 나누어 가진다.

a. General Rule

In all states, a child born to a testator **after the execution** of the will but omitted in the will is entitled **intestate share of decedent's estate, unless the will shows testator's intent not to do so.** This is to ensure that pretermitted child is not inadvertently^{무심코} disinherited.

★"Intestate share" means the share [the child] would have taken if the decedent had died intestate.

b. Exceptions

Pretermitted child is **not** entitled intestate share of decedent's estate, if:

ⅰ. Omission is **intentional;**

ⅱ. At the time the will is executed, the testator **devised substantially** all of his estate to the other parent of the pretermitted child; or

iii. The testator provided for the pretermitted child by a **transfer outside of the will.**

3. Life Insurance (11Feb)

• 보험계약자: Insured = Policyholder = Owner of insurance

• 수익자: Beneficiary

보험계약자가 자신의 사망보험 수익자를 변경할 경우, 원칙적으로 보험회사와의 계약에 명시된 방법으로 변경해야 한다. 다만, 부적합한 변경이더라도 보험계약자가 수익자를 변경한 당시 상황을 고려하여 변경된 내용을 인정하는 경우도 있다.

The owner must change beneficiary in accordance with the life insurance contract. However, courts sometimes found that a beneficiary change that does not comply with the terms of the insurance contract is **valid** if the policyholder has **substantially complied with the contract by taking all reasonable steps** within his or her power to make the change in accordance with the contract terms. In a few states, courts have held change of beneficiary by will.

C. By Codicil

Revocation by codicil은 유효한 codicil을 작성함으로써 기존의 will을 revoke하는 경우이다. Codicil을 생성하는 방법은 다양하나, 그중 전형적인 두 경우는 새로운 종이에 will을 작성함으로써 생성하는 경우와 기존에 존재하던 will상 두 줄을 굿고(physical act) 그 위에 글씨를 씀으로써 새로 쓴 글씨가 codicil이 되는 경우이다. 전자(前者)의 경우는 will의 validity 요건을 모두 충족해야 할 것이며, 후자(後者)의 경우는 physical act를 통해 기존의 will을 revocation한 후 codicil을 작성하는 경우로서, revocation이 유효해야 하고 codicil의 validity 요건, 즉 will의 validity 요건이 모두 충족되어야 한다. 이 모든 내용은 앞서 논한 내용으로 갈음한다.

D. Dependent Relative Revocation Doctrine (DRR) (10July, 20Sep, 21Feb)

DRR은 유효한 revocation은 기존의 will을 inavalid하게 한다는 원칙의 예외로서, testator가 will을 revoke할 당시 ① 사실적 또는 법률적 오해(mistake of fact or law)를 가지고 있었고, ② 만일 testator가 그 오해를 제대로 인지했다면 revoke하지 않았을 것이 인정되는 경우, revocation이 유효함에도 불구하고 기존의 will(첫 번째 will)이 valid하다고 보는 doctrine이다. 본 doctrine이 적용되는 경우는 한정적인데, 대개 법원은 첫 번째 will과 revocation을 통해 생성된 새로운 will의 내용이 유사한 경우, 새로운 will에 다른 증여 대안(alternative)이 명시되어 있는 경우 또는 새로운 will에 testator가 오해(mistake)한 내용이 명시(recite)되어 있는 경우 적용한다.

1. General Rule

★Under the DRR, if a testator revokes a will or codicil based on a mistake of fact or law, the revocation is ineffective if it appears that the testator would not have revoked but for the mistake.

Under this doctrine, if the subsequently executed will is invalid, then the revocation that was dependent upon it is ignored.

2. When Apply

★DRR usually applies when:

ⅰ. The bequests in a revoking document and in the revoked will are **sufficiently similar;**

(Courts apply that doctrine only when there is a sufficiently close identity between the bequest that was revoked and the bequest that was expressed in the invalid subsequent will.)

ⅱ. There is an **alternative plan** of disposition in a revoking document; or

ⅲ. The **mistake** affecting the revocation is **recited** in the revoking document.

갑이 will에 "distribute 2억 to 을"이라고 작성했고, 그 이후 해당 부분에 손으로 두 줄을 그어 지우고 "distribute 5억 to 을"로 수정했다. 이때 갑은 서명하지 않았다. 을은 얼마를 유증받을 수 있는가?

State statute: Unsigned holographic wills or codicils are invalid.

① General Rule

갑이 첫 번째 will에 손으로 두 줄을 그어 지운 행위는 cancellation이며, 본 사안에서 명확히 언급은 되지 않았으나 갑의 intent to revoke가 추정(presumed)된다. 따라서 갑의 행위는 유효한 revocation by physical act이며, 첫 번째 will은 invalid하다. 한편, 갑이 새로 작성한 will(codicil)은 수기로 작성한 will로서 state statute의 성립요건을 충족하지 못하는 바, 이 또한 invalid하다. 즉 첫 번째 will과 두 번째 will 모두 invalid하므로 갑의 유산은 intestacy law에 따라 분배되어야 한다.

(Testator attempted to change the bequest to 을 with a handwritten, unsigned, and unwitnessed writing. Thus, the provision "distribute 5억 to 을" is ineffective under the state law.)

② DRR

첫 번째 will을 revoke할 당시, 갑은 state statute의 서명 요건을 제대로 인지하지 못했다(mistake of law). 또한 갑이 두 번째 will을 통해 기존의 will상 유증하고자 했던 금액보다 더 많은 금액을 을에게 유증하고자 했음을 고려하면, 갑이 을에게 아무 것도 유증하고 싶지 않아 revoke한 것이 아님을 알 수 있다. 즉 갑이 만약 자신이 새로 작성한 will이 invalid하다는 사실을 제대로 인지했다면, 애당초에 첫 번째 will을 revoke하지 않았을 것으로 예상가능하다. 따라서 DRR이 적용되는 바, revocation이 ignored 되고 새로 작성된 will은 invalid하므로 을에게 2억을 분배해야 한다.

(갑's cancellation of the prior will was motivated by a desire to give 을 more money. Under DRR, the provision "2억 to 을" is not revoked in consistency with the testator's intention.)

갑이 will에 "distribute 집 to 을"이라고 작성했고, 그 이후 해당 부분에 손으로 두 줄을 그어 지우고 "distribute 반지 to 을"로 수정했다. 갑은 will에 서명하지 않았다. 을은 갑의 유산에 대해 어떤 권리를 가지는가?

State statute: Unsigned holographic wills or codicils are invalid.

① General Rule

갑이 첫 번째 will에 손으로 두 줄을 그어 지운 행위는, cancellation이며 본 사안에서 명확히 언급은 되지 않았으나 갑의 intent to revoke가 추정(presumed)된다. 따라서 갑의 행위는 유효한 revocation by physical act이며, 첫 번째 will은 invalid하다. 한편, 갑이 새로 작성한 will(codicil)은 수기로 작성한 will로서 state statute의 성립요건을 충족하지 못하는 바, 이 또한 invalid하다. 즉 첫 번째 will과 두 번째 will 모두 invalid하므로 갑의 유산은 intestacy law에 입각하여 분배되어야 한다.

(Testator attempted to change the bequest to 을 with a handwritten, unsigned, and unwitnessed writing. Thus, the provision "distribute 반지 to 을" is ineffective under the state law.)

② DRR

첫 번째 will을 revoke할 당시, 갑은 state statute의 서명요건을 제대로 인지하지 못했다(mistake of law). 그러나 본래 을에게 집을 유증하고자 했고 두 번째 will에서는 반지를 유증하겠다고 작성하였으므로 두 will간 내용에 차이가 크다(the bequests in a revoking document and in the revoked will are not sufficiently similar). 따라서 DRR이 적용될 수 없으며 첫 번째 will과 두 번째 will 모두 invalid하므로 갑의 유산은 intestacy law에 따라 분배되어야 한다.

(The court would not use DRR to invalidate the revocation. Thus, both the provision "distribute 집 to 을" and "distribute 반지 to 을" are ineffective, and intestacy law will apply.)

1. Analysis: Revocation is invalid.
2. DDR doctrine
   + analysis
3. 결론

TIP1   1번: DDR doctrine에 관한 case는 대개 testator가 revoke를 시도하였으나, 해당 행위는 statute에서 규정하고 있는 요건을 만족하지 못한 경우이다. 이러한 상황에 대한 기본설명(analysis)을 먼저 한 후 DDR doctrine에 대해 논하는 것이 좋다.

TIP2   2번: ① Testator의 행동이 based on mistake이었음과 ② 그의 intent에 대해 analysis한다.

TIP3   3번: ① Revoke하기 전과 revoke한 후의 내용 중 어떤 것을 기준으로 유산을 분배하는지와 ② 누구에게 어떤 권리가 인정되는지에 대해 서술한다.

모범답안 033

1. Under the dependent relative revocation (DRR), the revocation of bequest of 2억 is valid.

(ANALYSIS: Testator 갑 attempted to change the bequest to 을 with a handwritten, unsigned, and unwitnessed writing. This provision is ineffective under the state law, and the codicil is invalid.)

However, under the dependent relative revocation (DRR), if a testator revokes a will or codicil based on a mistake of fact or law, the revocation is ineffective if it appears that the testator would not have revoked but for the mistake. (ANALYSIS: In this case, 갑 revoked the will based on the mistake of law. ⋯⋯)

In sum, under the DRR, the revocation of bequest of 2억 is valid.

Ⅳ. Wills and Other Documents

본 챕터는 will에 외부 문서를 '인용'하는 경우에 대해 논하는 바, 기존에 이미 작성해 둔 will을 인용하는 경우(republication by codicil)와 편지, 메모와 같이 will이 아닌 문서를 인용하는 경우(incorporation by reference)로 구분된다. 갑이 2020년에 "집을 을에게 증여한다"는 내용의 will을 작성하였고, 2025년에 "자동차를 병에게 증여하며, 2020년에 작성한 will을 인용한다"는 내용의 새로운 will을 작성했다고 가정해보자. 2025년의 will은 기존의 will(2020년)을 개폐·수정·변경한 것이므로 codicil이다. 또한 기존의 will을 인용하는 것을 영어로 "republish"라 표현하는 바, codicil을 생성함으로써 기존의 will(2020)을 republish한 경우이므로, republication by codicil이 발생한 것이다. 한편, 갑이 2020년에 "반지는 서랍 안에 넣어 둔 memo에 입각하여 증여한다"는 will을 작성했다면, 2020년 will을 통해 will이 아닌 문서인 '서랍 안의 memo'를 인용하였으므로 incorporation by reference이다. 각 개념에 대한 자세한 내용은 이하 해당 부분에서 자세히 논하도록 한다.

A. Republication by Codicil Doctrine (12Feb, 17July)

- Republish: 기존의 will을 codicil에 인용하다 (v.)
- Republished will = Earlier will: 기존의 will(2020년 will)

Republication by codicil의 명확한 의미는, 기존에 존재하던 '유효한, 그러나 결함이 있는' will을 '유효한' codicil에 인용(republish)하는 것을 뜻하는 바, 그 목적이 기존의 will의 결함을 보완하여 그 내용을 그대로 이행하고자 함에 있다. 여기서 중요한 것은 기존에 존재하는 will이 '유효하다'는 점이다. 만일 기존에 존재하던 will 전체가 invalid하다면, 인용될 수 없다(republication은 invalid하다). 예컨대, 갑이 2020년에 "집을 을에게 증여하고, 자동차를 병에게 증여한다"는 내용의 will을 을이 witness로서 입회하에 작성하였고, 2025년에 "빌딩을 정에게 증여하며, 2020년에 작성한 will을 인용한다"는 내용의 새로운 will을 작성하였으며 이는 모든 성립요건을 충족한다고 가정해보자. 본 사안을 청취하는 법원에서 interested witness에게 증여된 부분만 invalid하고 나머지 부분은 유효하다는 rule을 채택한다면, 2020년의 will은 partially valid한 will로서 '유효'하나 집을 을에게 증여하겠다는 '결함'을 가진다. 따라서 본 will이 다른 will에 의해 republish되지 않는 한 집은 을에게 증여될 수 없다. 그러나 2025년에 새로 작성된 will은 모든 성립요건을 충족한 '유효한' codicil이고 2020년 will을 republish하였다. 즉 republication by codicil이 이루어졌으므로, 2020년 will의 '집을 을에게 증여하겠다'는 결함이 보완되며, 집은 을에게, 자동차는 병에게, 빌딩은 정에게 증여된다. 여기서 republished된 2020년 will은 'codicil이 작성된 시점'부터 효력을 가진다(be executed)고 본다. 만일 상기예시에서 2020년에 작성된 will에 갑이 서명을 하지 않았다면, 이는 '유효하지 않은' will이므로 2025년의 codicil에 republish될 수 없는 바, 2025년 will의 "2020년에 작성한 will을 인용한다"는 조항은 invalid하다. 따라서 빌딩만이 정에게 증여되고, 을과 병은 어떠한 권리도 가지지 못한다. 다만, 2020년 will이 invalid하더라도 republication이 가능한 두 경우가 있다. 하나는 유효하지 않은 will이므로, will이 아닌 문서를 2025년 will에 인용하는 경우로 해석하여 incorporation by reference가 적용된다면 2020년 will의 내용에 입각하여 유산을 분배할 수 있다. 다른 하나는, 유효하지 않은 2020년 will 자체를 수정함으로써 codicil을 생성한 경우에는 예외적으로 republication이 가능하다.

1. General Rule

A codicil that refers to an earlier will is said to **republish** that will.

★**Defects in a previous validly executed will can be cured** if the will is republished in the **properly executed codicil.** Curing interested witness problem by codicil is a classic example of the republication by codicil doctrine.

2. Requirements

In most jurisdictions, **only a valid will** can be republished by codicil. However, when codicils are written on the unexecuted dispositive document itself, an invalid will can be republished by codicil.

3. Effect of Republication by Codicil

When republication by codicil takes place, the republished will is deemed to be **executed on the same day as the codicil.**

[표 6-1]

	Incorporation by Reference	Republication by Codicil
첫 번째 document	will이 아닌 문서	will (유효하지만, defect가 있음)
		예외: 기존의 will과 codicil이 별개의 문서가 아닌 경우
두 번째 document	will	codicil

B. Incorporation by Reference (11Feb, 17July, 20Sep, 21Feb)

갑이 2020년에 "집은 을에게 증여하고, 반지는 서랍 안에 넣어 둔 memo에 입각하여 증여한다"는 will을 작성했다면, 2020년 will에, will이 아닌 문서인 '서랍 안의 memo'가 인용되었으므로 incorporation by reference이다. Incorporation by reference의 성립요건을 구체적으로 살펴보면, ① 인용된 문서(writing)가 will이 작성될 시점에 존재할 것, ② will상 타 문서를 인용하고자 하는 testator의 intent가 명시되어 있을 것, ③ will상 인용하고자 하는 문서에 대한 묘사가 해당 문서를 확인(identify)할 수 있을 정도로 충분할(sufficient) 것, 이렇게 세 요건이 존재한다. 그중 요건①이 가장 중요한데, 이는 common law와 UPC에서 이에 대한 해석을 달리 하고 있기 때문이다. 우선 common law와 UPC 모두 요건①에 대해 다음과 같이 해석한다: 인용된 문서(memo)가 will이 존재하기 '이전에' 이미 작성되어 있거나 will을 작성함과 '동시에' 작성되어야 한다. 즉 memo는 2020년 이전에 작성되어 있었거나 2020년에 will을 작성할 때 함께 작성되어야 하고, 2020년 will이 작성된 이후, 예컨대 2023년에 memo를 작성하면 incorporation by reference는 인정되지 않는다. 그러나 UPC는 한정된 상황에서 요건①을 보다 완화하여 해석하는 바, 2020년 '이후'에 작성된 memo도 incorporation이 가능하다고 본다. 그 한정된 상황은 타 문서를 통해 증여하고자 하는 자산이 'tangible personal property'이고, 인용된 문서(memo)상 testator의 서명이 있는 경우이다. 예컨대, 갑이 2020년에 "집은 을에게 증여하고, 반지는 서랍 안에 넣어 둔 memo에 입각하여 증여한다"는 will을 작성한 후, 2023년에 "반지를 병에게 증여한다"는 내용의 memo를 서명과 함께 작성했다고 가정해보자. 인용된 문서인 memo는 will이 작성된 시점(2020년) 이후에 작성되었으므로 본래는 incorporation이 인정되지 않으나, UPC는 memo를 통해 증여하고자 하는 자산이 '반지'이며 memo상 testator의 서명이 있으므로, 2020년 이후에 작성된 memo에 대한 incorporation을 인정하는 바, 집은 을에게, 반지는 병에게 증여된다. 반면, 갑이 2020년에 "집은 을에게 증여하고, 10억은 서랍 안에 넣어 둔 memo에 입각하여 증여한다"는 will을 작성한 후, 2023년에 "10억을 병에게 증여한다"는 내용의 memo를 서명과 함께 작성했다면, 10억은 tangible하지 않으므로 UPC의 완화된 rule을 적용할 수 없는 바, 병은 10억에 대해 권리가 없다.

1. General Rule

★Incorporation by reference is valid if:

ⅰ. **Testator intended** to incorporate;

ⅱ. A writing existed **at the time or before** the will was executed; and

ⅲ. **The writing is substantially identified** in the will. [common law and UPC §2−510]

2. Exception (UPC)

★Under UPC, incorporation by reference is valid even when a document is executed **after** the execution of the will when:

ⅰ. A document is **signed** by a testator; and

ⅱ. It bequests **tangible personal property.** [UPC §2−513]

> case

갑이 2020년에 "집은 을에게 증여하고, 10억은 서랍 안에 넣어 둔 memo에 입각하여 증여한다"는 will을 작성한 후, 2023년에 "10억을 병에게 증여한다"

는 내용의 memo를 서명과 함께 작성했다. 2030년에 codicil을 작성하였는데, 그 내용은 다음과 같다. "집은 정에게 증여하며, 나머지 자산에 대해서는 2020년 will을 republish한다." 갑 사망 시, 갑의 유산에 대해 을, 병, 정이 가지는 권리에 대해 논하라.

[도표 6-7]

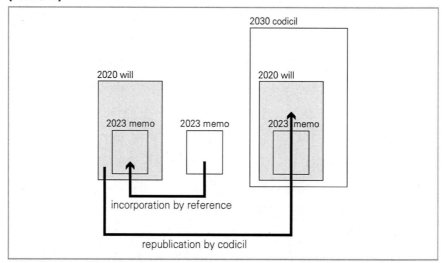

① 2020년 will에 2023년 memo가 republish되었으므로 incorporation by reference 성립요건을 충족해야 하는데, 인용된 문서인 memo가 2020년 will보다 늦게 작성되었으므로, UPC의 요건을 충족해야만 incorporation이 인정된다. 그러나 memo를 통해 증여하고자 하는 자산은 10억이므로, 이는 tangible personal property에 해당하지 않는다. 따라서 incorporation by reference가 인정되지 않는다.

② 위 ①에 따르면, 2020년 will의 memo에 대한 incorporation이 인정되지 않는다. 그러나 2030년 will이 2020년 will 전체를 republish하였으므로, 2020년 will이 executed된 연도는 2030년이다. 따라서 2023년에 작성된 memo가 2030년에 executed된 will(실제로는 2020년에 작성된 will)에 incorporate되는 것은 가능할 것이다.

③ (1) 인용된 문서(2023년 memo)가 2020년 will이 executed된 시점, 즉 2030년에 존재한다. (2) 2020년 will상 "서랍 안에 넣어 둔 memo에 입각하여 증여한다"는 표현은, 2023년 memo를 incorporate하겠다는 testator의

intent가 명시되어 있다. (3) 2020년 will상의 표현을 통해, 갑이 incorporate 하고자 하는 문서가 2023년 memo임을 충분히 인지할 수 있다.

④ 위 ②, ③을 통해 memo의 내용이 유산분배에 있어 effective하다는 것을 알 수 있다. 그렇다면 2020년 will과 2030년 will(codicil)이 충돌하는 부분, 즉 '집'을 누구에게 증여할지에 대해서는 revocation 논점에 대해 살펴 보아야 한다. 2030년 codicil이 생성됨으로써 2020년 will의 revocation by codicil이 발생되었다. 즉 2020년 will은 유산분배에 있어 ineffective하므 로, 2030년 codicil에 따라 집은 정에게 증여된다. 그러나 DRR이 적용된 다면, revocation은 효력을 잃고 2020년 will에 따라 집은 을에게 증여될 것이다. 본 사안에서 양자의 내용에 차이가 커 DRR이 적용될 수 없는 바, 2020년 will에 대한 revocation의 효력이 인정되는 바이다.

⑤ 전체 내용을 종합해보면, 2023년 memo는 2030년 will에 incorporate되었 고, 2020년 will은 revoked되었다. 따라서 을은 어떠한 권리도 가지지 못 하고, 병은 10억에 대해, 정은 집에 대해 권리를 가진다.

V. Rules as to Execution

A. Restrictions on Power of Testation

유언자는 will을 자유롭게 작성할 수 있다. 즉 유언자는 power of testation을 가진다. 그러나 이 권한은 slayer statute, elective share statute 등과 같이 주 (州)가 제정한 statutes의 제한을 받는데, 이러한 statute들이 적용되면 will의 내용과 무관하게 규정된 내용에 따라 상속이 이루어진다. Slayer statute는 testator의 사망을 의도적으로 야기한 자의 상속권을 박탈한다. 즉 testator가 증여하기를 원했으나 법 규정에 의해 testator의 intent와 다른 내용으로 상속 을 집행한다. 예컨대, 갑이 "아들 을에게 모든 유산을 증여한다"는 내용의 will을 작성하였고, 이후 아들 을이 갑을 살해하였다면 slayer statute가 적용 되는 바, 아들 을의 상속권이 박탈되어 갑이 작성한 내용과 같이 유산을 분배 할 수 없다. 따라서 intestate succession이 개시되는데, 이 과정에서도 아들 을 의 상속권은 없다. 만일 아들 을이 갑의 부인 병을 살해하였고 갑의 유산을 분 배하고자 하는 경우라면, slayer statute가 적용되지 않는 바, 을은 갑의 모든 유산을 상속받는다. '갑'의 유산을 분배할 때 '갑'을 의도적으로 살해한 자에 한해 slayer statute가 적용되기 때문이다. 따라서 아들 을이 갑의 부인 병을 살해한 경우에는 '병'의 유산을 분배하는 경우에만 slayer statute가 적용된다.

Elective share statute에 따르면, 생존한 배우자는 피상속인 유산의 특정 비율에 대해 권리를 가지는 바, 피상속인이 작성한 will의 내용과 무관하게 해당 비율만큼 상속받을 수 있다고 규정한다. 예컨대, 사망한 배우자의 유산의 1/2에 대해 elective share를 규정하는 주 법이 적용되고, 갑이 "아들 을에게 모든 유산을 증여한다"는 내용의 will을 작성한 후 사망하였다면, 갑의 부인 병은 유산의 1/2에 대해 상속권을 주장할 수 있다. 한편, elective share statute를 적용한다 하여 will의 내용대로 이행되지 않는 것은 아니다. 즉 elective share statute를 근거로 자신의 상속권을 주장하는 배우자는 elective share와 will상의 권리를 모두 받게 된다. 따라서 will상 배우자의 권리가 전혀 없는 경우를 포함하여 will상 권리가 elective share보다 작은 경우에도 배우자는 elective share를 주장할 것이다. 상기 예시에서 갑이 "부인 병에게 1천만원을 증여하고, 나머지 유산은 아들 을에게 증여한다"는 내용의 will을 작성한 후 사망하였고 갑 유산이 5천만원이라면, will상의 을의 권리(1천만원)가 elective share(2,500만원)보다 작다. 따라서 을은 elective share를 주장할 것이다. 그러나 앞서 언급한 바와 같이 elective share를 지급하는 경우에도 will의 내용이 그대로 이행되기 때문에, elective share는 will상의 권리만큼을 제하고 지급된다. 즉 을은 will상 1천만원을 지급받고 elective share로서는 1,500만원(2,500 − 1,000)을 지급받는다. 한편, 갑이 "부인 병에게 3천만원을 증여하고, 나머지 유산은 아들 을에게 증여한다"는 내용의 will을 작성한 후 사망하였고 갑 유산이 5천만원이라면, elective share(2,500만원)가 will상 권리(3천만원)보다 작기 때문에 을이 elective share를 주장하지 않을 것이다. Elective share statute는 대개 wills와 trusts 모두에 적용가능하나, 주 법에 따라 will에만 적용되는 경우도 있다. 그러나 적용범위가 will에 한정되는 경우에도 배우자는 illusory−transfer doctrine과 fraudulent−transfer doctrine에 근거하여 testator's trust 자산 일부에 대해 권리를 주장할 수 있다. 두 이론에 대한 자세한 내용은 「7장 Trusts」에서 논하도록 한다.

1. Slayer Statutes (12Feb, 16Feb)

★Slayer statute provides that no person shall share in the estate of a decedent when he or she intentionally caused the decedent's death. The fact that a person(을) intentionally caused other person(병)'s death does not prevent inheriting from a decedent(갑)'s estate.

2. Elective Share Statutes (17Feb)

Elective share statutes prevent disinheritance of a spouse by giving the decedent's surviving spouse a **fixed portion** of the estate.

---

case

갑's will: 500만원을 나의 두 아이에게 동등하게 증여하고, 나머지 자산은 남편 을에게 증여한다.

갑's trust: 갑 사망 시, trust assets를 두 아이에게 동등하게 증여한다.

Elective share statute: A decedent's surviving spouse is entitled to one-third elective share of the decedent's probate estate.

Probate assets were worth 1천만원. Trust assets were worth 5천만원. 을은 elective state statute에 근거해 총 얼마를 증여받을 수 있는가?

① Will에만 elective share statute가 적용되는 경우(doctrines 적용 불가)

남편 을이 주장할 수 있는 elective share는 약 330만원(1천만원/3)이며, will에 따라 을이 받을 수 있는 유산은 500만원이다. Elective share가 will에 따른 증여액보다 적으므로, 을은 elective share를 청구하지 않을 것이다.

② Trust와 will 모두에 elective share statute가 적용되는 경우

Trust assets와 probate assets에 모두 elective share를 적용하면, 을이 주장할 수 있는 elective share는 (1천만원 + 5천만원)/3 = 2천만원이다. 하지만 을은 갑의 will에 의해 elective share statute와 무관하게 500만원을 증여받을 수 있으므로, 을이 최종적으로 받게 되는 금액은 유류분 전체 금액에서 500만원을 제한 1,500만원이다.

(을 will be entitled to 2천만원, but it would be reduced to 1,500만원

to take account of the fact that he received 500만원 under the will.)

1. Analysis: 주어진 elective share statute의 '적용범위'★
2. 연관된 doctrines
3. Analysis: bequest in a will v. elective share
4. 최종적으로 받을 수 있는 elective share $계산

TIP1 1번: 문제에 주어진 elective share statute의 '적용범위', 예컨대 해당 statute가 will과 trust 모두에 적용가능하다는 점을 명시하는 것이 고득점 포인트다.

TIP2 3번: Will에 따른 bequest와 elective share를 비교하여 bequest in a will이 더 크다면, 배우자는 elective share를 청구하지 않을 것이다.

모범답안 034

1. Under the statute in this jurisdiction, 을 will be entitled to 500만원. However, 을 could raise the claim of an elective share including both probate and trust assets based on the illusory—transfer doctrine and the illusory—transfer doctrine. Then 을 can get 1,500만원.

(ANALYSIS: Under the statute in this jurisdiction, a descendant's elective share is applicable only to probate estate. Probate assets do not include trust assets which are determined by the trust instrument.) However, there are the illusory—transfer doctrine and the illusory—transfer doctrine, permitting the surviving spouse to claim an elective share of trust assets. (ANALYSIS: In this case, 을 can claim to the probate assets according to the statute. However, 을 is entitled to 500만원 under the will and the elective share is 330만원. Thus, 을 would not raise an elective share claim.

However, 을 could claim an elective share on both probate assets and trust assets based on the illusory—transfer doctrine and the illusory—

transfer doctrine. Under those doctrines, 을 will be entitled to receive 2천만원(1/3 of 6천만원). However, 2천만원 should be reduced by 500만원 which is entitled to 을 under the will.)

In sum, 을 would be entitled to 1,500만원.

B. Doctrine of Integration (10July)

Doctrine of integration은 여러 장으로 구성되어 있는 will 중 마지막 장에만 서명이 있는 경우, 그 유효성을 어떻게 판단할지에 대한 이론이다. 마지막 장만이 정상적으로 executed되었으므로 마지막 장에 대한 내용만을 valid한 will로 보아야 할 것인지, 아니면 여러 장으로 구성되어 있으므로 마지막 장에 서명함으로써 모든 페이지가 유효한 will을 구성한다고 보아야 할 것인지 판단하여야 할 것이다. 본 이론에 따르면, will의 성립을 주장하는 자(proponent of the will)가, ① 해당 will의 마지막 장이 서명될 당시 다른 모든 페이지들이 함께 존재했고, ② testator가 모든 장을 will로 구성하기를 의도했음을 증명한다면, 마지막 장에만 서명이 되어있다 하더라도 '모든' 페이지가 valid한 will을 구성한다고 본다. 만일 will 내용에 있어 순서가 있다면(set out an orderly dispositional plan), 요건①이 충족되었다고, 즉 해당 will의 마지막 장이 서명될 당시 다른 모든 페이지들이 함께 존재했다고 인정된다(presume).

1. General Rule

Under the doctrine of integration, a multi−page will is valid even if only the last page is executed when the proponent of the will proves that:

  i . All pages were **physically present** at the time of the will's **execution; and**

  ii . The testator intended that each page was to be part of his will.

2. Presumption

That all pages were present together is established when the last page was signed is presumed, if the pages **set out an orderly dispositional plan.**

C. Terms

Will을 이행하는 데 있어 가장 기본이 되는 것은, will상 명시된 내용이다. 그러나 testator가 자신의 생각을 모두 명확하게 표현하는 것은 불가능하고, 또 그렇다 하더라도 testator가 사망한 시점, 즉 will을 집행하는 시점에 예상치 못한 상황이 있는 경우에는, will의 내용을 '해석'해야 한다. 본 챕터에서는 "children"과 "stock" 표현을 어떻게 해석하는지와 will상 표현이 명확하지 않을 때의 외부증거 제출 가능여부에 대해 논한다.

1. Children (10July, 12July, 19July)

단어 children은 본인의 자식, 자식과 손자, 혼외자식을 포함한 자식 등 그 의미가 다양하게 해석될 수 있다. 따라서 testator가 will상 "children" 표현을 사용하였으나 그것이 정확히 어떤 의미를 뜻하는지 알 수 없는 경우에는, "children"을 어떻게 해석해야 하는가가 유산분배에 있어 중요한 논점이다. 본 챕터에서는 입양된 자녀(adopted child), 혼외자식(nonmarital child), will이 작성된 이후에 태어난 자녀(pretermitted child)의 상속권에 대해 논한다.

• Adopted child: 입양된 자녀
• Adopted−out child: 제3자가 입양한 자녀
  (제3자 입장에서 그 자녀는 adopted child이다.)
• Nonmarital child: 혼외자식
• Pretermitte child = Omitted child: Will이 작성된 이후 태어난 testator 의 자녀

a. Adopted Children

입양된 자녀(adopted child)는 유산을 증여받을 권리를 갖지 못하는 바, "children"에 포함될 수 없다고 본 것이 common law이나, 최근에는 많은 주가 입양된 자녀는 생물학적인 관계의 자녀(biological child)와 동일하게 취급되어야 한다고 보고 입양된 자녀의 상속권

(inheritance right)을 인정한다.

i. Common Law

Under the common law, **only blood relations** could inherit from an intestate decedent.

ii. Modern Law

In some states, the statute must expressly alter the common law. In some other states, adopted children hold same rights as biological children for general nondiscrimination purpose.

b. Adopted–Out Children (13July)

갑·을 사이에서 태어난 병을 정이 adopt한 경우, 갑·을 입장에서 병이 adopted–out child이다. 그렇다면 adopt–out child인 병이 갑 또는 을의 유산을 상속받을 수 있는가. 이에 대해서는 각 주마다 달리 규정하고 있다. Adoption은 친부모와 자식간의 법적관계를 종료(sever)시키는 법적행위이나, 유산상속에 있어서는 대개 친부모(갑·을)의 intent, 즉 그들이 adopted–out child에게 유증하기를 원했는지 그 여부를 파악하여 유산을 분배한다. 즉 제3자의 adoption에 의해 친부모와 자식간 법적관계가 sever되었다 하더라도 친부모의 intent가 있으면 adopted–out된 자식은 친부모의 유산에 대해 권리를 가진다. 그러나 일부 주에서는 친척(relative)에 의한 adoption, 예컨대 병의 할머니인 무가 병을 adopt하는 경우에는 친부모와 자식간의 법적관계가 sever되지 않는다고 보는 바, 병은 갑·을의 유산에 대해 inheritance right을 가진다.

i. Majority Jurisdictions

An **adoption** typically **severs the parent–child relationship** between the child and his biological parents.

In most states, adopted–out child would **take** inheritance **only if** the testator **intended** that the word "children" includes an adopted out child.

✔ 무가 사망한 후 생부 갑이 병을 집에 데려와 키움. — 병의 inheritance right이 인정될 가능성↑

✔ 갑이 will을 작성한 후 주변인들에게 병을 자신의 아이라고 소개함. — 병의 inheritance right이 인정될 가능성↑

✔ 갑이 병에 대한 친권(paternity)을 성립하고자 노력한 행위는 없음. — 병의 inheritance right이 인정될 가능성↓

✔ 갑이 기와 재혼을 하여 생활하던 중 기에게 병이 자신의 아이라고 얘기함. — 병의 inheritance right이 인정될 가능성↑

ⅱ. Minority Jurisdictions

In a few states, the parent−child relationship does not sever when the child is adopted **by a relative** of a biological parent. The adopted−out child holds inheritance right.

c. Nonmarital Children

혼외자식(nonmarital child)의 경우, common law는 부모 모두에 대해 inheritance right을 가지지 못한다고 본다. 예컨대, 갑이 을과의 혼인생활 중 갑과 병 사이에서 nonmarital child인 정이 태어난 경우, 정은 갑과 병 모두의 유산에 대해 inheritance right을 가지지 못한다. 그러나 최근 모든 주는 생전에 정에 대한 친권(paternity)이 성립된 경우 정의 inheritance right을 인정한다. 부모 양자 중 한 명이 친권을 성립하더라도 정은 양자의 유산 모두에 대해 inheritance right을 가진다. 대부분의 주는 ① 정이 태어난 후 갑과 병이 혼인한 경우, ② 갑이 인정(acknowledgement)한 경우, ③ 법적으로 paternity를 판결(adjudication)받은 경우, ④ paternity를 입증할 증거(clear and convincing evidence)가 있는 경우, 이 세 경우에 친권성립을 인정한다.

ⅰ. Common Law

A nonmarital child could **not** inherit from either parent.

ⅱ. Modern Law

★Nonmarital child **has** inherit right if:

① The [father] **married** with the [mother] after the child's birth;

② There was an **acknowledgement**^{인정} **of the paternity** during a parent's life;

③ There was an **adjudication**^{판결} **of the paternity** during a parent's life; or

④ After a parent's death, there is a **clear and convincing evidence** to have been the parent of the child.

The Supreme Court held that a statute disallowing inheritance by a nonmarital child from her father when the father's paternity has been adjudicated during his lifetime is unconstitutional. [Trimbel v. Gordon, 430 U.S. 762 (1977)]

d. Pretermitted Children (15Feb)

모든 주는 pretermitted child의 상속권을 인정한다(intestate share). 따라서 예외의 경우에 해당하지 않는 한 "children" 표현에는 pretermitted child가 포함된다고 보면 된다. 이는 will상 명시되지 않은 자(pretermitted child)에게 상속권을 인정하는 경우로, 법에 따라 will 내용을 변경하여 상속하는 것이므로 revocation by operation of law에 해당한다. 따라서 본 내용은 앞서 「Ⅲ. Revocation」의 「B. By Operation of Law」부분에서 논한 것으로 갈음한다.

2. Stock (09Feb, 12Feb)

갑이 "ABC회사의 주식 100주를 을에게 증여한다"고 will을 작성한 후 100주에 대한 배당금으로 ABC회사로부터 20주를 추가로 받았다면, 갑 사망 시 을은 몇 주를 상속받을 수 있는가. 이는 will상 명시된 주식(100주) 외에 추가로 생성된 주식(20주)을 어떻게 해석하느냐에 따라 달리 판단되는 바, common law와 UPC간 차이가 있다. Common law의 경우, 추가로 생성된 주식을 주식분할에 의한 주식(stock split)과 배당금으로서 받은 주식(stock dividend)으로 구분하여, stock split인 경우에만 을의 상속권을 인정한다. 즉 20주가 stock split으로서 생성되었다면 을은 120주를 상속받을 것이고, stock dividend로서 생성된 것이라면 을은 100주를 상속받을 것이다. 본 사안에서 20주는 '배당금으로서' 받은 것이므로, stock dividend이며 이에 대한 을의 권리는 인정되지 않는 바, 을은 100주를 상속받을 것이다. 한편, UPC의 경우 추가로 생성된 주식에 대해 구분 없이 모두 을의 상속권을 인정하는 바, 본 사안에서 을은 120주를 모두 상속받을 수 있다.

a. Common Law

Under the common law, a devisee **is entitled** to additional shares through a **stock split,** but **not** to additional shares acquired as a **stock dividend.**

b. Modern Law

★Today, bequest of stock owned by a testator when the testator's will was signed **includes subsequently acquired shares** of the same stock **as the result of a stock dividend.** This is because stock dividends are typically **treated like stock splits.** Additional shares of stock from the same company are merely a change in form, not substance.

3. Extrinsic Evidence (10July, 19July, 20Sep)

Extrinsic evidence는 will이 아닌 '외부증거'를 뜻하는 바, will의 내용을 수정(reform)하기 위해 will 내용과 충돌하는 내용의 extrinsic evidence가 제출될 수 있는가 하는 논점이 있다. Will에 작성된 내용이 testator의 intent를 가장 잘 반영하고 있는 증거로 여겨지기 때문에, 일반적으로 extrinsic evidence는 will상의 표현이 명확하지 못한 경우(ambiguous) 또

는 작성하는 데 있어 실수(misdescription)가 있었던 경우와 같이 제한적
인 상황에서만 그 제출이 허용된다. 다만, UPC §2-805 및 Restatement
(Third) of Property(Wills and Other Donative Transfers)는 will을 작성할
당시 testator에게 사실적 또는 법률적 오해(mistake of fact or law)가 있었
던 경우 또는 testator의 의도에 대한 분명한 증거(clear and convincing
evidence)가 있는 경우에는, extrinsic evidence를 허용하고 이를 바탕으
로 한 will의 수정을 허용한다. 즉 will상의 표현(terms)에 있어 논란의 여
지가 없는 경우(unambiguous)에도 UPC에서는 상기 두 경우에 해당한다
면 will의 수정을 허용한다. 본 rule은 사실적 또는 법률적 오해를 요건으
로 한다는 점에서 dependent relative revocation doctrine(DRR)과 유사하
나, DRR은 revoked된 유언장의 '유효성'을 판단하는 기준이고 본 챕터에
서 논한 rule은 extrinsic evidence를 바탕으로 will의 '내용'을 수정할 수
있는지 그 여부를 판단하는 기준이라는 점에서 차이가 있다.

a. General Rule

Generally, courts do **not** admit extrinsic evidence proving factual
errors in order to correct them or to vary the literal meaning of the
terms in the will, **unless** there are **ambiguous terms or misdesc-
riptions**^{오기(誤記)}.

b. UPC and Restatement

A donative instrument may be reformed to conform the donor's
intention if it is established **by clear and convincing evidence**
showing:

ⅰ. That a **mistake of fact or law** affected specific terms of the
document; or

ⅱ. What the donor's **intention** was.

When the will is reformed, the facts and circumstances surrounding
the **execution of the will** may be taken into account even though

wills are generally construed as^{~라고 해석하다} of the time of the **testator's death.**

---

case

Testator 갑이 아들 을에게 유증하지 않겠다는 내용의 will을 작성하였다. 해당 will을 작성할 당시 을은 도박을 하고 있었고, 갑은 을이 전처에게 양육비 지급의무를 다하지 않고 있다고 알고 있었다. 갑 사망한 후 을이 갑이 작성한 will에 대해 알게 되었고, 자신이 양육비를 지불해왔다는 것을 입증하고자 한다. 이때, 갑의 유산에 대한 을의 interest에 대해 논하라(UPC에 근거하여 답하라).

⇒ No interest. 갑이 will을 작성할 당시 을이 전처에게 양육비를 지불하지 않고 있다는 mistake of fact를 가지고 있었던 것은 사실이나, 본 mistake of fact가 갑이 을에게 유증하지 않겠다는 intent를 형성하는 데 있어 영향을 미쳤는지는 알 수 없다. 즉 갑이 을의 도박을 이유로 유증하지 않겠다는 intent가 성립되었는지 또는 양육비를 지불하지 않음을 이유로 intent가 성립되었는지 알 수 없다. 따라서 을의 extrinsic evidence는 제출될 수 없는 바, 갑의 will은 reformed되지 않고 그대로 execute된다.

D. Changes in Estates

Testator인 갑이 을에게 10억 증여하겠다는 will을 작성하였으나 갑이 생전에 돈을 다 써버려서 갑 사망 후 을에게 증여할 갑의 예금이 없는 경우, 유산을 어떻게 분배해야 하는가. 을이 갑보다 먼저 사망하여 갑 사망 후 수증자인 을이 존재하지 않는 경우, 유산을 어떻게 분배해야 하는가. 이들은 모두 testator가 will을 작성한 시점의 상황에서 변화가 발생한 경우로서, 증여될 '자산(estate)에' 변화가 발생한 경우와 'beneficiary에게' 변화가 발생한 경우로 구분된다. 본 챕터는 estate에 변화가 발생한 경우에 대해 논하고, beneficiary에게 변화가 발생한 경우는 이하 「E. Changes in Beneficiaries」에서 논하도록 한다.

1. Ademption (09Feb, 12Feb, 12July)

Ademption은 '유증 철회'라는 뜻으로, "ademption을 한다"라는 것은 testator가 사망한 시점에 specific bequest의 해당 자산이 존재하지 않는 경우 해당 specific bequest가 유효하지 않은 것으로 본다는 의미이다. 즉 specific legatee는 해당 자산을 유증받지 못한다. Ademption은 specific bequest에만 적용되며 general bequest, 예컨대 10억을 증여하겠다는 내용에는 적용되지 않는다. Common law에서는 ademption을 인정하며, UPC는 testator가 specific legatee에게 대체된 자산을 주고자 한 intent를 가지고 있었던 경우에 한해 specific legatee가 그 대체된 자산을 증여받는다. 즉 UPC는 한정된 상황에서 ademption을 인정하지 않는다. 예를 들어, 갑이 유언장에 "내 빨간색 자동차를 을에게 증여한다. Residuary gift to 병"이라고 작성한 후 갑이 그 빨간색 자동차를 팔고 파란색 자동차를 샀다면, common law에 따르는 경우 을은 파란색 자동차에 대한 권리가 없고, 파란색 자동차는 residuary legatee인 병이 증여받는다. UPC에 따르면, 갑이 파란색 자동차를 을에게 증여하고자 하는 intent를 가지고 있었음이 인정된다면, 파란색 자동차가 을에게 증여된다.

a. Common Law

Under the common law, an ademption occurs when there is no **specific** gift in probate estate **at the time of the testator's death**.

b. UPC

Under UPC adopting **the intent test**, devisee of specific devise may be entitled to **replacement** if the devisee **proves** that the testator **intended** the beneficiary to take the replacement.

2. Abatement (09Feb, 11Feb)

Abatement는 '감소·경감·완화'라는 뜻을 가진 용어로서, "Abatement를 한다"라는 것은 testator의 유산이 유증액보다 적을 경우 beneficiary에게 유증액을 줄여서 distribute한다는 의미이다. 본 개념은 ademption과 달리 모든 유형의 유산, 즉 specific bequest, general bequest, residuary bequest 에 적용된다. Abatement는 residuary bequest, general bequest, specific bequest 순서로 적용되는 바, testator의 유산이 유증액보다 적을 경우 가장 먼저 residuary bequest를 줄여 상속이 이루어진다. 다시 말해, 세 유형의 bequest 중 가장 보호받는 유형은 specific bequest이다. Abatement가 이루어진 자산을 분배할 때에는 유증액 간 비율을 기준으로 한다.

a. General Rule

★When the assets of a testator's estate are insufficient to pay all of the bequest payable under the testator's will, these bequests are abated.

★Abatement within each category is pro rata.

b. Abatement Order

The order in which a testator's property abates is as follows:

ⅰ. Property passing by intestacy;

ⅱ. Residuary bequests;

ⅲ. General bequests;

ⅳ. Specific bequests.

c. General Bequests

If there is a bequest of **generically described property** in a will, a bequest applies to property that meets the generic description at the testator's death.

---

case

Will: "갑에게 목걸이를 증여한다. 을, 병, 정에게 각각 100만원을 증여한다. 무에게 나머지를 증여한다."

Testator's 유산은 150만원과 목걸이이다.

⇒ 갑에 대한 유증은 specific bequest, 을, 병, 정에 대한 유증은 general

bequest(300만원), 무에 대한 유증은 residuary bequest이다. 그러나 testator's 유산은 150만원뿐이므로 abatement를 해야 한다. 우선 residuary legatee인 무를 abate시키고, 그 다음 순서로 을, 병, 정에 대한 유증액을 300만원에서 150만원으로 abate시킨다. Testators는 을, 병, 정에게 1:1:1 비율로 증여하고자 하였으므로, 을, 병, 정은 각각 50만원씩 받는다. 갑은 유언장 내용 그대로 목걸이를 증여받는다.

(The bequest of jewelry is a specific devise. It will not be taken into account when abating the testamentary bequests.

Residuary bequest to 무 abates first, and 무 receives nothing.

The general bequests to 을, 병, 정 totaling 300만원 abate next and pro rata as each of them was bequeathed 100만원. Thus, each will receive 50만원 from the available 150만원.)

E. Changes in Beneficiaries (08Feb, 09Feb, 11Feb, 19July, 21July)

본 챕터는 상속자(beneficiary)가 testator보다 먼저 사망(predeceased)하여, testator 사망 시점에 will의 내용을 있는 그대로 이행할 수 없는 경우에 대해 논한다. 예컨대, testator 갑이 딸인 을에게 1억을 증여하고, 나머지 유산은 모두 병에게 증여하겠다는 will을 작성하였는데, 그 후 을이 갑보다 먼저 사망하였고 갑이 사망했을 당시 을의 아들인 정이 생존해 있었다면, 을의 몫인 1억은 누구에게 상속되어야 하는가. 이는 beneficiary인 을이 갑보다 먼저 사망한 경우로서, common law와 UPC를 적용했을 때 다른 결과가 도출된다. 한편, 본 챕터에서 논하는 UPC 조항은 wills에만 적용되는 rule로서 trusts에는 적용되지 않는다(UPC §2 − 601~609는 wills에만 적용되는 조항이다).

Common law의 경우, testator보다 먼저 사망한 beneficiary(을)에 대한 '증여(bequest)의 성격'에 따라 다른 rules가 적용된다. 만일 을에게 specific bequest 또는 general bequest가 주어졌고 을이 predeceased했다면, 을의 몫은 residue로 인정된다. 따라서 상기 예시에서 을의 몫인 1억은 general bequest이므로 residue로 인정되는 바, residuary beneficiary인 병이 상속받게 된다. 이때 을이 사망했을 당시 을의 아들인 정이 생존했다는 사실은 본 사안과 무관하다. 이는 을의 몫이 더 이상 general bequest로 인정되지 않고 소멸되어

residue로 인정되기 때문이다. 소멸한다는 것을 영어로 "lapse된다"고 표현하고, 이러한 rule을 "lapse statute"라 일컫는다. 한편, residuary beneficiary가 predeceased했다면 no residue of a residue가 적용된다. 예컨대, testator 갑이 딸인 을에게 1억을 증여하고, 나머지 유산은 병에게 증여하겠다는 will을 작성하였는데, 그 후 병이 갑보다 먼저 사망하였고 병이 사망했을 당시 병의 아들인 정이 생존해 있었다면, 병의 몫은 누구에게 상속되어야 하는가. 본 사안은 residuary beneficiary인 병이 사망하였고 또 다른 residuary beneficiary가 존재하지 않는 경우로, 병의 1억이 residue로 남겨지더라도 이를 상속받을 자가 없다. 따라서 이러한 경우에는 1억에 대한 유효한 will이 존재하지 않는 것으로 보고, intestate law를 적용한다. 즉 1억은 갑의 heirs에게 증여된다. Residuary beneficiary가 상속받은 몫을 residue라 일컫는데, 그것이 residue로 포함되지 않는다는 의미로 "no residue of a residue"라 일컫는 것이다.

UPC의 경우, predeceased한 beneficiary의 몫의 분배는 'anti-lapse statute 적용여부'를 기준으로 다른 rules를 적용한다. Anti-lapse statute는 predeceased한 beneficiary의 몫을 lapse(소멸)시키지 '않고' 사망한 자의 자녀에게 상속시키는 법으로, UPC §2-603에 규정되어 있다. 이 rule은 두 요건을 충족하는 경우에 한해 적용되는데, 두 요건은 ① predeceased한 beneficiary가 testator와 혈육관계(related by blood)일 것과 ② testator가 사망한 시점을 기준으로 beneficiary의 surviving issues가 존재할 것으로 규정된다. Testator 갑이 딸인 을에게 1억을 증여하고, 나머지 유산은 모두 병에게 증여하겠다는 will을 작성하였는데, 그 후 을이 갑보다 먼저 사망하였고 갑이 사망했을 당시 을의 아들인 정이 생존해 있었다면, 을의 몫인 1억은 누구에게 상속되어야 하는가. 을은 갑의 딸로서 testator 갑과 혈육관계를 가지며(요건①), 갑이 사망한 시점에 을의 직계비속인 정이 생존하고 있었으므로(요건②), 을의 몫은 소멸되지 않고 정에게 분배된다. 즉 을의 몫을 소멸시키지 '않는다'는 의미로 본 rule을 anti-lapse statute라 일컫는 것이다. Anti-lapse statute는 을이 predeceased한 상황에서 두 요건이 충족된 경우에 한해 적용되는 rule로서, 그 외의 경우, 예컨대 defenses of validity에 의해 will의 유효성이 부정된 경우 또는 두 요건 중 한 개 이상이 충족되지 않은 경우 등의 이유로 will의 내용을 그대로 이행할 수 없는 경우에는 anti-lapse statute가 적용될 수 없다. 이처럼

anti-lapse statute가 적용되지 못하는 경우에는 '증여(bequest)'의 성격에 따라 rules가 달리 적용된다. 증여의 유형이 residuary bequest인 경우와 그렇지 않은 경우, 즉 specific bequest 또는 general bequest를 위한 경우를 구분해야 한다. Residuary bequest인 경우에는 "residue of a residue"가 적용되는데, 이는 predeceased한 자의 몫이 residue로 이전된다는 rule이며 residuary beneficiary가 두 명 이상인 경우에만 적용된다(UPC §2-604(b)). 예컨대, testator 갑이 딸인 을에게 1억을 증여하고, 나머지 유산은 친구 병과 친구 정에게 증여하겠다는 will을 작성하였는데, 그 후 병이 갑보다 먼저 사망하였고 병이 사망했을 당시 병의 아들인 무가 생존해 있었다면, 병의 몫은 누구에게 상속되어야 하는가. 본 사안에서 predeceased한 병은 갑과 혈육관계를 맺고 있지 않은 자로, anti-lapse statute를 적용할 수 없다. 또한 residuary bequest가 병과 정, 두 명에게 이루어졌으므로 "residue of a residue"가 적용되는 바, 병의 몫은 생존한 또 다른 residuary beneficiary인 정이 상속받는다. 한편, residuary bequest가 아닌 경우에는 적용되는 두 rules가 있다. 첫 번째 rule(UPC §2-604(a))은 그 몫이 residue로 이전된다는 것이고, 두 번째 rule은 class gift rule이다. 첫 번째 rule이 기본적으로 적용되고, class gift에 해당하는 경우에 한해 두 번째 rule을 추가로 적용한다. 즉 residuary bequest가 아닌 bequest의 beneficiary가 class를 구성하여 그 증여가 class gift에 해당하면 class gift rule을 추가로 적용한다. Class gift는 '나의 children', '내 딸의 children', '내 조카들'에게 증여하는 경우를 의미하는 바, beneficiary가 하나의 그룹으로 표현된다. 이는 beneficiary가 한 명 이상인 경우와 구분되어야 한다. 예컨대, '친구 갑, 친구 을, 친구 병' 또는 '엄마 갑, 내 딸 을, 친구 병'에게 증여하는 것은 한 명 이상에게 증여하는 경우일 뿐 class gift에 해당하지는 않는다. Class gift rule은 class 전체를 하나의 개체로 보고, class member 중 한 명이 predeceased하는 경우 그 사망한 member의 몫을 나머지 class member에게 상속한다. 예컨대, testator 갑이 '내 친구의 딸들'에게 1억을 증여하고, 나머지 유산은 정에게 증여하겠다는 will을 작성하였는데, will 작성 시 갑 친구의 딸 을과 병이 생존해 있었다고 가정해보자. Will이 작성된 후 을이 갑보다 먼저 사망하였고 을이 사망했을 당시 병의 아들인 무가 생존해 있었다면, 을의 몫(5천만원)은 누구에게 상속되어야 하는가(UPC). 본 사안에서 갑 친구의 딸 을은 갑과 혈육관계를 가지지 않으므로 anti-lapse statute가 적용될 수 없다. 또한 1억은 specific bequest이므로 residue of a residue가 적용되지 않는 바, 을의 몫(5천만원)은 첫 번째 rule(UPC §2-604(a))에 따라 residuary beneficiary인 정에게 증여되어야 한다. 그러나 '내 친구의 딸들'이라는 표현은 class를 구성하는 바, class gift rule이 추가로 적용되어 을의 몫(5천만원)은 나머지 class member인 병에게 증여된다. 즉 병이 1억을 상속받는다. 한편, testator 갑이 '딸인 을과 친구 병'에게 1억을 증여하고, 나머지 유산은 정에게 증여하겠다는 will을 작성하였는데, 그 후 친구 병이 갑보다 먼저 사망하였고 병이 사망했을 당시 병의 아들인 무가 생존해 있었다면, 병의 몫(5천만원)은 누구에게 상속되어야 하는가(UPC). 본 사안에서 친구 병은 갑과 혈육관계를 가지지 않으므로 anti-lapse statute가 적용될 수 없다. 또한 1억은 specific bequest이므로 residue of a residue가 적용될 수 없으므로 첫 번째 rule(UPC §2-604(a))에 따라 병의 몫(5천만원)은 residuary beneficiary인 정에게 증여되어야 한다. 여기서 '딸인 을과 친구 병' 표현은 class를 구성할 수 없으므로 class gift rule을 추가로 적용할 필요가 없다.

TIP1 본 챕터에서 논한 anti-lapse statute는 UPC에서 채택하고 있는 rule로서, 주(州)는 이를 동일하게 채택할 수도 있고 약간 변형된 형태의 법을 별도로 제정할 수도 있다. 따라서 MEE 문제에서 주 법을 명시하는 경우, 해당 법 내용을 꼼꼼히 읽어보고 그 내용에 입각하여 결론을 도출해야 한다.

TIP2 Predeceased beneficiary의 몫을 분배하는 경우
1. Common law
① specific/general bequest인 경우: lapse statute 적용 → residue로 인정 → residuary beneficiary가 받는다.
② residuary bequest인 경우: no residue of a residue 적용 → intestacy law 적용 → testator의 heir가 받는다.
2. UPC (도표 6-8)

[도표 6-8]

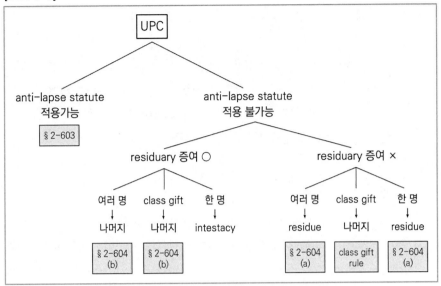

*Anti-lapse statute는 UPC §2-604와 class gift rule에 우선한다.

case1

Testator 갑이 딸인 을에게 집을 증여하고, 나머지 유산은 병에게 증여하겠다는 will을 작성하였다. 이후 을이 갑보다 먼저 사망하였고 갑이 사망했을 당시 을의 아들인 정이 생존해 있었다면, 을의 몫(집)은 누구에게 상속되어야 하는가(UPC에 근거하여 답할 것).

⇒ 정

Anti-lapse statute를 적용할 수 있는 사안이다. 을은 갑의 딸이므로 갑과 혈육관계를 가지며, 갑이 사망한 시점에 을의 surviving issues인 정이 존재한다. 따라서 정이 을의 몫을 by representation으로서 상속받는다. 다른 UPC의 rules는 고려하지 않아도 된다.

case2

Testator 갑이 딸 을과 아들 병에게 1억을 증여하고, 나머지 유산은 정에게 증여하겠다는 will을 작성하였다. 이후 을이 갑보다 먼저 사망하였고 갑이 사망했을 당시 을의 아들인 무가 생존해 있었다면, 을의 몫(5천만원)은 누구에게 상속되어야 하는가(UPC에 근거하여 답할 것).

⇒ 무

Anti−lapse statute를 적용할 수 있는 사안이다. 을은 갑의 딸이므로 갑과 혈육관계를 가지며, 갑이 사망한 시점에 을의 surviving issues인 무가 존재한다. 따라서 무가 을의 몫을 by representation으로서 상속받는다. 다른 UPC의 rules는 고려하지 않아도 된다.

---

case3

Testator 갑이 을에게 1억을 증여하고, 나머지 유산은 딸 병과 아들 정에게 증여하겠다는 will을 작성하였다. 이후 병이 갑보다 먼저 사망하였고 갑이 사망했을 당시 병의 아들인 무가 생존해 있었다면, 병의 몫은 누구에게 상속되어야 하는가(UPC에 근거하여 답할 것).

⇒ 무

Anti−lapse statute를 적용할 수 있는 사안이다. 병은 갑의 딸이므로 갑과 혈육관계를 가지며, 갑이 사망한 시점에 병의 surviving issues인 무가 존재한다. 따라서 무가 병의 몫을 by representation으로서 상속받는다. 다른 UPC의 rules는 고려하지 않아도 된다.

---

case4

Testator 갑이 친구 을에게 집을 증여하고, 나머지 유산은 병에게 증여하겠다는 will을 작성하였다. 이후 을이 갑보다 먼저 사망하였고 갑이 사망했을 당시 을의 아들인 정이 생존해 있었다면, 을의 몫(집)은 누구에게 상속되어야 하는가(UPC에 근거하여 답할 것).

⇒ 병

① Anti−lapse statute: 적용불가. 을은 갑 친구로서, 갑과 혈육관계를 가지지 않는다. 따라서 을의 아들인 정이 생존해 있었다는 사실은 본 판단과 무관하다.

② Residuary bequest 여부: 집을 증여하는 것은 specific bequest에 해당

한다. 따라서 residue of a residue가 아닌 UPC §2−604(a)가 적용되는 바, residuary beneficiary인 병에게 증여된다.

③ Class gift 여부: 집이 친구 을, 한 명에게 증여된 것이므로 이는 class gift가 아니다. 따라서 class gift rule을 고려할 필요가 없다.

> **case5**

Testator 갑이 '내 친구의 딸들'에게 1억을 증여하고, 나머지 유산은 정에게 증여하겠다는 will을 작성하였다. Will을 작성할 당시 갑 친구의 딸 을과 병이 생존해 있었다. Will이 작성된 후 을이 갑보다 먼저 사망하였고 갑이 사망했을 당시 을의 아들인 무가 생존해 있었다면, 을의 몫(5천만원)은 누구에게 상속되어야 하는가(UPC에 근거하여 답할 것).

⇒ 병

① Anti−lapse statute: 적용불가. 을은 갑 친구의 딸로서, 갑과 혈율관계를 가지지 않는다. 따라서 을의 아들인 무가 생존해 있었다는 사실은 본 판단과 무관하다.

② Residuary bequest 여부: 1억을 증여하는 것은 general bequest에 해당한다. 따라서 residue of a residue가 아닌 UPC §2−604(a)가 적용되는 바, residuary beneficiary인 정에게 증여된다.

③ Class gift 여부: '내 친구의 딸들'이라는 표현을 사용하였으므로, 1억은 class gift이다. 따라서 을의 몫(5천만원)은 나머지 생존한 class member인 병에게 증여되어야 한다. 즉 병은 본인의 몫(5천만원)에 추가로 을의 몫(5천만원)을 증여받아 총 1억을 증여받는다.

> **case6**

Testator 갑이 '친구의 딸들'에게 1억을 증여하고, 나머지 유산은 정에게 증여하겠다는 will을 작성하였다. Will을 작성할 당시 갑 친구의 딸 을과 병이 생존해 있었다. 이후 해당 will은 을의 undue influence에 의해 작성되었음이 밝혀졌고, 법원은 을에 대한 증여만을 invalid하다고 보고 해당 will을 partially valid하다고 판결했다. 갑이 사망했을 당시 을의 아들인 무가 생존해 있었다면, 을의 몫(5천만원)은 누구에게 상속되어야 하는가(UPC에 근거하여 답할 것).

⇒ 병. 자세한 logic은 위 case5로 갈음한다.

<hr>

case7

Testator 갑이 '친구 을과 친구 병'에게 1억을 증여하고, 나머지 유산은 정에게 증여하겠다는 will을 작성하였다. 이후 을이 갑보다 먼저 사망하였고 갑이 사망했을 당시 을의 아들인 무가 생존해 있었다면, 을의 몫(5천만원)은 누구에게 상속되어야 하는가(UPC에 근거하여 답할 것).

⇒ 정

① Anti-lapse statute: 적용불가. 친구의 딸들은 갑과 혈육관계를 맺고 있지 않다. 또한 을에 대한 증여(5천만원)에 대해 defense of validity가 적용되어 invalid하게 된 것으로서, anti-lapse statute가 적용될 수 없다.

② Residuary bequest 여부: '1억'을 증여하였으므로, general bequest에 해당하는 바, residue of a residue가 적용될 수 없다. 따라서 UPC §2-604(a)가 적용되어 residuary beneficiary인 정에게 증여된다.

③ Class gift 여부: '친구 을과 친구 병'이라는 표현은 class gift를 의미하지 않는 바, class gift rule이 적용되지 않는다.

<hr>

cas8

Testator 갑이 을에게 1억을 증여하고, 나머지 유산은 친구 병에게 증여하겠다는 will을 작성하였다. 이후 병이 갑보다 먼저 사망하였고 갑이 사망했을 당시 병의 아들인 무가 생존해 있었다면, 병의 몫은 누구에게 상속되어야 하는가(UPC에 근거하여 답할 것).

⇒ 갑의 issues(intestacy law 적용)

① Anti-lapse statute: 적용불가. 병은 갑의 친구로서, 갑과 혈율관계를 가지지 않는다. 따라서 병의 아들인 무가 생존해 있었다는 사실은 본 판단과 무관하다.

② Residuary bequest 여부: '나머지 유산'을 병에게 증여하였으나 한 명에게 이루어진 증여이므로, residue of a residue가 적용될 수 없다. 따라서 common law를 적용하여 판단해야 하는 바, 이행에 실패한 residuary bequest는 falls out of the will하므로 갑의 issues에게 증여된다 (intestacy law를 적용한다)

③ Class gift 여부: Residuary bequest에 대한 사안이므로, class gift rule을 고려할 필요가 없다.

case9

Testator 갑이 을에게 1억을 증여하고, 나머지 유산은 친구 병과 친구 정에게 증여하겠다는 will을 작성하였다. 이후 병이 갑보다 먼저 사망하였고 갑이 사망했을 당시 병의 아들인 무가 생존해 있었다면, 병의 몫은 누구에게 상속되어야 하는가(UPC에 근거하여 답할 것).

⇒ 정

① Anti-lapse statute: 적용불가. 병은 갑의 친구로서, 갑과 혈율관계를 가지지 않는다. 따라서 병의 아들인 무가 생존해 있었다는 사실은 본 판단과 무관하다.

② Residuary bequest 여부: '나머지 유산'을 병과 정에게 증여하였으므로, 이는 residuary bequest이고 두 명이상에 대한 증여이다. 따라서 residue of a residue가 적용되는 바, 병의 몫은 나머지 생존한 residuary beneficiary인 정에게 증여된다.

③ Class gift 여부: Residuary bequest에 대한 사안이므로, class gift rule을 고려할 필요가 없다.

case10

Testator 갑이 을에게 1억을 증여하고, 나머지 유산은 '갑 친구의 딸들'에게 증여하겠다는 will을 작성하였다. Will을 작성할 당시 갑 친구에게는 딸 병과 정이 생존해 있었다. Will이 작성된 후 병이 갑보다 먼저 사망하였고 갑이 사망했을 당시 병의 아들인 무가 생존해 있었다면, 병의 몫은 누구에게 상속되어야 하는가(UPC에 근거하여 답할 것).

⇒ 정

① Anti−lapse statute: 적용불가. 병은 갑의 친구로서, 갑과 혈율관계를 가지지 않는다. 따라서 병의 아들인 무가 생존해 있었다는 사실은 본 판단과 무관하다.

② Residuary bequest 여부: '나머지 유산'을 갑 친구의 딸들에게 증여하였으므로, 이는 residuary bequest이고 두 명 이상에 대한 증여이다. 따라서 residue of a residue가 적용되는 바, 병의 몫은 나머지 생존한 residuary beneficiary인 정에게 증여된다.

③ Class gift 여부: Residuary bequest에 대한 사안이므로, class gift rule을 고려할 필요가 없다.

1. Common Law

a. Lapse Statute

> B 〈 T ⇒ lapse ○ ⇒ residuary legatee에게 상속

Under the common law, if a beneficiary **predeceased** the testator, the bequest **lapses** and a lapsed bequest **falls into residue of the testator's estate.**

Lapse occurs whenever a beneficiary **predeceased** the testator and the testator specified no alternate disposition of the assets in question.

b. Residuary Bequest

> no residue of a residue ⇒ 갑's heir에게 상속

When a residuary bequest to **two or more** beneficiaries fails, the invalid share passes to the **testator's heirs** under the intestacy statutes.

This is because the bequest lapses and it falls out of the will.

Bequest of the invalid share would increase the share of the remaining residuary beneficiaries and it is different from the testator's intent.

2. UPC

a. Anti-Lapse Statute

$$(B \langle T) + 요건×2 \Rightarrow lapse \times \Rightarrow B's\ issue에게\ 상속$$

ⅰ. General Rule

★Anti-lapse statute is adopted under UPC and it is applicable **only to wills.** Under UPC §2-603, if a beneficiary predeceased the testator, the bequest to the deceased beneficiary is **saved from lapse** and the **deceased beneficiary's issue** takes it **only when:**

① Deceased is **related by blood to the testator;** and

② The deceased beneficiary's issue **survives** the testator.

When the predeceased beneficiary is a member of a class, the bequest is made to the surviving descendants of the deceased devisee and the surviving devisees.

Anti-lapse statute takes precedence over the any rules.

ⅱ. Express Survivorship Contingency

갑이 "딸 을에게 1억을 증여한다, if she survives me"라는 내용의 will을 작성하였다고 가정해보자. 을은 갑보다 먼저 사망하였고, 을의 아들 병은 생존했다. 갑 사망 시 1억은 어떻게 분배되어야 하는가. 만일 testator(갑)의 intent에 입각하여 will을 집행한다는 원칙에 따라 "if she survives me" 표현을 survivorship contingency로 해석한다면, 을은 조건을 충족하지 못하였으므로 그의 몫은 anti-lapse statute를 적용할 수 없고 residue로 분배되어야 할 것이다. 그러나 UPC에서는 will상 명시되어 있는 "if she survives me" 표현이 을의 몫에 대한 survivorship contingency를 의미하지 않는다고 보는 바, anti-lapse statute를 그대로 적용한다. 본 사안에서 을은 갑과 혈육관계를 가지고 을의 아들 병이 생존해 있었으므로, 을의 몫은 병에게 증여된다.

Under UPC §2-603, an express survivorship contingency written in wills **does not itself prove** testator's intent for the anti-lapse statute to be inapplicable.

b. Residuary Bequest

> residue of a residue ⇒ 나머지 residary에게 상속

★When a residuary bequest to **two or more** beneficiaries fails, the invalid share passes to the **remaining residuary beneficiary** (other residuary beneficiaries who survive the testator) equally, or in proportion to the interest of each in the remaining part of the residue. [UPC §2-604(b)]

c. Class Gift Rule

When a class gift is made and a class member predeceased the testator, the share of the deceased member passes to the **class members who survive the testator.**

F. Simultaneous Death

앞서 「E. Changes in Beneficiaries」에서 살펴본 바와 같이, beneficiary의 생존여부는 그들의 상속권을 판단하는 데 있어 매우 중요하다. 예컨대, 갑이 "을이 생존해 있는 경우 10억을 증여한다. Reseiduary gift는 병에게 증여한다"는 will을 작성하였고, 갑과 을이 함께 차를 타고 가던 중 사고로 동시에

사망한 경우, 10억을 누구에게 증여해야 하는가. 만일 을이 predeceased했다고 인정되면 10억은 병에게 증여될 것이고, 을이 predeceased하지 않았다면 을에게 10억이 증여될 것이다. 이처럼 beneficiary(을)와 testator(갑)가 하나의 사건으로 인해 동시에(simultaneously) 사망하게 된 경우에는, 그들의 사망시점(시각)이 매우 중요한 논점이 된다. 이를 판단하는 기준에는 크게 Uniform Simultaneous Death Act(USDA)와 120-hour rule이 있다. USDA은 사망한 자(갑과 을)들의 사망시점을 입증할 증거가 '없는' 경우 beneficiary가 predeceased하지 않았다고 본다. 즉 갑이 먼저 사망했다고 보고 '생존'이라는 조건을 충족한 을에게 10억을 증여한다. 따라서 만일 갑은 차 사고 현장에서 즉사하였고 을은 병원에 이송되어 3시간 뒤 사망하였다는 증거가 존재한다면, USDA가 적용될 수 없는 바, '생존'이라는 조건을 충족한 을에게 10억을 증여한다. 한편, 120-hour rule은 UPC에서 채택하고 있는 rule로서, beneficiary가 testator가 사망한 시점을 기준으로 120시간을 초과하여 생존한 경우에 한해 '생존'요건을 충족했다고 본다. 따라서 갑은 차 사고 현장에서 즉사하였고 을은 병원에 이송되어 3시간 뒤 사망하였다는 증거가 존재하는 경우, 을은 predeceased했다고 인정되는 바, 10억을 증여받을 수 없다. 120시간을 초과하여 생존하였다는 명백한 증거가 없는 경우에는 생존요건을 충족하지 못했다고 본다.

Both USDA and 120-hour rule apply to any transfers at death (e.g., wills, trusts, intestacy, life insurance, joint tenancy with right of survivorship).

1. Uniform Simultaneous Death Act (USDA)

Under the Uniform Simultaneous Death Act, **when** both a beneficiary and a testator die simultaneously but there is **no sufficient evidence of survival,** bequest is made **as if the beneficiary predeceased the testator.**

2. 120-Hour Rule (UPC)

An individual(을) born before a decedent's death who **fails to survive** the decedent **by 120 hours** is deemed to have **predeceased** the decedent. [UPC §2 − 104]

If there is no clear and convincing evidence that an individual(을) born before a decedent's death survived the decedent by 120 hours, it is deemed that the individual **failed to survive** for the required period.

G. Disclaimers (09Feb)

• Disclaimer = Renunciation: 거부의 뜻을 밝히는 진술(statement)

• Disclaimant: 거부하는 자(人)

• Disclaim: 거부하다(v.)

Disclaim은 권리포기로 직역되며, wills에서는 beneficiary가 유증을 포기하는 것을 의미한다. Beneficiary가 disclaim하면, 해당 beneficiary가 testator보다 먼저 사망한(predeceased) 경우와 동일하게 취급한다. 예컨대, 갑이 을에게 10억을, 나머지 자산은 병에게 증여한다는 will을 작성하였는데 을이 will상의 권리를 disclaim하였다면, 을이 갑보다 먼저 사망한 것과 같이 취급된다. 이 때 을의 몫을 누가 상속받느냐 하는 논점이 생기는데, 이는 「E. Changes in Beneficiaries」에서 논했던 바와 같이 주 법원이 lapse statute와 anti − lapse statute 중 어느 것을 채택하는지에 따라 다르게 분배된다. Common law의 lapse statute가 적용된다면, 을의 몫(10억)은 residuary beneficiary인 병에게 분배되는 반면, UPC의 anti − lapse statute가 적용된다면, 을의 자녀에게 분배 될 것이다. 한편, disclaimer의 유효성은 포기하는 권리에 대한 내용을 서면으로 작성하고, 해당 서면에 disclaim하는 자의 서명이 있는 경우에 인정된다. Disclaimer가 이루어지는 시점에 대해서는 common law와 UPC에서 다르게 규정하고 있다. Common law는 testator가 사망한 시점을 기준으로 합리적인 시간 내에 이루어져야 한다고 보는 반면, UPC는 언제든지 disclaimer가 이루어질 수 있다고 본다. 일부 주에서는 testator의 사망시점을 기준으로 9개월 이내에 이루어진 disclaimer만을 유효하다고 본다.

★No one can be compelled to accept a gift. A beneficiary may disclaim any interest.

1. Requirements

To be a valid disclaimer, the disclaimer must:

ⅰ. Be declared **in writing;**

ⅱ. **Describe** the interest or power disclaimed;

ⅲ. Be **signed** by person making disclaimer; and

ⅳ. (CL) Within a reasonable time of the testator's the death.

(some states) Within 9 months of the testator's the death.

(UPC) At any time.

2. Effects

Disclaim = (B 〈 T) ⇒ Anti-lapse 적용?

★When a disclaimer is effective, **a disclaimant is deemed predeceased the testator.**

When a disclaimant is deemed predeceased the testator, whether the bequest to that disclaimant passes to her issue depends on the application of the anti-lapse statute.

If the **anti-lapse statute does not apply** to the case, the bequest to that disclaimant passes to the **residuary legatee.**

If the **anti-lapse statute applies** to the case, the bequest to that disclaimant passes to **disclaimant's issues.**

case

갑's will: "5,000만원을 을에게 증여한다. 나머지는 병에게 증여한다."

을 made an effective disclaimer. Under UPC, who takes 을's gift?

⇒ 을이 disclaim했으므로, 을이 갑보다 먼저 사망한 경우와 동일하게 취급된다. 만약 을이 갑과 친인척 관계이며, 을's issue가 갑 사망 시 생존했다면, anti-lapse statute가 적용되어 을의 몫인 5,000만원은 을's issue가 받는다. 만약 anti-lapse statute를 적용할 수 없는 경우라면, residuary legatee

인 병이 을의 몫인 5,000만원을 받게 된다.

답안요령

1. No one can be compelled to receive★
2. Disclaim 성립요건
   + analysis
3. Disclaimer 효과 + Anti-lapse statute
   + analysis

TIP1 Disclaim에 관한 답안 작성 시, '모든 이는 증여받도록 강요받을 수 없다'는 점을 먼저 서술하고 disclaim에 대한 rule 및 analysis를 하는 것이 고득점 포인트다.

TIP2 2번: Disclaim에 관한 답안 작성 시, 별도의 문제가 출제되지 않더라도 disclaimer 성립요건에 대해 서술하는 것이 좋다.

TIP3 3번: 주어진 사안에 재판이 진행되는 법원이 채택하는 statute에 대한 언급이 없는 경우, anti-lapse statute를 기준으로 analysis한다.

모범답안 035

1. 을's disclaimer is effective and the bequest for 을 is distributed to 을's issue under the anti-lapse statute.

No one is not compelled to receive gift. Disclaimer is effective if it: (1) is declared in writing, (2) describes the interest or power disclaimed, and (3) is signed by person making disclaimer. When a disclaimer is effective, a disclaimant is deemed predeceased the testator. (ANALYSIS: In this case, 을 disclaimed in a proper way and it is effective. ……)

When a disclaimant is deemed predeceased the testator, the question arises whether the bequest to that disclaimant passes to her issue. The answer depends on whether the anti-lapse statute is applicable. If the anti-lapse statute applies to the case, the bequest to that disclaimant passes to disclaimant's issues. (ANALYSIS: In this case, 을 is related by blood to 갑 and 을's issue survived 갑. Thus, anti-lapse statute applies to this case.)

In sum, 을's disclaimer is effective and the bequest for 을 is distributed to 을's issue under the anti-lapse statute.

H. Rule Against Perpetuities (RAP) (17July)

1. General Rule

★Under the common law RAP, no interest is valid, unless it must vest, if at all, within 21 years of one or more lives in being at the time of its creation.

2. Wills and RAP

★The period for the common law RAP purpose begins to run from the date testator's death, not at the time the will is executed. This is because wills are **ambulatory** and can be revoked or changed at any time up to the testator's death.

VI. Rules as to Administration

A. Personal Representatives (13July)

Personal representative는 '유언집행자'를 뜻하는 바, testator가 자신의 will에 personal representative를 직접 선임할 수 있고, 그렇지 않은 경우에는 법원이 선임한다. Personal representative를 선임하지 않은 경우의 will을 "silent will"이라 칭하며, 이러한 경우에는 법원이 규정에 따라 적합한 personal representative를 선임한다.

1. General Rule

Personal representative has priority to receive letters testamentary from the court overseeing the administration of the estate.

2. Silent Will

For a silent will, the **court** will appoint a personal representative under the governing statute.

Under the UPC, a **surviving spouse** has first priority **only if the spouse is a devisee of the decedent.** [UPC §3−203(a)(2)] Even if the spouse is **not a devisee** of the decedent, [she] would still be entitled to be appointed when testator's devisees are **not qualified with the reason of minority.** [UPC §3−203(a)(4)]

[UPC §3−203(a)]

(a) Whether the proceedings are formal or informal, persons who are not disqualified have priority for appointment in the following order:

    (1) the person with priority as determined by a probated will including a person nominated by a power conferred in a will;

    (2) the surviving spouse of the decedent who is a devisee of the decedent;

    (3) other devisees of the decedent;

    (4) the surviving spouse of the decedent;

    (5) other heirs of the decedent;

    (6) 45 days after the death of the decedent, any creditor.

B· Durable Health-Care Power Of Attorney (POA) and Advance Directives (16Feb)

- Durable health−care power of attorney (POA) = Durable power of attorney for health care
- Advance directives = Living will

Durable health−care power of attorney(POA)란 testator가 혹여나 미래에 의사결정을 하지 못하는 상황에 처하면 그의 health care에 대한 결정을 내릴 수 있는 자를 지정한 문서로서, 'durable power of attorney for health care'라고도 일컫는다. POA로 지정되는 사람이 반드시 attorney이어야 하는 것은 아니고, testator의 아들, 딸 등이 POA로 지정될 수 있다. 한편, advance directives 는 'living will'이라고도 하는데, testator가 의사결정을 하지 못하는 상황에 처했을 경우 그의 health care에 대해 취해야 할 조치가 작성되어 있는 문서이다. 예컨대, "내가 의사결정을 하지 못하는 상황에 처하면, 나의 아들이 agent로서 나의 health care에 대한 결정을 내린다"는 내용의 문서는 POA이고, "내가 의사결정을 하지 못하는 경우 심폐소생술은 진행하지 않는다"는 내용의 문서는 advance directives이다. POA와 advance directives는 모든 주에서 인정된다. 한편, POA와 관련된 두 가지의 주된 논점이 있는데, agent의 권한은 특정 질병이나 기간에 한정된 권한이 아니라는 점과 agent의 결정이 testator의 사망을 야기했다 하더라도 agent에게 slayer statute가 적용되지 않는다는 점이다. 갑이 암에 걸렸을 때 을을 agent로 지정하는 POA를 작성하였는데 암이 완치된 이후 교통사고로 식물인간이 되었다면, 을의 권리는 갑의 암투병 기간에 한정되지 않는 바, 교통사고 이후에도 POA에 의한 agent로서의 권리를 가진다.

All states have adopted statutes authorizing advance directives and durable health－care powers.

1. Durable Health-Care Power Of Attorney (POA)

Unless a durable POA specifies otherwise, **a designated agent is empowered to make health－care decisions for the principal whenever the principal lacks capacity.**

"Heath care" means any care, treatment, service to maintain, or otherwise affect an individual's physical condition.

A designated agent shall make a decision for **the principal's best interest.** State laws typically protect an agent who has acted **in good faith** from civil and criminal liability.

The power is **not limited to particular illness or for a particular time period.**

2. Advance Directives

An advance directive specifies **the patient's preferences** for treatment or non－treatment if he becomes incapacitated.

3. POA and Slayer Statute

In modern, **the slayer statute does not apply** to an agent under durable health−care POA when withholding treatment to the decedent is not considered to be the cause of death.

Applying slayer statute would be inconsistent with the typical immunity provision in POA.

[Slayer Statute]

Slayer statute provides that no person shall share in the estate of a decedent when he or she intentionally caused the decedent's death.

모범답안 036

1. 을's decision with the result of 갑's death is proper as an agent and slayer statute is not applied in this case.

All states authorize advance directives and durable health care powers. An advance directive specifies the patient's preferences for treatment or non−treatment if he becomes incapacitated. A designated agent is empowered to make health care decisions for the principal whenever the principal lacks capacity. Heath care means any care, treatment, service to maintain, or anything affects an individual's physical condition. A designated agent shall make a decision for the principal's best interest.

(ANALYSIS: In this case, 갑 specified 을 as a durable health care POA when he was suffered from cancer. ……)

In modern, slayer statute does not apply to an agent under durable health care POA when withholding treatment to the decedent is not considered to be the cause of death. Applying slayer statute would be inconsistent with the typical immunity provision in POA.

In sum, 을's decision with the result of 갑's death is proper as an agent and slayer statute is not applied in this case.

[표 6-2]

	CL	UPC
Interested witness	The provision is invalid. Entire will is void.	The provision is valid. Entire will is valid.
Incorporation−by−reference	concurrently/before the execution of the will	anytime (after인 경우에는 요건×2)
Personal representative	surviving spouse	surviving spouse if she/he is devisee
Anti−lapse statute	적용× (lapse) ⇒ residuary legatee	적용○ (anti−lapse) ⇒ benef.'s issue
Ademption (specific legacy)	적용○ ⇒ residuary legatee	적용× ⇒ intent test
Residue of a residue clause	no residue of residue rule ⇒ heirs as intestate	surviving residuary beneficiary rule ⇒ other residuary benef. ★anti−lapse statute > survi. ben. rule

intestate + survived by spouse + children	Spouse gets 1/2 or 1/3	Spouse gets entire if all descendants are descendants of the spouse & no other survived spouse's children
Pretermitted child	intestate share	(예외×3) ⇒ 권한 없음
Adopted child by natural parent (부모 중 한 명이 제3자와 결혼 후, adopt child)	adopt하지 않은 친부모와 severe (adopt하지 않은 친부모로부터 inherit 불가)	new parent, adopt한 부모와 adopt 하지 않은 친부모(biological parent) 모두로부터 inherit 가능
Lifetime gift	advancement (Testator 생전에 유증할 금액 중 일부를 미리 증여 한 것) ⇒ 유증 받을 전체 금액에서 lifetime gift만큼 제외해야 함	advancement, only if: the will states so or it was indicated in writing

7장
Trusts and Future Interests

///

본 장은 '신탁'에 대해 논하는 바, United Trust Code(UTC) 또는 United Probate Code(UPC)를 기준으로 한다. 신탁은 '믿고 맡긴다'는 의미를 가지며, 이는 수탁자 (trustee)가 위탁자(testator)의 특정 자산(trust asset)을 관리·처분하고 그 밖에 신탁의 목적달성을 위하여 필요한 행위를 하는 법률관계를 뜻한다. 즉 testator가 trustee에게 trust asset을 신탁하여 그에 대한 이익(trust income) 및 원금(trust principal)을 특정인에게 증여하도록 하는 바, trustee와 testator간 agency가 형성되므로 「1장. Agency」에서의 fiduciary duty 내용이 동일하게 적용된다. 본 장에서는 trust 유효성(validity) 요건 및 이에 대한 항변사유(defenses), trustee의 신의칙의무(fiduciary duty) 그리고 유류분 제도(elective share statutes), equitable deviation doctrine 등과 같은 이론들을 통해 trust 내용 해석방법을 자세히 논하도록 한다. 한편, MEE 기출문제에서는 본 장에 관한 문제의 제목을 ≪Trusts & Future interests≫로 표기한다. 이는 trusts의 형식이 주로 present interest와 future interest로 구분되어 있기 때문이다. 예컨대, "trust income을 을에게 for life동안 지급하고, 을 사망 시 병에게 trust prinicpal을 지급한다"는 trust와 같이, trust상의 beneficiary는 대개 present interest를 가지는 을과 future interest를 가지는 병으로 구분된다.

• Testator = Trustor = Settlor: 위탁자
• Trustee: 수탁자
• Beneficiary: 수혜대상자
• Trust principal = Trust asset: Trustee에게 맡긴 자산
• Trust income: Trustee가 trust principal을 관리함으로써 만들어진 이익
• Bequest (v.)

- Bequeath (n.)
- Deceased person = Decedent: 고인(故人)
- Descendant: 자손
- No anti-lapse statute in trusts ⇒ (Issues have rights as representation.)

☑ 글쓰기 Tips

1. Trusts는 타 과목과 혼합된 형태의 문제가 자주 출제된다.
   ① Will 작성 시 이전에 작성한 will, 메모, trust 등과 같은 외부문서를 인용할 수 있다. 그중 trust가 인용되는 경우는 Wills와 Trusts가 혼합된 경우로서, 주로 will에 trust가 pour-over된 경우가 자주 출제된다.
   ② Trustee가 testator의 부동산을 분배하는 과정에서 「8장 Real Property」의 rule against perpetuities(RAP)가 적용되기도 한다.
2. Trusts에 관한 문제는 trust asset을 '어떻게 분배해야 하는지'를 묻는 문제가 주를 이루고, trustee의 fiduciary duty에 관한 문제도 다수 출제되었다.
   ① Trust asset을 '어떻게 분배해야 하는지'
   Q: Does 갑 have a valid claim to any trust? Explain.
   Q: How should the trust assets be distributed?
   Q: What, if any, is 갑's interest in the trust assets?
   Q: How does the [갑's expression] to the trustee affect the distribution of trust income?
   Q: After the death of the testator, will the trust assets pass to the testator's estate? Explain.
   ② Trustee의 fiduciary duty
   Q: Did the trustee breach any duties by [purchasing the building] and, if yes, what remedies are available?
   Q: Is 갑 liable for losses [on the investment in ABC stock]?
   Q: Must 갑 return to the trust profit she retained from [assets she purchased the building]?
3. 'Trust의 유효성'은 Trusts에 관한 문제에 있어 가장 먼저 판단해야 할 요소이다.

Ⅰ. Trust Creation

A. Trust Validity (20July, 20Oct)

Trust는 그 내용에 명확한(definitive) 수혜대상자가 명시되어 있어야만 유효성이 인정된다. 예컨대, "trust income을 갑에게 지급한다"와 같이 beneficiary가 누구인지 지목할 수 있을 정도로 명확하게 묘사되어 있어야 하는 바, '갑 친구들', 'ABC회사의 직원들'과 같이 그룹만 명시되어 있을 뿐 그 member가 명확하지 않은 trust는 유효하지 않다. 그러나 trust의 목적이 지정되어 있는 (designated) 경우에는 21년 이하의 기간동안 예외적으로 유효성을 인정한다. 즉 definitive beneficiary는 존재하지 않으나 designated 목적을 가진 trust의 유효성은 최대 21년간 인정된다. 이는 trustee는 목적에 따라 trust를 이행할 의무를 지기 때문에, beneficiary가 definitive하지 않더라도 trust의 목적이 지정되어 있다면 trust의 유효성을 인정하고 trustee가 trust의 내용을 이행할 수 있도록 해야 한다고 보기 때문이다. 한편, Restatement of Trusts에서 trust의 유효기간(21년) 산정기준을 명시하고 있지는 않으나 'trust가 생성된 시점'을 기준으로 한다.

1. General Rule

A valid trust requires:

  i . A **definitive** beneficiary;

  ii . A testator with capacity;

  iii. An intent to create a trust;

  iv. A trustee;

  v . A valid trust purpose;

  vi. Trust property; and

  vii. Compliance with any state formalities

✔ "to distribute the income annually among my friends" — 요건 i 충족 ×

✔ "to distribute the income annually among all members of the orchestra" — 요건 i 충족 ×

(Members of an indefinite class cannot enforce the trust.)

2. Definite Beneficiaries

To be a valid **noncharitable** trust, it must have **ascertainable beneficiaries.** However, a trust without ascertainable beneficiaries but having **designated purpose** can be created. The trust is not enforceable for more than 21 years. This is because the trustee has power to apply the property to the **designated purpose** for both charitable and noncharitable trusts. The 21-year period presumably runs from the date the trust was created.

B. Amendment (13Feb)

• Power to amend = Power to modify

Trust의 '수정'을 영어로 amendment라 표현하며, 수정하고자 하는 intent, 수혜대상자 설명(specification of beneficiaries), trustee 지정(designation), 이 세 요건을 충족하면 유효한 amendment로 인정된다. 이는 will amendment의 유효성요건과 차이가 있는데, will을 revocate할 때에는(codicil을 작성할 때에는) 새로운 will을 작성하는 것과 같이 will의 모든 유효요건을 갖추어야만 그 유효성이 인정된다.

★Under the UTC, **no** execution formalities are required. Only what they need are: **intent, specification of beneficiaries, and designation of trustee.**

[Will's Amendment]

Regarding will's amendment, formalities are required to amend will (to create a codicil) as same as a creation of a will. Codicil must satisfy same formalities as a will.

II. Types of Trusts

Trusts의 유형은 그것을 작성한 시점을 기준으로 inter-vivos trust와 testamentary trust로 구분되고, 수정(및 종료) 가능여부를 기준으로 revocable trust와 irrevocable trust로 구분된다. 그 외에도 trustee의 재량권을 인정하는 discretionary trust, beneficiary의 생활유지를 위한 support trust, 기부의 목적을 가지는 charitable turst가 있다.

> **TIP1**　Trusts와 관련된 문제의 경우, '수정 및 종료 가능 여부'를 기준으로 한 trust의 유형을 구분하고, 누구에게 the power to amend가 있는지 확인한다.
>
> **TIP2**　하나의 trust가 여러 개의 특징을 가지고 있는 경우 모든 특징에 대해 빠짐없이 서술해야 한다. 예컨대, discretionary이면서 irrevocable이면서 spendthrift clause를 포함하고 있는 trust의 경우가 그러하다.

A. Inter-Vivos Trusts and Testamentary Trusts (13Feb)

• Inter－vivos trust ＝ Living trust

Inter－vivos trust는 testator가 '생전'에 작성하는 trust로서, 작성 당시 trust가 실행될 시점을 정한다. 즉 inter－vivos trust는 trust가 작성된 후 바로 실행될 수도 있고, 작성자가 사망한 이후에 실행될 수도 있다. 보통은 작성된 후 바로 실행되는 trust를 뜻한다. 한편, testamentary trust는 testator가 'will을 작성함과 동시에' 생성되는 trust로서, testator가 사망한 후에 실행되는 trust를 뜻한다. 역대 MEE 기출문제는 주로 inter－vivos trust에 대한 사안이 출제되었다.

1. Inter-Vivos Trusts

An **inter－vivos trust** is a fiduciary relationship used in estate planning created **during the lifetime of the testator.** Duration of an inter－vivos trust is determined at the time of the trust's creation and the trust can entail^{수반하다} the distribution of assets to the beneficiary during or after the testator's lifetime.

2. Testamentary Trusts

A **testamentary trust** is created through the provisions of **a testator's will**, and does not take effect **until the testator's death**.

B. Revocable Trusts and Irrevocable Trusts (12July, 13Feb, 17Feb)

Trust의 유형은 수정(및 종료) 가능여부를 기준으로 revocable trust와 irrevocable trust로 구분된다. Revocable trust란, 수정(및 종료)이 '가능한' trust를 뜻하는 바, trust가 작성된 이후에도 해당 trust가 수정될 수 있다. 반면, irrevocable trust는 수정(및 종료)이 '불가한' trust로서 trust가 작성된 이후에 수정이 불가하다. Testator가 trust의 유형을 별도로 정하지 않은 경우에는 revocable trust로 취급한다.

Irrevocable trust일지라도, 모든 수혜대상자가 수정하는 것에 동의한다면 trust가 종료될 수 있다. 만일 수혜대상자에 현재 권리를 가지는 자와 미래에 권리를 가지는 자(remaindermen)가 모두 포함되는 경우라면, 그들 모두의 동의가 필요하다. 예컨대, 갑에게 trust income을 for life동안 지급하고, 갑 사망 후 trust principal을 을에게 지급한다는 irrevocable trust의 경우, 을에게 trust principal이 지급되기 전까지(갑이 사망하기 전까지) 수정될 수 없는 것이 원칙이나 만일 갑과 을이 해당 trust를 종료시키는 것에 동의하는 경우에는 예외적으로 종료할 수 있다. 다만, trust가 생성된 중요한 목적(material purpose)이 있고 해당 목적이 실현되기 전이라면, 갑과 을의 동의가 있다 하더라도 trust는 종료될 수 없다. 상기 예시에서 을에게 trust principal을 지급하고자 하는 것이 을의 대학교 학비를 위한 것이고 아직 을이 졸업하지 못했다면, 갑과 을의 동의가 있다 하더라도 본 trust는 종료될 수 없다. Trust의 목적은 trust의 내용에 명시되어 있을 수도 있고, 주어진 내용으로 imply될 수도 있다. 한편, 법원이 Restatement (Third) of Trusts의 balancing approach를 채택한다면, trust를 종료해야 하는 이유와 trust의 목적을 비교형량하여 실익이 더 큰 쪽으로 선택한다. 즉 balancing approach를 채택할 경우, trust의 중요한 목적이 존재하더라도 trust가 종료될 수 있다.

Amendment v. Revocation

Amendment of trust는 기존에 있던 trust를 수정하여 새로운 trust 를 작성하는 것을 의미하는 바, wills 과목에서 codicil을 작성하는 것과 대응된다. 한편, revocation은 testator가 trust를 작성한 후 trustee가 trust asset을 운영하는 과정에서 그 내용을 수정·변경하는 것을 의미하는 바, 새로운 trust가 생성되었다고 볼 수는 없다. Power to revoke를 가지는 자는 power to amend 또한 가진다. 즉 power to amend가 trust상 명시되어 있지 않더라도 imply되는데, amend하기 위해서는 우선 trust를 revoke해야 하기 때문이다.

1. General Rule

★Under the UTC, a trust is revocable unless stated otherwise. A power to revoke includes the power to amend.

2. Termination of Irrevocable Trust

a. General Rule

Irrevocable trusts can be terminated when:

ⅰ. Prior to the death of **all income beneficiaries;** and

ⅱ. Income beneficiaries and remaindermen **unanimously** consent to remove.

b. Exception

material purpose 〉 all consent

Even if all income beneficiaries and remaindermen unanimously consent to revoke a trust, irrevocable trust cannot be terminated when there is **material purpose** yet to be performed.

✔ "trust income to 갑 for life, then trust principal to 을"

Testator가 trust 내용에 'beneficiary를 연달아서 지정'했다는 사실은 trust를 유지시켜야 할 중요한 목적에 해당하지 않는다. 즉 수혜대상자로서 갑과 을을 연달아서 지정하였으므로, 두 명에게 혜택이 주어지는 것이 trust의 중요한 목적이라고 주장할 수 없다. 따라서 갑과 을의 동의가 존재하는 한 본 trust는 irrevocable trust라 할지라도 수정 및 종료가 가능하다.

(A material purpose should not be inferred from the mere fact that the testator created a trust for successive beneficiaries.)

c. Third Restatement of Trusts

> balancing approach

The courts adopting balancing approach may approve trust termination if **the reason for termination or modification outweighs the material purposes.**

C. Discretionary Trusts (09July, 11Feb, 19Feb)

1. Uncontrolled Discretion

• Uncontrolled discretion = Absolute discretion

Discretionary trust란, trustee에게 규제 없는 재량권이 주어지는 trust를 의미한다. 여기서 '규제 없는 재량권'은 영어로 'uncontrolled discretion' 또는 'absolute discretion'으로 표현된다. Discretionary trust의 trustee는 trust의 모든 운영 및 분배에 관해 재량권을 가지고 있으며, testator의 의도 및 생각을 고려하여 trust의 자산을 분배한다. Trustee가 권한남용(abuse of discretion)을 하지 않는 한 해당 재량권을 행사함에 있어 제약은 없다. 권한남용 여부는 trust 내용, trustee's duties 등을 고려하여 판단하고, 그것이 인정될 때에는 법원이 trustee에게 trust asset 분배를 direct 하거나 trustee가 해당 distribution만큼을 직접 지급하도록(surcharge) 하는 등 trustee의 권한을 제한 및 변경한다.

In discretionary trusts, a trustee has **uncontrolled discretion.**

★A trustee's discretionary power is subject to judicial control **only when there is an abuse of the discretion by the trustee.**

To determined whether there is an abuse of discretion, terms of the trust instrument and the other duties of the trustee are considered. There is no abuse of discretion, if the trustee acts **honestly and in consistency with the testator's intention.**

If the court finds an abuse of discretion, it will direct payment that the trustee would have distributed be made from the trust, if trust assets are available, or otherwise surcharge the trustee.

2. Uncontrolled Discretion and Creditor

Discretionary trust의 trustee는 uncontrolled discretion을 가지고 있는 바, beneficiary가 trust benefits 지급을 control하거나 trust benefits 지급을 trustee에게 요구할 수 없다. 예컨대, trustee가 uncontrolled discretion을 가지고, trustee income은 testator's children(갑, 을, 병)에게 지급한다는 trust의 경우, 갑은 자신에게 income을 지급하라고 trustee에게 요구할 수 없다. 그렇다면 갑이 친구 정에게 돈을 빌렸다면 친구 정이 trustee에게 갑에 대한 trust income 지급을 요구할 수 있는가 하는 논점이 있다. 친구 정(creditor)이 trust income에 대해 가지는 권리는 trust beneficiary인 갑이 가지는 권리보다 클 수 없으므로, 갑에게 지급되지 않은 trust income에 대해 채권을 행사할 수 없다. 그러나 trustee가 abuse discretion하는 경우에는 예외적으로 beneficiary(갑)가 trustee에게 interest 지급을 요구할 수 있는 바, beneficiary's creditor(정) 또한 trustee에게 지급을 요구할 수 있다. Creditor(정)가 beneficiary(갑)를 상대로 child support를 주장하는 경우에도 trustee에게 interest 지급을 요구할 수 있다.

★Creditor has no greater rights in the trust than beneficiary has.
In discretionary trusts, the creditor could **not** compel trustee to make a payment as the beneficiary could not. A creditor **is entitled** to receive

any distributions the trustee **is required to make** in the exercise of that discretion.

3. Spendthrift Clause (19Feb)

Spendthrift는 낭비벽이 심한 사람을 뜻하는 바, beneficiary가 spendthrift가 되지 '않도록' 그의 양도권(right of assignment)에 약간의 제한을 두는 조항을 spendthrift clause라 일컫는다. Beneficiary가 trust상 자신에게 주어진, 그러나 '아직 지급되지 않은' interest를 타인에게 양도(assign)하는 것을 제한하는 조항이 spendthrift clause이다. 여기서 '타인'은 beneficiary의 creditor를 포함하는 바, 예컨대 갑 사망 시 을에게 trust asset 1억을 증여한다는 trust에 spendthrift clause가 명시되어 있다면, 을의 채권자 병은 을에게 trust asset이 '지급되기 이전', 즉 갑이 사망하기 이전에 을이 가지게 될 interest(1억)에 대해 채권을 행사할 수 없다. 여기서 중요한 점은 spendthrift clause가 을(beneficiary)의 '미지급된' interest를 양도하는 것을 금지할 뿐, 이미 '지급된' interest를 양도하는 것을 금지하는 것은 아니라는 것이다. 따라서 갑이 사망하여 을에게 1억이 지급된 이후에는 병이 그 1억에 대해 채권을 행사할 수 있다. 한편, testator가 trust상 spendthrift clause를 명시하여 특정 trust에 적용되는 경우뿐만 아니라 주 법에서 spendthrift clause를 규정하여 모든 trust에 일괄적으로 적용되는 경우도 있다.

Spendthrift clause는 discretionary trust와 구분되는 개념이다. Spendthrift clause와 trustee's discretion 모두 beneficiary에게 '미지급된' interest에 대해 creditor가 채권을 행사하는 것을 제한하는 근거가 된다는 점에서 동일하나, 그 근거가 전혀 다르다. 우선 discretionary trust는 trustee의 재량권이 인정되는 trust로서, beneficiary에게 지급할 interest를 정하는 전권(全勸)이 trustee에게 있다. 따라서 trustee가 beneficiary에게 interest를 지급하기 '이전'에는 beneficiary가 trustee에게 interest 지급을 요구할 수 없는 바, beneficiary's creditor 또한 trustee에게 지급을 요구할 수 없다. 그러나 trustee가 abuse discretion하는 경우와 creditor가 child support를 주장하는 경우에는 예외적으로 trustee에게 interest 지급을 요구할 수 있

다. 한편, spendthrift clause가 있는 경우 creditor가 '미지급된' beneficiary 의 interest에 대해 채권을 주장할 수 없는 것이 원칙이나, beneficiary가 creditor에게 necessary expense에 대해 채무를 지는 경우, creditor의 채권 이 법적으로(judgment or court order) 인정된 support 또는 maintenance 인 경우 등과 같이 spendthrift clause가 있다 하더라도 trustee가 beneficiary 에게 interest를 지급하기 '이전'에 채권을 행사할 수 있는 네 개의 예외의 경우가 있다. 그중 necessaries exception은 이하 해당 챕터에서 자세히 논하기로 한다.

TIP 주어진 사안에 spendthrift clause에 대한 언급이 없는 경우, spendthrift clause가 적용되지 않는다고 본다.

[표 7-1]

	원칙	예외
Trustee's discretion	creditor가 trustee에게 주장불가	• abuse of discretion • judgment for support/maintenance
Spendthrift clause	creditor가 trust/trustee/beneficiary 에게 주장불가	• judgment for support/maintenance • judgment for service to protect interest in trust • creditor = government • necessary expense(necessaries exception)

* 모든 주장은 beneficiary에게 '미지급'된 interest에 대한 주장을 뜻함.
* Trustee's discretion이 necessaries exception에 우선하고, necessaries exception은 spendthrift clause에 우선한다.
  ⇒ uncontrolled discretion > necessaries exception > spendthrift clause
  ⇒ Necessary를 제공한 채권자라 하더라도 beneficiary가 주장할 수 있는 권리에 한해 채권을 행사할 수 있는 바, discretionary trust인 경우에는 '미지급된' interest에 대해 abuse of discretion이 없는 한 trustee에게 지급을 요구할 수 없다. 한편, spendthrift clause가 있다 하더라도 necessary 를 제공한 채권자는 '미지급된' interest에 대해 그 지급을 요구할 수 있다.

a. General Rule

A spendthrift clause **restrains both voluntary and involuntary transfer** of the beneficiary's interest. A beneficiary may **not** transfer an interest in a trust and a **creditor or assignee** of the beneficiary may **not reach** the interest or a distribution by the trustee **before its receipt by the beneficiary.** [UTC §502]

A spendthrift provision is valid only if it restrains **both** voluntary and involuntary transfer of a beneficiary's interest.

b. Exceptions

Even if a trust contains a spendthrift provision, a creditor **can raise claim against trust** when:

i. A creditor is a beneficiary's **child, spouse, or former spouse** who has a **judgment** against the beneficiary **for support or maintenance;**

ii. A **judgment** creditor has **provided services for the protection of a beneficiary's interest in the trust;**

iii. There is a claim by the **state or federal government;** or

iv. A creditor **furnished necessaries (necessaries exception).**

c. Necessaries Exception

• Necessaries exception = Necessaries doctrine

> uncontrolled discretion 〉 necessaries exception
> 〉 spendthrift clause

Necessaries exception은 spendthrift clause가 적용되지 않는 예외의 rule로, 소수의 주 법원만이 채택하고 있으며 UTC는 이를 인정하지 않는다. 갑 사망 시 을에게 trust asset 1억을 증여한다는 trust에 spendthrift clause도 명시되어 있다면, 을의 채권자 병은 을에게 trust asset이 지급되기 이전(갑이 사망하기 이전)에 을이 가지게 될 interest(1억)에 대해 채권을 행사할 수 없는 것이 원칙이나, necessaries exception이 적용되면 채권을 행사할 수 있다. 그러나 본 rule은 discretionary trust에서 적용되는 rule에 우선할 수 없는 바, 만약 상기 예시에서 trust가 discretionary trust인 경우에는 병은 trustee가 권한을 남용(abuse of discretion)하지 않는 한 을의 interest를 지급하라고 요청·강제할 수 없다. Beneficiary's creditor(병)는 항상 beneficiary(을)의 권한보다 작은 권한을 가지기 때문이다.

In some jurisdictions, creditors who provided the **beneficiary with necessaries** may reach the beneficiary's interest despite a spendthrift clause. The necessaries exception is not recognized in the UTC. But **if trustee has discretion,** the creditor cannot compel a distribution, unless there is an abuse of discretion.

---

case

갑이 작성한 trust의 내용은 다음과 같다.

"을은 trustee로서 내 아들 병과 딸 정에게 trust asset과 trust income을 discretionary distribute한다. 을은 uncontrolled discretion을 가진다. 병의 채권자는 병의 trust benefits에 대해 채권을 행사할 수 없다."

을은 개인적으로 병을 싫어한다는 이유로 갑의 모든 trust asset과 trust income을 정에게만 배분하였다. 한편, 병은 병원에 자신의 암 치료비에 대한 채무가 있다. 병원은 을에게 채권을 행사할 수 있는가? (Trustee's discretion과 spendthrift clause를 모두 고려하여 답할 것)

⇒ Yes. 갑이 작성한 trust는 discretionary trust이며, spendthrift clause가 있다. 병원은 necessaries expense에 대한 채권자이므로, spendthrift clause가 적용될 수 없는 바, 병원은 을에게 병의 trust benefit 지급을 요청할 수 있다. 그러나 을은 uncontrolled discretion을 가지는 trustee이므로 그의 abuse of discretion이 인정되지 않는 한, 병이 을을 상대로 trust benefit 지급을 요청할 수 없다. 본 사안에서 을은 개인적인 이유를 근거로 정에게 편협적으로 trust benefits를 분배하였으므로, 을의 abuse of discretion이 인정되는 바, 병은 을을 상대로 trust benefit 지급을 요청할 수 있다. 또한

병의 채권자인 병원은 병이 가지는 권리만큼을 을에게 주장할 수 있으므로, 병의 trust benefits에 대해 채권을 행사할 수 있다.

D. Support Trusts (19Feb)

Support trust란 testator가 beneficiary가 영유하던 생활(accustomed lifestyle)을 유지할 수 있도록 support하는 의도로 작성한 trust를 뜻한다. 여기서 'accustomed lifestyle'은 그 수준이 trust에 명시되어 있을 수도 있고, beneficiary의 상황을 고려하여 예측하는 경우도 있는데, 'trust가 생성된 시점'의 beneficiary의 상황을 기준으로 하나, beneficiary의 필요성에 따라 변경될 수 있다.

> TIP   MEE 기출문제에서는 "The trustee shall pay to children, in his sole discretion, for each child's support."라는 문구를 통해 직접적으로 support trust임을 명시했다.

A **support trust** is a trust that is created **to enable the beneficiary to maintain** his or her accustomed **standard of living**.
The "support" term includes more than necessities or bare essentials and it **is interpreted in various ways depending on the fact patterns.** A beneficiary's accustomed lifestyle is determined at the time the beneficiary's trust interest is created, but is subject to adjustment to accommodate the beneficiary's changing needs.

✔ Medical care — support 인정 ○
✔ Beneficiary's child support obligation and expenses could be treated as support if the beneficiary's income is very low.
✔ The purchase of a computer gaming system could be treated as support if the the system is necessary to allow the beneficiary to live with the accustomed standard of living.
✔ The purchase of a computer gaming system could not be treated as support if the the system is for recreational use.

E. Charitable Trusts (20July)

Charitable trust는 기부의(charitable) 목적으로 생성된 trust로서, 빈곤구호, 교육 및 건강증진 등과 같이 사회 '전체'에 도움이 되는 목적을 위한 trust을 의미한다. Trust의 성격, 즉 해당 trust가 charitable한지 그 여부를 판단하는 것은 trust(문서)의 '내용 및 목적'을 기준으로 하며, 그것을 작성한 testator의 동기(motivation)는 고려되지 않는다. 예컨대, 갑이 동네 슈퍼 주인인 을의 도움을 받아 대학교를 졸업하였고, 이후 갑이 을에게 보은하고자 을의 슈퍼 앞 도로를 포함해 모든 마을의 도로를 꾸미도록 trust를 작성했다고 가정해보자. 갑이 본 trust를 작성한 이유(motivation)는 을에게 보은하고자 한 것으로, 사회 '전체'를 위한 것이 아니었으므로 charitable하지 않으나, 해당 trust는 '모든' 마을의 도로를 꾸미고자 하는 목적을 가지는 바, charitable purpose로 인정된다. 만일 을의 슈퍼 앞 도로를 꾸미도록 trust가 작성되었다면, trust 내용은 사회 '전체'를 위한 것이 아니었으므로 charitable trust로 인정될 수 없다. 한편, charitable trust는 RAP의 적용을 받지 않는 trust로서 별도의 언급이 없는 한 기간의 제한 없이 영원히 유효하다.

> **TIP** RAP 적용여부를 판단하는 문제가 출제된 경우, ① 주어진 trust가 charitable trust에 해당하는지 판단한 후, ② RAP가 적용되지 않음 (RAP의 예외)을 서술한다.

1. General Rule

A charitable trust is a trust that is created for a **charitable purpose.** Charitable purposes include the relief of poverty가난, the advancement of education or religion, the promotion of health, governmental or municipal purposes, and other purposes the accomplishment of which is beneficial **to the community.**

The nature of the trust (whether the trust is for charitable purpose) is determined only by the **trust instrument**, not the trust testator's motivation.

✔ Plantings on streets in the town — governmental or municipal purposes ○

It is **customary** for municipalities to participate in beautification programs for their downtown areas.

When a trust relieves taxpayers of the duty to provide the governmental function, charitable purpose is recognized.

✔ To aid a profit−making business enterprise — governmental or municipal purposes ✕

✔ **Testator was motivated** to create a trust to benefits a restaurant. — 알 수 없음(trust가 생성된 motive는 trust의 유형을 결정하는 데 있어 무관하다.)

2. Charitable Trusts and RAP

A charitable trust is **not** subject to the rule against perpetuities (RAP). **It can last in perpetuity.**

Ⅲ. Fiduciary Duty

Trust를 작성하면 trustee와 testator간 agency가 형성되는 바, trustee는 testator에게 신의칙의 의무를 진다. 본 의무는 beneficiary에게도 확대적용된다. 그러나 trust의 유형(revocable/irrevocable trust)과 적용되는 법률(CL/UTC)에 따라 trustee가 신의칙의 의무를 지는 대상에는 다소 차이가 있다. 이에 관한 자세한 내용은 이하 「C. Fiduciary Duty and Testator's Direction」에서 논한다. Trustee가 지는 신의칙의 의무는 크게 duty of care와 duty of loyalty로 구분되고, duty of care는 trust를 신중하게 관리할 의무(duty of prudent administration), 법에 위촉되지 않도록 trust를 관리할 의무(duty to administer the trust in accordance with applicable law), 신중히 투자할 의무(prudent investor rule) 등을 포함한다.

A. Duty of Care (08Feb, 10Feb, 15July, 18July)

1. Duty of Prudent Administration

A trustee has a duty to administer the trust as a **prudent** person would in light of the purposes, terms, and other circumstances of the trust. A trustee must exercise **reasonable** care, skill, and caution and take **reasonable steps** to take control of and protect the trust property.

2. Duty to Administer the Trust in accordance with Applicable Law

A trustee has a duty to administer the trust diligently and in good faith in accordance with the terms of the trust and applicable law, such as UPAIA.

3. Prudent Investor Rule

★Under the prudent investor rule, a trustee is under a **duty to invest and manage** trust assets as an ordinary investor would.

a. Considering Factors

In determining whether trustee breached the duty to invest prudently, courts consider several factors:

ⅰ. The distribution requirements of the trust;

ⅱ. General economic conditions;

ⅲ. The role the investment plays in relationship to the trust's overall investment portfolio; and

ⅳ. The trust's need for liquidity.

b. Duty to Invest

The obligation to invest **prudently** normally requires the trustee **to diversify** trust investment.

c. Duty to Manage

The obligation to manage (monitor) the trust requires trustee to monitor investments prudently to assure that retention of those investments remains prudent. A trustee has obligation to consider the trust's **needs for liquidity and preservation or appreciation of capital.**

✔ Trust asset의 전체 또는 상당한 부분(예컨대 90%)을 하나의 stock 에 투자하는 경우 — violates the duty to invest
✔ Stock과 fund를 포함하는 portfolio에 투자한 경우 — no breach
✔ Balanced portfolio of [three] mutual funds — no breach
✔ 지속적인 가격하락에도 불구하고 후속처리 없이 방치한 경우 −violates the duty to manage

[표 7-2] Prudent investor rule

Investment	Management
diversify	monitoring = obligation to preserve liquidity and capital
portfolio	general economic conditions

TIP   Duty to invest prudently는 trustee가 investment 또는 management에 대한 결정을 내릴 때 지는 의무이다. 그러나 그 내용을 명확하게 살펴보면, duty to invest prudently는 자산을 투자할 때 신중히 해야 한다는 의무로서 본 duty 준수여부를 판단할 때에는 해당 투자가 testator가 trust상 요구한 조건을 충족하였는지, 투자한 시점의 경제상황 등 다양한 요소를 고려한다. 한편, trustee가 자산을 한 곳에 몰아서 투자하지 않고 나누어 투자해야 한다는 duty to diversify (investment에 관한 duty)와 경제상황을 고려해야 한다는 duty to monitor(management에 관한 duty)는 duty to invest prudently에서 확장된 duty라 할 수 있다. 따라서 일

부 NCBE 답안은 prudent investor rule, duty to diversify, duty of care를 모두 구분되어 있기도 하나(08Feb, 15July), 이는 breach된 fiduciary duty를 모두 언급하도록 요구하는 문제들로서 자세한 analysis가 필요한 경우에 서술하는 방법이고, 대부분의 경우에는 duty to invest prudently에 duty to diversify와 duty to monitor를 포함하여 서술하는 것으로 족하다.

B. Duty of Loyalty (08Feb, 09July, 15July, 18July)

Duty of loyalty는 trustee가 testator의 이익을 위해 행동해야 한다는 내용의 의무를 뜻하는 바, 이에는 self-dealing을 하지 않을 것, 타인을 위해 testator의 이익에 반하는 행위(conflicts of interest)를 하지 않을 것, 공명정대하게 (impartially) 행위할 것 등을 포함한다. 역대 MEE 기출문제에서는 주로 self-dealing에 관해 출제되었으며, 이에 대해 beneficiary가 취할 수 있는 후속조치(remedy)도 서술하도록 출제되었다. Self-dealing이란, trustee와 testator의 이해가 상충되는 거래를 뜻하는 바, trustee가 trust property인 부동산을 매입하는 경우 등이 이에 해당한다. 이러한 거래가 발생된 경우, beneficiary는 해당 거래를 철회(rescind)하여 trustee가 매입한 trust property(부동산)를 trust asset에 되돌려 놓고 trust로부터 매매대금을 돌려받거나, 해당 거래의 목적물(부동산)의 시세가(fair market value)와 trustee가 매입한 금액의 차액을 배상받을 수 있다(damages award).

1. Self-Dealing

A trustee cannot engage in self-dealing.

★Under the **no further inquiry rule,** there is no need to inquire into the motivation for the self-dealing transaction or even its fairness.

When a self-dealing transaction occurs, trust beneficiary can **rescind** it or obtain a **damages** award.

a. Set Aside (Rescind)

If a beneficiary elects to set aside (rescind) the transaction, the trust property purchased by the trustee is returned to the trust and the amount the trustee paid for the property is refunded by the trust.

b. Damages Award

> (fair mkt value) − (trustee's purchase $)

If a beneficiary seeks damages, those damages are based on the difference in the fair market value of the trust assets at the time of the self−dealing transaction and the amount paid by the trustee.

2. Conflict of Interests

★A conflict of interests occurs when the trustee acts on behalf of others to whom the trustee also owes obligations.

답안요령   Self−dealing

1. Self−dealing
   + analysis
2. No further inquiry rule★
   + analysis
3. Beneficiary's remedy
   + analysis

TIP1   Self−dealing에 관한 답안 작성 시, no further inquiry rule을 함께 서술하는 것이 고득점 포인트다.

TIP2   3번의 경우, 별도의 문제로 출제된 경우도 있다.

Q: What remedies are available to the trust beneficiaries if they sue the trustee? Explain.

모범답안 037

1. 갑's action is self−dealing and self−dealing should be set aside or 을 recovers damage.

A trustee cannot engage in self−dealing. Under the no further inquiry rule, there is no need to inquire into the motivation for the self−dealing transaction or even its fairness. (ANALYSIS: Here, 갑 purchased the building himself for 10억 and 갑's action is self−dealing.)

Any trust beneficiary can cause a self−dealing purchase by a trustee to be set aside or obtain a damages award. If a beneficiary elects to set aside the transaction, the trust property purchased by the trustee is returned to the trust and the amount the trustee paid for the property is refunded by the trust. (ANALYSIS: In this case, the building should be returned to the trust and 10억, the amount 갑 paid for it, should be refunded by the trust.)

If a beneficiary seeks damages, those damages are based on the difference in the fair market value of the trust assets at the time of the self−dealing transaction and the amount paid by the trustee. (ANALYSIS: In this case, damages are 3억(13억−10억) and 갑 would pay it to the beneficiary.)

In sum, 갑's action is self−dealing.

C. Fiduciary Duty and Testator's Direction (10Feb)

'Settlor의 지시'에 따라 trustee가 trust asset을 투자하였는데 해당 행위가 fiduciary duty에 어긋나는 경우, settlor는 이에 대한 책임을 지는가. 예컨대, settlor 갑의 지시에 따라 trustee 을이 trust asset 전체를 ABC회사에 투자한 경우, 을은 diversify 없이 투자를 한 것이므로 duty to invest prudently(duty to invest)를 breach하였다. 이에 을은 책임을 지는가. 이는 ① 적용되는 rule(CL 또는 UTC)과 ② trust의 유형(revocable trust 또는 irrevocable trust)을 모두 고려하여야 하는 논점이다. Common law에 따르면 revocable trust이면서 testator를 제외한 beneficiary가 없는 경우, settlor가 power to revoke를 가지는 바, 실질적으로 trust에 관한 모든 결정을 할 수 있는 자이다. 따라서

trustee는 settlor에게 fiduciary duty를 지며, settlor의 지시에 따라 행동한 것에 대해 책임을 지지 않는다. 그 외의 경우에는 trustee는 beneficiary에게 fiduciary duty를 지므로, settlor의 지시가 있었다 하더라도 breach of fiduciary duty에 대해 책임을 진다. 예컨대, 갑이 "trust income to my daughter 병 for life, then trust assets to 병's children", 내용의 revocable trust를 작성한 후, trustee 을에게 trust asset 전체를 ABC회사에 투자하도록 지시한 경우, beneficiary는 settlor(갑)가 아닌 beneficiary(병)가 존재하므로 을의 책임이 인정된다. Irrevocable trusts는 그 누구도 trust가 종료되는 시점까지 그 내용을 revoke 할 수 없는 바, 갑의 지시에 따랐다 하더라도 책임을 진다. 한편, UTC의 경우 revocable trust에서 trustee는 오직 settlor에게만 fiduciary duty를 지므로, settlor의 지시에 따른 행위에 대해 trustee는 책임을 지지 않는다. 반면, irrevocable trust에서는 beneficiary에 대해 신의칙의무를 지는 바, settlor의 지시에 따른 행위에 대해 trustee의 책임이 인정된다.

[표 7-3]

	CL	UTC
Revocable Trusts	• S를 제외한 나머지 B가 없는 경우 ⇒ T책임 無 • 그 외의 경우 ⇒ T책임 有	duty exclusively to S ⇒ T책임 無
Irrevocable Trusts	불가능	duty exclusively to B ⇒ T책임 有 (breach the fiduciary duty)

*B: beneficiary
*S: Settlor
*T: testator

1. Common Law

Under CL, when there were **no income beneficiaries other than testator** and testator held the **power to revoke** the trust, testator could be treated as the effective owner. Thus, trustee has **no** liability to testator and all other trust beneficiaries.

2. UTC

UTC specifically provides that, **in a revocable trust, trustee's duties are owed exclusively to the testator.** Thus, acting in accordance with a testator's directives is adequate and the trustee has no liability for breach of the fiduciary duty.

Under the UTC, when a trust is **irrevocable, the trustee's obligations are owed exclusively to trust beneficiaries.** Thus, acting in accordance with a testator's directives is inadequate and the trustee breaches his fiduciary duty.

Ⅳ. Rules As to Execution

A. Restraint of Marriage (15July)

Trust 자산 분배에 있어 결혼을 하지 않는 조건 또는 늦게 하는 조건이 있다면, 이러한 trust 조항은 무효이다. 하지만 testator가 이러한 조항을 beneficiary가 미혼일 동안 혜택을 주고자 하는 목적으로 trust 자산 분배에 단순히 기간을 설정해 놓은 것이라면 유효한 조항으로 인정된다.

Trust provisions that restrain a **first marriage** are void, since those violate public policy.

If the trustee's **motive was to support for a beneficiary while the beneficiary is single,** a restraint on marriage might be upheld.

B. Cy Pres Doctrine (09July, 11July)

• Cy pres = As near as possible: 가능한한 가까이

Trust의 자산을 분배할 때 가장 기본적인 원칙은 trust의 내용에 따라 분배하는 것이다. 따라서 그렇게 할 수 없는 자산, 즉 trust의 내용에 따라 분배할 수 없는 자산은 testator의 estate로 복귀되어야 한다. 그러나 자산분배가 '기부'의 목적(charitable intention)으로 이루어진 경우에는 예외의 rule이 적용되는 바, 법원이 권리(cy pres power)를 행사하여 testator의 intent에 최대한 가깝

도록 자선단체를 선정하여 trust 자산을 분배할 수 있다. 법원은 testator의 intent가 특정 자선단체에 국한(specific intent)되어 있지 않고, 기부를 하겠다는 일반적인 intent(general intent)를 가지고 있다고 인정되는 경우에 한해 cy pres power를 행사할 수 있다. 즉 testator의 general intent가 인정되어야만 법원이 cy pres power를 행사하여 trust의 내용과 다르게 trust 자산을 분배한다. 예컨대, 갑이 A주 주민의 건강증진을 목적으로 trust income을 주 병원1에 지급하도록 하는 trust를 작성했다고 가정해보자. Trust income을 지급해야 하는 시점에 주 병원1이 사라진 상태라면, 해당 trust income을 어떻게 분배해야 하는가. 갑이 trust를 작성한 intent가 general intent로 인정된다면, 법원은 cy pres power를 행사하여 A주의 다른 병원인 주 병원2에 trust income 지급하도록 명할 수 있다. 갑 intent의 유형(general 또는 specific)을 어떻게 판단해야 하는지에 대해서는, common law는 general intent로 '추정'하고, UTC는 general intent로 '간주'한다.

TIP Charitable trust와 관련된 논점
① 주어진 trust가 charitable trust인지 판단하기.
    ("charitable" 의미를 판단하는데 focus)
② RAP가 적용되지 않음.
③ Cy pres doctrine

1. General Rule

★When the trust property to be used for a **charitable purpose** could not be distributed as directed in the trust, the court determines whether to exercise its cy pres power.

If testator has a **specific** charitable intention, the property **reverts** to the testator.

If settler has a **general** charitable intention, cy pres power is exercised and another **substitute** can be chosen in consistency with the **testator's intention.**

2. Common Law

The common law **presumes** that the testator had a **general** charitable intention.

✔ "In view of my long−standing interest in the area of education, Trustee shall distribute my property to my alma mater, Business College." ⇒ 갑이 자신의 자산을 기부할 대학교를 특정했음에도 불구하고, it is derived from 갑's long−standing interest. Thus, 갑 has a general intention and another substitute can be chosen in consistency with his intention.

✔ "trust income to Charity, a charitable corporation organized to end homelessness in the city." ⇒ 갑의 intent가 직적접으로 드러난 evidence 가 있는 것은 아니나, 주어진 상황으로 testator는 homelessness를 원했음을 알 수 있고, Charity가 유일한 수단으로 여겼다고 보기는 어렵다. 따라서 general intent의 presumption이 rebut되지 않는다(general intent로 인정된다).

(Even though there is little evidence, 갑 wanted to help the homeless generally. There is no evidence showing 갑 viewed Charity as a sole mean to accomplish the hoemlessness.)

3. UTC

The UTC establishes a **conclusive presumption** of general charitable intention. If a particular charitable purpose becomes unlawful and impracticable, the trust does not fail and the court may apply cy pres to modify the trust.

C. **Rule Against Perpetuities (RAP)** (13Feb, 17July, 20July)

1. General Rule

★Under the common law RAP, no interest is valid, unless it must vest, if at all, within 21 years of one or more lives in being at the time of its creation.

2. Trusts and RAP

The period for the common law RAP purpose begins **to run from the date testator no longer had a power of revocation,** not the date on which the trust was created.

If the trust is **revocable,** the perpetuities period begins to run as soon as **the grantor makes an irrevocable transfer.**

If the trust is **irrevocable,** the perpetuities period begins to run as soon as **the testator dies.**

3. Charitable Trust and RAP

★The rule against perpetuities (RAP) does **not apply to charitable trust. A charitable trust can last in perpetuity.**

4. Class gift

A class gift will vest when the class is closed and all members of the class have met any conditions precedent.

답안요령

---

1. RAP 기본 rule
2. RAP시기 계산 기준 (revocable/irrevocable trust)★
3. Life in being 파악하기
4. 해당 life in being이 사망 후 21년 이내에 future interest가 be vested되는지 확인(Be vested되는 경우 해당 양도는 유효하다.)

TIP1 본 답안요령은 'trust상'의 내용이 RAP에 위배되는지 그 여부를 판단하는 문제를 기준으로 작성되었으며, 이는 RAP 문제를 푸는 기본 logic이다. 위 2번은 RAP에서 가장 기본이 되는 내용으로, trust의 유형(revocable or irrevocable trust)을 확인하는 것이 중요하다. 만일 'will상'의 내용을 판단하는 경우라면, 위 2번에는 'testator의 사

망시점'이 기준이 될 것이다.

TIP2 2~4번은 모두 사안에 적용하여 서술하는 부분이므로, RAP 위반여부를 판단하는 문제에서는 analysis 파트를 풍부하게 작성하는 것이 고득점 포인트다.

TIP3 Wait−and−see statutes는 modern law이므로, common law인 RAP를 먼저 적용한 후에 적용된다.

---

case1

갑's trust: Upon 갑's death, the trust income to 갑 for life → 갑's surviving children for lives → 갑's then living grandchildren → principal to then living great−grandchildren

When 갑 died, only one granddaughter 을 survive him. How should trust assets be distributed?

⇒ To the survived granddaughter 을. This is because it is valid under the RAP.

① Because the trust was revocable, the period during which the common law RAP requires that interests vest began to run from the date of 갑's death.

② A class gift (갑's then living grandchildren) will vest when the class is closed and all members of the class have met any conditions precedent. Here, the class is vested. At the date of 갑's death, there was no child survived him. When 갑 dies, 갑 cannot have more children after her death, and the only income beneficiary of the trust is 갑's surviving granddaughter, 을.

③ Granddaughter(을) is the only person who can produce great−grandchildren. All great−grandchildren must be born during granddaughter(을)'s lifetime, which is the life in being for the RAP purpose.

④ Granddaughter(을) is vested at 갑's death and great−grandchildren is vested at 을's death.

갑's will: 10억 to trustee, to pay the trust income to my son 을 for life → principal to then 을's children who attain age 25.

을 predeceased 갑. When 갑 died, 을's children, 병 and 정 survive him. 병 was 5 years old and 정 was 10 years old. Does the provision violate RAP?

⇒ No. (This is because it is valid under the RAP.)

① Because the wills are **ambulatory the perpetuities period begins to run as soon as the testator dies.**

② Because 을 predeceased 갑, the class gift is left.

③ A class gift will vest when the class is closed and all members of the class have met any conditions precedent. The class(을's children) is closed when 을 died because 을 canot have more children after her death. 병 and 정 survive 갑, but condition (to attain age 25) was not satisfied.

④ 병 and 정 are lives in being for the RAP purpose. Whether the condition precedent is satisfied (whether their interest is vested) will be determined within their lifetimes.

D. Changes in Circumstance

1. Equitable Deviation Doctrine (11July)

Equitable deviation은 공정한 편차로 직역되는 바, 주어진 상황에서 trust를 testator가 작성한 내용 그대로 운영 및 배분할 수 없는 경우 그 내용과 '유사하게' 운영 및 배분하는 것을 뜻한다. Equitable deviation의 적용여부는 ① 주어진 상황과 ② 조항의 성격을 모두 고려하여 결정된다. 두 기준에 대해 common law와 UTC에서 규정하는 내용의 차이가 커, 수험자는 두 법률의 차이점에 유의하여야 한다. ① Common law는 '예상치 못한 변화'가 존재하여 trust 내용을 그대로 이행하는 경우 trust의 목적이 상당히 훼손될 수 있는 경우에 허용하고 있는 한편, UTC는 trust 내용을 그대로 이행하는 것이 불가능하거나(impracticable) trust를 운영하는 가치를 손상시킬 수 있는 경우에도 확대적용한다. 즉 UTC는 예상치 못한 변화가 존재하지 않더라도 equitable deviation을 허용하는 경우가 있다. ② Equitable deviation이 적용될 수 있는 상황이라 할지라도 trust의 모든 내용에 적용되는 것이 아니다. Trust의 조항은 그 내용에 따라 trust 내용 중 trust '운영'에 관한 조항(administrative provision)과 trust 자산의 '분배'에 관한 조항(dispositive provision)으로 구분되는데, administrative provision에 대한 적용은 두 법률 모두 허용하고 있으며, dispositive provision에 대한 적용은 UTC에서만 인정한다.

TIP Equitable deviation doctrine v. Revocation

Revocation은 trust의 내용을 수정·변경·종료하는 것을 일컫는 바, revocation의 유효성요건은 trust의 유형에 따라 달리 규정된다. 예컨대, revocable trust의 경우 power to amend가 imply되므로 자유롭게 revoke할 수 있는 반면, irrevocable trust의 경우에는 모든 beneficiary의 동의를 요한다. 한편, equitable deviation은 상황상 변화로 인해 부득이하게 trust 내용을 수정·변경하는 경우로서, equitable deviation doctrine에서 규정한 상황에 해당하는 경우 법적으로 revocation을 인정하는 것이다. 즉 trust의 유형은 무관하다.

[표 7-4]

	Common Law	UTC
Equitable deviation doctrine이 적용되는 경우	unanticipated change	① unanticipated change 또는 ② termination = good
Administrative provisions	Doctrine 적용 ○	Doctrine 적용 ○
Dispositive provisions	Doctrine 적용 ×	Doctrine 적용 ○

a. General Rule

Equitable deviation from the terms of a trust is allowed **when an unanticipated change in circumstances** would otherwise defeat or substantially impair the accomplishment of the purpose of the trust. The UTC expands the equitable deviation doctrine. Under the UTC, even if circumstances have not changed in an unanticipated manner, the provision may be modified if continuation of the trust on its **existing terms would be impracticable or wasteful, or impair the trust's administration.**

b. Administrative Provision

An administrative provision of a trust is one relating to the **management** of trust property.

Under the both common law and UTC, the equitable deviation doctrine applies to administrative provisions of a trust.

✔ "The building shall be hold until 갑 dies."

c. Dispositive Provision

An dispositive provision of a trust is one relating to the **distribution** of trust property.

Under the common law, the dispositive provision cannot be altered. Under the UTC, the dispositive provision can be altered.

✔ "Sell the building and distribute the sale proceeds to College"

답안요령	Administrative provision

1. Equitable deviation doctrine
2. Administrative provision 정의
    + analysis
3. When impracticable (in UTC)
4. Analysis

TIP   Equitable deviation doctrine에 관한 답안은 doctrine이 어느 유형

의 provision에 적용되는지 파악하고, common law와 UTC의 차이점에 중점을 두어 작성하는 것이 고득점 포인트다.

모범답안 038

1. Under the both common law and UTC, the court could order equitable deviation for the provision.

Under the doctrine of equitable deviation doctrine, equitable deviation from the terms of a trust is allowed when an unanticipated change in circumstances would otherwise defeat or substantially impair the accomplishment of the purpose of the trust.

An administrative provision of a trust is one relating to the management of trust property. (ANALYSIS)

Under the UTC, even if circumstances have not changed in an unanticipated manner, the provision may be modified if existing terms would be impracticable or wasteful or impair the trust's administration. (ANALYSIS)

In sum, under the both common law and UTC, the court could order equitable deviation for the provision.

2. Changes in Beneficiaries (08July, 10Feb, 11Feb, 18July)

본 챕터는 beneficiary가 증여받을 시점 이전에 사망하거나 증여받을 시점에 주어진 조건을 충족하지 못하는 등 증여받지 못할 상황에 처하는 경우 그의 몫을 누군가에게 대신 증여해야 할 터인데, 이때 적용되는 rules에 대해 논한다. 여기서 본래 받아야 할 beneficiary가 아닌 타인에게 분배된 증여액을 영어로 'substitute gift'라 표현한다. 본 챕터에서 논할 내용은 「6장 Wills」에서 논했던 「E. Changes in Beneficiaries」와 유사하나, trusts의 경우 대개 beneficiary의 유형이 present와 future로 구분되기 때문에 wills에 적용되는 rules와 다소 차이가 있다. 예컨대, 갑의 trust상 "trust income을 을에게 증여하고, 그가 사망하면 갑의 자녀들(병, 정, 무)에게 증여한다"는 조항이 있다고 가정해보자. 만약 병이 을보다 먼저 사망(predeceased)했다면, 그의 몫은 누구에게 주어지는가. 이는 future interest를 가지는 자(병, 정, 무)가 확정될 시점(을이 사망한 시점)에 병이 생존하고 있지 않은 경우로, 병의 몫에 대해 substitute gift가 이루어져야 할 것이다. 이는 'future interest의 조건(contingency)유무'를 근거로 판단하며, common law와 UPC는 다른 결론을 도출한다. Common law는 원칙적으로 trust상의 표현을 있는 그대로 해석하는 바, 'suviving하는 갑의 자녀들'과 같이 그 조건을 명시하지 않았으므로 병, 정, 무의 권리에는 contingency가 없다고 본다. Contingency가 없는 권리는 trust가 생성된 시점에 확정(vest)되므로, 병의 predeceased여부와 무관하게 병은 trust income에 대해 권리를 가진다. 따라서 병의 몫(trust income의 1/3)은 will에 따라 분배된다. 만일 "trust income을 을에게 증여하고, 그가 사망하면 갑의 자녀들(병, 정, 무) 중 surviving한 자에게 증여한다"와 같이 contingency가 있는 권리라면, 병은 조건을 충족하지 못하였으므로 그의 몫은 testator(갑)의 estate로 이전된다. 한편, UPC는 기본적으로 trust상 future interest는 surviving의 조건이 있다고 본다. 즉 병은 을이 사망한 시점에 surviving할 조건을 충족해야만 그 권리가 확정되는 바, predeceased한 병의 몫은 다른 누군가에게 지급된다. 이때 누구에게 지급되어야 하는지에 대한 조항이 UPC §2-707이다. UPC §2-707에 따르면, 조건을 충족하지 못한 병의 몫은 갑의 estate로 이전되나, 만일 병에게 surviving한 자식이 있다면 그 자식이 병을 대리하여(by representation) 병의 몫을 지급받는다. 만일 병에게 surviving한 자식이 없고 본 사안과 같이 remaindermen이 class인 경우라면, 해당 contingency를 충족한 나머지의 class members가 병의 몫을 나누어 가진다. 즉 정과 무가 각가 병의 몫의 1/2을 가진다.

만일 본 사안이 trust상의 조항이 아닌 will상의 조항에 대한 것이었다면, 「6장 Wills」에서 논한 rules가 적용되는 바, 다른 결과로 이어진다. No residue of residue를 채택하는 common law에 따르면 유효하지 않은 증여액은 testator's heir에게 돌아갈 것이며, residue of residue를 채택하는 UPC에 따르면 을의 몫을 병, 정이 동등하게 나누어 가질 것이다. 따라서 수험자는 residue of residue 및 no residue of residue가 wills에만 적용되고, trusts에는 다른 rules가 적용된다는 점에 유념해야 한다.

a. Common Law

Under the common law, when a remainderman(병) predeceases the life tenant(을), the trust assets are distributed **based on the terms of trust.**

When there is **no contingency** on the remainderman's interest, the share of the predeceased remainderman has already been vested and it is distributed under the **deceased remainderman(병)'s will.**

When there **is contingency** on the remainderman's interest, the share to which the remainderman would have been entitled should be reverted to the **testator's estate.**

b. UPC

ⅰ. General Rule

A future interest under the terms of a trust is **contingent on the beneficiary's surviving** the distribution date. Thus, when the beneficiary predeceases the life tenant **without surviving descendant,** the share of the beneficiary is distributed to the **testator's heirs.**

ⅱ. With Descendants

If a bequest is a **class gift,** a substitute gift is created in the surviving descendants of any deceased beneficiary(병) **by representation.** [UPC §2−707(b)(2)]

The words meaning "survivorship" is not sufficient to show the testator's intent contrary to the rule.

ⅲ. With No Descendants

If a bequest is a **class gift** and there is **no** surviving descendants of any deceased beneficiary, a substitute gift is created in the **surviving other class members(정과 무).**

갑's trust: trust income to 갑 for life, then trust principal to 갑's surviving children.

본 trust를 작성한 시점에 갑에게는 자녀 을, 병, 정이 있었으나 을이 갑보다 먼저 사망하였다. 갑이 사망한 시점에는 병, 정, 을의 아들 무, 병의 아들 기가 생존해 있었다. 갑이 사망한 후, trust principal은 어떻게 분배해야 하는가.

⇒ 병과 정(common law) 또는 무, 병, 정(UPC)

본 사안은 remainderman이 life estate를 가진 자보다 먼저 사망한 경우로, 적용하는 rule에 따라 다른 결론이 도출된다.

① Common law: 'surviving'이라는 표현이 있으므로, contingency가 존재하며, 을은 contingency를 충족하지 못하였다. 따라서 trust상 내용을 있는 그대로 해석하여 갑의 surviving한 children에게 trust principal을 지급해야 한다. 즉 을의 권리는 확정되지 않으며, 생존한 병과 정이 trust principal을 각각 1/2씩 나누어 가진다. 이때 을의 아들 무가 생존해 있었다는 사실은 무관하다.

② UPC: 을이 surviving contingency를 충족하지 못하였으나, 을의 아들 무가 갑이 사망한 시점에 생존해 있었으므로, 무가 을의 몫에 대해 by representation으로서 권리를 가진다. 즉 trust principal은 무, 병, 정이 나누어 가진다.

갑's trust: trust income to 갑 for life, then trust principal to 갑's children with the children of any deceased child taking the deceased child's share.

본 trust를 작성한 시점에 갑에게는 자녀 을과 병이 있었고, 그후 을이 사망하였다. 을이 사망한 이후 갑이 사망하였는데, 갑이 사망한 시점을 기준으로 병이 생존해 있었고 을에게는 자녀가 없었다. 갑이 사망한 후, trust principal은 어떻게 분배해야 하는가.

⇒ 을과 병(common law) 또는 병(UPC)

① Common law: remaindermen에는 contingency가 없으므로, 갑이 trust

를 작성한 시점에 갑's children(을과 병)의 권리는 확정되었다. 따라서 을의 몫은 그의 estate로서 지급되는 바, 을의 will이 존재한다면 을의 will에 따라 분배하고 유효한 will이 존재하지 않는다면 intestacy law에 따라 상속이 개시된다. 즉 trust principal은 을과 병이 나누어 가진다. (또 다른 logic: trust상의 내용을 있는 그대로 해석하면, 을에게 child가 존재하는 경우에 한해 을의 몫이 그의 child에게 빼앗긴다(be divested). 따라서 을에게 자식이 없으므로 그의 몫은 빼앗기지 않고, 그의 estate로 지급된다.)

② UPC: 을이 surviving contingency를 충족하지 못하였고, 을에게 자식이 없으나 remaindermen이 class gift이므로, 조건을 충족하는 나머지 class member, 즉 병이 trust principal 전체를 가진다.

E. Disclaimers

- Disclaimer: 거부의 뜻을 밝히는 진술(statement)
- Disclaimant: 거부하는 자(人)
- Disclaim = Renounce: 거부하다(v.)

Disclaimer는 beneficiary가 증여에 대한 거부의 뜻을 밝히는 진술을 뜻하는 바, 이는 「6장 Wills」에서 논한 disclaimer와 동일한 개념이다. Beneficiary가 disclaim하면, 해당 beneficiary가 testator보다 먼저 사망(predeceased)한 경우의 rule이 적용된다. 그러나 anti-lapse statute는 wills에만 적용되는 바, 'trusts의' beneficiary가 disclaim하면 common law가 적용되어 그의 몫이 residue로 이전된다. 한편, trusts는 대개 "trust income을 갑의 for life동안 지급하고, 갑이 사망하면 갑의 children에게 trust principal을 지급한다"와 같이 그 혜택을 present interest와 future interest로 구분하는 바, present interest, 특히 life estate를 disclaim했을 때 그것을 어떻게 분배할지에 대한 논점이 있다. 만일 life estate를 가지는 갑이 disclaim하였다면, remaindermen(갑의 children)의 권리에 조건이 존재하지 않는 경우에 한해 그들에게 바로 그 몫을 분배한다. 본래에는 갑의 children은 '갑이 사망한 후'에야 trust principal을 지급받을 수 있으나, 갑이 disclaim을 하였으므로 예외적으로 갑이 사망할 때까지 기다리지 않고 바로 갑의 children에게 바로 지급한다. 이와 같이

remiandermen의 권리를 본래의 시기보다 앞당겨 인정하는 것을 영어로 "remaindermen accelerates"라 표현한다. 만일 "trust income을 갑의 for life동안 지급하고, 갑이 사망하면 대학을 졸업한 갑의 children에게 trust principal을 지급한다"는 내용이었다면, remaindermen(갑의 children)의 권리에 '대학졸업'이라는 조건이 존재하는 바, 갑이 본인의 권리를 diclaim한다 하더라도 accelerate하지 않고 갑이 사망할 때까지 기다렸다가 그 시점에 조건을 충족하는(대학을 졸업한) 갑의 children이 권리를 가진다. 이때 갑이 disclaim한 시점부터 갑이 사망하기까지의 기간동안 trust principal은 trustee가 hold하고 있으며, 그동안 발생하는 trust income은 갑의 issues에게 지급하거나, 을 사망 시점까지 trust income을 모아 을이 사망하면 병, 정, 무 중 대학교를 졸업한 자(ultimate remaindermen)에게 지급하거나 을이 dislciam한 시점에 을이 사망하였다고 가정하고 그때 조건을 충족하는 병(woud-be remaindermen 또는 presumptively remiandermen)에게 지급한다.

1. Validity (10Feb)

TIP Disclaim's validity를 판단할 때 주어진 사안에 명시되어 있는 disclaimer statute를 가장 먼저 적용하고, 만일 statute에서 규정한 요건들을 충족하지 못하여 disclaimer가 invalid하다면, CL과 UPC를 적용한다.

a. Common Law

The disclaimer would be effective if a disclaimer is made **at any time** prior to acceptance of the interest.

b. UPC

> writing + w/i 9 mth

If the trust is testamentary, a disclaimer is effective when it is made **within 9 months after the death of testator.**

If the trust is non−testamentary, a disclaimer is effective when it is made within 9 months after the future interest would become indefeasibly vested or the trust becomes effective.

2. Effects of Disclaimer (14Feb)

a. General Rule

> (disclaim = predec.) ⇒ residue

★Once a beneficiary **disclaims a general bequest,** the bequest passes **as if the disclaimant had predeceased the testator.** Thus, the bequest passes to the **residuary legatee.**

b. Life Estate

ⅰ. When No Contingency

> life estate 거부 + 조건無 ⇒ accelerate

★Under the common law, if a **life estate** disclaims, the remainder interest **accelerates** and becomes immediately distributable to the remaindermen of the trust **only when the remainder is not** contingent.

ⅱ. When Contingent

① General Rule

When **trust principal** (remaindermen) is not immediately distributable, **the trustee must continue to hold trust assets** until the ultimate remaindermen are ascertained.

② Trust Income

When the trust principal is not immediately distributable, trust income will be treated according to any instructions in the trust instrument. If there is no any instructions, trust income could be distributed in three approaches:

(a) Trustee distributes trust income **to testator's heirs;**

(This is because the trust income during this period is **intestate.**)

(b) Trustee accumulates and distributes trust income to **ultimate remaindermen;**

(This is because the person who is ultimately entitled to trust principal is entitled to the trust income.)

(c) Trustee distributes trust income to **would−be remaindermen.**

---

case1

갑의 trust: Trust income을 을에게 for life동안 지급하고, 을 사망 시 을의 children 중 대학교를 졸업한 자에게 trust principal을 지급한다.

을이 disclaim하였고, 그 시점에 을의 children인 병, 정, 무 중 대학교를 졸업한 자는 병뿐이었다. Trust income을 어떻게 분배해야 하는가?

⇒ 세 가지의 방법이 있다.

본 trust에 대한 권리자는 life estate와 remaindermen으로 구분된다. Life estate를 가진 자(을)가 disclaim하였으므로 을이 predeceased한 경우와 동일하게 취급되는 바, remaindermen에 대한 지급이 바로 이루어져야 (accelerate) 한다. 그러나 acceleration은 remaindermen에 대한 조건 (contingency)이 없는 경우에만 이루어지는 바, '대학교를 졸업'해야 한다는 조건이 있는 본 사안에는 적용될 수 없다. 즉 을이 disclaim했음에도 불구하고 trust principal을 바로 지급할 수 없으며, trustee가 이를 hold하고 있어야 한다. Trustee가 hold하고 있는 동안 발생하는 trust income은 갑의 issues에게 지급하거나, 을 사망시점까지 trust income을 모아 을이 사망하면 병, 정, 무 중 대학교를 졸업한 자(ultimate remaindermen)에게 지급하거나 을이 dislciam한 시점에 을이 사망하였다고 가정하고 그때 조건을 충족하는 병(woud−be remaindermen 또는 presumptively remiandermen)에게 지급한다.

갑's will: Bank가 trustee인 trust에 residue를 leave하고, trust income을 아들 을에게 for life동안 지급하며, 을 사망 시 trust principal을 을의 children 중 대학교를 졸업한 자에게 지급한다.

을이 사망하였고, 그 시점에 을의 children인 병, 정, 무 중 대학교를 졸업한 자는 병뿐이었다. 갑 사망 후 trust principal을 어떻게 분배해야 하는가?

⇒ 병에게 지급한다.

본 사안에서 life estate를 가진 자(을)는 disclaim한 것이 아니고 '사망'하였다는 점에서 위 [case1]과 차이가 있다. 아들 을은 갑과 혈육관계를 가지며 을이 사망한 시점에 그의 children(병, 정, 무)이 생존하고 있었으나, trust에 관한 사안이므로 anti-lapse statute가 적용되지 않는다. 또한 을은 권리가 확정되기 이전(갑이 사망하기 이전)에 사망하였고 그는 future interest를 가지는 자가 아니므로, UPC §2-707은 본 사안에 적용되지 않는다. 따라서 갑 사망 시 trust의 내용을 있는 그대로 해석하여 지급하면 될 것이다. 갑 사망 시 trust income을 을에게 지급하여야 할 것이나 을이 사망하였으므로, remaindermen의 권리가 확정되는데, 갑 사망시점을 기준으로 조건을 충족하는 자는 병뿐이므로 class는 closed되고 병이 모든 trust principal을 지급받는다.

[참고]

만일 갑 사망시점을 기준으로 을의 children인 병, 정, 무 중 대학교를 졸업한 자가 존재하지 않았다면, trust principal은 갑의 issues에게 지급된다.

F. Pour-Over Provisions (08July, 13Feb)

Pour-over provisions in a will은 trustee에게 유산을 증여함으로써 trust에 유산을 투자(pour)한다는 will상의 조항을 뜻하며, trust는 will이 작성되는 시점 '이전에' 이미 작성되어 있거나 will을 작성함과 '동시에' 작성될 수도 있다. 예컨대, will 내용 중 "내 전 재산(estate)을 trust의 trustee인 bank에게 증여하며, bank는 이를 trust principal로 hold한다"는 조항의 경우, 이는 유산을 trust에 투자하겠다는 내용의 조항이므로 pour-over provision이다. 본 사안과 같이 testator의 전 재산을 trust에 pour할 수도 있고 재산의 일부를 pour할 수도 있으나, 역대 MEE 기출문제에서는 주로 전 재산을 pour하는 case로 출제되었다. Pour−over provision에 관한 전형적인 case는 다음과 같다. Testator가 inter−vivos trust이자 revocable trust를 작성한다. 이후, "내 probate estate를 trustee인 bank에게 증여하며, bank는 이를 trust principal로 hold한다"는 내용이 있는 will을 작성한다. 이후, testator가 trust를 수정한다. Testator 사망 시 유산을 어떻게 분배해야 하는가. 이는 세 개의 논점을 함축하고 있는 문제로, ① 최초의 trust의 수정이 유효한가(testator에게 power to amendment가 있는가), ② will상의 pour−over provision이 유효한가, ③ trust를 수정한 내용을 will에도 동일하게 적용할 수 있는가, 이 세 논점을 모두 고려하여 판단해야 한다. 한편, 본 사안은 will이 아닌 문서인 trust의 내용이 will상 언급되었으나 incorporation by reference가 적용될 수 있는 사안은 아니다. Incorporation by reference는 "은행계좌의 예금은 trust에 따라 증여한다"와 같이 유산을 상속하는 방법을 trust를 '인용'해 언급하는 경우 적용하는 rule인 반면, pour−over provision은 자산을 trustee에게 '증여'함으로써 유산을 trust에 투자하겠다는 내용으로 "집을 갑에게 증여한다"와 같이 직접 will상 유증의 내용을 담은 조항이다. 즉 incorporation by reference는 유산분배에 대한 자세한 내용이 외부의 문서(trust)에 담겨 있어 유산분배가 그 외부의 문서 내용에 따라 이루어지는 경우이고, pour−over provision은 유산을 trust에 증여하겠다는 내용을 will상 직접 밝힌 조항이다.

---

testator가 trust 작성 (inter-vivos trust + amendable) → Will 작성 ("내 probate estate를 trust principal로 넣겠다") → amend the trust → testator 사망

---

1. Validity of Provisions

a. Common Law

In common law, pour−over provision is valid when:

 i . **Testator intended** to incorporate;

 ii . Document exists **when or before** the execution of the will; and

iii. The document is **substantially identified** in the will.

b. UPC

Under UPC, the pour−over provision is valid when:

ⅰ. Trust is in **writing;**

ⅱ. Trust is **identified** in the will; and

ⅲ. The trust must exist **before or when or even after** the execution of the will.

2. Amendment of Provisions

a. Common Law

When the trust is **amended after** testator's will was executed, **the amendment does not apply** to the assets passing to the trust from the will, but the **original** trust provision **applies.**

b. UPC

When the trust is **amended after** testator's will was executed, the **amendment applies** to the assets passing to the trust from the will.

답안요령   Pour−over provisions

---

1. Power to revoke/amend
   + analysis (Trust's amendment 방식)
2. Validity of pour−over provision
   + analysis
3. Amendment of provision
   + analysis

TIP   문제유형

① Trust의 수정된 내용이 trust를 집행할 때 적용되는지 판단하는 문제

Q: <u>How should trust assets be distributed?</u>

Q: Is 갑 entitled to a share of the assets of the trust?

⇒ Pour-over provision에 관련된 문제 중 가장 광범위한 문제로서, 위 1번~3번에 대한 내용을 모두 서술해야 함.

② Power to revoke 유무를 판단하는 문제(위 1번에 대한 문제)

Q: Was 갑's amendment of the trust valid? Explain.

⇒ 주어진 trust의 power to revoke 유무는 대개 별도의 문제로 출제되나, 그렇지 않은 문제의 경우에도 이에 대해 서술하는 것이 고득점 포인트다.

⇒ 이는 (1) 갑에게 power to amend가 있었는지, (2) 갑의 행위가 amendment 요건을 충족하였는지, 이 두 논점을 포함한다. (2)와 관련하여 주어진 사안에 trust상 amendment 요건이 명시되어 있지 않은 경우, 일반적인 요건(intent, specification of beneficiaries, designation of trustee)을 기준으로 작성한다.

③ Pour-over provision의 유효성 판단문제(위 2번에 대한 문제)

Q: Was testator's amendment of the inter vivos trust valid? Explain.

④ Pour-over provision의 '수정된' 내용이 trust 집행 시 적용되는지 판단하는 문제(위 3번에 대한 문제)

Q: Does the amendment to the trust apply to the assets distributable to that trust from testator's probate estate?

⇒ 위 2번과 3번의 내용을 모두 서술하는 것이 고득점 포인트다. "Pour-over provision은 valid하며, 이것이 amended된 내용은 will에 적용이 된다/되지 않는다."

Q: Assuming that the trust amendment was valid, do its provisions apply to testator's probate assets? Explain.

⇒ 본 문제는 power to amend가 있었고 amendment의 요건을 모두 충족했음을 가정하고 있다. 따라서 위 2번과 위 3번에 대한 내용을 모두 작성해야 한다.

1. The pour-over provision is valid under the UPC.

A trust is revocable unless stated otherwise. A power to revoke includes the power to amend and no execution formalities are required. Only what they need are intent, specification of beneficiaries, and designation of trustee. (ANALYSIS: ⋯, and 갑's trust amendment is valid.)

In common law, the pour-over provision is valid when the trust is in writing, trust is identified in the will and the term of the trust existed before or when the execution of the will. (ANALYSIS)

The pour-over provision is valid when trust is in writing, trust is identified in the will and the term of the trust existed before or when or even after the execution of the will. (ANALYSIS)

In sum, the pour-over provision is valid under the UPC.

G. Elective Share Statutes (15Feb)

Elective share statute는 배우자의 유류분에 대한 법률로, 원칙적으로 will과 trust 모두에 적용가능하나 주 법에 따라 will에만 적용되는 경우도 있다. 따라서 문제에 주 법이 명시된 경우 유류분 제도의 적용범위를 파악하는 것이 중요하다. 그러나 elective share statute의 적용범위가 will에 한정되는 경우에도 배우자는 trust에 적용되는 illusory-transfer doctrine과 fraudulent-transfer doctrine에 근거하여 testator's trust 자산 일부에 대해 권리를 주장할 수 있다. Illusory-transfer doctrine은 testator(사망한 배우자)가 혼인생활 중 revocable trust에 투자한 자산은 illusory하다고 보고, 다른 배우자의 trust asset에 대한 권리를 인정한다. 이때 본 doctrine이 적용되는 정도에 따라 trust asset이 분배되는 바가 다르다. 만일 trust에 투자한 자산 전체가 illusory하다고 본다면, trust 전체가 무효(void)하므로 trust asset 전체를 testator의 유산(residue)으로 취급한다. 만일 turst에 투자한 자산 전체 중 배우자가 elective share statute에 따라 가지는 권리만큼만을 illusory하다고 본다면, trust asset 중 illusory한 금액을 제외한 나머지는 trust의 내용대로 지급된다. 예컨대, 갑이 trust asset 10억 중 3억을 아들 을에게 지급하고, 나머지는 자신의 모교에 지급한다는 trust를 작성하였다고 가정해보자. Elective share statute에서 배우자는 trust asset 절반에 대해 권리를 가진다고 규정하고 있다면, 10억 중 5억은 illusory하므로 모교에 대한 2억만이 effective하다. 따라서 갑의 배우자에게 5억을 지급하고, 갑의 모교에는 2억을 지급해야 한다. 한편, fraudulent—transfer doctrine은 testator(사망한 배우자)가 혼인생활 중 자산을 revocable trust에 이전한 행위(transfer)는 fraudulent 하다고 본다.

Elective share statutes prevent disinheritance of a spouse by giving the decedent's surviving spouse a **fixed portion** of the estate.

1. Illusory-Transfer Doctrine

a. General Rule

Under the **illusory—transfer doctrine**, a surviving spouse can reach assets transferred during the marriage by the deceased spouse into a revocable trust on the theory that the transfer is economically "illusory^{환상에 불과한}."

b. Scope

When the trust is characterized illusory as only to the surviving spouse, the balance of the trust that is not illusory should pass to the designated remainderman.

When the trust is characterized illusory for all purposes, the trust is void and the trust assets should be converted into the residue of the testator's estate.

2. Fraudulent-Transfer Doctrine

Under the **fraudulent—transfer doctrine**, a surviving spouse can reach assets transferred into a revocable trust on the theory that the transfer was fraudulent^{엉터리인}.

H. Principal and Income Allocations (18July)

Trustee가 trust 자산을 운영하는 과정에서 이익 또는 비용이 발생하는 경우, 그 이익(또는 비용)을 trust income 또는 trust principal의 항목으로 구분하여야 할 터인데, 그 구분은 Uniform Principal and Income Act(UPAIA)에 규정된 내용을 우선 적용하고, 그 외의 내용은 주(州) 법을 적용하여 판단한다. 예컨대, trustee가 trust 자산인 집을 관리하는 과정에서 집에 대한 rental fee는 trust income에 합산하여야 하고, 해당 집을 수리하는 비용(repair fee) 또한 trust income에서 제하여야 한다. 그러나 해당 집을 제3자에게 판매한 금액은 trust principal에 합산하여야 한다. 이는 trust 자산을 운영하는 과정에서 준수해야 하는 rule로서, 만일 trustee가 UPAIA 또는 주 법에 규정된 바에 따르지 않고 임의로 구분한다면, breach of duty of care로 인정된다.

Trust principal 분배를 바로 이행할 수 없다면 trustee가 hold하고 있어야 하는데, trustee가 trust principal을 hold하고 있는 기간동안 발생된 trust income을 어떻게 처리해야 하는가 하는 문제가 있다. Trust에 별도의 언급이 없는 경우, trustee는 주어진 상황을 intestate로 보고 trust income을 testator의 자녀(issue)에게 지급하거나, 현재권리자의 권리가 종료될 때까지 trust income을 모은 금액을 조건을 충족하는 remaindermen에게 지급하거나, trustee가 trust income을 hold하는 시점을 기준으로 조건을 충족하는 자(would−be remaindermen)에게 지급하여야 한다.

1. Governing Rule

★UPAIA governs proceeds earned during administration.

2. Income

★The following items **must** be allocated/charged **to income:**

ⅰ. Receipt of rental payments from real or personal property;

ⅱ. Money received from an entity; and

   (e.g., cash dividends, interest on investments)

ⅲ. Ordinary expenses incurred to preserve trust property.

3. Principal

★The following items **must** be allocated/charged **to principal:**

ⅰ. Proceeds from the sale of a principal asset;

ⅱ. All other property received; and

ⅲ. Extraordinary repairs (repair beyond the usual, customary, or regular kind).

4. UPAIA and Duty of Care

A trustee has a duty to administer the trust diligently and in good faith in accordance with the terms of the trust and applicable law. Thus, when a trustee allocates or charges trust principal or income **not in accordance with UPAIA, trustee is liable for the breach of duty of care.**

V. Rules as to Administration

A. Power of Appointment (09July, 17Feb, 20Oct)

Power of appointment는 권리의 일종인데, 그것을 부여받은 자(donee)가 그것을 부여한 자(donor)의 자산을 분배할 권리를 뜻한다. 여기서 '부여한 자(donor)'는 testator이며, testator는 wills를 작성한 자일 수도 있고 trusts를 작성한 자일 수도 있다. 즉 donee가 분배하는 '자산'은 testator의 유산(estate)이거나 testator의 trust asset이 될 것이다. 이와 같이 본 개념은 「6장 Wills」와 「7장 Trusts」에 모두 적용되나, 역대 MEE 기출문제가 주로 trusts에 관한 사안으로 출제되었는 바, 이하 모든 내용은 trust를 기준으로 논하기로 한다.

• Power of appointment = 자산분배권
• Donor of a power of appointment = 자산분배권을 '부여'한 자
• Donee of a power of appointment = 자산분배권을 부여 '받은' 자(자산분배권자)
• Special power = 분배조건이 '있는' 경우의 자산분배권(power of appointment)
  ⇒ Donee of a special power = Special power를 부여받은 자

- General power = 분배조건이 '없는' 경우로서, testator의 유산을 자유롭게 분배할 수 있는 자산분배권(power of appointment)
- Appointee = Beneficiary = Donee가 power of appointment를 행사하여 지정한 testator's 유산을 받을 자
- Permissible appointee = Objects of a power = Donee가 지정한 appointee 중 분배조건에 부합하는 appointee(Donee가 power of appointment를 적합하게 행사한 경우의 appointee)
- Taker in default of appointment = Donee of special power가 분배조건에 부합하지 않은 자에게 testator의 자산을 분배한 경우, 그 분배된 자산을 대신 받는 자

TIP1   Power of Appointment v. Power of Attorney
     ① Power of appointment는 특정 자산(donee의 자산)을 분배할 권리를 의미하는 바, wills와 trusts 모두에 적용되는 개념이다.
     ② Power of attorney(POA)를 가지는 자는 해당 권리를 부여하는 자가 의사결정을 하지 못하는 상태에 처했을 때 그를 대신하여 그의 medical care에 대해 결정을 내릴 수 있는 자를 뜻한다. 대개 wills 작성 시 testator가 특정인에게 power of attorney를 부여하는 case로 출제된다.

TIP2   Donee of a power of appointment v. Trustee
     Trustee는 testator에 대한 자산분배권을 가질 뿐만 아니라 testator의 자산을 관리(manage)할 의무를 지는 자로서, 명확히는 donee of a power of appointment와 구별되는 용어이나, trustee가 donee of a power of appointment인 경우가 많아 두 용어가 자주 혼용된다.

TIP3   Testator가 스스로에게 power of appointment를 부여하는 경우도 있다. 이러한 경우에는 testator가 donor임과 동시에 donee인 경우이다. 예컨대, 갑이 "trust income은 general power of appointment를 가지는 갑의 재량으로 분배된다"는 내용의 trust를 작성한 경우가 그러하다.

1. Basic Concepts

Power of appointment의 '유형'에는 donor의 요구사항 없이 donee가 재량으로 자유롭게 자산을 분배하는 권리(general power)와 donor가 구체적인 분배방법을 제시하여 donee가 이를 준수하여 자산을 분배해야 하는 권리(specific power)가 있다. 예컨대, 갑이 "trust income을 을에게 for life동안 지급하고, 을 사망 시 병이 작성한 deed of appointment에 따라 trust principal을 분배한다"는 trust를 작성했다고 가정해보자. 이 경우 병은 갑으로부터 power of appointment를 부여받은 자로서 donee이고, 갑이 해당 권리를 부여하였으므로 donor이다. 또한 병이 trust principal을 지급하는데 있어 갑이 요구한 내용이 별도로 없으므로, 누구에게 얼만큼 분배할지는 전적으로 병의 재량에 달려 있다. 따라서 병은 general power를 가지는 donee이다. 만일 갑이 "trust income을 을에게 for life동안 지급하고, 을 사망 시 병이 작성한 deed of appointment에 따라 trust principal을 을의 자녀와 Charity에 지급한다"는 trust를 작성했다면, '을의 자녀와 Charity'에 trust principal을 지급해야 한다는 구체적인 분배방법을 갑이 제시하였으므로 병의 권리는 specific power이다. 이와 같이 donor가 제시한 권리를 지급받을 자(beneficiary), 즉 을의 자녀와 Charity를 'permissible appointee'라 일컫는데, 병이 permissible appointee가 아닌 자, 예컨대 갑의 자녀에게 trust principal을 분배한다면 해당 분배는 inefffective하다. 만일 병이 전체 trust principal의 절반을 갑의 자녀에게 지급하고 나머지 절반을 Charity에 지급하였다면, 갑의 자녀에게 지급한 만큼만이 ineffective하고, 나머지 부분, 즉 Charity에 지급된 절반은 유효하며 그대로 유지된다. 다시 말해, 권리를 행사한 내용의 일부가 ineffective할지라도 이것이 다른 내용에 영향을 끼치지 않는 바, 각 자산분배의 유효성은 서로에게 영향을 미치지 않는다. 한편, 갑의 자녀에게 지급되었던 trust principal은 회수되어 누군가에게 지급되어야 할 터인데, 그 누군가를 'taker in default of appointment'라 칭한다. Taker in default of appointment는 testator가 power of appointment를 부여할 때 trust상 명시된다.

a. General Power of Appointment

A general power of appointment is granted when the testator(갑) does **not leave any conditions or restrictions** as to the appointment of the property.

b. Special Power of Appointment

The donee(을) of a special power is the holder who can appoint testator(갑)'s property **only to permissible appointees** (or objects of the power). Appointments to impermissible appointees are invalid. Permissible appointees are the persons to whom an appointment is authorized and they receive beneficial interest.

c. Taker-In-Default

To the extent that a power is **ineffectively appointed,** the ineffectively appointed property passes to the so-called **"taker-in-default of appointment"** designated by the donor of the power.

2. Exercising of Power

본 챕터에서는 크게 donee of the power(을)가 해당 권리를 행사하였는지 그 여부를 판단하는 기준과 만일 권리를 행사하였다면 그것이 허락된 범위 내의 행위였는지 그 여부를 판단하는 기준에 대해 논한다. 권리행사는 donee(을)가 권리를 행사하고자 하는 intent를 가지고, 권리행사 방식이 donor(갑)가 요구한 특정 형식(formality)에 준하는 경우 인정된다. 여기서 '형식(formality)'으로는 대개 deed of appointment 또는 donee의 will이 요구된다. 그러나 general power를 행사하는 방식에 대해 특정 형식이 정해져 있지 않은 경우에는, donee의 행위가 권리를 행사한 행위인지 아닌지 명확히 구분할 수 없다는 문제가 발생한다. 예컨대, 갑이 "trust income을 general power of appointment를 가지는 을의 재량으로 trust principal을 분배한다. 또한 taker-in-default는 하버드대학교로 한다"는 trust를 작성했다고 가정해보자. 이후 을이 사망하였는데, "ABC아파트는 병에게 증여하고, 나머지 유산(residue)은 정에게 증여한다"는 내용의 을이 작성한 유효한 will이 발견되었다면, trust principal을 어떻게 분배해야 하는가. 주어진 사안만으로는 을이 will을 작성할 당시 residue를 정에게 증여한 것이, general power를 행하고자 함이었는지 아니면 general power와 무관하게 유증하고자 함이었는지 알 수 없다. 이처럼 donee의 intent가 명확하지 않은 경우, 다수의 주는 residue를 증여하는 조항(residuary clause), 즉 정에게 증여하겠다는 조항을 general power의 행사로 인정하지 않는 바, 을은 ineffective하게 권리를 행사하였으므로 trust principal은 taker-in-default(하버드대학교)에게 분배된다. 반면, 소수의 주는 donee의 intent와 무관하게 residuary clause를 general power의 행사로 인정하는 바, 본 사안에서 을의 residuary clause는 effective하게 적용되어 정이 trust principal을 증여받는다.

한편, ppower of appointment를 행사할 수 있는 '범위'는 trust asset을 분배할 권리의 성격을 기준으로 판단한다. 예컨대, 갑이 을에게 trust principal을 분배할 general power를 부여하였고, 이후 을이 trust principal을 병에게, trust income을 정에게 for life동안 분배하겠다는 내용의 deed of appointment를 작성하였다고 가정해보자. 갑이 을에게 부여한 권리는 'trust principal'을 분배할 권리였으나 을의 deed of appointment는 'trust income'에 대한 분배내용도 포함하고 있다. 따라서 'trust income'에 대한 분배내용이 effective한지 그 여부를 판단하여야 한다. Restatement (Second) of Property에 따르면, trust asset(principal)을 분배할 권리가 '명시된(outright)' 경우의 donee of a power of appointment는 그보다 제한적인(limited) interest를 분배할 수 있다. 본 사안에서 을은 trust principal에 대해 power of appointment를 가지고 있고, 을이 정에게 인정한 권리는 for life에 한정된 권리이므로 정에 대한 배분은 effective하다.

a. Effectiveness

Whether the power is effectively exercised depends on the **donee's intent** and any **formalities required by the donor.**

★If an appointment is partially ineffective, the ineffectiveness does not affect the effective appointments.

b. Reference Requirement

i. **Majority Approach**

A residuary clause in a donee's will that makes **no reference** to a power of appointment is **not** an effective exercise of a general power.

ii. **Minority Approach**

A general residuary clause does effectively exercise a power of appointment.

c. Extended Power

If a donee can appoint trust assets outright, then the donee can create **more limited interests** in the permissible appointees, unless the evidence shows that the donor intended otherwise.

```
case
```

Trust: "본인 갑은 을을 trustee로 지정한다. Upon 갑's death, the trustee will distribute trust principal to one or more of 갑's children as 갑 shall appoint by her duly probated last will or, in the absence of such appointment, to Charity."

Will: "대학 졸업한 갑의 자녀들에게 trust assets을 동등하게 증여한다."

갑에게는 딸 병과 아들 무가 있었다. 갑 사망 후, trustee 을은 대학을 졸업하지 않은 병과 대학을 졸업한 무에게 trust assets을 equally 분배하였다.

⇒ 갑은 donor of a power of appointment이고, 그의 자산분배에 있어 '대학을 졸업한 갑의 자녀'라는 조건을 부여했기 때문에, 을은 trustee이자 donee of a special power of appointment이다. 본 사안에서 병은 impermissible appointee, 무는 permissible appointee이다. 따라서 병에게 배분된 자산은 taker in default of appointment인 Charity에게 재분배되어야 한다.

Q: Is 갑 could receive an interest in the trust?

Donee of a power of appointment가 배분한 갑의 benefit은 유효한가? 즉 donee of a power는 적합한 권한을 행사하였는가?

1. Donee of a power
2. Permissible appointees
3. Analysis

모범답안 040

1. 갑 could not receive an interest in the trust, since he is not permissible object of power of appointment.

A donee of a special power of appointment is the holder who can appoint testator's property only to permissible appointees. Appointments to impermissible appointees are invalid. Permissible appointee is the person to whom an appointment is authorized, who receives a beneficial interest. Objects of a power are those who receive a beneficial interest. (ANALYSIS)

In sum, 갑 could not receive an interest in the trust, since he is not a permissible object of power of appointment.

[표 7-5]

	CL	UTC
Right to revoke	not implied	implied, unless stated otherwise
Cy Pres doctrine	presume general intent	**conclusively presume** general intent
Equitable deviation doctrine	only to administrative provision	both administrative + dispositive provisions
	when unanticipated change in circumstances	unanticipated circumstances OR continuation would impracticable

제 **2** 편

MEE/MBE

//

8장
Real Property

///

본 장은 부동산에 관한 권리 및 권리변동에 대해 논한다. 점유권, 소유권, 용익물권, 담보물권과 같은 부동산 재산권에 대한 내용과 이러한 재산권 법률관계의 변동(법률행위 및 계약)에 대해 규정하고 있는 한국법상 '부동산사법'에 가깝다. 다만, 미국법상 부동산에 관한 권리(estate)는 영국의 봉건제도로부터 발전한 법률로서, 그 권리의 구분 기준이 한국과는 다소 차이가 있다. 미국에서는 우선 estate를 '점유권 유무'를 기준으로 possessory interest와 non-possessory interest로 구분하고 점유권 있는 권리(possessory interest)를 다시 '소유권 유무'를 기준으로 freehold와 non-freehold로 구분하는 법리를 취하고 있다. 본 서는 역대 MEE 기출문제에서 자주 다루었던 논점을 중심으로, 토지에 관한 권리(estates in land), 임대차 관계(tenancy), 점유취득(adverse possession), 소유권 이전(conveyance), easement, 부동산을 담보로 하는 채권(mortgage)으로 구분하여 설명하였다.

☑ 글쓰기 Tips

> 1. Real property에 관한 문제는 UCC9, Contracts와 혼합되어 출제되기도 한다.
> 2. 문제에서 특정 issue가 언급되기 때문에 출제의도를 파악하기 쉽다.
>   Q: <u>Did 갑 take the land subject to the easement?</u>
>   Q: <u>May 갑 obtain damages from 을 based upon a breach of the covenant against encumbrances?</u>
> 3. 주어진 사안을 전반적으로 파악하여 답하도록 요구되는 문제도 있다.
>   Q: <u>Identify and evaluate the arguments available to the landlord and the tenant regarding landlord's claim.</u>
>   Q: <u>What are the rights, if any, of 갑, 을, and 병 in ABC land? Explain.</u>
> 4. 법률을 명시하고, 해당 법률을 주어진 사안에 적용가능한지 파악하는 문제도 출제되었다.

Q: Is the [television] fixture? (20July)

⇒ Common law 또는 federal law와 무관하게, 주어진 법률을 적용하여야 하며, analysis를 풍부하게 작성하는 것이 고득점 포인트다.

5. 서로 연관된 논점은 함께 analysis하는 것이 고득점 포인트다.

① record, non−possessory interest, adverse possession

② joint tenancy, mortgage, lien/title theory

6. 주어진 사안에 대해 arguable points를 찾아내는 문제도 있다. 하나의 사안에 대해 landlord와 tenant 각자의 입장에서 어떻게 해석될 수 있는지 analysis하는 것이 핵심이다.

⇒ 우선 어떤 issue들이 있는지 찾고, 해당 issue에 관한 arguable points가 landlord와 tenant 중 어느 측에 유리할지 생각한다. 또한 해당 issue를 주장하는 측의 반대측의 반박 내용과 그에 대한 재반박할 주장 및 근거도 생각해야 한다.

답안요령

Q: Identify and evaluate the arguments available to the landlord and the tenant regarding the lease contract.

1(a). _____
    1. Issue #1 (Landlord측에 유리한 issue와 rule)
    2. Rule
        + analysis (Landlord측에 유리하도록)
    3. Apposing party's argument
        + analysis Tenant가 반박하는 내용)
    4. Conclusion (Landlord측에 유리한 결론)

1(b). _____
    1. Issue #2 (Landlord측에 유리한 또 다른 issue와 rule)
    2. Rule
        + analysis
    3. Apposing party's argument
    4. Conclusion
    . . . .
    . . . .
    . . . .

2(a). _____
    1. Issue #1 (상기 issue와 동일하지만 tenant측에 유리한 rule)

2. Rule

    + analysis

3. Apposing party's argument (Landlord가 반박하는 내용)

4. Conclusion

2(b). _____

1. Issue #2

2. Rule

    + analysis

3. Apposing party's argument

4. Conclusion

. . . .

. . . .

. . . .

Ⅰ. Estates in Land

[도표 8-1]

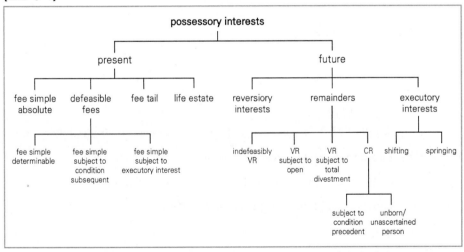

A. Fee Simple Determinable v. Fee Simple on Condition Subsequent (10July)

> fee simple on condition subsequent 〉 fee simple determinable

Deed상 fee simple determinable을 표기할 때에는 통상적으로 "so long as" 문구를 사용하고, fee simple on condition subsequent는 "but if" 문구를 사용하여 표기한다. 그런데 owner가 deed상에 "갑 conveyed ABC토지 to 을, if 을 uses Landacre only to care children aged 5 to 12." 라고 표기했다면, 어떻게 해석해야 하는가. 이처럼 "if"라는 통상적이지 않은 표현문구를 사용하여 조건부 소유권을 이전했다면, 법원은 일반적으로 fee simple on condition subsequent로 해석한다. 한편, fee simple on condition subsequent의 경우, grantee(양수인)가 조건을 만족하지 못했다 하더라도 owner가 반드시 right of entry를 가지는 것은 아니고, 법원에서 forfeiture provision을 인정하는 경우에 한해서만 right of entry(power of termination)를 가진다. 만약 법원에서 forfeiture provision을 인정하지 않는다면, owner에게는 power of termination 이 없는 바, grantee가 fee simple absolute를 갖는 것과 동일하게 해석된다.

1. Fee Simple Determinable

> "for so long as", "while", "during", "until"

★If a deed conveyed a fee simple determinable to 을, then 갑 retains a possibility of reverter, which becomes possessory **immediately upon the happening of the event** designated in the instrument.

Generally, the terms "for so long as", "while", "during", or "until" are used to convey a fee simple determinable.

2. Fee Simple on Condition Subsequent

> "upon condition that", "provided that", "but if", "if it happens that"

• Right of entry = Power of termination

a. General Rule

★If the deed conveyed a fee simple condition subsequent, 갑 **may or may not** have a power of termination or right of entry for condition broken. It depends on whether the court would be willing to imply a **forfeiture provision** when none was expressly set forth in the deed.

Generally, the terms "upon condition that", "provided that", "but if", or "if it happens that" are used to convey a fee simple determinable.

b. Power of Termination

If the court implies the forfeiture provision, 갑 has the power of termination.

If the court does not imply the forfeiture provision, it means that 갑 has no power of termination. Thus, 을 has what amounts to a **fee simple absolute,** because no one has the power of termination or right of entry for condition broken.

3. Court's Preference

In construing an ambiguous instrument, courts typically prefer **the fee simple on condition subsequent.**

B. Contingent Remainder (10July)

Contingent remainder는 ① 일정 조건을 충족해야만 권리가 확정되는 remainder와 ② 권리가 생성될 당시 아직 태어나지 않았거나 불특정된 remainder를 통칭한다. 예를 들어, 땅 주인 갑이 "을이 살아있어야만 estates in land가 주어진다"고 유언장을 작성했다면, '을이 살아있어야 한다'는 것은 을의 권리가 확정되기 위한 조건이므로 을은 ①의 의미의 contingent remainder를 가진다. 이때의 조건은 '살아있음'을 조건으로 한다는 의미로, 영어로 "survivorship contingency"라 표현한다. 마찬가지로, 땅 주인 갑이 "아내 을에게 life estate를 주고 을 사망 시 surviving하는 아들 병에게 준다"는 내용의 deed를 작성한 경우, 병은 surviving해야 하는 조건이 있는 survivorship contingency를 가진다. 그런데 여기서 그 조건, 즉 survivorship contingency를 구체적으로 어떻게 해석할지에 대한 문제가 있다. 대부분의 주는 remainder인 '을이 사망하기 전까지' 병이 살아있어야 한다고 보는 반면, 일부 주는 'testator(갑)가 사망하기 전'까지 을이 살아있으면 조건이 충족된다고 해석한다.

The term "surviving" can be interpreted in many ways.
In majority jurisdictions, a survivorship contingency applies at the termination of the interests that **precede distribution of the remainder.**
In other jurisdictions, a survivorship contingency requires surviving only the **testator**(갑) and not the life tenant(을).

C. Co-Tenancy (09Feb, 20Feb)

Co-tenancy는 동일한 부동산에 대해 두 명 이상의 사람이 점유권 및 소유권을 가지는 경우를 뜻하는 바, MEE 기출문제에서는 공동의 권리를 joint tenancy와 tenancy in common 중 어떤 것으로 해석하는지, joint tenancy라면 두 권리자 중 한 명(갑)이 사망했을 경우 나머지 한 명(을)이 어떤 권리를 가지는지 등에 대해 출제되었다.

1. Joint Tenancy v. Tenancy In Common

Co-tenancy에서 두 점유자(및 소유자)는 joint tenancy 또는 tenancy in common으로 정립된다. Joint tenancy는 공동소유자에게 the right of survivorship이 있다는 점에서 tenancy in common과 다르다. 따라서 owner는 deed상에 각 관계를 표기할 경우 통상적인 표현문구를 사용한다. 예를 들어, joint tenancy는 "to 갑 and 을 as joint tenants with right of survivorship"와 같이 표현된다. 하지만 deed상 "to jointly in fee to 갑 and 을"이라는 조항은 어떻게 해석해야 하는가. 이는 testator의 의도가 명확히 드러나지 않는 문구("jointly")를 어떻게 해석해야 하는지에 대한 문제로서, common law는 four-unities test를 근거로 해석하고, modern에서는

co-tenancy를 tenancy in common으로 추정하며 그 추정을 반박하는 방법에 대해서는 각 판례가 달리 규정한다.

a. Common Law (Four-Unities Test)

> **"TTIP" — same Time, Title, Interest, Possession**

To create a joint tenancy, the CL uses **four-unities test** that requires unity of time, title, interest, and possession. Under the four unities test, a joint tenancy **presumptively is created by a conveyance to two or more persons** if they acquire their interest at the same time, acquire their interest under the same instrument, acquire an equal interest in the property for same duration, and acquire the right to possession of the property.

If the interest satisfies four-unities test, the tenant who survives the another tenant owns the property alone.

b. Modern Law

> **TIC 〉 JT**

Today, there is a statutory **presumption** that a conveyance to two or more persons creates a **tenancy in common.**

There are many cases showing how to rebut the presumption of tenancy in common:

In some courts, the use of the term "joint tenancy" and "survivorship" rebuts the presumption.

In some courts, the use of the term "jointly" alone can rebut the presumption.

In some courts, the use of the term "jointly" suggests that the testator intended that the grantees own together, rather than that they own as joint tenants with the right of survivorship.

Q: <u>Did the testator convey [ABC토지] as "tenants in common" or as "joint</u>
   <u>tenants with right of survivorship?" Explain.</u>

> 1. When co−tenancy
> 2. CL: four−unities test
>   + analysis (presume joint tenancy)
> 3. Modern
>   + analysis (rebut presumption)
> 4. Validity of deed: No need record★

TIP   Case에 deed를 가지고 있는 자가 record를 했는지에 대한 여부가 명시되어 있다면, validity of deed에 대해 서술하는 것이 고득점 포인트다. 한편, record 여부는 다수의 conveyance가 존재할 때, 소유권자를 주장하는 자들 간의 priority를 따지는 기준일 뿐, deed 자체의 유효성을 판단하는 기준이 아니다. 즉 이는 대항요건이다. 따라서 deed가 original owner로부터 subsequent conveyance 없이 제3자에게 소유권이 넘어갔고 그 deed상의 내용을 analysis하는 문제인 경우, record는 해당 문제와 무관한 사안임을 서술하는 것이 고득점 포인트다.

모범답안 041

1. The testator conveyed [ABC토지] as tenancy in common.

A deed to two or more grantees may create a joint tenancy or a tenancy in common. To create a joint tenancy, the CL uses four−unities test that requires unity of time, title, interest, and possession. Under the four unities test, a joint tenancy presumptively is created by a conveyance to two or more persons if they acquire their interest at the same time, acquire their interest under the same instrument, acquire an equal interest in the property, and acquire the right to possession of the property. (ANALYSIS)

Today, in many states, there is a presumption that a conveyance to two or more persons creates a tenancy in common. However, there are many cases showing how to rebut the presumption of tenancy in common. In some courts, the use of the term "joint tenancy" and "survivorship" rebuts the presumption. In some courts, the use of the term "jointly" alone can rebut the presumption. In some courts, the use of the term "jointly" suggests that the testator intended that the grantees own together, rather than that they own as joint tenants with the right of survivorship. (ANALYSIS)

Lastly, a deed is effective between the parties even if it is not recorded. (ANALYSIS)

In sum, the testator conveyed [real property] as tenancy in common.

2. Severance of Joint Tenancy

a. Mortgage

Under the title theory, the **mortgagee** takes title to the property for the duration of the mortgage. This is because a mortgage granted by one joint tenant **severs** the joint tenancy and it would convert the joint tenancy into a tenancy in common.

Under the lien theory, the **mortgagor** holds title and the mortgagee takes only a lien on the property. This is because a mortgage granted by one joint tenant **does not sever** the joint tenancy.

```
case
```

갑과 을은 ABC토지의 joint tenants이다. 갑은 자신이 해당 토지에 대해 가지는 interest를 담보로 Bank에서 대출받았다. 이후 갑이 그 땅을 병에게 매매하려고 했으나, closing하기 전 사망하였다. 이 경우 ABC토지에 대해 갑, 을, Bank, 병 중 누구에게 어떤 권리가 있는지 논하라.

⇒ 갑이 Bank로부터 대출을 받음으로 인해 발생될 수 있는 갑·을간 관계 변화는 다음 이론에 따라 다르다. Title theory에 따르면, 갑이 대출을 받음과 동시에 갑이 가지고 있던 땅의 소유권은 Bank에게 이전된다. 따라서 기존의 갑·을간 joint tenancy가 종료되고, 을·Bank간 tenancy in common가 새

로 형성된다. 즉 을과 Bank가 그 토지에 대해 tenants in common으로서의 권리를 가지고, Bank가 자신의 채권을 record했다면 Bank의 권리가 병의 권리에 우선하는 바, 병은 해당 토지에 대해 소유권을 가지되 subject to the mortgage이다.

Lien theory에 따르면, 대출을 받더라도 토지에 대한 채무자(갑)의 소유권은 유지되므로, 갑·을간 joint tenancy도 유지된다. 하지만 갑과 병간 체결한 계약이 갑·을간의 권리관계에 영향을 미친다. Doctrine of equitable conversion에 따르면, 갑·병간의 매매계약 후 등기 이전하기 전(before closing)까지 병은 해당 토지에 대해 equitable interest를 가지고, 갑은 legal interest를 가진다. 즉 갑이 해당 토지에 대해 가지는 interest가 달라졌으므로 갑·을간 joint tenancy가 종료(sever)되고 을·병간 tenancy in common이 새로 형성된다. 따라서 을과 병이 tenants in common으로서의 권리를 가지고, Bank가 자신의 채권을 record했다면 Bank의 권리가 병의 권리에 우선하는 바, 병은 그 땅에 대해 소유권을 가지되 subject to the mortgage이다.

답안요령   Joint tenancy & Mortgage

Q: What are the rights between 갑, 을, and Bank?
   갑이 Bank로부터 받은 담보대출이 해당 토지의 co−tenancy에 어떤 영향을 미치는가?

1. Conveyance of entire ownership and joint tenancy★
2. Conveyance of mortgage and joint tenancy (title/lien theory)
3. Title theory
   + analysis
4. Lien theory
   + analysis
5. Doctrine of equitable conversion★

모범답안 042

1. A tenancy in common would be created between Bank and 을 under the title theory, and a joint tenancy would remain between 갑 and 을 under the lien theory. However, under the both theory, a tenancy in

common is created between 병 and 을, and 병 is subject to Bank's mortgage.

When property is held by two persons in joint tenancy, a conveyance by one joint tenant of her ownership interest severs the joint tenancy. This is because the conveyance severs time and title unities. When a joint tenant transfers mortgage interest, a severance occurs depending on title theory or lien theory.

Under the title theory, the mortgagee takes title to the property for the duration of the mortgage. Thus, a mortgage severs the joint tenancy and it would convert the joint tenancy into a tenancy in common. (ANALYSIS: In this case, Bank takes title to the land for the duration of the mortgage. Thus, 갑 no longer had the same interest as 을 under the four unities test. Thus, a tenancy in common would be created between Bank and 을.)

Under the lien theory, the mortgagor holds title and the mortgagee takes only a lien on the property. (ANALYSIS: Under the lien theory, 갑 holds title and Bank takes only a lien on the land. In other words, 갑 would remain a joint tenant with 을. However, after 갑 entered the contract, 갑's interest is not same with 을's interest because of the equitable conversion theory. 갑's interest is subject to 병's equitable interest or title. Thus, 을 has no right of survivorship.)

In sum, a tenancy in common would be created between Bank and 을 under the title theory, and a joint tenancy would remain between 갑 and 을 under the lien theory. However, under the both theory, a tenancy in common is created between 병 and 을, and 병 is subject to Bank's mortgage.

  b. Lease

Lease가 joint tenancy를 sever하는지 그 여부에 대해서는 각 법원에서 달리 판단하고 있다. 대부분의 주는 lease가 sever한다고 보는 바, joint tenants(갑과 을) 중 한 명(갑)이 제3자에게 lease하면 점유자(갑과 을)간 권리는 tenancy in common으로 정의된다. 일부 주는 lease를 한 joint tenant(갑)가 lease 계약기간 만료 전에 사망시에만 lease가 sever한다고 본다. Tenancy in common으로 정의되는 경우, 갑이 사망한 시점 이후에도 병의 lease는 유효하다. 이때 병과 을의 관계는, 갑과 을의 관계와 마찬가지로 한 명이 토지 '전체'를 점유하는 것은 가능하나 다른 점유자를 exclude시킬 수는 없는 관계이다.

i. Each Jurisdictions

In most jurisdictions, the states adopting common law hold that a lease **severs** the unity of title and interest and the leasing joint tenant(갑) and the other co−tenant(을) owns the property as **tenants in common.** Thus, **the lease is valid** even after the leasing tenant(갑)'s death. The tenant(병) cannot exclude the other co−tenant(을) from possessing the property. This is because each co−tenant has the right to possess all portions of the property, but not right to exclusive possession.

In other some common law jurisdictions, a lease does **not sever** a joint tenancy.

In some states, a lease severs a joint tenancy **only when the leasing joint tenant dies before the end of the lease term.**

ii. Rents and Profits

Generally, the rents from third parties(병) are not required to share between the co−tenants unless the possession by the leasing joint tenant alone is wrongful.

However, when a joint tenant leases the property to the third party **acting alone,** he needs share rents **equally** with the other co−tenant.

Ⅱ. Landlord and Tenant

A. Lease Agreement

1. Statute of Frauds (08July)

Statute of frauds(SOF)를 만족하지 못하고 tenancy 계약을 맺었다면, 그

tenancy는 어떤 유형의 tenancy로 정의되는가. 이는 SOF, partial performance, periodic tenancy, 이 세 논점과 모두 관련된 논점이다. 원칙적으로 SOF를 만족하지 못하면, 해당 임대차계약은 voidable하다. 그러나 partial performance가 인정되면 예외적으로 tenancy가 인정되는 바, 그 tenancy의 유형은 '정기적인 임대료 지급'을 기준으로 at-will tenancy 또는 periodic tenancy로 정의된다. 정기적인 임대료 지급이 있는 경우, periodic tenancy로 본다.

a. General Rule

★Most states have enacted a statute of frauds (SOF) that requires leases of **more than one year** to be in writing.

b. Exceptions (Part Performance Doctrine)

★A lease subject to SOF **is voidable until** the tenant takes possession and the landlord accepts rent from the tenant. If the tenant **takes possession** and the landlord **accepts rent,** an at-will or periodic tenancy is created because of **the partial performance.**

★Where rent has been **paid for a substantial period of time,** the tenancy is generally classified as **periodic,** because payment over time creates expectations that justify notice of termination.

2. Restriction on Assignment (08July, 17Feb)

일반적으로 restriction on assignment는 유효하다. 예를 들어, landlord 갑과 tenant 을간 체결한 tenancy 계약서상의 "tenant가 assignment를 하고자 하는 경우 landlord의 consent를 사전에 받아야 하며, 만일 그렇지 못한 경우 그 assignment는 void하다"는 내용의 조항은 유효한 조항이다. 한편, 본 조항과 같이 consent 요건에 대한 구체적인 설명이 없는 조항을 "silent consent clause"라고 일컫는 바, traditional rule에서 유효하다고 보는 반면, modern rule에서는 consent를 하는 자의 good-faith를 요구한다. 즉 consent를 하거나 하지 않는 행위가 reasonable한 경우에 한해

silent consent clause를 유효하다고 판단한다. 따라서 극히 개인적인 이유를 근거로 한 restriction을 인정되지 않는다.

한편, tenant가 제3자에게 자신의 임대권을 assign하면, 해당 구역에 제3자가 possess하므로 landlord와 제3자간에 privity of estate가 새롭게 형성된다. 하지만 tenant와 landlord간 형성되었던 privity of contract는 그대로 유지된다. 따라서 제3자가 landlord에게 임대료를 지불하지 않는 경우, tenant에게도 책임이 있다.

a. Validity

Restriction on assignment is **valid.**

b. Silent Consent Clause

★"Silent consent clause" is the clause that does not include an express standard or condition for giving or withholding of consent.

ⅰ. Traditional Rule

for any reason

Under the traditional rule, a silent consent clause gives the landlord the right to give or to withhold consent **for any reason or for no reason even if it is unreasonable.**

ⅱ. Modern Rule

reasonable means test

★Under the modern rule, the rejecting the assignment **must be reasonable** based on the principal that leases are subject to the **good-faith requirements** of contracts in general.

In determining whether the rejecting is reasonable, the courts consider:

① The proposed assignee's financial ability to pay;

② The suitability of the premises for the proposed assignee's use; and

③ The need for alternations to accommodate[수용하다] the proposed assignee's use.

★It is not commercially reasonable to deny consent solely based on personal taste, convenience, or sensibility.

c. Assignment (20Sep)

★When a tenant assigns his interest in a lease, **privity of estate** arises between landlord and **new tenant** and the **privity of contract** remains between landlord and **assignor.**

★The assignor **is still contractually bound** to pay rent, and thus **serves as a surety** for unpaid rent.

B. Notice Requirement

1. At-Will Tenancy v. Periodic Tenancy

An at−will tenancy may be terminated without notice, while a periodic tenancy requires notice for a period **at least equal to the rent−payment term.**

If the tenant makes a proper termination, he is not liable for further rent fee.

If the tenant does not make a proper termination, he is liable for further rent fee.

2. Notice Methods

a. Common Law

Under the common law, an oral notice was sufficient.

b. Modern

Today, many states require **written** notice of termination.

C. Fair Housing Act (20July)

Fair Housing Act는 주택(dwelling)을 사고팔 때 인종, 종교, 성별, 가족의 상태, 국적을 차별하여서는 아니 된다는 법으로서, 차별적인 발언(광고)을 한 사람 뿐만 아니라 그러한 발언을 발행(publish)한 사람에게도 적용된다. 본 rule이 적용되지 않는 예외의 경우가 있는데, owner가 자신이 소유한 다수의 주택 중 한 주택에서 거주하고, 그 주택이 four units 이하이고, 각 주택에 각 거주자들이 독립적으로 거주하는 경우가 그러하다.

1. Anti-Discrimination Rule

a. General Rule

It is unlawful to refuse to sell or rent a dwelling to any person based on race, color, religion, sex, familial status, or national origin. [42 U.S.C. §3604(a)]

[Familial Status]

"Familial status" means one or more individuals (who have not attained the age of 18 years) being domiciled with.

b. Exception

The anti-discrimination rule does **not** apply if:

ⅰ. The owner **occupies** one of the units in a multiple-unit dwelling;

ⅱ. The dwelling contains **no more than four units;** and

ⅲ. The dwelling is occupied by persons living **independently** of each other.

2. Rule as to Publishing

It is unlawful to make, print, or publish any notice, statement, or advertisement, with respect to the sale or rental of a dwelling that indicates any preference, limitation, or discrimination based on race, color, religion, sex, handicap, familial status, or national origin, or an intention to make any such preference, limitation, or discrimination. [42 U.S.C. §3604(c)]

This rule is applicable both to a **landlord** and the **publisher** of the newspaper in which such statements are placed.

There is no exception rule.

D. Duties of Landlord and Tenant

Lease 계약을 체결하면, landlord는 tenant에게 duty to deliver possession, duty to disclose defects, duty for quiet enjoyment, warranty of habitability 등을 지고, tenant는 landlord에게 duty to pay rent 등을 진다. 만일 서로의 의무를 다하지 않는다면 상대방이 이에 대해 손배청구할 수 있다. 그중 duty for quiet enjoyment와 warranty of habitability는 계약서상 명시되지 않았다 하더라도 landlord의 의무로 인정되는 바, 각각을 "implied covenant[약속] for quiet enjoyment", "implied warranty of habitability"라 표현한다. Landlord 의 duty for quiet enjoyment는 tenant가 임차구역(premises)에서 소란없이 임차권을 누릴 수 있도록 할 의무로서, constructive eviction이 발생하는 경 우 landlord의 breach가 인정된다. Constructive eviction이 인정되는 가장 typical한 사안으로는, residential lease에서 landlord가 집 수리를 제때에 진 행하지 않아 tenant가 해당 premises에서 더 이상 거주할 수 없어 leave한 경 우이며, tenant는 landlord를 상대로 breach of (implied) covenant를 주장할 수 있다. Landlord는 해당 premises에서 생활이 가능한 상태를 유지할 의무 (implied warranty of habitability)를 지는 바, residential lease에서 duty to repair를 지기 때문이다. 그렇다면 당사자 중 일방이 breach한 경우 그 상대 방은 자신의 duty를 이행하지 않아도 되는가. 즉, landlord의 breach를 근거 로 tenant는 임대료(rent fee)를 지불하지 않아도 되는가. 정답은 '아니다'이 다. 서로에게 지는 의무(duty, covenant)는 "runs with the leasehold"이므로, tenant의 의무는 landlord의 breach of covenant와 무관하게 유지되는 바, landlord가 집 수리를 제때에 진행하지 않아 tenant가 해당 premises를 떠났 다 할지라도 tenant는 여전히 landlord에게 임대료(rent fee)를 지불해야 한 다. 그러나 landlord의 constructive eviction으로 인해 tenant가 leave하기 전

이를 해결하고자 최선을 다했다는 점 등을 증명하면 예외적으로 임대료지불의 의무(duty to pay rent)를 지지 않는다(doctrine of constructive eviction).

1. General Rule

In every lease of real estate, landlord owes tenant several duties, including duty to deliver possession, duty to disclose defects, duty for quiet enjoyment, and implied warranty of habitability. Tenant owes landlord several duties, including duty to pay rent, duty to repair, and duty not to waste.

★**Covenants runs with the leasehold.** If one party(갑) breached a covenant, the other party(을) can recover damages, but still needs to perform his performance.

2. Duty for Quiet Enjoyment

a. General Rule

A landlord should not interfere the tenant's quiet enjoyment and possession of the premises.

The duty for quiet enjoyment is breached when a landlord:

ⅰ. **Evicts** a justifiable tenant prior to its termination;

ⅱ. **Fails to deliver possession** of the premises to the tenant at the beginning of the term; or

ⅲ. **Fails** to make premises **suitable** for human residence.

b. Constructive Eviction

Constructive eviction occurs when the premises is not suitable for habitability.

c. Doctrine of Constructive Eviction (20Sep)

Under the doctrine of constructive eviction, a tenant has **no duty to pay rent** when he shows that:

i. The landlord breached his **duty owed to the tenant**;

ii. The tenant gave the landlord **notice** of the breach;

iii. The breach resulted in **substantial interfering** the tenant's **enjoyment** of the premises;

iv. The tenant gave the landlord a **reasonable opportunity** to correct the breach; and

v. The tenant timely **vacated** the premises.

3. Duty to Repair (13Feb)

Courts have generally implied a duty to repair in **residential** leases based on an **implied warranty of habitability.**

Courts have been **reluctant** to imply a duty to repair in **commercial** leases. However, courts implies a duty to repair in a commercial lease, only when:

i. The repair has been mandated by public authorities;

ii. Involves work so substantial that it would not ordinarily fall within the tenant's common law repair duty; and/or

iii. The value of the repair would primarily inure to the landlord's reversionary interest.

---

case1

임대인 갑의 '집'을 임차인 을이 1년 동안 임차하는 lease 계약을 체결하였다. 이후 을이 해당 premises에서 생활하던 도중 집 천장에서 물이 새어, 즉시 갑에게 notice하였으나 갑은 이를 repair하지 않았다. 해당 문제는 3주 내 수리가 가능한 상황이었다. 집에서의 생활이 불가능했던 을은 한 달 동안 친구 병집에서 지냈다. 을은 한 달의 rent fee를 지불하지 않았고, 이에 대해 갑이 을을 상대로 소송을 제기하였다. 갑은 승소할 수 있겠는가?

⇒ No. Residential leasehold의 경우 임대인 갑이 duty to repair를 진다 (implied warranty of habitability). 그러나 이를 행하지 않음으로 인해, 해당 premises에서 더 이상 거주할 수 없는 지경에 이르렀으므로 constructive eviction이 인정되는 바, 갑의 breach of covenant of quiet enjoyment가 인정된다. 본래는 갑의 breach of covenant가 인정된다 하더라도, 을의 duty to pay rent는 그대로 유지되나, (1) 갑의 breach of contract이 인정되고, (2) 을이 갑에게 notice하였고, (3) 집에서의 생활이 불가능했으며, (4) 한 달은 repair하기 충분한 시간이며, (5) 을이 해당 premises를 떠났다. 즉 doctrine of constructive eviction이 적용가능한 바, 을은 rent fee를 지급할 의무를 지지 않는다.

TIP

생각 route

Q: <u>Teanant(을)는 $를 지불해야 하는가?</u>

① 갑의 implied covenant of quiet enjoyment 존재

② constructive eviction 인정 ○ ⇒ breach of ①

③ 그러나 여전히 tenant는 $ 지불해야 함. (∵ covenant runs with the leasehold)

④ $지불하지 않아도 되는 예외(×2)

　－ doctrine of constructive eviction 적용되는 경우

　－ Landlord가 abandonment를 받아들인(accept) 경우

모범답안 043

1. The tenant may raise a defense of constructive eviction and he has no duty to pay rent.

In every lease contract, a covenant of quiet enjoyment is implied. When there is a constructive eviction by the landlord, the covenant is breached. The constructive eviction occurs when the landlord breaches duty owed to the tenant that substantially deprives the tenant's use and enjoyment of the premises. Duties of both landlord and tenant run with the leasehold. (ANALYSIS: ······ Thus, the landlord breached his duty. However, the tenant owes the landlord the duty to pay rent.)

Under the doctrine of constructive eviction, a tenant has no duty to pay rent when he shows that: (1) the landlord breached his duty owed to the tenant; (2) the tenant gave the landlord notice of the breach; (3) the breach resulted in substantial interfering the tenant's enjoyment of the premises; (4) the tenant gave the landlord a reasonable opportunity to correct the breach; and (5) the tenant timely vacated the premises.

(ANALYSIS: Here, the tenant has no duty to pay rent. First, ……. Second, ……. Third, ……. Fourth, ……. Fifth, ……. Thus, the tenant may raise a defense of constructive eviction.)

In sum, the tenant may raise a defense of constructive eviction and he has no duty to pay rent.

---

case2

임대인 갑의 빌딩을 임차인 을이 상업적 목적으로 1년 동안 임차하는 lease 계약을 체결하였다. 이후 을이 해당 premises에서 사업을 하던 도중 천장에서 물이 새어, 즉시 갑에게 notice하였으나 갑은 이를 repair하지 않았다. 해당 문제는 3주 내 수리가 가능한 상황이었다. 해당 문제로 인해 사업을 더 이상 진행하기 불가능했던 을은 한 달 동안 해당 premises를 vacant하였고, 그 한 달의 rent fee를 지불하지 않았다. 이에 대해 갑이 을을 상대로 소송을 제기하였다. 갑은 승소할 수 있겠는가?

⇒ Yes. Doctrine of constructive eviction이 적용되는 경우, 해당 leasehold 는 terminate되고 을은 duty to pay rent를 지지 않는다. Constructive eviction은 landlord가 tenant에 대해 지는 의무를 breach한 경우에 한해 인정된다(요건 ⅰ). 그러나 본 사안에서 갑·을간 leasehold는 commercial leasehold로서 갑은 duty to repair를 지지 않는 바, constructive eviction 은 인정되지 않는다. 따라서 을은 duty to pay rent를 진다.

TIP   생각 route

Q: <u>Teanant(을)는 $를 지불해야 하는가?</u>

① $지불하지 않아도 되는 예외(×2)

    − doctrine of constructive eviction 적용되는 경우

    − Landlord가 abandonment를 받아들인(accept) 경우

② constructive eviction 인정 × ⇒ ① 적용불가

③ 따라서 tenant는 $ 지불해야 함.

모범답안 044

1. <u>The tenant must pay the rent fee, since the landlord had no duty to repair the commercial premises and there was no constructive eviction.</u>

A term−of−years lease cannot be terminated by the tenant prior to the end of the term, unless the tenant was constructively evicted. In order to establish a constructive eviction, the tenant must prove that the landlord breached a duty to the tenant and the landlord's breach caused a loss of the substantial use and enjoyment of the premises. The tenant must also show that he gave the landlord notice adequate to permit the landlord to meet his duty to the tenant.

There was no implied duty on the part of a landlord to repair leased premises under the common law. However, in modern, courts have implied a duty to repair in residential leases based on an implied warranty of habitability. Courts have been reluctant to imply a duty to repair in commercial leases. Courts implies a duty to repair in a commercial lease, only when: (1) the repair has been mandated by public authorities, (2) involves work so substantial that it would not ordinarily fall within the tenant's common law repair duty, and/or (3) the value of the repair would primarily inure to the landlord's reversionary interest. (ANALYSIS)

In sum, the tenant was not constructively evicted, because the landlord had no duty to repair the commercial premises.

E. Tenant's Surrender (Abandonment) (13Feb, 17Feb, 20Sep)

계약당사자인 tenant와 landlord는 계약기간 도중 계약을 해지하는 등 wrongful termination을 하지 않아야 할 터인데, tenant가 계약기간 도중 premises에서 완전히 떠나는(vacate) 경우(tenant가 abandon한 경우), 이를 wrongful termination으로 여길지에 대해서는 이에 대한 'landlord의 태도'를 기준으로 달리 판단된다. Landlord는 tenant가 abandon하면, 해당 abandonment를 받아들이지 않고 tenant를 상대로 rent fee 지급을 요구하거나, abandonment를 받아들여(accept) 해당 leasehold를 즉시 종료시키거나, 제3자에게 해당 premises를 임대하여 본래 tenant와 제3자간 임대료 차액에 대해 청구를 할 수 있다. 따라서 tenant가 abandon한 경우, landlord는 tenant를 상대로 "wrongful termination"을 근거로 rent fee 지급을 요구할 것이며, tenant는 이에 대해 defense로서 landlord가 abandonment를 받아들였음(accept)을 주장하여 해당 leasehold가 종료되었으므로 더 이상 rent fee를 지급할 의무가 없다고 주장할 것이다.

1. Abandonment

Abandonment occurs when:

ⅰ. Tenant **vacates** premises;

ⅱ. **Before** the end of the term;

ⅲ. With the **intent** not to return; and

ⅳ. **Defaults** in the payment of rent.

2. Landlord's Options

a. General Rule

When there is surrender, landlord has three options: accepting the surrender, re-letting or attempt to re-let the premises on the tenant's behalf, or leaving the premises vacant.

ⅰ. Accept the Surrender

```
lease 완전히 종료
```

If the landlord accepts the surrender, it **terminates** the lease. The tenant's duty to pay rent is extinguished **due after the acceptance of surrender**.

Whether the acceptance of the landlord is determined in totality of the circumstance.

✔ Not voluntarily accept the keys — acceptance ×, but not conclusive(상황을 종합적으로 판단해야)
Landlord's refusal to accept the keys does not conclusively means the intent to refuse to accept a surrender.

✔ "This is a problem you created." — arguable

✔ Re-letting the premises for higher rent — acceptance ○

✔ Re-letting the premises for a longer term — acceptance ○

✔ Remodeling/Reconfiguration — acceptance ○

ⅱ. Re-let or Attempt to Re-let

> lease 완전히 종료 + T에게 손배청구

① Re-let or Attempt to Re-let

If the landlord **re-lets or attempts to re-let the premises and there is no acceptance of the surrender,** he would be entitled to the difference between the rent owed under the original lease and the rent under the new lease.

② Fail to Re-let or Attempt to Re-let

If the landlord **failed to re-let the premises,** the amounts the landlord can recover are different under the CL and modern law.

Under the CL, the landlord is entitled to unpaid rent fee. **In modern,** the landlord has **duty to mitigate.** Although mitigation does not need to be successful, but landlord should make **reasonable efforts** to mitigate. If the landlord breached the duty to mitigate, he would only be entitled to the **difference between the rent owed under the lease and the fair rental value.**

	CL	Modern
Re－let/Attempt to re－let	(original rent fee) － (re－letting rent fee)	
Fail to re－let	entitled to unpaid $	(original rent fee)－(fair market value)
		duty to mitigate 적용

TIP 주어진 사안이 fail to re－let에 해당하는 경우, landlord의 duty to mitigation에 중점을 두어 CL과 modern law를 구별하는 것이 고득점 포인트다. Modern law의 경우, landlord측에서는 fair market value를 최저가로, tenant측에서는 fair market value를 최고가로 책정할 것이다.

iii. Leave the Premises Vacant

> ### lease 유지

If the landlord leaves the premises vacant, **the lease contract remains valid** and the tenant owes the landlord the duty to pay rent. Thus, the landlord can recover for unpaid rent as it accrues.

Landlord's Options		Damages Award
Accept the surrender		—
Re－let/ Attempt to re－let	duty to mitigate	(original rent fee) － (re－letting rent fee)
	breach the duty to mitigate	(original rent fee)－(fair market value)
Leave vacant		밀린 $

F. Fixture (20July)

Fixture는 토지에 심은 나무, shrubs, 토지에 설치된 garage, pipe line 등과 같이 부동산에 부착(annexed)된 무언가를 뜻하는 바, 부착된 부동산의 '일부'로 취급된다. Fixture는 chattel과 구분되는 개념으로, chattel은 부동산에 설치되었다 하더라도 부동산과 '별도의' 개체로 취급된다는 것이 가장 큰 차이점이다. Chattel의 예시로는 거울, 그림, 스토브, 냉장고 등과 같이 쉽게 이동이 가능한 부엌기구 등이 있다. 대개 nail못, screw나사 등을 이용해 bolted되는 동산은 chattel로 인정되나, fixture와 chattel을 구별하는 뚜렷한 기준이 없어 그것을 설치한 자(annexor)의 의도(intent)를 파악하는 것이 가장 중요한데, 설치자가 해당 동산을 '영원히(permanently)' 설치하고자 하였다면, fixture로 인정된다.

★A fixture is an item of personal property affixed or attached to the real property with the intent to make it a permanent part of the real property. Various factors are considered and following factors cause a reasonable person to conclude that a personal property is not a fixture:

ⅰ. An item that is replaced from time to time with new feature;

ⅱ. An item that is easily removed;

ⅲ. An item that is connected with other personal properties;

ⅳ. An item that is installed with specific need or intent.

Ⅲ. Adverse Possession (15Feb)

[도표 8-2]

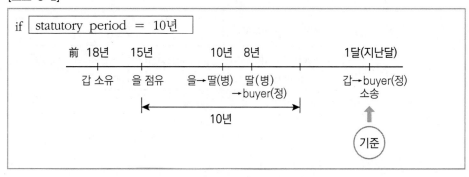

A. Adverse Possession

> "COACH" – Continuance, Open and notorious, Actual, exClusive, Hostile

1. General Rule

The possessor acquires title by adverse possession **only to the portion of the tract** for which he meets all requirements of the five‑prong test: actual use, open and notorious use, exclusive use, continuance, and hostility.

2. Requirements

a. Actual Use

★The use must be same with how a **reasonable** owner of land would have used it if in possession.

b. Open and Notorious Use

★The possession must put an owner on notice of adverse possession if the owner inspected the land.

c. Continuance

> statutory period + in privity

The period which is required to be endured^{지속되다} for adverse possession purpose is **determined by statute.**

When **multiple** adverse possessors are **in privity** with one another, the period of their respective possessions **can be aggregated** for the purpose of determining whether the statutory period has run.

★"Privity" means a relationship between possessors **by voluntary transfer** between them under the laws of intestacy, **or testamentary succession.**

Statutory period는 본래의 소유자(갑)가 '소송을 제기한 날짜'를 기준으로 판단하며, 최종 grantee(정)가 해당 부동산을 possess 하기 시작한 날짜는 이와 무관하다.

d. Hostility

★Although courts define "hostility" in many ways, most courts reject subjective hostility tests and agree that hostility exists when a possessor is on the land **without the owner's permission.**

In some states, the possessor must have a good−faith belief that she has a good title to the land.

In some other states, the possessor must believe that she does not have a good title to the land.

답안요령

---

1. Adverse possession 성립요건(×5)
2. Analysis
3. 결론(acquire title only to the **portion** of the tract)

2번: 5개의 요소 중 continuance와 in privity 내용에 대한 analysis 가 가장 중요하다.

모범답안 045

1. 정 acquired title by adverse possession to the one−third−acre portion of the five−acre tract.

To acquire title by adverse possession, the possession must be: (1) actual, (2) open and notorious, (3) exclusive, (4) continuous, and (5) hostile.

To be actual, possession must be same with the possession of a reasonable owner if in possession. (ANALYSIS) Thus, the possession was actual.

To be open and notorious, the owner can notice the adverse possession if the owner inspected the land. (ANALYSIS: Here, the garden that occupied the land was visible.)

Regarding hostility, in most states, hostility exists when a possessor is on the land without the owner's permission. In some states, the possessor must have a good−faith belief that she has a good title to the land. In some other states, the possessor must believe that she does not have a good title to the land. (ANALYSIS)

Regarding continuous, the period that creates title by adverse possession is determined by state statute. The period starts to run when a wrongful possession occurs. (ANALYSIS: Here, a state statute provides that the period is 10 years. Here, 을 wrongfully entered the land fifteen years ago.) When a multiple possessors are in privity with each other, the period of each possessor can be aggregated for the purpose of the statutory period. The possessors are in privity when there was a voluntary transfer, descent, or testamentary succession. (ANALYSIS: Here, 을 possessed the land for five years and he bequeathed the land to his daughter, 병. 을 and 병 were in privity with each other, since there was a testamentary succession. 병 and the buyer 정 were also in privity, since 병 voluntarily transferred the land to 정. Thus, the 10 year statutory period is satisfied.

In sum, 정 acquired title by adverse possession to the one−third−acre portion of the five−acre tract.

B. Constructive Adverse Possession Doctrine

갑이 소유한 토지가 100평이나 을, 병, 정은 그중 90평에 대해 adverse possession의 성립요건을 모두 충족한 경우, 그들의 점유가 100평에 대한 것이었다고 constructively 인정하여 100평에 대한 adverse possession을 인정하는 doctrine이다.

Under the constructive adverse possession doctrine, the possessor constructively extend its possession when a possessor enters under color of title and the possessor takes possession of only a portion of the land described in the instrument.

C. Adverse Possession and Easement

Adverse possession이 인정되어 소유권을 가지게 된 자(점유취득자)의 권리는 원래 소유자의 권리보다 클 수 없다. 따라서 갑이 부동산을 소유하던 당시 easement가 존재했다면, adverse possession을 통해 소유권자가 변경되었다 할지라도 easement 소지자(정)의 권한은 그대로 유지된다. 다만, statutory period 도중에 abandonment, merger, termination of necessity 등 easement 소멸 사유가 존재했다면, adverse possessor(정)는 easement에 관한 어떠한 의무도 지지 않는다.

1. General Rule

The title acquired by adverse possession is **no greater than** the title of the holder of the cause of action who was barred by the running of the statute of limitations (SOL).

If the title of the holder of the cause of action was subject to easement, adverse possessor is subject to the easement.

2. Termination of Easement (11July)

a. Termination Methods

The easement may be terminated by:

ⅰ. Estoppel;

ⅱ. Termination of the necessity that created the easement;

ⅲ. Involuntary destruction of the servient estate;

ⅳ. Condemnation of the servient estate;

ⅴ. Written release;

ⅵ. Abandonment;

ⅶ. Merger; or

ⅷ. Prescription.

b. Termination of Easement and Adverse Possession (15Feb)

If an easement is terminated before or during adverse possession, title of adverse possessor is free from easement.

1. General rule(정's right≤갑's right)
2. Analysis
3. Termination of easement
4. Analysis + 결론

1. 정 cannot compel 무 not to use the land.

When an adverse possessor acquires title by adverse possession, the title is not greater than the title of the holder of the cause of action. (ANALYSIS) Thus, 정's title is also subject to the easement as the holder's title.

(ANALYSIS: 을, 병, and 정 could argue that their possession interfered the right of easement. However, there is no fact showing that their possession interfered with the use of 무.)

In sum, 정 cannot compel 무 not to use the land.

IV. Conveyance

A. Quitclaim Deed (13July)

1. Seller's Liability (General Rule)

If a seller conveys land on which there is an **unsatisfied encumbrance** such as a mortgage, and that **encumbrance has priority against the buyer,** the seller is **liable** to the buyer for any loss borne by the buyer only when the seller **warranted** that there was no such encumbrance against the property.

2. Exception (Quitclaim Deed)

A quitclaim deed contains **no warranties of title**, and the buyer taking under a quitclaim deed **has no claim** against the seller for damages resulting from encumbrances having a priority over the buyer's interest.

답안요령

---

1. When seller is liable★
2. However, quitclaim → not liable
3. Analysis + 결론

TIP　　Quitclaim의 특징을 설명하기 앞서 본래 seller는 자신이 warrant한 범위만을 보장한다는 general rule을 설명하는 것이 고득점 포인트다.

모범답안 047

1. 을 will not be able to recover damages from the 갑, because 갑 gave 을 a quitclaim deed.

The buyer can raise an action against the seller for the breach of covenants against encumbrances, only when the seller warranted it. However, a quitclaim deed contains no warranties of title.

(ANALYSIS: Here, 갑 sold ABC 땅 to 을 with a quitclaim deed. Although there was 갑's mortgage obligation that she made no reference to him, a quitclaim deed contains no warranties of damages from encumbrance, the mortgage here. Additionally, the bank has priority over the man, because it recorded the mortgage before 을 purchased ABC 땅.) Thus, 을 has no cause of action against 갑.

In sum, 을 will not be able to recover damages from the 갑, because 갑 gave 을 a quitclaim deed.

B. Doctrine of Equitable Conversion (09Feb)

The doctrine of equitable conversion splits title to the property when a real estate **contract is signed.** When the contract is signed, buyer obtained **equitable title,** and seller retained **legal title** as trustee.

This doctrine applies only to a contract that is specifically enforceable. When the doctrine applies, the seller's legal title is considered as **personal property,** and the buyer's equitable title is considered as **real property.**

C. Implied Warranty of Marketability (09Feb)

There is an implied warranty of marketability that **the seller will provide the buyer with a marketable title.** This rule is applied to every land sale contract.

There are three implied covenants: no defects in chain of title, no encumbrances, and no zoning restrictions.

If the title is unmarketable after closing, the buyer can rescind, sue for damages for breach, or get specific performance with an abatement of the purchase price.

D. Implied Warranty of Merchantability (13Feb, 13July, 18Feb)

• Implied warranty of merchantability = Implied warranty against latent defects = Implied warranty of quality = Implied warranty of habitability = Implied warranty of fitness

1. General Rule

a. Traditional Rule

In the past, a **home builder** makes no implied warranties regarding the condition of the premises.

b. Modern Rule

Today, a home builder makes implied warranties regarding the condition of the premises, because a home builder and a buyer **do** not stand on an equal footing. A buyer **relies upon the builder's** skill and integrity, and ordinary buyers are not in a position to discover latent defects.

It is similar with the UCC2 implied warranty of merchantability that arises upon **the sale of goods by a merchant.**

2. Burden of Proof

In most states, it is not required for the **buyer** to prove that the house would have been uninhabitable^{거주할 수 없는} but for his repair. It is enough that the **defect is major,** given its nature and the dollar value of the problem.

3. Remote Grantees

Some courts **require privity** to extend the implied warranty of merchantability to remote grantees.

Some courts show that the warranty is contractual in nature and thus should only run in privity with each other.

Some other courts extend the implied warranty **for public policy.**

4. Implied Warranty of Habitability and Duty to Repair (13Feb)

Courts have generally implied a duty to repair in residential leases based on an implied warranty of habitability. Courts have been reluctant to imply a duty to repair in commercial leases. Courts imply a duty to repair in a commercial lease, only when:

ⅰ. The repair has been mandated by public authorities;

ⅱ. Involves work so substantial that it would not ordinarily fall within the tenant's common law repair duty; and/or

ⅲ. The value of the repair would primarily inure to the landlord's reversionary interest.

Q: Is the home builder 갑 liable for 병?

아파트 건설자 갑이 을에게 자신이 건설한 아파트를 팔았고, 그 이후 을이 그 아파트를 병에게 팔았다. 이후, 병이 그 아파트의 심각한 하자를 발견했고, 이에 대해 아파트 건설자 갑을 상대로 소송을 제기했다. 병의 승소가능성에 대해 논하라.

---

1. Traditional v. Modern law★
2. Terms + UCC2와 비슷
3. Just prove "defect is major"
   + analysis
4. To remote grantee

모범답안 048

1. In some states, the home builder 갑 is liable to 을 for the breach of implied warranty of merchantability.

Traditionally, a home builder makes no implied warranties regarding the condition of the premises. However, in modern, a home builder makes implied warranties against the latent defects. This is because a buyer relies upon the builder's skill and ordinary buyers cannot discover latent defects. There are various terms of the warranty, such as an implied warranty against latent defects, an implied warranty of merchantability, and an implied warranty of habitability. This rule is similar with the UCC2 implied warranty of merchantability. In most states, the buyer is not required to prove that the house would have been uninhabitable. It is enough to prove that the defect is major. (ANALYSIS)

Regarding remote grantees, there are three different approaches. Some courts require privity to extend the implied warranty of merchantability to remote grantees. Some other courts extend the implied warranty for public policy. Courts show that the warranty is contractual in nature and thus should only run in privity with each other. (ANALYSIS)

In sum, in some states, the home builder 갑 is liable to 을 for the breach of implied warranty of merchantability.

E. Covenants of Title (10Feb, 13July, 15Feb, 18Feb, 20Sep)

1. General Rule

Usually, a general warranty deed contains six covenants: covenant of seisin, covenant of right to convey, covenant against encumbrances, covenant for quiet enjoyment, covenant of warranty, covenant for further assurances. Former three covenants are called as present covenants and others are future covenants.

★Under the merger doctrine, **contractual** promises relating to title do **not** survive **the closing and the delivery of the deed.**

2. Covenants against Encumbrances

a. General Rule

★Covenant against encumbrances is a warranty that, **at the time of conveyance,** there are **no outstanding third−party rights that negate** the title the grantor purports to convey. In other words, a buyer is entitled to damages only when he proves that the easement **reduced the value of the land.**

b. Remote Grantee

ⅰ. Common Law

Under the common law, the covenants against encumbrances are present covenant, and it breaches if there is an encumbrance **at the time of the conveyance.** Furthermore, the covenant does **not** run with the land.

ⅱ. Some Jurisdictions

A remote grantee **may sue** and recover damages to the extent that the easement reduced the value of the land.

However, a remote grantee with notice of the easement may **not** sue when:

① The grantee never relied on the covenant with such notice; or

② The grantee bargained for a reduction in the purchase price to take account of the easement with such notice.

c. Damages for Breach

If the covenant against encumbrances was breached, the buyer is entitled to damages when the easement is not plain, obvious, or is not known to the buyer.

F. Records

Record는 여러 명의 buyer간 소유권을 다툴 때 필요한 '대항요건'이다. 따라서 seller와 buyer간 부동산 매매 계약을 체결한 후 buyer가 이 계약에 대해 record하지 않았다는 사실은 seller와 buyer간 체결한 부동산 매매 계약의 유효성에 영향을 미치지 않는다.

★The record is not required for the enforceability of the deed.

TIP ① 갑이 을에게 easement를 주었고, 이후 갑이 병에게 땅을 매매했다. 병은 갑이 을에게 준 easement에 대해 의무가 있는가?
⇒ (a) 갑·을간 deed 유형 그리고 (b) 을의 notice 유무 문제이다.
② 병이 무에게 땅을 다시 매매했다. 무는 갑이 을에게 준 easement에 대해 의무가 있는가?
⇒ (a) Deed의 covenant warranty 범위에 remote grantee가 포함되는지 그 여부와 (b) 무의 easement에 대한 문제이다.

V. Easement

Non-possessory interest란 부동산에 대한 점유권 및 소유권을 제외한 나머지 권리를 뜻하며, encumbrances라고도 표현한다. Encumbrance는 사전적 의미로 "짐, 폐"라는 뜻으로서, 제3자에게 non-possessory interest가 있는 real property가 판매되는 경우 구매자 입장에서 그러한 interest들이 짐이라는 의미로 사용된다. Mortgage, easement, profits, license, covenants, servitudes 등이 이에 해당한다. 역대 기출문제에서는 주로 easement에 관해 출제되었다. Easement는 non-possessory interest이므로 이보다 더 큰 다른 권리, 즉 소유권(또는 점유권)과 항상 함께 존재하며, 동일한 real property에 대해 다른 non-possessory interest와 동시에 존재하는 경우도 있다. 예를 들어, ABC 땅을 소유한 갑이 을에게 easement를 주었고 동일한 부동산을 담보로 병과 정으로부터 mortgage를 생성한 경우, ABC 땅에는 갑의 소유권, 을의 easement 그리고 병과 정의 채권이 동시에 존재한다. 이 경우, 갑이 default 한다면 병은 ABC 땅에 대해 어떤 right(권리)를 가지는가. 본 문제는 병의 right만을 물어봤지만 이는 ABC 땅에 관련된 모든 right에 대해 판단해야 하는 문제이다. 일단, 병과 정 모두 ABC 땅에 대한 mortgage를 가지고 있으므로, 병의 right는 priority를 통해 판단한다. 또한 ABC 땅에는 을이 가지고 있는 easement가 기존부터 존재해왔으므로, 병이 그 easement에 대해 의무를 가지는지도 판단해야 한다. Priority는 record를 기준으로 을이 가진 easement에 대한 병의 의무는 notice를 기준으로 판단한다. 즉 병이 을의 easement에 대해 notice가 있었던 경우에만 be subject to easement이며, 을의 easement는 그대로 유지된다. 정리하자면 문제에서 특정인이 특정 부동산에 가지고 있는 right에 대해 물어보면, 우선 해당 부동산과 관련된 모든 권리를 찾고, 권리간의 관계를 파악해야 한다.

A. Creation of Easement

1. Implied from Prior Use (12Feb, 21Feb)

a. General Rule

★An easement implied from prior use is created when:

ⅰ. Two parcels are owned by **common owner;**

ⅱ. One of parcel is conveyed to grantee;

ⅲ. Prior use over the conveyed parcel must have **benefited** the other parcel;

ⅳ **The usage is reasonably necessary or convenient;** and

ⅴ. The usage is **apparent and continuous.**

b. Common owner

Both parcels, dominant and servient tenement, are owned by the same person **at the time of the prior use.**

c. Reasonably Necessary

★Most courts interpret the reasonably necessary requirement to mean that the easement must be **important** to the enjoyment of the conveyed land or **highly convenient.**

Most courts recognize the requirement if the grantee (owner of the dominant estate) needs to pay **appreciable expense** for a **substitute** for the claimed easement.

✔ Access to the transferred land is **extremely difficult by other routes** — reasonably necessary ○

✔ There is **easy access to public roads in another direction** — reasonably necessary ✕

✔ Needs to acquire an easement by grant from the grantor → appreciable expense 인정○ → reasonably necessary ○

✔ Needs to acquire an easement by prescription → appreciable expense 인정○ → reasonably necessary ○

d. Apparent and Continuous

The prior use should neither merely temporary nor casual.

Most courts have found that the apparent and continuous requirement is met when the usage is **visible**.

✔ An established roadway — apparent ○

e. Recording and Implied Easement (21Feb)

갑이 소유하던 토지 중 일부를 을에게 매매하였고, 을은 갑의 토지에 대해 implied easement를 가지고 있으나 이에 대해 record는 하지 않았다고 가정해보자. 갑이 자신이 소유하고 있던 나머지 부분의 토지를 병에게 매매하였다면 병은 subject to the implied easement인가. 일부 재판권에서는 implied easement는 recording act에 영향을 받지 않는 바, 병이 actual notice 또는 inquiry notice를 가지고 있는 한 병은 subject to the implied easement하다고 본다. Implied easement는 deed를 통해 생성된 것이 아니라 상황상 인정되는 easement로서, 을이 record를 할 수 없다고 보기 때문이다.

In some jurisdictions, recording act does **not** apply to implied easements. This is because such easements are created by implication, not by the deed.

2. By Necessity

★An easement by necessity is created when:

ⅰ. There is a **conveyance** of grantor's land;

ⅱ. **Grantor retains** remaining portion; and

ⅲ. It is **necessary for grantee** to pass over grantor's retained portion to **reach public street or highway** after severance.

B. Termination of Easement (11July, 12Feb)

> "NCD CUPERA" – Necessity, Condemnation, Destruction of servient estate, stated Condition, Unity of ownership, Prescription, Estoppel, Release, Abandonment

1. Unity of Ownership

★When there is a post—sale unity of ownership of the two estates, the easement was extinguished by merger.

2. Prescription

When the owner of the servient tenement **so interferes** with the easement as to create a cause of action in favor of the easement holder, an easement would be extinguished by prescription. The interference must be open, notorious, continuous, and satisfy the statutory period.

3. Abandonment

Easement can be terminated by abandonment.

★Mere non—use of an easement is insufficient to establish abandonment. There must be a cessation^{중단} of use coupled with evidence of **the user's intent to abandon** the easement.

C. Buyer subject to Easement (18Feb)

갑이 을에게 자신의 토지를 지나다닐 수 있도록 easement를 주었고, 그 이후 해당 토지를 병에게 매매하였다면 병은 갑이 을에게 준 easement에 대한 책임을 지는가. 을이 해당 토지를 계속 지나다닐 수 있도록 병에게 요구할 경우, 병이 해당 easement에 대해 notice를 가지고 있는지 그 여부를 판단하여 책임을 진다. 병의 책임이 인정되어 을에게 자신이 매입한 토지를 지나다닐 수 있도록 하였다면, 병은 갑에게 breach of covenant against encumbrances 를 주장할 수 있다. 즉 동일한 easement에 대해 buyer(병)와 seller(갑)간의 문제는 'covenants of title의 breach여부'로 판단하고, buyer(병)와 기존의

easement 수혜자(을)간의 문제는 'buyer(병)의 notice 유무'로 판단한다. 아래 내용은 buyer(병)와 기존의 easement 수혜자(을)간의 문제에 대한 것이다.

1. General Rule

The buyer(병) is subject to the easement only when he/she had **knowledge** on the easement at the time of purchase of the land. When he/she had knowledge on it, the easement holder(을) can force the buyer.

> **TIP** 지문에서 recording statute를 명시하지 않은 경우, 수험자는 모든 유형의 recording statutes를 고려하여 답안을 작성하는 것이 고득점 포인트다. 모든 유형에 있어 동일한 결과가 도출되는 경우에는, "regardless of recording statute, ~"라는 표현을 사용한다.

2. Shelter Rule (10Feb)

★Under the shelter rule, when a bona fide purchaser (BFP) acquires title free of a prior encumbrance, he can convey that title to a subsequent purchaser free of that encumbrance.
This doctrine applies **even when** the subsequent purchaser **has actual notice** of the prior, unrecorded encumbrance.

VI. Mortgage

A. Priority (09Feb, 10Feb, 11July, 13July)

[도표 8-3]

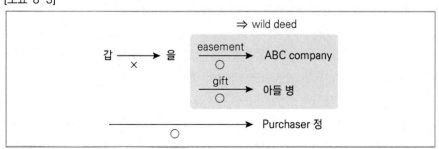

아들이 gift로 소유권을 가지게 되었으므로 BFP가 아니라는 사실은 본 priority 문제와 무관하다.

① Common law: 정이 병을 상대로 소유권을 주장하는 소를 제기하기 이전에 이미 병은 acquired legal title. 따라서 병의 소유권이 정에 우선한다.

② Modern law: record 문제 → 병 v. 정 → 정's record 유무가 중요 → wild deed 문제

1. General Rule

a. Common Law

> first-in-time, first-in-right

Under the common law first-in-time, first-in-right principal, a priority is established by priority of time.

b. Modern Law

> recording statute

i. Notice Recording Statute

★Under a notice recording statute, a subsequent purchaser can prevail over prior grantee only if:

① The **prior** conveyances were **unrecorded;**

② Subsequent purchaser **paid value** for the land; and

③ The purchaser took **without** either actual, constructive, or inquiry **notice** of the prior conveyances.

ii. Race-Notice Statute

★Under a race-notice statute, a subsequent bona fide purchaser (BFP) is protected only if she **records before the prior grantee.**

iii. Race Statute

★Under a race statute, whoever **records first** has priority.

iv. Bona Fide Purchaser (BFP)

★Bona fide purchaser is a person who (1) paid value for an interest and (2) had no notice.

2. Notice

a. Constructive Notice

Constructive notice는 record되어 있는 deed에 대해 인정되는 notice 로서, wild deed인 경우 인정되지 않는다. 이전 deed가 wild deed인 경우 그 이후 소유권을 가진 자(정)는 해당 부동산에 관련된 이전의 모든 권리에 대해 constructive notice가 없는 바, 이전 deed와 관련된 모든 권리(소유권, mortgage 등)로부터 자유롭다.

★Constructive notice arises **through the recording system or public record.** A purchaser is placed on constructive notice of all information that is properly recorded on the public records whether he sees it or not.

★Wild deed is **not** properly recorded, and imports **no** constructive notice. Wild deed means a deed that is recorded **outside the chain of title.**

b. Inquiry Notice

Inquiry notice는 buyer(정)가 주어진 상황으로부터 해당 토지에 대한 prior transactions를 알 수 있는 경우를 뜻하는 바, 대개 buyer가 눈으로 직접 확인할 수 있는 경우(visual inspection)에 인정된다. 예컨대, purchaser 정이 visual inspection을 통해 easement에 대해 notice를 가지고 있었다면, ABC company가 자신의 easement에 관해 공시한 record를 확인했을 것이며 이 과정에서 을·병간의 transaction에 대한 notice를 가질 수 있었을 것이다. 한편, 갑·정간 deed가 quitclaim deed일 때 inquiry notice를 인정하기도 한다(소수설). 이는 어떠한 covenant도 포함하지 않는 quitclaim deed로 거래를 할 때에는, buyer(정)가 성실히(by reasonable diligence) 해당 토지에 대해 알아보았다면 충분히 알 수 있을만한 interests에 대해 notice를 가지고 있다고 보기 때문이다. 그러나 다수의 법원에서는 quitclaim deed로 거래하는 다른 많은 이유가 존재할 수 있다는 것을 근거로 본 rule을 적용하지 않는다.

★Inquiry notice exists when knowledge is imputed to a buyer **from facts and circumstances** suggesting the existence of a prior conveyance.

ⅰ. Visual Inspection

The inquiry notice arises from the **possibility of a visual inspection** of the property or applicable record system.

ⅱ. Inquiry Notice and Quitclaim (11July)

① Minority Jurisdictions

A few courts have held that a purchaser who takes **by quitclaim deed is presumed to take with notice of any interests** that could have been discovered by reasonable diligence.

② Majority Jurisdictions

The majority of courts reject the above rule, since there are many reasons for a grantor to convey by quitclaim deed.

3. Shelter Rule (10Feb)

★Under the shelter doctrine, when a bona fide purchaser acquires title free of a prior encumbrance, he can convey that title to a subsequent purchaser free of that encumbrance.

1. CL (first−in−time, first−in−right principle)
2. In modern (해당되는 recording statute)
3. Constructive notice
   + analysis
4. Inquiry notice
   + analysis
5. 결론

모범답안 049

1(a). The state adopts notice statute, and it protects a subsequent purchaser only when the purchaser was under required circumstances.

Under the common law first−in−time, first−in−right principle, a priority is established by priority of time. (ANALYSIS: Here, 을's conveyance to Son 병 was prior to the conveyance by 갑 to 정, and therefore 병 will have priority over 정.)

However, if there is a state recording statute protects, 정 could be protected under the statue.

Here, the state adopts notice statute. Under a notice statute, a subsequent purchaser can prevail against prior purchaser only if: (1) the prior conveyances were unrecorded, (2) a subsequent purchaser paid value for the land, and (3) a subsequent purchaser had no notice. Here, 정 paid value for the land and the prior conveyances (easement to ABC company and title to 병) were unrecorded.

1(b). 병 has priority over 정, since 정 was not a bona fide purchaser, because of his inquiry notice.

Constructive notice arises from the recording system. Here, the state uses a grantor−grantee indexing system. However, purchaser 정 could not recognize both ABC company's easement and Son 병's title. This is because both interests were wild deeds, which means that interests were recorded outside the chain of title. The public record would show that 을 had not conveyed his land to anyone. Thus, there was no constructive notice to 정.

Inquiry notice arises when the buyer gets knowledge from facts and circumstances about the existence of a prior conveyance that could be recognized by exercising reasonable diligence. In some states, a purchaser by quitclaim deed is presumed to have notice of any interests. However, in the majority states, they object the minority approach, since there are many reasons for a grantor to convey by quitclaim deed. Thus, in many states, purchaser would not have inquiry notice from the quitclaim deed alone. Inquiry notice also arises from visual inspection.

(ANALYSIS) Thus, the visual inspection of the easement would discover the conveyance to 병.

In conclusion, purchaser 정 is not protected under the recording statute, and therefore 병 has priority over 정.

B. Buyer's Personal Liability (13July)

갑이 을로부터 부동산을 담보로 돈을 빌린 후, 제3자 병에게 해당 부동산을 매각한 경우, 병은 갑의 채무를 변제할 의무가 있는가(을의 record가 있다고 가정한다).

본 내용은 저당 설정된 부동산을 제3자(병)가 구매한 경우, 그 제3자가 채무자(갑)의 채무를 변제할 의무가 있는지에 대한 내용이다. 매매체결 당시, 부동산에는 recorded된 채권자(을)의 권리가 이미 존재하였기 때문에, creditor has priority over the buyer. 하지만 priority는 채권의 담보로 제공된 목적물(부동산)에 대하여 우선 변제받을 수 있는 권리를 뜻하는 바, priority를 가지지 못한다 하더라도 구매자(병)에게 채무자(갑)의 채무를 변제할 의무가 있는 것은 아니다. 즉 제3자(병)가 부동산에 대해 채권자(을)보다 낮은 우선순위를 가지고 있다 하더라도, 채권자(을)에 대한 채무를 이행해야 할 personal liability가 제3자(병)에게 반드시 존재하는 것은 아니다. 매매자와 제3자(을·

병)간의 매매계약을 체결할 당시 제3자(병)가 assume the mortgage한 경우에 한해 personally liable하다. 즉 제3자(병)이 갑의 채무를 변제해야 한다.

1. Priority between Buyer and Creditor

When the seller's mortgage obligation **was recorded**, the buyer takes the real estate **subject to the mortgage**, and the **bank's interest** has priority over the buyer's.

Because the bank has priority, it can foreclose if the mortgage is in default. **Buyer is subject to the bank's interest.**

★However, the recording of a mortgage does **not** make the buyer personally liable for the mortgagor's obligations.

2. Remote Grantee

a. Majority Jurisdictions

In majority jurisdictions, if a **remote** grantee takes title subject to a mortgage which the grantee does **not assume**, the remote grantee **is not personally liable** on the debt.

The remote grantee is personally liable **only when he expressly assume a mortgage.**

b. Some Jurisdictions

In some jurisdictions, a remote grantee who did not expressly assume a mortgage may be deemed to have **impliedly assumed** it where the remote grantee paid the seller only the difference **between what the house was worth and the outstanding balance on the mortgage obligation.**

Q: <u>Is buyer 병 personally liable?</u>

---

1. Buyer and creditor
    ⅰ. Record → subject to mortgage★
    ⅱ. Priority ≠ Personal liability
2. Buyer's personal liability (assumption 유무)
3. (Remote grantee)
    ⅰ. Majority + analysis
    ⅱ. Minority + analysis
3. 결론

TIP1 1번: Priority에 관한 답안은 recordings와 연관 지어 서술하는 것이 고득점 포인트다. Creditor가 자신의 채권을 buyer보다 먼저 공시(record)하였으므로 그의 채권은 buyer의 소유권에 우선한다는 점을 서술한다.

TIP2 3번: Buyer 병이 remote grantee인 경우에 한해 서술하며, 이때 majority와 minority 모두 analysis하는 것이 좋다. 아래 모범답안은 병이 remote grantee인 사안을 기준으로 작성되었다.

모범답안 050

1. Whether 병 is personally liable to the mortgage depends on the court's approach.

Because the seller's mortgage obligation was recorded, the buyer took [the house] subject to the mortgage, and the bank's interest had priority over the buyer's. Because the bank has priority, it can foreclose when the mortgage is in default. However, the recording of a mortgage does not automatically make the buyer personally liable for the mortgagor's obligations.

In majority jurisdictions, if a remote grantee takes title subject to a mortgage but he did not assume the mortgage, the remote grantee is not personally liable on the debt. The remote grantee is personally liable only when he expressly assume a mortgage. In the minority of jurisdictions, a remote grantee is deemed as he impliedly assumed, when a remote grantee did not expressly assume a mortgage but the remote grantee paid the seller only the difference between the fair value of the house and the outstanding balance on the mortgage obligation.

(ANALYSIS: Under the majority approach, 병 did not expressly assume the mortgage. Thus, 병 is not personally liable on the mortgage. Under the minority approach, the mortgage was recorded and 병 paid only 20억, which is the amount less than the worth of the house, 30억. Additionally, 병 immediately began to make 갑's monthly mortgage payments to the bank after the closing. Thus, 병 would be deemed as he impliedly assumed the mortgage and is personally liable to it.)

In sum, whether 병 is personally liable to the mortgage depends on the court's approach.

C. Future-Advances Mortgage (12Feb, 18July)

Future-advances mortgage는 일정 기간 동안 지급될 모든 funds에 대해 담보물을 설정하는 대출을 의미하는 바, 아직 지급되지 않은 funds에 대해 미리 설정한다는 의미에서 'future-advances'라는 표현이 사용된 것이다. 대개 건물을 건축하기 전에 건물 소유자가 이후 지어질 건물을 담보로 여러 차례에 걸쳐 funds를 지급하는 case로 출제된다. 즉 construction loan에 존재하는 유형이다. 예컨대, 갑이 ABC토지에 빌딩을 세우기 위해 아직은 존재하지 않으나 앞으로 건축될 빌딩을 담보로 Bank로부터 세 번에 걸쳐 funds를 지급받기로 계약을 했다면, 그 대출이 future-advances mortgage인 것이다. Future-advances mortgage에는 두 유형이 있는데, obligee의 미래의 mortgage를 의무화시키는 obligatory mortgage와 상황에 따라 변동가능하게 하는 optional mortgage가 있다. Obligatory mortgage의 경우 갑·Bank간 계약을 체결할 당시 5월 1일, 5월 15일, 6월 30일의 mortgage를 모두 의무화시켜, Bank가 도중에 mortgage 승인을 취소할 수 없게 하는 것이다. 즉 계약체결을 함으로써 Bank의 모든 mortgages를 보장하므로, Bank와 FIN간 priority를 판단할 때에도 Bank의 record유무와 상관 없이 Bank의 두 mortgages 모두 FIN에 우선한다. Optional mortgage의 경우, 갑·Bank간 계약을 체결했다 하더라도 Bank가 도중에 갑의 상황이 채무를 이행하기에 여의치 않다고 good-faith을 가지고 판단하는 경우 재량(discretion)으로 대출금을 지급하지 않고 hold할 수 있도록 한다. 즉 계약체결을 하였다 하여 Bank의 모든 mortgages가 모두 보장되는 것은 아니므로, Bank와 FIN간 priority를 판단할 때에는 Bank가 funds를 지급할 당시 FIN의 funds 지급에 대해 notice가 있었는지 그 여부를 기준으로 판단한다. 예컨대, Bank가 5월 15일에 지급하기로 했던 mortgage를 hold하였다가 6월 10일에 지급하였는데, FIN가 6월 5일에 갑에게 funds를 지급하고 record하였다면, Bank가 6월 10일에 지급할 당시 이미 FIN의 mortgage가 recorded된 상태였으므로 이에 대한 notice가 인정되는 바, FIN의 첫 번째 mortgage(400만원)가 Bank의 두 번째 mortgage(500만원)에 우선한다. 그러나 이는 소수의 법원에서 채택하는 rule이며, 대부분의 법원에서는 Bank의 actual notice만을 인정하는 바, record의 순서와 상관없이 priority를 판단한다.

[도표 8-4]

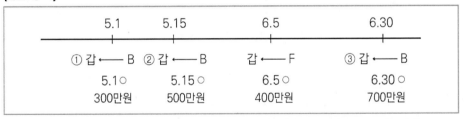

1. General Rule

The typical construction loan provides that the lender will advance funds to the borrower over a fixed period. The lender secures a mortgage on the property for the entire amount of the money it has agreed to lend, including **future advances**.

2. Types of Future Advances

There are two types of future advances mortgage: obligatory and optional mortgage.

a. Obligatory Mortgage

If payments under a future−advances mortgage **are obligatory,** then the junior lender [Finance company]'s lien is **junior both to** amounts loaned to the debtor **before** the junior lien was recorded **and** to amounts loaned **after** the junior lien was recorded.

b. Optional Mortgage

If the payments under a future−advances mortgage are **optional and the mortgagee has notice at the time it makes the advance,** the junior lender [Finance company] has a **priority** over amounts transferred to the debtor by the senior lender **after** the junior lender transfers funds to the debtor and records its mortgage.

In majority jurisdictions, **only actual notice** is recognized since the mortgagee should not have the burden of a title search.

In minority jurisdictions, constructive notice is also recognized.

답안요령

1. Future−advances mortgage 정의
2. Optional v. Obligatory
3. Analysis + 결론

모범답안 051

1. Bank has priority over Finance company if its mortgage is obligatory mortgage, while Finance company has priority over Bank if Bank's mortgage is optional.

The typical construction loan is a future advance mortgage. The lender will advance funds to the borrower over a fixed period. The lender secures a mortgage on the property for the entire amount of the money, including future advances. There are two types of future advances mortgage: obligatory advances and optional advances.

If payments under a future−advances mortgage are obligatory, then the junior lender's lien is junior regardless of the time when the junior lien was recorded. If a future−advances mortgage is optional, the junior lender has a priority as to the amounts that junior lender transferred to the mortgagee and recorded it.

(ANALYSIS)

In sum, Bank has priority over Finance company if its mortgage is obligatory mortgage, while Finance company has priority over Bank if Bank's mortgage is optional.

VII. Zoning Ordinance (18July)

주 또는 연방 정부가 zoning ordinance를 제정할 경우 기존 토지소유자의 토지사용이 저해될 수 있기 때문에, 정부는 이를 방지하고자 해당 ordinance에 위배되는 기존 토지사용(nonconforming use)을 예외적으로 허용하기도 한다. 다만, nonconforming use가 허용된 토지소유자라 할지라도 해당 토지를 기존의 사용목적보다 현저히 다른 목적을 위해 새롭게 투자 및 확장한다면 이는 zoning ordinance에 위배된다.

1. Nonconforming-Use Doctrine

The purpose of the nonconforming−use doctrine is to protect prior investment.

2. Substantial Change

A nonconforming use is not allowed when it constitute a **substantial change.** Owners should make **reasonable alterations** to repair their facilities and render them practicable for their purposes.

9장
Contracts

//

본 장에서는 계약 및 이에 따른 법률관계를 논한다. 미국법상 계약법은 한국법상 계약법과 그 내용이 다르므로 주의를 요한다. 예컨대, 미국법상 계약법은 해당 계약의 목적물에 따라 적용하는 rule이 다르다. 기본적으로 계약에는 CL이 적용되나, 목적물이 sales of goods인 계약(매매계약)에는 UCC2가 추가적으로 적용된다. 또한 미국법상 유효한 계약은 기본적으로 청약(offer), 승낙(acceptance), 약인(consideration)이 존재하고 항변사유(defense)가 없을 것이 요구되는데, 여기서 '약인'은 영미법에만 존재하는 개념으로서 이에 대한 정확한 이해가 필요하다. 본 장은 크게 계약의 유효성(enforceability), 계약(채무)이행, 채무불이행(breach) 및 구제방법(remedy), 제3자와 관련된 계약으로 구분하여 논한다.

- Aggrieved party = Non－breaching party = Injured party
- Breaching party: 계약을 불이행한 측
- The party to be charged: 계약이행을 요구하는 측의 상대방
- Damage: 손해, 피해
- Damages: 손배청구액($)

☑ 글쓰기 Tips

1. Contracts에 관한 문제의 모든 답안은 아래의 큰 틀에서 벗어나지 않는다.
   ① CL/UCC2
   ② Contract validity + defense to formation
   ③ Breach 여부
   ④ Damages 산정
   *①: A contract for the sale of goods is governed by UCC2. The term "goods" means things that is movable at the time of making a contract. Here, a

contract between [갑] and [을] is to sell [the tomatoes], and it is governed by UCC2.

2. Contracts에 관한 모든 문제는 주어진 계약이 sales of goods를 목적물로 하는 매매계약인지 그 여부를 파악하여 'UCC2의 적용여부'를 판단하고, UCC2가 적용되는 경우에는 당사자가 'merchant'인지 그 여부를 파악한다.

3. Contracts에 관한 문제는 아래의 순서로 생각하며 답을 찾는다.
   ① 해당 사안에 적용되는 법률(CL 또는 UCC2)
   ② 유효한 계약의 생성여부(validity)
   ③ 갑의 breach of contract여부 판단
   ④ 갑의 defense(~한 이유로 나에게는 채무가 없다)
   ⑤ Breach에 대한 remedy (duty to mitigate, monetary, non-monetary, restitution)

4. Contracts에서는 계약 당사자 행위의 흐름이 중요하기 때문에, 각 당사자의 행위가 계약성립 과정에서 어떤 역할을 하는지 파악하는 것이 중요하다.

5. 당사자들의 행위를 전체적으로 파악하는 문제
   Q: <u>Was 갑 bound by his promise?</u>
   Q: <u>Would 갑 succeed in a breach of contract action against 을?</u>
   Q: <u>Must 갑 pay $1,000 for the contract?</u>

6. Damages에 관한 문제
   Q: <u>Assuming that 갑 is liable, can 을 recover his actual damages?</u>
   Q: <u>Assuming that 갑 is liable, how much should 을 recover?</u>
   ⇒ 갑의 breach of contract가 명시되어 있는 경우로서, ① 을의 duty to mitigate, ② 적합한 monetary remedy, ③ restitution에 대해 작성한다.

I. Governing Rule

> TIP 계약에 관한 문제는 CL과 UCC2 중 어떤 법원이 적용되는지 먼저 파악하는 것이 중요하다. UCC2가 적용되는 사안의 경우, ① 매매계약의 목적물이 '동산'이라는 점과 ② 'UCC2가 적용된다'는 점을 서술하는 것이 고득점 포인트다.

A. Common Law

Most contracts are governed by the common law of contracts.

B. UCC2

★A contract for the sale of goods is governed by UCC2. Common law is applicable regarding aspects that are not displayed by UCC2.

★The term "goods" means things that are movable at the time of making a contract.

C. Predominant Purpose Test (18Feb, 20Feb)

When the contract contains **both sale of goods aspects and nongoods aspects**, it is a **hybrid contract**.

Courts typically use a **predominant purpose test** to determine which body of law applies to the whole contract.

II. Formation of Contract

계약 성립요건에는 offer, acceptance, consideration, 이렇게 세 요건이 있다. UCC2에서는 당사자간 대화나 서로 주고받은 서면으로써 이 세 요건을 모두 충족해야 하는 것은 아니고, 당사자의 계약체결 intent가 상대방에게 전달되었다면 계약성립을 인정한다. 다만, 500불 이상의 목적물에 대한 매매계약은 별도로 SOF를 만족해야 하는 바, writing이 작성되어야만 유효한 계약으로 인정된다.

A. Offer (17Feb)

★A person makes an offer when the person **communicates** to another a statement of **willingness to enter into a bargain,** so made as to justify the other person understands that his assent to that bargain is invited and will conclude it.

B. Acceptance (18July)

1. Power of Acceptance

★The power of acceptance may be terminated by a rejection or counteroffer by the offeree, the lapse of time, revocation by the offeror, or death or incapacity of either party.

2. Rejection

★Rejection is a manifestation of intent not to accept an offer.

3. Mailbox Rule

★Under the mailbox rule, an acceptance is **effective upon dispatch.**

4. Counteroffer (11Feb)

acceptance + additional terms = new offer

★Counteroffer is a statement **from the offeree** to the offeror, relating to the same subject matter as the original offer but suggesting a **substituted bargain** from the original terms.

5. In UCC2 (20Sep)

Acceptance occurs when:
- i. The buyer, after reasonable opportunity to inspect the goods, tells the seller that the goods conform to the contract;
- ii. The buyer, after reasonable opportunity to inspect the goods, tells the seller that he will retain it despite nonconformity; or
- iii. The buyer, after reasonable opportunity to inspect the goods, fails to tell the seller nonconformity.

C. In UCC2 (13July, 15July, 21Feb)

★UCC2 provides that a contract for sale of goods may be made **in any manner** sufficient to show agreement, including conduct by both parties which recognizes the existence of such a contract.

D. Revocation

Revocation은 계약체결 과정에서 당사자들이 offer 또는 accept한 후 이를 번복하는 것을 뜻하는 바, 구체적으로는 revocation of offer와 revocation of acceptance로 구분된다. Revocation of offer란, '청약철회'를 뜻하며, 원칙적으로 청약자(offeror)는 상대방이 승낙하기 전에 그 청약을 임의로 철회할 수 있고, option contract, merchant's firm offer, detriment reliance, 이 세 경우에는 예외적으로 offeror가 임의로 철회할 수 없다. 한국법에서는 원칙적으로 청약이 그 효력을 갖는 동안 offeror가 이를 임의로 철회하지 못한다는 점에서 미국법과 다르다. Option contract은 승낙자(offeree/acceptor)가 consideration을 지불하면 청약 구속력이 발생하는 계약이다. Merchant's firm offer란, 상인간 구두로 계약을 체결하고 당사자 중 한 명이 그 구두계약에 대한 confirmation memo를 상대방에게 보낸 후 그 상대방의 거절 없이 10일이 경과하면 계약이 성립되었다고 보는 개념으로서, 그 memo를 "merchant's confirmation memo"라고도 한다. Detriment reliance가 존재하는 경우란, 청약자가 청약 후 승낙자의 작위 및 부작위를 이끌어낸 경우를 뜻한다. 이 세 예외는 계약성립에 있어 별도의 writing이 요구되지 않는 바, revocation of offer의 예외이자 SOF의 예외에 해당한다.

한편, revocation of acceptance는 UCC2에만 적용되는 개념으로서, acceptor가 청약에 대하여 accept한 후 이를 번복하는 것을 의미한다. 원칙적으로 일단 accept하면 이를 revoke할 수 없는 바, acceptance를 번복하는 것은 허용되지 않는다. 즉 물건을 인도받은 후 일정 기간 이내에 해당 물건을 reject하지 않으면 accept으로 간주되어 revoke the acceptance할 수 없다. 그러나 계약내용과 일치하지 않은 물건을 인도받았고, 그 물건의 하자로 인해 구매자가 심각한 피해를 입었으며, 구매자는 그 하자가 곧 괜찮아질 것이라고 합리적으로 믿었거나 구매자가 그 하자를 쉽게 발견하지 못했을 상황이었거나 판매자의 확언을 믿고 물건을 살펴보지 않았다면, 예외적으로 acceptance 이후의 revocation of the acceptance가 허용된다. 이 경우 구매자는 판매자로부터 purchase price를 되돌려 받을 수 있고, 이에 추가적인 damages를 recover할 수 있다.

1. Revocation of Offer (17Feb, 18Feb, 18July)

   a. General Rule

   ★An offer may be revoked by the offeror at any time before acceptance, unless exceptions are applicable.

   b. Exceptions

   An offer cannot be revoked by the offeror even before acceptance, when there is option contract, merchant's firm offer, or detrimental reliance.

   ⅰ. Option Contract

   Option contract is a contract which the offeree gives consideration for a promise by the offeror not to revoke an outstanding offer.

   ⅱ. Merchant's Firm Offer

   ★Under the UCC2, between merchants, if a writing in confirmation of the contract is sent the contract is made unless the receiver objects to its contents within 10 days after it is received.

   ★The "firm offer" rule makes a promise to hold open an offer to buy or sell goods binding even in the absence of consideration. This rule applies only to an offer by merchant.

   ★"Merchants" are who deal in goods of the kind or having knowledge or skills peculiar to the goods involved in the transaction.

   ⅲ. Detrimental Reliance

   ★An offer which the offeror could **reasonably expect** to induce the offeree action or forbearance before acceptance is binding as an option contract.

c. Communication Requirement

★An offer is revoked when the offeree receives from the offeror **a manifestation of an intention** not to enter into the proposed contract.

Notice of the offeror's revocation must be **communicated** to the offeree to effectively terminate the offeree's power to accept the offer.

답안요령

1. Governed by CL/UCC2★
2. Offer 정의
3. General rule (offer is revocable)
4. Exceptions(×3) + 해당 rule
   + analysis
5. Communication requirement
   + analysis

모범답안 052

1. 갑 could not revoke the offer, since it is a [merchant's firm offer].

A contract for the sale of goods is governed by UCC2. The term "goods" means things that are movable at the time of making a contract. Common law is applicable regarding aspects that are not displayed by UCC2. (ANALYSIS)

A person makes an offer when the person communicates to another a statement of willingness to enter into a bargain, so made as to justify the other person understands that his assent to that bargain is invited and will conclude it. An offer may be revoked by the offeror at any time before acceptance, unless exceptions are applicable. An offer cannot be revoked by the offeror even before acceptance, when the contract is: an option contract, merchant's firm offer, or there is detrimental reliance.

Under the firm offer rule, an offer to buy or sell goods is held open even without consideration. This rule applies only to an offer by merchant. "Merchants" are who deals in goods of the kind or having knowledge or skills peculiar to the goods involved in the transaction. (ANALYSIS)

An offer is revoked when the offeree receives from the offeror a manifestation of an intention not to enter into the proposed contract. Notice of the offeror's revocation must be communicated to the offeree to effectively terminate the offeree's power to accept the offer. (ANALYSIS)

In sum, 갑 could not revoke the offer, since it is a merchant's firm offer.

2. Revocation of Acceptance (in UCC2) (10July, 20Sep)

a. Acceptance in UCC2

★When time span is beyond a reasonable period, buyer's failure to reject the goods constitutes acceptance. Having accepted the goods, buyer can no longer reject them.

b. Revocation of Acceptance

★A buyer **may revoke acceptance** and can recover the **purchase price and damages** if:

ⅰ. The goods **do not conform** to the contract;

ⅱ. The nonconformity **substantially impairs the value** of the goods to the buyer; and

ⅲ. The buyer **accepted** the goods either:

① On the reasonable assumption that a **nonconformity would be cured;**

② Without discovery of a nonconformity if acceptance was **induced by either difficulty of discovery** before acceptance; or

③ **The seller's assurance.**

A buyer **may revoke acceptance** when the seller breached either express warranties or implied warranties.

c. Buyer's Recovery

A buyer **may revoke acceptance** and can recover the **purchase price and damages.** As to damages, the buyer is entitled to market damages, the difference between the contract price of the goods for which he contracted and their market price. Additionally, the buyer is entitled to incidental and consequential damages.

E. **Consideration** (09July, 18July)

Consideration은 계약 성립요건 중 하나이다. Consideration은 반드시 계약체결 당시 고려되어야 하며, 그렇지 못한 consideration은 계약 성립요건으로 인정되지 않는다. 다만, material benefit rule 또는 promissory estoppel이 적용되는 경우에는 계약체결 당시 당사자간 고려하지 않은 consideration도 유효한 계약 성립요건으로 인정하여 계약이 성립된 것으로 본다. Material benefit rule에서는 이미 받은 혜택에 대해 '보답'으로 무언가를 주겠다는 약속이 만들어졌다면, 그 보답으로 제공되는 무언가를 도덕적인 consideration으로 인정하여 계약이 성립되었다고 본다. 혜택이 이미 제공되었고 consideration인 무언가는 그 이후에 고려되었으므로 원칙적으로 그 무언가가 반드시 제공되어야 하는 것은 아니지만, material benefit rule을 적용하게 되면 혜택을 받은 자가 그 무언가를 제공하지 않는 경우 breach the contract가 된다. 단, 혜택을 제공한 자, 즉 사전에 제공한 혜택에 대한 보답으로 무언가를 받을 자(promisee)가 그 혜택을 제공할 당시 혜택에 대한 보답을 전혀 바라지 않고 단순한 gift로 혜택을 제공했거나 보답에 대해 제공되는 무언가가 promisee가 제공한 혜택과 비례하지 못한다면, material benefit rule은 적용될 수 없다.

1. General Rule

★Generally, a promise must be supported by consideration to be enforceable, and there is consideration if it **is bargained for exchange** for a return promise or performance. The promisor must have received something of **legal value in exchange for the promise.**

2. Exceptions (Material Benefit Rule)

benefit + apportionate

★Under the material benefit rule, a promise that is not supported by consideration may be enforceable, if it is made **in knowing a benefit** that is received before by the promisor from the promise. This rule recognizes **moral consideration.**

However, this rule does **not** apply, if the promisee provided the benefit **as a gift** or to the extent that the promise value is **disproportionate** to the benefit.

---

case

갑이 화재현장에서 을의 아이를 구조하였다. 을이 아이를 살려줘서 고맙다면서, 갑이 지불해야 하는 아파트 대금 50억을 갑에게 주기로 약속하였다. 하지만 을은 대금을 지급하지 않았다. 이 경우, 갑은 을에게 50억을 요구할 수 있는가?

⇒ It is a close call. 주어진 내용만으로는 갑이 아이를 살려 줄 당시 어떤 마음을 가지고 행위했는지 알 수 없다. 즉 '도와주면 보상이 있겠지'라는 생각으로 했는지, 아니면 단순한 pure selflessness^{사심없음}로 도와줬는지 알 수 없다. 따라서 whether he conferred the benefit or a gift is unclear. 만약 법원이 갑은 단순히 gift로 아이를 살려준 것이 아니라고 판단한다면, 갑이 을에게 요구할 수 있는 금액은 아이를 살려준 그 행위와 비례한 금액으로 한정될 것이다. 즉 법원이 아이를 구해 준 행위에 비해 50억은 과하다고 판단하면 갑은 을에게 이보다 적은 금액만을 요구할 수 있다.

(Even if it is determined that 갑 did not intent to confer a gift, a court might limit recovery to something less than the full 50억 if it finds that 50억 is disproportionate to the value of the rescue of the child.)

F. Promissory Estoppel

Promisory estoppel은 법률상 인정되는 contract이 아님에도 불구하고 promisor의 약속을 믿고 행위 한 promisee를 보호하기 위해 유효한 계약으로 인정해주는 경우를 뜻한다.

Promissory estoppel occurs when:

ⅰ. **The promisor should have reasonably expected** that the promisee would change his position in reliance on the promise, when the promise is made;

ⅱ. The promisee **did in fact change position in reliance on the promise;** and

ⅲ. The change in position was to the promisee's detriment and injustice can be avoided only by enforcing the promise. (Damage is limited as **just requires.**)

✔ If all of the elements are satisfied, it is possible that 갑 could recover that portion of 50억 promised **by 을 that is determined to be the amount required to avoid injustice.**

G. Statute Of Frauds (SOF) (07July, 13July, 15July, 21Feb)

Statute of frauds(SOF)는 특정 계약에만 적용되는 법으로서, 계약을 서면으로 작성해야만 유효한 계약으로 인정한다. 그러나 writing이 반드시 '계약체결 당시' 작성되어야 하는 것은 아니고, 계약체결 후 판매자 또는 서비스 제공자가 채무를 이행(물건을 보내거나 서비스를 제공)하면서 상대방에게 해당 계약에 대한 내용이 적힌 종이를 보내더라도 SOF를 만족한다. 즉 'writing 행위'여부가 중요하며, 작성된 시기는 중요하지 않다.

> **TIP** 사안에 주어진 계약이 'SOF에 위배되는지' 그 여부는 아래의 순서로 analysis한다.
> ① Singed 여부

② 당사자간 intent가 clearly indicate되어 있는지

③ Quantity에 대한 내용이 있는지

1. General Rule

Statute of frauds (SOF) requires certain agreements be evidenced by a writing signed by the party sought to be bound.

★UCC2 provides that a contract for the sale of goods for the price of $500 or more is not enforceable unless there is some writing sufficient to indicate that a contract for sale has been made between the parties and signed by the party to be charged.

2. Requirements

Statute of frauds는 writing의 내용에 반드시 포함되어야 하는 요소들을 명시하고 있는데, 그 요소들은 계약 목적물, 계약이 체결되었다는 점, 핵심 용어 그리고 이행을 요구받는 당사자의 서명이다. 여기서 '핵심 용어'에 대한 구체적인 기준은 없으나, 일반적으로 계약 당사자의 신원, 계약 목적물에 대한 묘사 등을 뜻한다. 다만, UCC2의 적용을 받는 계약에 대해서는 수량, 계약이 체결되었다는 점, 이행을 요구받는 당사자의 서명만이 요구된다. 이는 writing상 수량(quantity)이 명시되어 있다면 요건ii(subject matter)와 요건iii(essential terms)을 모두 충족한다고 보기 때문이다. Writing상 명시되어 있는 수량에 한해 유효한 계약으로 인정하는 바, 갑·을이 사전에 구두로 100개의 시계에 대해 계약을 체결했다 하더라도 갑이 30개에 대해 writing을 작성하여 을에게 보냈다면 30개에 한해 계약의 유효성이 인정된다. 따라서 을은 갑을 상대로 100개의 시계에 대한 채권을 주장할 수 없다. 한편, '이행을 요구받는 당사자의 서명'은 계약이행을 요구하는 측의 상대방 측, 즉 계약의 유효성을 주장하는 측의 상대방 측(the party to be charged)의 서명을 의미하는 바, 반드시 handwriting이어야 하는 것은 아니고 billhead 또는 letterhead도 서명으로 인정된다.

a. General Rule

To satisfy SOF, the writing must:

ⅰ. **Clearly indicate** that a contract has been made;

ⅱ. Reasonably identify the **subject matter;**

ⅲ. State the **essential terms;** and

ⅳ. Be **signed by the party to be charged.**

b. Clearly Indicate

✔ "It is a pleasure to do business with you." − clearly indicate 인정 ○

✔ "pursuant to our agreement..." − clearly indicate 인정 ○

c. Essential Terms

ⅰ. **General Rule**

The essential terms normally include the identity of the parties, description of the subject matter, and the terms necessary to make the contract definite.

ⅱ. **UCC2**

★Under the UCC, the writing is not required to contain all the terms of the contract. It is enforceable if it contains quantity of goods.

d. Be Signed

★The writing must be signed by a party to be charged (by a party sought to be bound).

The term "signed" is broader than simply bearing a conventional^{관습적인} signature. It includes using any **symbol** executed or adopted with present intention to adopt or accept a writing.

✔ Billhead − singed 인정 ○

✔ A document printed on the 갑's **letterhead** — singed 인정 ○

✔ 갑's handwritten note — singed 인정 ×

갑은 자신이 수기로 해당 note를 작성했다는 사실이 자신의 intention을 증명한다고 주장할 수는 있으나, 어떠한 symbol도 포함되지 않은 note는 signed되었다고 볼 수 없다.

(갑 could argue that the fact he wrote the note indicates his intention to make the agreement, but the note which does not include any symbol cannot be recognized as being signed.)

3. UCC2

Under the UCC2, the contract is **not** enforceable **beyond the quantity** of goods shown in such writing.

4. SOF Exceptions

a. Merchant's Firm Offer

Under the UCC2, between merchants, if a writing in confirmation of the contract is sent the contract is made unless the receiver objects to its contents within 10 days after it is received.

The writing must be signed by the **sender.**

b. Goods Accepted and Paid for (in UCC2)

★A contract that does not satisfy the statute of frauds is nonetheless enforceable as to goods for which payment has been made and accepted.

c. Customized Goods (in UCC2)

Part performance is sufficient to take a sale of goods contract out of the statute of frauds when the goods have been specially manufactured.

d. Admission during Judicial Proceeding (Deposition or Courtroom Testimony)

If a party asserting the statue of frauds defense admits in pleadings or testimony that there was an agreement, it is treated as though the statute is satisfied.

H. Defenses against Enforcement

본 챕터에서는 계약유효성에 대한 항변사유(defense)에 대해 논하는 바, 역대 MEE 기출문제에서 다루었던 misrepresentation(또는 express warranty)과 economic duress에 대해 논한다. 한편, defenses에 대한 입증책임은 '그 defense를 주장하는 측'에게 있다.

> TIP Contracts와 관련된 문제에서는 defenses에 관한 문제가 별도로 출제되지 않더라도 계약의 성립여부를 판단할 때 defenses 존재여부를 검토하는 것이 고득점 포인트다.

1. Misrepresentation (in CL) and Express Warranties (in UCC2) (10July)

Misrepresentation은 잘못된 사실인지 알면서 얘기(fraudulent misrepresentation)하는 행위 또는 고의로 틀린 말을 해준 것은 아니지만 결론적으로 buyer가 그 말을 믿고 구입한 경우(material misrepresentation)를 모두 포함하는 개념으로, common law에서 인정하고 있다. 한편, UCC2는 이와 유사한 개념인 express warranty를 인정하고 있는 바, 이는 판매자가 판매과정에서 특정 사안을 단언(affirmance)함으로써 해당 목적물에 대해 보증(warrant)한 경우를 의미한다.

a. Common Law

> misrepresentation ⇒ voidable contract ⇒ rescind
> ⇒ restitution + another damages

ⅰ. Misrepresentation

★Under the common law, a misrepresentation is any statement that is not same with the facts. A misrepresentation is **material** when it induced assent to the contract. A misrepresentation is **fraudulent** when a speaker knew that is false.

ⅱ. Rescind

★A buyer can avoid (rescind) a contract if his assent **was induced** by fraudulent or material misrepresentations and **he was justified in relying on** those misrepresentations.

ⅲ. Restitution

If a buyer rescinds a contract, he is entitled to restitution of what he paid (any portion of purchase price).

b. UCC2 (10July)

> express warranties ⇒ revoke the acceptance ⇒ restitution +
> another damages (cover/market damage)

ⅰ. Express Warranties

★Under UCC2, the seller creates express warranties when he makes affirmation **of fact** about the goods that is **a part of the bargain** and the affirmation **warrants** that the goods will be same as those affirmations and descriptions.

✔ 판매자의 의견 또는 물건의 추상적인 가치, 표현에 대한 발언은 express warranties에 포함되지 않는다.

✔ "The wheel was replaced in the last three months." → 사실적인 표현 → express warranties ○

ⅱ. Revocation of Acceptance

여기서 revocation of acceptance는 상대방의 breach of the

express warranties에 대한 remedy로서, 앞서 「Ⅱ. Formation of Contract」의 「D. Revocation」에서 논한 개념과 동일하다.

If a buyer revokes the acceptance because of the seller's express warranties, the buyer is entitled to **restitution (the amount the buyer paid) and another damages** (e.g., incidental damages and consequential damages).

c. Burden of Proof
★Burden of proof is on the party seeking for the misrepresentation (express warranties).

2. Economic Duress (14July)

a. General Rule
A contract is **voidable** because of economic duress when:

ⅰ. There is a **threat;**

ⅱ. The threat was **improper or wrongful;**

ⅲ. The threat **induced the manifestation of assent** to the modification; and

ⅳ. The threat was **sufficiently grave**^{심각한} to justify the assent.

b. Burden of Proof
★Burden of proof is on the party seeking for the economic duress.

---

case

갑·을간 을이 갑에게 서비스를 제공하는 계약을 체결했다. 이후, 을이 "회사의 재정 상태가 갑자기 안 좋아져서 금액을 올려달라. 그렇지 않으면 우리는 이 계약을 이행할 수 없다"고 주장했다. 갑은 economic duress를 근거로 a contract is voidable하다고 주장가능한가?

⇒ No. 본 사안에서 을은 자신의 상황을 악용하여 금액을 올리고자 함이 아니라, 단순히 자신의 재정 상태를 설명한 것일 뿐이다. 따라서 을의 행위는 economic duress로 인정될 수 없으며, 해당 계약은 유효하다.

(을's statement was mere a communication to tell 갑 his risky economic situation. **A mere threat to breach a contract is not an economic duress.** Thus, the contract between 갑 and 을 is effective.)

III. Terms in Contract

A. Parol Evidence Rule (18Feb)

1. General Rule

★Under the parol evidence rule, **the terms of oral agreement** that predate a written agreement **cannot become a part of the resulting contract,** when a contract has been reduced to a writing that is integrated and the writing constitutes **final expression** of an agreement.

2. Integration

계약서의 complete integration 여부는 여러 상황을 종합적으로 고려하여 판단한다. 계약서에 "본 계약서는 complete agreement이다"라는 조항이 명시되어 있는 경우, 이러한 조항은 당사자가 해당 서류를 최종표현으로 하고자 하는 의지(intent to regard the document as a final expression)가 있었음을 보여주기는 하나, 그러한 조항이 있다 하여 반드시 해당 계약을 completely integrated되었다고 보는 것은 아니다.

★If the writing is completely integrated, the writing discharges prior agreements.

★If the writing is partially integrated, it discharges prior agreements only to the extent that the written agreement is inconsistent with the prior agreement.

In determining whether the writing is completely or partially integrated, the court considers various factors, including the clauses in the contract.

B. UCC2 Rules (20Sep)

1. Warranties

Under the UCC2, contracts for sale of goods include implied warranties of merchantability and fitness for a particular purpose. The implied warranties may be excluded in limited circumstances.

a. Implied Warranty of Merchantability

When a contract is for sale by a **merchant,** the goods must be **merchantable.**

b. Implied Warranty of Fitness for a Particular Purpose

A contract implies a warranty of fitness for a particular purpose when:

ⅰ. The seller **knows or has reason to know the particular purpose** for which the goods are required; and

ⅱ. The buyer **relies on** the seller's skill or judgment to select or furnish suitable goods.

2. Disclaimer

a. General Rule

The implied warranties may be excluded when:

ⅰ. The disclaimer is in **writing** and is **conspicuous**^{뚜렷한}; or

ⅱ. There are expressions like **"as is", "with all faults",** or other language which in common understanding calls the buyer's attention to the exclusion of warranties and makes plain that there is no implied warranty.

b. Conspicuous Writing

The exclusion of the implied warranties must be in writing and be conspicuous. "Conspicuous" means so written, displayed, or presented that a **reasonable** person against which it is to operate **ought to have noticed it.** Whether a term is conspicuous or not is determined by a court.

✔ 계약서상 "Seller makes **no** warranties that **extend beyond** the description on the face hereof."라는 문구가 명시되어 있는 경우 — in writing ○
✔ Signature lines on the first page of the agreement and a list of "Terms and Conditions" is on the back and no mentions about it. — conspicuous ×
Nothing was done to call attention to the language on the back.
✔ A list of "Terms and Conditions" is written in very small typeface. — conspicuous ×

Ⅳ. Performance and Excuse

A. Repudiation

Repudiation은 '거절'이란 뜻을 가진 단어로서, 계약법에서는 breach와 동일한 의미를 가진다. Repudiation은 계약당사자가 '채무불이행한 시점'을 기준으로 actual repudiation과 anticipatory repudiation으로 구분된다. Actual repudiation은 계약당사자 중 한 명이 채무를 이행한 후에 그 상대방이 자신의 의무를 이행하지 않겠다고 표명하는 것으로서, 일반적으로 "breach"라는 단어로 대체되어 사용된다. 예컨대, 갑이 을에게 토마토 10kg를 배송한 후 을이 돈을 주지 않겠다고 한다면, 을의 actual repudiation, 즉 breach of the contract이 인정된다. 한편, anticipatory repudiation은 계약당사자 모두가 채무를 이행하기 전에 계약당사자 중 한 명이 의무를 이행하지 않겠다고 표명하는 것이다. 즉 anticipatory repudiation은 ① bilateral contract이고 ② 양자의 채무가 모두 이행되지 않은 상태에서 ③ 계약당사자가 의무를 이행하지 않겠다는 의지를 표명(unequivocally)해야만 인정되는 repudiation이다. 상기 예시에서 갑이 을에게 토마토 10kg를 배송하기 전 을이 갑에게 돈을 주지 않겠다고 한다면, 을의 anticipatory repudiation이 인정된다.

한편, UCC2에서는 repudiation과 관련이 높은 "assurance"라는 개념을 인정하고 있다. UCC2에 따르면, 계약 당사자(갑)가 상대방(을)이 계약을 이행하지 못할 것 같다고 합리적으로 예상가능한 경우, 그 상대방(을)에게 계약이행에 대한 확실한 보장(assurance)을 요구할 수 있다. Demand for assurance를 받은 상대방(을)은 30일 이내로 갑에게 assurance를 보내야 한다. 30일 이내로 assurance를 보내지 못한 경우에는 을이 repudiate한 것으로 본다. 즉 을이 breach of contract했음이 인정된다. 예컨대, 을이 갑에게 자동차 10만대를 판매하기로 하였는데 due date 전에 을 회사의 전 직원이 파업을 하였다면, 갑은 을에게 demand for assurance를 보낼 수 있다. 을은 이를 받은 날짜를 기준으로 30일 이내로 갑에게 자신의 채무를 약속한 바와 같이 이행할 수 있다는 내용의 assurance를 보내야 하며, 만일 보내지 못한다면 을의 repudiation, 즉 breach of the contract가 인정된다.

1. General Concepts (13Feb, 15July)

a. Requirements

Either party can repudiate the contract with respect to a performance **not yet due the loss** of which will **substantially impair the value of the contract** to the other.

Repudiation occurs when there is:

i. **Communication** of intention;

ii. An action which renders performance impossible; or

iii. Demonstration of a clear determination not to continue with performance.

b. Retraction of Repudiation

아래 세 경우는 당사자가 repudiate했더라도 이를 철회할 수 있는 경우이며, 모두 performance due date 이전까지만 retraction이 가능하다. 여기서 'due date'는 계약상의 의무를 이행해야 하는 만기일을 뜻하며, due date 이후의 retraction은 breach of the contract이다.

The power of retraction of repudiation exists before the aggrieved party:

　ⅰ. Cancelled;

　ⅱ. Materially changed his position; or

　ⅲ. Otherwise indicated that he considers the repudiation final.

c. Remedies

If either party repudiates the contract, the aggrieved party may:

　ⅰ. Await performance by the repudiating party for a reasonable time; or

　ⅱ. Resort to^{의지하다} any remedy for breach.

2. Repudiation and Assurance (in UCC2) (13Feb)

> justified demand for assurance + 30일 초과 ⇒ repudiation

★Contract parties can take steps to assure due performance of contractual obligations. Under the UCC2, when there are **reasonable grounds** for insecurity about the performance of either party, the other may **demand adequate assurance** of due performance in writing.

If the demand for assurance is **justified,** the other party is required to provide assurance **within 30 days** and if not, it would be held as a **repudiation** of the contract.

3. Condition Precedent (11Feb)

a. General Rule

A condition precedent in a contract makes performance **conditional** upon the completion of the condition. When an obligation is subject to a **condition precedent**, there is **an implied obligation to make good faith efforts** to satisfy the condition.

b. Exceptions

Occurrence of a condition may **be excused** if:

ⅰ. Protected party failed to make a **good faith;** or

ⅱ. Protected party makes a **waiver.**

B. Modification (11Feb)

Modification은 new contract를 체결하는 것과 동일한 효과를 발생시킨다. 즉 modification 제안은 offer to modify와 대응되며 이를 승낙하면 new acceptance 가 된다. 따라서 consideration이 존재하는 modification만이 enforceable한 것 이 원칙(common law)이나, UCC2에서는 consideration을 요구하지 않는다.

1. Preexisting Duty (14July, 18Feb)

새로운 계약을 체결하거나 기존 계약을 modify하는 경우, 기존 계약에 의 해 이미 주어진 의무(preexisting duty)는 consideration으로 인정될 수 없 다. 예를 들어, 서비스를 제공하는 측의 의무는 기존 계약과 동일하게 유 지하고 서비스 가격만 변경하는 경우, 서비스 제공의 의무가 preexisting duty이기 때문에 본 계약은 unenforceable하다. 한편, 기존 계약상의 의무 에 새로운 의무를 추가하고 이에 대한 추가 비용을 지불하기로 계약을 수 정한다면, 이는 enforceable하다. 다만, preexisting duty가 존재하더라도 일정 요건을 만족하면 modification(또는 새로운 계약)이 성립되었다고 보 는 경우도 있다.

a. Preexisting Duty Rule

★Under the preexisting duty rule, promise of performance of a legal duty **already owed to a promisor** is not consideration.

b. Exceptions

An exception to the preexisting duty rule applies when there is an **unanticipated changed circumstance.**

In determining whether there is an unanticipated changed circumstance, the courts consider whether:

ⅰ. The modification is **fair and equitable; and**

ⅱ. The modification was **not anticipated** by the parties **when the contract was made.**

c. Fairness and Impracticability

When a party encountered difficulties by the result of **impracticability** and the modification is **fair and equitable,** the modification **without consideration** could be **upheld.** Impracticability occurs when a party encountered difficulties or burdens in performing far beyond what was knowingly bargained for in the original contract.

> **case**

집주인 갑과 painter 을이 서비스계약을 체결하였다. Painter 을은 페인팅 서비스를 이행하기 전 갑작스러운 재정적 문제를 이유로 매매가액의 증액을 요청하였다. Is the modification enforceable?

⇒ No. 매매가액 증액을 위해 을이 제안한 modification은, 을의 기존 페인팅서비스 제공과 갑의 증액된 매매대금 지급을 consideration으로 하는 바, 을의 채무는 preexisting duty이다. Preexisting duty exception 적용여부는 을이 제안한 modification이 impracticability에 의한 것인지 그 여부를 판단해야 한다. 만약 갑·을이 계약체결 당시 그들이 계약체결 이후 발생될 재정적 문제를 예견할 수 있었다면, 그들은 매매가액을 본 매매가액보다 높게 책정하여 계약을 체결했을 것이므로 을에게 발생한 재정적 문제는 unanticipated한 상황이다. 그러나 unanticipated한 재정적 발생이 을의 페인팅 의무이행에 어떠한 지장도 주지 않으므로 impracticability가 인정될 수 없는 바, 증액을 위한 을의 modification은 fair하거나 equitable하지 못한다. 즉 preexisting rule exception이 적용될 수 없는 바, modification은 유효하지 않다.

1. General rule (Modification is enforceable with consideration.)
   + analysis
2. Preexisting rule
3. Preexisting rule exception
   + analysis

모범답안 053

1. 을's obligation is preexisting duty and the second contract between 갑 and 을 is unenforceable.

Generally, a promise is enforceable when it is supported by consideration, and there is consideration if it is bargained for in exchange for a return promise or performance. However, under the preexisting duty rule, promise of performance of a legal duty already owed to a promisor is not consideration. (ANALYSIS)

An exception to the preexisting duty rule applies when there is an unanticipated changed circumstance. An unanticipated changed circumstance is recognized when: (1) the change was not anticipated by the parties when the contract is made and (2) the modification is fair and equitable. (ANALYSIS)

In sum, 을's obligation is preexisting duty and the second contract between 갑 and 을 is unenforceable.

2. Modification in UCC2 (14July)

a. General Rule

★Under UCC2, unlike the common law, a modification **needs no consideration** to be binding, but the modification must satisfy the obligation of **good faith.**

b. Good—Faith

★Good—faith means honesty in fact and the observance^{준수} of reasonable commercial standards of fair dealing.

✔ The extortion of a modification without legitimate commercial reason → violation of the duty of good—faith → Modification is not enforceable.

✔ Unanticipated financial reversals are serious and extra money was required to perform business. → good—faith → Modification is enforceable.

V. Breach and Remedies

A. Material Breach (in CL) (12Feb, 20Feb)

1. General Rule

★Under the common law, non—breaching party can recover when there is a **material breach.** A material breach occurs when a party does **not provide substantial performance.**

2. Considering Factors

In determining whether there is a material breach, the court consider various factors:

ⅰ. The extent to which^{~하는 정도} non—breaching party will lose the reasonably **expected benefit;**

ⅱ. The extent to which non—breaching party will be **compensated** for the part of benefit that the party will lose;

ⅲ. The extent to which **breaching party** will suffer **forfeiture;**

iv. The possibility that the breaching party will **cure his failure**; and

v. The extent to which the breaching party acted **in good faith and fair dealing**.

✔ 갑이 을의 집 5채를 painting하기로 했지만, 2채만 painting함. — 요건 i

✔ Non-breaching party가 non-economic한 이유를 들어 breaching party에게 특정 채무를 요구하는 경우 — 요건 ii

✔ 갑은 자신의 채무불이행에 대해 을에게 돈으로 배상할 수는 있으나, 이로 인해 을이 잃어버린 신뢰(reputation lose)에 대해서는 보상할 수 없다. — 요건 ii

✔ 갑은 이미 painting한 행위를 undo할 필요가 없고, 이미 한 행위에 대해서는 restitution을 통해 보상받을 수 있다. → forfeiture 인정×(요건 iii) → may be a material breach

✔ 갑이 construction을 완료하였으나 을이 요청한 바를 완벽히 반영하지 못하였고, 을이 요청한 바를 다시 반영하고자 한다면, 갑이 작업한 모든 것을 remove해야 하는 경우 → may be a material breach(요건 iii)

✔ 갑이 painting한 집 5채를 을이 5월 1일까지 병에게 매매하기로 계약했지만, 갑이 breach함으로서 을·병간의 계약이 이행될 수 없게 됨. → possibility to cure 인정×(요건 iv) → may be a material breach

✔ "채무를 이행하는데 필요한 재료가 소진되어 painting을 할 수 없다"는 갑의 주장 → in good-faith 인정×(요건 v) → may be a material breach

✔ 을이 갑에게 원자재 A를 사용할 것을 요청하였으나, 갑이 해당 원자재는 매우 비효율적이라 판단하여 을과 상의 없이 원자재 B를 사용한 경우 → in good-faith 인정○(요건 v) → may not be a material breach

Q: Is 갑 entitled to any payment from 을?

1. Analysis (governed by CL)
2. Material breach
3. Considering factors (×5)
   + analysis
4. 결론

모범답안 054

1. 갑 is entitled to payment from 을, since 을 did not substantially perform his contractual obligations.

(ANALYSIS: Because the contract was for [painting service], it is governed by the common law.) Under the common law, nonbreaching party can recover when there is a material breach. A material breach occurs when a party does not provide substantial performance. In deciding whether there is a material breach, the court considers several factors: (1) the extent to which nonbreaching party will lose the reasonably expected benefit, (2) the extent to which nonbreaching party will be compensated for the part of benefit that the party will lose, (3) the extent to which breaching party will suffer forfeiture, (4) the possibility that the breaching party will cure his failure, and (5) the extent to which the breaching party acted in good faith and fair dealing.

(ANALYSIS: Here, regarding the first factor, 을 painted only 2 of the 5 houses and therefore, 갑 lose its material portion of expected benefit, painted 5 houses. Secondly, ……. Thirdly, ……. Fourth, ……. Finally, …….) In sum, 갑 is entitled to payment from 을.

B. Remedies

1. Purpose of Remedy

★The purpose of the remedies is to put the non-breaching party in as good a position as if the other party had fully performed.

2. Damages and Divisible Contracts (12Feb)

A contract is divisible if the performances can be divided into corresponding pairs of part performances in such a way that a court will treat the elements of each pair as if the parties had agreed they were equivalents.

A party(을) is entitled to **restitution** for any benefit that he has provided through **part performance** over the loss that he has caused by his own breach. This is to bar the nonbreaching party's **unjust enrichment**.

> **case**

건축가 을이 10억에 집 열 채를 건축하기로 갑과 계약했다. 갑은 을이 건축한 열 채 모두를 병에게 매매하기로 계약한 상태였다. 을이 네 채를 건축한 이후 더 이상 계약을 이행하지 못하겠다며 작업을 중단하였다. 이 경우, '을'이 갑에게 청구할 수 있는 금액은 얼마인가?

⇒ 갑·을간 계약이 divisible contract으로 인정되는 경우, 을은 네 채에 대한 계약은 enforceable하므로 4억원을 청구할 수 있다. 반면, 갑·을간의 계약이 indivisible contract으로 인정된다면, 을은 계약을 breach하였으나 restitution 으로서 자신이 이미 갑에게 제공한 서비스(10억*40%)에 대한 4억원에서 갑이 을로부터 받아야 할 consequential damages를 상계한 금액만큼을 청구 할 수 있다.

1. Divisible contract 정의
+ analysis: 주어진 계약의 divisible contract에 해당하는지
2. Analysis: divisible이라고 주장하는 측 의견
3. Analysis: indivisible이라고 주장하는 측 의견
4. 결론

TIP1 Damages에 관한 모든 답안에는 'purpose of remedy'를 서술하는 것이 고득점 포인트다.

TIP2 2, 3번: 동일한 arguable point에 대해 divisible이라고 주장하는 측과 indivisible이라고 주장하는 측의 의견으로 구분하여 analysis하는 것이 고득점 포인트다. 돈을 받아야 하는 측은 소송에서 계약이 divisible함을 주장해야 유리하고, 돈을 내야 하는 측은 invisible함을 주장해야 유리하다. 한편, restitution은 breaching party가 aggrieved party를 상대로 청구할 수 있는 금액이며, indivisible contract에서도 주장가능하다.

모범답안 055

1. If the contract is divisible as 을 argues, he is entitled to recover 4억원.

A contract is divisible if the performances can be divided into part performances and a court will treat the elements of each part as equivalents. (ANALYSIS: In this case, 을 could argue that the contract is divisible, since it can be divided, since constructing similar apartments requires similar working. 을 would argue that the contract is divisible and he is entitled to painting service for four apartments, 4억원.)

(ANALYSIS: However, 갑 could argue that the contract is not divisible. 갑 needed all of 10 apartments to fulfill a contract to provide 10 apartments for sale on specific date, September 29. Thus, 갑 could argue that the contract is indivisible.)

However, a party is entitled to restitution for any benefit that he has provided through part performance over the loss that he has caused by his own breach. This is to bar the nonbreaching party's unjust enrichment. (ANALYSIS: ······ Thus, 을 is entitled to restitution for the work done on four apartments less any incidental or consequential losses resulting from its breach of contract, the failure to construct the remaining four apartment.) In sum, if the contract is divisible as 을 argues, he is entitled to recover 4억원.

3. Expectation Damages (08July, 11Feb, 19July)

a. General Rule

Non－breaching party is entitled to **expectation damages** for breach of contract. The party has a right to damages based on the party's expectation interest.

★The purpose of the remedies is to put the non－breaching party in as good as a position as if the other party had fully performed.

Where a contractor's performance has been incomplete or defective **for a construction contract,** the usual measure of damages is the **reasonable cost of replacement or completion.**

b. Requirements

★Expectation damages arises when it is:

ⅰ. **Caused** by defendant (actual causation);

ⅱ. **Foreseeable** (proximate causation);

ⅲ. Reasonably **certain** (damages are not speculative); and

ⅳ. **Unavoidable** (plaintiff's **duty to mitigate**).

✔ 원고가 충분히 피해금액을 줄일 수 있는 대안이 있었음에도 불구하고 어떠한 조치도 취하지 않은 경우 → breached duty to mitigate(요건 ⅳ 미충족) → expectation damage ×

c. Waste Doctrine (08July, 20Feb)

건축계약(construction contract)에서 계약당사자가 construct하는 채무를 완전히 이행하지 않은 경우, 일반적으로 damages는 해당 채무를 완전히 이행하는데 드는 비용(cost to restore) 또는 재건축하는데 드는 비용(cost of replacement)으로 산정된다. 예컨대, 갑이 을의 집을 construct하기로 하는 계약을 체결하였고, 갑이 채무이행 도중 작업을 중단하였다면, 을은 갑에게 해당 집을 완성하는데 드는 비용(5억)을 청구할 수 있다. 그렇다면 다른 예시를 들어보자. 만일 갑이 최선을 다해 작업을 하였음에도 불구하고 집에 defects가 존재하여 breach of the contract로 인정되었고, 온전한 집의 가치(갑이 건축을 완벽히 한 경우의 집 가치)와 갑이 건축한 defects 있는 집의 가치의 차액이 300만원정도인 경우, 본래의 rule을 적용하면 을은 재건축하는데 드는 비용, 예컨대 7억을 청구할 수 있다. 그러나 본 사안에서 갑이 최선을 다했고(in good-faith) defects가 미미한 것으로 보아, 본래의 rule을 그대로 적용하여 7억을 청구하는 것은 다소 무리가 있어 보인다. 따라서 이러한 경우에는 waste doctrine이 적용되는 바, 을은 difference in value인 300만원만을 recover할 수 있다. 즉 채무자(갑)가 good-faith로 채무를 이행하였으나 defects가 존재하고, 재건축하는 비용(7억)과 집 가치의 차이(300만원)가 큰 경우에는, waste doctrine이 적용되는 바, 손배청구액은 집 가치의 차이(300만원)로 산정된다.

When an award for the cost of completion is wasteful, a court may apply the waste doctrine.

The waste doctrine will apply if:

ⅰ. The contract is for construction;

ⅱ. The contractor performs **in good faith** but defects nevertheless exist; and

ⅲ. The cost of completion **greatly exceeds** the difference in value. (cost of repletion과 difference in value 차이가 너무 큰 경우)

Under the doctrine, the measure of damages becomes the difference in value of the property or land.

If the breach is willful and only completion of the contract will enable nonbreaching party to use the property for its intended purposes, **the cost of completion** is considered the appropriate damage award.

---

case1

갑의 땅에 회사 을이 건물을 건축하기로 계약했다. 을은 계약의무를 이행하지 않았고, 이로 인해 갑이 스스로 건물을 건축하는데 드는 비용은 5억이다. 본 사안에서 갑은 얼마를 배상받을 수 있는가?

⇒ Expectation damages는 cost of replacement로서, 본 사안에서는 5억이다. Waste doctrine 적용여부는 을의 good−faith를 기준으로 판단한다.

① 을은 good−faith였지만 결론적으로 계약을 불이행하게 되었다면, award(5억)와 difference in value를 비교해야 한다. Difference in value란, 을이 채무불이행함으로써 발생된 건물 value의 차이(차액)을 뜻한다. 만약 5억이라는 금액이 difference in value보다 현저히 큰 경우, waste doctrine이 적용될 수 있다. 따라서 갑은 을로부터 difference in value에 해당하는 금액을 배상받을 수 있다.

② 만약 을이 willful하게 채무를 불이행하였고 을이 그 채무를 이행해야만 갑이 그 부동산(land 또는 property)을 갑이 의도한 목적으로 사용할 수 있는 경우라면, waste doctrine은 적용될 수 없다. 따라서 갑은 을로부터 cost of completion에 해당하는 금액을 배상받을 수 있다.

---

case2

갑·을간 갑이 을의 정원에 울타리를 설치해주는 계약을 150만원에 체결하였다. 계약금 50만원은 갑에게 우선 지급하였고, 갑이 울타리를 설치 완료하면 나머지 100만원을 을이 지급하기로 하였다. 을은 높이 200m의 울타리를 정원 전체를 둘러싸도록 설치해줄 것을 요청하였다. 갑은 199.5m의 울타리를 설치하였고, 을은 높이가 200m에 달하지 못한다는 것을 이유로 갑에게 잔금 100만원을 지급할 수 없다고 주장하였다. 갑이 해당 울타리의 높이를 변경하기 위해서는 설치된 울타리를 모두 제거하고 200m의 울타리를 설치하거나, 0.5m의 울타리를 맞춤제작하여 추가 설치하는 방법밖에 없다. 갑이 높이를 변경하는데 드는 비용은 300만원이다. 갑이 199.5m의 울타리를 설치함으로써 을 정원은 40만원의 가치가 하락하였다. 갑이 을을 상대로 100만원에 대해 소송을 제기하였다. 을은 갑에게 얼마를 지급해야 하는가? (단, 갑의 material breach는 인정되지 않는다고 가정한다.)

⇒ 60만원. 갑은 substantially performed하였으나, 완벽히 complete되지는 않았다. 이러한 경우 을이 갑으로부터 cost of completion(300만원)을 배상받는 것이 일반적이나, 본 사안에서 cost of completion(300만원)은 difference in value(40만원)와 비교하여 그 액수가 현저히 크므로, waste doctrine이 적용된다. 즉 을은 갑으로부터 difference in value(40만원)을 배상받을 수 있다. 따라서 을은 갑에게 지급해야 할 100만원에서 갑으로부터 배상받을 수 있는 difference in value(40만원)를 상계하여 60만원을 지급해야 한다.

답안요령

---

1. Expectation damages 정의 + 목적★
   + analysis
2. Waste doctrine
   + analysis
3. 결론(damage award $)

모범답안 056

1. Under the waste doctrine, 갑 is entitled to 5억 because 을 was in good faith.

Nonbreaching party is entitled to expectation damages for breach of contract. The purpose is to put the nonbreaching party in as good a position as if the other party had fully performed. Expectation damages arises when: (1)

it is caused by defendant, (2) it was foreseeable, (3) it is reasonably certain, and (4) it is unavoidable. Expectation damages should be reduced by the costs that were avoided by the breach.

(ANALYSIS)

However, when an award for the cost of completion is wasteful, a court may apply the waste doctrine. Under the waste doctrine, the measure of damages becomes the difference in value of the property (land). The waste doctrine will apply if: (1) the contractor performs in good faith but defects nevertheless exist and (2) meaning the cost of completion greatly exceeds the difference in value. If the breach is willful and only completion of the contract will enable the nonbreaching party to use the land for its intended purposes, the cost of completion is considered the appropriate damage award.

(ANALYSIS)

In sum, 갑 is entitled to 5억 under the waste doctrine.

4. Consequential Damages (08July, 19July)

a. General Rule

Usually, **consequential damages** are **lost profits** resulting from the breach.

Both expectation damages and consequential damages can be covered.

b. Requirements

★Consequential damages may be recovered only if it is:

ⅰ. Reasonably **foreseeable;**

ⅱ. **Sufficiently certain; and**

ⅲ. Unavoidable (Plaintiff's **duty to mitigate).**

c. Foreseeable

Consequential damages is not recoverable for loss **when loss is not foreseeable when the contract was made.**

Loss may be foreseeable as a probable result of a breach if it follows from the breach either **in the ordinary course of events** or as a result of **special circumstances** beyond the ordinary course of events that the party in breach **had reason to know of.**

d. Sufficiently Certain

Many courts are **reluctant** to award lost profits to **new businesses,** because such profits are too remote, contingent, and speculative for consequential damages purposes.

e. Unavoidable

★Duty to mitigate requires the injured party to take reasonable steps to reduce the damages. However, the alternative may **not be substantially different from or inferior to** the originally planned business. It should not involve undue risk, burden, or humiliation^{굴복}.

5. Punitive Damages (11Feb)

★Punitive damages is **not** recoverable in breach of contract, unless the breaching conduct is also tortious^{위법적인}.

6. Restitution (12Feb)

★A party is entitled to restitution for any benefit that he has provided **through part performance in excess of the loss** that he has caused by his own breach. **Restitution is to prevent unjust enrichment.**

C. Seller's Remedies in UCC2 (15July)

1. General Rule

Under UCC2, when a buyer breaches or repudiates, the seller has several remedies, including [the remedy of reselling the goods].

[표 9-1]

Non-monetary damage	ⅰ. Withhold delivery of the goods
	ⅱ. Cancel
	ⅲ. Replevy identified goods when B is insolvent
	ⅳ. Stop delivery of goods
Monetary damage	ⅴ. Recover cover damages (K. price − resale price) ① in good faith; ② in a commercially reasonable manner; and ③ (only when private sale) reasonable notification ⅵ. Recover market damages (K. price − mkt price) ⅶ. Recover lost profits ① lost volume (regularly engages in the sale of the goods at issue + unlimited inventory) ② incidental damages (only in UCC2)

2. Resale

★In a private sale, remedy is available **only if** the seller provides the buyer **reasonable notification** of the seller's intention to resell.

In a public auction, there is no notification requirements.

3. Incidental Damages

★The seller is also entitled to recover incidental damages, which includes **any commercially reasonable charges or expenses incurred in connection with return or resale of the goods.**

✔ Delivery cost
✔ Packaging cost

답안요령   In UCC2 & Seller's remedy

1. Purpose of remedy★
2. In UCC2, seller's remedy(해당되는 remedy에 대해 서술)
    + analysis
3. Incidental/Consequential damages
    + analysis
4. 결론

모범답안 057

1. The seller would award 100만원.

The purpose of the remedies is to put the aggrieved party in as good a position as if the other party had fully performed. (ANALYSIS: Here, if the buyer had performed, the seller would……)

Under UCC2, when a buyer breaches or repudiates, the seller has several remedies, including reselling the goods. The seller can recover the difference between the contract price and the resale price plus incidental and consequential damages only when the resale is made in good faith and in a commercially reasonable manner. In a private sale, remedy is available only if the seller provides the buyer reasonable notification of the resale. (ANALYSIS)

Under the UCC2, incidental damages includes any expenses incurred in return or resale of the goods. (ANALYSIS: Here, the seller spent 30만원 for the delivery service. There is no fact regarding consequential damages.)

In sum, the seller would award 100만원.

VI. Third-Party Issues (16July)

본 챕터는 계약이 계약을 체결한 당사자 외에 제3자(third party)에 영향을 미치는 경우에 대해 논하는 바, 크게 ① assignment 및 delegation과 ② third party beneficiary, 두 부분으로 구분된다. Assignment 및 delegation 파트에

서는 계약 당사자 중 한 명이 자신의 채권 및 채무를 제3자에게 직접 이전하는 행위에 대해 다루고, third party beneficiary 파트에서는 계약을 이행하는 과정에서 제3자의 interest가 존재하는 경우에 대해 다룬다.

TIP 문제에서 제3자의 권리를 물어본다면, assignment 및 delegation 부분과 third party beneficiary 부분으로 구분하여 analysis하는 것이 고득점 포인트다.

A. Assignment

[도표 9-1]

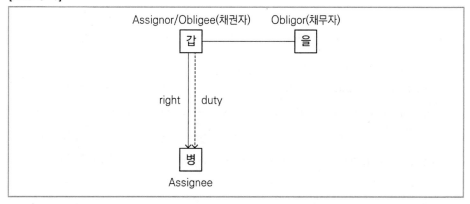

Assignment란, '권리'를 타인에게 이전하는 것이며, delegation은 '의무'를 타인에게 이전하는 것을 뜻한다. Assignment를 하면 delegation도 함께 발생한다. 다시 말해, 채권자가 자신의 권리를 타인에게 이전할 경우 그 채권자의 권리뿐만 아니라 해당 권리에 대한 의무도 타인에게 이전(delegation)된다. 예를 들어, 갑과 painter 을이 50만원에 서비스계약을 체결하였고 갑이 그 페인팅 서비스 받을 권리를 병에게 이전(assignment)한다면, 서비스를 받을 권리뿐만 아니라 그 서비스에 대한 급부로 을에게 제공해야 하는 50만원 채무도 함께 병에게 이전된다. 하지만 50만원 채무는 갑에게도 여전히 존재하는 바(it does not relieve 갑), 병이 50만원 채무를 이행하지 않는다면 갑이 이를 대신 이행해야 한다. 만약 을의 동의 하에 assignment가 이루어졌다면, 갑은 50만원 채무로부터 자유로워진다(the duty is extinguished). 한편, assignor (갑)의 권한이 assign될 때 assignor(갑)가 해당 권리에 대해 assignee(병)에게 implied warranty를 진다고 보는 바, assignee(병)는 assignor(갑)를 상대로 wrongful revocation or breach of implied warranty에 대해 소송을 제기할 수 있다.

Assignment는 obligor's consent와 consideration을 성립요건으로 하지 않는 바, 이들 없이도 유효한(valid) assignment가 생성될 수 있다. Delegation의 경우에도 동일하다. 즉 갑이 assignment를 할 때 을의 동의가 없는 경우와 갑의 assignment에 대한 consideration(또는 preexisting duty)이 없는 경우 모두 assignment가 유효하다. 그러나 각각의 경우를 일컫는 용어가 다른데, consideration이 있는 assignment는 "irrevocable assignment", consideration가 있는 delegation은 "assumption"이라 일컫는다. Assumption인 경우, obligee는 delegatee에게 양도한 채무를 이행할 것을 강요할 수 없다.

1. General Rule

Assignment is a transfer of a **right** under a contract. Contract rights are generally **assignable.**

2. Exceptions

A contract is **not assignable** if the assignment:

　ⅰ. Would materially change the duty of the obligor;

　ⅱ. Would materially increase the burden imposed on the obligor;

　ⅲ. Would impair the obligor's chance of obtaining return performance;

　ⅳ. Is forbidden by statute or by public policy; or

　ⅴ. Is validly precluded by contract.

3. Requirements

Assignment is established when there is:

　ⅰ. Assignor's manifestation of its intent; and

　ⅱ. Assignee's acceptance.

4. Effects

When an assignment is created, there are:

ⅰ. **Assignment** of the assignor's right; and

ⅱ. **Delegation** of the assignor's unperformed duties.

Assignor owes **implied warranty to assignee,** and the assignee may sue assignor for wrongful revocation or breach of implied warranty.

★**Assignment includes a delegation** of the assignor's unperformed duties under the contract. Assignor's delegation of the duty does **not** relieve the assignor.

TIP1 ① Prohibitions: "Assignment하지 말라"고 명시된 조항을 뜻한다. → Assignment의 유효성에 영향을 미치지 않는다. → Prohibition 이 존재함에도 불구하고 assignment가 이루어져도, 그 assignment 는 유효하다(valid).

② Invalidations: "Assignment is void하다"고 명시된 조항을 뜻한 다. → Assignment의 유효성에 영향을 미친다. → Invalidation 이 존재함에도 불구하고 assignment가 이루어지면, 그 assignment 는 무효이다(void).

TIP2 다수의 assignment가 존재하는 경우

① 모든 assignment가 consideration 없이 존재하는 경우(multiple gratuitous assignment)

⇒ 마지막 assignee가 우선권을 가진다.

(Last assignee prevails.)

② 모든 assignment에 대해 consideration 존재하는 경우(multiple assignments for consideration)

⇒ 가장 먼저 발생한 assignment의 assignee가 우선권을 가진다. 단, 이후의 assignee가 BFP인 경우에는 해당 assignee가 가장 먼저 발생한 assignee에 우선한다.

(First assignment prevails, unless the later assignee has no notice of the earlier assignment and is the first to obtain payment.)

B. Delegation

[도표 9-2]

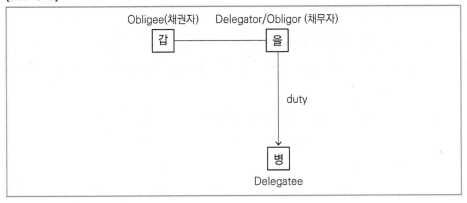

1. General Rule

Delegation is a transfer of contractual **duties**. All contractual duties may be delegated to a third person.

2. Exceptions

There are some exceptions in which contractual duty is not delegable, such as:

ⅰ. Duties involving **personal judgment and skill** are not delegable;

ⅱ. When **special trust is reposed** in the delegator and contractual duty is not delegable;
   (e. g., 변호인과 고객간의 관계, 의사와 환자간의 관계 등)

ⅲ. If performance by the delegate causes **material change** the obligee's expectation under the contract, contractual duty is not delegable; and

ⅳ. If a contract restricts either party's right to delegate duties, contractual duty is not delegable.

C. Third-Party Beneficiary

There are two types of third-party beneficiary: incidental beneficiary and intended beneficiary.

1. Intended Beneficiaries

★An intended beneficiary exists when the parties to a contract **fully considered** the beneficiary.

An intended beneficiary can enforce a promise.

2. Incidental Beneficiaries

An incidental beneficiary exists when there was **no purpose** of the promisee to confer a right on another directly.

An incidental beneficiary cannot enforce a promise.

10장

Civil Procedure

///

본 장은 미국에서 제기되는 소송 중 연방법원(federal courts)에서 청취하는 민사소송에 대해 논하며, 한국법상 민사소송법에 해당한다. 본 장은 관할권(jurisdiction)과 소송 진행과정(civil procedure)으로 구분하여 논하는 바, 관할권(jurisdiction) 파트에서는 소송이 연방법원에서 진행되기 위해 만족되어야 하는 요건(SMJ, SPJ, PJ, venue), 주 법원에서 연방법원으로의 이송(removal), 연방법원이 소송을 진행할 때 연방법과 주 법 중 어떤 법을 적용해야 하는지에 대한 이론인 Erie doctrine에 대해 논한다. 소송 진행과정(civil procedure) 파트에서는 소장(complaint)을 제출함으로써 소가 제기되는 시점부터 판결까지의 과정, 상고(appeal), new trial 등에 대해 자세히 다룬다.

☑ 글쓰기 Tips

1. 과거 기출문제는 주로 관할권(jurisdiction)에 대해 출제되었으나, 최근 기출문제는 소송 진행과정(civil procedure)에 대한 문제가 주로 출제되며, 소송진행과정에 대한 문제의 경우 detail한 답안이 요구되는 경향이 있다. 따라서 소송 과정의 전체 흐름뿐만 아니라, 작은 issue들까지도 자세히 서술할 수 있도록 연습이 필요하다.
2. FRCP는 타 과목들에 비해 법률 용어가 많이 사용되므로 문장을 반복해서 익히는 것이 중요하다. 특히 재판권(SMJ, PJ, Venue)에 대한 NCBE 답안은 모두 동일한 형식과 문장으로 구성되어 있는 바, 문장의 통암기를 추천한다.
3. FRCP는 주로 타 과목과 혼합되지 않은 독립적인 문제로 출제되나, constitutional law와 함께 출제된 경우도 있다.
4. 소송 진행과정(civil procedure)에 대한 문제
   Q: Should the court sanction 갑 for [the destruction of documents]?
   Q: Should the court consider the motion to dismiss for [insufficient service of process/failure to state a claim]?

Q: <u>Did 갑 properly join 을 in a single action?</u>
5. 관할권(jurisdiction)에 대한 문제
   Q: <u>Does the federal district court of State A have subject−matter jurisdiction over 갑's claims?</u>
   Q: <u>May the United States District Court for the District of State A exercise personal jurisdiction over 갑?</u>
   Q: <u>If 갑's claim and 을's claim remain joined, will the federal court have jurisdiction over the case?</u>
   Q: <u>Was removal of 갑's claim to federal district court appropriate?</u>
6. 소송당사자가 motion to dismiss를 취했고, 이에 대한 법원의 판결을 묻는 문제
   갑 has moved to dismiss 을's action, arguing that (1) the court lacks subject−matter jurisdiction, (2) 을 does insufficient service of process, (3) 을 failed to state a claim.
   Q: <u>Should the court consider the motion to dismiss?</u>
   ⇒ 소송당사자의 motion to dismiss의 '근거'에 대해 서술한다.

Part One. Jurisdiction

Ⅰ. Subject−Matter Jurisdiction (SMJ)

A. Federal Question Jurisdiction (FQJ) (10July, 15July, 16July)

1. General Rule

★District courts may exercise subject−matter jurisdiction over all civil actions arising under the federal laws, such as the Constitution, laws, or treaties of the United States.

2. Well−Pleaded Doctrine

★Under the well−pleaded rule, plaintiff's complaint states that his own cause of action is based upon federal laws or the Constitution. The mention of the federal statute to rebut an anticipated defense or to deny the applicability of the law does not establish federal question jurisdiction.

1. FQJ
2. Well-pleaded doctrine★
3. Analysis + 결론

TIP 법원의 FQJ 유무여부를 판단하는 경우, well-pleaded doctrine에 대해 논하는 것이 고득점 포인트다.

모범답안 058

1. The court has no federal-question jurisdiction over the case.

Federal courts have original jurisdiction over all civil actions arising under the federal laws or Constitution. Under the well-pleaded rule, plaintiff's complaint must state that his own cause of action is based upon federal laws or the Constitution. Merely mentioning of the federal statute to rebut an anticipated defense or to deny the applicability of the law does not establish federal-question jurisdiction.

(ANALYSIS)

In sum, the court has no federal-question jurisdiction over the case.

B. Diversity of Citizenship Jurisdiction (DCJ) (10Feb, 10July, 13July, 15Feb, 19Feb)

1. General Rule

★A federal court has jurisdiction of a complaint **based on state law** if the **amount in controversy** exceeds $75,000 and there is **complete diversity** between the parties.

2. Diversity

a. Individual U.S. Citizens

intent + physically present

★State citizenship for individual U.S. citizen is determined by their **domicile when the complaint was filed,** and it is generally determined by two elements: **residence** in a state and **an intent** to remain in that state.

A party can change the domicile by taking new residence with the intent to remain there.

b. Aliens

An alien is a citizen or subject of a foreign country.

The assertions of jurisdiction over a dispute that **involves only aliens are barred.**

Subject matter jurisdiction is granted in a case in which the dispute is between a citizen of a U.S. state and an alien.

c. Corporations

```
incorporated + PPB (nerve center)
```

★A corporation is a citizen of any state where it has been **incorporated** and of state where it has its **principal place of business.**

★**Principal place of business is the corporation's nerve center, where the corporation maintains its headquarters,** unless the facts indicate that the corporation's designated headquarter is not really its nerve center but is simply an office for occasional meetings.

✔ "It is a State Utah corporation." = The corporation is incorporated in State A.

3. Amount In Controversy (AIC)

> AIC 〉 $75,000, legally certainty

★In determining whether the amount in controversy exceeds $75,000, courts rely on the plaintiff's **good-faith allegations** unless it appears **to a legal certainty** that plaintiff cannot recover the amount alleged.

C. Supplemental Jurisdiction (SPJ) (08July, 09July, 10Feb, 11Feb, 15July, 16July, 21July)

1. General Rule

> = T/O, Article III

★A district court **may** exercise supplemental jurisdiction over claims that are part of the **same transactions or occurrences** of the primary claims **under Article III**. Usually, **common nucleus of operative fact test** is used.

a. Same Transactions or Occurrences

In determining whether the claims arise out of the same transaction or occurrence, the court consider some factors, such as:

ⅰ. Whether the issues of fact and law in the claims are same;

ⅱ. Whether the same evidence would support or refute the claims (same evidence test);

ⅲ. Whether there is a logical relationship between those claims (logical-relationship test); and

ⅳ. Whether res judicata would bar a subsequent suit on the [counterclaim/cross-claim].

Courts often use the **logical-relationship test.**

✔ 경우 i: 모든 증거가 identical할 필요는 없고, 동일한 내용을 공유하는 것으로 족하다.
(예시: 갑이 을을 폭행하고 있었고, 병이 갑을 말리다가 갑에게 폭행당한 경우, 갑이 을을 폭행한 증거와 갑이 병이 폭행한 증거는 다르지만(identical하지 않지만), 갑이 그들을 폭행하게 된 cause와 course는 동일하므로 경우 i 에 해당하는 바, SPJ가 인정된다.)

✔ 두 소송과 연관된 진술과 증거들이 중복되는 부분이 많은 경우 — 경우 ii: 그 정도가 두 소송을 별개로 진행하는 것이 비용, 편리성, 시간적으로 비효율적이라고 판단된다면, 두 소송은 동일한 사건으로부터 발생했다고 본다.
(When the likelihood of overlapping proof and duplication in testimony indicates that separate trials would result in delay, inconvenience, and added expense to the parties and to the court, those claims were arising out of the **same transactions or occurrence, or series of transactions or occurrences.**)

✔ A 사건 이후 B 사건이 발생하였는데, B 사건이 A 사건에 의한 injury를 악화시킨 경우 — 경우 iii: causal link가 존재하는 경우 → series of transaction and occurrence → logical relationship 인정 ○

✔ A 사건 이후 B 사건이 발생하였는데, A 사건이 발생하지 않았다면 B 사건이 발생하지 않았을 경우(B would not occur but for A) → series of transaction and occurrence → logical relationship 인정 ○

✔ Logical relationship is recognized when subsequent negligence committed by a second tortfeasor aggravated^{악화시키다} plaintiff's original injuries.
(예시: 갑의 negligence에 의해 다리를 다친 을이 구급차를 타고 병원에 가는 도중 구급차 운전자의 negligence로 인해 사고가 발생하여 다리를 더 심하게 다친 경우)

b. Common Question of Law or Fact

Questions of fact are questions about what actually took place between the parties.

Questions of law are the interpretation and scope of a law (or regulation), or there is an issue regarding what the relevant law is.

✔ Defendant's negligence: question of fact

✔ Cause of injuries: question of fact

✔ Nature and extent of injuries: question of fact

✔ Legal standard of measuring damages: question of law

2. Court's Discretion

★Courts **may refuse** to exercise supplemental jurisdiction with discretion for the reasons of:

ⅰ. Complex issue on state claim;

ⅱ. State claim predominates federal claim; or

ⅲ. Federal court dismissed all claims over which the court had original jurisdiction.

답안요령

1. SPJ에 대한 기본 rule
2. Considering factors (×4)
   + analysis
3. Court's discretion (×3)★
   + analysis
4. 결론

TIP1 본 답안요령은 주어진 사안에 대해 법원이 SPJ를 가지는지 그 여부를 논하는 모든 경우에 사용될 수 있는 바, joinder 또는 intervention이 jurisdiction 측면에서 허용가능한지 판단할 때에도 본 답안요령의 형식 안에서 작성한다.

| TIP2 | SPJ에 대한 답안은 analysis, 특히 2번에 대한 analysis를 최대한 자세히 논하는 것이 고득점 포인트다. Logical-relationship test를 적용하는 경우가 많다. |

| TIP3 | 위 3번에 해당하는 사안이 없는 경우: There is no fact indicating any possibility that the court may refuse to exercise SPJ. |

| TIP4 | ① Counterclaim과 ② cross-claim 제기 가능성 여부를 판단하는 경우, res judicata 가능성 여부를 함께 고려하는 것이 고득점 포인트다. ①은 첫 번째 원고 갑·피고 을간 소송에서 을이 갑을 상대로 별도로 두 번째 소송을 제기할 수 있는지 그 여부를 판단하는 경우로서, 을이 제기한 두 번째 소송이 compulsory counterclaim이라면 res judicata가 적용되어 두 번째 소송(을이 제기한 소송)은 진행할 수 없다. ②는 원고 갑이 피고 을, 병, 정을 상대로 소송을 제기했고, 그 이후 을이 정을 상대로 cross-claim을 제기한 후 정이 을을 상대로 한 별도의 cross-claim을 제기한 경우, 정의 cross-claim에 res judicata가 적용되면 정이 별도로 소송을 제기하는 것은 허용되지 않는다. |

모범답안 059

1. Federal court may exercise supplemental jurisdiction over 을's claim since it is a part of the same transactions of 갑's claim.

Under the supplemental jurisdiction statute, district courts may hear claims that could not be heard, if those claims that are part of the same or controversy under Article III, if they derive from common nucleus of operative fact. When determining whether the claim arose out of same transaction or occurrence, some factors are considered: (1) whether the issues of fact and law common, (2) same evidence test, (3) logical relationship, and (4) res judicata.

(ANALYSIS: Here, ……)

The district court has discretion to decline to exercise supplemental jurisdiction in three situations: (1) there are complex issue on state claim,

(2) state claim predominates federal claim, (3) federal court dismissed all claims that it had original jurisdiction, or (4) there are other compelling reasons.

(ANALYSIS: Here, there is no fact indicating any possibility that the court may refuse to exercise SPJ.)

In sum, the federal court may exercise supplemental jurisdiction over 을's claim since it is a part of the same transactions of 갑's claim.

D. Domestic Relations Exception (10Feb)

Domestic relations exception 적용여부는 소송의 '주된 내용'을 기준으로 판단하는 바, 소송의 주된 내용이 domestic relations인 경우 domestic relations exception이 적용되어 해당 소송은 연방법원에서 진행될 수 없다. 즉 domestic relations issues가 소송의 부수적인 내용에 불과한 경우에는 연방법원이 FQJ 또는 DCJ를 가지는 경우에 한해 이를 청취할 수 있다.

★Under the domestic relations exception, the federal courts have declined to exercise jurisdiction **over domestic relations issues. This exception rule** applies **only to cases that are primarily domestic relations issues,** and the laws of the **states** apply in those cases.

II. Personal Jurisdiction (PJ) (10July, 13July, 15July, 16July, 19Feb)

> TIP '타 주'의 피고에 대한 case에서 지문에 "state's long-arm statute 의 요건은 DP의 요건과 동일하다"라는 점을 명시한 경우, 수험자는 아래의 logic으로 서술한다.
>
> "State A's long-arm statute has been interpreted to extend personal jurisdiction as far as the U.S. Constitution allows."
>
> ① Federal court는 State A에서 인정하는 general jurisdiction을 가진다.
>
> ② State A는 nonresident인 피고에 대해 minimum contact와 DP

를 근거로 PJ를 가진다.

③ DP에 따르면 fair한 선에서 minimum contact가 있는 경우 PJ를 인정한다.

④ Minimum contact은 State A에서의 피고의 행위가 continuous and systematic한 경우 인정된다.

⑤ 위 ④가 충족되지 못하더라도, specific jurisdiction이 인정되면 PJ가 인정된다.

⑥ Specific jurisdiction은 State A에서의 피고의 행위가 purposeful avilment하고 foreseeable한 경우 인정된다.

⑦ 위 ③ 중 fairness가 충족되어야 한다.

① Federal courts may exercise PJ to the same extent as the courts of general jurisdiction of the state in which the district court sits.

② State courts may exercise general jurisdiction over nonresident defendants to the extent authorized by both the state's long−arm statutes and the Due Process Clause of the Fourteenth Amendment under the U.S. Constitution.

③ Under the Due Process Clause, states can exercise PJ over nonresident defendants who have established minimum contacts with the state such that the exercise of personal jurisdiction would not offend traditional notions of fair play and substantial justice.

④ When the contacts between the business and the State A is so continuous and systematic to render the corporation is essentially at home in the state, general jurisdiction can be established.

⑤ Even if the contacts in State A is not continuous and systematic required to establish general jurisdiction, specific jurisdiction can be established.

⑥ Specific jurisdiction can be established when the contacts demonstrate purposeful availment of the benefits of the forum state and render it foreseeable that the defendant may be hauled into the forum state's courts.

⑦ Even when a nonresident has the necessary minimum contacts with the forum state, the exercise of the personal jurisdiction may offend due process, if it is unfair. The burden is on the defendant to make a compelling case.

A. General Rule

★Federal district courts may exercise personal jurisdiction to the same extent as the courts of general jurisdiction of the state in which the district court sits.

B. Non-Residents

1. Long-Arm Statues and Due Process

```
DP = sufficient contact + notice
```

★State courts of general jurisdiction may exercise personal jurisdiction over nonresident defendants to the extent authorized by **both the state's long-arm statue and the Due Process Clause of the Fourteenth Amendment.**

★The Due Process Clause of the Fourteenth Amendment generally permits a state court to exercise jurisdiction over a defendant if he has established **minimum contacts** with the state such that the exercise of personal jurisdiction would not offend traditional notions of **fair play and substantial justice.**

2. Minimum Contacts

> contact + relatedness + fairness

a. General Rule

★**International Shoe case** requires that the defendant has **minimum contacts** with the forum, and the exercise of jurisdiction would be **fair** and reasonable.

b. Stream of Commerce (15July)

★Stream of commerce theory of personal jurisdiction is rejected. Merely placing a product in the stream of commerce **with awareness** that it might reach a **particular** state was **not** a sufficient basis to exercise jurisdiction over the manufacturer of the product.

The transmission of goods to the forum is a sufficient basis for jurisdiction **only where the defendant can be said to have targeted the forum.** It is not enough that the defendant might have predicted that its goods will reach the forum state.

c. Relatedness

> general 또는 specific

In determining whether there is minimum contact, the **relatedness between the cause of action and the defendant's contacts** with the forum is considered.

i. General Jurisdiction

★When the contacts between the business and the state is so **continuous and systematic** to render the corporation is **essentially at home** in the state, **general** jurisdiction can be established.

ii. Specific Jurisdiction

★**Specific** jurisdiction can be established when the contacts demonstrate **purposeful availment** of the benefits of the forum state and render it **foreseeable** that the defendant **may be hauled** into the forum state's courts.

d. Fairness

★Even when a nonresident has the necessary minimum contacts with the forum state, the exercise of the personal jurisdiction may offend due process, if it is unfair. The burden is on the **defendant** to make a compelling case.

✔ Modern transportation → 피고가 forum state에 거주하지 않더라도, modern transportation이 잘 발달되어 있는 바, unfairness를 근거로 PJ를 부정할 수 없다.

(In modern, transportation is well developed and the fact that the defendant does not reside in the forum state does not indicate unfairness.)

---

case

에어컨 회사 was incorporated in State A. 에어컨 회사 직원인 갑이 에어컨에 대한 광고지를 만들었다. 에어컨 회사의 다른 직원인 을이 전시행사가 진행되는 State B로 파견되어 갑이 제작한 광고지를 방문객들에게 나누어 주었고, 그것을 받은 병이 그 회사의 에어컨을 구했다. 병이 하자 있는 에어컨으로 인해 다쳤고, 이에 대해 병은 에어컨 회사와 갑을 상대로 State B에서 별도의 소를 제기했다. 병 is domiciled in State B.

① Q: State B의 연방법원은 '에어컨 회사'에 대해 PJ가 있는가?

⇒ Yes. 에어컨 회사가 을을 State B에 파견 보낸 것은 호객하기 위함이었다. 즉 State B에서 business를 하겠다는 purposeful availment가 있었다. 한

편, 회사가 을을 State B에 파견 보낼 당시, 만약 문제가 생긴다면 State B에서 소송일 일어날 수도 있다는 점을 충분히 예견할 수 있으므로, foreseeability 요건도 만족된다. 따라서 에어컨 회사와 State B에는 contact가 존재한다. 한편, 에어컨 회사가 State B에 있지 않더라도 현대의 발달된 교통과 소통의 수단이 있으므로, 피고(에어컨 회사)에게 큰 불편함이 없을 것으로 예상된다. 따라서 fairness 요건도 만족된다. 따라서 federal court in State B는 에어컨 회사에 대해 PJ를 가진다.

② Q: State B의 연방법원은 '갑'에 대해 PJ가 있는가?

⇒ No. 갑이 만든 광고지가 유포되어 in the stream of commerce하게 되었다. 하지만, 갑이 광고지를 만들 당시, State B를 특별히 겨냥하여 만든 것은 아니므로 stream of commerce case에 해당하지 않는다. 즉 State B·갑간에는 contact가 없다. 따라서 federal court in State B는 갑에 대해 PJ가 없다.

답안요령1 PJ

1. Federal PJ = state
2. △ = nonresident (long−arm & due process)
3. DP ⇒ minimum contact & fair
4. General jurisdiction ⇒ minimum contacts
5. Specific jurisdiction ⇒ purposeful availment + foreseeable
6. Fairness

답안요령2 Stream of commerce theory

1. (Federal PJ = state)
2. △ = nonresident (long−arm & due process)
3. DP (minimum contact & notice)
4. General jurisdiction ⇒ minimum contacts
5. Specific jurisdiction ⇒ purposeful availment + foreseeable
   + Analysis (stream of commerce theory)★
6. Fairness

TIP1 본 답안요령은 주어진 사안에 'stream of commerce theory가 적용되

는지' 그 여부를 판단하는데 초점을 둔 문제에 적용된다. 본 theory는 specific jurisdiction에 대한 것으로, general jurisdiction에 대해서는 별도의 analysis 없이 rules만 작성해도 충분하다.

| TIP2 | International Shoe 판례를 통해 stream of commerce theory가 확립 되었음을 명시하는 것이 고득점 포인트다.

| 모범답안 060 |

1. The State B court has no personal jurisdiction over 갑, since he does not have minimum contacts with State B.

Federal courts may exercise PJ to the same extent as the courts of general jurisdiction of the state in which the district court sits. State B's long−arm statute has been interpreted to extend personal jurisdiction as far as the U.S. Constitution allows. State courts of general jurisdiction may exercise personal jurisdiction over nonresident defendants to the extent authorized by both the state's long−arm statue and the Due Process Clause of the Fourteenth Amendment.

The Due Process Clause of the Fourteenth Amendment generally permits a state court to exercise jurisdiction over a defendant if he have established minimum contacts with the state such that the exercise of personal jurisdiction would not offend traditional notions of fair play and substantial justice. Even if the contacts in State B is not continuous and systematic required to establish general jurisdiction, specific jurisdiction can be established when the contacts demonstrate purposeful availment of the benefits of the forum state and render it foreseeable that the defendant may be hauled into the forum state's courts.

Supreme Court rejected stream of commerce theory of personal jurisdiction. This is because merely placing a product in the stream of commerce with awareness that it might reach a particular state was not a sufficient basis for jurisdiction to exercise jurisdiction over the manufacturer of the product. The transmission of goods to the forum is a sufficient basis for jurisdiction only where the defendant can be said to have targeted the forum. It is not enough that the defendant might have predicted that its goods will reach the forum state.

(ANALYSIS)

Even when a nonresident has the necessary minimum contacts with the forum state, the exercise of the personal jurisdiction may offend due process, if it is unfair. The burden is on the defendant to make a compelling case. (ANALYSIS: 갑 has the burden of proof that holding the case in State B is unfair, but the modern transportation would not be helpful for alleging unfairness.)

In sum, the State B court has no personal jurisdiction over 갑.

답안요령3 **General v. Specific jurisdiction**

1. Federal PJ = state
2. △ = nonresident (long−arm & due process)
3. DP ⇒ minimum contact & fair
4. General jurisdiction ⇒ minimum contacts
   + analysis★
5. Specific jurisdiction ⇒ purposeful availment + foreseeable
   + analysis★

TIP 본 답안요령은 '피고와 소송이 제기된 주(州)간 관련성(relatedness)이 있는지 그 여부'를 판단하는데 초점을 둔 것으로서, general jurisdiction 과 specific jurisdiction을 구분하는 것이 고득점 포인트다.

모범답안 061

1. The federal court in State B has no sufficient basis to exercise personal jurisdiction over 갑.

Federal courts may exercise PJ to the same extent as the courts of general jurisdiction of the state in which the district court sits. State courts may exercise jurisdiction over nonresident defendants to the extent authorized by both the state's long-arm statutes and the Due Process Clause of the Fourteenth Amendment under the U.S. Constitution. Under the Due Process Clause, state can exercise PJ over nonresident defendants who have established minimum contacts with the state such that the exercise of personal jurisdiction would not offend traditional notions of fair play and substantial justice.

When the contacts between the business and the state is so continuous and systematic to render the corporation is essentially at home in the state, general jurisdiction can be established. (ANALYSIS: Here, ······)

Specific jurisdiction can be established when the contacts demonstrate purposeful availment of the benefits of the forum state and render it foreseeable that the defendant may be hauled into the forum state's courts. (ANALYSIS: Here, ······)

In sum, the federal court in State B has no sufficient basis to exercise personal jurisdiction over 갑.

Ⅲ. Venue (13July, 16July)

A. Proper Venue

For civil actions brought in federal court, **venue is proper** in any district where:

ⅰ. Any defendant resides if all defendants are residents of the forum state;

    ① Residence of **individual** (determined by their domicile)

    ② Residence of **corporation** (includes all districts where it is subject to PJ)

    ③ **Non-resident** of the U.S. (in any district)

ⅱ. Where a substantial portion of the claim occurred;

ⅲ. Where a substantial part of property is located; or

ⅳ. If none of the above apply, then venue is proper in **any** judicial district in which any defendant **is subject to the court's PJ.**

B. Transfer of Venue (12Feb)

1. General Rule

Transfer of venue and the applicable law depend on whether venue was **proper when the suit was first filed.**

★The motion for a change of venue is for the convenience of parties and witnesses, **in the interest of justice. A district court may transfer any civil action to any other district or division where it might have been brought.**

When the court transferred proper venue to proper venue, new court **must** apply the **same substantive law as the original transferor court.**

2. Requirements

a. When Proper

If venue is proper, the court may transfer venue if:

ⅰ. It is needed for the **convenience** of parties and witnesses or interest of justice; and

ⅱ. The action could have initially been brought in the receiving court.

b. When Improper

If venue is improper, the court **must** either:

ⅰ. Dismiss the case; or

ⅱ. Transfer the case to a proper court if the interests of justice require it.

3. Forum-Selection Clause

Forum-selection clause란, 소송 당사자간 합의한 재판적 규정을 뜻한다. 주 법에서 forum-selection clause를 인정하지 않는다 하더라도 법원이

venue 변경을 판단할 때에 중요한 역할을 할 수는 있다.

Forum selection clause **is an important factor** favoring a change of venue, **even if** the forum−selection clause is **unenforceable** under the applicable state law.

Ⅳ. Removal (09July, 12Feb)

Removal이란, 주 법원에서 진행되고 있던 소송을 연방법원으로 이송하는 것을 뜻한다. Removal은 original jurisdiction을 가지고 있는 연방법원으로만 가능하다. Original jurisdiction이란, 소송이 제기된 최초의 법원이 해당 소송에 대해 가지는 jurisdiction을 뜻한다. 즉 소송이 제기된 법원이 해당 소송에 대해 DCJ, FQJ 또는 SPJ를 가지는 경우 original jurisdiction이 인정되는 바, removal이 가능하다. 한편, 별개의 소송을 제기했던 두 명의 원고가 joinder 한 상태에서 피고가 removal을 신청하는 경우, 각 원고가 처음 제기했던 두 개의 소송 모두에 관해 original jurisdiction을 가지고 있는 연방법원에 한해 인정된다.

> TIP   원고 갑이 회사 을을 상대로 소송을 제기하였는데, 소송 중 갑과 병이 원고로써 join하고자 하며, 회사 을은 removal을 신청했다.
> ① Q: If the case is removed to federal court, do the FRCP permit the separate claims of 갑 and 병 to remain joined in a single lawsuit?
> ⇒ Joinder 내용을 서술해야 함.
> ② Q: If 갑's and 병's claims remain joined, will the federal court have jurisdiction over the case?
> ⇒ Removal하기 위해 필요한 각 claim에 대한 jurisdiction 내용을 서술해야 함.

A. General Rule

★A defendant may remove a civil action **from state court to federal court** if the action is a type over which **the federal courts have original jurisdiction.**

B. 30-Days Rule and One Year Rule

★The removal must be sought:

i . Within 30 days of either service of the summons or receiving the initial pleading, whichever period is shorter (30−days rule); and

ii . Within one year after commencement in a diversity action (one year rule), only when the claim is based on DCJ.

C. Steps for Removal

1. Procedure

First of all, the defendant is required **to file a notice** of removal **in the federal district court** for the district and division within which the state action is pending.

The defendant must serve notice of the filing **on all adverse parties** and **file a copy of the notice of removal with the state court.**

2. Notice Requirements

The notice of removal must:

i . Be signed;

ii . Include a statement of the basis for federal jurisdiction; and

iii . Include a copy of the materials from the state court proceeding.

1. Removal
2. Analysis(case의 DCJ/FQJ여부)
3. SPJ★
4. Analysis
5. Procedure + Time limit
   + analysis

<u>TIP</u> Removal에 관한 문제는 크게 ① 이송받는 federal court의 SMJ 유
무여부와 ② removal 과정으로 구분되는 바, 문제의 출제의도를 파
악하는 것이 중요하다.

<u>모범답안 062</u>

1. The defendant can remove the civil action.

A defendant removes a civil action from state court to federal court if the federal courts have original jurisdiction over the action. Procedurally, as a first step for removal, the defendant files a notice of removal in the federal district court for the district where the state action is pending. Removal is automatic, therefore, once the state court received a copy of the notice of removal, the case is removed and the state court can take no further action in the case.

However, under the supplemental jurisdiction statute, district courts can hear claims if those claims arise out of the same transactions or occurrences of the primary claims under Article III. Usually, common nucleus of operative fact test is used.

(ANALYSIS)

The notice must be filed within 30 days of the defendant's receipt of such initial pleading, or within 30 days after the service of summons, whichever period is shorter. The notice of removal must be signed and must include a statement of the basis for federal jurisdiction. A copy of the materials from the state court proceeding must also be filed. After filing the notice of removal, the defendant must serve notice of the filing on all adverse parties and file a copy of the notice of removal with the state court.

In sum, the defendant can remove the action.

V. Erie Doctrine (09Feb, 12Feb, 17July, 19July, 21July)

Erie doctrine은 DCJ인 경우에만 적용되는 doctrine으로서, 연방법원이 DCJ로 SMJ를 가질 때, 해당 소송과 관련된 federal law가 없는 경우, substantive law 는 반드시 해당 연방법원이 있는 forum state law를 따라야 한다는 원칙이다. 즉 procedure에 대한 논점에서는 연방법이 주 법에 우선한다. 이는 Federal Rules of Civil Procedure(FRCP)가 연방의회가 입법한 Federal Rules of Enabling Act, 28 U.S.C.에 의해 위임된 권한으로 연방법원이 공표한 절차법이 기 때문이다. U.S.C.는 연방법률을 하나로 모은 미국 법전으로, 총 53편으로 구성되어 있는데, 그중 28편이 judiciary and judicial procedure라는 제목으로 민사소송과 형사소송에 대해 규정하고 있으며 28편의 appendix에 Federal Rules of Civil Procedure(FRCP)가 실려있다.

Erie doctrine이 적용되어 연방법원이 forum state law를 적용해야 하는 경우, forum state law에서 choice of law를 "이러한 경우에는 ABC '법'을 적용한 다"는 형태 또는 "이러한 경우에는 ABC '판단 기준'을 적용한다"는 형태로 규 정할 수 있다. Forum state law가 판단기준을 제시한 경우에는 그 판단기준 을 상황에 적용해야 하며, 판단기준에는 traditional vested rights approach 또는 most significant relationship approach가 있다.

A. General Rule

> DCJ + no (conflict with) fed. law ⇒ forum state's subst. law

★When the federal court has jurisdiction **based on the diversity**, the federal court must apply **forum state law for the substantive rules**. [Erie Railroad Co. v. Tompkins]

★**Federal procedural law** would continue to govern, even if the federal procedure affected the outcome of the litigation. Regarding practice and procedure in federal courts, the Federal Rules of Civil Procedure govern all civil actions and proceedings in federal court, unless those rules do not abridge, enlarge, or modify any substantive right.

The rule is for uniformity and equal administration of justice.

1. Substantive Laws

- ✔ Statutes of limitations (SOL)
- ✔ Rules for tolling statutes of limitations: 소멸시효 중단
- ✔ Choice of law rules
- ✔ Elements of a claim or defense
- ✔ Standards of burden of proof

2. Other Methods

There are three tests used when it is hard to determine whether an issue is substantive or procedural for Erie purposes: outcome determination, balance of interests, and forum shopping deterrence.

a. Outcome Determination

Under outcome determination test, an issue is substantive if it substantially affects the outcome of the case.

b. Balance of Interests

Another test is balance of interests, in which the court weights whether the state or federal judicial system has the grater interest in having its rule applied.

c. Forum Shopping Deterrence

The federal judge should follow state law on the issue if failing to do so would cause litigants flock to^{몰려가다} federal court.

3. Erie Doctrine and Class Action

If the action in authorized **by Rule 23** (class action), a states law barring class actions to enforce statutory damages claims cannot be applied.

Rule 23 is both **a procedural rule** within the scope of a rule that entitles a plaintiff whose suit meets the specified criteria to pursue his claim as a class action.

B. **Choice of Law Approaches** (09Feb, 17July)

★A federal court sitting in diversity must apply the choice of law approach prevailing **in the state in which it sits,** since choice of law rules are substantive.

1. Torts

a. Traditional Vested Rights Approach

Under the approach, the state law where **transaction occurred** will be applied.

The place where **injury occurred** or where **the place of the wrong** for a tort action will be considered.

b. Most Significant Relationship Approach

In performing this approach, there are considering factors:

ⅰ. Where the injury occurred;

ⅱ. Where the conduct causing the injury occurred;

ⅲ. The domicile, residence, incorporation, and PPB; and

ⅳ. Where the relationship between the parties is centered.

If the contacts split among so many jurisdictions, the courts focus on **the purpose of the law.**

If there is a conflict between local and foreign law, most courts will apply **local law** and further local policies unless there is a strong reason not to do so.

2. Contracts

Employment 계약상 "분쟁이 있는 경우 A주 법을 적용하여 판단한다"는 조항이 있는 경우, 대개 해당 조항에 따라 A주 법을 적용한다.

When the employment contract specified the specific governing law, the enforcement of choice of law clauses is allowed (under the Second Restatement of Conflict of Laws), unless:

ⅰ. The chosen state has no substantial relationship to the parties or the transaction; or

ⅱ. Application of the law of the chosen state would be contrary to a fundamental policy of a state.

Part Two. Procedures and Motions

Ⅰ. Service of Process (09Feb, 15Feb, 17July)

A. Upon Individual

Service upon individual is proper when it is made:

ⅰ. To the individual personally;

ⅱ. To someone of suitable age and discretion at the individual's dwelling or usual place of abode;

ⅲ. To an authorized agent; or

ⅳ. In accordance with the state law of the forum state or where service is made.

B. Upon Corporation

1. General Rule

Service upon corporation is proper when it is made:

    ⅰ. In accordance with the state law of forum state or where service is made; **or**

    ⅱ. To officer, a managing or general agent, or any other agent authorized by appointment or by law to receive service of process.

2. Officer

FRCP에 "officer"의 정의가 명시되어 있지는 않으나, 법원은 CEO, 비서 등과 같이 자신이 전달받은 회사의 process를 회사에 전달해야 할 책임이 있음을 인지할 수 있을 정도로 회사와 상당히 관련되어(integrated) 있는 자로 해석한다.

"Officer" is a person who is so integrated with the corporation that he will realize his responsibilities.

C. Upon Foreign Defendant

1. Any Manner

Foreign defendant can be served by any manner that is **not prohibited by international agreement.**

However, a foreign corporation, partnership, or association cannot be served by personal service.

2. Via E-mail

A court can authorize services via e-mail if:

    ⅰ. There is no prohibiting international agreement;

    ⅱ. It satisfies due process (reasonably calculated to notify defendant and give him an opportunity to object); and

    ⅲ. **There is no hardship to the plaintiff.**

II. Interlocutory Injunctions (14July)

[표 10-1]

	Preliminary Injunction	TRO	
		TRO	Ex Parte TRO
Purpose	to maintain status quo		
Considering factors	i. The probability that the plaintiff will succeed on the merits; ii. The significance of the threat of irreparable harm to the plaintiff if the injunction is not granted; iii. The balance between this harm and the injury that granting the injunction would inflict on the defendant; iv. The public interest.		
Period	through the pendency of the litigation	no longer than 14 days	
Security	필요함		
Requirements	notice to opposing party	notice to opposing party	i. affidavit ii. efforts for notice iii. security

* Interim reliefs = Reliefs during pendency of the action = Interlocutory injunction

A. Temporary Restraining Order (TRO)

1. General Rule

★A temporary restraining order may be issued **with or without notice** to the adverse party, but only in **limited** circumstances and only for **limited** time. [FRCP 65(b)]

2. Requirements

a. General Rule

In deciding whether to grant a temporary restraining order, courts consider the same factors that are relevant in deciding whether to grant a preliminary injunction.

b. Ex Parte TRO

Ex parte TRO is a TRO that is granted **without notice** of the hearing to the adverse party.

For ex parte TRO, three requirements should be satisfied:

ⅰ. Immediate and Irreparable injury should be established;

(The moving party is required to submit **specific fact or an affidavit** demonstrating a risk of **immediate and irreparable injury** if a permit is issued.)

ⅱ. The movant should make all **efforts to give notice** to opposing party; and

ⅲ. The movant must provide security.

(The moving party must **give security** in an amount that the court considers proper to pay the cots and damages sustained by any party found to have been wrongfully enjoined or restrained.)

3. Period

The temporary restraining order would last **no longer than 14 days**, unless the court extends it for good cause or the adverse party consents to an extension.

B. Preliminary Injunction

1. General Rule

Preliminary injunction is an injunction that seeks to protect the plaintiff from **irreparable injury** and to preserve the court's power to render a **meaningful decision** after a trial on the merits.

2. Requirements

Preliminary may be granted only **upon notice** to the adverse party, and only if the movant gives **security**.

3. Period

A preliminary injunction prevents nonmoving party **throughout the pendency of the litigation.**

Ⅲ. Pleadings

A. Amendment (06July, 11Feb, 12July, 17July)

원칙적으로 모든 pleading은 수정될 수 있다. 다만, 21일 이내에 수정되어야 하며 21일이 경과한 후에는 양측의 동의 또는 court's discretion에 의해서만 수정가능하다. 한편, pleading을 수정하면 그 수정효과가 original pleading을 작성한 시점으로 소급하여 적용된다.

> **TIP** 지문에 피고가 amend한 명확한 날짜 또는 피고의 amendment에 대한 양자의 동의유무에 관한 별도의 언급 없이, 단순히 피고가 amend를 위한 신청을 했다(Defendant moved to amend its answer)는 내용만 있는 경우, 21일 기한이 지났다고 보고 court's discretion에 의한 amendment를 대해 논해야 한다.

1. General Rule

★A pleading may be amended once within 21 days of serving it or, if the pleading is one to which a responsive pleading is required, within 21 days after service of a responsive pleading or a pre−answer motion, whichever earlier.

Thereafter, a pleading may be amended only by the **written consent** of the adverse party or by **leave of the court** upon motion. Leave of the court is freely given **when justice so requires.**

2. Relates Back Doctrine

★The filing of the amendment relates back to the filing date of the original pleading.

3. Amendment of Rule 12(b)(2)~(5)

Rule 12(b)(2)항~(5)항을 amend하는 경우와 changing party를 하기 위해 amend하는 경우에는 예외적으로 21일 기한이 없다. 21일 기한 이후의 amendment 방법(양측의 동의 또는 court's discretion) 또한 적용되지 않는다. 이는 피고가 pre-motion을 할 때 그 내용에 Rule 12(b)와 관련된 주장을 해야만 하고, 그러하지 못한 경우 피고가 그 권리를 waive한 것으로 간주되는 바, 그 이후에 피고가 Rule12(b)를 근거로 한 주장은 할 수 없는 것이 원칙이기 때문이다. 즉 pre-answer motion 또는 answer 중 먼저 작성된 서류에 Rule 12(b)을 근거로 한 주장이 없는 경우 나중에 이를 추가하기 위해 pre-answer motion을 하거나 answer를 amend하는 것은 금지된다.

Pre-answer motion과 answer 중 피고가 먼저 작성하는 서류에 Rule 12(b)의 내용이 없더라도, 법원이 이를 추가할 수 있도록 즉 pre-answer motion 또는 answer의 amendment를 예외적으로 허용하는 경우도 있다. 일정 요건을 만족한 경우와 when justice so requires인 경우가 이에 해당한다.

a. General Rule

Generally, when a party makes a pre-answer motion under Rule 12, the party **must** raise any claim of [insufficiency of service of process that the party has at the time of the motion]; **otherwise, the defense is waived.**

b. Exceptions

Courts have allowed amendment of Rule 12(b)(2)~(5) when:

ⅰ. Requirements are met; **or**

① Before the motion is heard;

② So long as the adverse party is not prejudiced by the

amendment; and

③ No delay results in the prosecution and determination of the case.

ⅱ. **When justice so requires.**

★A district court should freely give leave to amend **when justice so requires.**

Amendments should be allowed unless they result in a form of injustice, such as undue delay, bad faith, or undue prejudice to the party opposing the amendment.

4. Amendment for Changing Party

Amendment for changing party is allowed **only if:**

ⅰ. Amendment asserts a claim or defense that **arose out of the same conduct** as the original pleading allegations;

ⅱ. **The new party** received notice of the original action within 90 days of filing; and

ⅲ. The new party knew or should have known that the action would have been brought against it, **but for a mistake.**

B. Rule 11 (18Feb)

1. General Rule

Every pleading, written motion, or other paper, except for discovery requests and responses, must be presented to the court by the attorney (or unrepresented party) **in best of his knowledge.** In other words, the court must strike an unsigned paper **by an attorney** (or unrepresented party).

The attorney (or unrepresented party) is required to inquiry:

ⅰ. The paper is not for any improper purpose;

ⅱ. The legal contentions are warranted by existing law;

iii. There are evidentiary support for allegations and factual contentions; and

iv. The denials of factual contentions are warranted on the evidence.

2. Safe Harbor Period

Before a party **seeks sanctions** under Rule 11, the party may serve on the opposing party a motion that describes the specific conduct violating the rule.

The party must give 21 days for the opposing party to withdraw or correct the challenged pleading. If the 21−day period passes without any correction, the motion for sanctions may be filed.

3. Sanctions

a. General Rule

The court has discretion to impose sanctions.

The court may impose sanctions on any attorney, law firm, or party that violated the rule or is responsible for the violation. Generally, the attorney's law firm should be held **jointly responsible**. A law firm should be sanctioned, when the party authorizes its attorney to pursue a claim that it knew was legally and factually baseless.

b. Considering Factors

In determining what sanctions should be imposed courts consider various factors, such as:

i . Whether the improper conduct was willful, or negligent;

ii . Whether the violation interfered the entire pleading or only party of pleading; and

iii. Whether the responsible person is trained in the law.

c. Types of Sanction

Sanctions can be monetary or nonmonetary.

The **monetary** sanctions include an order to pay a penalty into court or an order to pay to the movant of part or all of the reasonable attorney's fees and other expenses directly resulting from the violation.

The **nonmonetary** sanctions include striking the offending paper or requiring participation in educational programs. In determining among the range of sanctions, court may consider many factors, such as whether the improper conduct was willful or negligent and whether it was intended to injure.

IV. Joinder of Parties and Claims

Joinder란, 당사자(party) 및 청구(claim)의 병합을 뜻한다. 즉 joinder는 다수의 당사자가 참여하는 joinder of parties 또는 다수의 청구가 참여되는 joinder of claims로 구분된다. 한편, joinder of parties와 joinder of claims를 구분하는 기준이 뚜렷하지 않아 시중에 나와 있는 교재마다 각 유형을 다르게 구분하고 있다. 예컨대, 일부 교재에서는 class action을 joinder of parties로 구분하고 있으나 일부 교재에서는 joinder of claims로 구분하고 있다. MEE 기출문제에서는 각 유형이 joinder of parties와 joinder of claims 중 어느 것에 해당하는지에 대해 논하는 문제는 출제된 바 없고, joinder가 허용될 수 있는지 그 여부에 대해 논하는 문제가 출제되었다. 따라서 본 서는 유형에 대한 구분 없이 각 유형의 특징에 대해 논하였다.

[표 10-2]

	소송형태	내용	비슷한 우리 제도
다수 당사자 소송 (complex	당사자병합 - 공동소송 (joinder of parties)	강제적 당사자병합 (FRCP 19) 임의적 당사자병합 (FRCP 20)	통상 공동소송 필수적 공동소송 예비적·선택적 공동소송 추가적 공동소송

litigation)	소송참가 (intervention)	권리로서의 소송참가 (FRCP 24(a)) 허가에 의한 소송참가 (FRCP 24(b))	보조참가 공동소송적 보조참가 공동소송참가
	경합권리자 확정소송 (interpleader)	연방규칙상의 확정소송 (FRCP 22) 제정법상의 확정소송 (28 U.S.C. § 1335 등)	독립당사자 참가
	제3당사자소송 (impleader, FRCP 14)		소송고지
	대표당사자소송 (class action, FRCP 23)		증권관련 집단소송

출처: 이시윤, "新民事訴訟法 제11판(2017)." 735-736면.

> **TIP**
> ① Party가 join → joinder/intervention 구분 → compulsory/ permissive 구분
> ② Claim이 join → claim type 구분(counterclaim, cross-claim 등) → compulsory/permissive 구분

A. Compulsory Joinder (08July)

★FRCP authorizes joinder of [defendants] over the [plaintiff's] objection only when:

ⅰ. Party is a **necessary** party; and

  ① The court **cannot accord complete relief** among existing parties if the absent person is not joined;

  ② The absent person claims an interest in the action that would be **impaired** if that person is not joined; or

  ③ The person's absence may leave any of the parties **subject to a risk of multiple liability.**

ⅱ. Joinder is **feasible**^{가능한}

  ① Joinder will not revoke SMJ; and

  ② The court has PJ over the necessary party.

> **TIP**   위 요건 ⅱ (feasible joinder)은 연방법원의 jurisdiction에 관한 내용으

로서, 대개 별도의 문제로 출제된다.

Q: <u>If permits 을 to join his claim against plaintiff 갑, will the court have subject matter jurisdiction to hear that claim?</u>

---

case

갑·을간 소송진행 중, 을이 "내 잘못이 아니고, 병의 잘못이다"라고 주장했다. 병은 본 소송의 당사자가 아니다. Is 병 compulsory joinder?

⇒ No. 본 소송에서 을의 책임이 인정된다면, 을이 책임지면 되고, 을에게 책임이 없다고 판결되면, complete relief 하면 된다. 즉 법원은 병 없이도 갑·을간의 complete relief를 부여할 수 있다(The court can accord complete relief among existing parties if the absent person is not joined). 따라서 위 요건i①(no complete relief)이 충족되지 않는다. 한편, 갑·을 소송에서 을이 패소하면 그 판결범위에 을이 포함되어 을이 책임을 지고, 을이 병의 책임을 증명해서 승소하더라도 병은 당사자가 아니므로, 소송의 결과에 영향을 받지 않는다(병 will not be bound by the judgment since it was not a party). 따라서 위 요건i②이 충족되지 않는다. 을의 책임이 인정되는 경우 을은 동일한 소송(claim)에 대해 별도로 져야 하는 책임이 존재하지 않는 바, 위 요건i③은 충족될 수 없다(If 을 is held liable to 갑, 을 will pay 갑 but face no other liability on the same claim).

(If 을's fault is proved, then the court award damages to 갑. If the court found that 을 has no fault, then the court may refuse to hold that 을 is liable. In either case, the court can accord complete relief among existing parties if the absent person is not joined. Additionally, if 을's fault is proved, then 을 has liability. Even if 을 proved 병's fault and the court found that 을 has no fault, 병 will not be bound by the judgment since he is not a party. It is free to relitigate the issue in a separate lawsuit. Moreover, if 을 is held liable to 갑, 을 will pay 갑 but face no other liability on the same claim. Thus, there is no risk of multiple liability.)

B. Permissive Joinder (09July, 10Feb, 20Feb)

1. General Rule

> T/O + common question of law/fact

★Under Rule 20, two or more plaintiffs or defendants may join their claims in a single lawsuit whenever:

ⅰ. The claims to be joined are arising out of the **same transactions or occurrence;** and

ⅱ. There is a question of law or fact **common** to all the parties.

2. Same Transactions or Occurrence

★In determining whether the claim arose out of same transaction or occurrence, some factors are considered:

ⅰ. Whether the issues of fact and law common;

ⅱ. Same evidence test;

ⅲ. Logical relationship (causal link); and

ⅳ. Res judicata

Courts often use the **logical−relationship test.**

3. Common Question of Law or Fact

Questions of fact are questions about what actually took place between the parties.

Questions of law are the interpretation and scope of a law (or regulation), or there is an issue regarding what the relevant law is.

C. Counterclaim (08July, 11July, 21Feb)

Counterclaim은 '반소', 즉 소송계속중에 피고가 그 소송절차를 이용하여 원고에 대하여 제기하는 소를 뜻한다. 이는 강제적인 compulsory counterclaim과 임의적인 permissive counterclaim으로 구분된다. Compulsory counterclaim은 본소(本訴) 피고의 권리로서 피고는 본소와 관련된 분쟁에 관한 소를 제기해야 하며, 본소 피고가 compulsory counterclaim을 제기하지 않으면 이후 독립적인 소송으로 compulsory counterclaim을 주장할 수 없다. 이에 대해 일부 법원에서는 피고가 compulsory counterclaim을 제기하지 않는 행위는 반소권리를 포기했다고 보는 법리를 취하는 한편, 다른 일부 법원에서는 compulsory counterclaim을 제기하지 않은 상태에서 내려진 판결은 최종판결로서 doctrine of claim preclusion에 따라 이후 독립적인 소송에서 해당 claim을 주장할 수 없다는 법리를 취한다. Doctrine of claim preclusion에 대한 자세한 내용은 이하 「Ⅷ. Claim Preclusion and Issue Preclusion」에서 다시 논하도록 한다. 반면, permissive counterclaim은 소송이 SMJ(FQJ, DCJ, SPJ)를 만족하는 한 본소와 관련되지 않은 소라 할지라도 본소 피고가 본소가 진행된 이후 언제든 자유롭게 제기할 수 있는 소송이다.

★A claim for relief brought by a defendant against a plaintiff is called a counterclaim.

1. Compulsory Counterclaim (08July, 21Feb)

a. General Rule

★Defendant **is required** to bring his claim as a counterclaim against plaintiff if the counterclaim arises out of the **same transaction or occurrence** as the plaintiff's claim against the defendant and there is **common question of law or fact**.

When a defendant failed to raise a compulsory counterclaim, he is

barred from bringing a later **independent action** on the claim.

b. Reasons

In some courts, a failed compulsory counterclaim is barred in the subsequent action because the defendant **waived** the claim.

In other courts, a failed compulsory counterclaim is barred in the subsequent action by **claim preclusion** (res judicata).

2. Permissive Counterclaim

★Defendant may bring a counterclaim (**assuming there is subject matter jurisdiction**), regardless of whether it arises out of the **same transaction or occurrence** as plaintiff's claim against defendant.

3. Supplemental Jurisdiction (SPJ)

★The federal district court would have jurisdiction to hear the counterclaim under the **supplemental jurisdiction statute,** as long as the counterclaim **arises out of the same transactions or occurrences.**

답안요령

Q: <u>Do the FRCP permit 을 to join his claim against 원고 갑? Explain.</u>

1. Counterclaim
2. Compulsory counterclaim
   (+ analysis)
3. Permissive counterclaim
4. Analysis ("same transactions or occurrence")
5. SMJ? (FQJ/DCJ/SPJ)

| TIP | 5번: 해당 counterclaim에 대한 연방법원의 SMJ 여부 문제는 대개 별도로 출제된다.

Q: <u>If federal court permits the counterclaim, have jurisdiction?</u>

1. The federal rules of civil procedure requires 을 to join his claim, since it is a compulsory counterclaim.

Counterclaim is a claim that is brought by a defendant against a plaintiff. There are two types of counterclaim: compulsory and permissive. FRCP requires defendant to bring a compulsory counterclaim against plaintiff if the counterclaim arises out of the same transaction or occurrence as the plaintiff's claim against the defendant. A defendant can bring a permissible counterclaim if there is subject matter jurisdiction.

(ANALYSIS: ······ 을's claim arises out of the same transaction or occurrence as 갑's claim. Both claims arose out of the car accident. ······ Even if 을's claim did not arise out of the same transaction as the 갑's claim, it could be joined as a permissive counterclaim.)

Thus, 을's claim is required to be joined in the action.

2. The court has subject matter jurisdiction over the claim, through supplemental jurisdiction.

Under the supplemental jurisdiction statute, district courts may hear claims that could not be heard, if those claims are part of the same or controversy under Article III, and they derive from common nucleus of operative fact.

(ANALYSIS)

The district court has discretion to decline to exercise supplemental jurisdiction in three situations: (1) there are complex issue on state claim, (2) state claim predominates federal claim, (3) federal court dismissed all claims that it had original jurisdiction, or (4) there are other compelling reasons.

(ANALYSIS)

In conclusion, 을's counterclaim would be joined under the supplemental jurisdiction statute.

D. Cross-Claim (11Feb, 15July)

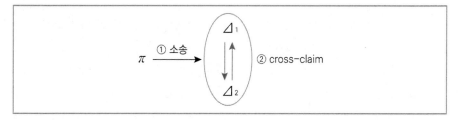

1. General Rule

★A defendant's answer may state as a cross-claim against a co-defendant any claim that **arises out of the same transaction or occurrence** that is the subject matter of the original action between the plaintiff and the defendants.

2. Same Transactions or Occurrences

★In determining whether the claim arose out of same transaction or occurrence, some factors are considered:

ⅰ. Whether the issues of fact and law common;

ⅱ. Same evidence test;

ⅲ. Logical relationship (causal link); and

ⅳ. Res judicata

Courts often use the **logical-relationship test.**

3. Supplemental Jurisdiction (SPJ)

★The federal district court would have jurisdiction to hear the cross-claim under the supplemental jurisdiction statute, as long as the cross-claim arises out of the **same transactions or occurrences.**

The supplemental jurisdiction can be used over a cross-claim, even if complete diversity requirement is not satisfied.

1. Cross－claim
2. "＝T/O"
   ＋ analysis
3. Court's discretion★
   ＋ analysis
4. SMJ? (FQJ/DCJ/SPJ)

TIP1 Cross－claim 제기가능 여부를 판단하는 경우, res judicata 적용가능 여부를 고려하는 것이 고득점 포인트다.

TIP2 Counterclaim과 cross－claim은 동일하게 'same transaction or occurrence'를 조건으로 하는 바, 답안을 작성하는 방식이 유사하다.

TIP3 4번: 해당 cross－claim에 대한 '연방법원의 SMJ 유무문제'는 대개 별도로 출제된다.

Q: Assuming that the FRCP permit cross－claim, does the court have subject matter jurisdiction over that claim?

모범답안 064

1. The court should allow 을's claim to be joined as a cross－claim.

There is a cross－claim, when a defendant's answer states a claim against co－defendant which arises out of the same transaction or occurrence that is the subject matter of the original action. (ANALYSIS: ⋯⋯ Thus, 을's claim against 병 is a cross－claim.)

When courts determine whether the claims arise out of the same transaction or occurrence, they consider many factors, such as: (1) whether the issues of fact and law in the claims are same, (2) whether the same evidence would support or refute the claims, (3) whether there is a logical relationship between those claims, and (4) whether res judicata would bar a subsequent suit on the cross－claim.

(ANALYSIS: First, ⋯⋯. Second, ⋯⋯. Third, ⋯⋯. Fourth, ⋯⋯.)

In sum, the court should allow 을's claim to be joined as a cross－claim.

2. The court has subject matter jurisdiction over the claim, through supplemental jurisdiction.

Under the supplemental jurisdiction statute, district courts may hear claims that could not be heard, if those claims that are part of the same or controversy under Article III, if they derive from common nucleus of operative fact.

(ANALYSIS)

The district court has discretion to decline to exercise supplemental jurisdiction in three situations: (1) there are complex issue on state claim, (2) state claim predominates federal claim, (3) federal court dismissed all claims that it had original jurisdiction, or (4) there are other compelling reasons.

(ANALYSIS: ⋯⋯ Thus, there is no reason for the court to decline the supplemental jurisdiction in this case.)

In sum, 을's claim would be joined under the supplemental jurisdiction statute.

E. Impleader (Third-Party Claim) (15Feb, 20Feb)

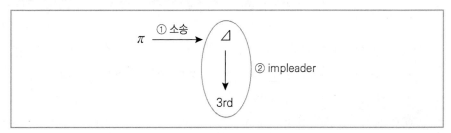

1. General Rule

★Under Rule 14, if the defendant claims that **the nonparty is or may be liable to the defendant for all or part of the claim against it,** the defendant may bring a third−party complaint against the nonparty and the nonparty may be joined as a third−party defendant.

2. Requirements

There are three requirements to bring impleader:

i . Third−party **is or may be** liable to the defendant;

ii . For all or part of a judgment **against the defendant** in the action; and

iii. Some derivative liability exists **(indemnifications or contribution)**.

3. Time Limit

A defendant (third party plaintiff) can serve a summon and complaint **without the court's leave** on a nonparty (third party defendant) **within 14 days** of serving its answer.

The defendant must obtain the court's leave if it files the third−party complaint more than 14 days after serving its original answer.

F. Intervention

★Intervention is the process by which a **non−party** to an action may join the litigation.

1. Intervention of Right (14July)

Under the rule of intervention of right, a person must be permitted to intervene if three conditions are met:

i . The movant claims an interest **relating to** the property or transaction that is the **subject of the action;**

ii . The movant is so situated that **disposition** of the action may as a practical matter **impair or impede the movant's ability** to protect its interest; and

iii. Existing parties do not adequately represent the movant's interest.

2. Permissive Intervention

Permissive intervention is discretionary with the court.

Permissive intervention:

i . Must **not destroy complete diversity**;

ii . Must be supported by its **own jurisdictional ground;** and

iii . It is available when the applicant's claim or defense and the main action have a common question of fact or law.

G. Class Action (03July, 19July)

```
certifying class → (1ˢᵗ notice) → fair hearing → 2ⁿᵈ notice →
                    settlement → appeal
```

1. Certifying Class

```
"CANT" – Common, Adeqautely, Numerous, Typical
```

a. Requirements of Representative Members

One or more **representative members** of a class may sue or be sued **on behalf of the entire class** if:

i . The class is so **numerous** that joinder of all members is impracticable;

ii . There are questions of law or fact **common** to the class;

iii . The claims or defenses of the representative parties are **typical** of the claims or defenses of the class; and

iv . The representative parties will fairly and **adequately** protect the interests of the class.

Regarding adequacy, the representative's **interests must be aligned closely enough with other class members to ensure fair representation of the absentee class members.** Additionally, class counsel must be **experienced and qualified to carry out the** litigation in order to fairly and adequately protect the interests of the class.

Regarding typicality, class members are typical **when they stem from a single event or are based on common legal theories.**

---

case

회사 을의 에어컨을 구입한 갑이 연방법상의 breach of warranty를 근거로 집단소송(class action)을 FQJ로 제기하였고, 해당 집단 소송은 갑과 동일한 에어컨을 구매한 100만명의 member들로 구성되어 있다. 모든 members의 피해는 모두 회사 을이 생산한 에어컨 하자로 인해 발생되었고, 그 피해는 에어컨 수리비 20만원부터 심각한 personal injuries까지 다양하다. 갑의 손해배상 청구액은 에어컨 수리비 20만원이다. 갑 is going to represent the class. Is the class action proper?

⇒ No.

① Common: 모든 피해는 회사 을이 생산한 에어컨 하자로 인해 발생하였고, 동일한 연방법 규정에 근거한 주장이므로, there are questions of law and fact common to the class.

② Adequacy: 갑은 personal injury를 주장하는 다른 member들에 비해 회사측의 합의를 받아들일 가능성이 높다. 또한, 본 사안의 내용만으로는 갑의 경험 및 능력에 대해 알 수 없다. 따라서 representation 요건 중 세 번째 요건을 충족하지 못하며, class action의 첫 번째 종류에도 해당하지 않는다.

③ Numerous: Members of the class은 총 100만명으로 representation 요건 중 첫 번째 요건을 만족한다.

④ Typical: 모든 claims가 에어컨 하자에서 비롯되었다는 점에서는 typicality가 있으나, 갑이 청구한 수리비와 나머지 member들의 personal injuries는 성격이 근본적으로 다르다. Personal injuries는 극히 개인적인 사항으로서 발생원인, 피해규모, 사용자의 과실 등을 고려해야 하는 반면, 수리비는 breach of warranty에 관련된 claim이다. 따라서 typicality

요건을 충족하지 못한다.

b. Types of Class Action

Once the above requirements are met, the class is certified if:

ⅰ. Separate actions would create a **risk of inconsistent adjudications** or **harm the interests of other class members;**

ⅱ. A defendant has acted or refused to act on the grounds applicable to the class and **injunctive or declaratory relief is appropriate** for the class **as a whole;** or

ⅲ. **Common questions of law or fact** to the class members predominate and a class action is superior to other available methods to adjudicate the case.

(The court may certify the class action only if common questions **predominate** over questions affecting individual members of the class.)

2. The First Notice

a. General Rule

> Only in common question class action

★Notice to all members of the class of the pending class action is required **only in common question suits,** so that class members can **opt out.** Notice to members in other class suits is discretionary with the court.

b. Contents of Notice

The notice must state:

ⅰ. Nature of the action;

ⅱ. The definition of the class;

ⅲ. The class claims, issues, or defenses; and

iv. The binding effect of class judgment

c. Effect of First Notice

Opt-out of a member in a common question class action notifies the court that **they do not wish to be bound.**

★**All members of a class will be bound by the judgment** rendered in a class action except those in a common question class action who **opted out.**

3. Notice of Dismissal or Compromise

• Compromise = Settlement

★Notice of **dismissal or compromise** must be given to class members of **all types** of class action.

| TIP | ① The first notice(member들에게 opt out할 수 있는 기회를 제공): 유형 i 에서만 의무적으로 이루어져야 하며, 나머지의 유형에서는 법원의 재량에 의해 결정된다.

② Notice of dismissal/compromise: 모든 유형의 class action에서 이루어져야 함.

4. Appeal

Class action 과정에서 이뤄지는 appeal에는 appeal of approval of settlement, appeal of class action certification decision, 이 두 유형이 있다. Appeal of approval of settlement는 class member 중 합의에 반대하는 자에 의한 행위이며, appeal of class action certification decision은 class를 정의한 법원의 판단(certification)에 반대하는 자에 의한 행위이다. 원칙적으로 class certification은 final judgment가 아니므로 appeal이 불가능하나, 예외적으로 certification 이후 14일 이내로 appeal하는 한 허용된다.

A party may seek review of the court's class action certification decision **within 14 days after the grant of the order.**

5. Class Action Fairness Act (CAFA) (19July)

> "디오백" — Diverse, 5million, 100person

a. Diversity Jurisdiction

Under 28 U.S.C. §1332 (Class Action Fairness Act), a federal district court exercises diversity jurisdiction over a class action if:

ⅰ. Any class member is diverse citizenship from any defendant ("minimum diversity");

ⅱ. The AIC in the aggregate exceeds $5 million; and

ⅲ. At least 100 members in the proposed class or classes.

b. Minimum Diversity

A court **may** decline minimum diversity when nondiverse members constitute grater than one−thirds and less than two−thirds of total class.

A court **shall** decline minimum diversity when nondiverse members constitute grater than two−thirds of total class.

V. **Discovery** (14Feb)

> 소송개시(Pleading) → 증거수집 및 제출(Discovery) → Summary Judgment
> // → Jury에게 자료 넘김 → 판결 // → New trial or Appeal

A. **General Rule**

★In general, a party may obtain discovery regarding **any non−privileged matter** that is relevant to any party's claim or defense.

B. Work-Product Doctrine

★Under the work product doctrine, a party can refuse to turn over documents **that are prepared in anticipation of litigation.**

However, documents prepared in anticipation of litigation are required to be disclosed to an adverse party when that party can demonstrate a **substantial need** for the documents **and an inability to obtain substantially equivalent information without undue hardship.**

답안요령

1. General rule: 당사자는 discovery 요청가능
2. Work-product doctrine: discovery 거부 가능
3. Exception: discovery 거부할 수 없음
   + analysis

모범답안 065

1. The court should order 갑 to turn over the his report to 을, since it is not a work product.

In general, a party may obtain discovery about any nonprivileged matter that is relevant to any party's claim or defense. Under the work product rule, a party can refuse to turn over documents that are prepared in anticipation of litigation. The work product needs to be disclosed to an adverse party, only when the adverse party can demonstrate a substantial need for the documents and an inability to obtain substantially equivalent information without undue hardship. However, documents prepared in anticipation of litigation are required to be disclosed to an adverse party when that party can demonstrate a substantial need for the documents and an inability to obtain substantially equivalent information without undue hardship.

(ANALYSIS: 갑's report is not a work product, since it was written before 을 filed suit. 갑 merely prepared the report for his business purpose.)

In sum, the court should order 갑 to turn over the his report to 을, since it is not a work product.

C. Spoliation of Evidence (14Feb, 18Feb, 20Oct)

• Spoliation = Destruction = Alteration

• Electronically stored information (ESI)

소송 당사자가 소송에 필요한 자료를 악의로 훼멸(spoliation)시키는 행위는 허용되지 않는다. 이는 전자자료(electronically stored information)의 경우에도 동일하다. 소송당사자에게 전자자료를 주기적으로 삭제할 의무가 있었다 하더라도, 그가 현재진행 중인 소송이나 곧 개시될 소송에서 해당 자료가 필요하다는 점을 인지한 경우에는 해당 자료를 소송을 위해 반드시 보관해야 한다. 소송 당사자가 소송에서 필요한 자료를 악의로 훼멸시키는 행위를 하는 경우 법원은 해당 당사자에게 sanctions를 부과할 수 있는데, 그 정도에 따라 자료 훼멸로 발생한 비용 청구부터 자료를 훼멸시킨 당사자에게 불리한 선고까지 매우 다양한 sanction이 부과된다. 한편, 소송 당사자 및 그의 변호사는 소송과정에 성실히 참여해야 하며 그렇지 않은 경우에도 법원이 sanction을 부여할 수 있다. 이는 앞서 설명한 pre−trial 단계에서의 sanction과 동일한 개념이나, sanction 부과의 근거에 있어 차이가 있다.

> TIP 최근 MEE 기출문제는 주어진 상황에 맞는 sanctions를 '구체적으로' 논하도록 요구하는 추세로, analysis를 자세히 작성하는 것이 고득점 포인트다.

1. General rule

★In general, spoliation of evidence is **improper** if the party who destroyed or altered evidence **has notice** that the evidence is relevant to **litigation** or **should have known** that the evidence may be relevant to **future litigation.** In other words, the **duty to preserve** information exists when future litigation is **probable,** and a party who has the duty to preserve must take **reasonable steps** to preserve the information.

2. Electronic Information

It is improper for a party to destroy electronic information relevant to pending litigation, when a party **reasonably anticipates** litigation. The party **must suspend its routine document retention or destruction policy** and put in place a **litigation hold** to ensure the preservation of relevant documents.

3. Sanctions

a. Range of Sanctions

There are several possible sanctions for spoliation:

i . Payment of expenses incurred by the other party as a result of the destruction for spoliation.

ii . An instruction to the jury authorizing it to draw an adverse inference from the destruction of the evidence;

iii. A shifting of the burden of proof on the relevant issue; or

iv. Judgment against the responsible party.

b. Considering Factors

i . Retrievable Information

Sanctions are authorized **only if the information cannot be restored or replaced through additional discover.** When a party is sanctioned, the court may consider:

① The **level of culpability**^{비난 받을만한} of the spoliating party; and

② The **degree of prejudice** the loss of evidence has caused the other party.

When the lost information is retrievable, but **not reasonably accessible because of undue burden or cost,** a court can require it and shift the cots to the party that destroyed the information and no sanctions can be imposed.

ii. Prejudice

When a party is prejudiced by the failure to preserve the information, sanctions can be imposed depending on the degree of prejudice and the menas available to cure it.

iii. Bad Faith

When a party acted in bad faith, following sanctions can be imposed: a presumption that the lost information was unfavorable to the sanctioned party, jury instruction that it may or must presume the information was unfavorable to the sanctioned party, or entry of a default judgment against the sanctioned party.

Ⅵ. Trial and Motions

A. Motion for Summary Judgment (12July)

> 소송개시(Pleading) → 증거수집 및 제출(Discovery) → Summary Judgment // → Jury에게 자료넘김 → 최종판결 // → New trial or Appeal

* Jury는 사건의 사실관계(matter of fact)를 판단하는 집단이다.
* Judge는 사건의 법률관계(matter of law)를 판단하는 자이다.

1. General Rule

★A summary judgment motion is granted only if:

ⅰ. When there is **no genuine issue of material fact; and**

ⅱ. The movant is entitled to **judgment as a matter of law (JMOL).**

The moving party has burden to provide credible evidence to support its affirmative defense. ★When reviewing the motion, the court **must** view the depositions, documents, or other materials **in the light most favorable to the non-moving party.**

a. Time Limit

A party may move for summary judgment within 30 days after the close of all discovery.

b. Genuine Issue

★An issue of fact is genuine, if the evidence is such that a reasonable jury could return a verdict for the non−moving party.

c. Material Fact

★A fact is material, if it is relevant to an element and its existence would **affect the outcome** of the case under the governing law.

2. Affidavits

★If the moving party will bear the burden of persuasion at trial, that party must support its motion **with credible evidence, such as affidavit,** that would entitle it to a directed verdict.

답안요령

Q: <u>Did the judge err in granting summary judgement?</u>

> 1. General rule
> 2. Burden of proof
> 3. Analysis: moving party's evidence에 대해
> 4. Analysis: 주어진 증거를 most favoring the non−moving party하도록
> 5. 결론

모범답안 066

<u>1. The court erred in granting summary judgment, since there is genuine issue on defendant's affirmative answer.</u>

A summary judgment motion may be granted only if there is no genuine

issue about any material fact and the movant is entitled to judgment as a matter of law. An issue is genuine, if a reasonable jury could return a verdict for a nonmoving party, based on the evidence presented by the nonmoving party. A fact is material, if it is relevant to an element of a claim or defense and its existence would affect the outcome of the case under the governing law. When a court reviews the motion, the court must consider the depositions, documents, or other materials in the light most favorable to the non-moving party.

(ANALYSIS: Here, Defendant moved for summary judgment, and therefore he has the burden to provide credible evidence to support its affirmative defense. Defendant tried to support ······.)

(ANALYSIS: Defendant admitted that ······ and it could support the claim by Plaintiff. Secondly, Defendant also stated that ······ but jury could reasonably find that ······.)

In conclusion, the court erred in granting summary judgment, since there is genuine issue on defendant's affirmative answer.

B. Motion for Judgment Notwithstanding the Verdict (JNOV) (08Feb)

- Motion for judgment notwithstanding the verdict = Renewed motion for judgment as a matter of law

1. General Rule

A party may make a motion for judgment notwithstanding the verdict (JNOV) when:

ⅰ. The party makes the motion **no later than 28 days after the entry of judgment;** and

ⅱ. The party **previously made JMOL at the close of all the evidence.**

JNOV can be granted, if a reasonable jury would not have a legally sufficient basis to find for the nonmoving party. The grant of a motion for JMOL is not an intrusion on any responsibility for factual determinations by the jury.

2. At the Close of All Evidence

When a party moved for JMOL at the close of the plaintiff's case, federal courts are divided in treating the party.

In some federal courts, strict compliance is required and the requirement for JNOV motion is not satisfied. The parties should make a motion at the close of all evidence.

In some other federal courts, moving for JMOL at the close of all evidences is **not** a substantially important for JNOV motion, if the evidence introduced by the defendant was **brief** and **could not have possibly changed** the court's decision on the earlier motion (JMOL).

C. Motion for New Trial (08Feb)

1. New Trial

In general, the grounds for a new trial are that:

ⅰ. The verdict is against the weight of the evidence that the damages are excessive; or

ⅱ. The trial was not fair.

The juror should have **both potential biases and actual biases.**
The motion for a new trial does not require pre-verdict motions, it is more freely granted by court discretion.

✔ Non-moving party가 자신이 제출한 증거가 상대방의 것보다 신빙성이 있고 설득력이 있었다고 주장하며 new trial을 신청한 경우, 그 증거는 재판 중 충분히 다루어졌기 때문에 법원이 실제로 non-moving party의 증거가 설득력이 있다고 생각하더라도 it is improper to grant new trial.

✔ Jury's verdict이 내려지는 과정에서 miscarriage of justice가 있었다면,

the court grants new trial.

2. Time Limit

FRCP requires that the motion for a new trial should be filed **within 28 days of the entry of judgment.**

1. 28 days time limit
2. General rule
3. Motion filing의 이유
4. Analysis

모범답안 067

1. The trial court should not grant 갑's motion for a new trial [for 갑's more persuasive evidence], since there is no fact to show miscarriage of justice.

The motion for a new trial should be filed within 28 days of the entry of judgment. The motion for a new trial does not require pre-verdict motions, and it is more freely granted by court discretion. In general, the grounds for a new trial are that: (1) the verdict is against the weight of the evidence, that the damages are excessive, or (2) the trial was not fair. The trial judge must respect the collective wisdom of the jury. It is improper for a court to grant a new trial on the ground that the verdict is against the weight of the evidence unless the record shows that the jury's verdict resulted in a miscarriage of justice.

(ANALYSIS: Here, 갑's first ground for the motion for a new trial is that its evidence was more persuasive and more credible than 을's evidence.) However, the facts were already highly disputed at trial. Notwithstanding the fact that the court may believe that 갑's evidence was more persuasive, it would be improper for the court to grant 갑's motion for a new trial on this basis.

In sum, the trial court should not grant 갑's motion for a new trial [for 갑's more persuasive evidence], since there is no fact to show miscarriage of justice.

VII. Appeals (11July)

A. Final Judgment Rule

1. General rule

★In the federal courts, litigants may **appeal only from final judgments** of the district courts.

A final judgment is one that ends the litigation on the merits and leaves nothing for the court to do but execute^{실행하다} **the judgment.**

2. Exceptions

a. Collateral Order Doctrine

Under the doctrine, an immediate appeal may be taken **from an interlocutory**^{중간의} **order** that conclusively determines an important issue in a case if:

ⅰ. That issue is **independent (collateral)** to the merits of the action; and

ⅱ. A delay in appellate review would effectively **preclude** the losing party from an **opportunity** to vindicate^{입증하다} its rights on appeal.

✔ Motion to remand에 대한 법원 판결 — not a final judgment(재판 중 당사자가 본 판결에 대해 appeal을 신청한다 하더라도 받아들여질 수 없다.)

✔ Injunctions → not a final judgment, but is a exception → appealable

✔ Forum－selection clause에 대한 법원 판결 — not a final judgment

> **case**

법원은 당사자간 계약서 상의 forum－selection clause를 적용하지 않기로 결정했다. 이에 대해 피고가 immediate appeal을 신청했지만, 법원은 이를 받아들이지 않았다. Is the court proper?

⇒ Yes. Forum－selection clause의 적용여부는 이후에도 충분히 다시 논의될 수 있는 바, collateral－order doctrine이 적용될 수 없다. 따라서 피고의 motion을 받아들이지 않은 법원의 판결은 proper하다.

b. Mandamus or Prohibition

Writ란 appellate court가 trial court의 판결을 review하여 무언가를 요청하는 것을 뜻하는 바, 이에는 trial court(judge)에게 작위를 요청하는 writ of mandamus와 부작위를 요청하는 writ of prohibition이 있다. 여기서 trial court의 '판결'은 최종판결(final judgment)뿐만 아니라 interlocutory orders도 포함하는 개념이다. 즉 mandamus와 prohibition은 appellate court가 trial court의 interlocutory orders에 대해 review하고자 하는 경우 사용될 수 있는 방법이나, 매우 제한적인 상황에 한해서 허용되기 때문에 "extraordinary writ"라 표현된다.

Mandamus or prohibition can obtain immediate review of interlocutory orders (non－final orders).

However, it is highly unlikely that appellate court would grant the extraordinary writ (mandamus or prohibition).

Writ of mandamus is to compel a judge in trial court to do.

Writ of prohibition is to compel a judge in trial court not to do.

c. Doctrine of Pendent Appellate Jurisdiction

★The party seeking review of a non−final order on the ground that it is pendent to an appealable order would need to show **inextricably intertwined or meaningful review** of the ruling.

B. Default Rule

1. General Rule

★When more than one claim for relief is presented in an action, FRCP provides that a grant of judgment on one of several claims in an action is not a final judgment and is not subject to immediate appeal.

2. Exception

★FRCP permits district court to reverse the default rule if the court expressly determines that there is **no just reason for delay.**

Ⅷ. Claim Preclusion and Issue Preclusion (13Feb, 21Feb)

Preclusion은 소권 남용을 방지하기 위한 제도로서, 전소(前訴)에서 논했던 주장(claim) 및 논점(issue)을 후소(後訴)에서 중복하여 다루는 것을 금하는 것을 뜻한다. Preclusion은 claim preclusion과 issue preclusion으로 구분된다.

• Claim preclusion = Res judicata: 이전 소송에서 다루었던 subject matter를 주제로 다시 소송하지 말자.

• Issue preclusion = Collateral estoppel: 이전 소송에서 jury가 판단했던 사실관계를 그대로 가져오자(이에 대해 다시 논하지 말자).

A. Claim Preclusion (Res Judicata)

1. Requirements

★Under the doctrine of claim preclusion, the parties and their privities are barred from asserting the cause of action in a later lawsuit when:

i. Earlier judgment is a **final judgment on the merits;**

ii. **Same claimant against same defendant;** and

iii. **Same claim.**

2. In Privity

a. General Rule

In a civil action, a person is bound by a judgment if he is considered to be sufficiently **in privity** with the party that **represented the person's interests** in the action.

✔ Family relationship — in privity ×

b. Exceptions

A nonparty may be bound by a prior judgement in the second action when:

i. A nonparty consent to be bound by a prior judgment;

ii. A nonparty assumed control of the first action; or

iii. A nonparty has pre−existing substantive legal relationship with the party in the first action.

3. Conflict of Laws

As to the claim preclusion, federal diversity court should determine the judgment based on the rules that would be applied by **the state courts in which the federal court sits.**

B. Issue Preclusion (Collateral Estoppel)

1. Requirements

★Issue preclusion arises when:

i. Earlier judgment is a **valid final judgment** on the merits;

ii. Issue was **necessary** to the judgment;

iii. Issue was **actually litigated** and determined; and

iv. (The party being precluded from re—litigating the issue was adequately represented in the previous action.)

2. Mutuality Requirement

a. Traditional Law

Traditionally, issue preclusion required strict mutuality and **both** the party asserting issue preclusion and the party against whom issue preclusion was asserted **were bound by the prior judgment.**

b. Modern Law

In most of modern courts, strict mutuality requirement is rejected. **A party who was not a party in a previous case can use collateral estoppel offensively in a new case against the party who lost in the previous case, unless estoppel would be unfair.**

> **TIP** 문제에서 주어진 관할권의 mutuality 요건의 인정여부가 명시되어 있지 않은 경우, 요건이 인정되는 경우와 그렇지 않은 경우를 구분하여 작성하는 것이 고득점 포인트다.
>
> "If State A recognizes mutuality requirement, 갑 is precluded from using issue preclusion. If State A denies mutuality requirement, 갑 can use issue preclusion and [deny his negligence]."

c. Fairness

Fairness can be recognized when:

i. A party asserting issue preclusion **could not have participated** in the previous action;

ii. It was **foreseeable** that a party asserting issue preclusion might bring a suit; or

iii. There is no risk of inconsistent judgment.

3. Wait-And-See Plaintiff

★Issue preclusion may **not** be appropriate if the plaintiff in the second action **could easily have joined** in the earlier action.

This is **to promote judicial efficiency** by encouraging plaintiffs to join the prior action.

4. Conflict of Laws

As to the issue preclusion, federal diversity court should determine the judgment based on the rules that would be applied by **the state courts in which the federal court sits.**

11장
Torts

///

미국법상 torts는 '위법행위'를 뜻하는 바, 이는 고의 또는 과실로 인해 타인에게 손해를 가하는 위법행위를 뜻하는 한국법상 불법행위보다 넓은 개념이다. 한국법에서는 고의 또는 과실로 인한 위법행위를 일반 불법행위로 정의하고 행위자의 고의 또는 과실이 없더라도 책임을 묻는 무과실책임이 불법행위의 예외로 인정된다. 다시 말해, 한국법상 불법행위는 위법성의 원인인 '고의 또는 과실'에 초점이 맞춰져 있는 개념인 것이다. 반면, 미국법상 torts는 '위법성'에 초점이 맞춰져 있는 개념으로서 고의 또는 과실과 같은 원인을 기준으로 하지 않고 위법성의 성격에 따라 torts의 유형을 구분한다. 본 서는 역대 MEE 기출문제에서 출제되었던 내용을 바탕으로 고의에 의한 위법행위(intentional torts), 과실에 의한 위법행위(negligence), 무과실책임(strict liability) 그리고 제품하자와 관련된 위법행위(product liability)로 구분하여 논한다.

☑ 글쓰기 Tips

1. Torts는 타 과목에 비해 주어진 사안에 법률을 적용하는 'analysis'가 중요한 과목이다. 주로 특정 행위가 torts의 구성요건을 만족하는지 그 여부를 판단하는 문제가 출제되는데, 이는 사실관계에 대한 판단을 요하며, judge가 아닌 jury가 판단하는 영역이기 때문이다. 동일한 사실관계는 다양하게 해석될 수 있으므로 원고와 피고간의 arguable points를 짚어내는 것이 고득점 포인트다. 다만, 동일한 증거에 대해 jury가 판단하게 될 결론을 단정하기 어려우므로 논쟁의 여지가 있는 부분에 대해서는 한 가지 결론으로 단정하기 보다는 도출될 수 있는 모든 결론들을 서술하는 것이 좋다. 즉 사안에 주어진 사실관계를 jury의 입장에서 분석하여 결론에 이르기까지의 '과정'을 자세히 작성하는 것이 중요하다. 도출될 수 있는 다양한 결론들을 그 근거들과 함께 서술하고, 마지막에 가능성이 가장 높은 결론으로 내리거나(Jury would conclude that …), 재판의 결과를 지켜보아야 알 수 있다는 식

의 열린 결론을 내리는 것이 좋다(It is unclear whether …, because it is a close call).

2. 사안에 다수의 행위자가 있는 경우, 문제에서 '누구의' 위법행위에 대해 묻는지 잘 파악해야 한다.

   Q: <u>Could a jury properly find 갑 liable for the injury?</u>
   Q: <u>Could a jury properly find 을 liable for the injury?</u>
   Q: <u>Could a jury properly find 병 liable for the injury?</u>

3. 행위자의 책임유무에 대해 묻는 문제

   Q: <u>Is 갑 liable to 을 under tort law?</u>
   Q: <u>Does 갑 have a viable tort claim against 을?</u>
   ⇒ ① 원고가 피고를 상대로 제기할 수 있는 claim(위법행위 성립요건), ② 피고의 항변사유(defense), ③ 판결내용(누가 승소할 확률이 높은지, 손배액)을 모두 고려하여 답한다.

4. 특정 위법행위 해당여부를 묻는 문제

   Q: <u>Can 갑 be found liable to 을 under a strict liability theory?</u>
   Q: <u>Can 갑 establish a prima facie case of battery against 을?</u>

Part One. Intentional Torts

답안요령

1. 문제에 해당하는 intentional tort's 요소
2. Intent
   + analysis★
3. Defenses★
4. 기타(vicarious liability 등)

TIP1   본 답안요령은 피고의 행위가 intentional torts에 해당하는지 그 여부를 판단하는 문제에 적용된다. 행위자의 'intent 유무' 판단기준은 모든 intentional torts에 동일하게 적용되며, 별도의 문제가 출제되지 않았다 하더라도 defense인 consent, private, public interest 등도 고려하는 것이 고득점 포인트다.

TIP2   2번: Intentional torts 성립요소 중 가장 핵심적인 요소는 "intent"이므로, 이에 대한 analysis를 구체적으로 서술해야 고득점할 수 있다.

특히 motivation과 knowledge를 '구분하여' 각각에 대해 서술하는 것이 고득점 포인트다.

Ⅰ. Intent

Intent 유무는 행위자의 동기(motivation) 또는 인지(knowledge)를 기준으로 판단한다. 다시 말해, 피고가 행위를 할 당시 그 행위를 하고자 한 의도가 있었거나(motivation), 자신의 행위가 특정 결과를 초래할 것이라는 것을 알았거나 알았어야만 했던 경우(knowledge)라면 intent가 존재했다고 본다. 아래 내용은 battery를 기준으로 작성되었다.

★Intent is proved through either motivation or knowledge.
★There is an intent if:
ⅰ. Defendant had intent **to cause** [a harmful or offensive contact with the person]; or
ⅱ. Defendant **acted with knowledge or should have known** that his conduct would or was **substantially certain** to occur the result.

Ⅱ. Battery (10Feb, 11Feb)

Battery 성립요소 중 intent(motive)는 행위자가 'offensive contact를 위해' 행동한 경우 인정된다. 행위자가 행위할 당시 자신의 행동이 상대방에게 battery가 될 수 있음을 충분히 예견했거나 예견할 수 있었다면 intent(knowledge)가 인정되나, 행위자의 행동에 offensive한 위험성이 존재했다는 사실만으로는 intent가 인정되지 않는다. 한편, battery를 입증하는 데 있어 원고는 피고의 행위로 인해 발생된 damage(피해)를 입증할 필요는 없다.

A. Elements

★In a battery action, the plaintiff must prove:

ⅰ. Defendant had **intent** to bring harmful or offensive contact to the plaintiff's person;

ⅱ. The defendant's act brought **harmful or offensive contact** to the plaintiff's person; and

ⅲ. **Causation.**

B. Offensive

Whether the defendant's act is **offensive** is determined by a **reasonable sense of personal dignity**^{존중}.

✔ 공항에서 보안검사를 위해 몸을 수색하는 행위 — offensive ×
✔ "몸수색 전에 반드시 행인에게 동의를 구해야 한다"는 규정이 있는 경우 — may be offensive ○

C. Intent

★Intent is proved through **either motivation or knowledge.**
★There is an intent if:

ⅰ. Defendant had intent **to cause** a harmful or offensive contact with the person; or

ⅱ. Defendant **acted with knowledge or should have known** that his conduct would or was **substantially certain** to occur the result.

D. Causation

Negligence의 성립요소인 causation과 동일한 개념으로서, actual causation 과 proximate causation이 모두 입증되어야 한다. 자세한 내용은 이하 「Part two. Negligence」의 「Ⅳ. Causation」에서 논하도록 한다.

공항 직원 갑이 공항에서 몸수색을 하려고 하는데, 탑승객 을이 이를 거부하였다. 공항 직원 갑은 탑승객 을을 진압하기 위해 stun gun을 사용하였다. 공항 직원 갑에게 battery의 intent가 있었는가?

⇒ Yes. 첫째, stun gun 사용 목적이 physical harm을 야기하기 위함이었다. 둘째, 본 사안에서 정확하게 명시되어 있지는 않지만 직원은 stun gun을 사용할 당시 그것으로 인해 승객의 아픔을 초래할 수 있음을 충분히 짐작할 수 있었다. 따라서 battery의 intent가 인정될 가능성이 높다.

(The purpose of the using stun gun was to cause physical harm. Additionally, although the facts did not show it explicitly, it is reasonable to assume that 갑 was able to aware that stun gun cause pain.)

III. False Imprisonment (12Feb)

A. Elements

★In a false imprisonment action, the plaintiff must show:

ⅰ. Defendant's **intent** to confine the other;

ⅱ. **Confinement** of the plaintiff to a **bounded area**; and

ⅲ. **Causation**.

B. Intent

★Intent is proved through **either motivation or knowledge.**

★There is an intent if:

ⅰ. Defendant had intent **to cause** a confinement of the plaintiff to a bounded area; or

ⅱ. Defendant **acted with knowledge or should have known** that his conduct would or was **substantially certain** to occur the result.

Ⅳ. Defenses

A. Consent

Consent is a defense to intentional torts, and may be **express or implied through words or conduct.**

The defendant's actions **cannot exceed the scope** of the given consent.

B. Necessity

Defendant's action would be **privileged,** if his action was **necessary** in order **to protect some actor's or public interest** that is so important to justify the harm caused by defendant's action.

C. Self-Defense and Defense of Others

A defendant is not liable for harm to the plaintiff if he:

ⅰ. **Reasonably believed** that the plaintiff was going to harm him (or another); and

ⅱ. Used **reasonable force** that was necessary to protect himself (or another).

Part Two. Negligence

Negligence는 가해자의 과실, 즉 '부주의'로 인해 타인에게 위법한 침해가 발생한 행위를 뜻한다. 원고는 피고의 주의의무(duty of care), 의무 위반(breach of duty), 부주의와 손해간 인과관계(causation) 그리고 손해(damage)를 입증해야 한다. MEE에서 negligence에 관한 문제는 특정인(피고)의 책임유무(negligence 유무)를 판단하는 문제로 출제되는데, 여기서 유의해야 할 점은 특정인(피고)의 negligence뿐만 아니라 그 상대방(원고)의 negligence도 고려해야 한다는 것이다. 이는 comparative negligence approach가 적용되는 경우 상대방(원고)의 negligence를 고려하여 특정인(피고)의 배상액을 산정하기 때문이다.

I. General Rule

In negligence cases, the burden of proof is on the plaintiff.

★In a negligence case, a plaintiff must prove:

ⅰ. Defendant's **duty to conform to a specific standard of conduct** for the protection of the plaintiff against an unreasonable risk of injury;

ⅱ. **Breach of that duty** by the defendant;

ⅲ. That the breach of duty by the defendant was the **actual and proximate cause** of the plaintiff's injury; and

ⅳ. **Damage** to the plaintiff's person or property.

II. Duty of Care

모든 자는 타인의 안전성을 해치는 비합리적인 행위를 하지 않을 주의의무(duty of care)를 지고 있다. 다시 말해, 모든 자는 합리적으로 행동할 의무를 진다. 여기서 '합리적'인 행위는 사회의 보통사람(ordinary/prudent/reasonable person)이 피고와 동일한 상황에 처했을 때 할 법한 행위를 뜻한다. 그렇다면 구체적으로 행위의 '합리성'은 어떻게 판단해야 하는가. 보통의 사람들은 예상가능한 risk가 있는 경우, 이에 대해 적절한 예방조치(precaution)를 취할 것이다. 따라서 '예상가능한 risk'에 대해 '적절한 예방조치'를 취하지 않은 피고는 unreasonable했다고 볼 수 있다. 예컨대, 갑이 공을 차는 순간 벤치에 앉아 있는 을이 그 공에 맞을 수 있다고 충분히 예상가능했음에도 아무 조치를 취하지 않고 공을 찼다면, 갑의 행위는 unreasonable하며 갑은 duty of care를 breach했으므로 갑의 negligence가 인정된다. 그러나 risk가 발생할 확률(likelihood)이 예방조치를 취하는 데 있어 피고의 부담(burden)보다 작다면, 예방조치를 취하지 않았다 하여 unreasonable하다고 볼 수는 없을 것이다. 예컨대, 상기 예시에서 갑이 매우 늦은 새벽에 공을 찼다면 risk가 발생할 확률이 매우 낮으며, 갑의 직업이 축구선수라면 예방조치로써 공을 살살 차거나 공을 차지 않는 것이 갑에게 상당한 burden이라 할 수 있는 바, 이러한 경우에는 갑이 precaution을 취하지 않았다 하더라도 갑의 negligence는 인정되지 않는다. 다시 말해, 합리성은 risk가 발생할 확률(likelihood)과 피고의 부담(burden)을 비교형량하여 판단한다.

한편, 모든 자는 타인의 안전성을 해치는 비합리적인 행위를 하지 않을 주의의무(duty of care)를 지고 있다는 rules에서 '타인'의 범위를 어디까지 설정해야 하는가. Palsgraf v. Long Island Railroad, 248 N.Y. 339 (1928) 판례에 따르면, 피고(행위자)는 행위 당시 '위험범위(zone of danger) 내에 있는 자'에 한해 주의의무를 지는 바, 피고가 '예상할 수 있었던' 피해자에 그 의무가 한정된다. 즉 피고로부터 배상받을 수 있는 자는 피고의 예상가능성(foreseeability)을 기준으로 하는데, 이는 proximate causation 유무를 판단하는 법리(이하 「B. Proximate Causation」파트 참조)와 동일하다.

A. Reasonability (09Feb, 10Feb, 12July, 17July, 19Feb)

> (risk 발생 가능성 〉 △'s burden) ⇒ precaution 필요

★In determining whether the actions are reasonable, jury would consider **appropriate precautions** to avoid foreseeable risks. Jury may consider the **likelihood** that the risk will eventuate and the **burden** of taking precautions against such foreseeable risk.

| 답안요령 | Duty of care 유무 판단 |

1. Negligence에 대한 general rule
2. Foreseeable risk
3. Reasonability
   + analysis

| TIP | 3번: 두 요소를 비교형량하여 analysis하는 것이 고득점 포인트다.

B. Duty to Aid (12July, 15July, 21July)

• Duty to aid = Duty to assist

| TIP | Duty to aid는 proximate causation 논점과 밀접한 관련이 있다. 갑의 negligence로 인해 을이 팔을 다쳤고, 그런 을을 병이 도와주는

과정에서 다리를 다쳤다고 가정해보자. 갑은 을의 팔과 다리 injuries 모두에 대해 책임을 져야 하는가. 이는 병의 행위(rescue)가 갑의 negligence에 의해 proximately cause되었는지 그 여부를 판단하는 문제, 즉 병의 행위가 intervening factor로 인정되는지 그 여부를 판단하는 문제이다. 일반적으로 rescue 행위는 최초 행위자(갑)이 행위 당시 충분히 예상가능한 행위로 인정되는 바, intervening factor로 인정되지 않고 갑의 행위에 의해 proximately cause되었다고 본다. 따라서 '병의 negligence 유무와 무관하게' 을은 팔과 다리 injuries 모두에 대해 갑으로부터 배상받을 수 있다.

앞서 언급한 바와 같이 병의 negligence가 인정된다 하더라도 갑은 모든 injuries에 대해 책임을 진다. 이는 두 명 이상이 negligent할 때 적용되는 joint and several liability 개념에 따른 것으로서, 갑과 병이 jointly and severally liable하므로 을은 그들 중 임의로 선택하여도 fully 배상받을 수 있다.

1. General Rule

Generally, there is **no duty to come to the aid of another.**

★However, **once** an actor undertook to assist someone, he/she owes **duty to aid** to the rescuee. The rescuer should exercise due care when providing assistance, or he/she is liable for his negligence.

2. Undertaking to Assist

이하 내용은 RESTATEMET (THIRD) OF TORTS §42를 기준으로 작성되었다. 한편, RESTATEMET (SECOND) OF TORTS §324는 "… he leaves the other in a worse position than when the actor took charge of him."이라고 명시하고 있는 바, 행위자의 행동이 피해자의 상황을 악화시켰다면 아래 요건 i 을 만족했다고 볼 수 있다.

An actor who renders services to reduce the risk of harm to another acquires **a duty of reasonable care** if:

i . The failure to exercise **increases** the risk of harm compared to the risk without the undertaking; or

ii . The harm is caused because of the **other's reliance upon the undertaking.**

case

갑이 산행을 하던 중, 팔을 다친 을을 발견했다. 혼자의 힘으로 을을 도울 수 없었던 갑은 다른 사람에게 도움을 청하기 위해 을을 혼자 두고 길을 나섰다가 그 길로 집에 갔다. 을은 갑이 오지 않자, 스스로 하산하여 병원에 가서 치료를 받았다. Is 갑 negligent?

⇒ No. 갑이 을이 더 빨리 치료받을 수 있는 기회를 감소시킨 것은 사실이지만, 주어진 사실관계로는 이것이 increase injury했는지 알 수 없다. 또한 을이 스스로 하산하여 병원에 갔다는 사실은 을이 갑에게 의존하지 않았음을 보여준다. 따라서 갑 would have no liability.

답안요령

1. No duty to aid★
2. Exception: duty가 인정되는 경우×2
3. Analysis(상황 i)
4. Analysis(상황 ii)

TIP '기본적으로는 no duty to aid임'을 명시하는 것이 고득점 포인트다.

모범답안 068

1. 갑 is not liable for the plaintiff's injury, since he has no duty to aid him.

Generally, there is no duty to come to the aid of another. An actor who renders services to reduce the risk of harm to another acquires a duty of reasonable care if the failure to exercise increases the risk of harm compared to the risk without the undertaking or the harm is caused because of the other's reliance upon the undertaking.

(ANALYSIS: In this case, 갑's action caused no delay. ……)

(ANALYSIS: There is no one who relied on 갑. 갑's discontinuing did not put the plaintiff 을 in a worse position. …….)

In sum, 갑 is not liable for the plaintiff's injury, since he has no duty to aid him.

C. Landowner's Duty

1. Licensee (15July)

a. General Rule

Licensee is one who enters on the land with the landowner's express or implied **permission** for **licensee's own purpose or business**. ★If the plaintiff is a licensee, the landowner owes him a duty to reveal hidden dangers of which the landowner knows or has reason to know and which the plaintiff was not likely to discover.

b. Licensee and Trespasser

Licensee는 토지주의 consent가 있는 자인 반면, trespasser는 토지주의 consent가 없는 자이다. 그러나 consent 유무는 정황증거(circumstantial evidence)를 고려하여 판단하는 바, 만약 합리적인 사람이 타인의 땅을 보고 "땅 주인이 자신의 땅에 타인이 들어오는 것을 허락한다"고 판단할 수 있는 상황이라면, 주인의 허락 없이 타인의 땅에 들어간 자는 trespasser가 아닌 licensee이다.

When a **reasonable person** would interpret the possessor's words or conduct as manifesting that he is in fact **willing for another to enter upon his land**, the entrant **is a licensee**, not a trespasser.

> case

갑은 비가 많이 오는 지역에 거주하고 있고, 그 지역의 땅을 가지고 있다. 갑은 자신의 땅에 "no trespassing" 종이 팻말을 세워두었지만, 폭우에 휩쓸려서 팻말이 사라졌다. 행인 을은 갑의 허락 없이 갑 땅에 들어갔다. Is 을 trespasser?

⇒ No. 땅 주인 갑은 그 지역에 비가 많이 온다는 사실을 알고 있었다. 따라서 갑은 종이 팻말이 폭우에 휩쓸려 타인이 팻말을 발견하지 못할 수도 있다는 점을 충분히 예견할 수 있었다. 하지만 그는 가벼운 팻말을 사용하였다. 이러한 상황에서 합리적인 사람이라면, 땅 주인 갑이 자신의 땅에 타인이 들어오는 것을 허락한다고 판단하기 충분하다. 따라서 을은 trespasser가 아닌, licensee이다.

(It was reasonably foreseeable to 갑 that the paper sign would be lost in heavy rain. This is because 갑 was a residence in the area. In these circumstances, a reasonable person would interpret the possessor's conduct as manifesting his willingness for another to enter upon his land. Thus, 을 is a licensee, not a trespasser.)

2. Invitee (21July)

a. General Rule

An invitee is one who enters on the land with the landowner's express or implied **invitation** with the landowner or for the landowner's benefits.

A landowner has a **duty to warn** of or **to make safe** dangerous condition that the landowner **knows or has reason to know** and which the plaintiff was not likely to discover. A landowner owes a **duty to inspect** for dangers.

b. Landowner's Notice

Even though actual notice is absent, **constructive notice** of dangerous conditions is recognized **after a reasonable time** to discover.

D. Standard of Children (15July, 21July)

> "AIE" - Age, Intelligence, Experience

1. General Rule (Majority Jurisdictions)

★In a negligence action, child's action is compared with the standard of other child who has similar age, intelligence, and experience.

However, when a child engaged in a **hazardous activity which is normally undertaken by adults**, they will be held to the standard of adult.

2. Minority Jurisdictions

> rule of seven

In **minority** jurisdictions, the rule of seven standard is used in measuring children's standard of care. Under the rule, children **under the age seven** are incapable of negligence and they are **not negligent** as a matter of law.

Each jurisdiction adopts different standard of age.

E. Attractive Nuisance Doctrine (15July)

1. General Rule

★The landowner is liable for the **physical harm** to a **trespassing child** if:

ⅰ. Landowner **knows or should have known** that there is a dangerous **artificial** condition on the land;

ⅱ. Landowner **knows or should have known** that children **are likely to trespass,**

ⅲ. Those children **cannot recognize** the risk of dander;

ⅳ. The physical harm is caused by an **artificial condition** on the land; and

ⅴ. **Burden** of maintaining the condition **is slight** compared to the **risk** of the danger.

If a child engaged in **adult activity**, the doctrine cannot be applied.

✔ Driving a car/tractor/motorcycle — adult activity ○

✔ Operating motorized vehicles — adult activity ○

　① Motorscooter, minibike

　② Snowmobiles: 모터썰매

　③ Dirt bike: 오토바이와 비슷하나, 언덕이나 산골짜기와 같이 거친 지형에서 타기 적합한 bike

✔ Baking/Cooking → 일반적으로 성인이 하는 행위이나, 명백히 위험한 행위라 판단할 수 없다. → adult activity ×

(Even if an activity is characteristically engaged in by adults, if it is not distinctly dangerous it is not recognized as adult activity.)

| TIP | Attractive nuisance doctrine v. Reasonability (standard of care) |

　① Attractive nuisance doctrine: 토지주가 토지를 안전하게 유지하는데 있어서의 burden과 위험성의 정도를 비교형량한다.

　② Reasonability(피고 행위가 reasonable한지 판단할 때): 피고가 precaustion을 하는데 있어서의 burden과 위험이 발생할 가능성(likelihood)를 비교형량한다.

2. Attractive Nuisance Doctrine and Trespasser

If 갑 is classified as a **trespasser,** the landowner would owe him **no** duty of care to make the premises reasonably safe or to warn of hidden dangers.

However, if the court finds that **attractive nuisance doctrine is applicable,** the landowner **would be liable** for the trespasser's physical injury.

1. Landowner's duty → trespasser? licensee?
2. Trespasser/Licensee 정의
3. Rule (landowner's duty + 기타)
4. Analysis (If the π is a licensee, ⋯)
5. Analysis (If the π is a trespasser, ⋯)
6. Even if trespasser, attractive nuisance doctrine★
    + analysis
7. 결론

TIP1 Landowner는 '상대방의 신분(trespasser/licensee)'에 따라 그들에 대한 다른 의무를 지며, 원고의 신분을 판단하는 것은 jury의 몫이다. 따라서 주어진 사안만으로 상대방의 신분을 명확하게 구별할 수 없다면, trespasser일 경우와 licensee일 경우로 나누어 각각 analysis하는 것이 고득점 포인트다.

TIP2 6번: 상대방의 신분이 trespasser인 경우, landowner는 상대방에게 자신의 땅에 존재하는 위험요소에 대해 고지할 의무가 없다. 다만 상대방이 trespasser이더라도 attractive nuisance doctrine이 적용될 수 있는 사안이라면, landowner는 trespasser인 상대방이 landowner's 땅에 존재하는 인공적 위험요소에 의해 입은 신체적 피해에 대해 책임을 진다. 따라서 별도의 언급이 없더라도 원고가 trespasser인 경우의 attractive nuisance doctrine 적용여부를 analysis하는 것이 고득점 포인트다.

TIP3 Child의 행위가 adult activity에 해당하는지 그 여부를 판단하는 것은 jury의 몫이므로, "if" 표현을 사용하여 아이의 행동을 adult activity인 경우와 아닌 경우를 가정하고(구분하고) 각각 analysis하는 것이 고득점 포인트다.

모범답안 069

1. The jury could find that the landowner is liable to 갑 for his injuries, if 갑 is either a licensee or is a trespasser under the attractive nuisance

doctrine.

The landowner's duty to 갑 depends on whether he is classified as a trespasser or a licensee. A trespasser is one who enters upon land owned by another without a privilege to do so.

When a reasonable person would interpret the possessor's words or conduct as manifesting that he is willing for another to enter upon his land, the entrant is a licensee, not a trespasser. (ANALYSIS: In this case, it was reasonably foreseeable to 갑 that the wood sign would be lost in heavy rain. This is because 갑 was a residence in the area. In these circumstances, a reasonable person would interpret the possessor's conduct as manifesting his willingness for another to enter upon his land. Thus, 을 is a licensee, not a trespasser.)

If 갑 is classified as a licensee, the landowner owes him a duty to reveal hidden dangers of which the landowner knows or has reason to know and which the plaintiff was not likely to discover. (ANALYSIS)

If 갑 is classified as a trespasser, the landowner would owe him no duty of care to make the premises reasonably safe or to warn of hidden dangers. However, if the court finds that the attractive nuisance doctrine is applicable, the landowner would be liable for the trespasser's physical injury. Under the doctrine, a landowner is liable for the physical harm to a trespassing child for the physical harm if: (1) landowner knows or should have known that there is an dangerous artificial condition on the land, (2) landowner knows or should have known that children are likely to trespass, (3) those children cannot recognize the risk of dander, (4) the physical harm is caused by an artificial condition on the land, and (5) burden of maintaining the condition is slight compared to the risk of the danger.
(ANALYSIS)

In sum, the jury could find that the landowner is liable to 갑 for his injuries if 갑 is either a licensee or is a trespasser under the attractive nuisance doctrine.

F. Psychotherapist's Duty (12July)

Psychotherapist has **duty to warn** persons threatened by the patient. However, the duty is **limited** to victims who are **readily ascertainable or specifically known when the threat is imminent to cause serious harm.** In many states, courts permit victim's recovery when:

ⅰ. The patient posed a real risk to the **specified victim; or**

ⅱ. When the therapist **negligently** failed to take the threat seriously.

> **case**

정신질환을 앓고 있는 환자 갑이 의사 을에게 상담치료를 받던 중 "친구들에게 복수하겠다."라고 얘기했다. 을은 이에 대해 아무 조치도 취하지 않았고, 정이 갑에 의해 다쳤다. Is 을 negligent?

⇒ No. '친구들'이라는 표현은 인물을 특정하는 표현이 아니며, "복수하겠다" 라는 표현 또한 is not a clear threat. 따라서 을은 정에게 duty to warn이 없으며, 을 is not negligent.

Ⅲ. Duty and Breach

본 챕터는 일정 요건을 만족하면 negligence의 성립요소 중 duty와 breach가 동시에 충족된다고 보는 이론들에 대해 설명한다. 즉 각 이론의 요소들을 만족하더라도 원고가 causation과 damage를 추가적으로 입증해야만 피고의 negligence가 인정된다.

A. Negligence Per Se (09Feb)

> statute 위반 ⇒ NG per se ⇒ duty + breach

1. General Rule

If negligence per se applies, the **duty and breach** elements are **conclusively presumed** when the defendant breaches the statute. Then the plaintiff is required to prove causation and damages.

2. Elements

★To have a negligence per se claim, plaintiff must show:

ⅰ. That the statute's **purpose** is to prevent the **type of harm** that the plaintiff has suffered; **and**

ⅱ. That the plaintiff is in the **class of persons** the statute is designed to protect.

[참고] Negligenct per se and Proximate causation

① 첫 번째 요건이 충족되지 못하면, no proximate causation으로 본다.

② Statute가 그것의 purpose 또는 그것이 방지하고자 하는 type of harm 을 명시하지 않는다면, may be no negligence per se.

---

case

Statute: "Every apartment building shall be kept in good repair."

갑은 집에 물이 샜지만 이를 고치지 않았고, 물이 새면서 벽에 곰팡이가 생겼다. 갑의 집에 머물던 친구 을에게 아토피가 생겼다. Is 갑 negligent per se?

⇒ Maybe not. 아파트를 good repair한 상태로 유지하라는 법령이 제정된 목적이 곰팡이로 인한 아토피를 방지하기 위함인지는 불분명하다. 따라서 jury가 negligent per se하지 않다고 결론 내릴 가능성이 크다.

3. Negligence Per Se and Negligence (17July, 19Feb)

과실이 있으면 책임이 있다. 다만, 과실이 없더라도 법 위반 시에는 과실이 있는 것으로 간주되므로 책임이 있다. 이러한 경우를 'negligence per se'라고 일컫는다. 한편, 법규에 따라 행동하여 not negligence per se라고 할지라도 피고의 행동이 합리적이지 않았다면, negligence로 인정될 수 있다. Negligence를 판단하는 기준은 법규 준칙여부가 아닌 행동의 'reasonability (합리성)'이기 때문이다. 행동의 reasonableness를 판단할 경우, 그 행동의 위험성 정도, 행위자가 주의를 기울일 때의 부담 정도(burden) 그리고 그 행동이 유발하게 될 위험 발생 가능성(probability)을 고려해야 한다.

[표 11-1]

과실 ○ 책임 ○	① 과실이 없으나, 법 위반 시에는 과실이 있는 것으로 간주되어 책임 ○ ② 법 위반은 없으나, 과실이 있는 경우에도 책임 ○	과실 × 책임 ×

An actor who does not complied with all statutory standards is negligent per se.

★However, an actor who is not liable for negligence per se can be negligent if his conduct is not reasonable under the circumstances. In determining whether the actions are reasonable, jury would consider **appropriate precautions** to avoid foreseeable risks. Jury may consider the likelihood that the risk will eventuate and the burden of taking precautions against such foreseeable risk.

---

case

Statute: "학교 주변 어린이 구역에서는 30km/h 이하로 운전해야 한다."

갑이 사는 A마을에는 초등학교가 많다. 따라서 갑은 학교 근처가 아닌 곳이라도 항상 아이들이 튀어나올 가능성이 있다는 것을 인지하고 있다. 이런 상태에서 갑이 마을 내 어린이 구역이 아닌 곳에서 60km/h의 속도로 달리다가 어린아이를 치었다면, is 갑 negligent?

⇒ Yes. 어린이 구역이 '아닌' 곳에서 60km/h로 운전한 것은 법을 위반한 행위는 아니다. 그러나 갑은 A마을에는 초등학교가 많아 60km/h로 운전하는 행위가 위험하다는 것을 충분히 인지하고 있었고, 저속으로 운전하는 것이 갑에게 상당한 부담이 되지 않는다는 전제하에, 갑이 60km/h로 운전한 것은 unreasonable하다. 따라서 갑 is negligent.

(갑 drove under the 70km/h speed limit and is an act complied with statutory standard. Thus, 갑 is not negligence per se. However, 갑 is a residence of A city in which there are many children. It is reasonably foreseeable to 갑 that driving in excess of 70km/h in A city is dangerous, and the burden to drive under the speed limit is not big compared to high probability of the risk. Thus, 갑 is negligent.)

답안요령 피고의 행위가 state statute에 부합하나, 그의 negligence가 인정된 경우

---

1. Statute 위반 → NG per se
   + analysis(actor가 statute 준수하였으므로 NG per se 인정×)
2. Statute 준수하더라도, NG 가능
   + analysis(actor의 행동이 unreasonable함)★

TIP1 Statute를 위반한 피고의 행동에 대해 negligence 유무를 판단하는 경우, 피고의 '법규 위반 여부(NG per se)'뿐만 아니라 해당 행위의 '합리성(NG)'도 함께 고려하는 것이 고득점 포인트다.

TIP2 2번: Actor 행동의 reasonability를 판단하는 경우, ① 주의(precaution)를 기울임에 있어 actor의 부담과 그 ② 행동의 위험(probability)을 비교하는 것이 고득점 포인트다. 이는 상기 「Ⅱ. duty of care」파트에서 논한 reasonability 판단기준이다.

모범답안 070

1. The trial judge incorrectly directed a verdict for 갑 on the negligence claim. Even though 갑 complied with the statute standards, his action is unreasonable.

An actor who has complied with all statutory standards may be negligent if his conduct is not reasonable under the circumstances. In determining whether an actor's conduct is reasonable, jury will consider the burden of taking precautions compared to the risks inherent in the actor's conduct and the probability that those risks will materialize.

(ANALYSIS: Here, 갑's action was certified by state statute and he followed all governmental requirements. However, the plaintiff's evidence established that there was a foreseeable risk of ……)

In sum, the trial judge incorrectly directed a verdict for 갑 on the negligence claim. Even though 갑 complied with the statute standards, his action is unreasonable.

B. Res Ipsa Loquitur (19Feb)

```
                          duty + breach
```

★Under the res ipsa loquitur doctrine, jury can **infer duty and breach,** even if the plaintiff **fails to find a specific action** that is negligent, when:

ⅰ. The event is of a kind which ordinarily does not occur **in the absence of negligence;**

ⅱ. The negligence is **within the scope** of the defendant's duty to the plaintiff; and

ⅲ. The defendant was **exclusive to the control.**

✔ 수술과정에서 감염되어 원고(환자)에게 injury가 발생되었으나, 원고가 병원을 상대로 소송을 제기했을 때 감염을 발생시킨 병원(의사 및 간호사)의 특정 행위를 입증하지 못하는 경우, res ipsa loquitur doctrine을 주장할 것이다.

Ⅳ. Causation

A. Actual Causation

Actual causation exists when the defendant's conduct was a **cause in fact** of the injury. There are several tests proving direct causation:

ⅰ. But-for test;

ⅱ. Substantial factor test; and

ⅲ. Alternative causes approach.

B. Proximate Causation (17July, 19Feb)

1. General Rule

Doctrine of proximate causation에 따르면, 행위자는 그의 행위로 인해 통상적으로 발생되는 피해에 한해 책임을 진다. 다시 말해, 행위자가 '예상할 수 있었던(foreseeable)' 결과(피해)에 대해서만 책임을 지는데, 이를 영어로 "행위자의 행동이 결과를 proximately cause했다"고 표현한다.

Under the doctrine of proximate causation, proximate causation is based on **foreseeability.**

If an actor's conduct causes harm to a person of a **different class,** to whom the actor could **not reasonably have anticipated injury,** the actor is **not** liable to the persons so injured.

✔ Time is too remote. — proximate causation ×
✔ Injuries caused when running from danger → foreseeable → proximate causation ○

2. Intervening Factors

• Intervening factor = Superseding factor

★**Intervening actors or event produce unforeseeable harm from the defendant's negligence.** These may **break the chain of causation and** jury would conclude that the defendant's acts are **not the proximate causation of the plaintiff's injury.**

3. Typical Examples

a. Rescue

피고가 야기한 위험은 타인의 구원(rescue)행위를 야기하는 바, 타인이 구원행위를 하는 과정에서 발생한 injury는 foreseeable risk로 인정된다. 다시 말해, rescue는 intervening factor가 아니므로, 피고의 negligence가 구원행위를 하는 과정에서 발생한 injury를 proximately cause한 것이다. 예컨대, 갑의 negligence로 인해 을이 다쳤고, 병이 을을 rescue하는 과정에서 병이 신체적 injury를 입었다면, 병의 injury에 대한 갑 negligence의 proximate causation이 인정되는 바, 갑은 을의 injury뿐만 아니라 병의 injury에 대해서도 책임을 진다.

Danger invites rescue. The wrong that imperils^{위험에 빠뜨리다} life is a wrong to his rescuer. Thus, rescue is **not** an intervening factor and a tortfeasor who negligently causes the initial injury **is liable** for any enhanced harm by rescuer.

---

case

아들 갑이 마당에서 핸드폰으로 동영상을 보고 있었고, 엄마 을은 집에 있었다. 갑이 가지고 있었던 핸드폰의 배터리는 제조 회사의 과실로 인한 결함 있는 제품이었다. 배터리는 폭발했고, 이를 발견한 엄마 을은 마당으로 달려 나오면서 넘어져 골절상을 입었다. Is 배터리 폭발 the proximate causation of 을's injury?

⇒ Yes. 본 사안에 관해 회사는 다음과 같이 주장할 것이다.

첫째, 과실의 책임범위는 예상 가능한 영역 내에서 이루어져야 한다. 하지만 사건 당시 엄마 을은 소년 갑과 다른 공간에 있었다. 둘째, 골절상은 배터리 폭발에 의한 통상적인 피해유형이 아니다. 회사는 배터리 제조 당시 을의 골절상을 예상할 수 없었다. 따라서 배터리 폭발은 을의 골절상에 대해 is not proximate causation이며, 회사는 그녀의 골절상에 대해 책임이 없다.

하지만 회사의 주장은 다음과 같이 반박될 수 있다.

첫째, 위험발생은 타인의 구원(rescue)행위를 야기한다. 따라서 사건 당시 엄마 을이 사건 현장(마당)에 있지 않았다 하더라도 그녀는 회사가 주의를 기울여야 하는 예상 가능한 대상이다. 둘째, 위험으로부터 도피하는 과정에서 발생하는 피해는 모두 foreseeable injury이며, 골절상이 이에 해당한다. 따라서 을의 골절상은 배터리 폭발로 인한 예상 가능한 피해이며, 배터리 폭발 is proximate causation.

(Injuries caused when running from danger are foreseeable. Moreover, because danger invites rescue, the wrong that imperils life is a wrong to his rescuer. Fracture is a typical injury caused rushing from a dangerous situation.)

TIP Torts에서는 소송당사자가 상대방의 주장에 대해 반박할 수 있는 내용을 서술하면 고득점 할 수 있다. 이는 주어진 사안을 당사자간 다양하게 해석할 수 있다는 것을 보여주기 위함이며, 실제로 그 내용이 받아들여질지 그 여부는 중요하지 않다.

"The plaintiff/defendant may argue that ⋯."

b. Medical Treatment

갑의 negligence로 인해 을이 팔을 다쳤고, 팔을 수술하는 과정에서 감염되었다면 갑은 감염에 대한 책임을 져야 하는가. 팔을 다쳐 수술을 받는 것은 foreseeable한 과정으로서, 갑의 negligence에 의해 proximately cause되었다. 이때 수술하는 과정에서 의사 및 간호사의 negligence 유무는 본 법리에 영향을 미치지 않는다. 즉, 갑은 수술하는 과정에서 발생한 타인의 negligence 유무와 상관없이 감염에 대한 책임을 진다. 다만, 감염을 발생시킨 자의 negligence가 인정된다면, 갑은 그 자를 상대로 contribution을 청구할 수는 있다.

Subsequent medical treatment is foreseeable risk and it is within the scope of the risk created by a tort defendant. Normal efforts in rendering aid which the other's injury reasonably requires (e.g., medical treatment) by third party is **not** an intervening factor. Thus, the actor is liable for additional bodily harm resulting from such aid.

V. Negligent Infliction of Emotional Distress (NIED)

A. General Rule

NIED는 ① 가해자가 행위할 당시 피해자가 within the zone of danger에 있었고 ② 피해자에게 정신적 피해로 인한 신체적 피해가 있는 경우에 한해 인정된다. NIED는 가해자의 negligence로 인해 직접적으로 정신적 충격을 받은 자뿐만 아니라 해당 행위를 가까이에서 지켜봄으로써 정신적 충격을 받은 자도 주장할 수 있다. 다만, "zone of danger"는 비교적 좁은 범위를 의미하는 바, negligent한 행위가 발생한 위치에서 '창문과 같은 장애물 없이 몇 발자국 이내의 위치' 정도로 이해하면 되겠다.

A defendant is liable for negligent infliction of emotional distress if a plaintiff:

ⅰ. Is **within the zone of danger** created by the defendant; and

ⅱ. Suffers a **physical** symptoms from the emotional distress.

B. Closely Related Bystander

갑이 negligent하게 운전을 하다가 을과 충돌한 장면을 병이 길 건너(across the street)에서 목격하였다면, 병은 not within the zone of danger이므로 갑을 상대로 NIED를 주장할 수 없다. 하지만 병이 을의 엄마였다면 을과 병은 가까운 관계를 맺고 있는 자로서, 병이 겪은 정신적 충격이 클 것이라는 것은 충분히 예상가능하다. 따라서 목격자(bystander, 병)가 not within the zone of danger이었다 할지라도 그(병)가 negligence의 피해자(을)와 가까운 관계의 사람이고 사고 현장(present at the scene)에서 직접 목격(observed or perceived)한 경우라면, NIED가 인정된다.

Even though the plaintiff was **not** within the zone of danger, plaintiff can recover from the defendant, in most states, when plaintiff:

ⅰ. Was **closely related** to the victim;

ⅱ. Was located **near** the scene of accident; and

iii. **Suffered** shock caused by sensory and contemporaneous observance
of the accident.

답안요령

Q: Bystander였던 갑은 을을 상대로 NIED를 주장할 수 있는가?

> 1. NIED general rule (요건×2)
>   + analysis: not within the zone of danger이므로, NIED 적용불가하다.
> 2. Bystander의 경우 적용되는 rule (요건×3)
>   + analysis

VI. Damages

A. Approaches (09Feb, 15July)

1. Contributory Negligence Approach

• Contributory negligence approach = All−or−nothing approach
Under the common law contributory negligence approach, the plaintiff
can recover **nothing** when he is **negligent.**

2. Comparative Negligence Approach

★Under the comparative negligence approach, **plaintiff's fault share is
subtracted** from the total damages awarded by the jury.

> **TIP** 원고가 피고로부터 배상받을 금액을 산정하는 경우
> ① 원고의 NG 유무를 판단하고
> ② 원고의 NG가 있다면, approach를 '구분하여' 각 approach에 대
> 한 배상액을 논하는 것이 고득점 포인트다.

B. Eggshell−Skull Doctrine (10Feb, 11Feb, 12July)

★Under the eggshell skull doctrine, a plaintiff can recover **for the full**

extent of his injuries. Liability typically includes harm that is entirely different from that which the other had previously sustained so long as the mistake or negligence is recognized as a risk which is inherent in the human fallibility of those who render such services. The fact that **the plaintiff was more susceptible than a normal victim does not change the result.**

✔ The plaintiff's [history of depression] is a preexisting condition, **like an eggshell skull.** Thus, defendant is liable for both [physical injury and depression].

C. Number of Defendants

1. Solely Negligent

If the defendant is solely negligent, she would be the sole causation of the accident.

2. Jointly and Severally Negligent (19Feb, 21July)

★**If more than one defendant** were negligent, those defendants would be **jointly and severally liable** for the damages.
Each of those defendants is liable **for the full amount of the plaintiff's damages** from the negligence.

Part Three. Strict Liability

Strict liability는 한국법상의 '무과실책임'과 유사한 개념이다. 행위자의 행위 성격 상 행위자에게 안전하게 행동할 의무를 부과해야 할 정도로 충분히 위험한 경우, 행위자가 그 행위로 인한 피해에 대해 지는 책임을 뜻한다. Strict liability 유형에 는 동물점유자가 지는 책임을 뜻하는 strict liability for animals와 위험한 행위를 하는 자가 지는 책임인 strict liability for abnormally dangerous activities가 있다.

Ⅰ. General Rule

To establish a **strict liability** case, the following elements must be shown:

ⅰ. The nature of the defendant's activity imposes an **absolute duty to make safe**;

ⅱ. The **dangerous aspect** of the activity is the **actual and proximate cause** of the plaintiff's injury; and

ⅲ. The plaintiff suffered **damage** to person or property.

There are two types of strict liability: strict liability for animals and strict liability for abnormally dangerous activities.

Ⅱ. Strict Liability for Abnormally Dangerous Activities (17July)

Strict liability for abnormally dangerous activities는 First, Second, Third Restatements of Torts에서 모두 인정하고 있는 책임이나, 이를 판단하는데 있어 고려하는 요소 등 다소 차이가 있다. 우선, '상당히 위험한' 행위를 지칭하는 용어에 있어 차이가 있다. First Restatements는 'ultra-hazardous한 행위'로 표현하고, Second와 Third는 'abnormally dangerous한' 행위로 표현한다. 그렇다면 '상당히 위험한 행위'여부를 판단할 때 어떤 요소를 고려해야 하는가. First와 Third의 경우, 해당 행위를 할 때 합리적인 주의(reasonable care)를 기울임에도 불구하고 상당한 위험이 '예상가능(foreseeable)'하며, 해당 행위가 '사회적으로 만연하지 않다면(not common usage)', abnormally dangerous activity로 인정하는 바, 행위자는 strict liability를 진다. 여기서 '사회적으로 만연하다(common usage)'라는 것은 소수의 사람들이 하는 행위라도 그것이 common하면 인정되는 비교적 넓은 의미를 가진다. 예컨대, 전기를 transmit하거나 가스를 distribute하는 행위는 모든 사람이 하는 행위가 아닌 특정 소수의 사람들만 하는 행위이나, 사회에서 common한 행위이므로 First와 Third에서는 abnormally dangerous activity로 인정하지 않는 바, 행위자는 strict liability를 지지 않는다. 한편, Second에서는 6개의 요소를 고려하는 multi-factor approach를 사용하여 '상당히 위험한 행위'여부를 판단하는데, 행위의 위험성이 'strict liability를 부여할 만큼 충분히 위험한지'에 중점을 두고 있다. 6개의 요소는 다음과 같다.

(a) Existence of a high degree of risk of some harm to the person, land, or chattels of others;

(b) Likelihood that the harm that results from it will be great;

(c) Inability to eliminate the risk by the exercise of reasonable care;

(d) Extent to which the activity is not a matter of common usage;

(e) Inappropriateness of the activity to the place where it is carried on; and

(f) Extent to which its value to the community is outweighed by its dangerous attributes.

이 중 요소(b)와 (d)는 First와 Third에서 동일하게 고려되는 요소이며, 행위의 사회적 가치(요소(f))는 Second에서만 고려되는 요소라 볼 수 있다. 요소(d)의 경우, Second에서도 Frist, Third와 같이 '사회적으로 만연하지 않은 (not common usage)' 정도를 고려하고는 있으나, '사회적으로 만연하다 (common usage)'라는 표현을 많은 사람들(by mass of mankind in community)이 하는 행위로 해석한다. 따라서 앞서 언급한 전기를 transmit하거나 가스를 distribute하는 행위는 Second에서 common usage한 행위로 인정되지 않을 가능성이 높다. 즉 행위자의 strict liability가 인정될 가능성이 높다. 다시 말해, Second는 'common usage'를 비교적 좁게 해석하여 넓은 범위의 행위에 대한 strict liability를 인정한다.

A. General Rule

★A defendant is liable for **strict liability** when he damages another by a thing or activity **unduly dangerous**.

B. Applicable Activity

Under the First Restatement, strict liability applies to an **ultra－hazardous activity,** while it applies to **abnormally dangerous activity** under the Second and Third Restatements.

C. Approaches

1. The First and Third Restatement

An activity is abnormally dangerous, if:

ⅰ. The activity creates a **foreseeable** and highly significant risk of physical harm even with **reasonable care;** and

ⅱ. The activity is **not common usage.**

The term "common usage" has **broader definition.** Activities can be in common use even if they are engaged in by only a limited number of actors.

[참고]

다음은 common usage에 관한 Third Restatement 인용문이다.

"The transmitting electricity through wires itself is engaged in by only one party. Even so, electric wires are pervasive within the community. Moreover, most people, though not themselves engaging in the activity, are connected to the activity⋯. The concept of common usage can be extended further to activities that, though not pervasive, are nevertheless common and familiar within the community."

"전기를 전송하는 행위는 한 행위자에 의해 일어난다. 그렇다 할지라도 전기선은 사회에서 만연하다. 게다가 대부분의 사람들은 직접 전기를 전송하는 행위에 개입하지 않는다 할지라도 그 행위에 관련되어 있다. "Common usage" 개념은 사회에서 만연하지 않더라도 사람들에게 익숙하고 친숙한 행위에 확장되어 적용할 수 있다."

2. The Second Restatement

> multi-factor approach

Under the Second Restatement, a **multi-factor approach** is used and essential question is **whether risk is so unusual to justify the imposition for strict liability for the harm**, even with all reasonable care.

Unlike the First and Third Restatements, the Second Restatement considers the **value of the activity to the community**. The Second Restatement defines "common usage" as **by great mass of mankind (or by many people in the community)**.

[표 11-2]

	"unduly dangerous"	Approach		
		요건	Common usage	Value to community
First	ultra-hazardous	×2	broad 해석 ⇒ 책임인정 가능성 ↓	고려 ×
Second	abnormally dangerous	multi-factor approach (요소×6)	narrow 해석 ⇒ 책임인정 가능성 ↑	고려 ○
Third	ultra-hazardous	×2	broad 해석 ⇒ 책임인정 가능성 ↓	고려 ×

D. Blasting

Blasting(폭죽사용)은 가장 전형적인 abnormally dangerous activity로서, 거의 대부분의 법원은 이에 대한 strict liability를 인정한다. 폭죽사용 시 합리적인 주의를 기울인다 하더라도 그 위험을 완벽하게 방지할 수 없다는 이유에서다. 좀 더 구체적으로 판례의 내용을 설명하자면, 많은 군중이 있는 곳에서 폭죽을 높이 터뜨리고자 하는 의도를 가지고 행한 행위는 인적·물적 피해는 야기할 위험이 상당하고, 폭약을 만들어 내는 기술자(pyro-technician)가 아무리 주의를 기울이더라도 폭발성을 상쇄시킬 수 없다는 이유였다[Klein v.

Pyrodyne Corp. — 117 Wash. 2d 1, 810 P.2d 917 (1991)]. 그러나 이는 '사회에서의 가치(value of community)' 요소를 고려하지 않는 First and Third Restatement에 따른 결과이다. The Second Restatement는 multi−factor approach에 입각하여 판단하는 바, 폭죽의 'value of community' 또한 고려해야 할 것이다. 폭죽의 사회적 인기(popularity)와 value는 상당하나 그에 비해 위험성은 낮으므로 여러 가지를 종합적으로 고려했을 때 폭죽은 abnormally dangerous하지 않은 바, 행위자는 strict liability를 지지 않을 것이다.

[참고]
아래는 blasting에 대한 strict liability를 인정한 유명한 판례인 Klein v. Pyrodyne Corp.의 인용문이다.
"Furthermore, no matter how much care pyro−technicians exercise, they cannot entirely eliminate the high risk inherent in setting off powerful explosives such as fireworks near crowds." [Klein v. Pyrodyne Corp., 810 P.2d 917 (Wash. 1991)]

TIP 에세이시험(MEE)은 주어진 사안에 있는 논점을 잘 파악하고, 이에 대해 논리적인 결론을 내릴 수 있는 수험자의 능력을 검증하는 시험이다. 반면, 객관식시험(MBE)은 별도의 언급이 없는 한 '다수설'에 입각해 푸는 시험이다. 따라서 위에서 논한 blasting의 strict liability에 대한 문제가 'MEE에' 출제되었다면, First and Third Restatement와 Second Restatement로 구분하여 각각의 판단기준으로 결론을 내는 것이 핵심이자 고득점 포인트다. 반면, 'MBE에' 출제되었다면 거의 대부분의 법원에서 strict liability를 인정하는 바, strict liability임을 명시하고 적합한 근거를 서술한 선택지를 답으로 선택해야 할 것이다.

답안요령

Q: <u>Are fireworks displays an abnormally dangerous activity and thus are subject to strict liability?</u>

TIP1   First and Third Restatement와 Second Restatement로 구분하여 각각의 판단기준으로 결론을 내는 것이 핵심이자 고득점 포인트다. Blasting이 'strict liability이다/아니다' 식의 명확한 결론을 내야 한다는 강박감에서 벗어나고, 항상 모든 사안은 다양하게 해석될 수 있다는 점에 유념한다.

TIP2   2번: "Second Restatement uses different factors in determining whether an activity is unduly dangerous and the result under the First and Third Restatement would be different from one under Second Restatement."

TIP3   4번: 여섯 개의 요건을 모두 암기하여 서술할 필요는 없다. Value to the community 요건을 중점적으로 analysis하며, 이 요건은 First 및 Third Restatement에서 고려되지 않음을 명시하면 충분하다.

모범답안 071

1. Under the First and Third Restatement, fireworks displays would be an abnormally dangerous activity and thus are subject to strict liability. However, under the Second Restatement, fireworks displays would not be an abnormally dangerous activity and thus are not subject to strict liability.

To establish a strict liability case, the following elements must be shown: (1) the nature of the defendant's activity imposes an absolute duty to make safe; (2) the dangerous aspect of the activity is the actual and proximate cause of the plaintiff's injury; and (3) the plaintiff suffered damage to person or property. Under the First Restatement, the strict liability is applied to ultra−hazardous activities. However, under the Second and Third Restatement, the strict liability is applied to abnormally dangerous activities. Meanwhile, Second Restatement uses different factors in determining whether an activity is unduly dangerous and the result under the First and Third Restatement would be different from one under Second Restatement.

Under the First and Third Restatement, an activity is abnormally dangerous, if: (1) the activity creates a foreseeable and highly significant risk of physical harm even with reasonable care; and (2) the activity is not common usage. The term "common usage" has broader definition and activities can be in common use even if they are engaged in by only a limited number of actors.
(ANALYSIS)

Under the Second Restatement, multi−factor approach is used and six factors are totally considered. Unlike the First and Third Restatements, the Second Restatement considers the value of the activity to the community. Additionally, the Second Restatement defines "common usage" as by many people in the community (or by great mass of mankind).
(ANALYSIS)

In sum, under the First and Third Restatement, fireworks displays would be an abnormally dangerous activity and thus are subject to strict liability. However, under the Second Restatement, fireworks displays would not be an abnormally dangerous activity and thus are not subject to strict liability.

Part Four. Products Liability

Products liability란, 공급자(생산자 포함)가 생산한 제품에 결함이 있고 그 결함에 의해 소비자가 신체적 피해를 입은 경우 이에 대한 공급자의 책임을 뜻한다. 여기서 '소비자'는 해당 제품을 직접 구매한 자뿐만 아니라 그 제품을 사용한 자도 포함하는 광의의 개념이다. 결함 있는 제품(defective product)의 결함 유형으로는 manufacturing defects와 design defects가 있다. Manufacturing defects는 예컨대 핸드폰 배터리가 생산불량으로 폭발한 것처럼 제조과정에서 설계와 다르게 생산되어 그 제품이 지니는 통상적인 위험성을 넘어선 경우를 말한다. 여기서 '통상적인 위험성'은 일반적인 소비자를 기준으로 판단한다(consumer expectation approach). 한편 design defects는 설계상의 결함과 제조업자가 합리적인 설명·지시·경고 기타의 표시를 하지 않아 발생한 결함을 모두 포함한다. 여기서 '설계상의 결함'은 제조업자가 합리적인 대체설계를 채용하였더라면 피해나 위험을 줄일 수 있었음에도 대체설계를 채용하지 아니하여 당해 제품이 안전하지 못하게 된 경우를 말한다(feasible alternative approach).

I. Basic Concepts

A. Defects

To establish any products liability, plaintiff must show that **the product was defective when the product left defendant's control.**

1. Manufacturing Defects

A product has manufacturing defects when:

i. A product emerges from a manufacturing process different from the other products; or

ii. A product is **more dangerous** than if it had been made by the way it should have been (unreasonably dangerous).

A plaintiff may use **consumer expectation approach,** proving that the product was **dangerous beyond the expectation of the ordinary consumer.**

2. Design Defects

A plaintiff may use **feasible alternative approach,** and the courts consider various factors such as availability of safer alternative products.

B. Privity

In products liability cases, the privity between the plaintiff and the defendant is **not** required to be proven.

The parties are in privity **when a contractual relationship exists** between them, such as a direct sale by the defendant retailer to the plaintiff buyer or the buyer's agent.

C. Causation

수인(數人)의 생산자 및 판매자의 행위에 대해 원고가 손해를 가한 자를 특정할 수 없는 경우, 즉 가해자 불명의 공동위법행위인 경우 그 인과관계는 market share liability doctrine, alternative liability doctrine, joint venture doctrine 등을 기준으로 판단한다. 다시 말해, 수인이 공동위법행위에 관여했다는 점에서 가해자에게 연대책임을 지우거나 피해자(소비자)가 인과관계를 입증하는 곤란을 덜어주기 위해 수인의 생산자 및 판매자 행위와 손해 사이에 인과관계를 추정하여 그들에게 연대책임을 인정한다. (『민법강의』 제22판(법문사, 2016), 1910면.)

1. General Rule

When the plaintiff **cannot directly link** the exact product and the plaintiff's injury, there are several doctrines to be used:

ⅰ. Market share liability doctrine;

ⅱ. Alternative liability doctrine; and

ⅲ. Joint venture doctrine.

2. Market Share Liability Doctrine

Market share liability doctrine이란, 시장 점유율에 비례하여 피고에게 책임을 지우는 이론이다. 본 이론은 하자 있는 물건들이 야기할 수 있는 harm의 정도가 일치할 경우에 한해 적용가능하다.

★Under the market share liability doctrine, jury could **apportion the damages based on the market shares** of manufacturers of a defective product.
This doctrine is applicable **only when** the defective products **are** fungible^{대체가능한} in relation to their capacity to cause harm.

3. Alternative Liability Doctrine

★Under the alternative liability doctrine, jury could find two defendants liable when **each was negligent** and **either** individual **could have caused** the plaintiff's injuries.

4. Joint Venture Doctrine

★Under the joint venture doctrine, the jury imputes^{책임을 돌리다} one defendant's negligence to other defendants who are engaged **in a common project.**

II. Products Liability based on Intent

Liability based on an intentional tort is not very common in products liability cases.

III. Products Liability based on Negligence

A. General Rule

In a products liability based on negligence case, plaintiff must prove:

i. The existence of a legal duty owed by the defendant to that particular plaintiff;

ii. Breach of that duty;

iii. Actual and proximate cause; and

iv. Damage.

B. Breach

To prove breach of duty, the plaintiff must show:

i. Defendant's negligent conduct; and

ii. Defendant's leading to the supplying of a defective product by the defendant.

IV. Products Liability based on Strict Liability (08Feb, 11Feb, 16July)

A. General Rule

In a products liability based on strict liability case, the plaintiff must show:

i. The nature of the defendant's activity imposes an **absolute duty to make safe**;

ii. The dangerous aspect of the activity is the **actual and proximate cause** of the plaintiff's injury; and

iii. The plaintiff suffered **damage** to person or property.

★In a strict products liability action, the plaintiff **could recover** against a producer **without proof of negligence.**

★When a commercial seller sells any **defective product,** he is subject to liability for physical harm thereby caused.

B. Commercial Seller

★A strict products liability is only available against **commercial seller.** Commercial seller is a person who **engaged in the business of selling products for use or consumption.** The term includes a **retailer** even if the person has no control over the design and manufacture of a product.

Products liability based on strict liability

---

1. Strict products liability 정의
2. NG proof 필요 없음★
3. "Commercial seller"
   + analysis
4. "Defective" product(manufacturing/design defect)
5. Causation
6. Analysis

TIP   Strict liability를 입증하는데 있어 "피고의 negligence 유무는 무관하다"는 점을 명시하는 것이 고득점 포인트다. 이는 products liability뿐만 아니라 일반적인 strict liability에 관해 논하는 경우에도 동일하다.

"In a strict products liability action, the plaintiff **can recover** against a producer **without proof of negligence** if the plaintiff could show that a producer sold the product that caused his injury."

"Whether there was negligence does not change the result."

모범답안 072

1. The seller 갑 is not liable to the buyer 을 under the strict products liability.
A commercial seller is subject to strict products liability for physical harm thereby caused, when he sells any defective product that is unreasonably dangerous to the consumer. In a strict products liability action, the plaintiff can recover against a producer without proof of negligence if the

plaintiff could show that a producer sold the product that caused his injury. The commercial seller is one who engaged in the business of selling products for use or consumption.

(ANALYSIS)

When a product failed to meet manufacturer's specifications and it is unreasonably dangerous, there is a manufacturing defect. The plaintiff uses consumer expectation approach to prove the manufacturing defect.

(ANALYSIS)

Regarding the causation, 을 purchased all potato chips from the same grocery store. Therefore, 을 is not required to identify exact product that caused his injury.

Under the implied warranty theory, the retailer is a merchant. Therefore, 을 can recover damage for the breach of the warranty.

In sum, the seller 갑 is not liable to the buyer 을 under the strict products liability.

V. Products Liability based on Implied Warranties of Merchantability (16July)

A. General Rule

If a product fails to fulfill the standards imposed by an implied warranty, the warranty is breached and the defendant will be liable.

★Under UCC2, when a producer is a **merchant** with respect to those goods, a contract of sale includes **an implied warranty of merchantability.**

B. Merchantable

★"Merchantable" means that the goods are **fit for the ordinary purposes** for which such goods are used.

VI. Products Liability based on Implied Warranties of Fitness

Implied warranty of fitness는 대부분 merchants인 경우 발생하지만, 반드시 merchant이어야만 인정되는 것은 아니다.

If a product fails to fulfill the standards imposed by an implied warranty, the warranty is breached and the defendant will be liable.

★An implied warranty of fitness for a particular purpose arises **when the seller knows or has reason to know:**

ⅰ. The **particular purpose** for which the goods are required; and

ⅱ. That **the buyer is relying on** the seller's skill or judgment to select or furnish suitable goods.

VII. Products Liability based on Express Warranty and Misrepresentation

A. Products Liability based on Express Warranty

An express warranty arises where a seller or supplier **makes any affirmation of fact or promise** to the buyer relating to the goods that becomes **part of the basis of the bargain.**

B. Products Liability based on Misrepresentation

Liability for misrepresentation may arise when the seller made representation about a product and it induces **reliance by the buyer.**

12장
Constitutional Law

//

본 장은 미국의 최고법 Constitutional law에 대해 논한다. 미국 헌법은 Preamble
(전문), Articles(본문), Amendments(수정조항), 이렇게 세 부분으로 구성되어 있
는데, Preamble은 주와 국민이 중대한 권력을 가진다는 점과 헌법에 의해 창설되
는 국가기관은 제한된 권력을 가진다는 점 등을 명시하며, 총 7개로 구성되어 있는
Articles는 입법부, 행정부, 사법부간 3권분립 형태의 연방정부를 창설하고, 연방정
부와 주 정부간의 관계, 시민들의 권리와 특권 등에 대해 규정한다. Amendments
는 헌법을 개정한 내용을 담고 있는 조항으로서, 총 27개로 구성되어 있다. 본 장
에서는 주로 Articles와 Amendments에 대해 논하며, 이들을 미국의 정부 시스템
(federalism)에 대해 논하는 파트와 미국시민의 헌법적 권리에 대해 논하는 파트,
이렇게 두 파트로 구성되어 있다. MEE에서 본 장은 다른 과목에 비해 출제빈도가
낮은 편이며, 출제되는 issues가 광범위하지 않고 각 issue들과 관련하여 주어지는
사안도 유사한 편이다. 주로 출제되는 issues에는 Commerce Clause, Free to
Speech, Federalism Principal 등이 있으며, 주(州) 또는 의회가 입법한 법의 위헌
성을 판단하거나 특정행위가 헌법적 보호를 받을 수 있는지 그 여부에 대해 판단
하는 문제들도 출제된다.

☑ 글쓰기 Tips

1. 본 장에 관한 문제에는 "constitutional", "First Amendment", "Congress" 등과 같
   은 단어가 사용되어, 타 과목에 비해 논점을 파악하기 쉽다.
2. Constitutional law에 관한 역대 기출문제들은 대부분 판례를 기반으로 한 사안으
   로 출제된 바, 판례에서 인용된 표현을 그대로 익히는 것이 좋다. 주어진 사안과
   판례를 비교분석하는 것이 고득점 포인트다.

3. 정부가 제정한 법의 '위헌성'을 판단하는 문제

　Q: Is the State A statute unconstitutional?

　Q: Is the statute a constitutional exercise of federal power?

　Q: What constitutional arguments can be made?

　⇒ '입법한 주체(State/Federal government)'를 파악하는 것이 가장 중요하다.

　⇒ 그 적용대상(federal/state government)이 state(또는 city)인 경우 '수정헌법 14조를 통한 확대적용이 가능하다'는 점을 서술하는 것이 고득점 포인트다.

4. 특정 헌법 조문이 명시된 경우

　Q: Did the State A violate the First Amendment as applied through the Fourteenth Amendment?

　Q: Has the State A violated 갑's rights under the Equal Protection Clause of the Fourteenth Amendment?

　Q: Is the Act a valid exercise of Congress's power to regulate interstate commerce?

　Q: Does the Eleventh Amendment bar the lawsuit?

　⇒ ① 해당 issue 정의, ② state/federal (14조)

5. '차별적인' 법률의 위헌성 여부에 대한 문제가 출제되는 경우

　⇒ ① Commerce Clause, ② Due Process, ③ Equal Protection, ④ Privileges and Immunities of Article IV, 이 네 논점에 대해 모두 analysis하는 것이 고득점 포인트다.

6. 헌법(기본권)을 바탕으로 특정 행위가 다른 법(general laws)으로부터 보호될 수 있는지 묻는 문제

　Q: Would the First Amendment preclude liability if 갑 sued 을 for [libel/ trespass/invasion of privacy]?

　Q: Does the First Amendment provide grounds to vacate 갑's conviction?

　⇒ 헌법이 권리를 보호하는 정도를 파악하여, 주어진 행위가 손해배상청구의 대상이 될 수 있는지 그 여부를 판단한다.

7. 주된 표현

　• "First prong of the [Lemon] test"

　• "Under this prong, ~"

　• "In [Penn Central] case, ~"

Part One. Federal System

I. Federalism Principle (12July, 18July)

> ### 10th Amendment (dual sovereignty)

미국은 연방정부와 주(州) 정부가 서로 독립적인 정부를 구성하는 federalism 시스템을 가지고 있다. 주 정부는 연방정부로부터 독립된 통치권한을 가지고 있는 바, Congress(연방정부)는 주 정부에게 주의 주민들을 통치하는 바에 대해 강요할 수 없다(dual sovereignty, 10th Amendment). 다만, 연방법이 미국의 최고법이므로 연방법과 주 법이 충돌할 경우에는 연방법이 우선한다(Supremacy Clause). 그렇다고 해서 연방정부가 무한한 권리를 가지는 것은 아니고, 연방정부는 헌법에서 명시한 권리와(federal government is limited, enumerated powers) 해당 권리를 행사하기 위해 필수적이고 적합한 법률만을 제정할 수 있다(Necessary and Proper Clause).

앞서 언급한 바와 같이, 주 정부는 연방정부로부터 '독립된' 통치 권한을 가지고 있는 바, Congress(연방정부)는 주 정부에게 주의 주민들을 통치하는 바에 대해 강요(commander)할 수 없다. 다만, Congress가 주 정부를 하나의 개체로 간주하여 주의 행위를 통치하는 것은 가능하다. 다시 말해 Congress가 주의 주민들을 특정 방식으로 통치하라는 내용의 법률을 제정하는 것은 위헌이나, Congress가 미국시민들 전체를 통치하는 내용의 법률을 시행하는데 그 과정에 있어 주 정부를 미국시민 중 한 명으로 보고 해당 법률을 적용하는 것은 합헌이다. 예컨대, Congress가 "주 정부는 모든 아파트에 화재보험을 들어야 한다는 법을 제정해야 한다"는 법을 제정하는 것은 주 정부에게 특정 법안을 강요하는 것으로서, 주 정부의 통치권한을 침해하는 바, 위헌이다. 그러나 Congress가 "모든 아파트에 화재보험을 들어야 한다"는 법을 제정하였고 주 정부의 소유인 아파트에도 적용되는 경우, 이는 U.S. 시민과 주 정부 모두에 적용되어 결과적으로 주 정부의 행위를 제한하게 된 것이다. 즉, Congress가 주 정부를 U.S. 시민 중 한 명으로 본 경우로서 합헌이다.

★Under the **system of dual sovereignty** of the **Tenth Amendment**, the **states** retain a significant measure of **sovereign authority**, and Congress cannot require the states to govern according to Congress's instructions.

★Under the **federalism principle, Congress may not commander the states to regulate private conduct. However, Congress may regulate the states on the same terms as private actors.** When a legislation is made by federal government to force the state law enforcement officials to take certain actions as agents of the state and it is to control their actions with the purpose of directing the functioning of the state executive, the law is unconstitutional.

```
case
```

Congress가 입법한 ABC Act의 내용은 다음과 같다.

"50명 이상의 근로자가 있는 모든 대상(States 포함)은 사내 폭력에 관한 hotline을 설치해야 한다. 이를 따르지 않을 경우, 근로자는 그 대상으로부터 사내 폭력에 의한 피해 배상금을 받을 수 있다."

유타 주(州) 정부에 속해 있는 근로자는 1천명이지만 유타 주(州) 정부는 hotline을 설치하지 않았다. Is ABC Act constitutional?

⇒ Yes. ABC Act를 유타 주(州) 정부에 적용한 것은 유타 주(州) 정부를 법이 적용되는 하나의 대상으로 간주하여 적용한 것이다. 즉 ABC Act(Congress)가 유타 주(州) 정부로써의 근로자들을 통치하는 방법에 관해 규정한 것이 아니므로, ABC Act는 합헌이다.

(The Act merely **requires both public and private employers** to obey the same federal requirement.)

```
답안요령
```

---

1. 10th Amendment (dual sovereignty)
2. Federalism principle
3. Analysis + 결론

3번: Congress가 해당 법을 제정할 당시, state를 하나의 개체로 보았는지 그 여부를 중심으로 서술한다.

모범답안 073

1. ABC Act is constitutional under the Tenth Amendment.

Under the system of dual sovereignty of the Tenth Amendment, the states retain a significant measure of sovereign authority. Thus, under the federalism principle, Congress may not commander the states to regulate private conduct. However, Congress may regulate the states on the same terms as private actors.

(ANALYSIS: Here, the Act requires a State 유타 law to ……..)

In sum, ABC Act is constitutional under the Tenth Amendment.

II. Judicial Power (Federal Courts)

A. Doctrine of Strict Necessity (FRCP 19July)

미국에는 두 종류의 연방법원이 있다. 하나는 Article III를 근거로 설립된 법원(Article III court)이고, 다른 하나는 Article I을 근거로 행정적인 권한을 행사하기 위해 설립된 법원(Article I court)이다. 양자 모두 Congress에 의해 설립되나, 설립의 근간이 되는 헌법조문이 다르다는 점에서 차이가 있다. Article III court는 일반적인 소송을 다루는 법원으로서, 이하 설명하는 내용과 본 서 「10장 Federal Rules of Civil Procedure(FRCP)」에서 논한 jurisdiction에 관한 rule이 적용된다. 한편, Article I court는 U.S. Tax Court, courts of the District of Columbia 등과 같이 administrative 기능과 judicial 기능을 모두 가지고 있는 'hybrid한' 법원이다.

Article III court에서 진행하는 소송유형 중 하나는 '합헌성'에 대한 소송이다. Article III court가 합헌성에 대한 소송을 청취하기 위해서는 다른 유형의 소송을 청취하는 경우에 비해 만족해야 하는 요건이 매우 까다롭다. 이를 doctrine of strict necessity라 일컫는다. 해당 소송에 대한 연방법원의 재판권

(jurisdiction)이 인정되어야 하며, 사건이 연방법원에서 진행될만한 것이어야 하며(justiciability), 수정헌법 11조(The Eleventh Amendment)에도 부합해야 한다. Jurisdiction은 해당 소송에 대해 SMJ, PJ, venue를 모두 만족해야 인정되는 바, 본 내용은 Federal Rules of Civil Procedure(FRCP)에서 다룬다. Justiciability는 연방법원에서 진행될만한 사건을 뜻하는 바, 그러한 사건을 "case and controversy"라 일컫는다. Justiciability 성립요건에는 ① advisory opinion을 제공하는 사건이 아닐 것, ② 원고가 standing을 가질 것, ③ moot하지 않은 사건일 것, ④ ripe한 사건일 것 그리고 ⑤ 사건이 political question에 연관되지 않을 것, 이렇게 다섯 가지가 있다. 즉 상기 다섯 요건을 모두 만족하는 사건은 case and controversy로서 justiciability를 가진다. 그중 두 번째 요건은 원고가 해당 사건에 대해 소송을 제기할 수 있는 '자격'을 의미하는 바, 해당 법률에 의해(causation) 발생된 피해(injury in fact)가 있고 판결을 통해 해당 피해가 제거될 수 있는(redressability) 경우에 인정된다.

한편, 수정헌법 11조 또한 Article III court(연방법원)에서 진행하는 합헌성 여부에 대한 소송의 요건에 대해 규정하고 있다. 수정헌법 11조에 따르면, '타 주민(州民)이나 외국인'이 주 정부를 상대로 손배청구 한 소송은 '연방법원'에서 진행할 수 없다. State sovereignty는 수정헌법 11조와 유사하나 이는 주 법원에서 제기된 소송에 대한 내용으로서, '당해 주 주민'이 자신의 주 정부를 상대로 '주 법원'에 손해배상을 청구하는 소는 금지된다. 한편, 수정헌법 10조의 dual sovereignty는 State의 독립된 통치권한을 연방정부(Congress)로부터 보호하는 조항이다.

1. Standing

Federal court jurisdiction is limited by Article III of the Constitution to subject matter, parties, and cases or controversies.

To establish standing, a plaintiff must show:

ⅰ. An **injury in fact**;

ⅱ. Fairly **traceable** to the challenged conduct of the defendant; and

ⅲ. Likely **to be redressed**^{시정하다} by a favorable judicial decision.

2. Injury in Fact

Article III requires a concrete injury even in a statutory violation.

As to the "injury in fact" element, plaintiff must prove that he/she suffered an invasion of a **legally protected interest** that is **concrete and particularized**.

Actual monetary harm to a plaintiff is not required, and an intangible injury, such as emotional distress, can be a concrete injury.

✓ Fact that a defendant has acted improperly toward a particular plaintiff — concrete injury ×

✓ The fact that the defendant's conduct violated a state statute — concrete injury ×

B. The Eleventh Amendment (12July, 17July)

1. Sovereign Immunity

★Under the **Eleventh Amendment**, the Supreme Court **bars** lawsuits **between a state (or a state agency) and one of its own citizens.**

2. Exceptions

Congress **can abrogate**^{폐지하다} it when:

ⅰ. Congress unambiguously asserts; and

ⅱ. Congress enacted the statute.

TIP	① The Eleventh Amendment: '타 주민(洲民)이나 외국인'이 주 정부를 상대로 손배청구한 소송은 '연방법원'에서 진행할 수 없다.

② The Tenth Amendment: Congress는 주 정부에게 주 주민들을 통치하는 방법에 대해 강요하여서는 아니 된다.

③ State sovereignty: '당해 주 주민'이 자신의 주 정부를 상대로 '주 법원'에 손해배상을 청구하는 소는 금지된다.

III. Legislative Power (Congress)

A. Spending Power (18July)

1. General Rule

★Under the **Congress's spending power for the general welfare**, Congress may use federal money to achieve its goals, **unless they are unduly coercive.** Congress may **condition** the states' receipt or use of federal funds on state compliance with federal statutory and administrative directives

2. Requirements

There are requirements for the spending power:

ⅰ. The spending must be for the **general welfare;**

ⅱ. The condition must be **unambiguously;**

ⅲ. The condition must be **related to the federal interest** in particular national projects or programs;

ⅳ. The condition must not be used to induce the states to engage in activities that are unconstitutional; and

ⅴ. A condition should not be **so coercive** as to be a compulsion.

✔ 의회가 유타 주에 예산을 편성할 때 그 금액이 유타 주 전체 예산 중 굉장히 적은 비율을 차지하는 경우 → 의회의 예산편성은 not coercive. → 요건 ⅴ를 충족

B. Congress's Enforcement Power (15Feb)

Congress's enforcement power란, state가 위헌인 법률을 실행했을 때 Congress가 이를 '교정(remedy)'하기 위해 법을 제정할 수 있는 권한이다. 따라서 주가 제정한 법이 위헌인 경우에만 행사할 수 있는 Congress의 권한이며, Congress가 취할 방법은 헌법상 보호하고자 하는 피해와 비례해야 한다.

1. General Rule

★Under the Congress's **enforcement power,** Congress may enact legislations that **remedy constitutional violation.**

2. Remedial

Congress's power is **remedial.** Congress's legislation must have a connection **between the constitutional injuries to be prevented or to be remedied and the means adopted.**

Congress cannot define constitutional rights or change substantive law.

답안요령	Enforcement power

Q: <u>Would Congress have authority?</u>

1. Congress's power is limited.★
2. Enforcement power
3. "Remedial"
4. Analysis: State가 제정한 법이 합헌인지
5. Analysis: Congress의 remedy 방법이 적합한지

| TIP1 | Congress이 법을 제정한 것에 대해 정당한 권한이 있는지 판단하는 logic은 다음과 같다.

① Congress의 권한은 제한적이다(무한하지 않다).

② 헌법에 명시된 조항에 따르면, Congress는 주어진 사안에 대해 권한이 있다/없다.

③ 예외의 rules를 적용하면 Congress는 주어진 사안에 대해 권한이 있다/없다.

| TIP2 | Congress이 제정한 법의 위헌성 여부를 판단하는 경우, 답안의 첫 문장에 "Congress's power is limited"임을 명시하는 것이 고득점

포인트다.

모범답안 074

1. <u>Congress has authority, since Congress has enforcement power.</u>

Congress's powers are limited by the Constitution and therefore Congress must have legislative authority in the Constitution to enact a law. Under the Congress's enforcement power, Congress may enact legislations that remedy constitutional violation. When a legislation lacks a connection between the constitutional injuries to be prevented or remedied and the means adopted, Congress can rely on its enforcement power. Congress's power is remedial.

(ANALYSIS)

In sum, Congress has authority, since Congress has enforcement power.

Ⅳ. Regulations of Interstate Commerce

Regulations of interstate commerce에 관한 문제는 크게 Congress가 Commerce power에 입각하여 제정한 규제와 state가 제정한 규제로 나뉜다. 따라서 regulation of interstate commerce에 대한 문제에서는 regulation을 제정한 '주체'를 파악하는 것이 중요하다.

Commerce Clause에 따르면 Congress는 ① 'interstate commerce와 관련된' channels, ② 'interstate commerce와 관련된' people 또는 instrument, 그리고 ③ interstate commerce에 '상당한 영향을 끼칠 수 있는(substantially affect)' activities만을 규율할 수 있다. 역대 기출문제는 주로 세 번째 유형에 관해 출제되었고, 규제를 받는 행위가 interstate commerce에 '상당한 영향을 끼칠 수 있는(substantially affect)'지 그 여부를 analysis하는 것이 주된 논점이었다. 한편, 주(州) 정부 또는 지방 정부는 일정 요건을 만족하는 한 Congress가 제정하지 않은 내용에 대해 interstate commerce에 관한 법규를 제정할 수 있다. 그 요건에는 ① 본 주의 이익을 위해 타 주를 차별(discriminate)하

지 않을 것, ② 지나치게 부담적(burdensome)이지 않을 것이 있다. 위 두 요건 중 하나라도 만족하지 못하는 법규는 "dormant commerce clause" 또는 "negative commerce clause"라고 일컬으며 이들은 위헌이다.

A. By Congress (12July)

1. Commerce Clause

앞서 언급한 바와 같이, Congress는 'interstate commerce와 관련된' channels, people, instrument 그리고 interstate commerce에 '상당한 영향을 끼칠 수 있는(substantially affect)' activities에 관련한 법만을 제정할 수 있다. Congress가 폭력에 관한 법을 제정했다고 가정해보자. 이는 interstate commerce에 관련된 법이 아니므로 위헌이다. 그러나 Congress가 '근로 장소'에서의 폭력에 관한 법을 제정하였다면, 이는 interstate commerce에 상당한 영향을 끼칠 수 있는 법이므로 합헌이다. 이는 Congress가 gender-motivated violence에 관한 법을 제정하였으나, 대법원이 이에 대해 Commerce Clause에 의한 권한을 넘어선 행위이므로 위헌이라 판시한 Morrison case[United States v. Morrison, 529 U.S. 598 (2000)]에 근거한다.

★Congress may enact three types of regulations under the Commerce Clause. Congress may regulate:

ⅰ. The **channels of interstate commerce;**
ⅱ. The **people and instrumentalities** that work and travel in the channels of interstate commerce; and
ⅲ. **Activities that substantially affect interstate commerce.**

2. Substantially Affect Interstate Commerce

The regulated activity **must be economic or commercial in nature.**

If the activities subject to regulation, **in the aggregate,** have a **substantial effect on interstate commerce,** it is constitutional. **Rational basis** is enough for such conclusion.

3. Morrison Case

★**In Morrison case,** the Court held that Congress **exceeded its commerce power** by enacting a statute that gives a cause of action to the victims of gender－motivated violence.

답안요령   Commerce Clause

Q: <u>Is the Act constitutional?</u>

> 1. Commerce Clause
> 2. Analysis(1, 2번 type이 아니라는 것에 대한 설명)
> 3. 3번 type
> 4. Morrison case와 비교★
>   ＋ analysis

TIP   본 답안요령은 세 번째 유형에 대한 것으로 작성되었다. '상당한 영향을 끼칠 수 있는(substantially affect)' activities인지 그 여부를 판단하는 경우, 문제에서 주어진 사안과 Morrison 판례를 비교분석하는 것이 고득점 포인트다.

모범답안 075

<u>1. ABC Act is constitutional, since it is a valid exercise of Congress's power.</u>

Congress may enact three types of regulations under the Commerce Clause: the channels of interstate commerce, the people and instrumentalities that work and travel in the channels of interstate commerce, and activities that substantially affect interstate commerce.

(ANALYSIS)

Regarding the third type of regulation, the regulated activity must be economic or commercial in nature. If the activities subject to regulation, in the aggregate, have a substantial effect on interstate commerce, it is constitutional. Rational basis is enough for such conclusion.

In Morrison case, the Court held that Congress exceeded its commerce power by enacting a statute giving a cause of action to the victims of gender—motivated violence. (ANALYSIS: However, this case is different from the Morrison case because the statute is limited to the action in the workplace. The workplace is an economic environment and the Act is directly related to the productivity of the workplace. Therefore, the statute is within the commerce power of Congress.)

In sum, ABC Act is a valid exercise of Congress's power.

B. By States (16Feb)

Congress가 제정하지 않은 내용에 대해, 주 정부 또는 지방 정부는 두 요건을 만족한 경우에 한하여 interstate commerce와 관련된 법규를 제정할 수 있다. ① 주의 이익을 위해 타 주를 차별(discriminate)하면 아니 되며, ② 지나치게 부담적(unduly burdensome)이면 아니 된다. 위 두 요건 중 하나라도 만족하지 못하는 regulation은 "dormant commerce clause" 또는 "negative commerce clause"라고 일컫는다.

첫 번째 요건에 있어 해당 주 법으로 인해 타 주에게 일시적인 부담이 주어지고 이 부담을 해당 주가 얻을 수 있는 이익과 비교하여 현저히 큰 경우에는 설사 주 법이 글자 그대로 해석하여 비차별적이라 하더라도 해당 주 법은 위헌이다. 두 번째 요건에서의 '부담스러움(burdensome)' 여부는 burden과 local benefit을 비교형량하는 Pike balancing test를 사용하여 판단한다. Burden on interstate commerce가 local benefit보다 적은 경우, unduly burdensome하다고 본다. 주 법에 부합하기 위해 제도 등을 변경하는데 드는 비용은 burden on interstate commerce로 인정되며, 주 법이 로비를 통해서 입법되었다는 사실은 unduly burdensome 여부 판단에 영향을 주지 않는다.

1. General Rule

★If Congress has **not** enacted laws regarding the subject, a state or local government may regulate local aspects of **interstate commerce** if:

ⅰ. The regulation does **not discriminate** against out of state companies to benefit local economic interests; and

ii. The regulation is not unduly burdensome.

2. Not Discriminate

- Facially nondiscriminatory: 법 규정의 글자 그대로 해석하는 경우 비차별적임.
- Nondiscriminatory: 법 규정의 글자 그대로 해석하는 경우 비차별적이나 이를 실행하는 경우 결론적으로 타 주를 차별함.

A nondiscriminatory state law that imposes an incidental burden on interstate commerce will be unconstitutional if the burden it imposes is clearly excessive in relation to the putative local benefits.

3. Unduly Burdensome

> Pike balancing test ⇒
> burden on interstate commerce 〉 local benefit ⇒ 위헌

★Under the Pike balancing test, statutes are **unconstitutional** if the **burden** imposed on interstate commerce is clearly **excessive** in relation to the **local benefits.**

4. Exceptions

A discriminatory state or local law may be **valid** if:

i. The discrimination is **necessary to important state interest;**

ii. **Market participant exception is applicable; or**

iii. The discrimination is for government's performance of traditional government functions.

★Under a **market participant exception,** the state may discriminate in favor of residents **when the state is acting as a market participant who** buys or sells foods and services rather than as a regulator of an economic activity.

Q: Is the state statute constitutional?

1. General rule
2. Analysis(요건 i)
3. Analysis(요건 ii)★
4. Exception rules★
   + analysis

TIP1　3번: Unduly burdensome 요건은 Pike balancing test를 근거로 판단하는 것이 고득점 포인트다.

TIP2　4번: State statute의 위헌성을 판단하는 경우, 별도의 문제가 출제되지 않았다 하더라도 exception rules에 대해 논하는 것이 고득점 포인트다.

"There are no facts indicating that the exception rules are applicable in this case."

"In this case, the state is acting as a market participant. …"

모범답안 076

1. The statute is unconstitutional, since the burden imposed on interstate commerce is clearly excessive in relation to the local benefits.

If Congress has not enacted laws regarding the subject, a state or local government may regulate local aspects of interstate commerce if: (1) the regulation does not discriminate against out of state competition to benefit local economic interests and (2) the regulation is not unduly burdensome. A nondiscriminatory state law that imposes an incidental burden on interstate commerce will be unconstitutional if the burden it imposes is excessive compared to the putative local benefits.

(ANALYSIS)

Under the Pike balancing test, statutes are unconstitutional if the burden imposed on interstate commerce is excessive compared to the local benefits. (ANALYSIS)

A discriminatory state or local law may be valid if: (1) the discrimination is necessary to important state interest; (2) market participant exception is applicable; or (3) the discrimination is for government's performance of traditional government functions.

In sum, the statute is unconstitutional.

(ANALYSIS: There are no facts indicating that the exception rules are applicable in this case.)

In sum, the statute is unconstitutional, since the burden imposed on interstate commerce is clearly excessive in relation to the local benefits.

Part Two. Guarantees for Individual

I. Taking Clause (14Feb, 20Sep)

Taking Clause는 정부가 '공적사용(public use)'을 위해 taking(토지수용)을 시행하는 경우 개인에게 반드시 '보상(compensation)'해야 한다는 토지수용에 관한 헌법상 조항이다. 이는 수정헌법 5조에 명시되어 있는 조항으로서, 수정헌법 14조를 통해 주 정부에도 확대적용 할 수 있다. 'Public use'는 반드시 공공(public)을 위해 사용되어야 하는 것은 아니고, 토지사용의 목적이 공적목표(public purpose)에 합리적인 연관이 있으면(rationally related) 충분하다. 여기서 '합리적으로 관련'되어 있다는 것은 정부의 행위와 공적목표간 약간의 연관성이 있으면 충분하고, 토지사용으로부터 얻을 수 있는 공적이익(public benefits)을 합리적으로 예상할 수 있어야 하는 것은 아니다. 다시 말해, public use는 정부의 police power 범위 이내로 행한 행위의 경우 인정된다. Taking 유형은 크게 물리적인 수용(physical taking)과 과세·외자규제 등 경제적 손실을 초래하는 간접적인 수용(regulatory taking)으로 구분된다. Physical taking은 토지를 seize하는 것과 같이 정부가 직접적으로 토지주의 title을 변경하는 것을 의미한다. 한편, regulatory taking에는 네 유형이 있는데, total regulatory taking, Penn Central taking, land－use exaction, Loretto taking이 그것이다.

Total regulatory taking은 Lucas 판례로부터 정립된 유형으로서, 토지의 '모든' 경제적 가치가 상실된 경우의 regulatory taking을 의미한다. 법원은 본 유형을 잘 인정하지 않는 경향이 있다.

Penn Central taking은 Penn Central 판례를 통해 정립된 유형으로서, 정부에서 제정한 regulation이 taking에 해당하는지 그 여부를 multi－factor balancing test를 기준으로 판단하는 바, 경제적 영향(economic impact), 토지주인의 투자기대치(investment backed expectation)가 저해된 정도, 그리고 정부행위의 성격(character)을 종합적으로 고려하여 판단한다.

Land－use exaction은 정부가 개인에게 benefit(허가 등)을 제공하는 조건으로 exaction(부담)을 요구하는 것을 의미한다. 여기서 'benefit'는 해당 토지주인이 토지를 사용하는 데 있어 필요한 정부의 허가를 뜻하는 바, 증축허가(building permit) 등이 이에 해당한다. Exaction은 강요·과세 등으로 직역되나, 여기서는 정부가 해당 토지에 대한 사용을 강제함을 뜻하는 바, 정부가 해당 토지에 대한 easement를 요구하는 경우로 이해하면 되겠다. 예컨대, 정부가 증축허가를 내주는 대신 정부가 해당 토지상 CCTV를 설치할 수 있도록 토지주에게 easement를 요구하는 경우, 그 easement가 exaction으로 인정된다. 다만, exaction을 통해 얻는 정부의 이익과 benefit간 밀접한 관련이 있고, exaction의 정도가 정부가 이루고자 하는 목적에 비례하는 경우에는 해당 exaction이 taking으로 인정되지 않는 바, 정부는 개인에게 compensation을 지급하지 않아도 된다. 다시 말해, exaction이 정부의 이익과 밀접한 관련이 있고 그 정도가 적합하다면, exaction을 taking으로 인정하지 않는 것이다. 상기 두 요건에 대한 입증책임은 정부에게 있으며, 특히 두 번째 요건은 자료를 통해 입증되어야 한다.

Loretto taking은 정부가 제3자에게 타인의 토지를 permanent^{영구적인} physical occupation할 수 있도록 허가(authorize)한 경우를 뜻하는 바, 정부가 직접 토지를 몰수한 것이 아니고 허가를 하는 방식을 취했으므로 regulatory taking에 해당한다. 본 유형은 정부가 authorize한 목적이 public interest와 관련이 없다 하더라도 인정된다. 예컨대, 정부가 전기회사에게 갑 소유의 토지상 전봇대 설치를 허가한 경우 정부의 행위(허가, authorization)는 Loretto taking으로 인정된다. 여기서 전봇대 설치의 목적, 예컨대 지역에 원활한 전기공급을 위한 목적이 public interest인지 그 여부는 Loretto taking을 판단하는데 있어 무관하다. 즉, public interest를 위해 허가한 경우가 아니더라도 Loretto taking으로 인정된다. 제3자에게 토지사용을 허용함으로써 토지주가 control할 수 없는 자에게 권한을 부여한 것이므로, Loretto taking을 인정하는 데 있어 그 요건(public interest)을 엄격히 따지지 않고 taking으로 인정하는 것이다. 이는 정부의 이익과 benefit간 밀접한 관련이 있는 경우 taking으로 인정하지 않는 land-use exaction 유형과는 차이가 있다.

A. General Rule

★Under the Fifth Amendment Taking Clause, the governmental taking of private property for public use is prohibited without just compensation. Taking Clause is also applicable to state and local governments through the Fourteenth Amendment.

B. Public Use

If a taking is for purely **private** purpose, it is **void**.

Public uses are not limited to uses by the public. Public uses are recognized when the taking is rationally related to a public purpose and is **within the police powers**.

Public purpose is recognized when the issues are as to **public safety, public health, morality, peace and quiet, law and order.**

✔ To protect children pedestrians

✔ To increase property-tax revenues (to improve monetary value)

✔ To fund police and fire services

✔ To create leisure, recreational, and employment opportunities for residents

✔ To stimulate business development

✔ To improve aesthetic values of the [city]

✔ 정부가 개인 갑으로부터 토지를 구매하여 public purpose를 위한 갤러리
를 건축할 개인 을에게 판매한 경우

(A government may transfer property from one private party to
another if future use by the public is the purpose of the taking.)

C. Regulatory Taking

Regulatory taking (non−physical taking) is recognized when:

ⅰ. The government denies **all** economic value of the private property
(total regulatory taking);

ⅱ. **Several factors** are considered and regulatory taking is recognized
("Penn Central" taking);

ⅲ. **When an exaction was imposed by a government in exchange for a
discretionary benefit conferred by the government** (land−use
exaction); or

ⅳ. When the government **authorizes** a **permanent physical occupation** of
property ("Loretto" taking).

1. Total Regulatory Taking

A total regulatory taking is recognized when regulations deprive an
owner of **all** economically viable uses or destroy **all** reasonable
investment−backed expectations. [Lucas v. South Carolina Coastal
Council, 505 U.S. 1003 (1992)] The court rarely find a total regulatory
taking.

✔ Regulation: "토지 이용을 residential 사용으로 제한한다. 또한 이전에
chemical substance를 다루는 사업으로 이용되었던 경우에는 residential
사용을 금한다."

이전에 chemical substance를 제조하는 공장이 있던 토지의 경우, 본 regulation이 적용된다면 어떠한 목적으로도 토지를 이용할 수 없으므로, total regulatory taking으로 인정된다.

✔ Regulation이 적용되는 경우 claimant의 본래 사용목적을 위해 추가적인 비용이 반드시 발생한다 하더라도 이는 추가적인 비용이 발생될 뿐, 그 목적을 위한 토지사용이 전면적으로 불가능해지는 것은 아니므로, total regulatory taking이 인정될 수 없다.

2. Penn Central Taking

Several factors must be weighed in determining whether a taking occurred are:

 i . The **economic impact** on the claimant;

 ii . The extent to which the regulation has interfered **with distinct investment backed expectations;** and

 iii. The **character** of the government action. [Penn Central Transportation Co. v. New York City, 438 U.S. 104 (1978)]

3. Land-Use Exaction (14Feb)

When an exaction (e.g., easement) was imposed by a government in exchange for a discretionary benefit conferred by the government, regulatory taking is recognized.

However, the exaction is not a taking if:

 i . There is an **essential nexus** between the **public interest** that the proposed development contributes and the **permit condition;** and

 ii . The exaction must be **roughly proportional to the anticipated impact** of the requested development.

The government must make some **effort to quantify** its findings in support of the dedication **beyond the conclusive statement.**

✔ 정부가 갑에게 building permit을 허가하는 조건으로, 정부가 범죄예방을 위해 갑 토지상 video surveillance equipment를 설치할 수 있도록 갑에게 easement를 요구하는 경우, 정부는 해당 easement와 범죄예방간 관계가 있고(요건 ⅰ), 해당 easement와 building permit이 주어진 이후의 변화간 관계가 있음(요건 ⅱ)을 구체적인 증거로서 입증해야 한다.

✔ 정부가 bike path이용의 대가로 개인에게 exaction을 요구하는 것은 to reduce traffic congestion하고자 하는 정부의 public interest와 essential nexus가 있다. → 요건 ⅰ 충족 → taking × → just compensation 불필요

4. Loretto Taking

A **permanent physical occupation** of property authorized **by the government** is recognized as a taking.

There is a taking **without regard to** whether the action achieves an **important public benefit** or has only **minimal economic impact** on the owner.

✔ 뉴욕 주가 토지주에 cable TV company에게 설치할 수 있도록 허가해야 한다는 내용의 statute를 제정한 경우 [Loretto v. Teleprompter Manhattan Catv Corp., 458 U.S. 419, 102 S. Ct. 3164 (1982)]

✔ 정부가 electricity company에게 특정 토지에 전선(electrical lines)을 설치할 수 있도록 허가한 경우

답안요령

Q: Do the City's actions with respect to ABC land constitute a taking under the Constitution?

1. Taking Clause
2. Regulatory taking 유형(×4)
3. Analysis + 결론

본 답안요령은 기출문제에서 주로 출제되는 regulatory taking에 대한 내용을 기준으로 작성되었다. Regulatory taking에 대해 논하기 전에, Taking Clause에 대한 기본적인 설명하는 것이 고득점 포인트다.

TIP2 2번: ① "Penn Central" taking의 경우, 세 개의 고려사항을 구분하여 각각 analysis하는 것이 고득점 포인트다.

② Land-use exaction의 경우, exaction이 taking으로 인정되지 않는 예외 rules를 고려하는 것 또한 고득점 포인트다.

③ "Loretto" taking의 경우, 정부의 목적(public interest)와는 무관하다는 점을 명시하는 것이 고득점 포인트다.

모범답안 077

1. The City's actions with respect to ABC land constitute a taking under the Constitution.

Under the Fifth Amendment Taking Clause, the governmental taking of private property for public use is prohibited without just compensation. Taking Clause is also applicable to state and local governments through the Fourteenth Amendment. There are two types of taking: physical and regulatory taking.

Regulatory taking (non-physical taking) is recognized when there is total regulatory taking, "Penn Central" taking, land-use exaction, or "Loretto" taking.

(ANALYSIS ①: In this case, the City's ordinance denies all economic value of the private property as in Lucas case. The ordinance destroys all reasonable investment-backed expectations, since ……..)

(ANALYSIS ②: As to the "Penn Central" taking, several factors are considered: (1) there is an economic impact of the regulation on the claimant, (2) the owner's primary expectation for use of the property is interfered by the ordinance, and (3) the regulation is for public use. In this case, ……..)

(ANALYSIS ③: When an exaction was imposed by a government in exchange for a discretionary benefit conferred by the government, regulatory taking is recognized. In this case, ·······.)

(ANALYSIS ④: When a permanent physical occupation of property authorized by the government, it is recognized as Loretto taking. There is a taking without regard to whether the action achieves an important public benefit or has only minimal economic impact on the owner. In this case, ·······.)

In sum, the City's actions with respect to ABC land constitute a taking under the Constitution.

II. Equal Protection Clause (EP) (11July)

A. General Rule

★The Fourteenth Amendment provides that no state shall deny to any person within its jurisdiction the equal protection of the laws.

B. State Action

Equal Protection Clause applies **only to the governments** but also to private parties whose actions constitute state action.

Private parties can constitute state action when:

ⅰ. They performed a **traditional public function;**

ⅱ. There is judicial **enforcement** of certain private contracts;

ⅲ. There is **joint action** between a state and private actor; or

ⅳ. There is **state encouragement** of private discrimination.

✔ 위생복지(sanitation services) — traditional public function ○

✔ 치안(security services) — traditional public function ○

✔ 화재보안(fire protection) — traditional public function ○

✔ Running a school — traditional public function ×

✔ State로부터 fund를 받는 학교 — state action으로 인정 ×

✔ State의 교육부로부터 승인된 학교 — state action으로 인정 ×

✔ State가 커리큘럼을 regulate하는 학교 — state action으로 인정 ×

✔ State가 졸업자에게 state certification을 발급하는 학교 — state action으로 인정 ×

✔ 모든 직원이 state employee인 학교 — state action으로 인정 ○

C. Standards

1. Strict Scrutiny Test (SS test)

race, alienage

★The state must show that the challenged classification serves **compelling** governmental objectives.

2. Intermediate Scrutiny Test (IR test)

gender

★The state must show that the challenged classification serves **important governmental objectives** and that the discriminatory means employed are **substantially related** to the achievement of those objectives.

3. Rational Basis Test (RR test)

그 외

★**Petitioner** should show that the discrimination is not **rationally related** to legitimate governmental interest.

D. Exceptions

성별에 근거한 차별적 규정에는 원칙적으로 IR test가 적용된다. 그렇다면 남녀가 각각 다른 탈의실을 사용해야 한다는 법 또한, 성별에 근거한 차별적 규정이라는 이유로 IR test를 적용해야 하는가. 이 경우는 정부가 남녀에게 별도의 facility를 제공한 사안으로서, IR test가 아닌 별도의 합헌성 기준이 적용되는 바, 정부가 ① 매우 설득력 있는 정당성(exceedingly persuasive justification, 예컨대 남녀간 생물학적 차이가 존재함)과 ② 남녀에게 제공된 facility가 거의 동일하다(substantially equivalent)는 점을 증명한다면, 남녀에게 별도의 facility를 제공했다 하더라도, 즉 남녀를 차별했다 하더라도 Equal Protection Clause에 위배되지 않는다. 만일 평균 기온이 40도인 도시에서 여자 탈의실에는 에어컨이 설치되어 있고, 남자 탈의실에는 설치되어 있지 않다면, 두 facilities가 동일하다 볼 수 없으므로 Equal Protection Clause에 위배된다.

The government may treat men and women **differently** and provide separate facilities for each gender, **guaranteeing the equal protection.**

The government has burden on:

ⅰ. Showing the **exceeding persuasive justification** for the separate treatment; and

ⅱ. Showing the separate facilities are **substantially equivalent.**

답안요령

Q: <u>Has the state violated the 갑's rights under the Equal Protection Clause of the Fourteenth Amendment?</u>

<u>주(州)가 'gender를 차별'하는 법을 제정하였는데, 해당 법이 EP에 위배되는지 그 여부를 논하라.</u>

> 1. 법을 제정한 주체(state 또는 federal)
> 2. 차별한 근거(gender) → IR test
>   + analysis
> 3. 예외: 남녀에게 다른 facility를 제공하였으나 차별은 아닌 경우★

TIP1   1번: 출제의도에 따라 ① 수정헌법 5조는 federal 정부에 적용되며, 수정헌법 14조에 의해 state 정부에도 확대적용됨 또는 ② private individual/entity이나 그 성격이 주(州)와 다름없으므로 state action

으로 인정됨을 서술한다.

TIP2   EP의 합헌성 판단기준은 'class 분류기준'이고, DP의 합헌성 판단기준은 '박탈된 권리의 유형'이다.

TIP3   'Gender를 차별'하는 경우, 별도의 문제가 출제되지 않았더라도 '예외 rules'에 대해 analysis하는 것이 고득점 포인트다.

모범답안 078

1. The state violated the 갑's rights under the Equal Protection Clause of the Fourteenth Amendment.

The Fourteenth Amendment provides that no state shall deny to any person within its jurisdiction the equal protection of the laws.

Here, the state discriminates gender and intermediate scrutiny test is applicable. The state must show that the challenged classification serves important governmental objectives and that the discriminatory means employed are substantially related to the achievement of those objectives. (ANALYSIS)

The government may treat men and women differently and provide separate facilities for each gender, guaranteeing the equal protection. The government has burden on: (1) showing the exceeding persuasive justification for the separate treatment and (2) showing the separate facilities are substantially equivalent.

(ANALYSIS)

In sum, the state violated the 갑's rights under the Equal Protection Clause of the Fourteenth Amendment.

III. Freedom of Speech

TIP   Freedom of speech 위반여부 판단 시, 아래 세 가지를 순서대로 모두 고려한다.

① 해당 statute의 제한 기준(content-based 또는 content-neutral)
② speech가 이루어진 장소(public forum, designated public forum, 또는 nonpublic forum)
③ 적용되는 test(SS, IR, 또는 RR test)

A. Basic Rules

Freedom of speech는 표현의 자유를 뜻하는 바, 여기서 'speech'는 언어적 표현(verbal speech)뿐만 아니라 특정 의미를 담고 있는 행위(expressive activities)도 포함하는 개념이다. 따라서 의사전달의 가치가 전혀 없는 단순한 행위(conduct without communicative value)는 포함하지 않는다. 즉 verbal speech 및 expressive activities만이 수정헌법 1조의 보호를 받을 수 있다.

Freedom of speech는 '공공장소'에서의 표현행위만을 보호하는 바, 사유지에서의 표현행위는 보호하지 않는다. 즉 U.S. 시민은 공공장소에서 자유롭게 표현행위를 할 수 있으며 정부는 이를 제한하는 규정을 제정하는 데 있어 많은 제한이 있으나, 사유지에서의 표현행위는 제한할 수 있다. '공공장소'는 public forum, designated public forum, nonpublic forum으로 구분되며, 각 유형에서의 표현행위를 제한하는 규정이 합헌인지 그 여부를 판단하는 경우 다른 판단기준(SS/IR/RR test)이 적용된다. Public forum이란, 전통적으로 자유롭게 표현행위를 할 수 있었던 장소를 일컫는 바, 도로, 공원(public park) 등이 해당된다. 다만 우리나라의 공공장소 개념과는 다소 차이가 있기 때문에 definition보다는 예시로 개념을 익히는 것이 좋다. Designated public forum은 정부가 시민들의 표현행위를 위한 목적에 한해 개방하는 공공장소를 뜻하며, 수업이 없는 방과 후 교실을 개방한 경우가 가장 대표적인 예시이다. Designated public forum에는 public forum에 적용되는 rule이 동일하게 적용된다. Nonpublic forum은 공공장소 중 public forum과 designated public forum이 아닌 장소를 뜻한다.

각 유형에 적용되는 기준(SS/IR/RR test)은 해당 규정이 speech의 '내용'을 기준으로 speech를 구분하는 content-based regulation과 그렇지 않은 content-neutral regulation의 경우로 구분하여 달리 적용된다. Content-based regulation이란 특정 '내용'을 기준으로 speech에 제한을 가하는 규정을 뜻하는 바, 기독교에 관한 speech를 금하는 규정, 정치적 발언을 금하는 규정이 이에 해당한다. Content-neutral regulation은 내용과 무관하게 모든 speech를 일괄적으로 제한하는 규정을 뜻하는 바, 번쩍거림이 있는 전광판 사용을 금하는 규정, 전단을 나눠주는 행위를 금하는 규정(anti-litter regulation) 등이 이에 해당한다.

TIP1 헌법상에서의 "protect" 단어는 "자유롭다"고 해석하면 쉽다.
TIP2 Nonpublic forum은 공공장소의 한 유형으로서, 사유지(private place)를 의미하는 것이 아니다.

1. Applicable Law

The First Amendment protects the right to freedom of speech and it is applicable to the federal government and state or local governments through the Fourteenth Amendment.

Private parties can constitute state action when:

ⅰ. They performed a **traditional public function;**

ⅱ. There is judicial **enforcement** of certain private contracts;

ⅲ. There is **joint action** between a state and private actor; or

ⅳ. There is **state encouragement** of private discrimination.

2. Speech

"Speech" includes verbal speech and expressive activities. However, **conduct that has no communicative value** is **not** protected from the First Amendment.

3. Public Places

a. Public Forum

Public forum is a place that has **traditionally** been used to the free exercise of the right to speech and public debate and assembly.

✔ School

✔ Streets, sidewalks

✔ Public parks

b. Designated Public Forum

★A designated (or limited) public forum is created when a governmental entity opens a location to speech even though it could close the location.

All the rules applicable to a traditional public forum apply to a designated public forum.

✔ School rooms that are open for after−school use by social, civic, or recreation groups: 수업이 없는 방과 후 교실을 개방한 경우

✔ City bus에 광고를 허용한 경우

c. Nonpublic Forum

Nonpublic forum is public property that is neither traditional public forums nor designated public forum.

✔ Airport terminals

✔ Public schools

✔ Jail

✔ Military bases

4. Limitations on Regulations

a. Overbroad and Vague

The statute should not be overbroad and vague.

✔ The statute applies only to advocacy of imminent law−

breaking — overbroad ×(constitutional)

✔ "Any person who uses abusive language, tending to cause a breach of the peace, shall be guilty of a misdemeanor." — overbroad ○(unconstitutional)

b. Prior Restraints

Prior restraints put barrier on speech **before** it even occurs and it is unconstitutional.

답안요령

1. 주어진 규정에 대한 rule
   + analysis
2. overbroad/vague 여부★
   + analysis
3. Prior restraint★
   + analysis

B. Unprotected Speeches (09July)

원칙적으로 정부가 speech의 내용(content-based)을 기준으로 규제하는 것은 해당 규제가 SS test를 만족하지 않는 한 위헌이다. SS test는 매우 엄격한 기준만족을 요하는 바, 대부분의 경우 content-based regulation은 위헌이다. 다만, content-based regulation이라 할지라도 규제받은 speech가 헌법의 보호영역에 해당하지 않는 표현(unprotected speech)인 경우에는 합헌이다. Unprotected speech에는 fighting words, words that advocating breaking the law, obscenity^{음란함}, defamation, false advertising 등이 있다. 그중 words that advocating breaking the law는 불법행위 옹호, 즉 '당장(imminent)'의 불법행위를 발생시킬만한 표현을 뜻하는 바, 불법행위를 옹호하는 추상적인 생각을 표현하는 것과는 다르다. 한 개인이 불법행위를 옹호하는 표현을 했다 할지라도 당시 상황을 고려했을 때 청취자가 이를 심각하게 받아들일 수 없는 상황이라면, imminence가 인정되지 않아 헌법상 보호된다. 즉 그러한 표현을 제한하는 statute는 위헌이다.

1. General Rule

The freedom of speech is protected from the First Amendment of the U.S. Constitution. However, certain types of speech, such as fighting words and advocating breaking the law, are **not** protected under the First Amendment.

2. Fighting Words

★Fighting words are not protected from the First Amendment. Fighting words are defined as words which incite an **immediate breach of the peace**. Speech that is likely to **cause a violent reaction** from others is also recognized as fighting words.

3. Advocating Breaking Law

★The First Amendment **does not protect** individuals who incite^{선동하다} or advocate breaking the law, when:

i . There is advocacy of illegal conduct and **not just an abstract**^{추상적인} **expression of ideas;**

ii . The advocacy calls for **imminent** law−breaking; or

iii. The law−breaking is **likely to occur.**

✔ Abstract expression of ideas — advocating breaking law ×
(The statute should distinguish between abstract expression of ideas and such advocacy.)

C. Public Forum Doctrine (10July, 13Fed, 20Oct)

Public forum doctrine은 'public forum에서의' speech를 제한하는 statute의 위법성 여부를 판단하는 기준이다. Public forum doctrine에 따르면 statute의 위법성을 판단하는 기준은 statute의 성격에 따라 달리 적용된다. 해당 statute

가 content-based regulation인 경우, 가장 엄격한 strict scrutiny test(SS test)를 적용하고, content-neutral regulation인 경우에는 intermediate scrutiny(IR test)를 적용한다.

```
                          ┌ content-based  ⇒ SS
    public forum + speech │
                          └ content-neutral ⇒ IR
```

1. General Rule

Under the public forum doctrine, government may regulate speech in a public forum only if certain conditions are met.

If the regulation is **content-based,** it must meet the requirements of **strict scrutiny.** Under strict scrutiny, the regulation must be **narrowly tailored** to further a **compelling government interest.**

If the regulation is **content-neutral,** intermediate scrutiny is applied. Under intermediate scrutiny, the true purpose of the regulation may **not be the suppression of the expression,** the regulation must be **narrowly tailored to achieve a significant governmental interest, and it must leave open alternative channels for expressive activity.**

2. Content-Based Regulations

Content-based regulation이란 특정 '내용'을 기준으로 speech에 제한을 가하는 규정을 뜻한다. 다만, 특정 내용을 기준으로 제한이 가해진다 하여 반드시 content-based regulation인 것은 아니고, content를 파악해야만 제한의 내용을 알 수 있는 수준, 즉 규정이 content의 내용에 '깊게 개입' 하는 경우 content-based regulation으로 인정된다. 그 정도는 Reed 판례(Reed v. Town of Gilbert, 576 U.S. 155 (2015))를 통해 구체적으로 알 수 있는데, 해당 사건에서 challenged된 규정의 내용은 다음과 같다. "Outdoor sign 중 ideological, political 또는 temporary directional한 sign을 제외하고는 허가가 반드시 있어야 하며, ideological, political 또는 temporary directional한 sign은 각각 별도의 크기, 위치, 부착기간의 제한

을 지켜야 한다." 이에 대해 법원은 content-based regulation으로 인정하였는데, 이는 ideological, political 또는 temporary directional한 sign을 규제 제외 대상으로 구별하였을 뿐만 아니라 세 종류의 예외에도 각각의 내용에 따라 별도의 규제가 있기 때문이다. 따라서 regulation이 내용을 기준으로 한 사소한 구별을 한다 할지라도 그 구별이 잘 정립된 기준(well-defined category)에 입각하여 narrow하다면 content-based regulation으로 인정되지 않을 가능성이 높다.

Content-based regulation is a regulation that applies to particular speech based on the topic discussed or the idea or message expressed.

✔ Prohibiting robocalls^{자동녹음전화} to cell phones, except for ones made to collect debts owed ― content-based ○
✔ Prohibiting outdoor signs without permit, except for ideological, political, and temporary directional signs, while subjecting each to specific restrictions as to size, location, and duration of placement ― content-based ○

3. Narrowly Tailored

SS test와 IR test 모두 narrowly tailored 요건이 있으나, 이에 대한 해석은 달리한다. SS test는 이를 좀 더 엄격히 해석하여 해당 regulation이 정부의 목적을 달성하는 데 있어 많은 제한을 하거나(over-inclusive) 적은 제한을 하는 것(under-inclusive)을 거의 허용하지 않는다. 예컨대, 미관 보호를 목적으로 political issue에 관한 플랜카드를 제외한 나머지 플랜카드를 빌딩에 설치하는 것을 금하는 경우, political issue에 관한 플랜카드라 하여 미관보호의 목적에 부합하는 것이 아니므로 본 regulation은 under-inclusive하다고 볼 수 있다. 한편, IR test는 'narrowly tailored'를 SS test와 비교하여 낮은 기준으로 해석하는 바, 해당 regulation이 없는 경우 정부의 목적을 달성하는 데 less effective한 경우 narrowly tailored하다고 본다.

a. Strict Scrutiny Test

Under the strict scrutiny test, "narrowly tailored" means that the challenged regulation is the **least speech−restrictive** method for achieving the government's interest. **Very little** over−inclusiveness or under−inclusiveness is allowed.

b. Intermediate Scrutiny Test

Under the intermediate scrutiny test, "narrowly tailored" means that the challenged regulation would achieve a substantial governmental interest **less effectively** if there is **no regulation.** In other words, it would achieve the government's interests **less effectively** if it were less over− or under−inclusive.

The regulation is not unconstitutional simply because there is a less speech restrictive alternative.

---

case

A주에서 제정한 regulation의 내용은 다음과 같다.

"Prohibiting signs placed on public property in State A which have flashing lights, except for signs as to time and temperature information."

본 regulation의 목적은 주의 미관을 보호하고 교통안전을 보호하는 데 있다. 주는 이와 관련한 연구결과도 함께 공개하였는데, 해당 연구에 따르면 flashing light가 있는 sign을 금지하는 것은 시속제한 20 mile 이상의 곳에서 교통안전을 보호하는 효과가 있으나, 시속제한 20 mile 미만의 장소에서는 그 효과가 미미하다. 본 regulation의 합헌성에 대해 논하라.

⇒ If the regulation is content−based regulation, SS test is applied.

"narrowly tailored" 해석:

① Under−inclusive: Driver의 시야를 방해하는 '모든' flashing light sign을 금해야 할 것이나, 본 regulation은 time and temperature에 관한 sign은 허용하고 있다. 또한 미관 보호의 목적에 있어 time and temperature에 관한 sign이 적합하다고 볼 수 없다.

② Over-inclusive: 연구결과에 따르면 시속제한 20 mile 미만의 장소에서는 효과가 미미한 바, 시속제한 20 mile인 장소에도 본 regulation(제한)을 적용하는 것은 over-inclusive하다.

SS test에서는 최소한의 under-inclusive 또는 over-inclusive만을 허용하는 바, A주가 이에 대해 반박하지 못하는 한 본 regulation은 unconstitutional하다.

⇒ If the regulation is content-neutral regulation, IR test or T/P/M restriction is applied.

본 regulation은 앞서 언급한 바와 같이 under-inclusive하나, 미관 보호의 목적에 있어 극히 적은 예외(narrow exemption)만을 인정하고 있는 바, 정부의 목적에 adequately tailored한다고 볼 수 있다. 또한 본 regulation은 flashing light sign만을 제한하고 있는 바, 주민은 다른 유형의 sign, 예컨대 밝은 색의 sign(illuminated sign)을 사용할 수 있으므로 alternative mean이 허용된다고 볼 수 있다. 따라서 본 regulation은 constitutional하다.

TIP1 주어진 regulation의 유형(content-based 또는 content-neutral)을 판단하는 경우, Reed 판례와 비교분석하는 것이 고득점 포인트다.
⇒ "사소한 구별 및 차별도 content-based로 보아 SS test가 적용된다고 볼 수는 있으나, 주어진 regulation은 Reed 판례와 비교하였을 때 다소 차이가 있다."
(Even though a regulation that makes any small distinction or exemption based on content can be treated as content-based regulation, the regulation in this case is distinguished from one in Reed case.)

TIP2 SS test와 IR test에서 "narrowly tailored" 용어를 해석하는 데 있어 차이가 있음을 명시하는 것이 고득점 포인트다.

[T/P/M Restrictions]

Time, place, manner restrictions(T/P/M)는 특정 conduct를 할 수 있는 모든 방법을 차단하여 그 행위를 완전히 금하는 것(entirely ban)이 아니라, 행위의 시간·장소·방법만을 규제하여 그 행위를 할 수는 있되 제한적으로 규제하는 것을 뜻한다. 예를 들어, "불꽃축제에서 폭죽 행위를 하는 경우, ABC 원재료가 사용된 폭죽만을 사용할 수 있다"는 법규는 폭죽행위를 전면적으로 금하는 것이 아니라 폭죽행위의 manner(방법)만을 규제하기 때문에, 다른 요건들을 만족하는 경우 time, place, manner restrictions에 해당될 수 있다.

[표 12-1] T/P/M

Public forum	Nonpublic forum
IR test	RR test
ⅰ. be **content** neutral	ⅰ. **viewpoint** neutral
ⅱ. be narrowly tailored to serve an important government interest	ⅱ. reasonably related to purpose
ⅲ. leave open alternative channels	

답안요령

Q: Public forum(또는 designated public forum)에서의 speech를 제한하는 statute의 합헌성에 대해 논하라.

1. Freedom of speech
2. Applicable rule (수정헌법 5조 또는 수정헌법 14조)
   + analysis (statute를 제정한 주체: state 또는 federal)
3. Speech
   + analysis (제한받은 행위가 speech에 해당하는지)
4. Public forum 정의
   + analysis
5. Public forum doctrine
6. 주어진 규정의 제한기준(content−based 또는 content−neutral restriction)
   + analysis★
7. 적용되는 test(SS 또는 IR test)
   + analysis★

TIP1   본 답안요령은 'public forum(또는 designated public forum)에서의' speech 제한인 경우에 한정하여 작성한 것이다. Freedom of speech 논점에 대해 항상 위 답안요령 내용을 모두 작성해야 하는 것은 아니고, 문제의 출제의도를 파악하여 문제에서 요구하는 내용을 작성하는 것이 훨씬 중요하다.

TIP2 6번: ① 주어진 statute가 항상 content-based 또는 content-neutral restriction으로 명확히 구분된다는 고정관념을 버리는 것이 중요하다. 보는 관점에 따라 동일한 statute가 content-based restriction으로도, content-neutral restriction으로도 해석될 수 있다. 이런 경우에는 각 경우를 모두 analysis하는 것이 고득점 포인트다.

② Reed 판례와 비교분석하는 것이 고득점 포인트다.

TIP3 7번: SS test와 IR test에서의 "narrowly tailored"요건 기준이 다름에 유념한다.

D. Regulations on Symbolic Conduct (10July)

1. Conduct With Communicative Value

★A government regulation on **speech-related conduct** must serve an **important** governmental interest that is **not to suppress expression.** Additionally, the interest should not be no greater than necessary to serve the state's interest.

2. Conduct Without Communicative Value

★The government can regulate conduct that has no communicative value and simply was a conduct.

case

군인인 아들이 부당하게 파면되자, 화가 난 아버지가 military base에 갔다. Military base 앞에는 "No admittance without an appointment"라고 적혀 있었다. Base 앞을 지키던 군인은 무단으로 base에 들어와 난동을 피우는 아버지를 경찰에 신고했고, 아버지 is convicted of trespassing on government property. What are the grounds to vacate Father's trespass conviction?

⇒ Military base에 들어간 아버지의 행위는 communicative value가 없는 단순한 conduct이다. 따라서 수정헌법 1조에 의해 보호받지 못한다. 다만, 아버

지의 행위는 아들의 파면이 부당하다는 자신의 의견을 표명하기 위한 행위였으므로 communicative value가 있다고 볼 수도 있다. 하지만 military base는 nonpublic forum이며, 보안이 중요한 military base에서의 선약제한은 타당하고, 이 제한은 표현행위 자체를 제한하고자 하는 의도가 없는(not related to suppression of expression) 바, 아버지의 행위는 수정헌법 1조에 의해 보호될 수 없다.

답안요령

Q: Provide grounds to vacate 갑's conviction. Explain.
사전 허가 없이 학교에 enter하는 것을 금하는 규정이 있다. 갑이 사전 허가 없이 학교에 enter하였고, 이에 대해 기소되었다. 법원이 갑에 대해 유죄를 선고한 경우, 그 선고의 근거법률에 대한 위헌여부를 논하라.

1. Conduct without communicative value
   + analysis
2. Conduct with communicative value
   + analysis(표현행위가 이루어진 forum에 대한)
   + analysis(판단기준이 되는 rule에 대한)

TIP   특정 conduct를 규제하는 법의 위헌여부를 판단할 경우, 그 행동이 '단순한 행위'를 의미하는 경우와 '의미를 전달하려는' 행위인 경우로 구분하여 analysis하는 것이 고득점 포인트다.

모범답안 079

1. 갑 would be convicted, since the 갑's conduct would not be protected under the First Amendment.

갑's conduct could be interpreted as two ways: a physical conduct or a conduct with communicative value. The government can regulate conduct that has no communicative value. (ANALYSIS)

갑's conduct could be treated as a conduct having communicative value, since 갑 did it to express his opinion. A government regulation on speech—related conduct must serve an important governmental interest that is not to suppress expression. Additionally, the interest should not be no greater than necessary to serve the state's interest.

(ANALYSIS)

In conclusion, 갑 would be convicted since the 갑's conduct would not be protected under the First Amendment.

E. Free to Speech and Religion (10July)

본 챕터는 '종교'에 관한 speech를 제한한 경우에 대해 논한다. 다시 말해, freedom of speech와 freedom of religion 논점이 밀접하게 연관되어 있는 경우에 대해 논하는 바, 가장 대표적인 case는 방과 후 학교의 빈 교실을 종교단체가 meeting을 목적으로 대여하려 하자 학교측이 이를 거부한 경우이다. 이는 '종교'단체의 'speech'를 거부하였으므로, 학교측의 행위가 freedom of speech와 freedom of religion(Establishment Clause 또는 Free Exercise Clause)에 위배되지 않는 경우에 한해 합헌이다. 만일 statute가 종교적인 speech와 일반적인 speech를 구분하지 않는 경우, Establishment Clause 또는 Free Exercise Clause에 위배되지 않는다.

If religious speech is treated same as nonreligious speech, statutes do not violate **the Establishment Clause or Free Exercise Clause.**

✔ 학교측이 '종교단체'임을 근거로 교실 대여를 거부한 경우 → freedom of religion 침해O → unconstitutional

✔ 교실을 대여하고자 하는 경우 일주일 전에 미리 예약을 해야 한다는 규정이 있으나, 종교단체가 미리 예약을 하지 않아 이를 근거로 학교측이 거부한 경우 → freedom of religion 침해× → constitutional

---

답안요령	종교단체의 speech가 제한된 경우

1. Freedom of speech에 관한 rules
   + analysis
2. Freedom of religion에 관한 rules★
   + analysis

F. Defamation (08July)

Defamation은 '명예훼손'을 뜻하는 바, 「4장 Torts」에서 논한 defamation과 동일한 개념이다. 이는 수정헌법 1조상 보장되는 피고의 freedom of speech 와 원고 개인의 명예 보호라는 두 가치가 충돌하는 문제로서, 특정 표현을 defamation으로 인정하는 요건이 엄격할수록 freedom of speech을 보호하는 정도가 높다고 볼 수 있다. 따라서 private person의 private matter에 관한 표현은 freedom of speech보다 개인의 명예 보호에 더 가치를 두어 피고의 freedom of speech를 보호하는 정도가 비교적 약하고, public figure 또는 public matter에 관한 표현은 개인의 명예 보호보다 freedom of speech에 더 가치를 두어 피고의 freedom of speech를 비교적 강하게 보호한다고 할 수 있다. Defamation의 성립요건은 「4장 Torts」에서 논한 내용과 동일한 바, 본 파트에서 다시 논하지는 않기로 한다.

1. General Rule

★Public officials or public figures seeking to recover damages in a defamation action must prove that the defendant reporter acted with actual malice.

2. Public Figure

★Public figure is a person who:

 i . Assumes **roles of especial prominence** in the affairs of society; or

 ii . May **voluntarily inject himself into a particular controversy to influence** the resolution of the issues involved.

3. Actual Malice

★"Actual malice" is defined as:

 i . Knowledge that the published defamation was false; or

ⅱ. Reckless disregard of whether it was false or not.

✔ 자신이 유포한 내용을 유포자가 진심으로 믿는 경우 → actual malice
× → defamation ×

[표 12-2]

Private 人		Public 人	
Private matter	Public matter	Private matter	Public matter
(기본요건(×4)) ⅰ. Defamatory language; ⅱ. As to the plaintiff; ⅲ. Publication; and ⅳ. Damages ⇒ damages 제한×	기본요건(×4) + falsity + **NG** + actual injury ⇒ damages for actual injury	기본요건(×4) + falsity + NG/actual malice ⇒ damages 제한×	
	기본요건(×4) + falsity + **actual malice** ⇒ damages 제한×		

G. The First Amendment and General Laws (08July)

신문 기자가 '취재를 위해' 타인의 집에 무단으로 침입한 경우 신문 기자의 trespass to property를 인정하는 것은, 신문 기자의 speech를 제한한 것이므로 the First Amendment에 위배된다고 볼 수 있는가. 본 사안은 헌법적 권리인 freedom of speech와 헌법 외의 법률(general law)인 torts가 충돌하는 경우로서, 헌법이 행위 주체(신문 기자)를 보호하므로, 그 행위 주체가 헌법 외의 법률(torts)을 위반하더라도 그의 헌법적 권리는 보장되어야 하는가를 판단해야 한다. General law가 헌법적 권리를 침해하기 위한 목적을 가지지 않는 한, 행위 주체는 헌법적 권리를 실현하는 과정에서 general law를 준수해야 한다. 다시 말해, 신문 기자가 freedom of speech를 실현하기 위해(취재를 하기 위해) 타인의 집에 들어갔다 하더라도, 그 과정에서 torts를 준수해야 한다. 따라서 그는 trespass to property에 대한 책임을 져야 한다. 다만, 적용되는 법률(신문 기자의 행위가 trespass to property임을 인정하게 된 근거)이 freedom of speech를 제한하고자 제정된 경우에는 해당 법률은 the First Amendment에 위배되므로 위헌이다. 즉, 신문 기자는 trespass to property에 대한 책임을 지지 않는다.

★The First Amendment does **not shield the expression from liability** arising under **generally applicable law not aimed at suppression of free speech.**
Only the fact that the enforcement of applicable laws results in **incidental effects** against the rights under the First Amendment does **not** make the laws **unconstitutional.**

| TIP | General law를 적용하여 행위자에게 책임을 물을 수 있는지 그 여부를 판단하는 경우, general law상의 defenses를 고려하는 것이 고득점 포인트다. |

13장
Evidence

//

Evidence는 '증거'라는 뜻으로, 본 장에서는 소송당사자가 수집한 증거들 중 재판에서 사실판단을 담당하는 jury에게 제출할 수 있는 증거들의 유형 및 요건에 대해 논한다. Jury에게 제출할 수 있는 증거는 "admissible하다"고 표현한다. 증거는 구분하는 기준에 따라 ① 증명을 요하는 사실을 직접적으로 증명하는 직접증거(direct evidence)와 요증(要證)사실을 추인케 하는 간접사실을 증명하는 간접증거 또는 정황증거(circumstantial evidence), 사람의 진술이 증거방법이 되는 인증(人證, testimonial evidence)과 물건의 존재 또는 상태가 증거방법이 되는 물증(物證, real evidence), 서류의 내용 또는 존재 자체가 증거방법이 되는 서증 및 서면(documentary evidence) 등이 있다. (『법학입문』 제2판(집현재, 2016), 465면.) 동일한 증거를 여러 목적으로 제출할 수는 있으나 증거가 제출된 목적에 따라 admissibility(제출 가능여부) 기준이 다르게 적용된다. 따라서 에세이시험 답안을 작성할 때에는 해당 증거가 제출된 '목적'을 파악하는 것이 가장 중요하다.

한편, 증거법은 형법 및 형사소송법과 밀접한 관련이 있다. 만약 정부(경찰, 검사 등)가 헌법상 보장하는 기본권을 침해하는 위법한 방법으로 피의자 및 피고인으로부터 진술 및 증거물을 확보했다면, 이 증거들은 채택될 수 없다(inadmissible하다). 따라서 형사소송 과정 중 확보한 증거의 admissibility를 판단하는 문제의 경우, '증거법'상의 rules와 '형사소송법'상의 rules를 모두 고려해야 한다. 예를 들어, 경찰조사 과정에서 확보한 피의자 및 피고인의 진술(statement)의 admissibility는 증거법상의 hearsay와 형사소송법상의 confrontation clause, Miranda warning에 관한 내용을 모두 고려해서 판단해야 한다.

• Substantive evidence: 요증 사실을 위한 증거
• Circumstantial evidence: 요증사실을 추인케 하는 간접사실을 증명하는 간접증

거 또는 정황증거

- Corroborative evidence: 본증(本證)과 다른 유형의 증거이지만 동일한 요증사실을 위한 증거(예: 본증이 피고의 범죄행위를 목격한 증인의 증언일 경우, 탄도학보고서는 corroborative evidence이다.)
- Impeachment: 증인의 신뢰도를 떨어뜨리기 위한 과정
- Cross-examination: 상대방 측 증인에 대한 심문

☑ 글쓰기 Tips

1. 본 장에 관한 문제는 「14장 Criminal Law and Criminal Procedure」 내용, 특히 criminal procedure와 같이 출제되는 경우가 많다(16July, 17July, 19July, 20Sep).
2. Evidence에 관한 문제에서는 ① 사건유형(civil/criminal case)과 ② 해당 증거의 제출목적(substantive/impeachment)을 파악하는 것이 중요하다.
3. 문제에서 증거가 제출된 '목적'을 명시한 경우에는 주어진 목적에 관한 rule을 적용하고, 목적이 명시되어 있지 않은 경우에는 substantive evidence로 제출된 경우와 impeach 목적으로 제출된 경우로 구분하여 서술하는 것이 고득점 포인트다.
   Q: What evidence, if any, proffered by 갑 to impeach 을 should be admitted?
   Q: Should the judge have admitted the testimony to prove that [갑 attacked 을]?
4. 대부분의 Evidence 문제본문은 사건의 흐름을 보여주고 있기 때문에, ① "At trial, in π's case-in-chief" ② "In △'s case-in-chief" ③ "In rebuttal" 단계로 구분하여 증거의 admissibility를 파악하는 것이 좋다. 이는 주어진 증거가 어떤 목적으로 제출되었는지(substantive/impeachment), prior inconsistent statement에 해당하는지 그 여부를 파악하는 데 유용하다.
5. 본 장에 관한 문제, 즉 증거의 admissibility에 대한 문제는 '증거의 relevance' 유무에 대한 내용으로 시작되어야 한다.
6. 동일한 문장이 '다수'의 hearsay exceptions에 해당하는 경우가 많다. 또한 주어진 statement의 exception 해당여부와 관계없이 '연관성이 높은' hearsay exceptions를 모두 서술하고 해당여부를 판단하는 것이 고득점 포인트다.
   ⇒ Present condition, medical diagnosis/treatment, spontaneous statement, contemporaneous statement는 서로 연관성이 높은 exceptions다.
7. 본 장에 관한 모든 문제는 소송당사자가 제출한 증거의 admissibility를 판단하는 것이 핵심이다.
   ① Evidence rules를 '포괄적'으로 물어보는 문제
   Q: Did the court properly admit the [notes]?
   Q: Was the evidence properly admitted?
   ② 특정 Evidence rules를 물어보는 문제
   Q: Did the Court err in sustaining 갑's objection to cross-examination?
   Q: Did the Court err in sustaining 갑's objection to the introduction of Exhibit 34?

I. Relevance

A. General Rule

Relevance는 증거와 소송간 '관련성'을 뜻하며, 관련성이 있는 증거(relevant evidence)만이 admissible하다. Relevant 여부는 특정 사실의 probability에 영향을 미칠 수 있는지 그 여부를 기준으로 판단하는 바, 증거가 제출한 측의 주장에 영향을 미친다면 그 증거는 relevant하다.

★To be admissible, evidence must be relevant. Relevant evidence is any evidence that tends to make the fact more or less probable than it would be without the evidence.

✔ Evidence of memory loss is relevant because it has a tendency to suggest to the jury that witness's testimony concerning the events is less reliable.

✔ Defendant's decision to change its policy is relevant to the plaintiff's claim that defendant was negligent. This is because it has a tendency to suggest to the jury that it has concluded that its old policy was inappropriate.
(피고가 policy를 바꾸기로 결정했다는 사실은 그가 negligent했음을 주장하는 원고의 주장에 relevant하다. 피고가 policy를 바꾸기로 결정한 것은 old policy가 적절하지 못했다는 점을 시사하기 때문이다.)

✔ Witness's testimony is relevant to the plaintiff's claim that 갑 was negligent and he caused the car accident. This is because the fact that 갑 was speeding, if true, would make it more likely that 갑 was acting negligently and was the cause of the accident.
(갑이 빠르게 운전하고 있었다는 증언은 갑의 NG와 그로 인한 차 사고를 주장하는 원고의 주장과 relevant하다. 만약 갑이 빠르게 운전하고 있었다는 증언이 사실이라면, 그 주장을 뒷받침할 수 있기 때문이다.)

✔ Defendant's subsequent remedial measure is relevant. When measures are taken that would have made an earlier injury less likely to occur, evidence of the subsequent measures is not admissible to prove negligence.

(피고의 subsequent remedial measure 행동이 사건 이전에 존재했었다면, 원고가 주장하는 피해는 발생되지 않았을 것이다. 따라서 그의 subsequent remedial measure 행동은 relevant하다.)

✔ The credibility of witness is always relevant, since it is always in issue.

B. FRE 403 (10Feb)

> P 《 D ⇒ ×

★Under the Rule 403, **if a probative value is substantially outweighed by the danger of prejudice, confusion, or misleading the jury, the relevant evidence is not admissible.**

C. Public Policy Exceptions (12Feb, 20July)

> "MIPSS" – Medical expenses, liability Insurance, Plea negotiation, Subsequent remedial measure, disputed Settlement offers

원칙적으로 relevant한 증거들은 admissible하다. 하지만 보험가입이나 사후처리, 합의, 인도주의적인 동기(humanitarian motives) 등과 같이 사회적으로 장려되거나 보호되는 행위들은 해당 사건에 relevant하더라도 증거의 '제출목적'에 따라 배제되기도 한다. Relevant하지만 '특정 목적을 위한' 제출이 배제되는 증거들은 다음과 같다.

i. Liability insurance

ii. Subsequent remedial measures

iii. Settlement offers

iv. Payment of medical expenses

v. Withdrawn or offers to guilty please

1. Subsequent Remedial Measures

★Subsequent remedial measures are inadmissible **to prove negligence, culpable conduct, or a defect in a product or its design.** The purpose of the rule is **to encourage** people to make such repairs.

If subsequent remedial measures are used to prove other claim, they are admissible.

- ✔ Bus driver's termination^{해고} day after the accident with pedestrian (Generally, post−incident discipline^{징계} constitutes a subsequent remedial measure.)
- ✔ Change in safety policies

2. Disputed Settlement Offers

★Settlement offers and statement made during settlement negotiations are inadmissible, when they are used **to prove the validity or amount of a disputed claim in civil cases.**

Evidence of offers **to settle disputed claim** is excluded based on the public policy.

> **답안요령**

> 1. Relevance 정의
>   + analysis
> 2. But for public policy(해당 내용 작성)
> 3. Analysis

> **모범답안 080**

1. 갑's motion to exclude evidence of its new policy should be sustained, since the evidence was used to prove his negligence and it violates public policy.

Evidence is relevant if it has tendency to make a fact more or less probable than it would be without the evidence. However, evidence of subsequent measures is not admissible to prove negligence because of public policy.

(ANALYSIS: In this case, 갑's decision to change its policy is relevant to the 을's claim that 갑's decision was negligence. This is because it has a tendency to suggest to the jury that its old policy was inappropriate. 을 wishes to use the new policy to prove that 을 is negligent but it is inadmissible because of the public policy.)

In sum, the court should exclude evidence of 갑's subsequent remedial measures.

II. Documentary Evidence (20July)

본 챕터는 서류의 내용 또는 존재 자체가 증거방법이 되는 서증 및 서면 (documentary evidence)에 대해 논한다. 여기서 documentary evidence는 서류를 뜻하는 일반적인 개념보다 넓은 개념으로서 사진(photographs), 녹취록 및 녹화본(records), X-ray 등을 모두 포함한다. Documentary evidence 는 real evidence와 마찬가지로 해당 증거의 진정성(authentication), 즉 '그 증거를 통해 말하고자 하는 바'가 진실임을 증명해야 한다. 예컨대, 검사가 피고인 갑의 살인계획이 적혀있는 일기장을 제출하고자 하는 경우 검사는 '해당 일기장이 갑의 것임'을 증명해야 하고, 원고가 피고와의 전화 녹취록을 제출하고자 하는 경우에는 '녹취록의 목소리가 피고의 목소리'임을 증명해야 한다. 다만, documentary evidence의 authentication은 보다 높은 수준의 입증이 요구되는 바, 각 증거의 특성에 따라 personal knowledge 외에 다양한 authentication 방법이 요구된다.

A. Authentication

Authentication of evidence is a prerequisite for its admissibility. To authenticate, the proponent must produce sufficient evidence to prove what the proponent claims it to be.

Documentary evidence is authenticated by various methods.

1. Handwriting

Handwriting can be verified by:

ⅰ. A comparison by an **expert witness** or the trier of fact; or

ⅱ. **Lay witness** opinion who has **personal knowledge.**

Lay witness must be familiar with the handwriting **before the trial.**

2. Reply Letter Doctrine

A document may be authenticated by evidence that it was written **in response to a communication.** The doctrine is applicable when it is unlikely that it was written by the third party other than the recipient of the first communication.

B. Best Evidence Rule (BER)

• Best evidence rule = Original document rule

서류의 존재 자체가 아닌 서류의 '내용'이 증거로 제출될 경우에는 best evidence rule(BER)이 적용되는 바, 이러한 경우에는 authentication rule과 BER 모두에 위배되지 않아야만 admissible하다. Best evidence rule에 따르면, 서류의 '내용'이 증거로 제출될 경우 해당 서류의 '원본(original document)'을 제출해야 하며, 본 rule은 문서뿐만 아니라 동영상, 사진에도 적용된다. 원본에 수정 없이 mechanically 복제한 복제본(dupicate)도 원본과 동일하게 취급된다. 다만, 원본이 제출자의 귀책사유 없이 소실된 경우 등 원본을 제출하지 못할만한 합리적인 이유가 존재할 경우에는 예외적으로 secondary evidence를 제출할 수 있는데, 여기서 secondary evidence는 제출하고자 하는 서류 내용을 증명할 수 있는 원본을 대체할 수 있는 증거를 뜻하는 바, 원본내용에 대한 증언, 원본의 복사본 등이 해당된다.

1. General Rule

According to the best evidence rule, in proving the **contents** of the writing, the **original writing** must be produced. The rule is applicable to the writing, recording, photograph, and X-ray.

When the original is unavailable, **secondary evidence** of the writing, such as oral testimony, copies of the document, or notes, is allowed.

2. Duplicates

A duplicate is defined as a counterpart^{대응} produced by mechanical means. Duplicates are **admissible** to the same extent as the original **unless:**

ⅰ. A genuine question is raised as to the original's authenticity; or

ⅱ. It would be unfair to admit the duplicate instead of original.

3. When Original is Unavailable

The original is unavailable and secondary evidence is admissible if:

ⅰ. All of the originals are lost or destroyed **without proponent's bad faith;**

ⅱ. The original cannot be obtained by any available judicial process; or

ⅲ. The party **against** whom the original would be offered:
  ① Had **control** of the original;
  ② Had **notice** that the original would be required to be submitted at the trial or hearing; and
  ③ **Failed** to produce it at the trail or hearing.

When the original is unavailable because of the serious misconduct of the proponent, secondary evidence is inadmissible (the exception rule is inapplicable).

Documentary evidence

Q. [Note]의 admissibility를 판단하라.

---

1. Relevance★
   + analysis
2. Authentication
   + analysis
3. BER
   + analysis
4. HS (double HS)★
   + analysis

III. Testimonial Evidence

본 챕터는 사람의 진술이 증거방법이 되는 인증(人證)에 대해 논한다. 증인은 비전문가 증인(lay witness)과 전문가 증인(expert witness)으로 구분되나, 특정 증인의 발언이 lay opinion과 expert opinion 둘 다 해당하는 경우도 있다는 점에 유념해야 한다.

A. Opinion Testimony (10Feb, 18July)

1. Lay Witness Opinion

Lay witness opinion is admissible **only if:**

ⅰ. The opinion is **rationally** based on the witness's **firsthand knowledge;**

ⅱ. The opinion is held to determine **a fact in issue;** and

ⅲ. The opinion is **not based on scientific, technical, or other specialized knowledge.**

2. Expert Witness Opinion

Expert witness opinion can be admitted if:

ⅰ. The witness is **qualified as an expert;**

ⅱ. The opinion is **helpful to the jury;**

iii. The witness believes in the opinion to a **reasonable degree of certainty;**

iv. The opinion is supported by **sufficient facts or data;** and

v. The opinion is based on **reliable principals and methods** that were reliably applied.

B. Privileges

Privilege는 '증언거부권'으로, 부부간 인정되는 privilege, 의사와 환자간 인정되는 privilege, 변호인과 의뢰인간 인정되는 privilege, 스스로 진술을 거부하는 privilege against self-incrimination 등 다양한 유형이 있으나 MEE 역대 기출문제는 부부간 인정되는 privilege와 의사와 환자간 인정되는 privilege에 대해 출제되었다.

1. Conflict of Laws

State law governs privilege regarding a claim or defense for which state law supplies the rule of decision.

2. Marital Privileges (08Feb)

부부간의 관계에서 형성되는 privilege에는 ① privilege for confidential marital communication, ② privilege of spousal immunity, 이렇게 두 종류가 있다. Privilege for confidential marital communication은 부부간의 비밀스러운 대화를 보장하는데 초점이 맞춰져 있고, privilege of spousal immunity는 현재의 부부관계를 유지시키는 것에 초점이 맞춰져 있다.

There are two types of privileges applicable to the marital relationship: witness privilege and confidential communication privilege.

a. Confidential Communication Privilege

Under the majority view, **both spouses** hold the privilege for all **communications** between them, when:

ⅰ. Statements were **in private** (no one heard); and

ⅱ. **Neither** spouses **revealed** their exact content to anyone else.

b. Spousal Immunity

★A **witness－spouse** has the right not to testify **against an accused spouse in a criminal case.** The privilege can be asserted **only** during a valid marriage.

[표 13-1]

	Privilege for confidential marital communication	Privilege of spousal immunity
누가	Both	witness spouse
어디서	civil + criminal case	only in criminal
무엇을	marital communication	against party spouse
언제	always (이혼 후에도 가능)	only during marriage

답안요령 | Marital privilege

1. Spousal privileges에 대한 기본 rule
2. Witness privilege
   + analysis
3. Confidential communication privilege
   + analysis
4. 결론

TIP | 배우자 관계에서 인정되는 privileges에 대해 논할 때, confidential communication privilege와 spousal immunity를 구분하여 analysis하는 것이 고득점 포인트다.

모범답안 081

1. Wife is required to answer to the counsel, since any marital privilege cannot be applied.

There are two privileges in the marital relationship. A witness privilege applies when a witness—spouse has the right not to testify against an accused spouse in a criminal case. Confidential communication privilege can be hold by both spouses if statements (1) were in private and (2) both spouses do not reveal the communication to anyone.

(ANALYSIS: In this case, Wife's statement is not against Husband, and witness privilege cannot be applied. Regarding confidential communication privilege, ·······.)

In sum, Wife is required to answer to the counsel, since any marital privilege cannot be applied.

3. Physician-Patient Privilege (18July, 20July)

Physician—patient privilege는 의사와 환자간 대화가 '치료의 목적'으로 이루어진 경우 형성되며, 환자가 hold하는 privilege이다. 다만, 소송 당사자의 '신체 상태'가 재판의 주요 쟁점인 경우에는 본 privilege가 적용되지 않는다. 한편, 환자가 본 권리를 행사하면 판사는 privileged information 을 비공개함으로써 얻을 수 있는 공익과 대화를 공개하고자 하는 소송 당사자의 필요성을 비교형량하여 physician—patient privilege 허락 여부를 판단한다.

a. General Rule

Most jurisdictions adopt the physician—patient privilege, while **the common law does not recognize** the privilege.

The privilege belongs to the **patient** and patient communications or disclosures made **for the purpose of medical diagnosis or treatment** are privileged.

b. Exceptions

★The privilege is inapplicable when:

ⅰ. The patient puts a **physical condition in issue** in a personal injury lawsuit; or

ii. The patient **waives** the privilege.

First type of exception is applicable in any case where the **patient's claim or defense is relied on his physical condition.** It is to prevent a shield for fraud.

Second type of exception is recognized when the patient partially and impliedly **waived** the privilege. Usually, the disclosure of bare medical history to third parties is not considered an implied waiver.

c. Balancing Test

In determining whether to honor the assertion of a privilege, courts must **balance the public interest in nondisclosure against the need of the particular litigant for access to the privileged information.**

The burden of persuasion rests on the party seeking to prevent disclosure.

| 답안요령 | Physician-patient privilege |

---

1. Analysis(해당 증거의 relevance에 대한)
2. General rule
3. Balancing test★
   + analysis
4. Exceptions
   + analysis

| 모범답안 082 |

1. The doctor's testimony is not protected by the physician-patient privilege, because it is in issue.

(ANALYSIS: The doctor's proposed testimony is relevant because it has some tendency to make it less probable that the accident caused 갑's back pain.)

In most jurisdictions, patient communications or disclosures made for the purpose of medical diagnosis or treatment are privileged. Courts must balance the public interest in nondisclosure against the need of the particular litigant for access to the privileged information, keeping in mind that the burden of persuasion rests on the party seeking to prevent disclosure.

(ANALYSIS)

However, when the patient puts a physical condition in issue or partially and impliedly waived the privilege, the privilege is inapplicable. (ANALYSIS: In this case, there are no facts indicating that a physical condition is in issue. Thus, exception rule is inapplicable.)

In sum, the doctor's proposed testimony is not protected by the physician—patient privilege.

C. Recollection Refreshed (09Feb, 16July)

Recollection refreshed는 '상기된 기억'이란 뜻으로, 본 챕터는 증언대에 선 증인이 기억을 잘 상기시키지 못하는 경우에 대해 논한다. Recollection refreshed 유형에는 present recollection refreshed와 past recollection recorded가 있다. Present recollection recorded는 증인이 증언을 하던 도중 기억이 잘 나지 않아 상기하기 위해 특정 자료를 읽어보는 것을 뜻한다. 여기서 '특정 자료'는 일반적으로 증인이 직접 작성한 일기 또는 보고서가 해당된다. 해당 자료는 오직 증인만이 읽어볼 수 있으며, 증언할 때에는 그 자료를 전혀 보지 않는다. 즉 해당 자료는 오직 증인의 상기를 위해 사용되고 증인은 자신이 머릿속에 기억하는 바를 증언(testimonial evidence)할 뿐이다. 따라서 present recollection recorded에서 사용된 자료는 evidence가 아니다. 다만, 상대방측은 자료의 일부분을 '증거'로 제출할 수 있는 권리가 있으며, 해당 자료를 확인(inspect)하고 이에 대해 cross-exam도 할 수 있다.

만일 자료를 읽었는데도 불구하고 증인이 여전히 기억을 잘 하지 못한다면 증인측이 해당 자료를 jury에게 읽어줄 수밖에 없는데, 이때의 자료가 past recollection recorded이다. 이때의 자료는 present recollection recorded와 달리 jury에게 그대로 전달되기 때문에 documentary evidence이다. 자료의 내용이 제출되는 경우로서 hearsay 문제가 있으나, 해당 자료의 foundation 및 그 내용이 일정 요건을 만족하면 hearsay exception 중 past recollection recorded exception으로 인정되어 admissible하다. 다만, past recollection record를 증거물(exhibit)로 제출하여 jury에게 보여주는 것은 불가능하고, 증인측(해당 자료를 사용한 측)이 jury에게 그 내용을 읽어주는 것만 허용된다. 해당 자료가 exhibit으로 제출되는 경우는 증인측(해당 자료를 사용한 측)의 상대방측이 제출하는 경우에 한한다. Past recorded recollection에 관한 MEE 문제는 크게 ① past recorded recollection에 사용된 자료가 hearsay exception 요건을 갖추고 있는지 그 여부에 대한 문제와 ② 자료를 exhibit으로 제출할 수 있는지 그 여부에 대한 문제로 구분된다.

1. Present Recollection Refreshed

A witness may examine a memorandum or record to refresh the witness's present recollection.

When the record is shown to witness to refresh his recollection, the witness must **read it to himself, not to jury.** It means that the document should not be read aloud to the jury.

When the record is used, the **adverse party** is entitled to have the document produced, to inspect the document, to cross-examine the witness about it, and to introduce any relevant portion into evidence **as an exhibit.**

2. Past Recollection Recorded

• Past recollection refreshed = Recorded recollection

a. General Rule

A recorded recollection is a record regarding a matter that the witness knew but now cannot recall enough to testify fully, and it was **made when the matter was fresh in the witness's memory.**

b. To be Admissible (Hearsay Exception Requirements)

The record is admissible under a hearsay exception if the following foundation is established:

ⅰ. The witness at one time had **personal knowledge** of the facts recited in the writing;

ⅱ. The writing was made by the witness or under her direction or that it was adopted by the witness;

ⅲ. The writing was timely made **when the matter was fresh** in the mind of the witness;

ⅳ. The writing is **accurate**; and

ⅴ. The witness has **insufficient recollection** to testify fully and accurately.

c. As Exhibits

★The document may be admissible **as an exhibit** only if it is **offered by the lawyer who has not used it to refresh the recollection of the witness.**

답안요령1 | Past recorded recollection & Hearsay exception

Q: <u>Was the court's decision to permit 갑 to read his notes to the jury proper?</u>

1. Hearsay 정의
2. Double hearsay
   + analysis
3. Past recorded recollection (1st level)
   + analysis
4. Hearsay exception (2nd level)
   + analysis
5. 결론

TIP 본 답안요령은 hearsay exception 요건에 중점을 둔 문제를 기준으로 작성되었다. 위 3번은 증인 및 jury가 문서를 읽기 전 hearsay exception 성립요건들을 만족하였는지에 대한 내용으로 analysis한다.

1. Permitting the witness to read [her notes] is proper, since it falls within a recorded recollection exception.

Hearsay is an out−of−court statement offered in evidence to prove the truth of the matter asserted.

The notes is double hearsay: first level is the notes itself and the second level is the defendant's statement to the officer. The first level is admissible under the hearsay exception for recorded recollection. A recorded recollection is a record regarding a matter that the witness knew but now cannot recall enough to testify, and it was made when the matter was fresh in the witness's memory.

The record is admissible under a hearsay exception if: (1) the witness had personal knowledge of the facts recited in the writing, (2) the writing was made by the witness or under her direction or that it was adopted by the witness, (3) the writing was timely made when the matter was fresh, (4) the writing is accurate, and (5) the witness has insufficient recollection to testify fully and accurately.

(ANALYSIS)

The notes can be read to jury, but not as an exhibit.

The second level hearsay is admissible under the hearsay exception for ⋯⋯. (ANALYSIS)

In sum, permitting the witness to read [her notes] is proper, since it falls within a recorded recollection exception.

답안요령2   Past recorded recollection as an exhibits

Q: Was the court's decision to admit 갑's notes into evidence as an exhibit proper?

> 1. Recorded recollection 정의
>   + analysis
> 2. Exhibit 제출 요건
>   + analysis

본 답안요령은 recorded recollection 목적으로 사용된 자료를 'exhibit 로 제출할 수 있는지' 그 여부를 묻는 문제에 대한 것이다.

모범답안 084

1. The Court did not err in sustaining [Defense Counsel]'s objection to the introduction of [the note], since it was provided by [Plaintiff's Counsel].

A recorded recollection is a record regarding a matter that the witness knew but now cannot recall enough to testify, and it was made when the matter was fresh in the witness's memory.

(ANALYSIS)

The document may be admissible as an exhibit only if it is offered by the lawyer who has not used it to refresh the recollection of the witness. (ANALYSIS) In sum, the notes is admissible.

In sum, the Court did not err in sustaining [Defense Counsel]'s objection to the introduction of [the note], since it was provided by [Plaintiff's Counsel].

D. Impeachment

Impeachment 방법에는 cross-examination과 extrinsic evidence, 이렇게 두 가지가 있다. Cross-examination이란, 해당 증인으로부터 증인의 신뢰도를 떨어뜨리는 사실을 이끌어내는 것을 뜻한다. Cross-examination이라고 해서 반드시 impeachment인 것은 아니므로, 주어진 cross-examination에서 사용된 증거가 substantive evidence와 impeachment 중 어떤 유형에 해당하는지 파악하는 것이 중요하다. 한편, extrinsic evidence를 이용한 impeachment는 다른 증인, 물증, 서증 등과 같이 해당 증인 이외의 증거로부터 그 증인의 신뢰도를 떨어뜨리는 과정을 뜻한다.

[표 13-2]

Types	Cross-examination	Extrinsic evidence
Prior inconsistent statement	○	(only) when: laying foundation
Contradictory^{모순되는} facts	○	only when: ① material issue (not collateral); ② significant on the issue of credibility; or ③ the subject as to which the opposing party is precluded from offering evidence
Collateral matter	○	×
Deficiencies (capacity)	○	○
Prior convictions of crime	○	○ (record of conviction)
Bad acts	○	×
Bias/Motive	○	○
Reputation/Opinion	○	○ (call other witness)

TIP1 ① Q: Did the Court err in overruling defense counsel's objection to cross-examination about a [bad act] by witness?

⇒ 증거가 제출된 '목적'이 명시되어 있지 않으므로, bad act가 substantive evidence, 즉 character evidence로서 제출된 경우와 impeach의 목적으로 제출된 경우에 대해 모두 서술한다.

② Q: What evidence, if any, offered by 갑 to impeach 을 should be admitted?

⇒ Impeach 내용만을 서술한다.

TIP2 Impeachment에 대한 답안에는 "impeachment와 관련된 진술은 to prove the truth하기 위한 목적이 아니므로, hearsay가 아니다"라는 점을 명시하는 것이 고득점 포인트다.

"The [statement] offered for impeachment is not hearsay, since it is offered to attack the credibility of witness, not to prove the truth of the matter asserted."

1. Criminal Convictions (14July, 20Feb)

Prior criminal conviction은 형법상 선고된 위법한 행위를 뜻하는 바, 도덕적이지 못한 행위, 기소만 되었고 아직 선고되지 않은 행위는 포함되지 않고, 형이 확정된 죄책(convicted crime)만을 뜻한다. 한편, convicted crime이 impeachment 목적으로 제출되려면 일정 요건을 만족해야 하는데 그 요건은 convicted crime의 종류(felony or misdemeanor)에 따라 다르다. 그중 FRE 403 요건은 형사소송에서 증인이 피고인이 아닌 제3자이고 그 증인의 felony을 통해 impeach하는 경우와 민사소송에서 증인의 felony을 통해 impeach하는 경우에만 추가적으로 적용된다.

[표 13-3]

그 외 Felony		Crime involving dishonesty or false statement
time (10년 이내, unless P>>D)		
criminal case	civil case	
· W=△ → ○ only when P>D · W=W → × when P<<D (FRE 403)	× when P<<D (FRE 403)	○ (FRE 403과 무관)

*Felony: punishable by death or by imprisonment for more than 1 year.

a. Considering Factors

> nature of the crime, time, (W=△?)

★When convictions are used to impeach, **the nature of the crime, the amount of that has passed, and (only in criminal cases) whether the witness is the defendant are considered.**

b. Nature of Crime

There are two types of convictions that may be admissible for impeachment: **felonies and the crime relating to a dishonest act or** false statement.

i. Felony

Felony is a crime that is punishable by death or by imprisonment for more than one year.

ii. Crime involving Dishonesty or False Statement

• Crime involving dishonesty or false statement = Crime involving moral turpitude

A crime involving dishonesty or false statement is one which is committed with **dishonest act or false statement.**

However, a crime that does **not** involve dishonest act or false statement **could** be used as crimes involving dishonesty or false statement for impeachment when the **offering party** establishes that the crime **requires** the proof of dishonest act or false statement.

✔ Theft crimes (e.g., larceny) — × (usually)

(Usually, theft crimes are not recognized as crimes involving dishonesty or false statement, since they involve acts of stealth, not dishonesty or false statement.)

✔ Perjury — ○

c. Time

★If conviction has been passed **more than 10 years**, it should not be admitted **unless its probative value substantially outweighs its prejudicial effect.**

★10−year time limit runs from the date of either the witness's conviction or release from confinement for it, whichever is later.

d. FRE 403

FRE 403 may exclude evidence of felony conviction in civil case and criminal case in which the witness is other than the defendant. However, FRE 403 does not protect the witness from the evidence of crime involving dishonesty or false statement.

[FRE 403]

A court may exclude relevant evidence if its probative value is substantially outweighed by other factors (misleading the jury, waste of time, injustice prejudice, and confusion of the issues).

e. Court's Discretion

The court **may allow,** in its discretion, the evidence that would be otherwise excluded under the rules stated above, minimizing the unfair prejudice. The court **may** permit limited cross−examination and allow limited questioning the evidence.

답안요령	Criminal convictions & Civil case

1. Convictions to impeach 요건
2. Nature of the crime
3. Time
4. FRE 403★

모범답안 085

1. The felony is admissible to impeach 갑.

When convictions are used to impeach, (1) the nature of the crime, (2) the amount of time that has passed, and (3) (only in criminal cases) whether the witness is the defendant are considered.

There are two types of convictions that can be admitted for impeachment: felonies and the crime relating to a dishonest act or false statement. (ANALYSIS)

The crime that has been passed more than 10 years should not be admitted. 10-year time limit runs from the date of either the witness's conviction or release from confinement for it, whichever is later. (ANALYSIS)

In civil cases, the admission of evidence of a felony conviction is subject to Rule 403, which says that a court may exclude relevant evidence if its probative value is substantially outweighed by other factors (misleading the jury, waste of time, injustice prejudice, and confusion of the issues). (ANALYSIS)

In sum, the felony is admissible to impeach 갑.

2. Bad Acts (09Feb, 14July)

a. General Rule

• Prior bad acts = Specific instances of prior non-conviction misconduct

Bad acts란 criminal conviction에 해당하지 않는, 즉 유죄선고를 받지 않은 '도덕적으로 나쁜 행위'를 뜻하는 바, 친구를 때린 행위, 엄마에게 거짓말을 한 행위, 이력서에 허위로 학위를 기재한 사실 등이 이에 해당한다. Bad acts는 character evidence 및 impeach 목적(witness의 신뢰도를 탄핵하기 위한 목적)으로 사용될 수 있다. Character evidence 는 특정인이 어떤 성향의 사람인지 알려주는 증거로서 대부분의 경우 inadmissible하다. 반면, bad acts가 impeach 목적으로 제출될 경우 impeach하고자 하는 측은 해당 bad acts에 관한 cross-examination 만이 허용되며, 이에 대한 extrinsic evidence는 제출할 수 없다. 예컨대, 갑이 과거 이력서에 허위로 학위를 기재한 사실을 통해 그의 진실되지 못한 성향을 증명하고자 하는 경우, 이는 character evidence로서 inadmissible하다. 만일 갑의 허위기재사실을 통해 그의 신뢰도를 impeach하고자 한다면, 갑을 상대로 해당 사실에 대해 cross-examination하는 경우에 한해 admissible하고, 해당 사실에 대한 extrinsic evidence를 제출하는 것은 허용되지 않는다. Bad acts의 채택여부는 제출목적을 기준으로 다르게 판단되는 바, 각 목적에 따른 rule을 적용하여 판단하는 것이 중요하다.

★Bad acts (specific instances of prior non−conviction misconduct) are admissible when it is **to impeach** the witness and it is **probative of untruthfulness**. However, a witness's credibility may be attacked by showing that the witness has an untruthful character.

★Thus, a court, **in its discretion,** may admit prior bad act depending on the **balancing test** between probative value and the danger of unfair prejudice. Conduct that involves falsehood or deception is generally considered probative of untruthfulness.

b. Methods

```
cross-exam., ~~extrinsic~~
```

★**Specific instances** of the conduct of a witness, for the purpose of impeachment, may **not be proved by extrinsic evidence. Those may be proven only by cross−examination.**

The court does not have discretion to admit this extrinsic evidence.

답안요령 Bad acts

Q: Did the Court err in overruling defense counsel's objection to cross− examination about an alleged bad act by Witness? Explain.

피고측 증인의 증언 후, 그 증인에게 원고측 변호사가 cross−examination을 하는 과정에서 그 증인의 bad act에 관해 물어보았다. 이 경우, 증인의 bad act는 증거로 채택될 수 있는가?

1. Character evidence rule (+ relevance)
2. Impeachment by bad acts
3. Balancing test★
4. Analysis (relevance, probative)
5. Extrinsic evidence (not admissible)
    + analysis

모범답안 086

1. The Court did not err in overruling defense counsel's objection to cross-examination, since it is relevant and probative of witness's credibility.

Generally, character evidence is not admissible to prove that a person acted in conformity with the particular character trait. However, a court may admit a prior bad act evidence for impeachment of a witness's credibility when: (1) it is provided during cross-examination and (2) it is probative of untruthfulness. The court, in its discretion, may admit prior bad act depending on the balancing test between probative value and the danger of unfair prejudice.

(ANALYSIS: Here, witness's testimony was critical to establish that ……. Thus, the inquiry about a [bad act] by witness is relevant and probative of witness's credibility. The witness's bad act was provided during cross-examination and the bad act involves deception. Thus, the witness's bad act could be admissible for impeachment.)

Specific instances of the conduct of a witness for the purpose of impeachment may not be proved by extrinsic evidence.

In sum, the court did not err in overruling defense counsel's objection.

3. Bias (20Feb)

Evidence showing that the witness has bias or motive to lie can be used for impeachment.

✔ Long friendship between the witness and the defendant — in favor of the defendant

✔ The witness is paid by the defendant. — in favor of the defendant

✔ The evidence of family or other relationship — in favor of the defendant

✔ The witness was fired by the defendant. — It shows that the witness is biased against defendant.

IV. Hearsay

Hearsay란, 증인이 ① 증언을 하고 있는 해당 법정 외의 장소(out−of−court)에서 ② 특정 사실을 증명하기 위해(to prove the truth) 언급한 ③ hearsay를 뜻한다. 즉 out of court statement라고 해서 반드시 hearsay인 것은 아니며, 재판에서 다루고 있는 matter를 증명하려고 제출된 out of court statement만이 hearsay로서, not admissible하다. 다시 말해, 특정 statement를 제출하는 '목적'을 기준으로 hearsay 여부를 판단하는 것이 중요하다.

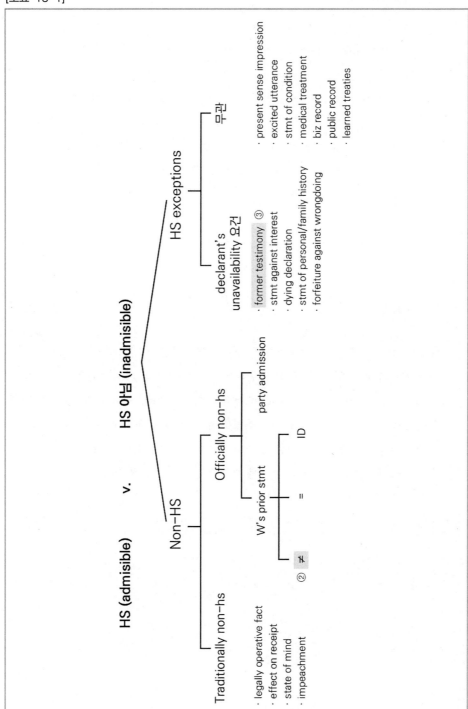

A. Basic Concepts

1. Hearsay (17July, 20Feb, 20Oct)

★Hearsay is an out of court statement offered in evidence to prove the truth of the matter asserted.

✔ "Statement를 A목적(to prove the defendant's motive)으로 제출하면 admissible하고, B목적(to prove the truth of the matter asserted)으로 제출하면 not admissible하다."

✔ When an out−of−court statement is offered to prove context for the assertive conduct ― hearsay ×

✔ 경찰 조사 중 용의자가 invoked the right to counsel했고, 변호사가 아직 도착하지 않은 상태에서 용의자가 경찰에게 진술을 한 경우, 이 진술은 법정이 아닌 다른 곳(경찰서)에서 진술된 statement이므로, 원칙적으로 hearsay이다. 하지만 해당 진술은 hearsay exception 중 admission exception에 해당하므로 증거로 채택될 수 있다.

★Statement is defined as an oral assertion, written assertion, or nonverbal conduct.

★"Assertion" means saying that something is so.

✔ Thumbs−up ― assertion ○

✔ Nodding ― assertion ○

답안요령

---

1. "Statement"
2. Relevance 유무여부★
3. "To prove the truth asserted"
4. Hearsay exception

TIP1   특정 증거가 hearsay인지 그 여부를 판단하는 경우, 해당 증거의 statement 여부와 목적(to prove the truth asserted)을 상세히

analysis하는 것이 고득점 포인트다.

TIP2 4번: Statement가 hearsay인 경우 반드시 hearsay exception에 해당하는지 그 여부를 판단하고, 만약 해당한다면 statement 전체가 아닌 부분적 exception이 가능하다는 점에 유념해야 한다.

2. Double Hearsay (08Feb, 16July)

• Double hearsay = Hearsay within hearsay

★The [hospital record] is double hearsay, and **both** levels of hearsay must fall within hearsay exceptions, or the record is inadmissible.

case

의사 갑이 환자 을의 statement를 받아 적은 hospital record가 있다. 이는 재판에서 다루고 있는 matter를 증명할 수 있는 내용에 대한 것으로, 검사가 법원에 제출하고자 한다. Is the hospital record admissible?

⇒ It depends on the 2nd level of hearsay.

① 1st level of hearsay(바깥에 있는 hearsay)

⇒ Hospital record = Record 자체가 직접 말하는 것이 아니라, 의사 갑의 진술을 record가 듣고(hear) 작성/진술(say)함. = (갑 ⇒ record)

② 2nd level of hearsay(안에 있는 hearsay)

⇒ 환자 을's statement = 의사 자신이 직접 한 말이 아니라, 환자의 말을 듣고(hear) 의사가 작성/진술(say)함. = (을 ⇒ 갑)

Double hearsay인 경우, the 1st level hearsay와 the 2nd level hearsay 모두 hearsay exception에 해당되는 경우에만 admissible하다. 만일 2nd level hearsay 내용 중 일부분만이 exception에 해당한다면, 2nd level hearsay 전체가 exception에 해당하지 않으므로 1st level hearsay인 hospital record 전체 또한 증거로 채택될 수 없다. 다시 말해, ① hospital record에는 일반적으로 business record exception이 적용되나, ② 을's statement 중 일부만이 exception에 해당한다면, 을's statement 전체가 inadmissible하므로 record 전체 또한 inadmissible하다.

만약 의사가 법정에서 을's statement를 직접 언급했다면, 이는 double hearsay

가 아닌 '단순한 hearsay'가 된다. 이 경우에는 의사의 증언 전체가 inadmissible 한 것이 아니라, hearsay exception에 해당하는 일부만 부분적으로 인정된다.

TIP Double hearsay인 경우, 바깥에 있는 hearsay(first level)부터 analysis 한다.

모범답안 087

1. <u>The trial court did not err in admitting into evidence the [hospital record], since it falls within hearsay exception even if it is double hearsay. The first level falls within the [business record] exception, and the second level falls within the [medical treatment] exception.</u>
(ANALYSIS: The hospital record is relevant to the plaintiff's claim, since it has a tendency to suggest to the jury that defendant was negligent.)
Hearsay is an out−of−court statement offered in evidence to prove the truth of the matter asserted. Hearsay is defined as an oral assertion, written assertion, or nonverbal conduct. Assertion means saying that something is so. Here, the [hospital record] is double hearsay. Both levels of hearsay must fall within a hearsay exception or the record is inadmissible. (ANALYSIS: The record is an out−of−court statement and the prosecutor is offering it to prove the truth of the matter asserted. If both levels of hearsay fall

within hearsay exceptions, the record is admissible. The record itself is the first level of hearsay. 을's statement to 갑 is the second level of hearsay.) A record of acts, events, conditions, or diagnoses is admissible hearsay under the business record exception, if: (1) it is made at or near the time of the recorded event by a person who has personal knowledge on the event and (2) the making of the record is the regular practice of the business.
(ANALYSIS—the 1st level)

If a statement is: (1) regarding medical history, symptoms, or the general character of the cause of the symptoms (2) made by a person who is seeking medical treatment and (3) reasonably relevant to treatment, the statement falls within the hearsay exception.
(ANALYSIS—the 2nd level)

In sum, the trial court did not err in admitting into evidence the hospital record, since it falls within hearsay exception even if it is double hearsay.

B. Officially Non-Hearsay

1. Prior Statement by Witness (11Feb, 16Feb)

An out−of−court statement is admissible as officially non−hearsay, if:
ⅰ. It was made by the witness at trial (or hearing); and
ⅱ. The witness was subject to cross−examination.
Such statements can be prior inconsistent statement, prior consistent statement, or prior statement of identification.

Even if the witness is unable to remember the identity at trial, he would be subject to cross−examination, and the prior identification statement is admissible.

2. Admissions (20Feb, 20Oct)

★An out−of court statement is admissible as officially non−hearsay if:
ⅰ. It was **made by an opponent party;** and

ii. It was **offered against that party.**

a. By Co-Conspirator

Admission of a co-conspirator is a statement that is made **during the declarant was participating in furtherance** of a conspiracy.

The statement does not itself establish the existence of the conspiracy or participation in it. Thus, independent extrinsic evidence is required to prove the existence of the conspiracy. When the statement (admission of a co-conspirator) is the only evidence of the conspiracy, the hearsay exception is inapplicable.

b. By Employee

A statement made by employee is admissible as a statement of opponent party (e.g., employer, company) only when:

i. An employee's statement was made **during the employment;** and

ii. It describes a matter **within the scope of the employment.**

C. Hearsay Exceptions

본 파트는 본래 hearsay이나 예외적으로 admissible하다고 인정되는 statements 에 대해 논하는 바, declarant's availability를 기준으로 두 유형으로 구분된다. Declarant's availability가 요건인 네 경우를 제외한 경우는 declarant's availability와 '무관하게' exception이 적용될 수 있다. Unavailability란 declarant가 증언을 할 수 없는 경우를 뜻하는 바, declarant가 증언을 거부하 거나 사망한 경우 또는 소송당사자가 declarant와 연락을 취할 수 없는 경우 모두 포함하는 개념이다. 다만, 소송당사자가 declarant와 연락할 어떠한 노 력과 조치를 취하지 않은 경우에는 unavailability가 인정되지 않는다.

• The [record] is admissible under the hearsay exception for [business record].

= The [record] fits hearsay exception for [business record].

= The [record] is under [business record] exception.

TIP 하나의 statement에 대해 여러개의 exceptions가 적용될 수 있다는
점에 유념한다. 주어진 statement의 exception 해당여부와 관계없
이 '연관성이 높은' hearsay exceptions를 모두 서술하고 해당여부
를 판단하는 것이 고득점 포인트다.
⇒ Present condition, medical diagnosis/treatment, spontaneous
statement, contemporaneous statement

1. Hearsay Exceptions Requiring Declarant's Unavailability

a. General Rule

There are four hearsay exceptions which are applicable **only when
the declarant is unavailable**:

i . Former testimony;

ii . Statements against interest;

iii. Dying declarations; and

iv. Statements offered against party procuring declarant's unavailability.

b. Unavailability

A declarant is unavailable if:

i . He is exempted from testifying under the **privileges**;

ii . He **refuses to testify** as to the statement;

iii. He **cannot remember** the subject matter;

iv. He is unable to be stand at the trial because of **death or physical or mental illness;** or

v. He is **absent** and the statement's proponent has been **unable to procure**^{어렵게 구하다} his attendance or testimony by process or other **reasonable** means.

c. Statements against Interest (20July, 20Oct)

The testimony of a now **unavailable** declarant may be admissible if the statement was **against** the declarant's pecuniary^{금전적} or penal^{형사상의} interest **when it was made.**

There should be evidence clearly indicating trustworthiness of the fact that the statement is against the declarant's interest.

2. Hearsay Exceptions Applicable Without Regarding of Declarant's Unavailability

a. General Rule

There are seven hearsay exceptions which are applicable **without regarding of** declarant's unavailability:

i. Present state of mind;

ii. Excited utterances;

iii. Present sense impressions;

iv. Medical diagnosis or treatment;

v. Business records;

vi. Past recollection recorded; and

vii. Public records.

b. Present State of Mind (08Feb, 13Feb, 17July, 20Feb, 20Oct)

Present state of mind는 화자(declarant)가 말하는 당시의 자신의 심리상태 또는 감정을 표현하는 statement로서, 무엇인가를 보고 그것을 묘사하는 statement와는 다르다.

★A present state of mind is a statement made by a declarant that conveys his **then−existing** state of mind, such as present **intent, motive, or plan.**

c. Excited Utterances (13July, 17July)

Excited utterances는 화자가 놀라운 것 또는 놀라운 현상을 목격하고 무심코 내뱉는 statement를 뜻한다.

★An excited utterance is a statement relating to a **startling event or condition,** made while the declarant was **under the stress or excitement that it cause.**

d. Present Sense Impressions

Present sense impressions는 화자(declarant)가 어떤 상황을 직접 목격하거나 겪었고, 그것에 대한 기억의 외곡이 발생하지 않을 정도로 짧은 시간 이내에 그 상황에 대해 묘사한 statement를 뜻한다. Declarant가 목격하거나 겪은 상황이 놀라운 상황이어야 하는 것은 아니다.

★A present sense impression is a statement that is describing an event or condition **made while or immediately after** the declaration perceived it.

e. Medical Diagnosis or Treatment (08Feb, 18July)
i . General Rule

★Statements made by a person seeking **medical treatment** are under hearsay exception, if those are regarding **medical history, symptoms, or the general character of the cause of the symptoms.**

ii . Requirements
① Reasonably Pertinent

★This hearsay exception is limited to statements that are

reasonably pertinent^{관련 있는} to diagnosis or treatment.

② No Statements of Fault

★Statements of fault ordinarily are **not** admitted under this exception, because **the identity of the person** who was at fault in causing the injury is **not relevant to the treatment.**

✔ "I was stabbed with a big knife. 갑 did it." — medical diagnosis or treatment exception ×

('갑의 fault에 의해' 자신이 injury를 입었다는 사실은 치료를 하는데 있어 불필요한 내용이므로, exception rule이 적용되지 않는다.)

답안요령

---

1. Medical diagnosis or treatment exception
2. Requirements(×2)★
3. Analysis

모범답안 088

1. 갑's statement is admissible, since it fits hearsay exception for medical diagnosis or treatment.

If a statement is: (1) regarding medical history, symptoms, or the general character of the cause of the symptoms (2) made by a person who is seeking medical treatment and (3) reasonably relevant to treatment, the statement falls within the hearsay exception. This hearsay exception is limited to statements that are reasonably pertinent to diagnosis or treatment. Statements of fault usually are not admitted under this exception, because the identity of the person who caused the injury is not relevant to the treatment.

(ANALYSIS)

In sum, 갑's statement is admissible, since it fits hearsay exception for medical diagnosis or treatment.

f. Business Records (08Feb, 13feb, 18July)

ⅰ. General Rule

A record of acts, events, opinions, or diagnoses is admissible under the business records exception to the hearsay rule if it is:

① Made at or near **the time** of the recorded event;

② By a person **with knowledge** of the event; and

③ Making of the record must occur **in the course of a regular business activity (foundation).**

ⅱ. Foundation

The foundation can be introduced through the testimony of a record custodian or other person with knowledge of the method of record keeping.

g. Past Recollection Recorded (09Feb, 16July)

• Past recollection refreshed = Recorded recollection

「Ⅳ. Hearsay」의 「D. Recollection Refreshed」파트에서 설명한 바와 같이, past recollection recorded가 일정 요건을 만족할 경우 hearsay exception이 인정되어 admissible하다.

h. Public Records (20Oct)

Public records are admissible under the hearsay exception. Public records are reports as to matters observed by law−enforcement personnel and factual findings from a legally authorized investigation. The rule does **not** apply if the public records is offered **by the prosecutor against the defendant in a criminal case.**

D. Confrontation Clause (13July, 16Feb, 20Oct)

Hearsay의 admissibility는 hearsay exception뿐만 아니라 Confrontation Clause 위배여부를 고려하여 판단해야 한다. 수정헌법 6조의 Confrontation Clause는 hearsay인 진술에 적용되는 헌법조문으로서, 형사소송에서 피고인에게 불리한 (against defendant) 증언을 한 증인을 피고인이 '마주보고' cross-examine할 수 있는 권리를 보장한다. 예를 들어, 형사소송에서 갑이 피고인 을에게 불리한 증언을 법정이 아닌 다른 곳(경찰서)에서 진술했고, 이 진술을 병이 'to prove the truth 목적을 가지고' 법정에서 진술했다면, hearsay 문제가 생긴다. 해당 진술이 hearsay exception으로 인정된다 할지라도, declarant인 갑이 법정에 출석하지 않았기 때문에 피고인 을에게 그 증인을 마주보고 cross-examine할 수 있는 기회가 없다. 즉 병의 진술은 Confrontation Clause에 위배되는 진술로서 증거로 채택될 수 없다(inadmissible). 만일 declarant 갑이 직접 법정에서 피고인 을에게 불리한 증언을 하였거나, 병이 to prove the truth 이외의 목적을 가지고 법정에서 갑의 진술을 증언하였다면, hearsay가 아니므로 Confrontation Clause 위배여부와 무관하게 admissible하다.

1. General Rule

★Under the Confrontation Clause of the Sixth Amendment, defendants have the right to confront witnesses against them.

2. Requirements

The use of out-of-court statement by the prosecutor violates the right, **even if the statement falls within the hearsay exception**, if:

ⅰ. The statement was **testimonial;**

ⅱ. The witness who made the statement is **unavailable** to testify at trial; and

ⅲ. The defendant had **no opportunity to cross-examine** the witness before trial.

3. Testimonial

a. Ongoing Emergency

경찰 조사 과정에서의 증언들은 대부분 testimonial하다. 다만, 증인이 진술할 당시 진행되고 있었던 긴급상황(ongoing emergency)을 목격함과 동시에 이를 경찰에게 증언한다면, 이러한 증언들은 not testimonial하다. 즉 Confrontation Clause에 위배되지 않으므로 hearsay exception에 해당하는 한 admissible하다.

Many statements made to police officers in the course of an interrogation are testimonial.

★However, when witnesses make statements to the police under circumstances objectively indicating that the **primary purpose of the interrogation is to enable police assistance to meet an ongoing emergency,** these are **not testimonial.**

---

case

① 엄마가 강도에게 구타당하고 있었고, 이 모습을 아이가 식탁에 숨어있을 때 목격했다. 그 아이가 구타장면을 목격하면서 경찰에 신고했다면, 그 statement는 emergency was ongoing 상태에서 진술된 statement이다. 따라서 non-testimonial하며 Confrontation Clause로부터 보호받지 못하기 때문에, hearsay exception에 해당하면 admissible하다.

② 경찰이 출동한 후, 강도가 수갑이 채워진 채로 경찰차에 타고 있는 상태에서 엄마가 경찰에게 구타 당시의 상황을 설명한 statement는 emergency is not ongoing 상태에서 진술된 statement이다. 다시 말해, 그 statement는 과거 사건에 대한 진술일 뿐이다. 따라서 not testimonial하며 Confrontation Clause로부터 보호되지 못하기 때문에, hearsay exception에 해당하면 증거로 채택가능하다. (The main purpose was to **establish past events** potentially relevant to a later criminal prosecution [of the robber].)

b. Affidavits or Reports

형사소송에서 검사가 문서의 '내용'을 입증하기 위해 문서를 제출하고자 할 때 해당 문서를 직접 작성한 자가 재판에 참석하지 못하는 상황에 처했다면, 해당 문서는 admissible한가. 해당 문서가 against하게 작용하는 당사자(피고인)측은 해당 내용에 대해 personal knowledge를 가지고 있는 작성자를 상대로 cross-examination할 권리가 있다. 그러나 본 사안에서는 작성자가 unavailable한 상황이므로 Confrontation Clause에 위배되는 바, 해당 문서는 inadmissible하다. 이때 작성자를 대신할 수 있는 전문가(expert)가 재판에 참석한다 하더라도 Confrontation Clause에 위배된다.

Substances of analysis in affidavits or reports are testimonial if those are offered to provide at trial.

Surrogate^{대리의} expert cannot satisfy the Confrontation Clause, and only the expert who made the analysis and has personal knowledge on the analysis satisfies the Confrontation Clause.

4. Primary Purpose

★Primary purpose of the interrogation should be determined **objectively,** considering the **nature of the dispute** and **the scope of the potential harm** to the victim.

| 답안요령 |

```
1. Hearsay 여부 판단★
   ① Hearsay 기본 rule
   ② 그러나 hearsay exception에 해당하여 admissible 가능
   ③ Exception rule
   ④ Analysis
2. The Confrontation Clause
   ① Requirements
   ② "Testimonial"
   ③ "Primary purpose"
   ④ Analysis
```

모범답안 089

1. 갑's statement is admissible, since it is not testimonial.

Under the Confrontation Clause of the Sixth Amendment, defendants have the right to confront witnesses against them. The right is applicable, only if: (1) the statement was testimonial, (2) the declarant is unavailable to testify at trial, and (3) the defendant had no opportunity to cross−examine the witness before trial. When witnesses make statements with the primary purpose to assist police to meet an ongoing emergency, these are not testimonial.

(ANALYSIS: Here, the defendant had no opportunity to cross−examine 갑, since 갑 did not appear at trial. Additionally, the statement is nontestimonial. ......)

In sum, 갑's statement is admissible, since it does not violate the confrontation clause.

V. Character Evidence

Habit evidence는 습관을 증명하는 증거로서, admissible하다. 여기서 '습관'은 사람이 반사적이고 무의식적으로 하는 일관된 행동을 뜻한다. 본 개념은 어떤 '성향'의 사람인지 증명하는 증거를 뜻하는 character evidence와 구별된다. 예컨대, 갑이 과거 거짓말했다는 사실(bad act)은 갑의 진실되지 못한 성향을 증명하는 증거로서 character evidence에 해당한다. Character evidence 는 그것이 제출되는 목적 및 방법에 따라 채택 여부가 다르다. 우선, character evidence가 "사건 당시 그(녀)는 자신의 성향과 동일하게 행동했을 것이다" 라는 것을 증명하기 위해 제출되는 경우(이하 '동일성향 목적'), 원칙적으로 inadmissible하다. 이러한 증거는 선입견을 가지고 피고(인)의 책임에 대해 속단하는 위험성을 높이기 때문이다. 따라서 동일성향 목적을 위한 character evidence가 예외적으로 제출되기 위해서는 일정 요건이 만족되어야 하며, 그 요건들은 해당 사건의 유형(민사 또는 형사)에 따라 다르다. 한편, character evidence가 동일성향 목적이 아닌 다른 목적, 예컨대 의도(intent), 동기 (motivation) 등을 증명하고자 하는 목적을 위해 제출되는 경우에는 admissible 하다.

| TIP | Character evidence를 나타내는 문장에는 주로 "usually", "frequently", "often" 단어가 사용된다. |

A. General Rule (10Feb, 11Feb, 16Feb, 20Feb)

★Evidence of a person's character is not admissible to prove that on a particular occasion the person acted in accordance with the character trait.

B. Exception (11Feb, 20Feb)

본 파트에서는 character evidence가 "사건 당시 그(녀)는 자신의 성향과 동일하게 행동했을 것이다"라는 것을 증명하기 위해('동일성향 목적'으로) 제출되어도 admissible한 경우에 대해 논한다.

Evidence of a person's character is admissible in certain limited circumstances.

1. Methods proving Character Evidence

R/O, S

a. Reputation

★The testimony on character must be a reputation in the community.

★"Community" includes circles of associates where one lives, works, or regularly socializes.

✔ Met defendant **only a few times** — reputation in the community ✕

✔ A testimony based on very few of the community — reputation in the community ✕

2. In Criminal Cases

> in Criminal + △ opens the door + R/O

형사소송에서 피고인은 자신 또는 victim의 character evidence를 제출할 수 있다. 검사가 먼저 character evidence를 제출할 수는 없고 피고인이 먼저 제출해야만이 character evidence에 대해 논할 수 있는 바, 피고가 "open the door"한다고 표현한다. 피고인은 reputation과 opinion 방법을 통해서만 character evidence를 제출할 수 있으며, 일단 피고인이 character evidence를 제출하면, 검사는 피고인측 증인을 대상으로 한 cross-examination 또는 extrinsic evidence(testimony of other witnesses)를 통해 피고인이 주장한 character evidence를 반박할 수 있다.

★A defendant in **criminal** case can **open the door** to offer **relevant character evidence** proving **that the defendant did not committed charged offense.**

A defendant's character traits can be proven only: **by testimony as to reputation or by testimony in the form of an opinion.**

3. In Civil Cases

> ONLY when essential

민사소송에서 character evidence가 제출될 경우 reputation, personal opinion, specific acts 방법들이 모두 사용될 수 있으며, 소송에서의 논점과 밀접한 관련이 있는 character evidence만이 admissible하다. Character evidence 가 admissible한 민사소송으로는 defamation, negligent hiring 그리고 child－custody가 대표적이다.

When character evidence is an **essential element** of a claim or defense (is directly in issue) **in a civil action,** it is admissible.

C. For Other Purposes

> "MIMIC"–Motive, Intent, Mistake, Identity, Common scheme

★The evidence of crimes, wrongs, or other acts may be **admissible** for another **non－propensity purpose,** such as proving motive, opportunity, intent, preparation, plan, knowledge, identity, absence of mistake, or lack of accident.

답안요령1   Character evidence v. MIMIC

1. Character evidence rule (usually not admissible)
   + analysis
2. For "MIMIC" purposes
   + analysis (character evidence가 제출된 목적)

TIP   본 답안요령은 주어진 증거가 제출된 '목적'에 중점을 두고 작성된 것으로서, 제출된 증거가 character evidence인지 아닌지 판단하는 문제를 위한 것이다. 문제에 제출된 목적이 명시되어 있지 않다면, character evidence로서의 제출과 "MIMIC" 목적으로서의 제출로 구분(가정)하여 각각에 대해 analysis하는 것이 고득점 포인트다.

1. 갑's testimony is inadmissible, since it is character evidence and it is not used for other purposes.

Character evidence is generally not admissible to prove that a person acted in conformity with the particular character trait. (ANALYSIS)

However, evidence of crimes or other acts may be admissible for another purpose, such as motive, intent, absence of mistake, identity, or common scheme. (ANALYSIS)

In sum, 갑's statement is character evidence is inadmissible, since it is used for propensity purposes.

답안요령2 Character evidence의 admissibility

---

1. Character evidence 기본 rule: not admissible
2. 그러나 in criminal case 가능
3. Limitation (R/O)
4. Analysis

TIP 본 답안요령은 제출된 character evidence의 admissibility를 판단하는 문제를 위한 것이다. Civil case에서도 character evidence가 제출될 수 있으나, 본 답안요령은 출제빈도가 높은 criminal case에 대한 내용으로 작성하였다.

D. Rape Shield Rule (12Feb)

1. General Rule

★Under the rape shield rule, the admission of evidence offered to prove that a victim engaged in other sexual behavior is generally excluded.

The purpose of the rule is to protect the victim against invasion of privacy.

2. Exception

```
in civil + (P 〉〉 D) ⇒ ○
```

★In **civil cases**, evidence of an alleged victim's sexual behavior is admissible **if its probative value substantially outweighs the danger of harm to any victim.**

✔ 피해자가 자신은 "성 경험이 한 번도 없었기 때문에 정신적 피해가 생겼다" 고 주장하는 경우, 해당 피해자의 과거 성경험은 probative하다.

[FRE 403]

A court may exclude relevant evidence if its probative value is substantially outweighed by other factors (misleading the jury, waste of time, injustice prejudice, and confusion of the issues).

E. Habit (10Feb, 18July)

1. General Rule

Evidence of a person's **habit** may be **admitted to prove that on a particular occasion the person acted in accordance with the habit.**

★A person's habit is defined as his or her **consistent response to a specific situation.** Habit evidence proving behaviors that are **not just consistent but semi−automatic is admissible.**

Testimony involving habit evidence may be given by the person who has personal knowledge.

2. Habit v. Character

★Usually **character evidence is inadmissible** when it is used to prove that on a particular occasion the person acted in accordance with the character.

Habit evidence can be inadmissible when the habit evidence is described similarly to evidence of a person's character.

답안요령	Habit

1. Relevance★
   + analysis
2. Habit rule + 정의
3. Character evidence와 비교★
4. Analysis(증거가 habit이라는 점에 대해)

TIP1 본 장에 관한 문제, 즉 증거의 admissibility에 대한 문제는 '증거의 relevance' 유무에 대한 내용으로 시작되어야 한다.

TIP2 특정 증거가 character가 아닌 habit인 경우, character evidence와 비교분석하는 것이 고득점 포인트다.

모범답안 090

1. The 갑's testimony is admissible, since it is admissible habit evidence.

Relevant evidence is any evidence that trends to make the fact more or less probable that it would be without the evidence. (ANALYSIS: 갑's testimony regarding 을's action is relevant to the plaintiff's testimony. This is because it has a tendency to suggest that 을's action related to the accident is less reliable.)

Evidence of a person's habit may be admitted to prove that on a particular occasion the person acted in accordance with the habit. A person's habit is defined as his or her consistent response to a specific situation. Testimony involving habit evidence may be given by the person who has personal knowledge.

Usually character evidence is inadmissible when it is used to prove that on a particular occasion the person acted in accordance with the character, and habit evidence can be inadmissible when the habit evidence is described similarly to evidence of a person's character. Thus, courts limit habit evidence to proof of relevant behaviors that are not just consistent but semi－automatic.

(ANALYSIS)

In sum, the 갑's testimony is admissible, since it is admissible habit evidence.

14장

Criminal Law and Procedure

//

본 장은 형법(criminal law)과 형사소송(criminal procedure)에 대해 논한다. Criminal law는 범죄와 형벌을 규정한 법으로서, 범죄 구성요건 및 defenses에 대해 논한다. 각 주(州)마다 범죄 및 defense의 구성요건을 다르게 규정하고 있으나, MEE 시험은 common law 및 Model Penal Code(MPC)를 기준으로 한다. 한편, criminal procedure는 수사 및 형사재판 절차를 규정한 절차법이다. 수사단계가 이루어진 후 검사가 기소하고 유죄판결이 내려지는 과정 중 '헌법상' 보장되는 용의자 및 피고인의 헌법적 권리에 대해 논한다. 수정헌법 4조는 정부의 unreasonable seizure 및 search를 금하며, 수정헌법 5조는 강요를 통해 얻은 자백을 금하고 본 권리로부터 파생되어 미란다 원칙이 확립되었다. 수정헌법 6조는 변호사 선임권리 및 Confrontation Clause 등에 대해 명시하고 있다. 이러한 헌법적 권리를 침해하는 위법한 방법으로 국가(검사, 경찰 등)가 진술 및 증거물을 확보했다면, 이 증거들은 채택될 수 없다(inadmissible하다). 따라서 형사소송 과정에서 확보된 증거의 admissibility는 증거법상의 rule과 형사소송법상의 rule을 모두 고려하여 판단해야 한다. 예컨대, 경찰조사 과정에서 확보한 피의자 및 피고인의 진술(statement)의 경우, 증거법상의 hearsay와 형사소송법상의 Confrontation Clause와 Miranda warning에 관한 내용을 모두 고려하여 그것의 admissibility를 판단해야 한다.

• Act = Actus rea

• Mental state = Mens rea = Intent

• Lawful enforcement officer: 형사소송에서 공권력을 행사하여 사건을 수사하는 자로서, 경찰, 수사관 등을 지칭하는 용어

• 공권력으로: by law enforcement

• Suspect: 용의자

- Defendant: 피고인
- Guilty: 유죄인(adj.)
- Acquit: 무죄를 선고하다(v.) ⇒ be acquitted
- Pursue: 유죄를 선고하다(v.)
- 모든 정황을 고려하여: in light of circumstances = totality of the circumstances
- Prove elements in criminal law → beyond mere preparation

☑ 글쓰기 Tips

1. 본 장에 관한 문제, 특히 criminal procedure에 관한 문제는 하나의 사안 또는 증거에 대해 여러 개의 논점이 동시에 존재하는 경우가 많아, 문제의 '출제의도'를 파악하는 것이 매우 중요하다. 예컨대, 특정 진술(statement)의 admissibility는 미란다 고지여부, right to counsel, voluntaries 등 다양한 논점을 고려해야 하나, MEE 답안을 작성할 때에는 문제에서 중점을 두고 있는 논점에 대해 서술해야 고득점할 수 있다.

2. 본 장에 관한 문제, 특히 criminal procedure에 관한 문제는 「13장 Evidence」 내용과 같이 출제되는 경우가 많다(16July, 17July, 19July, 20Sep).

3. 피고인의 행위가 범죄의 구성요소를 만족하는지 그 여부는 jury가 판단하는 영역으로서, 「11장 Torts」와 같이 주어진 사안을 자세히 analysis하는 것이 중요하다. Arguable points에 대해서는 검사(prosecutor)측에 유리한 부분과 피고인(defendant)측에 유리한 부분으로 구분하여 작성하는 것이 고득점 포인트다.

4. 행위자(피고)의 죄책 및 defense에 관한 문제
   Q: With what crimes listed above, if any, should 갑 be charged? Explain.
   Q: Could a jury properly find that 갑 is guilty of [murder as an accomplice]?
   Q: Is 갑 guilty of [murder]?
   Q: What defenses, if any, will be available to 갑 if he is charged with a crime?
   Q: Did the court err in denying the motion for judgment of acquittal?★
      (본 문제는 피고인이 범죄의 구성요건이 만족되지 못했음을 근거로 무죄선고를 신청하였고, 이에 대해 법원이 어떠한 판결을 내려야 하는지에 대해 묻고 있다. 따라서 수험자는 피고인의 행위가 범죄의 구성요건을 만족하는지 그 여부를 판단해야 한다.)
   ⇒ 각 범죄를 구성하는 구성요건(acts, mental states, causation)을 나열하고, 피고인의 행위를 analysis한다. 피고인의 행위가 구성요건을 모두 만족한다면, 죄책이 인정되는 바, motion for judgment of acquittal은 deny되어야 한다.

5. 용의자 및 피고인의 헌법적 권리에 대한 문제
① 특정 헌법적 권리의 침해여부를 묻는 문제
Q: <u>Did the officer violate the suspect's [Fifth Amendment right to counsel]?</u>
Q: <u>Did the search violate suspect's constitutional rights?</u>
Q: <u>Did the suspect effectively invoke his [right to counsel]?</u>
Q: <u>Was the suspect's waiver of his [right to counsel] valid?</u>
② 피고인이 취한 motion에 대한 법원의 판단이 어떠한지 묻는 문제
Q: <u>Did the trial court err in denying the defendant's motion to dismiss?</u>
③ 증거의 admissibility를 묻는 문제★
Q: <u>Should the [confession] be suppressed?</u>
⇒ '증거법'상 rule과 피고인의 '헌법적' 권리를 모두 고려해야 한다.

Part One. Criminal Law

답안요령

Q: <u>Is 갑 guilty of [murder]?</u>

1. Crime 성립요건
2. Intent
   + analysis
3. Act
   + analysis
4. Defenses★
   + analysis★

TIP1   본 답안요령은 피고인의 죄책유무를 판단하는 문제에 적용된다. 피고인의 act, intent, defense를 서술해야 하는데, 이들을 'title로' 구분하여 작성하는 것이 고득점 포인트다. Defense의 경우, 별도의 문제가 출제되지 않았다 하더라도 이에 대해 서술해야 고득점할 수 있다.

TIP2   4번: Defense로 활용할 수 있는 사실관계가 있는 경우, 이에 대한 arguable point를 서술하는 것이 고득점 포인트다. 즉 특정 사실관계에 대해 '피고인'이 유리하게 해석한 내용과 '검사'가 유리하게 해석한 내용을 모두 서술하여, 동일한 내용을 다양하게 해석할 수 있

음을 보여주는 것이 중요하다.

Ⅰ. Essential Elements of Crime

미국형법상 범죄는 행위자(피고인)의 행위가 구성요건해당성을 충족하고, 적용가능한 justifications 또는 defenses가 없는 경우 성립한다. 한국형법상 범죄의 성립요건은 구성요건해당성·위법성·책임성을 따지고 그 행위가 위법성조각사유나 책임조각사유에 해당하는 경우에는 제외하는 법리형태를 취하고 있으나, 미국형법에서는 이와 달리 구성요건해당성만을 보고 그 행위가 심신상실(insanity and intoxication)이나 책임무능력자(infancy) 또는 그 외 defenses에 해당하는지를 봐서 처벌 여부를 판단한다.

The defendant is **guilty** when the prosecution proves:
ⅰ. Actus reus (guilty act);
ⅱ. Mens rea (guilty mind);
ⅲ. Concurrence; and
ⅳ. Causation.
Additionally, there should be **no** applicable justifications and defenses.

A. Causation

본 파트는 피고인의 행위와 결과 사이의 인과관계, 즉 causation에 대해 논한다. 검사는 피고인 행위의 actual causation과 proximate causation을 모두 증명해야 하는데, 각 인과관계에 관한 방법과 이론은 Torts에서의 causation 내용과 비슷하나, actual causation을 증명하기 위한 방법이 다양한 Torts와는 달리 형법에서는 but-for test만을 사용한다. 예컨대, Torts에서는 원인이 여러 명일 경우 alternative causes approach를 사용하지만, 형법에서는 공범자 또는 종범자의 죄책을 판단하는 경우에도 but-for test를 사용한다.

★As to causation element, both but-for causation and proximate causation should be proven.

1. Actual Causation

> but-for test

The defendant's conduct is actual causation if the result would not have occurred **but for**~이 아니라면 **the conduct.**

2. Proximate Causation

> intervening fact + foreseeability

Proximate causation 여부는 intervening fact와 foreseeability를 모두 고려하여 판단한다. 다시 말해, 결과에 대해 피고인의 행위를 제외한 다른 원인이 있는 경우 해당 원인(intervening fact)이 피고인이 예상할 수 있었던(foreseeable) 원인이었는지 그 여부를 판단하는데, unforeseeable한 intervening fact가 존재한다면 피고인의 행위는 proximate causation으로 인정되지 않는다. 그러한 원인이 피고인의 행위와 결과간 인과관계를 끊는다(cut causation)고 보기 때문이다. 그 외의 경우, 예컨대 foreseeable한 intervening fact가 존재하는 경우에는 피고인의 행위는 여전히 proximate causation으로 인정된다.

★The core of the proximate causation is **intervening fact and foreseeability.**

II. Homicide (12July, 15July, 20Sep)

Homicide는 살인과 관련된 범죄를 통칭하는 용어이다. Common law와 MPC는 homicide를 다른 기준으로 구분하고 있다. Common law에 따르면 살인과 관련된 범죄를 크게 murder와 manslaughter로 구분하고, manslaughter를 다시 voluntary manslaughter와 involuntary manslaughter로 구분한다. Murder란 행위자(피고)가 살인할 의도를 가지고(with malice aforethought) 타인을 불법적으로 살해한 것으로서, 피고인의 intent to kill, intent to inflict great bodily injury, reckless indifference to an unjustifiably high risk to human life 또는 intent to commit a felony가 입증되면 malice aforethought가 인정된다. 그중 reckless가 입증된 경우의 murder를 "depraved-heart murder"라고 칭한다. 한편, manslaughter는 murder보다 감경된 죄책으로서, 흥분된 상태에서 발생한 우발적 살인(voluntary manslaughter), criminal negligence 및 reckless에 의해 발생된 manslaughter와 unlawful act에 의해 발생된 manslaughter를 포함하는 involuntary manslaughter, 이렇게 두 유형으로 구분된다.

MPC는 common law와 마찬가지로 homicide를 크게 murder와 manslaughter로 구분하나, murder를 그 정도(degree)를 기준으로 구분한다는 점에서 차이가 있다. 구체적인 구분기준은 주(州)마다 다르게 규정하고 있으나, 대부분의 주에서는 계획성, felony murder 등을 동반한 살인을 first degree murder로 규정하고, 그 외의 살인을 second degree murder로 구분하는 방식을 취한다. 한편, manslaughter는 common law와 동일한 법리를 취하는 바, voluntary manslaughter와 involuntary manslaughter로 구분한다.

| TIP | 출제의도에 따라 homicide에 해당하는 '모든' 죄책을 analysis하거나 '특정' 죄책만을 analysis한다. |

① Q: With what crimes, can the man be charged as a result of victim's death?

⇒ Murder, involuntary manslaughter, voluntary manslaughter 전부 서술함.

② Q: Could a jury properly find that 갑 is guilty of [involuntary manslaughter]?

⇒ 해당하는 죄책에 대해서만 서술함.

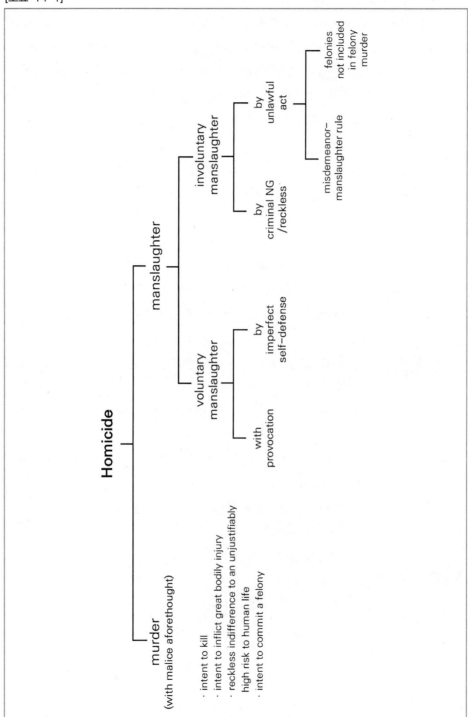

A. Common Law

1. Murder

a. Depraved-Heart Murder

- Depraved-heart murder = Murder with reckless indifference to an unjustifiably high risk to human life = Abandoned and malignant heart murder = Extreme recklessness murder

Depraved heart murder는 피고가 reckless하게 타인을 불법적으로 살해한 것으로서, reckless는 타인의 사망 또는 심각한 신체적 부상의 risk를 인지했음(knowing risk)에도 불구하고 이를 간과(disregarding)한 심리상태를 의미한다. 가장 대표적인 case는 intoxication 상태에서 driving을 하다가 사람이 치어 사망한 경우이다.

★A person can be charged with **depraved-heart** murder when the person **recklessly** causes the death of another **with extreme indifference**^{무관심} **to the value of human life.**

Depraved-heart murder would be appropriate only if the reckless driving was **combined with intoxication or other aggravating factors,** and the reckless driving alone would not lead to a charge of depraved-heart murder.

| TIP | Reckless를 구성요건으로 하는 죄책 |

① Depraved-heart murder

② Involuntary manslaughter by criminal negligence or gross negligence

b. Felony Murder

Felony murder is a killing occurred during the commission of a **felony.**

Felonies that raise felony murder are generally defined as crimes involving the **use or threat of physical force or violence** against an individual.

2. Voluntary Manslaughter

a. General Rule

A defendant is guilty of voluntary manslaughter when:

ⅰ. The **provocation** would arouse sudden and intense passion in the mind of an **ordinary person**;

ⅱ. The defendant must have **in fact been provoked**;

ⅲ. There must **not have been a sufficient time** between the provocation and the killing for a **reasonable person** to cool; and

ⅳ. The defendant **in fact did not cool off** between the provocation and the killing.

b. Reasonable Provocation

Adequate provocation makes a reasonable man lose his normal self−control and be incapable of cool reflection. It is recognized based on a **defendant's reasonable beliefs.**

c. Muder v. Voluntary Manslaughter

The main difference between murder and voluntary manslaughter is the presence of "malice aforethought" element.

The defendant acted **without malice aforethought,** if there was (1) **adequate provocation** and (2) **heat of passion.**

3. Involuntary Manslaughter

a. By Criminal Negligence or Recklessness

ⅰ. **Act**

★In most jurisdictions, a defendant is guilty of involuntary manslaughter by [criminal negligence] when the defendant causes the death of another human being by engaging in conduct that creates an unreasonable risk of death or serious bodily injury.

ii. Intent

criminal NG or reckless

★A defendant whose conduct causes the death of another human being can be charged with manslaughter, if the defendant acted with [criminal negligence].

① Criminal Negligence

Criminal negligence는 'negligence'에 중점을 둔 표현으로서, 피고인의 행위가 '보통의 사람'이라면 했을 행동과 편차가 큰 경우의 과실을 뜻하는 바, 그 기준은 objective standard이다. 따라서 피고가 행위 당시 자신의 행동이 타인의 심각한 부상 및 죽음을 초래할 수 있다는 것을 '스스로' 인지하지 못했다는 사실은 involuntary manslaughter by criminal negligence 죄책 유무를 판단하는 데 있어 무관하다.

In some jurisdictions, if the defendant acted with greater than ordinary negligence (criminal negligence), the defendant is guilty for involuntary manslaughter.

Being guilty is determined based on ordinary person in the defendant's situation. Thus, even if the defendant was unaware of the risk, the defendant could be found guilty if the ordinary person would have been aware that her conduct created an unreasonable risk of death or serious bodily injury.

② Recklessness

△'s disregard of known risk

Reckless는 행위할 당시 결과를 충분히 인지했음에도 불구하고
이를 무시하고 행동하는 것을 뜻하는 바, 피고인이 행위를 할 당
시 자신의 행동이 타인에게 '심각한 부상 및 죽음'을 초래할 수
있다는 것을 인지했음에도 불구하고 이를 무시하고 그대로 행동한
경우 voluntary manslaughter가 인정된다. Reckless는 criminal
negligence와 달리, 그 판단기준이 일반인이 아니라 '행위자'로
서 subjective standard이다. 즉 '합리적인' 사람이라면 행위에 대
한 위험성을 충분히 인지할 수 있었다는 사실은 voluntary
manslaughter by recklessness를 판단하는 데 있어 무관하나,
'피고인'이 행위할 당시 자신의 행동에 대한 위험성을 인지했다
는 사실(aware of the risk)은 고려되어야 한다. 따라서 피고인
의 reckless를 주장하는 검사는 "피고인은 자신의 행동이 타인의
심각한 부상 및 죽음을 초래할 수 있음을 알고 있었다"는 점을
증명하고, 이에 대해 피고인은 "나(피고인)의 행동이 타인의 심
각한 부상 및 죽음을 초래할 수 있다는 점을 인지하지 못했다"
는 점을 증명하여 반박할 것이다.

In some jurisdictions, defendant must have acted **recklessly**
to be convicted of involuntary manslaughter.
★**Reckless is defined as conscious disregard of a known risk.**

(a) **Prosecutor's Arguments**
   ✔ 일반적인 사람이었다면 해당 행위의 위험성을 충분히
      예상할 수 있었던 상황이었다.
   ✔ 피고인이 위험한 행위를 하기 전, "I'll bet someone will
      come"이라고 말했다.

(b) Defendant's Arguments

✔ 피고인이 위험한 행위를 하기 전 "'사람들이' 사고가 나면 매우 화가 날거야"라고 말했다. 즉 '일반적인' 사람을 기준으로 행동의 risk를 판단했을 뿐이다.

✔ 피고인이 폐가에서 위험한 행위를 하였고, 이로 인해 사고가 발생하여 타인이 사망한 경우 — 인적이 드문 곳이었기 때문에, 나의 행동의 위험성을 인지하지 못했다.

b. By Unlawful Act

Felony를 범하는 과정에서 발생한 살인은 murder(felony murder) 죄책이 인정되는데, 이 유형보다 경감된 형태가 involuntary manslaughter by unlawful act이다. 즉, felony가 아닌 misdemeanor를 범하는 과정에서 발생한 살인 또는 felony를 범하는 과정에서 발생하였으나 전혀 예상치 못했던 살인의 경우, murder보다 경감된 형태인 involuntary manslaughter by unlawful act가 인정된다.

A killing caused by an unlawful act is involuntary manslaughter. There are two types of unlawful act manslaughter: misdemeanor—manslaughter and manslaughter caused during the commission of a felony.

i. Misdemeanor—Manslaughter Rule

A killing in the course of the commission of a misdemeanor is manslaughter.

✔ Violate the traffic laws (high speed driving)

ii. Manslaughter caused during Felony

A killing committed in the course of commission of a felony is **at least manslaughter,** if the killing was **not foreseeable** result of the felony.

✔ 갑이 방화(arson)하는 과정에서 피해자 을이 화상을 입어 사망하였고, 피해자 병은 불을 보고 놀라 심장마비로 사망하였다. 갑은 을의 사망에 대해 felony murder가 인정되나, 병의 사망에 대해서는 involuntary manslaughter (by unlawful act)가 인정될 것이다. 심장마비는 방화에 의한 foreseeable result가 아니기 때문이다.

B. MPC

1. Murder

Modern statutes usually divide murder into degrees: first degree and second degree murders. The murders occurred with specific elements are defined as first degree murders and all other murders are second degree murders.

a. First Degree Murder

Generally, first degree murder is recognized when:

i. The prosecution proves **deliberate**^{의도적인} **and premeditated**^{계획적인} killing; or

ii. The prosecution proves **felony murder.**

b. Deliberation and Premeditation

i. Most Jurisdictions

In most jurisdictions, deliberation (or premeditation) is recognized:

① When a person acts with a **cool mind** that is capable of reflection; or

② When there was **some period of reflection** before the intent to kill is formed.

ii. Other Jurisdictions

Deliberation (or premeditation) is **inferred** from an **intent to kill** and the **nature of the injuries.**

✔ Using weapon → evidence of intent to kill → deliberation 인정○

Ⅲ. Other Crimes

A. False Pretenses (10July)

1. Act

The elements of false pretenses are:

ⅰ. A false representation **of fact; and**

ⅱ. That **causes another person to transfer title to property to the defendant.**

✔ 상인의 opinion (≠ false represent of fact) − 요건 ⅰ 미충족

✔ 갑은 상인의 말을 듣고 제품을 구매했다. − 요건 ⅱ 충족

✔ Commercial puffery − false pretenses ×
(Commercial puffery is not generally considered false pretenses.)

> TIP False pretenses는 피고인이 '사실'에 대해 언급한 경우 인정되는 죄책으로서, 하나의 statement에 fact와 opinion이 섞여 있는 경우 전체 문장 중 fact에 해당하는 부분에 한해 죄책이 인정되고, opinion에 해당하는 부분에 대해서는 죄책이 인정되지 않는다. 따라서 false pretenses와 관련된 statement를 analysis할 경우에는 반드시 fact 부분과 opinion 부분으로 나누어 각각 analysis하는 것이 고득점 포인트다.

2. Intent

False pretenses requires:

ⅰ. **Knowledge** that the representation of fact **is false; and**

ⅱ. **Intent to fraud**

★The **intent to fraud** is established when the defendant intends that the person to whom the false representation is made **will rely on it.**

3. Willful Blindness

Willful blindness란, 자신이 알고 있는 바가 사실이 아닐 수도 있다는 '가능성'을 스스로 인지하고 있는 상태를 뜻한다. 피고인의 willful blindness가 인정되면, false pretenses의 구성요건인 knowledge가 인정된다.

In majority jurisdictions, **willful blindness standard** is used in determining the defendant's **knowledge** that the representation of fact is false. Under the standard, knowledge element is satisfied when the defendant:
ⅰ. **Is aware of a high probability of the facts' existence; and**
ⅱ. **Deliberately avoids learning the truth.**

Under the **minority** of jurisdictions, knowledge element is satisfied only when defendant had **actual knowledge.**

B. Burglary (19Feb)

★At common law, burglary is defined as the breaking and entering of the dwelling house of another in the night with the intent to commit a felony.

1. Act

The elements of burglary are:
ⅰ. Breaking;
ⅱ. Entering;
ⅲ. Of the dwelling house; and
ⅳ. Of another in the night.

2. Intent

Burglary requires an intent **to commit a felony.**

C. Larceny (10July, 19Feb)

1. Act

★At common law, larceny is defined as:

i . The misappropriation;

ii . Of another's personal property;

iii. By means of taking it from his possession;

iv. Without his consent.

2. Intent

Larceny requires an intent to steal.

3. Larceny by False Pretenses

a. General Rule

The elements of larceny by false pretenses are:

i . A false representation of material fact;

ii . That causes another person to transfer title to property to the defendant.

Larceny by false pretenses requires:

i . Knowledge that the representation of fact is false; and

ii . Intent to defraud.

b. False Representation

A false representation should be **about fact,** not about opinion. Commercial puffery^{과대선전} is not generally considered false pretenses.

- ✔ "We have the best bicycle in the state." → opinion 및 commercial puffery → false representation ×
- ✔ "The car is installed by new engine within three months." → about fact → false representation ○

c. Knowledge

In majority jurisdictions, **willful blindness standard** is used in determining the defendant's **knowledge** that the representation of fact is false.

Under the standard, knowledge element is satisfied when the defendant:

ⅰ. **Is aware of a high probability of the facts' existence; and**

ⅱ. **Deliberately avoids learning the truth.**

Under the **minority** of jurisdictions, knowledge element is satisfied only when defendant had **actual knowledge.**

TIP   False pretenses, larceny 모두 "knowledge"를 구성요건으로 하고 있으며, 이에 대해 willful blindness standard를 적용한다(다수설).

D. Embezzlement (19Feb)

Embezzlement는 한국법상 유용죄(流用罪)에 해당하는 바, 타인의 동산을 합법적으로 점유(possess)하고 있다가 권리를 넘어서서 해당 동산을 사용하는 행위를 의미한다. 예컨대, 갑이 빌려준 그림을 을이 제3자에게 판매한 경우, 을의 embezzlement가 인정된다.

1. Act

★Embezzlement generally is defined as:

ⅰ. A lawful possession;

ⅱ. Of another person's property; and

ⅲ. Wrongfully misappropriates such property.

2. Intent

Embezzlement requires an **intent to permanently deprive** the lawful owner of the property.

E. Receiving Stolen Property (19Feb)

1. Act

Receiving stolen property is generally defined as the **receipt of stolen property.**

2. Intent

a. General Rule

Receiving stolen property requires:

ⅰ. Knowledge that the property was stolen; **and**

ⅱ. Intent to deprive the owner of her property.

b. Standards as to Knowledge

Each jurisdiction has different standard in determining the knowledge.

ⅰ. Most Jurisdictions

A person is guilty of receiving stolen property if he/she knew it was stolen **at the moment of receiving it.**

ⅱ. Some Jurisdictions

Some jurisdictions require proof of a defendant's **actual subjective knowledge** that the property was stolen. Evidence that a **reasonable person** would have known that the property was stolen will not suffice.

ⅲ. Other Jurisdictions

In other jurisdictions, intent can be inferred **from all surrounding circumstances.**

✔ Low price

✔ Buyer (a person who received the stolen property) did not investigate the ownership history of it.

✔ Defendant sold the property for 10 times what he/she had

paid for it.

F. Accomplice (12July)

Q: <u>If a jury did find 갑 guilty of [involuntary manslaughter], could the jury properly find that 을 is guilty of [involuntary manslaughter] as an accomplice? Explain.</u>

Accomplice는 '방조죄'를 뜻하며, 방조한 자에게는 정범(the primary party) 을 방조한다는 고의와 정범이 그 범죄행위를 실행할 것을 원하는 고의가 모두 있어야 하는 이중의 고의(dual intent)가 요구된다.

여기서 종범의 두 번째 intent가 있었는지의 여부에 대해서는 정범의 범죄에 대한 고의성이 종범에게도 동일하게 존재했는지 그 여부에 따라 판단된다. 만약 동일하게 존재했었다면, 종범의 방조죄가 성립한다. 예컨대, 정범이 larceny를 범한 경우 종범에게 정범을 방조하는 intent와 larceny를 범할 intent (intent to steal)가 있어야 dual intent 요건이 충족된다. 정범이 involuntary manslaughter를 실행한 경우에는 종범의 두 번째 intent에 대해 각 주마다 다르게 판단한다. 다수의 주에 따르면, 종범이 involuntary manslaughter의 intent인 criminal negligence 또는 reckless를 가지고 있는 경우 두 번째 intent가 있다. 반면, 소수의 주에 따르면, 종범은 정범의 involuntary manslaughter에 대해 두 번째 intent를 가질 수 없는 바, 방조죄가 성립할 수 없다. Involuntary manslaughter는 criminal negligence 또는 reckless를 성립요건으로 하는 범죄로서, 종범이 이러한 intent를 가지고 있다 하여 직접적으로 피해자의 심각한 부상 및 사망을 야기할 수는 없다고 보기 때문이다.

1. Act

★"Accomplice" is defined as an assist principal in the commission of the crime.

Even a small amount of assistance can suffice to create accomplice liability.

2. Intent

dual intent

Accomplice requires:

ⅰ. **Intent to assist** the primary party; and

ⅱ. Intent for **primary party to commit** the offense charged.

In most jurisdictions, the second required intent is satisfied when the defendant acted with the intent **required for the underlying offense.**

✔ Defendant knows what the purpose of the principal is and there was no other purpose to do so. - intent to assist(첫 번째 intent) ○

3. Accomplice and Involuntary Manslaughter

In majority jurisdictions, the accused is liable for accomplice when he demonstrated criminal negligence or reckless.

In minority jurisdictions, **the accused cannot have accomplice liability for involuntary manslaughter** as a matter of law. This is because courts find that one cannot intend a negligent or reckless killing.

G. Attempts (09July)

1. Act

★Defendant's action must be an **overt act** that went **beyond mere preparation.**

States use various tests for determining whether a defendant's conduct has gone far enough to constitute an attempt to commit a crime:

Some state courts say that the actor's conduct must be **proximate** to the crime.

Others say that the actor's conduct must be **dangerously proximate** to the crime.

The Model Penal Code requires only that a defendant's conduct be a **substantial step** forward commission of the crime.
Some states say that the defendant's conduct must **unequivocally**^{명백히} **manifest** the criminal intent.

- ✔ 총을 소지하고 가게 안으로 들어감. ― proximate 및 dangerously proximate
- ✔ Rob the store clerk by force but for the fact that 갑's accomplice left the store ― substantial step
- ✔ Clear intention to rob the store clerk by force ― unequivocally manifest

2. Intent

The defendant must have the **specific intent to commit the crime.**

Ⅳ. Defenses

Defenses에 대한 입증책임은 '피고인'에게 있으며, by preponderance of the evidence 기준이 적용된다. 본 파트에서는 역대 기출문제에서 자주 출제되었던 insanity, incompetence, duress, abandonment 그리고 self−defense (defense of others)에 대해 논한다. Defenses는 크게 culpability와 exculpation 으로 구분되나, MEE시험에서 각 defense의 유형을 구분토록 요구되는 문제 는 출제되지 않는 바, 필자는 defenses의 유형을 별도로 구분하지 않고 논하 였다.

• A defendant is entitled to [self−defense].

• The defense excuses the defendant from criminal liability.

• The defendant is not liable for harm to the plaintiff.

A. Insanity (15July, 18Feb)

Insanity는 정신병, 정신병질을 뜻하는 바, 피고인이 범죄행위를 '범할 당시' 그의 insanity가 피고인의 생각 및 행위에 영향을 미친 경우에 한해 defense로 인정된다. 이는 incompetence와 구별되는 개념으로서, incompetence는 '형사소송 진행 중' 피고인에게 발생한 재판을 진행하기 어려울 정도의 심신 상태이다. 소송 진행 중 피고인의 incompetence가 인정되면 피고인이 정상적인 상태로 되돌아올 때까지 모든 형사소송 과정은 중지된다.

피고인의 insanity가 피고인에게 영향을 미쳤는지 그 여부를 판단하는 기준에는 M'Naghten test, MPC, irresistible impulse test, Durham test가 있다. 그중 common law상의 M'Naghten test는 피고인이 그에게 정신질환 또는 정신적인 문제가 있었음과 그러한 문제로 인해 그가 범죄행위를 할 당시 판단을 할 수 없는 지경이었음을 입증해야 insanity를 인정한다. 여기서 '판단'은 자신의 행위에 대한 '옳고 그름(wrongfulness)' 또는 '행위의 성격(nature and quality)'에 대한 판단을 뜻한다.

1. M'Naghten Test

Under the M'Naghten test, the defense of insanity excuses the defendant from criminal liability if the evidence establishes that:

ⅰ. **Severe mental disease or defect;**

ⅱ. **Caused** a defect of reason^{생각}; **and**

ⅲ. **As a result of** such severe mental disease or defect, defendant:

① Did not know the **wrongfulness** of his actions; **or**

② Did not understand the **nature and quality** of his actions.

2. Severe Mental Disease

The court must balance the evidence of the defendant's mental disease or defect suffering at the time of the crime, against the evidence that the defendant:

ⅰ. Had not been diagnosed with a mental disease or defect;

ⅱ. Had not sought mental health treatment;

iii. Had not displayed any other signs of cognitive impairment to his family or friends;

iv. Maintained relationship with family and friends; and

v. Managed to run his everyday life and operate him business.

✔ **Delusions** or other significant **impairments of a defendant's capacity to recognize reality** — severe mental disease ○ (usually)

3. Wrong

> (legally + morally) or morally

앞서 언급한 바와 같이, M'Naghten test는 피고인이 그에게 정신질환 또는 정신적인 문제가 있었음과 그러한 문제로 인해 그가 범죄행위를 할 당시 자신의 행위에 대한 '옳고 그름(wrongfulness)' 또는 '행위의 성격(nature and quality)'에 대한 판단을 할 수 없는 지경이었음을 입증해야 insanity 를 인정한다. 그렇다면 행위에 대한 '옳고 그름(wrongfulness)'이란 구체적으로 무엇을 의미하는가. 이에 대해서는 위법성 또는 도덕성을 기준으로 할 수 있는데, '위법성'을 기준으로 한다면, 피고인이 자신의 행동이 '위법한 행위'라는 것을 인지하지 못한 경우 insanity가 인정된다. '도덕성'을 기준으로 한다면, 피고인이 자신의 행동이 '도덕적으로 잘못된 행위'라는 것을 인지하지 못한 경우 insanity가 인정될 것이다. 각 주마다 다른 기준을 채택하고 있는데, 일각에서는 위법성과 도덕성 모두에 대해 판단할 수 있어야 한다고 보고, 피고인이 위법성 또는 도덕성에 대해 판단할 수 없는 경우 insanity를 인정한다. 다른 일각에서는 도덕성만을 기준으로 하여, 피고인이 위법성을 판단할 수 있었다 하더라도 도덕성을 판단할 수 없는 상태였다면 insanity를 인정한다.

The defendant must prove that his mental disease left him unable to distinguish right from wrong. States differ as to the definition of "wrong" for insanity defense.

★Some states permit the defense only if the defendant's severe mental disease **prevented her from knowing that her acts were legally wrong (criminal).**

★Some other states permit the defense when the defendant **did not know that her actions were morally wrong, even if she knew that her actions were legally wrong.**

✔ "내가 칼을 휘두른 것은 외계인이 나를 쫓아오기 때문이다." → 자신의 행동을 외계인의 탓으로 돌림. → Defendant knew that his action was **criminal.**

✔ 망상 증상이 있는 피고인이 외계인이 자신을 쫓아온다고 믿었다 할지라도, 이 사실이 피고인 자신의 행동이 도덕적이지 못하다는 것을 인지하는 데에는 영향을 미치지 않는다.

답안요령

1. M'Naghten test/MPC
2. "Severe mental disease"
   + analysis
3. "Wrong"★
   + analysis (legally and morally 또는 morally)
4. 결론

TIP   1번: Insanity 판단기준은 각 주마다 다르게 규정하고 있다. 따라서 사안에 적용가능한 statute가 명시되어 있는 경우에는 M'Naghten test와 같은 별도의 기준이 아닌, 해당 statute에 대해 analysis하며, 별도의 statute가 명시되어 있지 않은 경우에는 M'Naghten test와 MPC로 구분하여 각각에 대한 analysis하는 것이 고득점 포인트다.

모범답안 092

1. The insanity defense is not found, since the defendant's actions do not satisfy M'Naghten test and under MPC test.

Under the M'Naghten test, a defendant needs to show that (1) she suffered from a severe mental disease of defect at the time of the charged crime and (2) the mental disease left her either unable to know the nature and quality of the act or unable to know that the act was right or wrong. The defendant must prove the affirmative defense by a preponderance of the evidence.

Under MPC test, the defendant is entitled to an acquittal if he proves that he suffered from a mental disease and as a result lacked substantial capacity to either: appreciate wrongfulness of his conduct or conform his conduct to the requirements of law.

First, if the defendant suffered from delusions or other significant impairments of a defendant's capacity to recognize reality, his disease satisfies severe mental disease requirement. (However, the court must balance the evidence indicating that the defendant was suffering from a mental disease or defect, at the time of the crime, against the evidence that the defendant (1) had not been diagnosed with a mental disease or defect, (2) had not sought mental health treatment, (3) had not displayed any other signs of cognitive impairment to his family or friends, (4) maintained relationship with family and friends, nd (5) managed to run his everyday life and operate him business.)

(ANALYSIS)

Regarding insanity defense, states have different definition of "wrong." Some states permit the defense only if the defendant did not know that his acts were legally wrong as the result of his mental disease. Some states permit the defense only if the defendant did not know that his acts were morally wrong as the result of his mental disease.

(ANALYSIS: ⋯⋯ With these facts, the defendant knew the nature and quality of robbing the store. Moreover, regardless how the state defines the wrongfulness, the defendant's actions show that he knew his acts were morally and legally wrong. Thus, the second prong is not satisfied.)

In sum, the defendant's evidences do not satisfy the M'Naghten version of the insanity defense.

(ANALYSIS—MPC test)

In sum, the insanity defense is not found, since the defendant's actions satisfy the first prong but do not satisfy the second prong.

B. Duress (15July)

1. Common Law

★Typically, the defense of duress is recognized if a defendant's conduct was committed under the **pressure of an unlawful threat** from another person **to harm the defendant.**

★Under the common law, duress **is not available** as a defense to any kind of **intentional homicide.**

2. MPC

★Under the MPC, the defense of duress is defined as a threat that a **reasonable** person would be **unable to resist.**

C. Abandonment (09July)

• Abandonment = Withdrawal = Renounce

Abandonment는 죄책 attempt의 defense로서, 피고인이 범죄 실행에 조금이라도 기여했다면 본 defense는 인정되지 않는다(다수설).

1. Abandonment

★In most jurisdictions, voluntary abandonment is **not** a defense to the crime of attempt **once the actor's conduct has gone beyond mere preparation.**

★In minority jurisdiction, the abandonment of an attempt **before the crime is completed** is an affirmative defense to the crime of attempt.

2. Requirement

★The abandonment must be **utterly voluntary**.

D. Self-Defense and Defense of Others (20Feb, 20Sep)

1. General Rule

Self−defense or defense of others is recognized and a defendant is not liable for harm to the plaintiff if he:

ⅰ. Had **reasonable belief** that the force was necessary to protect himself (or another) who is in danger of **immediate** bodily harm; and

ⅱ. Used **reasonable force** that was necessary to protect himself (or another).

In some jurisdictions, a defendant is **further** required to prove:

ⅰ. The defendant was **not an initial aggressor;** or

ⅱ. The defendant had **tried to withdraw** from or abandon the conflict before using the force if she were the initial aggressor.

a. Reasonable Belief

Generally, self−defense is recognized when a defendant reasonably fears imminent physical harm.

b. Reasonable Force

The courts consider whether **the amount of force** which the defendant used is reasonably related to the physical harm she tried to avoid.

2. Defense of Others

Defense of others는 self−defense로부터 파생된 defense이다. 따라서 statue에서 self−defense만을 명시하고 있다하더라도 defense of others 를 주장할 수 있다. 그러나 모든 경우에 있어 defense of others를 인정하

는 것은 아니고, 각 주마다 다른 기준을 채택하고 있다. 갑이 을의 물건을 훔쳐 달아나자 을이 갑을 밀쳤고, 을이 갑을 밀치는 모습을 본 병이 을을 총으로 쐈다고 가정해보자(병은 갑이 을의 물건을 훔친 사실은 모른다고 가정한다). 이때 병이 을을 상대로 defense of others를 주장할 수 있는가에 대해 일각에서는 갑(person being attacked)이 self-defense를 주장할 수 있는 상황에 한해 인정하는 반면, 다른 일각에서는 병(defendant)이 갑(person being attacked)이 self-defense를 주장할 수 있는 상황이라고 합리적으로 믿었던 상황이라면 인정한다. 다시 말해, 일각에서는 을이 갑을 밀친 것은 lawful한 행동이므로 갑은 을을 상대로 self-defense를 주장할 수 없는 바, 병의 을에 대한 defense of others를 인정하지 않는다. 한편, 다른 일각에서는 병이 갑이 을의 물건을 훔쳤다는 사실을 모르는 채 을이 갑을 밀치는 모습만을 보았으므로, 을이 self-defense를 할 수 있는 상황이라 믿기에 충분하다(reasonable). 따라서 병은 을에 대해 defense of others를 주장할 수 있다.

Defense of others was derivative of self-defense, and states usually use one of two rules to evaluate defense of others.
In some states, defense of others is recognized only when **the person being attacked could have acted in self-defense.**
In other states, defense of others is recognized only when the defendant **reasonably believed** that the person being attacked had a right to act in self-defense. Mistake of the defendant is regardless.

Part Two. Criminal Procedure

본래 criminal procedure는 미국 형사소송절차 및 그 과정에서 보장되어야 하는 시민들의 헌법상 권리에 대한 과목이나, 역대 MEE 기출문제에서는 용의자 및 피고인의 '헌법적 권리'에 대해서만 출제되었다.
• Prosecute = 형사소송 과정이 시작되다.

- Accuse = 혐의를 제기하다.
- Charge = 기소(n.), 검사가 기소하다(v.)

"Being charged" with a crime means the prosecutor filed charges.

- Indictment = Grand jury가 기소하다.

An indictment means the grand jury filed charges against the defendant.

- Be convicted = 선고가 내려지다.

"Being convicted of a crime" means that the person has been found guilty after trial. A person convicted of a crime is, by law, guilty.

[표 14-1]

The Fourth Amendment	• Unreasonable searches and seizures • Exclusionary rule
The Fifth Amendment	• Right against self-incriminating testimony • Right to counsel • Right to remain silent • Double jeopardy • Right to grand jury
The Sixth Amendment	• Right to counsel • Right to a speedy trial • Right to a public trial • Right to a jury trial • Right to confront witness (Confrontation Clause) • Right to compulsory process for obtaining witness
The Eighth Amendment	• Cruel and unusual punishment

[도표 14-2]

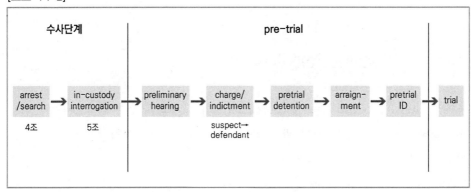

Ⅰ. The Fourth Amendment

A. Seizures and Searches

국가 공권력(이하 '경찰')은 개인을 상대로 비합리적인 프라이버시 침해(search)나 자유제한(seizure)을 행해서는 아니 된다. 이는 수정헌법 4조에서 규정하고 있는 시민의 헌법적 권리로서, 형사소송절차 중 수사단계에서 경찰이 행하는 search와 seizure에 대해 제한을 가한다. Search는 물건 및 영역을 수색하는 행위로서 예를 들어 몸수색, 자동차 내부 및 트렁크 수색, 집 수색, 가방수색 등을 말한다. Seizure는 사람 또는 물건을 잡아두는 행위를 말하는 바, 예를 들어 차를 세워서 신분증을 요구하는 것(automobile stop), 의심스런 사람을 불심검문하는 것(investigatory detention = stop and frisk), 체포(arrest) 등을 말한다.

★The Fourth Amendment provides that people should be free from unreasonable searches and seizures.

[도표 14-3]

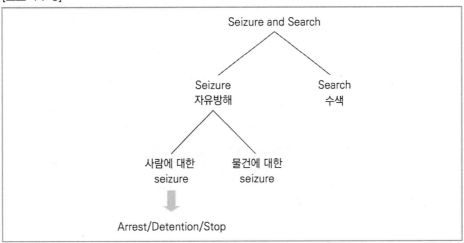

1. Seizure (08Feb, 21July)

---
① seizure? ② PC/RS + W

Seizure에 관련된 MEE 기출문제는 크게 ① 공권력을 가진 자의 행동이 seizure에 해당하는지 판단하는 문제와 ② (만약 그 행동이 seizure라면) 합리적인 seizure인지 그 여부를 판단하는 문제로 구분된다. 두 번째 유형에서 '합리성'은 경찰이 사람 또는 물건에 대해 가지는 의심의 정도(strength of suspicion)와 영장(warrant)의 유무로 판단된다. 의심의 정도(strength of suspicion)는 경찰이 가지는 의심의 수준과 범죄의 상관관계를 뜻하는 바, search 및 seizure의 유형에 따라 reasonable suspicion(RS) 또는 probable cause(PC)가 요구된다. 영장(warrant)의 경우 원칙적으로 search는 warrant를 필요로 하는 반면, seizure는 필요하지 않다. Warrant가 요구되는 search임에도 경찰이 warrant 없이 행하였다면 위헌이다.

a. General Rule

★A person has been seized, if a reasonable person would have believed that he was not free to leave, in light of all of the circumstances.

Generally, police may **arrest a person without warrant** when they have **probable cause at the time of the arrest** that the person has committed a crime. Probable cause is recognized when the reasonable police would find a probability of the commission of a crime objectively.

✔ Remained the office for 25분 - seizure ○

✔ With two police, visible weapon - seizure ○

✔ 범죄현장을 직접 목격한 경찰 - probable cause 인정 ○

✔ 누군가 "도둑이야!"라고 소리쳤고, 그 외침 후에 누군가 급히 달려

가는 경우 – probable cause 인정 ○ (달려가는 누군가를 arrest하는 것은 합헌이다.)

b. Exception

When the police arrest a person **in his own home in non-emergency circumstances,** an arrest warrant is required. This rule applies even when the police have probable cause to arrest.

c. Detention

★The Fourth Amendment permits **detention** of an individual **for a relatively short period of time** if the police have a **reasonable articulable suspicion.**

| TIP | Seizure 유무와 voluntariness of confession은 subjective test를 기준으로 판단하고, custody 유무는 objective test를 기준으로 판단한다. Subjective test는 '용의자 및 피고인'의 주관적인 입장에서 주어진 사안을 판단한 내용을 기준으로 범죄의 성립유무를 판단한다. 따라서 용의자의 나이, 경험, 교육수준 등이 모두 고려된다. 한편, objective test는 용의자가 아닌 '일반인'의 객관적인 입장에서 판단하는 바, 논란의 여지없이 모두가 인정할 만큼 명확한 사실관계가 존재해야만 요건의 성립이 인정된다. 예컨대, 갑 did not ask to leave and neither police officer told 갑 he was free to leave인 경우, subjective test를 기준으로 판단하면 seizure는 인정되는 반면, objective test를 기준으로 판단하면 in-custody가 인정되지 않아 seizure가 인정될 수 없다.
① Seizure: subjective test
② In-custody: objective test
③ Voluntariness of confession: subjective test |

2. Search

> (PC/RS + W) + E.P.(object or premises)

★A person can allege the Fourth Amendment violation only when he has **standing** to challenge it. A person has standing when he has a **reasonable expectation of privacy in an object or premises**^{장소}.

No expectancy of privacy when there is **no way to control.**

    ✔ 타인에게 가지라고 준 내 가방 — E.P. × (no way to control)

3. The Fruit of the Poisonous Tree Doctrine

The fruit of the poisonous tree doctrine은 한국형법상 '위법수집증거배제법칙'에 해당한다. 본 원칙에 따르면, 국가 공권력이 수정헌법 4조를 위반하여 부당한 체포 및 수색을 통해 개인으로부터 증거를 수집한 경우 그 증거는 not admissible한 바, 그 증거로부터 파생되는 증거들 또한 not admissible하다.

★If the seizures or searches did violate the Fourth Amendment rights, then [the evidence] is invalid. This is because it is the fruit of the poisonous tree.

A violation of Miranda does not taint derivative evidence and the fruit of the poisonous tree doctrine does not apply.

B. The Fourth Amendment and Statements (08Feb)

특정 statement 수집과정에서의 수정헌법 4조 위배여부를 판단하는 경우, statement는 seizure의 대상도 될 수 없으며 search의 대상도 될 수 없으므로, unlawful seizure or unlawful search를 통해 얻어진 fruit of poisonous tree 여부에 중점을 둔 문제이다. 이와 같이 criminal procedure에서의 증거 admissibility는

우선 제출된 증거가 어떤 유형의 증거인지 파악하고, 이에 관련된 rule과 헌법조항에 근거하여 증거의 admissibility를 판단하는 것이 중요하다.

Q: Were 갑's statements obtained in violation of 갑's Fourth Amendment rights?

> 1. 4th Amendment + Fruit of the poisonous tree doctrine★
> 2. Seizure/Search 정의
>   + analysis
> 3. PC/RS
>   + analysis

모범답안 093

1. 갑's statements were obtained in violation of 갑's Fourth Amendment rights, since there was unreasonable seizure.

Under the Fourth Amendment, the person has the right to be free from unreasonable seizure by the lawful enforcement. If the seizure violated individual's Fourth Amendment rights, then 갑's statement is invalid because it is the fruit of the poisonous tree.

A person has been seized, if a reasonable person would have believed that he was not free to leave. The Fourth Amendment permits detention of an individual for a brief period of time, if the police have a reasonable articulable suspicion. (ANALYSIS: ······ Under these circumstances, reasonable person would believe that he is not free to leave. ······ The police officers did not have probable cause, because ······.)

In sum, 갑's statements were obtained in violation of 갑's Fourth Amendment rights, since there was unreasonable seizure.

C. Exceptions to Warrant Requirement

본 챕터에서는 warrants 없이 실행가능한 합법적인 seizure 및 search, 즉

warrant가 필요하다는 원칙에 대한 예외에 대해 논한다. 이에는 consent, plain view, automobile exception, search incident to a lawful arrest 등이 있다.

1. Consent (09July)

A lawful enforcement officer can [search] **without warrant**, when he has **voluntary consent** to do so. The consent should be given voluntarily, and warrant is required when the consent was **coerced or involuntary.**

✔ 갑이 없는 상황에서, 갑의 엄마가 동의한 후 진행된 갑 소유의 집 수색 → consent 인정 ○ → valid search ○

답안요령	Search의 합헌성 여부

> 1. Consent → Warrantless search 가능
>   + analysis
> 2. 4조 주장 가능여부★
> 3. Analysis (E.P. in 물건)
> 4. Analysis (E.P. in 장소)

TIP1 Search의 합헌성 여부를 논하는 경우, 자신의 헌법적 권리가 침해되었다고 주장하는 자(원고)에게 해당 주장을 할 수 있는 권리가 있는지, 즉 경찰이 search한 장소 또는 물건에 대해 권리를 가진 자인지 그 여부를 논하는 것이 고득점 포인트다.

TIP2 E.P. 유무의 경우, '장소'에 대한 E.P.와 '물건'에 대한 E.P.를 구분하여 작성하는 것이 고득점 포인트다.

모범답안 094

<u>1. 갑 cannot challenge the search on the home and the object, since he lacks a reasonable expectation of privacy in them.</u>

A lawful enforcement officer can search without warrant, when he has voluntary consent to do so.

(ANALYSIS: In this case, the police had consent of 을's sister to search of 을's home, thus the search is proper despite of no warrant. However, 갑 could argue that the consent of 을's sister was coerced or involuntary; 갑 could not raise the issue.)

A person can allege Fourth Amendment violation only when he has standing to challenge it. A person has standing when he has a reasonable expectation of privacy in an object or premises.

(ANALYSIS: Here, 갑 had no reasonable expectation of privacy in 을's home. ……. Additionally, 갑 had no reasonable expectation of privacy in the object. …….)

In sum, 갑 cannot challenge the search on the home and the object, since he lacks a reasonable expectation of privacy in them.

2. Plain View Doctrine (11July, 21July)

Under the plain view doctrine, the police may [search] evidence **without a warrant** if:

ⅰ. The police were **lawfully present** in a position;

ⅱ. The police discover evidence of crime or contraband;

ⅲ. The evidence is **observed in plain view; and**

ⅳ. **Probable cause** exists to believe that the items are evidence, contraband of a crime.

✔ 대로변에 서 있는 차의 창문을 통해 차 내부를 살펴 봄. – 요건ⅰ 충족

✔ 경찰이 용의자 갑의 집에서 합법적으로 갑을 arrest하였는데, arrest하는 과정에서 우연히 마약을 발견한 경우 — 요건ⅰ 충족

✔ 경찰이 용의자 갑을 쫓아가서 갑의 집에서 갑을 arrest하였는데, arrest하는 과정에서 우연히 마약을 발견한 경우 — arrest at home은 warrant가 필요하나 hot pursuit exception이 적용된다면, 요건ⅰ 충족

✔ 경찰이 아무 말도 안했는데, 갑이 "그것은 마약이 아닙니다."라고 말함.
  – 요건iv 충족(PC 성립은 미란다 원칙과 무관)
✔ 상자를 열었더니 마약이 있었던 경우 — 요건iii 미충족

3. Stop and Frisk (Terry Stop) (11July)

경찰이 행인을 seize하기 위해서는 원칙적으로 그 행인이 '범죄에 연루되어 있다'는 probable cause와 함께 warrant를 가지고 있어야 한다. 다만, 행인이 '무장되어 있다(be armed)' 또는 '매우 위험하다(presently dangerous)' 고 경찰이 reasonable suspicion을 가진다면, warrant 없이 행인을 stop시켜 frisk를 할 수 있다. 그렇다면 경찰이 행인이 아닌 '자동차'를 stop 및 frisk할 수 있는가. 자동차를 stop시키는 것은 운전자가 교통법규를 위반한 경우(traffic violation) 가능하다. 즉 경찰이 운전자가 교통법규를 위반했다는 사실에 대해 probable cause를 가지고 있다면 warrant 없이 해당 자동차를 stop시킬 수 있다. Traffic violation이 존재하는 한, 경찰의 본심이 운전자의 다른 범죄혐의를 조사하기 위해 자동차를 stop시켰다 할지라도 해당 stop은 합헌이다.

a. General Rule

The police can stop and frisk a person without warranty if they have **reasonable suspicion** that the person **is armed and presently dangerous.**

b. Automobile Stop (11July)

The police can stop an automobile **for traffic violation** without warranty. The stop is constitutionally reasonable when the police have **probable cause** to believe that a traffic violation has occurred. A traffic stop is constitutionally reasonable even when the police used the statute **as a pretext**^{평계} **to investigate criminal wrongdoing.**

```
case
```

Statute: Anyone who violates speed limit law will be under arrest in police's discretion. Is arrest constitutional?

① 속도제한 규정을 위반을 이유로 차량을 arrest해본 적 없는 경찰이 처음으로 arrest한 경우 − The 4th Amendment(reasonable seizure and search)와 무관하다.

② 경찰의 진심은 차량 내부를 수색하고자 함이었으나, 표면적으로는 속도제한 규정 위반을 이유로 차량을 arrest한 경우 − The 4th Amendment(reasonable seizure and search)와 무관하다.

(The stop is constitutional even if officer used the statute **as a pretext to investigate criminal wrongdoing.**)

4. Hot Pursuit (21July)

Hot pursuit occurs when an officer engages **in immediate or continuous pursuit** of the suspect from the scene of a crime.

When the police are fleeing felon (in pursuit), they may conduct warrantless search. When the **underlying offense** is serious (e.g., felony), the exception rule is highly applicable.

The scope of the search is as broad as reasonable to prevent the suspect from resisting or escaping. Police may enter and search a private dwelling in pursuit of the fleeing.

II. The Fifth Amendment

본 파트는 수정헌법 5조에서 보호하는 형사소송법상의 헌법적 권리에 대해 논하는 바, ① 자신에게 불리한 진술(self−incrimination)을 강요받을 수 없다는 권리를 포함한 Miranda rights와 ② 모든 자는 하나의 죄책에 대해 다수의 형벌을 받을 수 없다는 조항인 Double Jeopardy Clause에 대해 논한다. Miranda rights 중 right to counsel은 수정헌법 6조상의 right to counsel과 다소 차이가 있는데, 이는 이하 「Ⅲ. Right to Counsel」에서 자세히 논하도록 한다.

A. Miranda Rights (08Feb, Evidence 16July, Evidence 17July, 19July)

수정헌법 5조에 따르면 누구도 자신에게 불리한 진술(self-incrimination)을 강요받을 수 없다. 즉 경찰의 강요에 의해 언급된 자백은 증거로서 효력이 인정되지 않는 바, 자백의 증거력(admissibility)은 right against self-incrimination의 침해여부를 기준으로 판단된다. 본 법리는 Miranda v. Arizona, 384 U.S. 436 (1966) 판례를 통해 보다 구체화되었다. 법원은 in-custody interrogation 상황에 처한 용의자가 자백을 하기 전 미란다 원칙을 고지해야 하는 의무가 경찰에게 있음을 명시하였다. In-custody한 상황이 용의자에게 심적 부담으로 작용하여 자백을 할 수밖에 없으며 그렇게 언급된 자백은 강요에 의한 자백과 다름없는 바, 경찰은 용의자에게 미란다 원칙을 고지해야 한다는 것이다. 미란다 원칙의 내용은 다음과 같다.

1. 진술을 거부할 수 있는 권리
2. 모든 진술이 법정에서 불리하게 작용할 수 있다는 점
3. 변호인을 선임할 수 있는 권리
4. 변호인을 선임할 수 없는 상황인 경우 국선변호사를 선임할 수 있는 권리

Under the Fifth Amendment, the lawful enforcement officer must inform Miranda rights to anyone who is in custody prior to interrogation. Miranda Warnings must include four things that:

1. You have the right to remain silent.
2. Anything you say can and will be used against you in a court of law.
3. You have the right to an attorney.
4. If you cannot afford an attorney, one will be appointed for you.

상기 내용 중 진술을 거부할 수 있는 권리(right to remain silent)와 변호인을 선임할 수 있는 권리(right to counsel)를 통틀어 Miranda rights라 일컫는다. 즉 Miranda rights는 수정헌법 5조상의 right against self-incrimination으로

부터 파생된 권리로서, 명확히 구분하자면 Miranda rights와 right against self-incrimination은 별개의 개념이나 자주 혼용해 사용된다. 한편, 경찰이 in-custody 용의자에게 미란다 원칙을 고지하면 용의자는 Miranda rights에 따라 가만히 있거나, 진술을 거부하거나, 변호사를 선임하거나 또는 Miranda right를 포기(waive)할 수 있다. 그중 진술을 거부하는 것은 진술을 거부할 수 있는 권리(right to remain silent)에 따른 행위이고, 변호사를 선임하는 것은 변호인을 선임할 수 있는 권리(right to counsel)에 따른 행위이다. 양 권리 모두 용의자가 권리를 행사(invoke)하고자 함을 명시(unambiguously)해야만 인정된다. Miranda rights의 포기(waive)는 용의자가 포기의 의미를 충분히 인지한 상태에서(knowingly) 자발적으로(voluntarily) 행한 경우에 한해 인정된다. 한편, 미란다 원칙에서 파생된 변호사 선임권리는 수정헌법 5조로부터 파생된 권리인 바, 수정헌법 6조로부터 파생된 변호사 선임권리와는 다소 차이가 있다. 두 개념의 차이는 이하 「Ⅲ. Right to Counsel」에서 자세히 논하도록 한다.

1. General Rule

★**Law enforcement officers** are required to **read Miranda warnings** to a suspect when the suspect is subject to an **in-custody interrogation**.

a. Interrogation

Interrogation은 용의자를 상대로 한 경찰의 질문뿐만 아니라 용의자로부터 자백을 이끌어낼 수 있는 모든 언어를 포함하는 개념이다.

★**Interrogation** is defined not only as **questioning initiated** by law enforcement but as any words that are **reasonably likely to elicit an incriminating response** from the suspect.

b. In-Custody

Custody 여부는 objective test를 기준으로 판단한다. 즉 '일반인'을 기준으로 여러 가지 상황을 종합적으로 고려하여 판단하는 바, '용의자'

의 나이·경험·개인적인 성향 등은 고려되지 않는다.

★Custody is a **substantial seizure** which is defined as either a **formal arrest** or **restraint on freedom** of movement of the degree associated with a formal arrest.

Whether a suspect is in custody is determined by how a reasonable person in the suspect's situation would perceive his circumstances.

The test to be applied is objective. Therefore, a suspect's age, experience, and other personal characteristics are not considered.

✔ 갑이 총을 소지한 두 명의 경찰에게 조사를 받은 경우(갑 was **outnumbered two to one**) → in arrest × → in custody ×

✔ 경찰이 용의자에게 "당신은 체포되었습니다"라는 말을 하지 않은 경우 → in arrest × → in custody ×

---

case

수감 중인 용의자(an incarcerated person) 갑이 그의 pre-incarcerated criminal activity에 대해 두 명의 조사원들에 의해 조사받았다. 조사원들은 그에게 원한다면 언제든 조사를 중단할 수 있다는 점을 명시했다. 갑은 자신의 범행을 시인했고, 검사가 갑의 자백(statement)을 법원에 제출하려고 하자 갑이 Miranda 원칙 위반을 주장하며 object했다. 검사가 제출하고자 한 갑의 자백은 admissible한가?

⇒ Yes. 수감자가 다른 수감자들과 격리된 상태로 interrogation이 진행된다면, 이는 custodial interrogation per se이다[Mathis v. United States, 391 U.S. 1 (1968)]. 하지만 custodial interrogation 여부는 여러 상황을 종합적으로 검토해야 한다. 본 사안에서 갑은 자신이 원한다면 언제든 조사를 중단할 수 있다는 점을 충분히 인지하고 있었으므로, custodial interrogation 을 인정할 수 없다[Howes v. Fields, 565 U.S. 499 (2012)].

2. Subsequent Miranda Warnings (11July)

> 별도의 interrogation + 미란다 원칙 고지 + knowingly and voluntary
> ⇒ 두 번째 진술 is admissible.

미란다 원칙 고지 없이 확보된 statement는 그 증거력이 인정되지 않는다 (inadmissible하다). 그렇다면 미란다 원칙을 고지하기 '전에' 진술이 확보되었고, 미란다 원칙 고지 '후' 또 다른 진술이 확보되었다면, 이 두 번째 진술의 증거력은 인정되는가. 미란다 원칙 고지 의무 위반에는 fruit of the poisonous tree doctrine이 적용되지 않는 바, 첫 번째 진술이 inadmissible 하다 하더라도, ① 두 번째 진술이 독립적인 interrogation에서 이루어졌고, ② 미란다 원칙 고지 후 피고인이 knowingly and voluntary한 상태에서 발언했다면, 두 번째 진술의 증거력은 인정된다. Interrogation의 '독립성'은 두 번째 진술이 앞서 한 진술과 '다른 장소'에서 '다른 시간'(in different place and different time)에 이루어지면 인정된다.

a. Miranda Warning and Fruit of the Poisonous Tree Doctrine

Since a violation of Miranda is a violation of a constitutional rule, it does not taint derivative evidence and the fruit of the poisonous tree doctrine does not apply.

b. Requirements

Even if there was a violation of Miranda, a subsequent confession by the suspect may nonetheless be admitted when the subsequent interrogation is **not seen as a single unwarned sequence of questioning** and the suspect waived his Miranda rights **voluntarily and knowingly.**

답안요령

Q: <u>Should Suspect's second statement to Detective be suppressed? Explain.</u>

```
1. Violation of Miranda: Fruit of poisonous tree 적용 ×★
2. Requirements
   + analysis
3. (△ invoked the right to counsel)
   + analysis
4. 결론
```

TIP1 진술의 admissibility를 판단하는 문제에서, '미란다 원칙이 고지된
      시점'을 기준으로 그 '전'에 미란다 원칙을 위반한 또 다른 진술이
      존재한다면 'interrogation의 독립성'에 중점을 두고 analysis하는 것
      이 고득점 포인트다. Interrogation이 독립된 '장소'이면서 독립된
      '시간'에 이루어졌음을 서술한다.

TIP2 3번: 미란다 고지를 받은 '후' 피고인이 진술함에 있어 knowing
      and voluntary했음을 서술한다. 이와 관련해 right to counsel을
      invoke하거나 waive하는 과정에 대한 논점이 있다.

모범답안 095

**1. Suspect's second statement to detective should not be suppressed,
since prior violation of Miranda rights does not have impact on the
confession and suspect did not invoked his right to counsel.**

Since a violation of Miranda is a violation of a constitutional rule, it does
not taint derivative evidence and the fruit of the poisonous tree doctrine
does not apply. Even if there was a violation of Miranda, a subsequent
confession by the suspect may be admitted when the subsequent
interrogation is not be seen as a single sequence of questioning and the
suspect waived his Miranda rights voluntarily and knowingly.

(ANALYSIS)

A suspect must unambiguously invoke his right to counsel which means
that a reasonable officer would understand the request for counsel.

(ANALYSIS)

In conclusion, suspect's second statement should not be suppressed.

B. Double Jeopardy Clause (14Feb)

1. General Rule

★The Double Jeopardy Clause of the Fifth Amendment prevents a defendant from being prosecuted twice for the same offense.

2. Same Offense

★If the elements of the **lesser** charge **are wholly contained** in the **greater** charge, then the lesser charge is **same offense** with the greater charge.

- ✔ Burglary v. Larceny → The theft is not a lesser−included offense of burglary and burglary is not a lesser−included crime of theft. → double jeopardy 위배×
- ✔ Joyriding v. Auto theft — double jeopardy 위배○
- ✔ 동일한 자동차 사고에 대해 갑이 murder와 assault로 convicted된 경우 — double jeopardy 위배×
  (Convicting the defendant of both crimes would **not violate double jeopardy** even when the two offenses occurred at the same time.)

답안요령

---

1. Double jeopardy
2. Analysis (elements of the charge) + 결론

TIP 2번: 두 범죄의 서로 다른 요소만을 서술해도 충분하며, charged된 죄책의 모든 element를 모두 서술할 필요는 없다. 한편, 각 주마다 범죄 구성요건을 다르게 규정하므로, "대부분은 이렇게 정의한다"는 표현을 사용하는 것이 좋다.

"Most states define [larceny] as ···."

1. The trial court did not err when it denied the motion to dismiss on double jeopardy grounds, since theft and burglary are not same offenses.

Under the Double Jeopardy Clause of the Fifth Amendment, a defendant should not be prosecuted twice for the same offense. When the elements of the lesser charge are wholly contained in the greater charge, the double jeopardy occurs.

(ANALYSIS: Here, the defendant was charged for both larceny and burglary. The crime of burglary requires the entry into the building or dwelling with such intent. The crime of theft requires the taking and carrying away of an item of personal property of another with the intent to steal or permanently deprive the owner of possession. "Taking and carrying away" is not required in burglary crime. In short, larceny is not wholly contained in burglary and burglary is also not wholly contained in larceny.)

In sum, the trial court did not err when it denied the motion to dismiss on double jeopardy grounds, since theft and burglary are not same offenses.

III. Right to Counsel

수정헌법 5조와 수정헌법 6조 모두 피고인에게 변호인을 선임할 수 있는 권리를 부여하는 바, 연방 공권력을 행사하는 자(이하 '경찰')는 본 권리를 보호할 의무가 있다. 두 조항 모두 수정헌법 14조를 통해 주(州)에도 확대적용된다. 수정헌법 5조와 6조 모두 용의자 및 피고인이 본 권리를 voluntarily하고 knowingly하게 표명(ambiguously)해야만 그 권리행사가 인정된다는 점에서 동일하나, 권리가 부여되는 시점과 선임권의 성격 등에 있어 차이가 있다. 두 권리의 차이점은 다음과 같다.

첫째, 수정헌법 5조에서 부여하는 변호인 선임권은 미란다 원칙에서 파생된 권리로서 in-custody인 용의자에게 경찰에 의한 interrogation이 시작되기 전에 주어진다. 한편, 수정헌법 6조의 변호인 선임권은 형사소송과정 중 중요한 단계(critical stages of a criminal prosecution)에서 용의자에게 주어지는 권리이다. 이때의 '중요한 단계'는 기소된 이후의 소송과정(pre-trial부터)이라고 생각하면 된다. 둘째, 수정헌법 5조의 변호인 선임권은 일단 용의자가 그 권리를 행사하면 경찰은 변호사가 부재한 상태에서 어떠한 질문도 할 수 없다. 한편, 수정헌법 6조에서는 피고인이 변호인 선임권을 행사하더라도 이 권한은 특정 범죄에 국한되기 때문에, 피고인이 기소된 원인의 범죄에만 적용된다. 예를 들어, 갑이 살인죄와 강간죄로 각각 기소되었고 살인죄 형사소송 과정 중 피고인이 변호인선임권을 행사하였다면, 공권력 행사 자는 변호사가 부재한 상태에서 그 피고인에게 살인죄와 관련된 질문은 할 수 없지만 강간죄와 관련된 질문은 자유롭게 할 수 있다.

The Fifth Amendment provides that the defendant has a right to counsel at all custodial interrogations.

The Sixth Amendment provides that in all criminal prosecutions, the defendant has a right to the assistance of counsel.

[표 14-2] Right to counsel

	The Fifth Amendment (Miranda right)	The Sixth Amendment
주(州) 정부	through 14조 적용 가능	
invocation	unambiguously	
waiver	knowingly+voluntarily	
적용 시기	미란다 고지 받은 이후 (in-custody interrogation)	in all critical stages
권리 범위	all	offense specific

A. Right to Counsel Under the Fifth Amendment (19July)

1. General Rule

A suspect has a right to the presence of a counsel **after being informed of her Miranda rights.**

Miranda warnings must **reasonably convey to a suspect his rights.** It is not required to be the clearest possible formulation.

2. Unambiguously

To invoke the right to counsel, a suspect's request must be **unambiguous** which means that the suspect **must articulate**^{분명히 얘기하다} the desire for counsel **sufficiently clearly** that a **reasonable** officer would understand the statement to be a request for counsel.

✔ "I think I need my lawyer." → unambiguous × → invocation of the right to counsel ×

B. After Invocation of Right (Evidence 16July)

> Miranda 고지 → 용의자 invoked the right to counsel → stop Q.
> → 용의자가 스스로 진술함.

1. Effects of Invocation

After invocation, counsel must be provided before a suspect can be questioned **unless** the suspect:

ⅰ. Initiates contact with law enforcement;

ⅱ. Is given a fresh set of Miranda warnings; and

ⅲ. Executes a knowing and voluntary waiver.

2. Post-Invocation Communication

★If a custodial suspect who has invoked his right to counsel **initiates** post – invocation communication with the police, the suspect's subsequent statements may be admissible.

Statements from a suspect that **clearly indicate a willingness to speak** to the police about matters relating to the investigation will be treated as initiation of communication.

✔ "I want to make a deal; I think I can help you." → willingness to speak → initiation of communication

<hr>

답안요령

Q: <u>Is 갑's statement admissible?</u>

---

1. 상황설명
2. Post – invocation communication
3. "Willingness"
   + analysis
4. Hearsay issue★
   + analysis

TIP   4번: 진술의 증거력(statement's admissibility)을 판단하는 경우, 용의자의 right to invoke뿐만 아니라 hearsay여부에 관해 analysis하는 것이 고득점 포인트다.

"The statement falls within [public record] hearsay exception and it is not considered as hearsay."

<hr>

모범답안 097

1. 갑's statement is admissible, since the defendant voluntarily initiated communication and 갑 indicated his willingness to speak to the police.
(ANALYSIS―상황설명)

If a custodial suspect who has invoked his right to counsel initiates communication with the police, the suspect's subsequent statements may be admissible. Statements from a suspect that clearly indicate a willingness to speak to the police about matters relating to the investigation is an initiation of communication.

(ANALYSIS)

Additionally, the statement is an opposing−party statement and not considered as hearsay.

In sum, 갑's statement is admissible, since the defendant voluntarily initiated communication and 갑 indicated his willingness to speak to the police.

C. Police's Waiver of Honor (Evidence 16July, 19July)

> Suspect invoked the right to counsel → Suspect 석방됨 → 다시 be arrested → Suspect waived the right to counsel → Suspect 진술

앞서 언급한 바와 같이, 용의자가 수정헌법 5조상의 right to counsel을 행사 (invoke)하면 경찰은 변호인이 참석할 때까지 용의자에 대한 일체의 질문을 삼가야 한다. 그렇다면 용의자가 right to counsel을 행사한 후 석방되었다가 다시 체포되었다면 경찰은 앞서 용의자가 행사한 미란다 권리를 그대로 존중 해야 하는가. 이는 경찰이 미란다 권리를 존중해야 하는 기간에 대한 문제로 서, 미국에서는 14일로 정하고 있다. 다시 말해, 용의자가 미란다 권리를 행 사하고 14일이 지난 후에는 더 이상 효력이 없다. 상기 예시에서 용의자가 right to counsel을 행사하고 석방되었다가 30일 후 다시 체포되었다면, 앞서 용의자가 행사한 right to counsel은 더 이상 효력이 없으므로 경찰은 변호인이 부재한 상태에서 용의자를 상대로 interrogation을 진행할 수 있다. 만약 용의 자가 30일이 아닌 10일 후 다시 체포되었다면, 그가 행사한 right to counsel의 효력이 여전히 유지되는 바, 경찰은 변호인이 부재한 상태에서 interrogation 을 진행해서는 아니 된다. 한편, 여기서의 '석방'은 custodial interrogation (in−custody interrogation)의 압박으로부터 자유로워졌다는 의미로서, 수감 중인 자를 감옥 건물 내부에 있는 조사실로 불러내 interrogation을 진행한 후 다시 감옥으로 돌려보낸 경우도 해당된다.

In－custody interrogtion

① Right to counsel의 효력 문제에 있어, '석방(release)'은 in－custody interrogation의 '압박'으로부터 자유로워졌다는 의미

⇒ 수감 중인 자를 감옥 건물 내부에 있는 조사실로 불러내 interrogation을 진행한 후 다시 감옥으로 돌려보낸 경우, 석방되었다고 본다.

② 미란다 원칙 논점에 있어, in－custody interrogation여부를 판단할 때

⇒ 수감 중인 자를 감옥 건물 내부에 있는 조사실로 불러내 interrogation을 진행하면, custodial interrogation per se이다. 그러나 여러 상황을 종합적으로 검토해야 한다.

★If a suspect has been **released** from interrogative custody, the police's **obligation to honor** an invocation of the Miranda right to counsel terminates **after 14 days**.

"Being released" means the end of the inherently compelling pressure of custodial interrogation.

답안요령

Q: <u>Is the last statement admissible?</u>

1. 상황설명
2. Rule (honor invocation only for 14 days)
   + analysis
3. Hearsay issue★

모범답안 098

<u>1. The court is proper in admitting the 갑's testimony, since the police has no obligation to honor 갑's prior invocation of his right and the testimony fits hearsay exception.</u>

(ANALYSIS ― 상황설명)

If a suspect has been released from in-custody interrogation, the police obligation to honor an invocation of the Miranda right to counsel terminates after 14 days.

(ANALYSIS)

The statement is not hearsay because it falls within an admission exception. Moreover, admission of the statement into evidence does not violate the defendant's constitutional rights.

In sum, the court is proper in admitting 갑's testimony, since the police has no obligation to honor 갑's prior invocation of his right and the testimony fits hearsay exception.

D. Right to Counsel Under the Sixth Amendment (14July)

1. General Rule

★The Sixth Amendment provides that **in all critical stages of a prosecution after formal proceedings have begun,** the defendant has a right to counsel and a right to have an attorney present during questioning.

The Sixth Amendment applies to the states through the Fourteenth Amendment.

2. Offense Specific

★The Sixth Amendment right to counsel is **offense specific.** The right **does not, in itself, guarantee counsel for unrelated offenses.**

3. Invocation of Right

To invoke the right to counsel, a suspect's request must be **unambiguous,** which means that the suspect **must articulate**^{분명히 얘기하다} the desire for counsel sufficiently **clearly that a reasonable officer would understand** the statement to be a request for counsel.

Once a suspect invokes his right, **any attempts** to deliberately elicit statements from him in the absence of his attorney violate the Sixth Amendment.

✔ "I think I need my lawyer" → unambiguous × → invocation of the right to counsel ×

답안요령

1. 14th → state에 적용★
2. The right to counsel under the 6th Amendment
3. "Offense specific"
4. Analysis + 결론

TIP1　　1번: '수정헌법 6조가 14조를 통해 states에 적용될 수 있다'는 점을 명시하는 것이 고득점 포인트다.

TIP2　　4번: 용의자를 체포한 근거가 되는 charge 외에 또 다른 pending charge가 존재하는지 그 여부를 확인하여, right to counsel(6조)이 어떤 charge에 적용되는지 구체적으로 서술하는 것이 중요하다.

모범답안 099

1. The defective 갑 did not violate the suspect's Sixth Amendment right to counsel, since there was no formal judicial proceedings for the crime commenced.

The Sixth Amendment applies to the states through the Fourteenth Amendment. Under the Sixth Amendment, the accused have the right to counsel once formal judicial proceedings commenced, and the lawful enforcement officer cannot deliberately elicit statement for the crime. The right to counsel under the Sixth Amendment is applied only for a specific offense. However, the right did not guarantee counsel for the unrelated crime.

(ANALYSIS)

In sum, 갑 did not violate the suspect's Sixth Amendment right to counsel, since there was no formal judicial proceeding for the crime commenced.

E. Suspect's Waiver of Right (08Feb, 14July, 19July)

(voluntarily + knowingly) ⇒ valid waiver

Suspect는 자신에게 주어진 헌법적 권리인 5조와 6조에 의한 right to counsel을 waive할 수 있다. Suspect가 권리를 waive하는 과정은 외부의 강압 없이 suspect의 자발적인 태도(voluntarily)와 waive한 결과를 충분히 인지하고 있는 상태(knowingly)에서 행해져야 한다.

To be a valid waiver of right to counsel, it must be **voluntary and knowing.**

TIP1　Confession은 용의자의 statement와 동일하다고 생각하면 된다. 따라서 confession에는 미란다 원칙, voluntariness 등 statement의 증거력을 판단하는 기준들이 모두 동일하게 적용된다.

TIP2　① Defendant invoked the right. → unambiguously 내용을 서술함.
　　　② Defendant waived the right. → voluntary와 knowingly 내용을 서술함.

1. Voluntarily

경찰이 용의자(또는 피고인)에게 강압적인 행동을 취했고, 그러한 행동이 용의자의 의지를 꺾을 만큼 강압적이었다면, 용의자가 권리를 involuntary 하게 waive했다고 본다. 즉 waive는 무효하다. 여기서 두 번째 요건, 경찰 행동의 '정도'는 interrogation과 용의자의 특성(characteristic)을 기준으로 판단한다. Interrogation의 특성은 주로 interrogation이 진행된 시간을 중심으로 판단하며, 용의자(individual)의 특성은 그 '용의자'의 연령, 경험, 교육수준 등을 중심으로 판단한다. 즉 subjective test를 기준으로 판단한다.

★ "Voluntarily" means that the waiver is made without coercion.

The involuntariness of a confession is based on:

ⅰ. Whether the police subjected the suspect to **coercive conduct;** and

ⅱ. Whether the conduct was **sufficient to overcome** the will of the suspect.

In considering the second prong, (1) characteristics of the **interrogation** and (2) characteristics of the **individual should be considered.**

✔ 경찰의 속임수에 넘어간 용의자가 언급한 진술 — coercive ×
  Trickery and deceit do not render a confession inadmissible.

✔ Interviewed in a small room, two against one, firearm displayed — coercive ○

✔ Police did not tell the suspect free to go. — coercive ○

✔ No advise him Miranda rights — coercive ○

✔ 30분 이내의 조사 — overcome ×

✔ 경찰이 "네가 협조한다면 검사가 관대해질 것이다"라고 얘기함.
  ① 감형을 약속했다기 보다는 재판부의 상황을 정확히 표현한 statement이다. → overcome ×
  ② 5세 용의자는 재판부의 상황을 잘 알지 못한다. → overcome ○

✔ 경찰이 "감옥은 좋은 장소가 아니다"라고 얘기함.
  ① "협박이 아닌, 사실이다"라고 해석할 경우 — overcome ×
  ② "용의자의 반응을 봤을 때, 이는 협박이다"라고 해석한 경우 — overcome ○

2. Knowingly

★ When an individual made the waiver by **understanding the consequence of the waiver**, the waver is made **knowingly.**

✔ No telling attorney's presence outside — right to counsel에 위배되

지 않는다. 용의자가 자신의 right to counsel을 이해하는 데 있어 밖에 변호사가 와있다는 사실에 대한 인지는 어떠한 영향도 끼치지 않기 때문이다.

Q: <u>Is 갑's confession made voluntarily and knowingly?</u>

---

1. Voluntarily
2. Analysis: coercion 존재여부
3. Analysis: sufficiency to overcome 존재여부
4. Knowingly
   + analysis

TIP 2, 3번: 용의자 진술의 '자발성'에 대해 서술할 때, 용의자가 진술하는 과정에서의 ① 경찰의 coercion과 ② 그 정도(sufficiency to overcome)를 구분하여 analysis하는 것이 고득점 포인트다.

1. 갑's confession is admissible, since it was made voluntarily and knowingly.
The confession is not voluntary when: (1) the police subjected the suspect to coercive conduct and (2) the conduct was sufficient to overcome the will of the suspect.
(ANALYSIS: First, 갑 could argue that there were police's coercive conducts, because ⋯⋯. However, trickery and deceit are insufficient to make a confession inadmissible. Thus, there were no coercive conducts of the police. Thus, 갑 was voluntary to make the statement.)
(ANALYSIS: Second, in determining whether the conduct was sufficient to overcome the will of the suspect, the court considers subject factors, such as suspect's age, experience, education, and familiarity with the criminal justice system. In this case, ⋯⋯. Thus, there were no conducts sufficient to overcome the will of the suspect.)

When an individual made the waiver by understanding the consequence of it, the waver is made knowingly. (ANALYSIS)

In sum, 갑's confession is admissible, since it was made voluntarily and knowingly.

TIP   Right to counsel은 수정헌법 5조와 6조, 이를 행사하는 태도 (unambiguously), waive하는 태도(unambiguously, voluntary, knowingly), 이 모든 내용을 포괄하는 큰 논점인 만큼 출제의도를 파악하는 것이 중요하다.

① Q: Under Miranda, did the suspect effectively invoke the right to counsel?

⇒ 'Invocation의 효력'에 중점을 두고 있는 문제이므로, 수험자는 용의자가 권리를 행사할 때 자신의 의사를 '표명(unambiguously) 했는지' 그 여부를 서술한다. 문제에서 "under Miranda"라고 명시하였으므로 정확히는 수정헌법 5조에 의한 right to counsel을 의미하는 것이나, 수정헌법 5조와 6조간 차이점에 중점을 둔 문제가 아니므로 이에 대한 언급은 불필요하다.

② Q: Did the detective violate the suspect's Sixth Amendment right to counsel?

⇒ 수정헌법 6조상의 right to counsel이 '침해되었는지' 그 여부를 논하는 문제로서, (a) 수정헌법 6조상의 right to counsel '특징', (b) 용의자(또는 피고인)가 해당 권리를 '행사한' 태도 (unambiguously하게)', (c) 용의자(또는 피고인)가 해당 권리를 'waive한' 태도(voluntarily 그리고 knowingly하게), 이 세 논점에 대해 서술한다.

③ 용의자의 진술에 대해 다음과 같이 두 문제가 출제되었다.

(a) Q: Were the statements obtained in violation of his Miranda rights?

(b) Q: Was confession voluntary?

⇒ (a)문제는 'Miranda rights'에 대한 문제로서, right to counsel

에 대한 문제가 아니다. Miranda rights가 인정되는 상황, 즉 '미란다 원칙'이 지켜졌는지 묻는 문제로서, 수험자는 경찰이 in-custody인 용의자에게 interrogation을 시작하기 전 미란다 권리를 고지했는지 그 여부에 대해 논해야 할 것이다. (b)문제는 '자발성(voluntariness)'에 중점을 두고 있으므로, 용의자가 right to counsel을 'waive하는' 태도에 대해 서술한다.

Ⅳ. Right to Jury Trial

A. General Rule

Right to jury trial은 수정헌법 6조상 보호되는 '배심원 재판을 받을 권리'를 뜻한다. 이는 형벌이 징역 6개월 이상 부과되는 죄책(serious crimes)에 한해 인정되는 권리로서, 수정헌법 7조에 의해 보호되는 민사소송에서의 right to jury trial과 차이가 있다.

★The Sixth Amendment provides that a criminal defendant has the right to **a jury trial** for **serious crimes** which are defined as that **imprisonment** may be greater than **six months**.

[수정헌법 6조 Right to Counsel]

The Sixth Amendment, as applied to the states through the Fourteenth states through the Fourteenth Amendment, provides that in all criminal prosecutions, a suspect who is subject to custodial interrogation has a right to counsel and to have an attorney present during questioning.

TIP1 Right to jury trial
① under the 6th Amendment — '형사'소송법에 적용
② under the 7th Amendment — '민사'소송법에 적용

TIP2 수정헌법 6조 right to counsel v. 수정헌법 6조 right to jury trial

① Right to counsel in formal judicial proceedings.

② Right to jury trial for serious crimes which are defined as that imprisonment may be greater than six months.

(징역 6개월 이상에 해당하는 형벌이 부과되는 죄책, 즉 serious crime인 경우에만 적용됨.)

B. Jury Trial and Sentencing Hearing (14Feb)

한국 형사소송에서는 판사가 죄책과 형량을 동시에 선고한다. 하지만 미국 형사소송에서는 판사가 재판에서 죄책과 형의 범위를 선고한 후, sentence hearing이라는 별도의 과정을 통해 최종 형량을 선고한다. 배심원 재판인 경우 sentence hearing에는 배심원이 참가하지 않는다. 판사가 형량을 선고할 때 재판 중에 제출되지 않은 증거가 이후에 발견되었고 판사가 이를 sentence hearing에 반영하는 경우, 최종 형량이 원래의 형 범위를 초과하는 경우와 그렇지 못한 경우가 있을 터인데, 원래의 형 범위에 미치지 못하는 경우에는 새로운 증거도 판사가 임의로(jury에게 제출하지 않고) 증거로 사용할 수 있으나, 원래의 형 범위를 초과하는 경우에는 그 새로운 증거는 증거로 사용될 수 없다. 만약 이를 판사가 임의로(jury에게 제출하지 않고) 사용한 경우에는 수정헌법 6조 right to a jury trial에 위배된다.

★Other than prior conviction, any fact that increases the penalty for a crime beyond prescribed maximum must be submitted to a jury, and proved beyond a reasonable doubt. Otherwise, the defendant's right to a jury trial under the Sixth Amendment is violated.

"Statutory maximum" is the maximum sentence a judge may impose solely on the basis of the facts considered in the jury verdict or admitted by the defendant.

Any fact exceeding the maximum authorized by the facts established by a plea of guilty or a jury verdict must be admitted by the defendant or proved to a jury beyond a reasonable doubt.

V. Due Process Clause

A. Burden of Proof (14Feb)

beyond reasonable doubt

형사재판에서 입증책임은 검사에게 있으므로, 검사는 범죄의 모든 요소를 beyond a reasonable doubt 기준에 부합하도록 입증해야 한다. 따라서 범죄 구성요소 중 하나가 입증되면 다른 구성요소들도 모두 입증되었다고 간주 및 추정하는 규정(또는 배심원 지도)는 위헌이다. 검사의 입증책임을 피고인에게 shift하는 것은 Due Process Clause에 위배되기 때문이다.

★Due Process Clause of the U.S. Constitution requires prosecutor to prove all elements of the crime beyond a reasonable doubt.
The burden of proof cannot be shifted to the defendant by presuming an element upon proof of other elements of the offense, because the shifting burden of persuasion with respect to any element of a criminal offense violates the Due Process Clause.

B. Presumptions

1. Rebuttable Presumption

A rebuttable mandatory presumption of element of crimes would violate the Due Process Clause when a jury instruction is reasonably understood as shifting the burden of proof to the defendant.

2. Irrebuttable Presumption

An irrebuttable conclusive presumption of element of crimes violates the Due Process Clause, since it relieves the prosecution of the burden of proof.

Jury instruction: "검사와 피고인이 제출한 증거들을 모두 고려하여 속도제한 규정 위반이 입증되면, 피고인에게 intent to cause a serious bodily harm이 있었다고 presume한다." Is the jury instruction proper?

⇒ No. It violates due process. **If it operates as rebuttable presumption,** it violates the due process by shifting the burden of proof on an element of a charged offense to the defendant. **If it operates as irrebuttable presumption,** it also violates the due process by relieving the prosecution of proving the element of intent and removing the issue from the jury.

> 1. DP clause (beyond reasonable doubt)
>   + analysis (charged crime + DP)
> 2. Analysis (jury instructions)★

TIP1 2번: 별도의 문제가 출제되지 않는다 하더라도 charged crime의 intent가 specific intent와 general intent 중 어느 것에 해당하는지 서술하는 것이 고득점 포인트다.

TIP2 3번: 문제에서 주어진 jury instruction에 대해 analysis하는 경우, rebuttable presumption 및 irrebuttable presumption과 연관지어 서술하는 것이 고득점 포인트다.

1. The trial court erred in its instruction to the jury on the crime, since it violated the Due Process Clause.

Under the Due Process Clause, prosecutor should prove all elements of the crime beyond a reasonable doubt. The burden of proof cannot be shifted to the defendant by a presumption of element with other elements of the offense. The shifting burden of persuasion regarding any element of a criminal offense is contrary to the Due Process Clause.

(ANALYSIS: In this case, the prosecutor should prove the elements of the murder crime beyond a reasonable doubt. Murder is a specific intent crime. However, the jury instruction is unconstitutional since it creates either a rebuttable presumption or an irrebuttable presumption.)

An irrebuttable presumption is defined as an irrebuttable direction by the court to find intent once convinced of the facts triggering the presumption. It violated due process by relieving the prosecution of the burden of proof for the element.

(ANALYSIS: In this case, the jury instruction directed that once the prosecution establishes the violation of the speed limit, jury may presume the defendant's intent to cause a serious bodily harm. It is a conclusive irrebuttable presumption.)

In the alternative, the instruction could reasonably be understood as a rebuttable mandatory presumption which tells the jury they must find the elemental fact upon proof of the basic fact, unless the defendant has come forward with some evidence to rebut the presumed connection between two facts. It shifts the burden of proof to the defendant and is unconstitutional.

(ANALYSIS: In this case, the jury instruction tells the jury to consider all evidence presented by prosecution and defense and it may create a rebuttable mandatory presumption. Although rebuttable mandatory presumptions are no always unconstitutional per se, it would be unconstitutional since it shifted the burden to the defense on an element of the crime.)

In sum, the trial court erred in its instruction to the jury on the crime, since it violated the Due Process Clause.

C. Identifications (21July)

Both on−scene and in−court identification are inadmissible only when:

i . The police were involved in arranging the procedure;

ii . The identification process was so highly suggestive that the identification is unreliable; and

iii . Even if so, the suggestive procedure was unnecessary under the circumstances.

The on-scene identifications and subsequent in-court identification from the same witness are inadmissible, if the process was so unnecessarily suggestive and conducive to irreparable mistaken identification that due process of law was violated.

✔ 경찰이 사건과 관련하여 목격자와 대화를 나눔. — improper influence ✕
✔ 목격자가 갑자기 용의자를 가르키면서 범인이라고 소리침. — improper influence ✕
(Identification happened on the witness's own initiative and it was unanticipated by police.)

Ⅵ. Motion for Judgment of Acquittal (09July)

Motion for judgment of acquittal은 검사가 제출한 증거로는 jury가 beyond reasonable doubt 수준으로 범죄의 각 구성요소를 인정하는데 어려움이 있을 경우, 피고인이 법원에 무죄판결(acquittal)을 요청하는 행위를 뜻한다.

★A **motion for judgment of acquittal** should be granted only if the prosecution has failed to present sufficient evidence for a **reasonable** jury to find that the defendant committed **each element** of the charged offense **beyond a reasonable doubt.**

VII. Incompetence (18Feb)

Incompetence는 insanity와 피고인의 정신상태가 정상적이지 못하다는 점에서 동일하나 판단시점 및 법적효과에 있어 차이가 있다. Incompetence는 재판을 진행하는 과정에서 피고인이 해당 과정을 이해하지 못하거나 변호인에게 자신의 defense를 위한 정보를 제공하지 못하는 등 재판을 진행하기에 어려운 정도의 정신상태를 뜻하며, 이것이 인정되면 재판의 진행을 멈추고 피고인의 정신상태가 competent하게 되는 시점에 다시 재판을 진행해야 한다. 다시 말해, incompetence는 피고인의 죄책을 면하는 defense가 아닌 재판의 진행을 멈추는 요소이다. 피고인은 스스로 자신의 competence 여부에 대해 가지는 의구심(bona fide doubt)이 든다면, 법원에 자신의 competence 여부를 판단할 hearing을 열어줄 것을 요청할 수 있으며, 피고인의 competence 여부는 법원과 법원이 지명한 전문가가 판단한다.

[표 14-3]

	Insanity	Incompetency
판단 시점	범행할 당시	재판 진행 중
판단 기준	다양한 test에 입각하여	① 과정에 대한 이해가 불가능한 경우; or ② 자신의 변호인을 도울 수 없는 경우
법적효과	피고인에게 형벌을 가하지 않는다.	재판 진행 중지

A. Competence

★Competence to stand trial means a defendant's **ability to participate** in criminal proceedings.

To be competent, defendant must have:

 i. Sufficient present ability **to consult with his lawyer** with a reasonable degree of rational understanding; and

 ii. A rational as well as factual **understanding of the proceedings** against him.

B. Bona Fide Doubt

Whenever a defendant can establish a **bona fide doubt** about his decision making abilities, **the court must hold a hearing** to determine competence to stand trial.

The burden of evaluating competency is placed on the court and court-appointed experts.

Appendix

Understanding of MEE

1. 본 서는 Multistate Essay Examination(MEE), 즉 미국변호사 에세이 시험 대비를 위한 책으로서, 지난 14년간(2008년~2021년)의 기출문제를 바탕으로 작성되었다.

2. MEE는 주어진 사안에서 법적 논점을 파악하고, 해당 논점에 관련된 rule에 사안을 대입하여 결론을 도출하는 능력을 파악하기 위한 시험으로서, NCBE에서 출제한다. 2월과 7월 마지막 주 화요일과 수요일 이틀 시험 기간 중 화요일(첫째날)에 응시하게 된다.

3. 바 시험 전체과목 중 MEE 비중은 각 관할권(jurisdiction)에 따라 다르나, UBE를 채택하고 있는 관할권에서는 MEE가 전체 시험 점수 중 30%를 차지한다. UBE(uniform bar examination)는 캘리포니아(CA), 네바다(NV), 미시간(MI), 플로리다(FL) 등 17개의 관할권을 제외한 나머지 관할권에서 모두 채택하고 있는 제도로서(2021년 2월 16일 기준), 이를 채택하고 있는 관할권간 시험성적 transfer가 가능하도록 하여 응시자들의 비용 및 시간을 절약하고 합격자들에게는 다양한 경험을 허용하도록 하는데 그 취지가 있다. UBE의 합격기준 또한 각 관할권에서 자율적으로 정하는 바, DC, 뉴욕, 일리노이주는 266점(모든 과목 합계점수)을 합격선으로 정하고 있다.

4. 시험범위는 총 14개 과목이며, 그중 7개는 객관식 시험(MBE)의 과목과 동일하고, 나머지 과목은 에세이 시험에서만 다루는 과목이다. 한 시험당 총 6개의 사안이 주어지며, 각 사안에 대한 답안 작성 시간은 30분이 주어진다. 각 문제가 어떤 과목에 해당하는지는 알 수 없다. 일부 책에서는 「Conflict of Laws」를 별도의 과목으로 구성하나, 필자는 별개의 장으로 분리하지 않았고 각 14개 과목에 필요한 내용을 삽입하였다.

5. MEE는 한 시험당 3시간동안 총 6개의 사안이 주어진다. 30분동안 1개의 사안

이 주어지고 그 다음 문제가 주어지는 형태가 아니고, 3시간동안 6개 사안이 한꺼번에 주어지기 때문에 수험자가 스스로 '시간안배'를 해야 한다. 수험자는 원하는 답안 내용을 다 작성하지 못했다 하더라도 한 문제당 '30분'을 넘기지 않도록 한다. 이것이 MEE에서 가장 핵심적인 고득점 포인트다. 따라서 30분 제한시간을 엄수하는 연습이 매우 중요하다. 30분동안 1개의 사안을 풀어보는 것 보다는 3시간동안 6개의 사안을 한꺼번에 풀어야 한다.

6. 한 문제당 주어지는 시간이 30분으로, 30분 이내에 사안을 읽고 답안까지 작성해야 한다. 넉넉한 시간이 아니므로, 속독과 질문에 직결된 핵심 rule 및 단어만을 뽑아내어 작성하는 skill이 고득점 포인트다. 답안을 아무리 길게 작성하더라도 핵심 단어가 없으면 불합격이다.

7. 문제를 먼저 읽고 주어진 본문(사안)을 읽는다. 문제를 읽으면서 14개의 과목 중 어느 과목에 대한 사안인지, 어떤 issue에 대한 문제인지 파악해야 한다. 이는 본문(사안)을 읽을 때 논점과 관련된 fact를 추려내어 풍부한 analysis를 작성하는 데 도움이 된다.

8. MEE의 모든 모범답안은 CRAC으로 작성되어 있는 바, 수험자는 strict한 CRAC format를 갖추어 답안을 작성해야 할 것이다. CRAC은 한 논점에 대해 conclusion > rule > analysis > conclusion 순으로 작성하는 format를 뜻하며, 이는 논점에 대한 conclusion(결론)을 가장 서두에 써야 한다는 점에서 IRAC format에 비해 수험자들에게 부담일 것이나, 답안을 작성할 때에는 rule, analysis, conclusion 순으로 작성하고, 해당 답안 맨 앞에 마지막 conclusion 문장을 그대로 복사하여 사용하면 어렵지 않다.

9. 수많은 답안 중 채점자의 눈에 들어오는 답안을 작성해야 한다. 그러기 위해서는 앞서 언급한 CRAC format를 일관되게 유지하면서 다음과 같은 작성요령을 활용하는 것이 좋다.
　⇒ 작성요령:
　① 각 세부 문항을 타이틀화한다. 모든 타이틀은 「숫자. conclusion」 형태로

유지하고, 볼드와 밑줄 처리한다. 타이틀은 문제(의문문)를 평서문으로 변환하여 문제에서 사용된 용어를 그대로 사용하면 시간을 줄일 수 있다.

예) 1. Under the State A law, is the shareholder entitled to inspect the requested board minutes?

⇒ **<u>1. Under the State A law, the shareholder is entitled to inspect the requested board minutes, since the shareholder has a right to inspect the minutes by making a proper demand.</u>**

② Analysis 부분과 conclusion 부분이 잘 드러날 수 있도록 문장의 첫 문구는 통일한다.

Analysis: "In this case" "Here" "In the instant case" "In the current case"

Conclusion: "In conclusion" "In sum" "Hence" "Thus" "In short"

③ 답안 중 강조하고 싶은 부분에 따옴표, 이탤릭체, 볼드, 밑줄 등을 사용한다.

10. 최근 MEE에서는 arguable points에 대해 논하거나, 결론은 도출하는 데 있어 결정적인 fact를 제공하지 않는 문제가 출제되고 있다.

⇒ 작성요령:

① 특정 rule을 작성하고 해당 rule이 적용되는 경우 유리한 측(갑)과 불리한 측(을)으로 구분하고 갑 may argue that ~. In response, 을 may argue that 등의 표현을 사용한다.

② 요건이 많은 rule의 경우, 주어진 사안에서 충족된 요소와 미충족된 요소를 구분하고 해당 rule이 적용되어야 유리한 측과 불리한 측이 may argue 하는 방향으로 작성한다.

예) request for assurance. anticipatory repudiation.

"갑이 을의 repudiation을 주장하는 경우, 갑은 만족하는 요소를 근거로 repudiation을 주장할 것이나 을은 미충족된 요소를 근거로 breach하지 않았음을 주장할 것이다."

③ 확실한 결론을 작성해야 한다는 생각을 버린다. 열린 결말이 있을 수 있다는 점을 항상 염두에 두자.

예) Close call이나, 나의 생각에는 ~한 결론이 예상된다.

Assuming the door is open, the court may ~.

It is a close call, but it is likely for the court to decide that~.

④ 결론은 도출하는 데 있어 결정적인 fact가 사안에 명시되어 있지 않은 경우, (a) 해당 fact가 사안에 명시되어 있지 않아 정확한 결론을 도출할 수 없다는 점과 (b) A인 경우의 결론과 B인 경우의 결론을 모두 작성하는 것이 고득점 포인트다.

예) Here, an essential fact to this issue is when the trust was created but the essential fact is omitted from the facts. Assuming that the trust was created when the testator wrote it, Charity has the right.

11. 아래는 답안 작성 시 자주 쓰는 표현을 정리해두었다.

① 따라서

Thus, ….

Accordingly, ….

In conclusion, ….

In sum, ….

For these reasons, ….

In short, ….

② 다시 말해

In other words, ….

In short, ….

③ 게다가

Moreover, ….

Additionally, ….

Furthermore, ….

④ 한편,

Meanwhile, ….

On the other hand, ….

[반면에] By contrast, ….

[대신에] Rather, ….

예) Televisions were not attached to the realty in the past. Rather, they sat on the floor.

⑤ 왜냐하면

because

since

This is because ….

⑥ 앞서 언급한 바와 같이, A는

As mentioned above, A is ….

As noted above, A is ….

The aforementioned A is ….

See rule above, A is ….

⑦ [A]판례에 따르면

According to [A] case, ….

⑧ 다수설/소수설에 따르면,

In majority/minority jurisdictions, ….

Under the majority/minority approach, ….

According to majority/minority jurisdictions, ….

⇒ There are cases going both ways …

⑨ [A rule]이 [B rule]에 우선한다.

[A rule] takes precedence over the [B rule].

[B rule] gives way to the [A rule].

⑩ [A]하다는 점을 비추어 봤을 때 [B]하다.

The fact that [A…] shows [B…].

The fact indicating [A] shows that [B…].

The fact indicating [A] demonstrates that [B…].

In light of [A], [B…].

예문) In light of the circumstance, Son is a beneficiary.

⑪ 본 사안(A)에서는 [B] rule이 적용될 수 없다.

There is no fact indicating that [B] is applicable in this case.

The fact in this case shows that [B] is inapplicable.

There is no indication that [A] fits into [B].

⑫ [A]인지 아닌지 그 여부는 [B]로 판단한다.

In determining whether [A…], [B…] should be considered.

[B…] determines whether [A…].

[A…] is determined by [B…].

⑬ [A]는 무관하다.

It is regardless of the fact that [A…].

The fact that [A…] does not change the result.

Without regarding of [A],

This is not the case here.

⑭ [A]와 다르게 [B]는

Unlike [A], [B] is ….

[A] is …. In contrast, [B] is ….

[A] is …, while [B] is ….

[A] is … in comparison to [B].

⑮ 별도의 언급이 없는 한,

…, unless [it] specifies otherwise.

예문: The bequest is given to the decedent's descendants, unless a will specifies otherwise.

⑯ [A]에 대한 결과는 재판을 진행해봐야 알 수 있다(jury가 판단할 문제이다).

⇒ 「11장 Torts」에서 자주 사용되는 표현이다.

Whether [A…] is a close call.

Whether [A…] is a factual question.

It is unclear whether [A…], because it is a close call.

Jury would conclude that ….

⑰ **[A]해야 한다. 그렇지 않으면 [B]가 된다.**

[A⋯], or [B⋯].

⑱ **[A]하다. 그래서 [B]이다.**

[A⋯], and [B⋯].

⑲ **비록 [A]일지라도, [B]하다.**

Although [A⋯], [B⋯].

Albeit A, B⋯. ⇒ Albeit difficult, the problem is being solved.

⑳ **해당 조항에 따르면,**

Under the provision, ⋯.

㉑ **첫 번째 요건을 만족한다.**

The first element is satisfied.

The fact that [A⋯] satisfies the first element.

㉒ **종합적으로 판단/고려하여**

In light of all of the circumstances, ⋯.

In/Under the totality of the circumstances, ⋯.

A number of facts are considered in determining ⋯.

㉓ **[A]가 고려된다.**

[A] is taken into account.

㉔ **갑에게 '유리하게' 해석된다.**

be construed in favor of 갑

This factor weighs in favor of 갑.

The balancing test favors 갑.

㉕ **갑에게 '불리하게' 해석된다.**

be construed against 갑

㉖ **[A]가 주장하는 바에 따르면, ⋯.**

[A] alleges that ⋯.

㉗ ~에 대해/관해

with respect to …

with regard to …

as to …

regarding to …

relating to …

㉘ 갑은 ~만큼의 손해배상을 청구할 수 있다.

갑 could recover to the extent that ~.

갑 is entitled to damages to the extent that ~.

㉙ ~점을 고려하면 A하다.

In considering ~, it is A.

It is A inasmuch as ~.

㉚ 주어진 사안은 exception에 해당하지 않는다.

(Rule에 대한 exception이 있으나, exception이 주어진 문제의 초점이 아닌 경우)

None of these exceptions apply.

There are no facts indicating …

㉛ 요건이 많은 rule을 analysis하는 경우

The first prong of the Lemon test …

Under this prong, …

The first requirement is satisfied.

Here, …. Secondly, …. Thirdly, …. Fourth, …. Finally, ….

12. 다음은 지난 14년간(2008년~2021년) 기출문제에서 출제된 과목을 정리한 표이다.

출제일	1,2	3	4	5	6	7	8	9	10	11	12	13	14
2021 July	○	○		○	○			○	○	○			○
2021 Feb	○		○		○				○		○	○	
2020 Oct	○	○	○	○	○	○	○	○			○	○	○
2020 Sep	○						○				○		○
2020 July	○	○	○	○	○	○	○	○	○		○	○	○
2020 Feb	○	○	○			○		○	○		○		○
2019 July	○				○			○					○
2019 Feb		○	○					○	○	○		○	
2018 July			○	○		○		○	○				○
2018 Feb	○	○			○	○	○	○	○		○	○	○
2017 July	○		○			○		○	○		○	○	○
2017 Feb	○	○				○	○	○	○	○			
2016 July				○				○	○		○	○	
2016 Feb	○				○	○	○	○	○	○	○	○	
2015 July		○		○		○			○				○
2015 Feb				○		○			○	○			
2014 July			○	○	○	○			○		○	○	
2014 Feb	○			○					○				
2013 July	○		○	○	○	○	○	○	○		○	○	○
2013 Feb	○			○	○	○	○		○	○		○	
2012 July		○		○	○	○	○	○	○	○	○	○	○
2012 Feb						○			○				
2011 July	○				○	○	○		○		○	○	
2011 Feb					○	○			○	○	○	○	
2010 July			○		○	○		○	○		○	○	○
2010 Feb					○	○			○		○	○	
2009 July	○						○		○		○	○	
2009 Feb	○						○		○		○	○	
2008 July						○		○	○	○			
2008 Feb	○	○	○		○	○			○	○	○	○	○
출제빈도	12	11	9	11	16	16	12	14	21	11	12	13	13

Bibliography

///

1. 국내서

곽윤직, 김재형, 민법총칙(제9판)(박영사, 2013)

김준호, 민법강의(제22판)(법문사, 2016)

김흥수, 한 철, 김원규, 상법강의(제4판)(세창출판사, 2016)

류병운, 미국계약법(제3판)(홍익대학교출판부, 2013)

백희영, 미국변호사법 CEE편(박영사, 2021)

백희영, 미국변호사법 객관식편(박영사, 2021)

서철원, 미국 계약법(법원사, 2015)

서철원, 미국 민사소송법(법원사, 2005)

서철원, 미국 불법행위법(법원사, 2005)

서철원, 미국 형법(법원사, 2005)

서철원, 미국 형사소송법(법원사, 2005)

성낙인, 헌법학(제19판)(법문사, 2019)

신호진, 형법요론(2017년판)(문형사, 2017)

이영종, 이재열, 황태정, 송인호, 이세주, 법학입문(제2판)(집현재, 2016)

이시윤, 新民事訴訟法(제11판)(박영사, 2017)

토이 예거 파인, 미국법제도 입문(제2판)(진원사, 2016)

홍정선, 행정법특강(제15판)(박영사, 2016)

2. 외국서

AmeriBar Bar Review. MBE Released Questions. AmeriBar Bar Review. 2008

Ellen M. Bublick. A Concise Restatement of Trots. 3rd Edition. American Law Institute. 2013

Barbri. The Conviser Mini Review: New York−July 2015/February 2016. Barbri, Inc. 2015

Barbri. Outlines for Multistate−July 2015/February 2016. Barbri, Inc. 2015

Barbri. Outlines for MEE−July 2016/February 2017. Barbri, Inc. 2016

California Bar Tutors. 2020 California Bar Exam Total Preparation Book. QuestBarReview. 2019

Gordon Brown, Scott Myers. Administration of Wills, Trusts, and Estates; 4th Edition. Delmar Cengage Learning. 2008

J. Scott Harr, Kären M. Hess, Christine H. Orthmann, Jonathon Kingsbury. Constitutional Law and the Criminal Justice System; 7th Edition. Cengage Learning. 2017

Kaplan. MBE Practice Questions & Answers. Kaplan, Inc. 2014

Kaplan. MEE Bar Points. Kaplan, Inc. 2014

Kenneth W. Clarkson, Roger LeRoy Miller, Frank B. Cross. Business Law: Text and Cases; 13th Edition. Cengage Learning. 2015

Mary Basick, Tina Schindler. Essay Exam Writing for the California Bar Exam; 4th Edition. Wolters Kluwer. 2018

SmartBarPrep. Essay Prep Outline. SmartBarPrep. 2017

Steven Emanuel. Constitutional Law; 7th Edition. Wolters Kluwer. 2019

Steven L. Emanuel. Steve Emanuel's Bootcamp for the MBE: Contracts. Aspen Publishers. 2010

3. 판례

Byrne v. Boadle, Court of Exchequer England, 1863

Erie Railroad Co. v. Tompkins, 304 U.S. 64 (1938)

Garratt v. Dailey, Wash. 2d 197, 279P.2d 1091 (1955)

Howes v. Fields, 132 S. Ct. 1181 (2012)

Katko v. Briney, 183 N.W.2d 657 (Iowa 1971)

Kelo v. New London (545 U.S. 469)

Klein v. Pyrodyne Corp., 810 P.2d 917 (Wash. 1991)

Lehman v. City of Shaker Heights, 418 U.S. 298 (1974)

Los Angeles v. Lyons, 461 U.S. 95, 103 S. Ct. 1660 (1983)

Loretto v. Teleprompter Manhattan Catv Corp., 458 U.S. 419, 102 S. Ct.
    3164 (1982)

Lucas v. South Carolina Coastal Council, 505 U.S. 1003 (1992)

Maryland v. Buie, 494 U.S. 325, 110 S. Ct. 1093 (1990)

Mathis v. United States, 136 S. Ct. 2243 (2016)

Miranda v. Arizona, 384 U.S. 436 (1966)

Palmer v. Hoffman, 318 U.S. 109, 63 S. Ct. 477 (1943)

Palsgraf v. Long Island Railroad, 248 N.Y. 339 (1928)

Penn Central Transportation Co. v. New York City, 438 U.S. 104 (1978)

Rankin v. McPherson, 483 U.S. 378 (1987)

Reed v. Town of Gilbert, 576 U.S. 155 (2015)

Reeves, Inc. v. Stake, 47 U.S. 429, 100 S. Ct. 2271 (1980)

Terry v. Ohio, 392 U.S. 1(1968)

Trimbel v. Gordon, 430 U.S. 762 (1977)

Troxel v. Granville, 530 U.S. 57 (2000)

Ulster County Court v. Allen, 442 U.S. 140 (1979)

United States v. Morrison, 529 U.S. 598 (2000)

Walker v. Armco Steel Corp., 446 U.S. 740 (1980)

Williams v. Walker—Thomas Furniture Co., 350 F.2d 445 (D.C. Cir. 1965)

Index

백희영

서울 출생
중국KISQ고등학교 졸업
미국미주리주립대 경영학과 졸업
경영학, 법학, 컴퓨터공학 전공
미국변호사(워싱턴DC)
중국톈진화씨엔법률사무소 파트너 변호사

강 좌
백희영의 에세이튜터링 www.ETcenter.kr
로앤비 미국변호사 강사

저 서
「미국변호사법①—MEE편」
「미국변호사법②—CEE편」
「미국변호사법③—객관식편」

전면개정판
미국변호사법 MEE편

초판발행	2020년 3월 2일
전면개정판발행	2022년 10월 20일

지은이	백희영
펴낸이	안종만·안상준

편 집	장유나
기획/마케팅	장규식
표지디자인	이소연
제 작	고철민·조영환

펴낸곳	(주) **박영사**
	서울특별시 금천구 가산디지털2로 53, 210호(가산동, 한라시그마밸리)
	등록 1959. 3. 11. 제300-1959-1호(倫)
전 화	02)733-6771
f a x	02)736-4818
e-mail	pys@pybook.co.kr
homepage	www.pybook.co.kr
ISBN	979-11-303-4270-2 13360

* 파본은 구입하신 곳에서 교환해 드립니다. 본서의 무단복제행위를 금합니다.
* 저자와 협의하여 인지첩부를 생략합니다.

정 가   45,000원